DER KORAN

Das heilige Buch des Islam

DER KORAN

Das heilige Buch des Islam

Nach der Übertragung von
Ludwig Ullmann
neu bearbeitet und erläutert
von L. W.-Winter

WILHELM GOLDMANN VERLAG
MÜNCHEN

7063 · Made in Germany · IV · 10111
 Satz und Druck: Presse-Druck Augsburg. Verlagsnummer: LA 1 · MV/ho
ISBN 3-442-39001-X (Leinen)
ISBN 3-442-39901-7 (Leder)

EINFÜHRUNG

KORAN und ISLAM, das Buch und die Glaubenslehre

Der *Koran* ist die Heilige Schrift der Mohammedaner; dieses Buch hat bei diesen höhere Bedeutung als Altes und Neues Testament bei den zeitlich vorangegangenen monotheistischen – eingottgläubigen – Religionen: im Judaismus und Christentum. Was dem Christen das Evangelium bedeutet, das ist dem *Moslem* und der *Muslime*, dem Gläubigen und der Gläubigen, der Koran.

Das *Wort* Koran, arabisch Kur-ân: das »oft zu lesende« Buch, geht auf die hebräische Wurzel »kara« – das heißt: lesen – zurück.

Der Koran wurde *von Mohammed in arabischer Sprache* reiner Mekkaner Prägung in den Jahren etwa von 610 bis 632 n. Chr. G. – Todesjahr des Propheten Mohammed – verfaßt und verkündet: nicht als sein Wort, sondern als die ihm von Fall zu Fall zuteil gewordenen Offenbarungen Allahs, des »alleinigen einzigen Gottes seit Ewigkeit, Welterschaffers und Herrn aller Weltenbewohner, der keinen Sohn und Helfer besitzt und benötigt«. (Die *Sammlung* dieser Offenbarungen bedeutet *heute:* Koran.)

Allah ist der arabische Name des Eingottes, der schon einige Jahrtausende bei den Juden den Namen Jahve = Jehova führte.

Arabisch spricht Mohammed zu seinen heidnischen Landsleuten, damit sie Allahs Wort verstehen können, doch *an alle Welt* – nicht nur an sie als auserwähltes Volk – ist der Koran gerichtet.

Während dreiundzwanzig Jahren erhielt Mohammed diese Offenbarungen, Allahs »unverfälschtes« Wort, als der »letzte«, das »Siegel«, der Propheten. In der XXV. Sure, Vers [33], wird die lange Zeit erklärt: Es wäre sonst den Herzen der Gläubigen zuviel geworden.

»Dieser Koran konnte von keinem anderen außer Allah verfaßt werden«, so versichert der Begründer des neuen Glaubens in Sure X, Vers [38], des Korans, des Werkes *autoritärer Religion.* Im anschließenden Vers [39] weist er den Spott der Ungläubigen zurück, er, Mohammed, habe den Koran »erdichtet«. Wiederholt, zum Beispiel in Sure XV, Vers [10], läßt er Allah versichern: »Wohl haben wir diesen Koran offenbart, und wir werden auch über diesen wachen!« Und in Sure LXIX, Vers [45]: »Hätte er (Mohammed) einen Teil dieser Verse, als von uns gesprochen, ersonnen, [46] wir hätten ihn . . . ergriffen [47] und ihm die Herzadern durchschnitten . . .«

So wird verständlich, daß der Koran als Allahs Wort das *Heilige Buch* der Moslems wurde. Und zwar um so mehr Heiliges Buch und heilige Lehre, weil mit rascher Ausbreitung und sehr irdischem diplomatischem Erfolg und Schlachtenglück in den letzten Lebensjahren des Propheten und Gründers des Großarabischen Reiches auf dünnbesiedeltem Neuland, auf dem sich Beduinenstämme und einander mißgünstige Bewohner dreier Oasenzentren – Kleinststädte – bekämpft hatten, nunmehr ein machtvoll ausstrahlender *theokratischer Staat* entstand.

Nach Mohammeds Tode verbreitete sich seine Lehre bis zum heutigen Tage, früher in Kriegen, heute auf friedlicher Basis, über weite Teile der Erde: Mehr als sechshundert Millionen Anhänger zählt der mohammedanische Glaube heute.

Die einzelnen *Suren,* Kapitel, des Korans – Sura: auf arabisch die »den Menschen überwältigende Erhabenheit« – sind nach der jeweiligen Offenbarung von den Gläubigen auswendig gelernt und auf primitiven Unterlagen, wie Palmblättern, Steinen, Holz, Knochen und Lederteilchen, niedergeschrieben, vor allem von Mohammed und auserwählten Gläubigen immer wieder, besonders im Fastenmonat Ramadan, vorgetragen worden.

Die Suren tragen Stichworte als *Überschriften.* Diese beziehen sich auf die maßgebliche Stelle im Text jeder Sure. (In dieser Ausgabe ist darauf durch gesperrten Satz und Noten hingewiesen.)

Der *Ort* der Offenbarung – Mekka oder Medina – ist bei allen Suren angegeben. Jedoch sind Suren aus Mekkaner Zeit durch Zusätze aus Medina oder umgekehrt ergänzt. Die Ortsangabe und die Zeit, wann die Sure entstand, sind umstritten.

Jede Sure ist in fortlaufend bezifferte *Verse* (Ajat auf arabisch) unterschiedlicher Länge unterteilt. (Die Versnummern stehen in dieser Ausgabe in eckigen Klammern.)

Manche Verse erscheinen aphoristisch. Sie sind im Text (in runder Klammer) ergänzt und durch Noten erläutert. Ebenso sind unterschiedliche Auffassungen anderer Übersetzer zitiert.

Alle Suren mit Ausnahme der IX. führen als Vers [1] die gleiche *Einleitungsformel:* Im Namen Allahs, des Allbarmherzigen.

Zu Beginn der Verse [2] vieler Suren finden sich *Abkürzungsbuchstaben,* deren Bedeutung noch nicht geklärt werden konnte. (Im Notenapparat zu jeder Sure ist auf Erklärungsversuche der Wissenschaft und Religion hingewiesen.) Vielfach werden Namen der Schreiber Mohammeds vermutet.

Abgesehen von der Gliederung des Korans in Suren und Verse bestehen noch recht willkürliche Einteilungen in *Abschnitte* für die religiöse Lesung: zum Beispiel in dreißig Abteilungen (in dieser Ausgabe durch eingeschaltete Leerzeilen kenntlich gemacht).

Die Suren des Korans wurden erst nach Mohammeds Tode, 632, im Auftrage von Abu Bekr (Vater von Mohammeds Lieblingsfrau Aischa, einem der ersten Anhänger des neuen Glaubens und späterem ersten Kalifen), durch Mohammeds vertrauten Schreiber aus der Zeit in Medina, Said ibn Thabit, *gesammelt.* Hierbei gingen kleinere Teile unter Beibehalt mancher Verse widersprechenden Inhalts – vorgängige gelten durch spätere als aufgehoben! – verloren.

Das Heilige Buch ist in *einhundertvierzehn Suren* eingeteilt, die nach europäischer Ansicht recht willkürlich – nur der Länge der Suren entsprechend, ohne Rücksicht auf zeitliche Folge – gereiht sind. Dagegen verwahren sich heftig die Moslems, die in Reihung und Textgestaltung den höheren Willen Allahs sehen.

Es ist schwierig, aus in den Versen angedeuteten geschichtlichen Ereignissen und sprachlichen Merkmalen Reihenfolge, Zeit und Ort der Offenbarung herauszuklügeln und spätere Ergänzungen aus Mohammeds Prophetenjahren, Zufügungen und Einschaltungen einzelner Anordnungen herauszufinden.

Am leichtesten sind noch die frühen Offenbarungen aus Mekkaner Zeit durch ihren rein religiösen Inhalt und die ekstatische Sprache von den realistischen Versen gegenwarts- und lebensnahen Inhalts der Medinenser Zeit zu unterscheiden.

Ein bestechender Erfolg war 1860 der Forschung *Theodor Nöldeckes,* Göttingen, beschieden, der die *zeitliche Folge* der Offenbarungen Mohammeds in folgende *vier Perioden* aufgliederte und innerhalb dieser die Entstehung der Suren einteilte:

1. Periode: im ersten bis fünften Jahr von Mohammeds Auftreten:
   Sure: 96, 74, 111, 106, 108, 104, 107, 102, 105, 92, 90, 94, 93, 97, 86, 91, 80, 68, 87, 95, 103, 85, 73, 101, 99, 82, 81, 53, 84, 100, 79, 77, 78, 88, 89, 75, 83, 69, 51, 52, 56, 70, 55, 112, 109, 113, 114, 1.
2. Periode: fünftes und sechstes Jahr:
   Sure: 54, 37, 71, 76, 44, 50, 20, 26, 15, 19, 38, 36, 43, 72, 67, 23, 21, 25, 17, 27, 18.
3. Periode: siebtes Jahr bis zur Flucht aus Mekka, am 16. Juni 622:
   Sure: 32, 41, 45, 16, 30, 11, 14, 12, 40, 28, 39, 29, 31, 42, 10, 34, 35, 7, 46, 6, 13.
4. Periode: medinensische Suren:
   Sure: 2, 98, 64, 62, 8, 47, 3, 61, 57, 4, 65, 59, 33, 63, 24, 58, 22, 48, 66, 60, 110, 49, 9, 5.

Die im Koran, dem mohammedanischen Lehr-, Lese- und Vorschriftenbuch, gepredigte Lehre heißt: *Islam.* Islam bedeutet Friede, Gottergebenheit. Der Gläubige, der sich ganz Allah hingibt, wird Moslem genannt.

Sprache, Aufbau und *Wort* des Korans sind rhetorisch. Es ist nicht ganz einfach, sich in den Stil des Korans einzulesen. Denn: »Gottes Wort ist anders als Menschenwort.«

Allah spricht zu Mohammed, einmal in der Einzahl, einmal in der Mehrzahl. Allah spricht durch Mohammed zu den Gläubigen, Allah beauftragt Mohammed, zu den Gläubigen zu sprechen. Der Ungläubige – von Mohammed »O ihr Menschen« angesprochen – antwortet in direkter Rede auf direktes Wort. Der Gläubige – »O Gläubige!« – wird angeredet und erwidert. Der Ungläubige (Mekkaner) höhnt, der Gläubige (Medinenser) entgegnet als Moslem.

Es sprechen aber auch Engel, Propheten, Gläubige und Ungläubige früherer Zeiten in den dem jüdischen Glaubensgut entnommenen alttestamentarischen Geschichten.

Die »Schriftbesitzer«, Juden und Christen, die Thora und Evangelium kennen, werden ermahnt, die früheren Offenbarungen Allahs nicht dadurch zu verfälschen, daß sie die Ankündigungen auf Mohammeds Kommen unterdrücken. Sie werden dieses Frevels bezichtigt.

Zum *Inhalt* des Korans sei bemerkt: Auf seinen Reisen mit Kamelkarawanen ist Mohammed in seinen jüngeren Jahren mit Rabbinen und Vertretern christlicher Religion in Berührung gekommen. Von diesen bezog er ein in diesen Ödgebieten entstelltes – apokryphes – Religionsgut beider Glaubensrichtungen.

So nimmt uns seine ungenaue Kenntnis der Religion dieser Konfessionen nicht wunder. Dabei sind aber seine testamentarischen Geschichten in ihrer gläubigen Innigkeit aus Mekkaner Zeit von bezauberndem Reiz, ob er nun Abraham oder Noah, Lot, Moses, Pharao oder Salomo zu Wort kommen läßt. Könige, Heerführer, Stammesväter gläubiger Eingottrelegion sind bei ihm durchweg Propheten.

Seine Schilderungen von Paradies und Hölle, in den grellsten Farben als nahe Zukunft des Jüngsten Tages und Letzten Gerichtes – in späteren Suren wird dieses Ereignis in immer entferntere Zukunft verlegt! –, sind dem poetisch-lyrischen Charakter der Dichtung des Vorderen Orients gemäß.

Im Paradies kommen beglückte Gläubige, in der Hölle dagegen sich gegenseitig verfluchende bestrafte Ungläubige oft zu Wort. Auch die Götzen, die die Heiden ohne Sinn, »zweck- und gedankenlos nach übernommener Vätersitte« trotz Belehrung anbeten – auch Iblis, der Teufel: Sie alle sprechen.

Plastisch wird die Geschichte um Joseph und Potiphar-Aziz und dessen ungetreues Weib dargestellt wie auch das Erlebnis der von den Moslems hochgeehrten Jungfrau Maria – bei ihnen nur Mutter Jesu, des auserwählten Menschen. Jesus ist nicht Gottes Sohn, lediglich bevorzugter Prophet Allahs. Der Heilige Geist ist der Engel Gabriel, heiliger Geist als Bote Allahs.

Die christliche Trinität erscheint den Moslems als Widerspruch gegen den reinen Monotheismus: Sie erblicken in der Dreifaltigkeit einen Thritheismus, einen Dreigötterglauben.

Im Arabischen ist die *Diktion* des Korans – in den Offenbarungen zu Mekka – poetische Prosa, die sich in Medinenser Zeit zu nur gereimten Schlußversen wandelt.

Die Beurteilung des Korans war im Laufe der Jahrhunderte großen Schwankungen unterworfen.

Dem *Mittelalter* erschien der Koran als ein »unverdauliches« Werk, schon aus religiös mißverstandener Verhaftung verurteilt und abgelehnt. Die Suren werden als »unverständlich, aphoristisch-chaotisch« bezeichnet.

In der *Neuzeit* begann man die intuitive Erkenntnis des Monotheismus des »ungebildeten, des Schreibens und Lesens (angeblich) unkundigen« Arabers Mohammed mit seinem religiösen Ethos zu achten und das Herausführen seiner heidnischen Landsleute aus grausamen Gebräuchen der Zeit »vor der Erkenntnis« zu bewundern, wenn auch sein Leben, seine politisch bedingte Lebensmoral, die ihm vorgeworfene Sinnenlust in seinen späteren Lebensjahren übel gedeutet wurden.

Mohammed gründete mit seinem Wort ein »Paradies unter dem Schwert« – und er verfaßte ein poetisches Werk auf altem Boden hoher Poesie und Märchenerzählkunst, das heute zu den erlesenen *Werken der Weltliteratur* zählt, studiert wird und zunehmende Wertschätzung genießt.

Goethe, der in der zweiten Sure den maßgeblichen Kern des Korans erblickt – sie ist in dieser Ausgabe neu verfaßt –, äußert sich zum Koran:

»Genaue Vorschriften von Dingen, die erlaubt und verboten sind, legendarische Erzählungen von jüdischer und christlicher Religion, Erweiterungen aller Art, endlose Tautologien – (Wiederholungen gleichen Inhalts mit Ausdrücken gleicher Art) – bilden den Körper dieses geheiligten Buches, das uns, sooft wir uns ihm nähern, von neuem abstoßend ist, dann uns immer von neuem anzieht und mit Bewunderung erfüllt und uns endlich zur Verehrung zwingt.«

Hervorragende Gelehrte widmeten und widmen dem Koran ihre Lebensarbeit. Seit dem ausgehenden achtzehnten und durch das neunzehnte Jahrhundert hindurch liegen europäische Ausgaben und Kommentare, vielfach schwer erreichbar, vor. Die Ausgabe von *Gustav Fluegel*, 1834, verdient besondere Erwähnung. Er sagt: duas editiones habemus (zwei Ausgaben haben wir): Hinckelmannianam et Maraccianam.

Grundlage dieser Bearbeitung war die wörtliche Übersetzung von *Ludwig Ullmann*, 1840, zu deren Neufassung und Kommentierung Koranübertragungen bis in unsere Tage unter gewissenhafter Namensnennung (in den Noten) benutzt wurden.

GLAUBENS- und SONSTIGE VORSCHRIFTEN des Korans

Der Koran ist aus eschatologischem Antrieb – aus der Frage nach dem Endschicksal von Mensch und Welt nach den Letzten Dingen – verfaßt.

Nicht allzuviel wird vom gläubigen Gottergebenen, vom Moslem, in den religiösen Vorschriften verlangt.

Zuoberst steht der *binomische Glaubenssatz:* Allah ist ein einziger Gott, und Mohammed ist sein Prophet.

Allah, der Weltenherr seit Ewigkeit, hat die Welt erschaffen: Sonne, Mond und Sterne und die den Menschen wohlbereitete Erde, auf ihr das Meer. Am Jüngsten Tage geht alles zugrunde und kehrt zu ihm zurück. Allah erschuf die Engel – als seine Diener, nicht seine Töchter – und die Teufel sowie die Dschinnen, böse und gute Geister, aus Feuer und die Menschen aus Lehm. Diese betrachtet Allah als die höchsten Wesen, denen er zu gutem Tun und zum Glauben an ihn zwar unbeschränkte Willensfreiheit verlieh, aber ein in seinem göttlichen Buch im Himmel vorgezeichnetes Lebensschicksal auferlegt: einen Lebensweg, auf dem er den Menschen »auch in Irrtum entläßt«.

Ferner sind da noch sieben Himmel, am untersten die Sterne, im obersten steht Allahs Thron. Dort ist das Paradies mit allen Freuden zur Belohnung der Gläubigen und in der Tiefe die Hölle mit grauenvollen Feuermartern für die unbelehrbar Ungläubigen. Dazwischen der Wall für Menschen, deren gute und böse Werke sich genau aufwiegen: Dort sitzen sie und warten.

Eingott Allah, mit über hundert Verehrungsnamen, ist kein unversöhnlicher Rachegott, er ist gnädig, gerecht und verzeihend, voll Milde gegen unbedachte Sünder, die bereuen: Allah ist barmherzig.

Mohammed, für den Eingott Allah unbedingten Gehorsam von der Menschheit fordert, ist sein Prophet, der ein Mensch ist wie alle Menschen, sterblich, nicht unfehlbar und ohne besondere Wunderzeichen von ihm ausgeschickt. Nur der Koran ist sein Zeichen – wer anders als Allah könnte ihm Offenbarungen aus dem im Himmel bewahrten Urkoran durch den Engel Gabriel solche Verse gesandt haben? Niemand vermag solche nachzuahmen.

Aus der Lehre von der Lebens- und Erfolgsvorbestimmung seit Uranfang – Kismet – ist der mohammedanische Fatalismus entstanden, der in den opferfordernden Glaubenskriegen gegen die Ungläubigen oft fatale Folgen für diese zeitigte, von denen Spanien und Mitteleuropa in den Zeiten der Araber- und Türkenkriege Zeugnis gaben.

Der *Dienst an Gott* wird durch *tägliche Gebete* zu bestimmten Zeiten mit Niederwerfungen sowie durch freiwillige Andachtsübungen verrichtet. Als *Gebetsrichtung* (Kibla auf arabisch) wird die Wendung zu Kaaba, der heiligen Moschee in Mekka, gefordert, wo immer der Gläubige weilt.

Weitere Glaubensgebote:

Einhalten der *Fastenvorschriften*, regelmäßig tagsüber im Fastenmonat Ramadan, auch als Bußübung in besonderen Fällen;

Durchführung der *Großen Pilgerfahrt* (Hadsch) *einmal* im Leben oder mehrmals der *Kleinen* (Umra) für Nahewohnende, zur heiligen Stätte nach Mekka;

Abgabe der *Armensteuer* (Zakat), die auf Bargeld oder Besitz (als Abgabe von der Nutzung in Naturalien) erhoben wird. Sie fließt vom Reichen dem Besitzlosen und Bedürftigen zu. Almosengabe ist eine immer wiederkehrende Forderung an den Gläubigen, sie ist auch Buße für Versündigung;

Speiseverbote aus heidnischer Zeit und solche, die den Juden auferlegt worden waren, sind im Koran vielfach aufgehoben beziehungsweise beschränkt. Vor allem sind Wein (auch Alkohol), Schweinefleisch, Blut und Verendetes verboten.

Spiel und abergläubische Schicksalsbefragung sind untersagt.

Geboten sind *gastliche Güte* gegen Pilger und Wandersmann.

Heiliges Gebot ist die Befolgung des *Aufrufs zum Religionskrieg.*

Zu den rein religiösen Vorschriften treten moralische und bürgerliche Pflichten:

Achtung vor dem Leben des Mitmenschen, damit Einschränkung der Blutrache aus heidnischer Zeit und Verbot des Tötens weiblicher Nachkommenschaft, die dem Araber unerwünscht war;

Treue und Anständigkeit im *Einhalten von Verträgen* und im Handelsleben (in Maß und Gewicht);

Beschränkung der Polygamie auf vier Frauen und Besserstellung dieser bei gleichzeitiger Erschwerung der in heidnischer Zeit ganz formlosen, leicht durchführbaren Scheidung;

Güte und liebevolle *Dankbarkeit gegen Eltern* und Verwandte. *Hilfeleistung* für Stammes- und Glaubensgenossen, besonders für Waisen (und Redlichkeit bei deren Vermögensverwaltung);

Sorge für die eigenen Kinder und Fürsorge für deren Mütter;

Sittlicher Lebenswandel;

Pflichttreue;

Güte gegen Untergebene und Sklaven (deren Haltung die heutige mohammedanische Lehre untersagt);

Verbot des Selbstmordes.

Prozessuale Vorschriften:

Anrufung des Propheten in Streitigkeiten;

Verfahren bei Scheidung, bei Besitzstreitigkeiten sowie in Fällen des Erbganges;

Aufteilung der Beute nach erfolgreichen Kriegen.

(Im einzelnen werden diese Vorschriften in den Noten zu den Suren besprochen.)

Aus der Vielfalt der neuen Vorschriften mit ihrem Eingriff in das bisherige Gewohnheitsrecht aus heidnischer Zeit und aus der Vertiefung der bisher oberflächlichen Religion wird der schwere Geduldskampf und Leidensweg Mohammeds bis in seine letzten Erfolgsjahre verständlich und bewundernswert.

Der Koran, der ursprünglich ohne Absicht auf gesammelte schriftliche Aufzeichnung nur für Gedächtnis und Auswendigwiederholung verfaßt war – und »alljährlich von Mohammed und dem Engel Gabriel mit der Urtextfassung im Himmel verglichen wurde« –, ließ bei Mohammeds Tod manche Zweifelslücken offen.

Der neue Staat und seine Religion waren für die Gläubigen in Gewissensqualen zu jung. Gesandtschaften aus orientalischen Nachbarländern holten sich bei den nächsten Hinterbliebenen des Propheten Rat.

So entstand Hadith (Mitteilung), die mit der Sunna (Herkommen) glaubensbestimmend wirkte. Die Sunna wurde von Mohammeds kluger Witwe Aischa maßgebend beeinflußt. Dieses die religiösen Vorschriften ergänzende Gewohnheitsrecht, aus mündlicher Überlieferung nach dem Tode des Propheten entstanden, brachte Sicherheit bis in die nebensächlichsten Fragen des täglichen Lebens der Gläubigen. (Viele Entscheidungen dieses Gewohnheitsrechtes sind in Noten zum Text dieser Ausgabe eingebaut.) Idschma, die Übereinkunft der Glaubensältesten und der Allgemeinheit, und Kijas, die Ableitung aus vorhandenem Glaubensgut, helfen in Zweifeln in religiösen und Alltags-Fragen. Bis ins letzte hält sich der Moslem in seinem Leben an Koran, Sunna und Hadith und bezeigt vielfach allen dort nicht aufgeworfenen Fragen gegenüber Interesselosigkeit und Mißachtung.

Auch im Islam haben sich zwei Glaubensrichtungen gebildet: die Sunniten und die Schiiten.

Weithin wirkt heute die Ahmadiyya-Mission; jährlich gehen von ihr bestellte Missionare in alle Welt. Von ihr werden Bestrebungen der Übersetzung des Korans in alle Sprachen unterstützt. Früher war Koranlesung nur Moslems erlaubt. Die Mission verficht den Gedanken der Verbreitung des Korans über die ganze Welt.

MOHAMMEDS LEBEN und WIRKEN

Mohammeds Geburt, Jugend und Leben bis zu seinem Auftreten als Prophet sind ebenso unerforscht wie zu jener Zeit sein Geburtsland.

Arabien, das Land seiner Geburt, mehrfach so groß wie Deutschland, lag außerhalb der kulturgeschichtlichen Entwicklung jener und früherer Zeit. Rom betreute kolonial nur Arabia Petraea. Jemen war gerade noch vom Hörensagen und durch einen mißglückten Feldzug bekanntgeworden. Arabische Randgebiete im Norden und Süden standen unter römisch-griechisch-byzantinischer oder persischer Tributpflicht.

In vereinzelten Oasen jenes überaus heißen, wasser- und ertragsarmen Gebietes hatten sich einige größere geschlossene Siedlungen gebildet: Mekka, Jathrib-Medina und Taif, die in stetem Konkurrenzkampf miteinander lebten. Religiöser Mittelpunkt wurde Mekka, das in seiner Kaaba, später Bait Allah (Haus Gottes), den heiligen schwarzen Stein besaß: Hadschar, den Meteoriten.

Seinen Handels- und Messebesuchern zuliebe stellte man auch die Götzenbilder der Handelsgäste in der Kaaba auf. Die bekanntesten arabischen heidnischen Gottheiten sind die im Koran erwähnten: Al-Uzza, Manat und Allat. Der Jahrhunderte vorher vorwiegend verehrte Allah war ohne besonderes Gepräge gegen primitive Naturgewaltgötzen und Geister in den Hintergrund getreten.

Über die Oasen waren reiche Judensiedlungen verbreitet, deren Bewohner sich durch handwerkliches Können, Goldschmiedekunst und Fleiß hervortaten. Gegenüber der arabischen Bevölkerung besaßen die Juden durch die größere Bevölkerungszahl und ihre kulturelle Vergangenheit eine Vorrangstellung. Hervor traten vor allem die Judensiedlungen in Medina und Chaibar.

Mohammed, der »Gepriesene«, kein seltener Vorname, wurde als Sohn des Abdallah und der Amina aus dem Banu Haschim, einem Zweig der Koreischiten, in Mekka geboren. Als Tag wird der 20. April angegeben, als Geburtsjahr 570. Beides ist unsicher, seine Geburt fällt in die Jahre 570 bis 580. Seine Familie war durch großherzige Freigebigkeit verarmt. Die Koreischiten waren reiche Handelsherren, die Karawanen ausrüsteten und auf den Knaben und späteren Propheten wegen seiner Armut herabsahen. Eine Amme aus Beduinenstamm, Halima, hat Mohammed vorübergehend gepflegt, ihn aber bald seiner Mutter wieder zurückgegeben, da diese nicht die Mittel besaß, die hohen Kosten solcher Pflege zu bestreiten.

Schon vor Mohammeds Geburt war sein Vater gestorben. Seine Mutter verlor er mit sechs Jahren. Er kam zu seinem liebevoll besorgten Großvater Abdal-Mottala, der verstarb, als sein Enkel noch nicht das zehnte Lebensjahr erreicht hatte. Er wurde nun bei dem kinderreichen und mittellosen Oheim Abu Talib aufgenommen, der den Neffen herzlich betreute. In dessen Sohn Ali fand er nicht nur einen getreuen Vetter, späteren Glaubensanhänger – er wurde vierter Kalif –, sondern auch den Gemahl seiner Lieblingstochter Fatima. Durch diese Tochterehe wurde Mohammeds Geschlecht für kurze Zeit in deren beiden Söhnen fortgepflanzt. Seines Oheims Eintreten für seinen Neffen gegen die späteren Verfolgungen ist um so bewundernswerter, als er selbst zeitlebens Heide blieb.

Mohammed mußte sich bereits in ganz jungen Jahren sein Brot als Hirte und als Kameltreiber auf Karawanenzügen verdienen. Er kam so in die Dienste der reichen, schon zweimal verwitweten Handelsfrau Chadidscha, für die er Karawanenreisen nach Syrien unternahm, wo er vermutlich in religiöse Berührung mit Juden und Christeneinsiedlern kam. Die reife Frau, Anfang der Vierzig, fand Gefallen an dem Fünfundzwanzigjährigen. Trotz des Widerstrebens ihres Vaters heiratete sie ihn etwa 595, ohne aber ihre vermögensrechtliche Selbständigkeit aufzugeben. Ungeachtet des Altersunterschiedes war die Ehe sehr glücklich, sie war mit zwei frühverstorbenen Knaben und vier Mädchen gesegnet. Zeit ihres Lebens blieb Chadidscha Mohammeds einzige Frau.

Wir wissen von Mohammeds damaliger äußerer Erscheinung: mittelgroß, schlanke, imponierende Gestalt, Lockenhaar, bartgerahmtes Gesicht, leuchtende Augen, betont wiegender Gang.

Mohammed wurde wenige Jahre vor seinem Tode noch einmal ein Knabe von der Sklavin Maria geboren, der aber im Alter von drei Jahren verstarb. Wegen seiner Knabenlosigkeit hatte er viel Spott zu erdulden.

Um die Jahrhundertwende überfielen Mohammed immer häufiger Trancezustände. Er fühlte sich von Dämonen verfolgt, flüchtete in die Einsamkeit des Berges Hira und lebte dort wochenlang zurückgezogen. Hier überkam ihn die erste Offenbarung. (XCVI. Sure.) Doch sprach er über seine göttliche Sendung, seit 610, nur im engsten Kreise. Seine Frau Chadidscha wurde die erste Gläubige, der ihr Onkel Waraka und sein Vetter Ali folgten. Erst die zweite Offenbarung (LXXIV. Sure) durch den Engel Gabriel bestärkte ihn in der Überzeugung von seiner gottbestimmten Sendung; an seinen guten Glauben kann heute kein Zweifel heran. Für seine Ehrlichkeit im bürgerlichen Leben hatte er den Beinamen Al-Amin (der Getreue) erhalten.

Er fühlte sich berufen, den ursprünglich von Abrahams Zeiten überkommenen Eingottglauben wiederherzustellen. Bei seinen ersten öffentlichen Predigten fand er außer dem angesehenen Koreischiten Abu Bekr nur Gläubige aus Sklavenkreisen und in den ärmsten Schichten niederen Standes: Schicksal der Gründer.

Die angesehenen Mekkaner Koreischiten traten ihm feindlich entgegen: aus einer Art von traditionsbedingtem Patriotismus, aber wohl auch aus wirtschaftlichen Gründen: Sie fürchteten in der Bekämpfung des hergebrachten Götter-Götzendienstes in der Kaaba auch eine wirtschaftliche Schädigung ihres Wallfahrts-, Handels- und Messegeschäftes. Sie erklärten ihn für »besessen«. Es erwuchsen ihm und den Gläubigen Quälereien, Boykott und Verfolgungen, die eine Gruppe von Moslems zur vorübergehenden Auswanderung aus

Mekka, mit seiner Zustimmung, zum Negus in das monotheistische Abessinien zwangen. Der Negus nahm die Emigranten freundlich auf und verweigerte deren Auslieferung. Um diese Zeit trat Omar, der spätere zweite Kalif und Vater Hafzas, Mohammeds weiterer Frau, zu den Gläubigen über.

Die Stammessolidarität bewahrte Mohammed vor dem Äußersten, aber selbst in der engeren Verwandtschaft – zum Beispiel von seinem Oheim Abu Laheb – wurde er verfolgt.

Verhandlungen Mohammeds mit Taif in Auswanderungsfragen der Gläubigen blieben erfolglos. Steinwürfe scheuchten ihn von dort.

Bewohner Medinas hatten seine Lehre auf gelegentlichen Pilgerfahrten nach Mekka kennengelernt, sie waren Gläubige geworden. Die seit langem bestehende Konkurrenz zwischen Mekka und Medina brachte Mohammed den gewünschten Erfolg: Nach zwei Jahren kam es zu einem Bündnisvertrag mit einer kleinen Gruppe (zu Akaba), im Jahre darauf zu einem Treueschwur auf Gedeih und Verderb, an dem siebzig Männer aus Jathrib-Medina teilnahmen. Zahlreiche Gläubige aus Mekka (Muhadschirun genannt) wanderten unter Rücklaß ihrer Habe nach Medina aus und wurden dort von den gläubigen Medinensern (Ansarn, den Helfern) hilfsbereit aufgenommen. Mohammeds diplomatischem Geschick gelang die Verschmelzung beider Gruppen zu fester Glaubensbrüderschaft.

Im Juni (?) 622 sah sich auch Mohammed durch die gefährlich zugespitzten Verfolgungen der Mekkaner zur Flucht (Hidschra) gemeinsam mit Abu Bekr gezwungen. Drei Tage verbarg er sich mit seinem treuen Genossen in einer Höhle nahe bei Mekka, während sein Vetter Ali Mohammeds Anwesenheit in Mekka auf dessen Lagerstatt vortäuschte. Auf schnellen Reitkamelen entkamen Mohammed und Abu Bekr nach Medina. Ali wurde von den getäuschten Koreischiten auf kurze Zeit gefangengesetzt.

Mohammeds Stellung zu Medina war von Anfang an eine gehobene. Mit der machtvollen jüdischen Gemeinde wußte er sich anfangs erträglich zu stellen. Die Gruppe der wankelmütigen Medinenser (der »Heuchler« – Munafikun) verstand er durch Offenbarungen einzuschüchtern und schließlich seinem Glauben zuzuführen. Bald war die arabische Bevölkerung zu Medina eine feste geschlossene Einheit, da ihm daselbst auch die Aussöhnung der feindlichen Stämme der Aus und Chasradsch gelang.

Um sein Ansehen zu heben, begründete Mohammed seinen Harem, dem neben seinen Hauptfrauen Aischa und Hafza sieben Frauen und mehrere Sklavinnen angehörten.

Von Medina aus führte nun Mohammed einen erbitterten Kampf gegen seine Vaterstadt Mekka einerseits und gegen die etwa sechstausend Juden von Medina (gegenüber dreitausend Medinensern) sowie gegen die ablehnend gesinnten Juden der näheren und weiteren Umgebung.

Nach überfallartigen Angriffen auf kleinere Mekkaner Karawanen kam es zu seinem maßgeblichen Sieg im Kampfe bei Bedr im März 624. Gegen bedeutende Übermacht der Mekkaner war dieser Erfolg, »mit Hilfe himmlischer Heerscharen«, errungen worden.

Nach Niederwerfung der Juden zu Nachla erfolgte die Abrechnung mit den Juden zu Medina.

Bei Ohod erlitten die Gläubigen 625 eine Niederlage gegen Mekka, die aber glimpflich verlief, weil die Gegner die Situation nicht zu nutzen verstanden. Das Unternehmen gegen den Banu Nadir gelang bald darauf.

Bei allen Kriegszügen war den Gläubigen reiche Beute zuteil geworden.

Anfang 627 zogen die Mekkaner rachedurstig gegen Medina, die ein für arabische Kampfweise ungewohnter Graben um Medina aufhielt. Dazu kam Schlechtwetter, das die Mekkaner Übermacht zum erfolglosen Abzug zwang.

Die Vertreibung der letzten Juden aus Chaibar erfolgte 629, maßvoll und ohne Grausamkeiten. Mohammed wußte durch politisch kluge Milde auch einen Waffenstillstand mit Mekka zu Hudeibia herbeizuführen, der ihm vor allem die ungestörte Wallfahrt der Gläubigen in die Kaaba zu Mekka zusicherte.

Die Jahre 628 bis 630 standen unter dem Zeichen der Festigung des Glaubens, der auch in Gesandtschaften von und zu Nachbarländern Ausdruck fand. Mächtige Koreischiten traten zu ihm über.

Im Januar 630 zog Mohammed nach acht Jahren der Flucht kampflos und siegreich in seine Vaterstadt ein. Der Glaube hatte über Mekka gesiegt. Ein weiterer Sieg zu Honein stärkte Mohammeds Stellung.

630/31 führte ein Kampfzug die Gläubigen bis an die Grenze des byzantinischen Reiches (Tabuk).

März/April 632 unternahm Mohammed seine letzte triumphale Pilgerfahrt nach Mekka, siebenmal umritt er die Kaaba nach Vorschrift (Tawaf) und predigte vor Tausenden von Gläubigen.

Bald hernach erkrankte Mohammed schwer und starb am 8. Juni 632 bei seiner geliebten Aischa, in deren Schoß seinen Kopf bergend.

Abu Bekr wird durch Omars Energie erster Kalif. Der Koran bindet die Gläubigen in Treue an ihren verherrlichten Propheten.

Unter den Omajjaden (bis 750) und den folgenden Abbasiden (bis 1250) wächst der Islam zu machtvoller Stärke.

Die unter islamischer Kultur geschaffenen Werte haben alle ihre Grundlage im Wort des Korans und in der ethischen Idee Mohammeds. L. W.

DER KORAN

Das heilige Buch

des Islam

ERSTE SURE

Eröffnung[1] des Korans (Al-Fatiha) *offenbart zu Mekka*[2]

[1] Im Namen Allahs, des Allbarmherzigen! [2] Lob und Preis sei Allah, dem Herrn aller Weltenbewohner[3], [3] dem gnädigen Allerbarmer, [4] der am Tage des Gerichtes herrscht. [5] Dir allein wollen wir dienen, und zu dir allein flehen wir um Beistand. [6] Führe uns den rechten Weg, [7] den Weg derer, welche sich deiner Gnade freuen – und nicht den Pfad jener, über die du zürnst oder die in die Irre gehen[4]!

[1] Diese den Koran »eröffnende« Sure ist das Kurzgebet des Moslems. »Sure« bedeutet die »den Menschen anspringende« Erhabenheit und Weisheit. 114 Suren, Kapitel, jede in Verse (Ajat) unterteilt, bilden, der Länge des Inhalts nach geordnet, den Koran, die verbindliche Religionsvorschrift. Auch jedwede bürgerliche, soziale und strafrechtliche Anordnung ist im Kor-ân enthalten. (Der Moslem verwahrt sich gegen die abendländische Ansicht einer »Willkür« der nichtchronologischen Reihung nur »nach Länge« der Suren. Bereits in Vers [3] der zweiten Sure sei die Antwort auf [6] der ersten Sure erteilt.) [2] Die dem Herkommen entsprechend übernommene Ortsangabe hält nach mancher Kommentatoren Meinung der Forschung nicht stand. Die in reiner Mekkaner Sprache in poetischer Prosa abgefaßten religiösen Partien stammen aus der ersten Zeit der Prophetie des Religionsstifters, die klaren Gesetzesstellen aus der medinensischen späteren Kampfzeit des diplomatischen, klugen und zielsicheren Staatengründers. Vielfach sind Offenbarungen beider Perioden in den Suren vermischt, nachträglich (vielleicht auch von seiner Lieblingsfrau und Vorkämpferin des Islams, Aischa) eingefügt. (Siehe Zeitordnung in der Einführung.) [3] Die übliche Übersetzung »Weltenherrn« wird abgelehnt. [4] Goldschmidt übersetzt: ». . . den Weg derer, denen du huldvoll bist, über die nicht gezürnt wird, die nicht irregehen.« Die im Text wiedergegebene Übersetzung lehnt er sprachlich ab. Er mißt dem Vers nur polemische Bedeutung bei: gegen Juden und Christen gerichtet.

ZWEITE SURE

Die Kuh[1] (Al-Bakarah) *offenbart zu Medina*

[1]Im Namen Allahs, des Allbarmherzigen. [2] Alif Lam Mim[2]. [3] Dieses Buch – es ist vollkommen, nichts ist zu bezweifeln – ist eine Richtschnur für die Frommen, [4] die auch an das geheimnisvoll Unbeweisbare (an das Unsichtbare) glauben, das Gebet verrichten, von dem, was wir ihnen huldvoll verliehen haben, Almosen geben [5] und an das glauben, was wir dir offenbarten, auch an das, was vor dir offenbart wurde, und die auf das Jenseits fest vertrauen. [6] Sie folgen der Führung ihres Herrn, ihnen wird es wohl ergehen. [7] Den Ungläubigen aber (für sie) ist es gleich, ob du sie mahnend warnst oder nicht: Sie bleiben ungläubig. [8] Allah hat ihnen Herz und Ohr verschlossen, ihre Augen verhüllt – harte Strafe wartet ihrer.

[9] Da gibt es Menschen, die sprechen zwar: »Wir glauben an Allah und an das Weltgericht!«, doch sie sind nicht gläubig, [10] und sie wollen Allah und die Gläubigen täuschen – aber sie betrügen nur sich selbst; doch dafür fehlt ihnen das Verständnis. [11] Ihr Herz ist krank, und Allah überläßt es mehr und mehr der Krankheit; bittere Strafe wird sie wegen ihres verlogenen Leugnens treffen. [12] Spricht man zu ihnen: »Stiftet kein Unheil auf Erden!«, so antworten sie: »Wir sind rechtschaffen (fördern Frieden)!« [13] Doch in Wahrheit sind sie die unheilvollen Weltverderber – und wollen es nicht wahrhaben. [14] Sagt man zu ihnen: »Glaubt doch, wie die anderen glauben!«, dann erwidern sie: »Sollen wir denn gleich Toren glauben?« – Doch sie selbst sind die Toren – und wissen es nicht. [15] Treffen sie mit Gläubigen zusammen, sprechen sie: »Auch wir glauben.« Kommen sie aber wieder zu ihren satanischen Verführern[3], sagen sie: »Wir halten es doch mit euch, und mit jenen treiben wir nur Spott.« [16] Allah aber spottet ihrer und läßt die Verblendeten in ihrem frevlen Irrtum beharren. [17] Sie haben den Weg zur Wahrheit mit dem Irregehen vertauscht, ihr Handeln bringt ihnen

[1] Benannt nach den Versen [68] ff. [2] Die drei arabischen Buchstaben (a, l, m) sind nach herkömmlicher Meinung von einem der Schreiber Mohammeds, Amar li Muh, zugefügt. Solche Abkürzungen, Al-Mukkataat genannt, aus dreizehn verschiedenen Schriftzeichen, bei achtundzwanzig Suren, in Kombination bis zu fünf Buchstaben verwendet, bedeuten nach mosleminischer Auffassung eine Anrufung Allahs mit einer seiner in diesen Suren besonders zum Ausdruck kommenden hohen Eigenschaften; hier: Allah, der Allwissende. (Über hundert solcher verehrender Anrufe verwendet der Moslem.) – Buchstaben bedeuten auch Zahlen (a = 1, l = 30, m = 40). So soll nach anderer religiöser Meinung in diesen Zeichen mit der Zahl 71 die Macht des Islams (nach anfänglicher Schwäche desselben) 71 Jahre nach Verkündung dieser Sure prophezeit sein. [3] Hierunter sind die Priester und konfessionellen Vertreter jüd. und christl. Glaubens verstanden!

keinen Gewinn: Sie sind vom rechten Weg abgekommen. [18] Sie sind dem zu vergleichen, welcher ein Feuer entzündet, und da dieses nun alles um ihn erleuchtet, löscht Allah das Licht und läßt ihn in schwarzer Finsternis: so sieht er nichts. [19] Taub, stumm und blind ist er – darum findet er keine Umkehr (büßt nicht).

[20] Oder wie in Finsternis sind sie, wenn unter Donner und Blitz aus schweren Wolken Regen vom Himmel stürzen; sie stecken im Donnergetöse aus Todesangst die Finger in die Ohren; und Allah ergreift die Ungläubigen. [21] Des Blitzes Strahl blendet ihre Augen; sooft dieser alles um sie erleuchtet, wandeln sie in seinem Lichte; wird es aber wieder finster, dann stehen sie festgebannt. Und wenn Allah nur wollte, um ihr Gesicht und Gehör wäre es geschehen: denn Allah vermag alles, was er will. [22] O Menschen (ungläubige Mekkaner), dienet dem Herrn, der euch und die vor euch erschuf, damit ihr ihn ehrfürchtig verehren lernt. [23] Er bereitete euch die Erde zum Teppich und den Himmel zum Gezelt; er läßt Wasser vom Himmel strömen, um Früchte zu euerem Unterhalt hervorzubringen. Daher stellt Allah gegen besseres Wissen keine Götzen zur Seite. [24] Bezweifelt ihr das, was wir unserem Diener offenbarten, nun, so bringt doch nur eine Sure gleich diesen hervor, ruft eure Zeugen[4] außer Allah zu Hilfe, wenn ihr die Wahrheit sprecht. [25] Könnt ihr dies aber nicht – und nimmermehr vermögt ihr dies –, so fürchtet das Feuer, das Menschen und Steine[5] verzehrt, das für die Ungläubigen bereitet ist. [26] Verkünde denen, die glauben und Gutes tun, daß sie in Gärten kommen werden, die Ströme durchfließen; und sooft sie dort Früchte genießen werden, sagen sie: »Diese Früchte waren auch schon früher unsere Speise!« – Gleicher Art werden diese dort sein. – Auch unbefleckte Frauen werden ihnen zuteil werden, ewig sollen sie in den Gärten weilen.

[27] Gewiß, Allah ist nicht zu groß, kleine Gleichnisse von Mükken oder noch Kleinerem[6] zu geben. Die Gläubigen wissen, daß nur Wahrheit von ihrem Herrn kommt. Die Ungläubigen aber sprechen: »Was will Allah mit solchem Gleichnis?« Viele sollen dadurch irre werden, viele recht geleitet. Aber nur die Frevler läßt er im Irrtum bleiben. [28] Die das errichtete Bündnis mit Allah zerreißen und trennen, was Allah vereinigt haben will, und die auf Erden Ver-

[4] Die Götzen-Götter. [5] Die Steingötzen. [6] Mohammed »stellt nicht Allahs unwürdige Gleichnisse auf«. Allahs Walten auch für kleinste Lebewesen findet hier Ausdruck.

derben stiften, diese werden untergehen. [29] Wie wollt ihr Allah leugnen? Ihr wart ja ohne Leben, er hat euch Leben gegeben; er wird euch sterben lassen, und er wird euch dereinst wieder zum Leben rufen – dann werdet ihr zu ihm zurückkehren. [30] Er ist es, der für euch alles auf Erden erschuf, der den Himmel weitete und sieben Himmel bildete: er, der Allkundige.

[31] Dann sprach dein Herr zu den Engeln: »Ich will auf Erden einen Statthalter (den Menschen) setzen.« Sie antworteten: »Willst du dort einen einsetzen, der zerstörend wütet und Blut vergießt? Wir aber singen dir Lob und heiligen dich.« Er aber erwiderte: »Ich weiß, was ihr nicht wißt.« [32] Daraufhin lehrte er Adam die Namen von allem Sein, zeigte alles den Engeln und sprach: »Nennet mir die Namen dieser Dinge, wenn ihr recht habt!« [33] Sie antworteten: »Lob dir! Wir wissen nur das, was du uns gelehrt hast, denn du nur bist der Allwissende und Allweise!« [34] Dann sprach er: »Adam, verkünde du ihnen die Namen!« Als dieser sie genannt hatte, fuhr er fort: »Habe ich euch nicht gesagt, daß ich die Geheimnisse der Himmel und der Erde kenne und weiß, was ihr bekennt und was ihr verheimlicht.« [35] Darauf sagten wir zu den Engeln: »Fallt vor Adam nieder!« Und sie taten es; nur Iblis[7], der hochmütige Teufel, weigerte sich: Er war einer der Ungläubigen.

[36] Wir sprachen sodann: »Adam, du und dein Weib, bewohnt den Garten des Paradieses und eßt, was ihr wollt. Nur diesem Baume naht euch nicht, sonst werdet ihr Sünder!« [37] Doch der Satan verführte und vertrieb sie aus Eden; wir sprachen: »Hinweg von hier! Einer sei des anderen Feind, euer Wohnsitz sei nun die Erde, dort auch euer Unterhalt auf eine Weile.« [38] Dann lernte Adam von Allah Worte des Gebets, und Allah kehrte sich ihm in Gnaden wieder zu; denn er ist der oft Verzeihende und Barmherzige. [39] Wir sprachen: »Entfernt euch alle von hier! Es wird euch von mir eine Weisung zukommen; wer dieser folgt, wird weder Furcht noch Trauer kennen.« [40] Die, welche nicht glauben und unsere Zeichen (den Koran) verleugnen, werden Bewohner des Höllenfeuers sein und darin verbleiben.

[41] O Kinder Israels, gedenkt des Guten, das ich euch erwies, haltet in Treuen an dem Bündnis mit mir, dann will auch ich fest daran halten. Und verehrt nur mich. [42] Und glaubt, was wir zur

[7] Aus dem Wort Diabolus entstanden.

Bestätigung unserer früheren Offenbarungen nun ihm (Mohammed) offenbarten, und seid nicht die ersten, die nicht daran glauben, und vertauscht diese nicht mit Nichtigem, sucht Schutz bei mir und verehrt nur mich. [43] Kleidet nicht die Wahrheit, verschleiernd, in das Gewand der Lüge und verhehlt sie nicht gegen euer besseres Wissen. [44] Verrichtet das Gebet, spendet zugunsten der Armen und beugt euch mit den sich (betend) Beugenden. [45] Wie wollt ihr andere zu rechter Frömmigkeit mahnen, wenn ihr das eigene Seelenheil vernachlässigt? Ihr lest die Schrift[8], wollt ihr sie denn nicht auch begreifen? [46] Betet für euer Heil in Geduld; wohl nur den Demütigen ist das ein leichtes, [47] denen, welche glauben, daß sie ihrem Herrn entgegeneilen und einst zu ihm zurückkehren werden.

[48] Ja, ihr Kinder Israels, erinnert euch doch des Guten, das ich euch erzeigte, indem ich euch über die übrigen Völker erhob. [49] Fürchtet den Tag, an dem keine Seele stellvertretend für eine andere Genugtuung leisten kann und keine Fürsprache angenommen und kein Lösegeld gezahlt wird, an dem keine Hilfe gebracht werden kann. [50] Denkt daran, wie wir euch vor Pharaos Volk erretteten, das euch hart bedrückte, euere Söhne tötete und nur euere Frauen schonte. Dies war eine schwere Prüfung eueres Herrn. [51] Denkt daran, wie wir für euch zu eurer Errettung das Meer spalteten und vor euren Augen Pharaos Leute ertränkten. [52] Denkt daran, wie ihr, als ich mich vierzig Nächte mit Moses besprach, das Kalb vergöttertet und sündigtet, [53] was wir euch später verziehen haben, damit ihr dankbar seid. [54] Auch gaben wir Moses die Schrift und die Offenbarung[9] zu euerer Richtschnur. [55] Damals sprach Moses zu seinem Volke: »O mein Volk, ihr habt euch zutiefst in eueren Seelen durch dieses Kalb versündigt, kehrt zu euerem Schöpfer zurück, tötet euch selbst[10]. Das wird euerem Schöpfer wohl gefallen, und er wird sich wieder vergebend zu euch wenden; denn er ist der huldvoll Verzeihende und Barmherzige.« [56] Als ihr spracht: »O Moses, wir wollen dir nicht eher glauben, bis wir Allah mit eigenen Augen gesehen haben!«, da kam unter Donner Strafe über euch, und ihr kamt zur Einsicht. [57] Darauf weckten wir euch aus euerem Dahinsterben wieder zum Leben, damit ihr es dankbar an-

[8] Die Bücher Mosis. [9] Furkan: Erlösende Unterscheidung. So nennt Mohammed wiederholt den Koran. Vergleiche fünfundzwanzigste Sure [2] und Noten 1 und 2. [10] Den sündigen Teil eures Selbst, nicht – wie vielfach falsch kommentiert wird – die »Sünder unter euch«. Auch Henning übersetzt: . . . schlagt (die Schuldigen unter) euch tot.

erkennt[11]. [58] Wolken, die wir sandten, spendeten euch Schatten, und wir ließen Manna und Salwa[12] herabfallen und sprachen zu euch: »Eßt von diesen vorzüglichen Speisen, die wir sandten.« Und keineswegs uns, sich selbst haben sie geschadet. [59] Sagten wir: »Geht in diese Stadt und eßt darin zur Sättigung, soviel ihr mögt, aber tretet andächtig durch das Tor und sprecht: ›Hittatun‹ – ›Versöhnung! Vergebung!‹ Wir wollen euch euere Sünden vergeben und das Heil der Frommen vermehren.« [60] Da verdrehten die Frevler das Wort zu anderen Wörtern und sprachen: »Habbatun« (Korn), »Hintatun« (Gerste) und anderes Gottloses und plünderten. Darum haben wir über die ungehorsamen Frevler ein Strafgericht vom Himmel gesandt.

[61] Als Moses um Wasser für sein Volk flehte, da sagten wir: »Schlage mit deinem Stab an den Felsen!«, und es sprudelten zwölf Quellen hervor, so daß alle Stämme ihren Trinkplatz erkannten. »Eßt und trinkt von dem, was Allah gegeben hat, und verübt nichts Böses mehr auf Erden, stiftet keinen Unfrieden!« [62] Als ihr sagtet: »O Moses, wir können uns mit immer der gleichen Speise nicht mehr länger zufriedengeben, bitte deinen Herrn für uns, daß er uns der Erde Gaben sprießen lasse: Feldfrucht, Gurken, Knoblauch[13], Linsen und Zwiebeln«, da erwiderte er: »Wenn ihr denn das nähere Schlechte dem Besseren vorzieht, so kehrt in die ägyptische Gefangenschaft zurück, dort findet ihr, was ihr verlangt.« Elend und Armut waren dafür ihre Strafe, und Allahs Zorn traf sie, weil sie nicht an seine Zeichen glaubten und die Propheten ungerechterweise töten wollten und sich ungehorsam und frevelhaft auflehnten.

[63] All denen – seien es Gläubige, Juden, Christen oder Sabäer[14] –, wenn sie nur an Gott glauben, an den Jüngsten Tag und das Rechte tun, wird einst Lohn von ihrem Herrn, und weder Furcht noch Traurigkeit wird über sie kommen. [64] Als wir den Bund mit euch schlossen und hoch über euch den Berg ragen ließen[15], da sagten wir: »Haltet mit Festigkeit an dem, was wir euch offenbarten, beherzigt den Inhalt zu eurer Errettung in treuem Gedenken!«

[11] Nach einer Sage wurden jene getötet, die Gottes Angesicht schauen wollten, wurden hernach aber wieder zum Leben erweckt. [12] Eine Vogelart, weißen Wachteln ähnlich. [13] Wird auch »Erbsen« statt Knoblauch übersetzt. [14] Mohammed hält sie für die Johanneschristen. [15] Im Talmud, der nachbiblischen jüdischen Gesetz- und Überlieferungssammlung, ist unter Tract. Sabbat die Sage berichtet, Gott habe den Berg Sinai über dem Volke der Juden errichtet und die Annahme seiner Gesetze erzwungen: »Wenn ihr das Gesetz annehmt, ist es gut – wenn nicht, sei hier euer Grab.«

[65] Doch bald darauf wart ihr untreu, und hätte Allah euch nicht schützend geschont und sich nicht eurer erbarmt, schon längst wärt ihr verloren. [66] Ihr wißt sicherlich, was denen unter euch widerfuhr, die den Sabbat entweihten[16]; wir sagten zu ihnen: »Seid gleich den Affen von der menschlichen Gesellschaft ausgeschlossen!«, [67] so daß sie eine abschreckende Lehre für Mit- und Nachwelt und eine warnende Mahnung für die Frommen waren.

[68] Als Moses zu seinem Volk sprach: »Allah gebietet euch, ihm eine Kuh zu opfern«, da erwiderten sie: »Verspottest du uns?« Er aber sagte: »Da sei Allah davor, er behüte, daß ich zu den Toren gehören müßte!« [69] Sie erwiderten: »Bitte deinen Herrn für uns, daß er uns unterrichte, wie diese Kuh sein soll.« Er antwortete: »Sie sei eine Kuh, weder zu alt noch zu jung, ausgewachsen, mittleren Alters, so zwischen beiden; nun tut, wie euch geboten wurde.« [70] Sie sagten weiter: »Bitte deinen Herrn für uns, daß er uns lehre, von welcher Farbe sie sei.« Er antwortete: »Allah will, die Kuh sei gelbrot, etwa hellrot, und satt im Farbton; dem, der sie ansieht, eine frohe Lust.« [71] Und wieder sprachen sie: »Bitte nochmals deinen Herrn für uns, daß er uns genau über ihre Beschaffenheit belehre, da uns unsere Kühe eine der anderen ähnlich scheinen und wir Allahs Befehl gerne pünktlich erfüllten.« [72] Er sprach: »Es sei eine Kuh, nicht jochgebeugt und abgemagert vom Pflügen und Bewässern der Felder; sondern sie sei gesund, tadellos, kein Fehl an ihr!« Darauf sagten sie: »Nun kommst du mit der Wahrheit« und opferten die Kuh; ungern; und wenig fehlte, und sie hätten es unterlassen.

[73] Wenn ihr jemand erschlagen habt und über den Täter streitet, so enthüllt Allah, was ihr verheimlicht. [74] Wir befahlen: »Schlagt ihn (den Täter) zur teilweisen Buße für jenen, dann wird Allah dem Toten wieder Leben geben; er weist euch seine Zeichen, damit ihr begreifen lernt[17].« [75] Doch bald darauf wurde euer Herz verhärtet, wie Stein wurde es, ja härter noch als Steine –: aus einigen quellen Ströme; andere Steine – sie spalten sich, und es fließt Wasser daraus; manche stürzen auch aus Gottesfurcht vor Allah nieder; euer Tun ist wahrlich Allah nicht unbekannt.

[16] Siehe vierte Sure [48], siebte [164] ff. In Apokryphen die Sage: Bewohner Elats (heute Elyath) hätten im Hafen Ezion Geber – Zentrum altjüdischen Handels – durch Fischen den Sabbat entweiht und seien dafür in Affen verwandelt worden. [17] Die Lehre von der Zweckbestimmung der Kuh: Textvermengung IV. Buch Mosis 19 mit V. Buch 21. Ullmann übersetzt: Schlagt den Täter mit einem Teil der Kuh . . .

[76] Ihr wollt, daß sie euch glauben sollen[18]? Ein Teil hat wohl Allahs Wort vernommen und begriffen, dann aber mit Absicht verdreht, gegen besseres Wissen, in Kenntnis der Folgen. [77] Begegnen sie den Gläubigen, so sagen sie: »Auch wir glauben.« Wenn sie aber (die Juden) insgeheim zusammenkommen, so sagen sie: »Wollt ihr denn mit solchen sprechen, was euch offenbart wurde, damit sie über das vor euerem Herrn mit euch darüber streiten?« Seht ihr denn dies nicht ein? [78] Aber wissen sie denn nicht, daß Allah bekannt ist, was sie verheimlichen und was sie kundtun? [79] Zwar gibt es unwissende Leute unter ihnen, welche die Schrift nicht verstehen, sondern nur Märchen – sie glauben selbst nicht an diese – und eigene Wünsche; sie vermuten bloß. [80] Wehe denen, welche die Schrift mit eigenen Händen schreiben und geringen Gewinnes wegen sagen: »Dieses ist von Allah.« Wehe ihnen wegen ihrer Hände Schrift und wehe ihnen wegen ihres geringen Gewinnes dafür[19]! [81] Sie sagen zwar, das Höllenfeuer werde – wenn überhaupt – sie nur wenige Tage quälen. Sagt ihnen aber: »Habt ihr diese Zusicherung von Allah? Wird er eine Verheißung euretwegen brechen? Oder sprecht ihr etwas von Allah daher, was ihr nicht wißt?« [82] Deshalb, wer Böses tut und in Sünde verstrickt ist, wird im Höllenfeuer wohnen; dort bleibt er. [83] Wer aber glaubt und das Gute übt, der kommt ins Paradies und weilt dort ewiglich.

[84] Als wir mit den Kindern Israels einen Bund schlossen, befahlen wir: »Verehrt nur Allah allein, seid gut gegen euere Eltern und Verwandten, gütig zu Waisen und Armen und wünscht den Menschen nur Gutes, redet gut zu ihnen, verrichtet das Gebet und spendet euren Teil zum Almosen.« Doch bald darauf wurdet ihr abtrünnig und fielt mit Ausnahme weniger ab. [85] Auch das Bündnis schlossen wir mit euch: »Vergießt kein Blut der Eurigen, vertreibt niemanden aus seinem Hause!« Da bezeugtet ihr, daran festzuhalten. [86] Doch bald erschlugt ihr einander und vertriebt euch aus den Häusern. Im Unrecht und in Feindschaft steht ihr euch bei. Und wenn sie dann als Gefangene zu euch kommen, löst ihr diese wohl aus, doch war euch ihre Vertreibung verboten. Glaubt ihr denn nur einen Teil der Schrift, und den andern wollt ihr leugnen? Wer sol-

[18] Mohammed warnt seine Anhänger vor Bekehrungsversuchen von Juden zu Moslems. Es ist auffällig, daß sich Judentum und Islam betont feindlich gegenüberstanden.
[19] Mohammed beschuldigt hier die Juden der Verfälschung der Heiligen Schrift, besonders der auf ihn bezogenen Stellen.

ches tut, den wird in diesem Leben Schande treffen und die härteste Strafe am Tage des Gerichtes; Allah bleibt nicht verborgen, was ihr tut. [87] Und diese sind es, die das irdische Leben um den Preis des zukünftigen erkaufen; ihre Strafe wird nicht gemildert, nie wird ihnen Hilfe.

[88] Wir offenbarten bereits Moses die Schrift, ließen ihm noch andere Boten folgen, wir rüsteten Jesus, den Sohn Marias, mit überzeugender Wunderkraft aus und gaben ihm den heiligen Geist[20]. Aber sooft ein Bote kam mit solchem, was euch nicht gefiel, da bliebt ihr halsstarrig und ungläubig; einen Teil der Gesandten habt ihr des Betruges beschuldigt, den anderen brachtet ihr um. [89] Die Juden sagten: »Unsere Herzen sind (unbeschnitten) unberührt.« Aber Allah hat sie ihres Unglaubens wegen verflucht, nur wenige glaubten wenig. [90] Als nun diese Schrift (der Koran) ihnen von Allah gegeben worden war, welche die frühere bestätigte, und obgleich sie früher um Beistand gegen die Ungläubigen inbrünstig gebetet hatten, wollten sie jetzt diese Schrift, als sie kundgetan war, leugnen. Allahs Fluch daher auf diese Ungläubigen! [91] Für nichts haben sie ihre Seelen verkauft: Sie leugnen die Offenbarung Allahs nur aus Neid darüber, daß Allah seine Diener nach Gefallen wählt[21] und diesen sich in seiner Huld offenbart. Zorn auf Zorn kommt so über sie. Schmähliche Strafe trifft die Ungläubigen. [92] Sagt man zu ihnen: »Glaubt an das, was Allah offenbarte!«, so antworten sie: »Wir glauben nur an das, was uns offenbart wurde.« Und so verleugnen sie alles später Folgende, obgleich es die Wahrheit ist, welche die frühere bestätigt. Sprecht zu ihnen: »Warum habt ihr, wenn ihr Gläubige wart, die früheren Propheten Allahs erschlagen?« [93] Als Moses mit deutlichen Wunderzeichen zu euch kam, verehrtet ihr hernach dennoch das Kalb und habt euch vergangen. [94] Als wir ein Bündnis mit euch schlossen, den Berg über euch ragen ließen[15] und sprachen: »Haltet treu an dem fest, was wir offenbarten, und hört!«, da sprachen sie: »Wir hörten es wohl, aber wir gehorchen nicht.« Und in ihrem Unglauben war ihr Herz trunken vom Kalb[22]. Sage ihnen: »Schlimm ist, was euch euer Glaube befiehlt, wenn ihr Gläubige sein wollt.« [95] Sprich zu ihnen:

[20] Darunter versteht der Moslem den Engel Gabriel, der mit Offenbarungen Allahs – auf sein Gebot – den auserwählten Menschen erscheint. [21] Mohammed weist auf seine Berufung hin, obwohl er aus einfachem Volke stammt, was ihm oft vorgehalten wurde. [22] Siehe II. Buch Mosis, 22, 20, in dem die Begeisterung für das Götzentum bestätigt ist.

»Wenn ihr einen besonderen Himmel bei Allah, getrennt von den übrigen Menschen, erhofft, so solltet ihr ja sogleich den Tod wünschen, wenn ihr wahrhaft im Rechte seid!« [96] Aber nimmer wünschen sie ihn, ihrer Hände schuldig sündhaft Werkes wegen[23], das ihrem Tode vorauseilt. Allah kennt die Bösewichter. [97] Du wirst finden, daß gerade sie, mehr noch als die (heidnischen) Götzendiener, gierig an diesem Leben hängen. Jeder wünscht, daß er doch tausend Jahre leben möge. Aber lebte er auch tausend Jahre, nimmer würde er der Strafe entgehen; Allah weiß, was sie verbrochen haben.

[98] Sage ihnen: »Wehe dem, der ein Feind Gabriels ist! Gabriel gab dir auf Allahs Geheiß die Offenbarung (den Koran) ein, die das erfüllt, was schon früher an Weissagung vorhanden war; als eine Richtschnur und frohe Verheißung für die Gläubigen. [99] Wehe dem, der ein Feind Allahs ist, seiner Engel, seiner Boten, von Gabriel und Michael! Allah ist solcher Ungläubigen Feind!« [100] Ja! Überzeugende Zeichen haben wir dir gegeben, nur Gottlose können sie ungehorsam bezweifeln. [101] Sooft sie mit dir eine Vereinbarung beschworen, ein Teil von ihnen verwirft sie doch. Die meisten wollen nicht daran glauben. [102] Als Allahs Gesandter zu ihnen kam, der damit ihnen früher Offenbartes bestätigte, warf ein Teil derer, welche die Schrift besitzen, dieses göttliche Buch hinter den Rücken, als wüßten sie nichts davon. [103] Sie folgten dem Plane, den die Satane gegen König Salomo ersonnen hatten[24]; aber Salomo war nicht ungläubig, sondern die Teufel waren es. Sie lehrten die Menschen Trug und falsche Künste; sie folgten dem, was den beiden Engeln in Babel, Harut und Marut[25], mitgeteilt worden war. Doch lehrten diese niemanden, es sei denn, er sprach: »Ich bin zu der Versuchung bereit«; doch darum werdet noch keine Ungläubigen! Von ihnen lernte man auch, was uneinig zwischen Mann und Frau. Sie taten niemandem, außer mit Allahs Zulassung, etwas zu Schaden. Sie lehrten, was Schaden stiftet und keinen Nutzen bringt. Dabei wußten sie, wer solches erkauft, hat kein Teil am künftigen Leben. – Für Unseliges haben hier manche ihre Seelen verkauft;

[23] Wegen der Verfälschung der Heiligen Schrift. [24] Im Talmud wird der Kampf König Salomos mit Dämonenbeherrscher Asmodi (Aschmedai), dem persischen Wollustdämon, berichtet. (Siehe Buch Tobias 3,8.) Die Ausleger berichten, der Satan habe Zauberschriften unter Salomos Thron versteckt, die nach Salomos Tod aufgefunden wurden. Erst Mohammed habe wieder den erschütterten Glauben an Solomos Frömmigkeit hergestellt. [25] Siehe Trakt. Henoch, 6. Deutungen: Zwei Engel, die irdische Mädchen liebten und, strafweise an den Füßen aufgehängt, in der Grube zu Babel Zauberei lehrten; oder Engel, die – zur Erprobung – zur Sünde verleiteten, oder zwei Magier, die dort hausten.

hätten sie es nur verstanden! [104] Wären sie doch Gläubige und Rechtschaffene gewesen, von Allah wäre ihnen schönerer Lohn zuteil geworden! Hätten sie es sich doch zu Herzen genommen!

[105] O Gläubige, sagt nicht »Raina[26]!« (Blick auf uns!), sondern »Unzurna[26]!« (Sie auf uns!) – Gehorcht! Auf die Ungläubigen wartet harte Strafe. [106] Die Ungläubigen – jene, die zwar die Offenbarung besitzen (die Juden), und die, welche heidnisch neben Allah an mehr Gottheiten glauben (die Christen) –, sie wünschen nicht, daß euch Gutes von euerem Herrn werde, doch Allah ist in unermeßlicher Güte huldvoll, zu wem es ihm gefällt. Denn Allah ist voll unendlicher Gnade und allgewaltig. [107] Verwerfen wir gegebene Zeichen des Buches (im Koran) oder heißen wir sie vergessen, so gibt unsere Offenbarung gleich Gutes dafür oder Besseres[27]. Weißt du denn nicht, daß Allah allmächtig ist? [108] Oder weißt du nicht, daß er der Beherrscher der Himmel und der Erde ist und ihr außer ihm keinen Beschützer und Helfer habt? [109] Oder wollt ihr und fordert ihr von euerem Propheten, was man einst von Moses forderte (nämlich Allah selbst zu schauen)? Wer gegen Glauben Unglauben eintauscht, der ist schon vom rechten Wege abgeirrt. [110] Ein großer Teil der gelehrten Schriftbesitzer wünscht, daß ihr, nachdem ihr gläubig geworden seid, wieder ungläubig werdet: aus dem Neid ihrer Seelen, da sie die Wahrheit sehen (die ich euch lehre); aber kehrt euch ab und vergebet ihnen, bis Allah euch seine Entscheidung befiehlt. Er ist der Allmächtige. [111] Verrichtet das Gebet, leistet eueren Beitrag zum Almosen, denn was ihr zu euerem Seelenheil auf Erden Gutes tut, das findet ihr einst bei Allah wieder: Allah ist allwissend. [112] Sie sagen zwar: »Nur Juden und Christen kommen ins Paradies!« So ist es ihr Wunsch. Sagt ihnen aber: »Bringt euere Beweise, wenn ihr im Rechte seid!« [113] Nur wer bekennend sein Angesicht zu Allah wendet und fromm ist, der erhält Belohnung von seinem Herrn, und weder Furcht noch Trauer kommt über ihn.

[26] Beide Wörter bedeuten im Arabischen dasselbe. »Raina« klingt aber dem jüdischen Wort für »Verführer« ähnlich, womit die Juden Mohammed verspotteten, der daher das Wort verboten hat (siehe vierte Sure [47]). Die Ansprache zu Beginn dieses Verses [105]: »O Gläubige« oder: »Ihr, die ihr glaubt« – wie noch viele Male in folgenden Versen – bezieht sich auf die Medinenser und Moslems, während die Ansprache: »O ihr Menschen« (z. B. Vers [22] und später) auf die ungläubigen Mekkaner und die nichtbekehrten Menschen zielt. [27] Auf Angriffe rechtfertigt hier Mohammed Widersprüche, Widerrufe, Auslassungen, die im Koran vorkommen. Über 200 Verse wurden auf Allahs Geheiß einer neuen Rechtssituation angepaßt und abgeändert.

[114] Die Juden sagen: »Die Christen haben keine Gewißheit[28].« Die Christen sagen: »Die Juden haben keine Gewißheit[28].« Und doch lesen beide die Schrift. Ähnlich sprachen die, welche gar keine Offenbarung kannten. Aber Allah wird einst am Tage der Auferstehung über das entscheiden, worüber sie heute streiten. [115] Wer ist frevelhafter als der, der Allahs Gotteshäuser, wo sein Name hochgepriesen werden soll, verwehren will, ja sie zu zerstören sich bestrebt. Nur mit Zittern sollten diese sie betreten. Hienieden treffen sie Schmach und Schande und im Jenseits schwere Strafe. [116] Allah ist Herr über Ost und West; wohin ihr euch wendet, da ist Allahs Auge: Allah ist allgegenwärtig und allwissend. [117] Es sagen einige: Allah habe einen Sohn gezeugt. – Erhaben ist er darüber, fern ist ihm dies. Himmel und Erde sind sein eigen. Alle gehorchen ihm. [118] Wenn er etwas beschließt, so spricht er nur: »Es werde!« – und es ist. [119] Die Unwissenden sagen: »Wir wissen nichts, bis Gott selbst mit uns spricht oder dich in Wunderzeichen bezeugt!« So sprachen auch andere schon vor ihnen, ihre Herzen sind sich ähnlich. Denen, die glauben wollen, gaben wir hinlängliche Beweise. [120] Wir sandten dich mit der Wahrheit, mit froher Botschaft, auch als warnenden Verkünder der Strafen. Für die durch ihr Tun zur Hölle Bestimmten mußt du dich nicht verantworten, sie fragten dich nicht (nach mir). [121] Juden und Christen werden nicht eher mit dir zufrieden sein, als bis du dich zu ihrer Religion bekehrst. Sprich aber: »Nur Allahs Gebot ist wahre Richtschnur!« Wärst du ihrem Verlangen nachgekommen, nachdem dir doch Erkenntnis zuteil geworden ist, keinen Schutz und keine Hilfe könntest du von Allah erwarten. [122] Die, welche dem Buche, wie es ihnen gegeben wurde, so folgen, wie ihm gefolgt werden soll, die glauben auch daran; die aber, die nicht daran glauben, stürzen sich ins Elend.

[123] O ihr Kinder Israels, erinnert euch des Guten, das ich euch bescherte, auch daran, daß ich euch über alle Völker erhob. [124] Fürchtet den Tag, an dem keine Seele für eine andere etwas zu tun vermag, an dem kein Lösegeld angenommen, keine Fürbitte nützen und keine Hilfe sein wird. [125] Als der Herr den Abraham durch mancherlei Gebote auf die Probe gestellt hatte und dieser sich als treuer Diener bewährte, da sagte er: »Ich setze dich als Hohen-

[28] Für die Wahrheit ihrer Religion.

priester für die Menschen ein.« Abraham fragte: »Und meine Nachkommen?« Gott antwortete: »Die sündigen Frevler umfaßt mein Bündnis nicht.« [126] Und als ich für die Menschen ein Versammlungshaus[29] errichtete – auch als Zufluchtsstätte – und sagte: »Haltet die Stätte Abrahams als Bethaus«, da schlossen wir einen Bund mit Abraham und Ismael, daß sie dieses Haus (vom Götzendienst) rein halten, für die sowohl, welche erst dasselbe (siebenmal) umschreiten, wie für jene, die dann darin weilen und sich im Gebet niederwerfen.

[127] Und Abraham sprach: »Mein Herr, mache diesen Ort zur Friedensstätte und nähre seine Bewohner, die an Allah und das Jüngste Gericht glauben, mit seinen Früchten!« Da antwortete Allah: »Auch die, welche nicht glauben, will ich speisen, aber nur eine Weile, sie aber dann ins Höllenfeuer verstoßen. Ein harter Weg wird das sein!« [128] Als Abraham und Ismael den Grund zu diesem Hause legten, da flehten sie: »Herr, nimm es gnädig von uns an: denn du hörst alles und bist der Allwissende! [129] O Herr, mache uns zu dir ergebenen Moslems[30] und unsere Nachkommen zu einem dir ergebenen Volke. Lehre uns unsere frommen Gebräuche zu deiner Verehrung! Wende dich gnädig an uns: denn du bist der versöhnlich Verzeihende, der Barmherzige! [130] Herr, laß einen Gesandten aus ihrer Mitte kommen[31], der ihnen deinen Willen verkündet und sie die Schrift und das Bekenntnis lehrt und sie gläubig macht. Denn du bist der Mächtige und Weise.«

[131] Wer kann wohl den Glauben Abrahams verwerfen? – Nur der, dessen Herz töricht ist! Wir erhoben Abraham auf dieser Welt, und auch in jener gehört er zu den erwählten Gerechten! [132] Als sein Herr, Allah, zu ihm sagte: »Seid mir ergeben!«, da antwortete er: »Ich bin dem Herrn der Weltbewohner ergeben.« [133] Diese Religion vererbte Abraham getreu seinen Söhnen. Und auch Jakob sprach: »Oh, meine Söhne, wahrlich diese Religion hat Allah für euch auserkoren, lebt und sterbt nur als wahre Moslems.« [134] Wart ihr Zeugen, als es mit Jakob zum Sterben kam und er zu seinen Söhnen sagte: »Wen wollt ihr anbeten, wenn ich tot bin?«, als sie antworteten: »Deinem Gott allein wollen wir dienen, dem Gott deiner Väter, Abrahams und Ismaels und Isaaks, dem einzigen Gott; ihm wollen wir treue Bekenner sein!« [135] Dieses Volk ist

[29] Die Kaaba zu Mekka, in der der Fußabdruck (Makam Ibrahim) des rechtgläubigen (Hanif) Abrahams gezeigt wurde. [30] Moslems sind die Anhänger des Islams, der Lehre Mohammeds. [31] Mohammed meint damit sich selbst.

dahin; ihm ist zuteil geworden, was es verdiente; und auch ihr werdet nach eueren Verdiensten beurteilt werden, und ihr werdet nicht nach dem gefragt werden, was jene getan haben, nur nach euren Taten[32]. [136] Sie sagen (zu euch): »Seid Juden oder Christen, dann seid ihr auf dem rechten Wege.« Darauf erwidert: »Nein! Wir befolgen die Lehren Abrahams und folgen seiner Religion, ihm, der nur den einen Gott verehrte und nicht Götter neben Allah.« [137] Sagt: »Wir glauben an Allah und an das, was er uns und was er Abraham und Ismael und Isaak und Jakob und den Stämmen offenbarte, und an das, was Moses, Jesus und den (anderen) Propheten von ihrem Herrn gegeben wurde. Wir kennen unter diesen keinen Unterschied. Wir bleiben Allah ergeben.« [138] Glauben sie nun, wie auch ihr glaubt, dann sind sie auf dem rechten Wege; wenden sie sich aber davon ab, dann sind sie Ketzer. Dir aber wird Allah beistehen, denn er hört und weiß alles.

[139] Die Religion[33] Allahs wählen wir, und was ist besser als seine Lehre? Besser als er? Ihm dienen wir. [140] Wollt ihr über Allah mit uns streiten? – Ist er doch unser und euer Herr. Unsere Werke werden uns zugeschrieben, euch gehören die eurigen. Und ihm sind wir treu ergeben. [141] Oder wollt ihr sagen, daß Abraham, Ismael, Isaak, Jakob und die Stämme Juden oder Christen gewesen sind? Wißt ihr mehr als Allah? Wer ist aber frevelhafter als der, welcher das Zeugnis Allahs verheimlicht[34]? Allah ist nicht unbekannt, was ihr tut. [142] Dieses Volk ist nun dahin; was es verdiente, ist ihm zuteil geworden; auch euch wird nach euerem Verdienste zukommen, und ihr werdet nicht nach Taten gefragt werden, die jene setzten[32].

[143] Die Toren unter dem Volke fragen: »Was wendete sie von ihrer bisherigen Gesichtsrichtung[35] (im Gebet) ab?« Sage ihnen:

[32] Jeder hat nur eigenes Tun und Lassen zu verantworten. [33] Wörtl.: »Aufnahme« (in den Islam). Bedeutet für Christen »Taufe«, für Juden »Beschneidung«. [34] Der auf Mohammed weisende Stellen früherer Offenbarung fälschte. [35] Der Moslem richtet heute, wo er auch weilt, seinen Blick beim Gebet nach Mekka; in Europa nach Südost. Anfangs war die Gebetsrichtung (arab. Kibla) zum Himmel [145]. Nach der Hidschra, Mohammeds Flucht nach Medina, hatte er die Kibla zum Tempel in Jerusalem befohlen, um die Juden zu gewinnen. Seit den Glaubenskämpfen mit diesen wurde dem Moslem endgültig seine Kibla vorgeschrieben ([143] ff.): zum geweihten Ort Al-Haram (Haram, das Geweihte; vgl. Harem, der Fremden verbotene Hausteil der Frauen und Kinder des Moslems), also nach Mekka, auch Medina. In Mekka steht die älteste Moschee, die Kaaba (s. Einf. S. 15), die schon den heidnischen Arabern heilig war. (Neue Religionen übernehmen oft altes Glaubensgut [in gewandeltem Ritual] und Stätten, an denen sakrale Erinnerungen von alters her haften.)

»Allah gehört Ost und West. Er leitet auf den rechten Weg, wen er will.« [144] Wir haben euch zu Mittlern unter den Völkern (zwischen Juden und Christen) erhoben, damit ihr Wächter unter den Menschen seid; der Prophet aber wird euer Zeuge sein. (Wenn ihr treulos werdet.) Die Gebetsrichtung euerer Augen haben wir deshalb geändert, damit man zwischen denen, die dem Propheten folgen, und denen, die ihm den Rücken wenden (und Juden bleiben) unterscheiden kann. Manchem fällt dies zwar schwer, doch nicht dem, den Allah leitet. – Und Allah belohnt eueren Glauben gerecht: denn Allah ist den Menschen gnädig. Er ist barmherzig. [145] Wir haben gesehen, daß du dein Gesicht (im Gebet) zum Himmel emporhobst; nun haben wir ihm die Richtung nach einem Ort gegeben, der wohl gefällt. Wende dein Angesicht nach Al-Haram[35] (zum Tempel zu Mekka); wo immer du auch weilen mögest: Nur in der Kibla richte dein Gesicht. Diejenigen, die dieses Buch besitzen, wissen wohl, daß diese Anordnung in Wahrheit vom Herrn kommt. Allah kennt ihr Tun. [146] Brächtest du denen, welche die Schrift empfingen, noch so viele Beweise, sie würden dennoch deiner Blickrichtung (im Gebet) nicht folgen; folge du ihrer daher auch nicht; folgen ja viele nicht der Richtung anderer. Wenn du aber, nachdem dir Erkenntnis zuteil geworden ist, ihnen zu Willen wärst, gehörtest du zu den Frevlern. [147] Die Schriftbesitzer kennen (sie und) ihn (den prophezeiten Gesandten Allahs) so gut, wie sie ihre eigenen Söhne kennen; aber ein Großteil von ihnen sucht die Wahrheit (und mich, den Propheten) zu verleugnen (und seine Ankunft und Vollmacht zu verfälschen), obgleich sie (die Juden) die Wahrheit kennen. [148] Die Wahrheit kommt von deinem Herrn, gehöre darum nicht zu den Zweiflern!

[149] Jedermann hat eine bestimmte Richtung (ein Ziel), wohin er sich wendet (wonach er strebt); ihr aber wendet euch zu der besseren (strebt um die Wette nach guten Werken); dann wird Allah euch einst, wo ihr auch sein mögt, zurückbringen (zusammenführen): denn Allah ist allmächtig. [150] Woher du auch kommen magst, wende immer dein Gesicht nach Al-Haram[35] zur Moschee; wisse, diese Wahrheit kommt von deinem Herrn; und Allah bleibt nicht unbekannt, was ihr tut. [151] Woher du auch kommst, kehre dein Antlitz nach der heiligen Moschee; dorthin wendet euere Augen, wo ihr auch seid: damit niemand einen Grund zum Vorwurf (Streiten)

gegen euch habe, höchstens die Frevler. Doch nicht diese fürchtet, sondern nur mich allein, eueren Gott; dann will ich euch all meine Gnade schenken und euch auf dem rechten Pfade weiterleiten. [152] Ich sandte euch meinen Propheten aus eurer Mitte, damit er euch meine Zeichen bringe, daß er euch fromm mache, euch das Buch lehre und Erkenntnis vermittle und euch unterrichte in dem, was ihr nicht wißt. [153] Denkt an mich, damit ich auch an euch denke. Seid mir dankbar und keine undankbaren Ungläubige! [154] Oh! Gläubige, faßt euch in Geduld und betet um Hilfe! Allah ist mit den standhaft Geduldigen.

[155] Sagt nicht von jenen, die für den Weg (die Religion) Allahs getötet wurden: »Sie sind tot«, sondern: »Sie sind lebendig[36]«, ihr versteht das nur nicht. [156] Wahrlich, wir wollen euch auf die Probe stellen: durch Furcht, Hunger und Schaden, den ihr an Vermögen, Leib und Feldfrüchten erleiden werdet. Aber Heil verkünde den fromm Duldenden, [157] denen, welche im Unglück sprechen: »Wir gehören Allah an, wir kehren (einst) zu ihm zurück.« [158] Über diese kommt Segen und barmherzige Gnade von ihrem Herrn. Sie wandeln auf dem richtigen Weg. [159] Auch auf Safa und Marwa stehen Zeichen Allahs, und wer nach Allahs Haus wallfahrtet oder auf kurzer Pilgerfahrt dieses besucht, der begeht nichts Unrechtes, wenn er auch um diese (Hügel) schreitet[37]. Wer aus eigenem Antrieb (über das Gebot) Gutes tut, dem wird großer Lohn von Allah, dem Belohnenden, dem Allwissenden, zuteil.

[160] Diejenigen, welche die deutliche Lehre verheimlichen (für sich und andere nicht anerkennen und leugnen), auch die Rechtleitung, welche wir offenbart und die Menschen deutlich in der Schrift gelehrt haben, werden von Allah verflucht, und alle, die zu verfluchen (d. s. Menschen und Engel) imstande sind, werden sie verfluchen; [161] die aber, welche bereuen, sich bessern und (zur Offenbarung) bekennen, nehme ich wieder gnädig verzeihend auf, denn ich bin vergebend und barmherzig. [162] Die aber, welche leugnen und als ungläubige Leugner sterben, die trifft Allahs Fluch und der Fluch

[36] Mohammed verspricht den im Religionskrieg Gefallenen ewiges Leben im Himmel.
[37] Hadsch ist die große, einmal im Leben jedem Moslem gebotene Pilgerfahrt in den letzten drei Monaten des Jahres (vgl. [198]) und Umra, die kleine, jederzeit mögliche Fahrt zum Besuch der Moschee in Mekka. Bei diesen Fahrten pflegten die Pilger – als Sitte aus heidnischer Zeit – auch die beiden Hügel Al-Safa und Al-Marwa (auf denen Götzenbilder noch aus der Heidenzeit standen) zu umwandeln. Mohammed erlaubt diesen Ritus klugerweise und beweist damit seinen Weitblick.

aller Engel und der aller Menschen. [163] Ewig wird dieser (Fluch) auf ihnen lasten, ihre Strafe wird nicht geändert (gemildert oder erlassen), und nimmer werden sie Schutz (Aufschub) finden.

[164] Allah ist euer einziger Gott, es gibt keinen Gott außer ihm, dem Allbarmherzigen. [165] In der Schöpfung der Himmel und der Erde; im Wechsel von Nacht und Tag; in dem Schiff, welches das Meer mit dem den Menschen Nützlichen durchsegelt; in dem Wasser, das Allah vom Himmel strömen läßt, um die Erde nach ihrem Todesschlaf neu zu beleben; in der Verbreitung vielerlei Getiers; in dem bewegten Wechsel der Winde und Wolken, die ohne Lohn zwischen Himmel und Erde dienen: (in all diesem) gibt es für nachdenkende Menschen der Zeichen genug. [166] Und dennoch gibt es Menschen, die neben Allah Götzen annehmen und sie lieben, wie man nur Allah lieben soll; doch die Liebe der Gläubigen zu Allah ist inniger (und kraftvoller). Oh, möchten doch die Frevler es einsehen, ehe die Strafe sie ereilt, daß Allah allein alle Macht hat. Er ist der streng Bestrafende.

[167] Wenn einst die Verführten von den Verführern sich lossagen und sie die Strafe sehen und sehen, wie alle Bande zerreißen, [168] werden sie sprechen: »Könnten wir doch ins Leben zurückkehren, so wollten wir uns von ihnen, so wie sie sich jetzt von uns, absondern (lossagen).« Dann wird Allah ihnen ihre Werke zeigen; schmerzlich werden sie wehklagen, und nimmer werden sie aus dem Höllenfeuer kommen.

[169] Menschen, genießt, was gut und erlaubt ist auf Erden und folgt nicht den Stapfen des Satans; er ist ja euer offener Feind [170] und befiehlt euch nur Böses und Schändliches, und Dinge von Allah zu sagen, die ihr nicht versteht. [171] Sagt man (zu ihnen): »Folgt dem, was Allah offenbart hat!« – so antworten sie: »Nein, wir folgen den Bräuchen unserer Väter!« Aber waren ihre Väter denn nicht unbelehrt oder falsch geleitet? [172] Doch die Ungläubigen sind den Tieren gleich, die nur Schall und Ruf und weiter nichts hören; taub und stumm und blind (sind sie), erfassen sie nichts.

[173] O Gläubige! Genießt von dem Guten, das wir euch zur Nahrung gaben, und dankt Allah dafür, wenn ihr ihn (gläubig) verehrt. [174] Euch ist nur verboten: das, was verendet ist, und Blut und Schweinefleisch, und was nicht im Namen Allahs geschlachtet (oder Götzen geopfert) ist. Wer aber (aus Not) gezwungen, unfrei-

willig, ohne böse Absicht und nicht unmäßig davon genießt, der hat keine Sünde damit (begangen); denn Allah verzeiht und ist barmherzig. [175] Jenen, die verheimlichen, was Allah in der Schrift offenbarte, und es für geringen Lohn (Preis) tauschen (also Strafe statt Vergebung wählen), wird Feuer die Eingeweide verzehren; Allah spricht sie am Auferstehungstage nicht in Güte an, er wird sie nicht für rein erklären (entsühnen). Harte Strafe wartet auf sie. [176] Die so den Irrtum für wahren Unterricht (die richtige Botschaft halten), Strafe für Erbarmen wählen, welche Feuerstrafen (sie erdulden werden), [177] deshalb erdulden werden, weil Allah das Buch in Wahrheit offenbarte und sie, darüber streitend, dem Irrtum verfallen sind.

[178] Die Gerechtigkeit besteht nicht darin, daß ihr das Antlitz (beim Gebet) nach Ost oder West richtet, sondern jener ist gerecht, der an Allah glaubt und an den Jüngsten Tag und an die Engel und an die Schrift und die Propheten; der voll Liebe von seinem Vermögen gibt: den Verwandten, Waisen und Armen und den Pilgern, überhaupt jedem, der darum bittet; der Gefangene löst, das Gebet verrichtet, Almosen spendet; der an geschlossenen Verträgen festhält; der geduldig Not und Unglück und standhaft die Schrecken des Krieges erträgt. Dieser ist gerecht: Er ist wahrhaft gottesfürchtig.

[179] O Gläubige, die ihr vermeint, euch sei bei Totschlag (Mord) Vergeltung vorgeschrieben: ein Freier für einen Freien, ein Sklave für einen Sklaven und Weib für Weib! Verzeiht aber der Bruder dem Mörder, so ist doch nach Recht billiges Sühnegeld zu erheben, und der Schuldige soll gutwillig zahlen. Diese Milde und Barmherzigkeit kommt von euerem Herrn. Wer aber darauf sich doch noch rächt, den erwartet harte Strafe. [180] Dieses Wiedervergeltungsrecht erhält euer Leben, eure Sicherheit, wenn ihr vernünftig nachdenkt und gottesfürchtig seid.

[181] Es ist auch vorgeschrieben: Wenn einer von euch zum Sterben kommt und Vermögen hinterläßt, so soll er aus diesem nach Billigkeit seine Eltern und Anverwandten im Testament (Legat) bedenken. Das ist Pflicht für Fromme. [182] Wer einen (mündlichen) Letzten Willen hörte und ihn hernach ändert (fälscht), der lädt Schuld auf sich; denn Allah hört alles und weiß alles. [183] Vermutet einer aber von dem, welcher das Testament aufstellte, einen Irrtum oder eine Ungerechtigkeit und er sucht die Sache gütlich zu

vermitteln: dieser lädt keine Schuld auf sich, denn Allah ist gerecht und barmherzig.

[184] O Gläubige, auch eine Fastenzeit ist euch wie eueren Vorfahren vorgeschrieben, damit ihr gottesfürchtig seid (bleibt). [185] Eine bestimmte Anzahl von Tagen sollt ihr fasten. Wer aber krank oder auf Reisen ist, der faste ebenso viele andere Tage dafür. Doch wer es schwer vermag, der soll zur Ablösung einen Armen speisen. Noch besser ist es für ihn, freiwillig Gutes zu tun. Es ist aber gut, wenn ihr die Fasten einhaltet (beobachtet). Könntet ihr das doch einsehen! [186] Der Monat Ramadan[38], in dem der Koran offenbart wurde – als Leitung für die Menschen und deutliche Lehre des Guten –, werde von denen, die zu Hause weilen, gefastet; wer aber krank oder auf Reisen ist, der faste gleich lang zu einer anderen Zeit – denn Allah will es euch leicht machen und nicht schwer! Ihr müßt nur immer die bestimmte Anzahl der Fasttage einhalten. Verherrlicht Allah dafür, daß er euch auf den rechten Weg führte! Seid dankbar dafür!

[187] Wenn dich meine Diener über mich befragen, so sage ihnen, daß ich nahe bin und die Gebete der Flehenden gern erhöre, wenn sie zu mir beten; doch müssen sie auch auf mich hören und an mich glauben, damit sie recht geleitet sind. [188] Es ist euch erlaubt, in der Nacht der Fastenzeit eueren Frauen beizuwohnen, denn sie sind euch und ihr seid ihnen eine Decke (euch gegenseitig unentbehrlich). Allah weiß, daß ihr euch dieses (mit Mühe nur) versagt habt, aber in seiner Güte erläßt er euch dies. Darum beschlaft sie jetzt und begehrt, was Allah euch erlaubt. Auch eßt und trinkt des Nachts, bis ihr im Morgenstrahl einen weißen Faden von einem schwarzen unterscheiden könnt. Tagsüber aber haltet Fasten bis zur Nacht, haltet euch fern von ihnen (den Frauen), zieht euch (die letzten zehn Tage des Ramadan) in das Bethaus zurück. Dies sind die Schranken, die Allah gebietet; kommt ihnen nicht zu nahe! So lehrt Allah die Menschen (in seinen Versen) seinen Willen, auf daß sie ihn (gegen Böses gefeit) verehren. [189] Bringt euch nicht sündlich selbst um euer Vermögen, bestecht auch den Richter nicht damit, damit ihr einen Teil des Vermögens eueres Nächsten unrechtmäßig, gegen besseres Wissen und Gewissen, erhaltet.

[190] Auch über den Mondwechsel werden sie dich befragen;

[38] Ramadan ist der neunte Monat des moslemin. Jahres (Febr./März).

sage ihnen: »Er dient, den Menschen die Zeit und die Pilgerfahrt nach Mekka zu bestimmen.« – Die Gerechtigkeit besteht nicht darin, daß ihr (nach der Wallfahrt) durch die rückwärtige Pforte euer Haus betretet[39], sondern daß ihr Allah ehrfürchtet; geht in euere Häuser zur Türe hinein; fürchtet nur Allah, damit ihr selig werdet. [191] Tötet (bekämpft) für Allahs Pfad – euere Religion –, die euch töten wollen; doch beginnt nicht ihr die Feindseligkeiten; Allah liebt die nicht, welche über das Ziel schießen. [192] Tötet sie, wo ihr sie trefft, verjagt sie, von wo sie euch vertrieben; vertreiben ist schlimmer als töten. Bekämpft sie, aber nicht in der Nähe heiliger Stätte; greifen sie euch aber dort an, erlegt sie auch da; dies sei das verdiente Schicksal der Ungläubigen. [193] Lassen sie aber ab, dann ist Allah versöhnend und barmherzig. [194] Bekämpft sie, bis ihr Versuch aufgehört und Allahs Religion gesiegt hat. Lassen sie aber ab, hört alle Feindseligkeit auf, die nur gegen Frevler bestehenbleibt. [195] Selbst im heiligen Monat Moharam[40] vergilt Unrecht, das in dem Monat gesetzt wurde. Auch für Mekkas heiligen Boden (Al-Haram[35]) gelte Vergeltungsrecht. Wer euch feindselig angreift, dem vergeltet auf ähnliche Weise und fürchtet nur Allah und wißt, daß Allah mit jenen ist, die ihn fürchten. [196] Für Allahs Religion (so im Religionskrieg) gebt gern eueren Anteil und stürzt euch nicht mit eigener Hand ins Unglück! Tut Gutes, denn Allah liebt die, welche Gutes tun.

[197] Vollzieht die große Pilgerschaft und die kleine Fahrt[37] zu Allahs Haus; seid ihr aber daran verhindert, so bringt wenigstens ein kleines Opfer, jedoch schert dann euer Haupthaar[41] nicht eher, als bis euer Opfer seine Stätte erreicht hat. Wer aber krank ist oder ein Kopfübel hat, der löse sich durch Fasten, Almosen oder sonst ein Opferwerk aus. Seid ihr vor Feinden sicher und schiebt bis zur Pilgerschaft den Besuch von Allahs Haus auf, dann bringt ein kleines Opfer. Wer das nicht kann, faste drei Tage auf der Pilgerfahrt, sieben, wenn er zurückgekehrt ist, zusammen zehn Tage. Dasselbe soll der tun, dessen Hausleute nicht zur heiligen Moschee wanderten[42]. Fürchtet Allah und wißt, daß er gewaltig zu strafen vermag.

[198] Die Wallfahrt geschehe in den letzten Monaten [40] (Schewal,

[39] Ein hiermit verbotener heidnischer Aberglaube. [40] Der erste Monat des Jahres (s. Index: Monatsnamen), in dem – mit Ausnahme von Zeiten des Religionskrieges – wie an hl. Stätte nur der Kampf zur Verteidigung erlaubt war. [41] Haarschur erst nach Vollzug der Pilgerfahrt. [42] Gebot für Gläubige, deren Wohnstätte sich nicht weitab von Mekka befand.

Dulkada, Dulhedscha). Wer in diesen die Wallfahrt unternehmen will, der muß sich des Beischlafs, allen Unrechts und eines jeden Streites während der Reise enthalten. Und das Gute, das ihr tut, bemerkt Allah. Verseht euch auch mit dem Notwendigen zur Reise, doch das Nötigste ist: fromme Redlichkeit. Darum verehrt mich (allein), die ihr verständigen Herzens seid. [199] Auch ist es kein Vergehen, wenn ihr euch irdische Vorteile von euerem Herrn erbittet (günstige Handelsgeschäfte zum Beispiel auf der Reise zu machen sucht). Wenn ihr mit weiten Schritten vom heiligen Arafat[43] herabkommt, denkt an Allah! Seid ihr in Maschar al-Haram (an heiliger Stätte) angelangt, denkt daran, daß er euch wohlleitende Lehre gab und daß ihr zuvor zu den Irrenden gehörtet. [200] Dann geht eilenden Schrittes, wie andere tun[44], und bittet Allah um gnädige Vergebung. Er ist versöhnlich und barmherzig. [201] Habt ihr nun die heiligen Gebräuche vollendet, dann denkt mit Dank an Allah, so wie ihr an euere Väter denkt, ja noch inniger denkt an ihn.

[202] Es gibt Menschen, die sprechen: »Herr, gib uns unser Teil in dieser Welt!« Diese haben an der zukünftigen kein Teil. Andere wieder sprechen: »Herr, gib uns in dieser und in jener Welt Gutes und bewahre uns vor dem Höllenfeuer!« [203] Diese werden ihr Teil, das sie verdienen, erhalten; denn Allah ist schnell im Zusammenrechnen (er prüft und beurteilt rasch und bestimmt danach Lohn und Strafe). [204] Seid Allahs eingedenk an den bestimmten (drei) Tagen (nach der Wallfahrt im Gebet). Wer jedoch sich beeilt, dies in zwei Tagen zu tun, der lädt keine Schuld auf sich; aber auch nicht der, welcher länger bleibt, wenn er gottesfürchtig ist. Doch fürchtet Allah und wißt, daß ihr einst zu ihm versammelt werdet.

[205] Da gibt es einen Mann[45], der durch seine Reden über diese irdische Welt dich in frohes Erstaunen setzen will und Allah zum Zeugen für die Gesinnung seines Herzens anruft, und doch ist er ein heftiger Gegner. [206] Sowie er sich von dir entfernt, richtet er Unheil auf der Erde an und zerstört alles, Acker und Keim (die Jugend). Allah aber liebt verderblichen Unfrieden nicht. [207] Sagt man zu ihm: »Fürchte Allah!«, dann ergreift ihn Stolz und Frevellust. Die Hölle ist sein Lohn, sie wird ihm eine unselige Lagerstatt.

[43] Arafat, Hügel bei Mekka. [44] Von Arafat und von Kusa bei Mekka eilten die Pilger mit weitausgreifenden Schritten zum Heiligtum. [45] Aknas ibn Schoraik, ein Volksredner, heuchelte Mohammed Freundschaft und Glaubenstreue. Allah warnte Mohammed vor ihm.

[208] Und da ist wieder ein anderer[46], der verkauft im Verlangen nach der Gnade Allahs gar sich selbst. Und Allah ist voll Huld gegen seine Diener.

[209] O Gläubige, nehmt die Heilslehre (den Islam) ganz an, die weise ist, und folgt nicht den Fußtapfen des Satans, der euer offener Feind ist. [210] Solltet ihr aber wanken, nachdem euch die deutliche Lehre bekanntgeworden ist, so wißt, daß Allah allmächtig und weise ist. [211] Oder erwarten sie etwa, daß Allah selbst mit seinen Engeln in Wolkenschatten zu ihnen kommt? Es ist doch bestimmt, daß einst alles zu Allah heimkehren soll.

[212] Frage die Kinder Israels, welch deutliche Wunderzeichen ich ihnen huldvoll gegeben habe. Wer aber die Huld Allahs vertauscht (geringachtet), nachdem sie ihm zuteil wurde, dem ist er ein strenge strafender Gott. [213] Glänzend erscheint wohl den Ungläubigen das irdische Leben, und darum verspotten sie die Gläubigen. Doch am Tage des Gerichtes werden die Frommen weit über jenen stehen; denn Allah ist gegen den, welcher ihm wohlgefällig ist, gnädig über die Maßen.

[214] Einst hatten die Menschen nur einen Glauben; später (als sie sich spalteten) sandte Allah ihnen Propheten, Heil zu verkünden und mahnend Strafen anzudrohen; durch sie offenbarte er in Wahrheit die Schrift, um die Streitpunkte unter den Menschen zu entscheiden. Aber gerade da stritten diese (erst recht), nachdem die Schrift ihnen bekanntgeworden war, aus Neid miteinander. Und Allah leitet (nun) die Gläubigen (da andere verschiedener Ansichten sind) durch sein Gebot zu der Wahrheit. Er leitet auf den rechten Weg, wen er will. [215] Oder glaubt ihr, ins Paradies einzugehen, ohne daß euch überkomme, was die vor euch Lebenden in Leid erfuhren? Unglück, Schmerz und Drangsal waren ihr Los, bis der Gesandte Allahs und mit ihm die Gläubigen ausriefen: »Wann kommt Allahs Hilfe?« – »Wahrlich, Allahs Hilfe ist nahe!« hieß es dann.

[216] Sie werden dich fragen, was sie an Almosen geben sollen; sage ihnen: »Gebt reichlich von euerem Vermögen den Eltern, Verwandten, Waisen, Armen und dem Sohne des Weges (den Pilgern); das Gute, das ihr tut, kennt Allah.« [217] Der Krieg (Kampf) ist

[46] Soheib. Er hatte im Religionskrieg Hab und Gut verloren und war nach Medina geflohen.

euch vorgeschrieben. Und er gefällt euch nicht? Aber vielleicht ist es so, daß euch etwas mißfällt, was euch gerade gut (dienlich) ist, und vielleicht auch, daß euch etwas lieb ist, was euch gerade schädlich ist. Allah weiß es, ihr aber wißt es nicht.

[218] Befragen sie dich aber über Krieg (Kampf) im heiligen Monat Moharam, so antworte: »Schlimm ist es, Kämpfe in diesem zu führen; doch abzuweichen von Allahs Weg, ihn und seine heilige Moschee zu verleugnen und sein Volk aus derselben zu vertreiben ist noch weit schlimmer. Die Verführung (zum Götzendienst) ist schlimmer noch als Krieg (im heiligen Monat).« Sie werden nicht eher ablassen, euch zu bekämpfen, bis es ihnen gelingt, euch vom Glauben abzubringen. Aber wenn einer von euch, dem Glauben abtrünnig, also als Ungläubiger, stirbt, bleiben auch seine guten Werke in dieser und jener Welt unbelohnt. Das Höllenfeuer ist sein Teil, ewig wird er darin bleiben. [219] Jene aber, die glauben und ausziehen, um für die Religion Allahs zu kämpfen, die dürfen Allahs Barmherzigkeit gewärtig sein; denn Allah ist versöhnlich und barmherzig.

[220] Auch über Wein und Spiel (arab. Meisar: Pfeilspiel um ein Kamel) werden sie dich befragen. Sag ihnen: »In beiden liegt Gefahr der Versündigung – doch auch Nutzen für die Menschen; der Nachteil überwiegt jedoch den Nutzen!« – Fragen sie dich, wieviel an Almosen sie zu geben haben, so sage ihnen: »Eueren Überfluß.« Diese Vorschrift hat euch Allah gelehrt, damit ihr dieser eingedenk seid! [221] Auch des irdischen Loses und der zukünftigen Welt (gedenkt)! Wenn sie dich über ihr Verhalten zu den Waisen befragen, so sage ihnen: »Am besten ist für euch, sie zu fördern.« In Fürsorge verwendet ihre Habe genauso gut wie die eurige. Sie sind ja eure Brüder: Allah weiß hierbei den Ungerechten vom Gerechten zu unterscheiden; wollte er, er könnte euch (aus seinem Wissen) in Angst und Sorge versetzen; denn er ist allmächtig und weise.

[222] Nehmt keine Götzendienerin zur Frau, bis sie gläubig wurde. Ja, eine gläubige Sklavin ist besser als die freie Götzendienerin, auch wenn sie euch noch so sehr gefällt. Verheiratet auch keine (gläubige) Frau an einen Götzendiener, ehe er gläubig wurde; sicher, ein gläubiger Sklave ist besser als der freie Götzendiener, wenn dieser euch noch so sehr gefällt. Diese rufen euch zum Höllenfeuer, Allah aber zum Paradies und zur Sündenvergebung: nach seinem

Willen durch sein Gebot. Er zeigt den Menschen seine Zeichen (Verse), damit sie seiner Gebote gedenken.

[223] Auch über die monatliche Reinigung der Frauen werden sie dich befragen; sage: »Diese (Zeit) bringt euch Schaden; darum haltet euch während ihrer monatlichen Reinigung von ihnen fern, kommt ihnen nicht nahe, bis sie sich gereinigt haben.« Haben sie sich aber gereinigt, mögt ihr nach Vorschrift Allahs zu ihnen kommen; Allah liebt die bekehrten Gläubigen und Reinen. [224] Die Weiber sind euer Acker, geht auf eueren Acker, wie und wann ihr wollt, weiht aber Allah zuvor euere Seele (durch Gebet, Almosen oder gutes Werk). Fürchtet Allah und wißt, daß ihr einst vor ihm erscheinen werdet. Verkünde den Gläubigen Heil. [225] Benutzt Allahs Namen nicht ständig zur Bekräftigung euerer Eidschwüre, um als gerecht, fromm und friedfertig unter den Menschen zu gelten. Allah hört alles, er weiß alles. [226] Ein unvorherbedachtes Wort in eueren Eiden wird Allah nicht bestrafen; wohl aber bestraft er jeden Vorbedacht (die böse Absicht) eures Herzens. Allah ist gnädig und in Langmut milde. [227] Die unter Eidschwur beabsichtigen, sich von ihren Frauen zu trennen, die sollten es vier Monate bedenken; treten sie von ihrer Absicht dann zurück, so ist Allah versöhnlich und barmherzig. [228] Bestehen sie aber schließlich durchaus auf Ehescheidung, hört und weiß Allah es auch. [229] Die geschiedene Frau muß dann, ehe sie über sich verfügt, noch so lange warten, bis sie dreimal ihre Reinigung hatte; sie darf nicht verheimlichen, was Allah in ihrem Leibe geschaffen hat, soferne sie an Allah und den Jüngsten Tag glaubt. Es ist billiger, daß der Mann, ist sie schwanger, sich ihrer wieder annimmt (und sie wieder zurücknimmt) und sie sich miteinander in verständnisvoller Güte – beide guten Willens – versöhnen (und sich wiedervereinigen); dem Manne steht hierbei jedoch das Vorrecht vor ihr zu (seine Entscheidung genießt Vorrang). Allah ist mächtig und weise.

[230] Solche (widerrufliche) Ehescheidung ist zweimal erlaubt. Dann müßt ihr die Frau endgültig versöhnt behalten oder mit Vermögen gütlich (abgefertigt) entlassen. Es ist euch nicht erlaubt, etwas von dem zu behalten, was ihr dieser Frau zuvor geschenkt habt; es sei denn, daß beide Teile fürchten, die Gebote (Vorschriften) Allahs nicht erfüllen zu können. Befürchten sie aber wirklich, die Bestimmungen Allahs nicht erfüllen zu können, so ist es keine Sünde, wenn

die Frau sich aus ihrem Vermögen auslöst (ihre Freiheit erkauft). Dies sind die Vorschriften Allahs, übertretet sie nicht! Wer sie übertritt, gehört zu den Frevlern. [231] Trennt sich der Mann zum dritten Male von der Frau, so darf er sie nicht wiedernehmen; oder sie müßte zuvor einen anderen Mann geheiratet und auch dieser sich von ihr getrennt haben; dann ist es keine Sünde, wenn sie sich erneut vereinigen; aber sie müssen vermeinen, die Gebote und Schranken Allahs einhalten zu können. Dies sind die klaren Vorschriften Allahs, die er dem Volke bekanntmachte und die verständlich sind. [232] Wenn ihr euch nun von eueren Frauen trennt und es ist die hierfür bestimmte Frist abgelaufen, so müßt ihr sie entweder in Güte behalten oder nach Billigkeit entlassen. Haltet sie aber nicht mit Gewalt zurück. Wer das tut, der sündigt. Treibt mit Allahs Gebot, seinen Versen, nicht eueren Spott und erinnert euch seiner Huld, die er euch erwies, und der Schrift und der Erkenntnis, die er euch zur Mahnung offenbarte. Fürchtet Allah und wißt, daß er allwissend ist.

[233] Wenn ihr euch von eueren Frauen scheidet und ihre bestimmte Zeit ist gekommen, dann hindert sie nicht, einen anderen Mann zu nehmen, wenn sie sich nach Recht einigten. Dies ist eine Mahnung für jene, die an Allah und den Jüngsten Tag glauben. Dies diene euch zur Erkenntnis der Gerechtigkeit, es ist lautere und segensreiche Wahrheit. Allah weiß, doch ihr wißt nicht.

[234] Die Mutter (auch die geschiedene Frau) soll ihre Kinder zwei volle Jahre säugen, wenn der Vater will, daß die Säugung die volle Zeit dauere. Dem Vater des Kindes obliegt es, der Mutter Nahrung und Kleidung nach Billigkeit zu geben. Niemand ist aber gezwungen, über sein Vermögen zu leisten. Weder Vater noch Mutter soll hierzu der Kinder wegen gezwungen sein noch werden. Für (des Vaters) Erben (den Vormund) gilt dasselbe. Soll das Kind vor dieser Zeit – nach gemeinschaftlicher Beratung übereinstimmend – entwöhnt werden, so begehen sie damit kein Vergehen. Und wenn ihr wollt, so könnt ihr auch eine Amme für das Kind nehmen, wenn ihr nur den Lohn, den sie ausbedungen, nach Billigkeit ihr gebt. Fürchtet Allah und wißt, daß Allah alles sieht, was ihr tut.

[235] Wenn ihr sterbt und Frauen hinterlaßt, so müssen diese vier Monate und zehn Tage warten. Ist diese Zeit um, dann ist es keine Sünde, wenn sie nach Billigkeit über sich verfügen. Allah weiß, was ihr tut. [236] Es ist auch kein Vergehen, wenn ihr vor dieser Zeit

schon einer Witwe einen Heiratsantrag macht oder euch geheim in eueren Herzen mit dieser Absicht tragt; Allah kennt ja doch euere Wünsche. Versprecht euch aber nicht heimlich mit ihr, redet zumindest nur in keuschen Worten! Die Verbindung jedoch beschließt nicht vor abgelaufener Frist! Wißt, daß Allah weiß, was in eurer Brust vor sich geht, darum nehmt euch wohl in acht. Wißt aber auch, daß Allah gegen euch gnädig und milde ist.

[237] Auch ist es kein Vergehen, sich von der Frau zu trennen, wenn ihr sie noch nicht berührt, noch ihr eine Morgengabe verschrieben habt, doch müßt ihr dann – der Reiche wie der Arme –, jeder nach Umständen und Billigkeit, für ihren Unterhalt sorgen: Für Rechtschaffene ist dies Pflicht. [238] Entlaßt ihr sie, bevor ihr sie berührt, aber nachdem ihr ihr eine Gabe verschrieben habt, so erhält sie die Hälfte des Verschriebenen, wenn sie oder der, welcher die Eheverträge in Händen hält, in dieser Hinsicht nicht Nachgiebigkeit zeigt. Jeder beweise aber bereitwilliges Nachgeben, dann kommt ihr der Rechtschaffenheit näher. Vergeßt nicht gütliche Einsicht gegeneinander, denn Allah sieht alles, was ihr tut. [239] Haltet die gebotenen Gebete ein, besonders die üblichen mittleren (zur Tagesmitte); betet demütig zu Allah. [240] Seid ihr in Furcht, betet im Stehen oder im Sattel (Reiten); in Sicherheit jedoch gedenkt Allahs so, wie er es euch lehrte, als ihr noch unwissend wart.

[241] Stirbt einer von euch und hinterläßt Frauen, so vermacht ihnen ihren Unterhalt auf ein ganzes Jahr, damit sie nicht aus dem Hause gehen müssen. Verlassen sie dasselbe freiwillig, so trifft euch keine Schuld für das, was sie rechtmäßig unternehmen. Allah ist der Allmächtige und Weise. [242] Auch für den Unterhalt der geschiedenen Frauen müßt ihr nach Billigkeit sorgen; Frommen geziemt dies. [243] Allahs Befehl ist klar. Begreift ihn!

[244] Habt ihr noch nicht von jenen gehört, die aus Todesfurcht ihre Wohnstätten verließen? Es waren ihrer Tausende. Da sprach Allah zu ihnen: »Sterbet!« Hernach belebte er sie wieder[47]; Allah ist gnädig gegen die Menschen, doch die meisten danken ihm nicht dafür. [245] Kämpft für Allahs Religion und wißt, daß Allah alles

[47] In einer Pestseuchenzeit waren die Juden in die Fremde geflohen und dort gestorben. Der Prophet Ezechiel (Jechezkel, Hesekiel), um 595, sah voll Erbarmen der Toten Gebeine. Kap. 37, 1–10 weissagte er, wie »ihm (von Jahve) geboten. [7] Geräusch entstand, die Gebeine rückten zusammen, [8] Sehnen über sie, Fleisch wuchs, Haut zog darüber. [10] Und der Odem kam in sie.« Jahve hatte die Toten zum Leben erweckt. (Babyl. Talmud, Synhedr., 92.)

hört und alles weiß. [246] Wer möchte wohl nicht Allah für gute Zinsen ein Darlehen geben (wer für fromme Werke Geld gibt, leiht Allah auf Zinsen), vielfältig verdoppelt gibt er es wieder. Allah streckt freigebig seine Hand aus, aber er zieht sie auch zurück (entzieht irdisches Gut). Und zu ihm kehrt ihr einst heim.

[247] Hast du noch nicht hingeschaut auf jene Versammlung der Kinder Israels nach Mosis Tod. Sie sprachen zum Propheten Samuel: »Gib uns einen König, daß wir für die Religion Gottes kämpfen!« Er antwortete: »Wollt ihr wohl auch dann kämpfen, wenn euch der Krieg befohlen wird?« Sie antworteten: »Wie sollten wir nicht für seine Religion kämpfen wollen, sind wir ja bereits von unseren Kindern und aus unseren Wohnstätten vertrieben.« Als ihnen dann der Krieg geboten wurde, da flohen sie bis auf wenige. Allah aber kennt die Frevler. [248] Als ihnen der Prophet nun sagte: »Allah hat den Talut (Saul) zum König über euch gesetzt«, da sagten sie: »Wie sollte dieser über uns König sein, da wir des Zepters würdiger sind als er. Er besitzt auch keinen Reichtum.« Er aber erwiderte: »Allah hat ihn für euch auserwählt und ihn mit Vorzügen an Geist und Leib ausgezeichnet.« Allah verleiht die Herrschaft, wem er will. Allah ist allmächtig und weise. [249] Der Prophet sagte ferner zu ihnen: »Das Zeichen seiner Herrschaft wird die Bundeslade[48] sein, in der euer Herr in Gegenwart (Schechina) ist (Allahs Macht wohnt), sie wird zu euch kommen, auch die Reliquien[49], die Moses und Aarons Familie hinterließen. Engel werden sie tragen. Dies seien euch Zeichen, wenn ihr gläubig seid[50].«

[250] Als Talut (Saul, *Gideon)* mit dem Heer auszog, sagte er: »Allah will euch an diesem Flusse prüfen. Wer daraus trinkt, der hält es nicht mit mir, wer aber nicht trinkt, der ist mit mir. Jedoch sei der ausgenommen, der mit flachgehöhlter Hand eine Handvoll daraus schöpft.« Aber mit Ausnahme weniger tranken alle aus dem Fluß. Als sie diesen überschritten hatten, er und mit ihm die Gläubigen, da sagten sie: »Wir haben heute keine Kraft, gegen Galuth (Goliath) und dessen Heer zu kämpfen.« Die aber fest daran glauten, daß sie einst zu Allah kommen, sagten: »Wie oft hat schon mit Allahs Willen ein kleines Heer ein weit mächtigeres besiegt, denn

[48] Auszulegen: ein friedliches, gotterfülltes Herz. [49] Die Reliquien sind: Mosis Stab und Schuhe, Aarons Stirnband, ein Gefäß mit Manna, die zerbrochenen Gesetztafeln. [50] Mit den Versen [247–249] begegnet Mohammed allen Einwänden gegen seine Person, seine Berufung, seine Armut, die Ungläubige gegen ihn erhoben.

Allah ist mit denen, die standhaft ausharren.« [251] Als sie nun dem Kampf mit Galuth (Goliath) und seinem Heer entgegenzogen, da beteten sie: »Gieße standhafte Geduld über uns aus, gib dem Schritt unserer Füße Kraft und hilf uns gegen dieses ungläubige Volk!« [252] Sie besiegten mit Allahs Willen den Feind, und David tötete den Galuth. Ihm gab Allah darauf die Herrschaft über das Reich und die Weisheit und lehrte ihn, was ihm gutdünkte. Hielte Allah eben nicht durch die Menschen selbst die ganze Menschheit in ihren Schranken, dann wäre die Erde schon längst dem Verderben anheimgegeben. Aber Allah ist gnädig gegen die Erdbewohner. [253] Das sind die Worte Allahs, die er hiermit wahrhaft offenbarte; und du bist einer seiner Gesandten.

[254] Unter den Propheten haben wir einige vor anderen bevorzugt. Mit einigen sprach Allah selbst (gab ihnen Gesetze), andere erhob er noch höher im Range. Jesus, dem Sohne Marias, gaben wir Wunderkraft und rüsteten ihn mit dem heiligen Geist (sandten ihm den Engel Gabriel als Boten). Hätte es Allah gewollt: Die nach Jesus Lebenden, denen so deutliche Belehrung zuteil geworden war, wären nicht so verschiedener Meinungen; aber sie sind uneinig: einer glaubt, ein anderer leugnet. Hätte Allah gewollt, sie hätten nicht gestritten; aber Allah tut, was er will.

[255] Gläubige, gebt Almosen von dem, was ich euch zu euerem Unterhalte verlieh, bevor der Tag kommt, an dem es kein Unterhandeln, keine Freundschaft und keine Fürbitte mehr gibt. Die Frevler schaden sich als Ungläubige selbst.

[256] Allah ist Allah, außer ihm gibt es keinen Gott. Er ist der aus sich selbst Lebendige, der Ewige. Ihn ergreift nicht Schlaf, noch Schlummer. Sein ist, was in den Himmeln, sein, was auf Erden ist. Wer kann bei ihm ohne seinen Willen fürsprechen und vermitteln? Er weiß, was zwischen ihren Händen und hinter ihnen ist (was ist, war und sein wird), und die Menschen begreifen von seiner hehren Allwissenheit nur, soweit es ihm gefällt. Über den Himmeln und der Erde steht sein Thron, Herrschaft und Wacht sind ihm keine Bürde. Er ist der Erhabene und Mächtige! *(Der Thronvers.)*. [257] Zwingt keinen zum Glauben, da die wahre Lehre vom Irrglauben ja deutlich zu unterscheiden ist. Wer Tagut *(altarab. Götze, Irrglaube)* verwirft und an Allah glaubt, ergreift eine Stütze, die nie

zerbricht. Er allein hört alles und weiß alles. [258] Allah allein ist Schirmherr der Gläubigen; er führt sie aus der Finsternis ins Licht. Der Ungläubigen Beschützer aber ist Tagut; er führt sie aus dem Licht in die Finsternis. Sie gehören zur Gesellschaft, die im Höllenfeuer wohnen wird; und darin werden sie bleiben.

[259] Hast du nicht von jenem vernommen (Nimrod), der mit Abraham über den Herrn stritt, ihm sei die Herrschaft verliehen? Abraham sagte: »Mein Herr ist es, der lebendig macht und tötet.« Jener aber antwortete: »Auch ich mache lebendig und töte!« Abraham erwiderte: »Sieh, Allah bringt die Sonne von Osten her, bringe du sie doch einmal von Westen.« Das verwirrte den Ungläubigen. Allah leitet die Frevler nicht.

[260] Oder hast du nicht von jenem (Esra) vernommen[51], der an einer Stadt vorbeikam, die bis auf den Grund zerstört war (Jerusalem), und sprach: »Wie wird Allah diese wieder beleben, da sie völlig vernichtet ist?« Darauf ließ Allah ihn sterben, und erst nach hundert Jahren weckte er ihn wieder und fragte ihn: »Sage, wie lange hast du hier zugebracht?« Dieser antwortete: »Einen Tag oder nur einen Teil eines Tages.« Allah aber erwiderte: »Nein, hundert Jahre sind es. Sieh auf deine Speise und deinen Trunk, noch sind sie nicht verdorben. Blick auf deinen (toten) Esel (sein Gebein). Sei ein Beweis den Menschen! Schau auf das Gerippe (des Esels). Wir rükken es zusammen und bedecken es mit Fleisch.« Als dieser das Wunder sah, rief er: »Nun weiß ich, daß Allah allmächtig ist!«

[261] (Bedenke!) Als Abraham sprach: »O Herr, zeige mir, wie du die Toten lebendig machst!«, sagte der Herr: »Willst du noch immer nicht glauben?« – »Doch!« erwiderte er. »Ich frage nur, um mein Herz zu beruhigen.« Allah sagte darauf: »Nimm vier Vögel und zerteile (oder: zähme) sie, bringe auf vier Berge je ein Stück; dann rufe sie, und eilends werden sie zu dir kommen, dann weißt du, daß Allah allmächtig und allweise ist[52].«

[262] Die ihr Vermögen für die Religion Allahs hergeben, gleichen einem Samenkorn, das sieben Ähren treibt, und jede Ähre enthält hundert Samenkörner. So gibt Allah dem vielfach, welcher ihm gefällt. Allah ist überaus gütig und weise. [263] Wer sein Vermögen

[51] Siehe Nehemía (um 440, Wiedererbauer Jerusalems), apokryphes Buch III (oft II) von Esra (Esdras, 458), 2,13. [52] Diese Fabel entstand aus Genesis (I. Buch Mos.), 15,9 ff: Da sprach Er zu ihm: Hole mir ... auch eine Turteltaube und eine junge Taube. [10] Und er holte ... und zerteilte ..., aber das Geflügel zerteilte er nicht.

für Allahs Religion spendet und die Gabe nicht wiederfordert, auch keinen Zank deshalb beginnt (voll Vorwurf zurückbegehrt und sie unfreundlich vorhält), den erwartet Lohn vom Herrn, den trifft weder Furcht noch Trauer. [264] Ein Wort voll Güte und Milde ist besser als eine unfreundliche Gabe. Allah ist reich an sich selbst und voll langmütiger Milde. [265] O Gläubige, vermindert doch nicht den Wert eurer Gaben durch vorwurfsvolle Vorhalte und Lieblosigkeit wie die, welche nur Almosen geben, damit es die Leute sehen, die aber nicht an Allah und den Jüngsten Tag glauben. Diese gleichen dem Fels unter einer Erdschicht: Mag es noch soviel regnen, er bleibt bloßgeschwemmt, doch hart. Ihr Werk bringt solchen Menschen letztlich keinen Gewinn. Allah leitet die Ungläubigen nicht. [266] Die aber aus dem reinen Streben, Allah zu gefallen, und aus ganzer Inbrunst zu ihrer Seelen Heil Almosen geben, diese gleichen einem Garten, der auf einem Hügel liegt und auf den ein ergiebiger Regen fällt und der doppelte Früchte trägt. Und tränkt ihn nicht Regen, so befeuchtet ihn doch Tau. Und Allah weiß, was ihr tut. [267] Wünscht nicht jeder von euch einen Garten zu besitzen, mit Palmen, mit Weinstöcken, von Quellen bewässert, der Früchte aller Art trägt – doch hohes Alter bedrückt, und schwächliche Nachkommen bereiten Sorge. Und Sturm vernichtet den Garten. Blitzflammen verzehren ihn. Diese Überlegung lehrt Allah in diesem Vers. Denkt darüber nach und beherzigt ihn.

[268] O Gläubige, gebt Almosen von den Gütern, die ihr erwerbt, und von dem, was wir euch aus der Erde Schoß wachsen lassen; sucht nicht das Schlechteste zum Almosen aus, solches, das ihr wohl selbst nicht annehmen wolltet, außer ihr würdet getäuscht; wißt, Allah ist in sich selbst reich und hoch gepriesen. [269] Der Satan droht mit Armut und befiehlt euch Schändliches; Allah verheißt euch Vergebung und reiche Gnade. Allah ist milde und weise. [270] Er gibt Weisheit, wem er will. Und wem Weisheit geworden ist, der besitzt ein großes Gut; seid klug und bedenkt das. [271] Was ihr an Almosen gebt und was ihr gelobt, Allah weiß es. Die Frevler werden nicht geschützt. [272] Macht ihr euere Almosen laut bekannt, nun, sei es gut so; doch wenn ihr das, was ihr den Armen gebt, im geheimen reicht, so ist es besser. Dies wird euch von Sünden entsühnen. Allah kennt euer Tun. [273] Nicht verantwortest du (Mohammed!), ob die Frevler folgen. Allah leitet, wen er will. Was ihr

an Almosen gebt, ist für euerer Seele Heil; doch gebt nur in der Absicht, dereinst Allahs Antlitz zu schauen. Was ihr den Armen Gutes tut, wird euch einst belohnt werden. Ihr werdet davon nur Vorteil haben. [274] Die Armen, die im Kampf für Allahs Sache stehen (und keinem Erwerb nachgehen können), sie können nicht im Land umherziehen und ihren Unterhalt suchen. Die Törichten halten sie ihrer Bescheidenheit wegen für reich (der Not enthoben). An ihrem Äußeren kannst du sie erkennen; sie fordern nichts mit Ungestüm (zudringlich). Was ihr ihnen Gutes tut, Allah ist es bekannt. [275] Die von ihrem Vermögen Almosen geben, bei Nacht und bei Tag, insgeheim und öffentlich, können ihres Lohnes von ihrem Herrn gewärtig sein, und weder Furcht noch Trauer wird über sie kommen.

[276] Die nun vom Wucher (Zinseszins) leben, werden einst mit Krämpfen auferstehen als vom Satan Besessene[53]; deshalb, weil sie sagen: »Handel ist mit Wucher (Zinsgeschäften) gleich.« Aber Allah hat den Handel erlaubt und den Wucher (Zinsnehmen) verboten. Wer dies nun, von Allah ermahnt, unterläßt, dem wird Vergebung für das Vergangene zuteil, wenn er hinfort seine Geschäfte nach Allahs Willen treibt. Wer aber von neuem wuchert, wird ein Bewohner des Höllenfeuers, darin wird er bleiben. [277] *Dem Wucherhandel wird Allah wehren, die Tat der Almosen aber mehren.* Allah liebt die Gottlosen nicht. [278] Die, welche glauben, Gutes tun, das Gebet verrichten und Almosen geben, haben Lohn von ihrem Herrn zu erwarten; weder Furcht noch Trauer kommt über sie. [279] O Gläubige, fürchtet Allah und gebt den Rest vom Wuchergewinn, den ihr in Händen habt, zurück, wenn ihr Gläubige seid! [280] Tut ihr das aber nicht, so ist euch Krieg von Allah und seinem Propheten verkündet. Doch bekehrt ihr euch in Reue, dann soll das Kapital eueres Vermögens euch verbleiben. *Tut niemand ein Unrecht an, dann wird euch kein Unrecht getan.* [281] Fällt einem Schuldner die Zahlung schwer, so seht ihm nach (gewährt Zahlungsaufschub), bis ihm die Zahlung leichter wird. Erlaßt ihr sie ihm aber als Almosen gänzlich, um so besser für euch. O könntet ihr das doch einsehen! [282] Und fürchtet den Tag, an dem ihr zu Allah zurückkehren werdet; dann wird jeder Seele der Lohn, den sie verdient, und niemandem wird ein Unrecht geschehen.

[283] O Gläubige, wenn ihr eine Schuldverpflichtung auf eine be-

[53] Krämpfe und Konvulsionen gelten dem Orientalen als Zeichen der Satansbesessenheit.

stimmte Frist eingeht, so macht das schriftlich. Ein Schreiber lege dies, so wie es Rechtens ist, für euch in eurer Gegenwart schriftlich fest. Der Schreiber weigere sich nicht und schreibe (nicht anders), als Allah es ihn gelehrt hat (mit Redlichkeit und in Wahrheit). Er schreibe, wie es der Schuldner ihm vorsagt, in Treuen; er fürchte Allah, seinen Herrn, und verfälsche nichts. Ist aber der Schuldner hierzu zu einfältig, zu schwach oder vermag es sonstwie nicht, zu diktieren, so tue dies, wie es Rechtens, sein Beistand, und nehmt zwei Männer aus euerer Mitte zu Zeugen. Sind aber zwei Männer nicht zur Stelle, so bestimmt einen Mann und zwei Frauen, die sich eignen, zu Zeugen; irrt sich dann eine, so kann die andere ihrem Gedächtnis dann nachhelfen. Und niemand verweigere die Zeugenschaft, wenn er hierzu aufgefordert wird. Verschmäht nicht, eine Schuld – sie sei groß oder klein – und die (Zahlungs-)Frist niederzuschreiben. So ist es richtig vor Allah, ist sicherer und schließt zukünftige Zweifel aus. Doch tätigt ihr Geschäfte, die an Ort und Stelle Zug um Zug abgeschlossen werden, so ist es kein Fehl, wenn ihr nichts niederschreibt; doch nehmt Zeugen zu eueren Geschäften; aber weder dem Schreiber noch den Zeugen darf daraus Unbill entstehen. Handelt ihr anders, so begeht ihr Unrecht. Fürchtet Allah, er hat euch belehrt, Allah weiß alles. [284] Seid ihr aber auf Reisen und habt keinen Schreiber zur Verfügung, so nehmt ein (Sicherstellungs-)Pfand; traut aber einer dem anderen (ohne dieses), so zahle, dem vertraut wurde, das Anvertraute zurück. Er fürchte Allah. Verhehlt kein Zeugnis. Wer ein Zeugnis verheimlicht, der hat ein sündhaftes Herz, und Allah weiß, was ihr tut.

[285] Allah gehört, was in den Himmeln und was auf Erden ist; er wird von euch über das, was in euren Herzen ist – mögt ihr es kundtun oder verschweigen –, Rechenschaft fordern. Allah verzeiht, wem er will, und bestraft, wen er will, er, Allah, der über alle Dinge Macht hat. [286] Der Prophet glaubt an das, was ihm offenbart wurde, und alle Gläubigen glauben an Allah, an seine Engel, an die Schrift und an seine Propheten (in dem Gedanken): Wir machen keinen Unterschied unter seinen Propheten. Sie sagen: »Wir hören und gehorchen! Dich aber, o Herr, bitten wir um deine Verzeihung, zu dir führt unsere Heimkehr!« [287] Allah zwingt niemanden, über seine Kräfte hinaus zu handeln; doch den Lohn für das, was man Gutes oder Böses tat, wird man erhalten. O Allah, bestrafe uns

nicht, wenn wir ohne böse Absicht gefehlt oder wenn wir uns (gar) versündigt haben. Lege uns nicht das Joch auf, das du jenen auferlegt hast, die vor uns lebten. Lege uns nicht mehr auf, als wir tragen können. Verzeih uns, vergib uns, erbarme dich unser. Du bist unser Beschützer. Hilf uns gegen die Ungläubigen!

DRITTE SURE

Die Familie Amrans[1] (Al-Imran) *offenbart zu Medina*

[1] Im Namen Allahs, des Allbarmherzigen. [2] Alif Lam Mim. [3] Allah ist Allah! Es gibt keinen Gott außer ihm. Er ist der aus sich selbst Lebendige, der Ewige. [4] Er offenbarte dir die Schrift mit der Wahrheit und bestätigte hiermit sein schon früher gesandtes Wort. Er offenbarte schon vorher die Thora und das Evangelium als Richtschnur für die Menschheit, und nun offenbarte er die Unterscheidung (die Erlösung, den Koran). [5] Wahrlich die, welche die Zeichen Allahs leugnen, erhalten große Strafe; denn Allah ist mächtig und vermag zu vergelten. [6] Allah ist nichts von dem verborgen, was auf Erden, was in den Himmeln ist. [7] Er ist es, der euch nach seinem Willen im Mutterleibe geschaffen hat; außer ihm, dem Mächtigen und Weisen, gibt es keinen Gott. [8] Er offenbarte dir die Schrift, in der viele Verse maßgebend und grundlegend sind: sie sind die Mutter (Grundsäulen) der Schrift; andere dunkle (vieldeutige) sind bildlich zu nehmen. Die nun im Herzen zweifeln, diese wollen aus Begierde, Spaltungen zu veranlassen, und aus Freude am Deuten jene Gleichnisse erklären; aber nur Allah kennt ihre wahre Bedeutung. Die aber, welche fest in der Erkenntnis sind, sprechen: Wir glauben daran, das Ganze ist von unserem Herrn. So denken aber nur die, welche verständigen Herzens sind. [9] O Allah, laß unser Herz nicht mehr irren, nachdem du uns auf den rechten Weg geleitet hast, und schenke uns deine Barmherzigkeit, denn du bist ja der Gnadenspender. [10] O Herr, gewiß, wir zweifeln nicht daran, du wirst einst an dem bestimmten Tage die Menschen versammeln, denn Allah bricht sein Versprechen nicht.

[1] Mohammed nennt den Vater der Jungfrau Maria: Amran (Imran). Dieser ist Vater Mosis und Aarons. Maria und Elisabeth sind Schwestern, somit auch Mosis und Aarons. Zur Familie gehören ferner Jesus, Johannes und Zacharias. Siehe Vers [34]. Anachronistisch ist Mosis Schwester Mirjam identisch mit Mirjam-Maria, der Muttergottes. Vergleiche auch neunzehnte Sure [29] und ebendort Note 11. Siehe Note 3, Seite 56.

[11] Den verstockten Ungläubigen hilft bei Allah weder Reichtum noch Kinder: Ungläubige werden Nahrung des Höllenfeuers. [12] Nach Art und Brauch des Volkes Pharaos und derer, welche vor ihnen lebten, zeihen sie meine Zeichen der Lüge, aber schon hat sie Allah in ihren Verbrechen erfaßt, und Allah ist der streng Bestrafende. [13] Sprich zu den Ungläubigen: Ihr sollt besiegt und in die Hölle verstoßen werden und dort eine unselige Lagerstätte haben. [14] An jenen zwei Heerscharen, die aufeinanderstießen, habt ihr ein Wunder gesehen[2]; die eine Schar kämpfte für die Religion Allahs, die andere war ungläubig. Diese hielt jene für zweimal so stark wie sich selbst. Allah stärkt mit seiner Hilfe, wen er will. In der Tat, dies war ein denkwürdiges Ereignis für nachdenkende Menschen.

[15] Den Menschen wurde begehrliche Lust an Frauen und Kindern, Gold und Silber, edlen Pferden, Viehherden und viel Ackerland eingepflanzt. Doch hat dies alles nur für dieses Leben Wert; ewige schönste Stätte ist bei Allah. [16] Sagt selbst: Kann ich euch Besseres als das verkünden? Die Frommen werden von Allah einst Gärten, von Flüssen durchströmt, erhalten, und sie werden ewig in diesen Gärten weilen. Unbefleckte Frauen und das Wohlgefallen Allahs werden ihnen zuteil, denn Allah sieht huldvoll auf seine Diener. [17] Auf die, welche sprechen: »O Herr, wir sind Gläubige, verzeihe uns unsere Sünden und befreie uns von der Strafe des Höllenfeuers!« [18] So sprechen die Standhaften, die Wahrheitsliebenden, die Andächtigen, die Almosenspender und die im Morgengebet um Sündenvergebung flehen. [19] Allah selbst hat bezeugt, daß es keinen Gott gibt außer ihm, und die Engel und alle vernunftbegabten Menschen bestätigen in Wahrheit, daß es keinen Gott gibt außer ihm, dem Mächtigen und Weisen. [20] Die wahre Religion vor Allah ist Islam (die vollkommene Hingabe). Die Schriftbesitzer wurden nicht eher uneins, als bis ihnen die Erkenntnis zuteil geworden war. Da stritten sie darüber, aus Neid, miteinander. Wer aber die Zeichen Allahs leugnet, der wisse, daß Allah im Zusammenrechnen schnell ist. [21] Wenn sie mit dir streiten, so sage: »Ich und meine Anhänger, wir haben unser Antlitz in Allah (sind Allah) ergeben.« Zu Schriftbesitzern und Unbelehrten (Heiden) sage: »Wollt

[2] Mohammed besiegte in dieser seiner ersten Schlacht, 624 n. Chr. G., bei Bedr (Badr) mit mangelhaft ausgerüsteter Schar (313 od. 319 Mann) ein doppelt bis dreifach so starkes (1000 Mann) mekkanisches Heer.

ihr Islam annehmen?« Nehmen sie ihn an, sind sie auf rechtem Wege; wenn sie sich weigern, obliegt dir nur Predigt. Allah sieht wohlgefällig auf seine Diener. [22] Denen aber, welche Allahs Zeichen leugnen und die Propheten ohne Grund töten und diejenigen morden, welche Recht und Gerechtigkeit predigen, ihnen verkünde peinvolle Strafe. [23] Ihre Werke sind für diese und für jene Welt verloren, und niemand wird ihnen helfen. [24] Hast du noch nicht auf jene hingeblickt, die einen Teil der Offenbarung erhalten haben? Als man sie auf die Schrift Allahs hinwies, daß sie die Streitpunkte entscheide, da wandte sich ein Teil von ihnen um und entfernte sich. [25] Dies taten sie deshalb, weil sie sprechen: »Das Höllenfeuer trifft uns nur eine bestimmte Anzahl von Tagen.« Und so fielen sie durch Selbsterdachtes in der Religion dem Irrtum anheim. [26] Wie aber dann, wenn wir sie versammeln an dem Tage, der keinem Zweifel unterliegt, und jede Seele erhält, was sie verdient? – Auch ihnen wird dann nur Recht werden. [27] Bete: Allah, der du Herr der Herrschaft bist, du gibst die Herrschaft, wem du willst, du entziehst sie, wem du willst. Du erhöhst, wen du willst, und erniedrigst, wen du willst. In deiner Hand ist alles Gute, denn du bist über alle Dinge mächtig. [28] Auf die Nacht läßt du den Tag folgen und auf den Tag die Nacht. Aus dem Tode läßt du Leben hervorgehen und den Tod aus dem Leben, und du ernährst, wen du willst, ohne Maß (An- oder Abrechnung).

[29] O Gläubige, nehmt euch keine Ungläubigen zu Freunden, wenn Gläubige vorhanden sind. Wer aber so tut, der hat von Allah in nichts Beistand zu erhoffen, oder er müßte Gefahr von ihnen befürchten. Allah selbst aber wird euch beschützen, und zu ihm werdet ihr einst kommen. [30] Sprich: Mögt ihr verheimlichen, was in eueren Herzen ist, oder dies kundtun, Allah weiß es; denn er weiß, was in den Himmeln und was auf Erden geschieht, und Allah ist über alle Dinge mächtig. [31] An jenem Tage wird jeder das Gute, welches er getan hat, gegenwärtig finden und wird wünschen, daß zwischen ihm und dem Bösen, das er getan hat, eine große Kluft sein möge. Allah selbst aber wird euch beschützen, denn er ist huldvoll gegen seine Diener.

[32] Sprich ferner: Wenn ihr Allah liebt, so folgt mir, und Allah wird sodann euch lieben und euch euere Sünden vergeben; denn Allah ist verzeihend und barmherzig. [33] Sprich ferner: Gehorcht

Allah und seinen Propheten; wendet ihr euch aber ab, so wißt, daß Allah die Ungläubigen nicht liebt. [34] Allah hat Adam, Noah, die Familie Abrahams und die Familie Amrans[1] *(Überschrift der Sure)* vor allen anderen Menschen auserwählt. [35] Ein Geschlecht wurde aus dem anderen. Allah weiß und hört alles.

[36] Gedenke des Gebetes der Frau Amrans[3]: O Herr, ich gelobe dir die Frucht meines Leibes, sie sei dir geweiht, nimm sie von mir an, du Allessehender und Allwissender! [37] Als sie nun niedergekommen war, sprach sie: »O mein Herr, siehe, ich habe ein Mädchen geboren (Allah wußte wohl, was sie geboren hatte); ein Knabe ist nicht gleich einem Mädchen[4]. Ich habe sie Maria genannt und gebe sie und ihre Nachkommen in deinen Schutz gegen den gesteinigten Satan[5]. [38] Allah nahm sich ihrer mit Wohlgefallen an und ließ einen trefflichen Zweig aus ihr hervorsprossen. Zacharias übernahm die Sorge für sie. Sooft er nun in ihre Kammer trat, fand er Speise bei ihr. Er fragte sie: »Maria, woher kommt dir dies?« Sie antwortete: »Von Allah!« Denn Allah speist, wen er will, ohne es abzurechnen. [39] Darauf flehte Zacharias zu seinem Herrn und sprach: »O Herr, laß mir von dir ein gutes Kind werden, denn du bist ja Erhörer der Gebete.« [40] Als er betend in der Kammer stand, riefen ihm die Engel zu: Allah verkündet dir Yahya, den Johannes, welcher das von Allah kommende Wort[6] bestätigen wird. Er wird ein verehrungswürdiger und enthaltsamer Mann und ein frommer Prophet sein. [41] Er aber sprach: O mein Herr, wie soll mir noch ein Sohn werden? Ich bin ja schon in hohem Alter, und meine Frau ist unfruchtbar. Der Engel erwiderte: Allah tut, was er will. [42] Darauf erwiderte er: O Herr, gib mir ein Zeichen. Er antwortete: Dies soll dir ein Zeichen sein: Drei Tage lang wirst du nur durch Gebärden dich mit den Menschen (mit Gott auch durch Worte) verständigen können. Gedenke oft des Herrn und lobe ihn abends und morgens. [43] Und die Engel sprachen: Maria, Gott hat

[3] Mohammed glaubt, dem Amran sei Hanna zur Frau gegeben. Diese flehte um einen Sohn, gebar aber eine Tochter, Maria, die Mutter Jesu. Der Maria gibt er ferner die Elisabeth, Frau des Zacharias, zur Schwester. Elisabeth gebar Johannes den Täufer. [4] Ein Mädchen kann nicht wie ein Knabe als Priester dem Herrn geweiht sein. [5] Soviel wie verfluchter Satan. Der Sage nach soll der Satan den Abraham hindern haben wollen, seinen Sohn zu opfern; Abraham aber habe ihn mit Steinen fortgejagt. Deshalb werfen auch die Moslems bei der Wallfahrt im Tal von Mina nahe bei Mekka eine gewisse Anzahl Steine – als religiöse Zeremonie –, um damit gleichsam den Satan zu vertreiben und sich auch jener Tat Abrahams zu erinnern. [6] Unter Allahs Wort ist das »Wort« Jesu verstanden, der ohne Vater, durch Gottes Wort gezeugt ist. Siehe auch Vers [46 ff.].

dich erkoren, gereinigt und bevorzugt vor allen Frauen der ganzen Welt. [44] O Maria, sei deinem Herrn ganz ergeben, verehre ihn und beuge dich mit denen, die sich vor ihm beugen. [45] Dies ist ein Geheimnis; dir, Mohammed, offenbaren wir es. Du warst nicht dabei, als sie das Los warfen, wer von ihnen die Sorge für Maria übernehmen sollte; warst auch nicht dabei, als sie sich darum stritten. [46] Die Engel sprachen ferner: O Maria, Gott verkündet dir das fleischgewordene Wort. Sein Name wird sein Messias Jesus, der Sohn der Maria. Herrlich wird er in dieser und in jener Welt sein und zu denen gehören, denen des Herrn Nähe gewährt wurde. [47] Er wird in der Wiege[7] schon und auch im Mannesalter zu den Menschen reden und wird ein frommer Mann sein. [48] Maria erwiderte: Wie soll ich einen Sohn gebären, da mich ja kein Mann berührte? Der Engel antwortete: Der Herr schafft, was und wie er will; wenn er irgend etwas beschlossen hat und spricht: »Es werde!« – dann ist es. [49] Er wird ihn auch in der Schrift und Erkenntnis, in der Thora und dem Evangelium unterweisen, [50] und ihn zu den Kindern Israels senden. Er spricht: Ich komme mit Zeichen von euerem Herrn zu euch. Ich will euch aus Ton die Gestalt eines Vogels formen, in ihn hauchen, und er soll, auf Allahs Gebot, ein beschwingter Vogel werden[7]. Die Mutterblinden und Aussätzigen will ich heilen und mit Allahs Willen Tote wieder lebendig machen und euch künden, was ihr essen und was ihr in eueren Häusern bewahren sollt. Dies alles werden euch Zeichen sein, wenn ihr nur glaubt. [51] Ich bestätige die Thora, die ihr vorlängst erhieltet, erlaube aber einiges, was verboten war. Ich komme mit Zeichen eueres Herrn zu euch. Fürchtet ihn und folgt mir. [52] Allah ist mein und euer Herr. Ihn verehrt! Das ist der Weg!

[53] Als Jesus sah, daß viele von ihnen nicht glauben wollten, sprach er: »Wer will mir für Allahs Sache beistehen?« Darauf erwiderten die Jünger: »Wir wollen Allahs Sache verfechten; wir sind Allahs Helfer; wir glauben an Allah, bezeug es uns, daß wir Gläubige sind. [54] O Herr, wir glauben an das, was du offenbart hast, wir folgen deinem Gesandten, darum schreibe uns in die Zahl der Zeugen ein.« [55] Sie, die Juden, ersannen Listen, allein Allah überlistete sie, denn Allah übertrifft die Listigen an Klugheit.

[7] Über die Kindheit Jesu und seine Worte berichtet das apokryphe Kindheitsevangelium (Evangelium infantiae). In diesem ist auch das Vogelwunder, auch in den apokryphen Thomasakten.

[56] Allah sprach: Ich will dich, o Jesus, der Menschen Tod sterben lassen, zu mir erheben und dich von den (Anwürfen der) Ungläubigen reinigen[8]. Die, welche dir folgten, will ich über die Ungläubigen bis zum Auferstehungstage setzen; dann kehrt ihr zu mir zurück, und dann will ich das Strittige unter euch entscheiden. [57] Die Ungläubigen werde ich in dieser und in jener Welt hart bestrafen, und niemand wird ihnen helfen. [58] Die Gläubigen aber, die Gutes tun, werden ihren Lohn empfangen. Die Frevler liebt Allah nicht. [59] Diese Zeichen und Erkenntnis machen wir dir, Mohammed, bekannt. [60] Vor Allah ist Jesus Adam gleich, den er aus Erde erschaffen hat; er sprach: »Werde« – und er wurde[9]. [61] Diese Wahrheit kommt von Allah, sei daher kein Zweifler. [62] Wenn jemand nun mit dir, nachdem dir die wahre Erkenntnis zuteil geworden ist, über diese streiten will, so sprich: »Kommt, laßt uns unsere und euere Söhne zusammenrufen, unsere und euere Frauen, unsere und euere Sklaven (Diener) und zu Allah beten. Laßt uns Allahs Fluch über die Ungläubigen senden.« [63] Das ist eine wahre Begebenheit[10], Allah ist einziger Gott, anzubeten, mächtig, weise. [64] Er kennt die Frevler, die sich abwenden.

[65] Sprich: Ihr Schriftbesitzer, kommt auf ein Wort (zu einer Vereinbarung zwischen uns): Wir wollen Allah allein als Gott verehren und ihm kein anderes Wesen gleichsetzen, auch keinen von uns außer Allah vergöttern und als unseren Herrn anerkennen. Weigern sie sich, so sprecht: Seid wenigstens Zeuge, daß wir wahrhaft gottergeben sind. [66] Ihr Schriftbesitzer, streitet doch nicht über Abraham[11]; wurden ja die Thora und das Evangelium erst nach seiner Zeit offenbart. Wißt ihr das nicht? [67] Streitet über Dinge, die ihr wissen könnt, aber warum über Dinge streiten, die ihr nicht wissen könnt? Allah allein nur weiß es, ihr aber nicht. [68] Abraham war weder Jude noch Christ, und er war fromm und reinen Glaubens, ein Hanif, kein Götzendiener. [69] Die ihm fol-

[8] Mohammed nimmt, wie viele christliche Sekten, an, Jesus sei nicht gestorben, sondern Allah habe ihn lebendig in den Himmel geführt und ein ihm ähnlicher Mensch sei von den Juden ans Kreuz geschlagen worden. [9] Die Ähnlichkeit Jesu mit Adam besteht darin, daß beide keinen leiblichen Vater hatten. [10] Dies soll sich auf eine Gesandtschaft beziehen, welche die Christen zu Mohammed geschickt hatten, um sich mit ihm über Religionsangelegenheiten zu besprechen. [11] Juden wie Christen wollen Abraham ihrer Religion zugehörig wissen. Der Patriarch, 1800 v. Chr. als »wandernder Aramäer« nach Palästina gekommen, monotheistischer Religionsstifter, Halbnomade, gilt nach jüdischer Überlieferung als Stammvater der Juden und verwandter semitischer Völker (1. B. Mosis, 12 bis 25), ebenso bei Christen als Glaubensvorbild (Brief an die Galater, 3,6). »Hanif«.

gen, stehen Abraham am nächsten: der Prophet (Mohammed) und die Moslems. Allah beschützt die Gläubigen. [70] Einige der Schriftbesitzer wollen euch irreleiten, aber sie täuschen nur sich selbst und wissen es nicht. [71] Ihr Schriftbesitzer, leugnet doch nicht Allahs Zeichen, ihr selbst müßt sie ja bezeugen. [72] Ihr Schriftbesitzer, bemäntelt nicht Wahrheit mit Unwahrheit, um die Wahrheit zu verbergen, da ihr es besser wißt.

[73] Einige der Schriftbesitzer sagen: »Glaubt des Morgens an das, was den Gläubigen offenbart wurde, und des Abends leugnet es wieder, damit sie zurückkehren[12]; [74] glaubt nur dem, der eueres Glaubens ist.« Sprich: Die Leitung ist Leitung Allahs, wenn sie auch einem anderen, ebenso wie sie euch geworden ist, zugekommen wäre. Oder wollen sie vor Allah mit euch streiten? Sage ihnen: Alles Treffliche ist in Allahs Hand, er gibt es, wem er will, denn Allah ist gütig und weise. [75] Er begnadet mit seiner Barmherzigkeit, wen er will, denn Allah ist unendlich in seiner Gnade.

[76] Es gibt manchen unter den Schriftbesitzern, dem du wohl wertvolles Gut anvertrauen kannst; er wird es dir wiedergeben; aber auch manchen, der dir eine ihm geborgte kleine Münze nicht zurückgibt, wenn du ihn nicht stets zur Zahlung drängst. Das kommt daher, weil sie sagen: »Wir haben gegen die Unwissenden[13] keine Verpflichtung«; und sie sprechen so von Allah Lügen, gegen besseres Wissen. [77] Wer aber seine Verpflichtung hält und Allah fürchtet, den liebt Allah; [78] wer aber mit dem Bündnis Allahs kleinlichen Handel treibt und mit seinem Eide, eitlen Gewinnes wegen, der hat keinen Anteil am zukünftigen Leben. Am Auferstehungstage wird Allah nicht mit ihnen reden, sie nicht anblicken und sie nicht für rein erklären, vielmehr wartet ihrer schwere Strafe. [79] Viele von ihnen lesen ihre Verfälschungen so aus der Schrift vor, daß ihr glauben sollt, es sei so in der Schrift enthalten. So steht es aber nicht darin. Sie sagen: So ist sie von Allah; aber sie ist nicht so von Allah, und sie sprechen von Allah Lügen, gegen besseres Wissen. [80] Es geziemt einem Menschen nicht, daß Allah ihm Schrift, Weisheit und Prophetentum geben sollte und er darauf zu

[12] Unter den verschiedenen Erklärungen dieser dunklen Stelle ist die annehmbarste die folgende: Die Juden und Christen sagten: Wir wollen die Annahme des Islams heucheln, später aber wieder davon abfallen, um dadurch die Anhänger des Propheten um so eher auch zum Abfall verleiten zu können. [13] Hier, wie fast überall im Koran: jene, die nicht Juden und nicht Christen sind.

den Leuten spräche: »Betet mich neben Allah an[14]«; sondern es ziemt zu sagen: »Vervollkommnet euch in der Schrift, die ihr ja kennt, lernt sie!« [81] Allah befiehlt euch nicht, Engel oder Propheten als euere Gebieter anzuerkennen. Sollte er tatsächlich, nachdem ihr Moslems (gottergeben) geworden seid, Unglauben gebieten?

[82] Als Allah mit allen Propheten das Bündnis schloß (alle aller Zeiten auf dem Sinai versammelt [Talmud]), sprach er: »Das ist die Schrift und Weisheit, die ich euch gebe. Ein Gesandter wird zu euch kommen und das, was ihr jetzt habt, bestätigen. Ihm müßt ihr glauben, und ihn müßt ihr unterstützen.« Allah sprach ferner: »Seid ihr ernstlich entschlossen, mein Bündnis so anzunehmen?« Sie antworteten: »Wir sind entschlossen.« Darauf sprach Allah: »So seid Zeugen, und ich werde mit euch Zeuge sein. [83] Wer dann zurücktreten wird, der gehört zu den Frevlern.« [84] Wollen sie denn eine andere als die Religion Allahs? Zu ihr bekennt sich, was in den Himmeln und was auf Erden ist, sei es freiwillig oder gezwungen, und zu Allah kehrt alles einst zurück. [85] Sprich: »Wir glauben an Allah und an das, was er uns gesandt hat, und an das, was er dem Abraham, Ismael, Isaak, Jakob und den Stämmen offenbarte, und an das, was Moses, Jesus und anderen Propheten von ihrem Herrn zuteil geworden ist; wir machen zwischen keinem von diesen einen Unterschied. Wir sind Moslems (Allah untertan).« [86] Wer eine andere Religion als den Islam sucht – nie möge er sie annehmen –, der gehört im zukünftigen Leben gewiß zu den Verlorenen. [87] Wie sollte Allah auch ein Volk leiten, welches glaubte und bezeugte, daß der Gesandte wahrhaftig ist, und dem deutliche Zeichen zugekommen sind und das dennoch später ungläubig geworden ist? Nein, Allah führt die Frevler nicht auf den rechten Weg. [88] Der Fluch Allahs und der Engel und aller Menschen Fluch trifft sie; [89] ewig werden sie verflucht bleiben; nichts mildert ihre Qual, und niemals wird sie ein gnadenvoller Blick treffen, [90] mit Ausnahme derer, welche reuevoll Buße tun; denn Allah ist verzeihend und barmherzig. [91] Die aber, welche, nachdem sie wieder geglaubt haben, nochmals in Unglauben verfallen und sich diesem immer mehr zuwenden, deren Buße wird nicht angenommen; denn sie beharren doch im Irrtum. [92] Wer dem Unglauben huldigt und als Ungläubiger stirbt, von dem werden alle Goldschätze der Erde,

[14] Gegen Christi Gottesnatur (als Schriftfälschung von den Christen gelehrt).

wollte er sich damit auslösen, nicht angenommen; harte Strafe wartet auf ihn, niemand kann ihn retten.

[93] Ihr werdet nicht Gerechtigkeit erlangen, bis ihr nicht von dem, was euch lieb ist, Almosen gebt; und all euer Almosen, was ihr gebt, weiß Allah. [94] Alle Speisen waren, bevor die Thora offenbart war, den Kindern Israels erlaubt, außer denen, welche Israel sich selbst versagt[15]. Sprich: »Bringt die Thora und lest sie, wenn ihr wahrhaftig seid.« [95] Wer aber darauf Allah Lügen andichtet, der gehört zu den Frevlern. [96] Sprich: »Allah ist wahrhaftig, folgt darum der Religion des rechtgläubigen Abraham, der kein Götzendiener war.« [97] Das erste Bethaus für die Menschen war das zu Bekka[16], zum Segen und zur Richtschnur der Welt; in ihm sind deutliche Zeichen. [98] Es ist die Stätte Abrahams; wer sie betritt, wird sicher sein. Allah befahl den Menschen, denen es möglich ist, nach diesem Hause zu wallfahren. Wer aber ungläubig sein will, der bedenke, daß Allah auch ohne diese Welt reich genug ist[17]. [99] Sprich: »Ihr Schriftbesitzer, warum leugnet ihr die Zeichen Allahs? Allah ist Zeuge dessen, was ihr tut.« [100] Sprich: »Warum wollt ihr die Gläubigen von der Religion Allahs abhalten und sie verdrehen, da ihr sie ja selbst bezeugen müßt? Aber Allah ist euer Tun nicht unbekannt.« [101] O Gläubige, wenn ihr einem Teile der Schriftbesitzer folgt, so werden sie euch aus Gläubigen zu Ungläubigen machen wollen. [102] Wie könnt ihr nun Ungläubige werden, da euch die Zeichen Allahs vorgelesen werden und sein Gesandter unter euch ist? Wer aber fest Allah anhängt, der ist auf den rechten Weg geführt.

[103] O Gläubige, fürchtet Allah mit wahrer Ehrfurcht und sterbt nur als Moslems, als Gläubige. [104] Haltet am Seil Allahs (an seiner Leitung) fest und laßt nicht los davon und seid eingedenk der Wohltaten, die euch Allah schenkt. Ihr wart Feinde, er aber vereinigte eure Herzen, und ihr seid, durch seine Gnade, Brüder geworden. Ihr wart am Rande des Höllenfeuers, und er bewahrte euch. Deshalb machte euch Allah seine Zeichen bekannt, daß ihr euch auf den rechten Weg leiten laßt. [105] Damit ein Volk aus euch werde, welches die beste Religion verehrt, welche nur das gebietet, was

[15] Erzvater Jakob hat, nach den Auslegern, in einer Krankheit gelobt, sich des Fleisches und der Milch des Kamels zu enthalten (Gen. 32/33). [16] Soviel wie Mekka. [17] Das heißt: Er bedarf um seinetwillen euerer Verehrung nicht. Die Ahmadiyya-Mission übersetzt: . . . möge bedenken, daß Allah sicherlich von allen Geschöpfen unabhängig ist.

recht, und verbietet, was unrecht ist. Dieses Volk wird glücklich sein. [106] Seid nicht wie jene, die sich getrennt haben[18] und die, nachdem ihnen die deutliche Lehre geworden ist, dennoch uneinig sind. Ihrer wartet große Strafe. [107] An jenem Tage werden einige weiße, andere schwarze Gesichter tragen. Zu jenen, die schwarze Gesichter haben (wird Allah sagen:) »Seid ihr Ungläubige geworden, nachdem ihr Gläubige gewesen seid? So nehmt die Strafe eueres Unglaubens.« [108] Die aber, deren Gesichter weiß sind, werden die Gnade Allahs genießen, und zwar ewiglich. [109] Dies sind die Zeichen Allahs, welche wir dir in Wahrheit offenbaren. Allah will seine Geschöpfe nicht mit Ungerechtigkeit behandeln. [110] Was in den Himmeln und was auf Erden ist, gehört Allah, und zu ihm kehren einst alle Dinge zurück.

[111] Ihr seid das beste Volk, das je unter Menschen entstand. Ihr gebietet nur das Rechte und verbietet das Unrecht und glaubt an Allah. Hätten die Schriftbesitzer geglaubt, es stünde viel besser um sie. Es gibt zwar auch Gläubige unter ihnen; die Mehrzahl aber sind Frevler. [112] Sie werden euch wenig schaden können; und wenn sie gegen euch kämpfen, werden sie vor euch fliehen, da sie keine Hilfe haben. [113] Schmach trifft sie, wo man sie auch findet; es sei denn, daß sie sich Allah und den Menschen unterwerfen. Sie haben Allahs Unwillen erregt, Elend kommt über sie, weil sie die Zeichen Allahs leugneten und die Propheten gegen jedes Recht mordeten und Aufruhr und Frevel stifteten. [114] Doch die Schriftbesitzer sind nicht (alle) gleich. Es gibt rechtschaffen Denkende unter ihnen, welche allnächtlich über die Zeichen Allahs nachdenken [115] und Allah verehren und an Allah glauben und an den Jüngsten Tag. Diese wollen nur das Recht und wehren dem Unrecht und wetteifern stets in guten Werken. Sie gehören zu den Frommen. [116] Was sie Gutes taten, bleibt nicht unbelohnt, denn Allah kennt die Frommen. [117] Den Ungläubigen wird bei Allah nichts helfen, weder Vermögen noch Kinder. Sie werden Bewohner des Höllenfeuers und ewig darin bleiben. [118] Was sie in dieser Welt aufgewendet haben, das gleicht einem heftigen eisigen Wind, der über die Saat der Menschen, welche sich selbst ins Verderben stürzten, dahinfährt und sie vernichtet. Allah ist nicht ungerecht gegen sie; sie sind vielmehr selbst ungerecht gegen sich.

[18] Juden und Christen.

[119] O Gläubige! Schließt keine Freundschaft mit solchen, die nicht zu euerer Religion gehören. Sie lassen nicht ab, euch zu verführen, und wünschen nur euer Verderben. Ihren Haß haben sie bereits mit dem Mund ausgesprochen; aber noch weit Schlimmeres ist in ihrer Brust verschlossen. Wir haben euch davon schon Beweise gegeben, wenn ihr sie nur verstanden habt. [120] Seht nur, ihr liebt sie – aber sie lieben euch nicht. Ihr glaubt an die ganze Schrift, und sie, wenn sie euch begegnen, sprechen wohl: »Wir glauben«; dann heimlich unter sich aber, beißen sie sich aus Zorn gegen euch in die Fingerspitzen. Sprich: Sterbt vor Zorn. Wahrlich, Allah kennt das Innerste des Herzens. [121] Wenn es euch gut geht, werden sie betrübt sein, aber sich freuen, wenn es euch übel geht. Wenn ihr aber nur standhaft seid und Allah fürchtet, so wird ihre List euch nicht schaden, weil Allah ihr Tun durchkreuzt.

[122] (Denkst du noch daran) als du dich mit Tagesanbruch von deiner Familie entferntest, um den Gläubigen die Stellungen für den bevorstehenden Kampf anzuweisen[19]? Allah hörte und wußte es. [123] Zwei Heerhaufen von euch ängstigten sich und wurden kleinmütig, obwohl Allah ihnen half. Auf Allah sollten die Gläubigen vertrauen. [124] Auch bei Bedr hat Allah euch beigestanden, da ihr an Zahl so klein schient; darum sei Allah euere Zuflucht und seid dankbar. [125] Und als du zu den Gläubigen sagtest: »Ist es euch nicht genug, wenn euch euer Herr mit dreitausend vom Himmel gesandten Engeln verstärkt?« [126] Wenn ihr Geduld zeigt und Allah fürchtet, so wird, wenn der Feind euch plötzlich überfällt, euer Herr euch mit fünftausend gezeichneten Engeln[20] verstärken. [127] Allah verkündete euch diese frohe Botschaft, damit euer Herz dadurch Vertrauen gewinne. Es gibt keinen anderen Sieg als durch Allah, den Allmächtigen, den Allweisen. [128] Ob Allah die Ungläubigen mit der Wurzel ausrotten oder niedertreten oder nach und nach aufreiben soll, ob er sich ihrer wieder annehmen oder ob er sie bestrafen soll, [129] das – geht dich nichts an. Genug, sie sind Frevler. [130] Was in den Himmeln und was auf Erden ist, gehört Allah; er verzeiht, wem er will, und bestraft, wen er will. Allah ist versöhnend und barmherzig.

[19] Die Ausleger beziehen dies auf die Schlacht bei Ohod, einem Berge bei Medina, gegen die Koreischiten, in der Mohammed unterlag. [20] Die Ausleger deuten »gezeichnete Engel« dahin, daß diese durch verschiedene Rüstung und Rosse ausgezeichnet und erkennbar seien. Allah kommt seinen Gläubigen mit Engeln in der Not zu Hilfe.

[131] O Gläubige, greift nicht so gierig nach dem Wucher mit allen seinen Verdoppelungen[21]. Fürchtet Allah, damit ihr glücklich seid. [132] Fürchtet auch das Feuer, das den Ungläubigen bestimmt ist. [133] Gehorcht Allah und seinem Gesandten, damit euch Gnade werde. [134] Wetteifert miteinander um die Gnade eueres Herrn und um das Paradies, das so weit ist wie die Himmel und die Erde und bestimmt für die Frommen, [135] für die, welche in guten und bösen Zeiten Almosen geben und ihren Zorn unterdrücken und den Menschen gerne vergeben; denn Allah liebt die guten Menschen. [136] Aber auch die, welche, nachdem sie Böses getan und sich versündigt haben, Allahs eingedenk sind und um Vergebung ihrer Sünden bitten – und wer könnte außer Allah ihre Sünden vergeben? – und in dem Bösen, das sie geübt haben und erkennen, nicht beharren, [137] werden Gnade von ihrem Herrn erhalten und Gärten, von Flußläufen durchströmt, und ewig in den Gärten bleiben. Herrlicher Lohn der fromm Handelnden!

[138] Schon vor eurer Zeit hat Allah für den Bruch seiner gesandten Gesetze Strafgerichte ergehen lassen. Wandert nur auf der Erde umher und seht, welch ein Ende die nahmen, die Allahs Offenbarungen für Lüge hielten. [139] Hier (im Koran) ist deutliche Lehre, Richtschnur und Ermahnung für die Frommen. [140] Seid daher nicht verzagt und nicht traurig. Ihr werdet die Oberhand behalten, wenn ihr nur Gläubige seid. [141] Werdet ihr im Kriege verwundet, auch euere Gegner werden gleichfalls verwundet. Wir lassen die Tage unter den Menschen so abwechseln[22], damit Allah diejenigen unterscheidet, die glauben, und Zeugen aus euch wählt – die Frevler aber liebt Allah nicht. [142] Allah will die Gläubigen prüfen und die Ungläubigen vertilgen. [143] Gedenkt ihr denn, ins Paradies einzugehen, unterdes Allah diejenigen nicht scheidet, die für ihn gekämpft und standhaft ausgehalten haben? [144] Ihr wünschtet ja den Tod, bevor er noch nahe war. Nun habt ihr ihn gesehen und werdet ihn noch ferner sehen (da ihr nach dem Tod Ausschau hieltet).

[145] Mohammed ist nichts anderes als ein Gesandter. Andere

[21] Wörtlich: Eßt nicht den Wucher mit Verdoppelung über Verdoppelung; das heißt: Meidet den Wucher trotz des großen Gewinnes, den er bringt. [22] Hier lehrt Mohammed seinen Fatalismus, daß das Gute und Böse in der Welt vorherbestimmt sei; und um seine Anhänger nicht durch Niederlagen im Kriege irre werden zu lassen, lehrt er, daß die Gefallenen zu Märtyrern der Wahrheit bestimmt seien. Überhaupt seien Glück und Unglück oft nur als göttliche Prüfung anzusehen.

Gesandte vor ihm sind bereits gestorben; wenn nun auch er sterben oder getötet werden sollte, wolltet ihr dann wohl wieder in eure früheren Fußtapfen (zum Unglauben) zurückkehren? Wahrlich, wer in diese zurückkehrt, der schadet Allah nicht das mindeste. Die Dankbaren wird er belohnen. [146] Kein Mensch kann sterben ohne den Willen Allahs, wie es geschrieben steht[23] in dem Buche, das die Zeitbestimmung aller Dinge enthält. Wer seinen Lohn in dieser Welt will, der soll ihn erhalten; wer aber in der zukünftigen, der soll ihn auch erhalten. Die Dankbaren werden wir belohnen. [147] Wie mancher Prophet kämpfte schon mit solchen, die zehntausendfach stärker waren; sie ließen dennoch den Mut nicht sinken ob dem, was sie im Religionskampf erduldeten, und wurden nicht schwach und nicht verächtlich. Allah liebt die, welche in Geduld ausharren. [148] Sie führten keine andere Sprache als: »Verzeih, o Herr, unsere Sünden, und was wir in unseren Angelegenheiten vergangen haben, stärke unsere Schritte und steh uns bei gegen die Ungläubigen.« [149] Allah gab ihnen dafür ihren Lohn in dieser und herrlichen Lohn in jener Welt; denn Allah liebt die, welche Gutes tun.

[150] O Gläubige, wenn ihr auf die Ungläubigen hört, so werden sie euch in die früheren Fußtapfen zurückbringen wollen, daß ihr abfallt und ins Verderben stürzt. [151] Nur Allah ist euer Beschützer, er ist der beste Helfer. [152] Das Herz der Ungläubigen füllen wir mit Schrecken, weil sie Allah Nebenbuhler zugesellten, wozu ihnen kein Recht gegeben war. Dafür wird ewiges Feuer ihre Wohnung sein. Ein schlimmer Aufenthalt für die Frevler. [153] Allah hatte seine Verheißung schon erfüllt, als ihr, mit seinem Willen, die Feinde geschlagen habt; ihr aber wurdet verzagt und strittet über die Befehle und wurdet aufrührerisch, obgleich er euch die Erfüllung euerer Wünsche gezeigt hatte[24]. Einige unter euch waren nur um dieses, andere um das Leben in jener Welt besorgt[25]. Er ließ euch in die Flucht jagen, um euch zu prüfen; doch er hat euch bereits vergeben; denn Allah ist huldvoll gegen die Gläubigen. [154] Erinnert euch, da ihr die Anhöhe hinaufstiegt und euch nach nieman-

[23] Fatalismus! Hier lehrt Mohammed gleich den Rabbinen, daß es bei Gott Bücher gebe, in denen die Lebensalter und Schicksale des Menschen aufgezeichnet sind. [24] Vergleiche Note 19. In der Schlacht bei Ohod wurden später, nachdem man anfangs siegreich kämpfte, die Befehle Mohammeds und der Anführer nicht mehr gehört. Dadurch entstanden Unordnung und Unglücksfälle. [25] Die ersteren sind die, welche die Flucht ergriffen; die letzteren jene, die standhaft, unbekümmert um ihr Leben, im Kampfe aushielten.

dem umsaht und der Prophet euch nachrief! Da ließ Allah Not auf Not über euch kommen, damit ihr nicht über den Verlust der Beute traurig werden konntet, denn Allah kannte eure Vorsätze. [155] Nach dieser Not ließ er, zur Erquickung, einen Teil von euch in tiefen Schlaf fallen. Ein anderer Teil quälte und beunruhigte sich selbst, indem sie Fälschliches und Törichtes von Allah dachten und sprachen: »Wird uns die Verheißung wohl in Erfüllung gehen?« Antworte: »Das Ganze ist Allahs Sache.« Sie hielten bei sich geheim, was sie dir nicht mitteilen wollten. Sie sagten: »Wäre uns die Verheißung nur zum Teil in Erfüllung gegangen, so wären wir hier nicht geschlagen worden.« Antworte: »Und wärt ihr auch in eueren Häusern geblieben, so hätten doch die, denen der Tod bestimmt war, hinaus auf den Kampfplatz gehen und dort (nach Allahs Ratschluß) sterben müssen. Allah wollte dadurch die Gesinnung und Gedanken in euerer Brust prüfen und sie läutern. Allah kennt das Verborgenste in euerer Seele. [156] Die, welche am Tage der Schlacht (bei Ohod) vor dem gegnerischen Heere den Rücken kehrten, wurden vom Satan gewisser Vergehen halber[26] hierzu verführt. Doch Allah hat ihnen bereits vergeben; denn Allah ist versöhnlich und huldvoll.«

[157] Gläubige, seid nicht wie die Ungläubigen, welche von ihren Brüdern, die im Land umherreisen, Krieger waren oder in den Krieg zogen, sagen: »Wären sie zu Hause geblieben, sie wären nicht gestorben und nicht getötet worden.« Allah bestimmte es so, um ihr Herz (zu erwachender Reue) zu betrüben. Allah ist es, der Leben und Tod gibt, und er sieht alles, was ihr tut. [158] Und wenn ihr auch für die Religion Allahs getötet werdet oder sonstwie dabei sterbt, so sind Gnade und Barmherzigkeit Allahs besser als alle Schätze, die ihr hier sammelt; [159] denn wenn ihr sterbt oder getötet werdet, so werdet ihr zu Allah versammelt.

[160] In der Barmherzigkeit, die du ihnen (den Kleingläubigen) von Allah verkündetest, bist du milde gewesen; hättest du dich aber strenger und hartherziger gezeigt, so würden sie sich von dir getrennt haben. Verzeihe ihnen nun und bitte um Vergebung für sie; ziehe sie zu Rat in wichtiger Sache; hast du dich beratschlagt, dann vertraue ganz auf Allah; denn Allah liebt die, welche ihm vertrauen. [161] Wenn Allah euch beisteht, so kann euch niemand besiegen;

[26] Sie verließen die Schlachtreihen, um zu plündern und zu rauben.

wenn er euch aber verläßt, wer könnte euch dann ohne ihn helfen? Darum, Gläubige, vertraut auf Allah!

[162] Wahrlich, es ist nicht Art des Propheten, daß er betrügt[27]. Wer betrügt (unterschlägt), muß am Auferstehungstage mit dem Gegenstande des Betruges (der Unterschlagung) erscheinen, jede Seele erhält dann verdienten Lohn; keiner wird Unrecht. [163] Sollte denn der, welcher nach Allahs Wohlgefallen gelebt, gleich dem, der Allahs Zorn auf sich geladen hat, dahinfahren und die Hölle seine Wohnung sein? Es ist eine unglückselige Reise dorthin. [164] Bei Allah gibt es verschiedene Grade der Belohnung und Bestrafung, und er weiß alles, was ihr tut.

[165] Allah hat sich auch dadurch gütig gegen die Gläubigen gezeigt, daß er ihnen einen Gesandten aus ihrer Mitte schickte, der sie seine Zeichen lehre und sie reinige und sie in der Schrift und in der Weisheit[28] unterrichte, da sie früher in offenbarem Irrtum lebten. [166] Als ihr jenes Unglück (bei Ohod) erlittet, sagtet ihr – obgleich ihr vorher (bei Bedr) das Doppelte (an Beute und Vorteil) erlangtet –: »Wie uns so?« Antworte: »Durch euch selber!« Allah hat über alles Macht. [167] Was euch am Tage der Schlacht (bei Ohod) an Leid betroffen hat, geschah mit Allahs Willen, damit er die wahren Gläubigen und die Heuchler kennenlerne. [168] Als man zu ihnen sagte: »Kämpft für die Religion Allahs und haltet den Feind zurück!«, da antworteten sie: »Verstünden wir etwas vom Kriege, gerne wären wir euch gefolgt.« Da waren sie dem Unglauben näher als dem Glauben. Sie sprachen mit dem Mund aus, was nicht mit ihrem Herzen übereinstimmte; Allah aber wußte, was sie verheimlichten. [169] Die, welche zu Hause blieben, sagten von ihren Brüdern: »Hätten sie uns gefolgt, so wären sie nicht getötet worden.« Antworte ihnen: »So wehrt doch einmal den Tod von euch selbst zurück, wenn ihr wahrheitsliebende Menschen seid.« [170] Du darfst keineswegs die für tot halten, welche für die Religion Allahs fielen; sie leben vielmehr bei ihrem Herrn, der ihnen reiche Gaben gibt. [171] Sie freuen sich über die Wohltaten, welche ihnen Allah schenkte, und freuen sich über die, welche ihnen im rechten Glauben erst folgen werden; weder Furcht noch Trauer wird über sie kom-

[27] Hier verwahrt sich Mohammed gegen den Vorwurf, den man ihm gemacht hat, er habe nach der Schlacht bei Bedr von der gemachten Beute vieles, und namentlich ein sehr reiches Kleid, unterschlagen und für sich behalten. [28] Unter Schrift verstehen die Moslems den Koran und (später) unter Weisheit die Sunna.

men. [172] Sie freuen sich über die Güte und Gnade Allahs, und daß er die Belohnung der Gläubigen nicht verkürzt.

[173] Alle die, welche Allah und seinem Gesandten gefolgt sind und, nachdem sie verwundet wurden, dennoch entsprachen und Allah fürchteten, werden großen Lohn empfangen. [174] Zu ihnen sagten die Leute: »Die Bewohner Mekkas haben sich schon mächtig gegen euch gerüstet, fürchtet sie daher.« Dies vermehrte nur ihr Vertrauen, und sie sprachen: »Allah ist unsere Zuversicht. Er ist der beste Beschützer.« [175] Sie kamen daher auch mit Allahs Huld und Gnade zurück, ohne daß sie ein Unglück getroffen hätte. Sie strebten nach dem Wohlgefallen Allahs. Er ist voll großer Huld. [176] Der Satan[29] (von Mekka) will euch nur Furcht einflößen; aber fürchtet nur mich, wenn ihr Gläubige sein wollt. [177] Betrübe dich nicht über die, welche dem Unglauben so eilig verfallen, sie können ja doch Allah keinen Schaden zufügen. Allah wird ihnen keinen Teil am zukünftigen Leben geben wollen, vielmehr wartet auf sie große Strafe. [178] Die den Unglauben gegen den Glauben vertauschen, können Allah nicht schaden; aber sie erwartet große Strafe. [179] Die Ungläubigen mögen nur nicht glauben, daß zu ihrem Seelenheil ein langes und glückliches Leben besser sei; nein, wir schenken ihnen dies nur, damit sie ihre Frevel immer mehren und ihre Strafe um so schmachvoller werde. [180] Allah wird auch die Gläubigen in dem Zustand, in welchem ihr euch jetzt befindet, nicht länger lassen, als bis er die Schlechten von den Guten gesondert hat. Allah offenbart euch auch seine Geheimnisse nicht, sondern er erwählt hierzu einen seiner Gesandten, wen er gerade will. An Allah und seine Gesandten glaubt daher; wenn ihr glaubt und fromm seid, dann wartet auf euch großer Lohn. [181] Auch die Geizigen mögen nicht glauben, das das, was ihnen durch die Güte Allahs zuteil geworden ist, zu ihrem Glücke sei; es gereicht ihnen vielmehr zum Verderben. Was sie nun ergeizt haben, soll ihnen am Auferstehungstag als Halskette umgehängt werden. Allah ist Erbe der Himmel und der Erde, und er weiß alles, was ihr tut.

[182] Allah hat wohl die Stimmen von denen gehört, welche sagten: »Allah ist arm, und wir sind reich[30].« Ihre Rede wollen wir

[29] Darunter verstehen einige den Noim, andere den Abu Sofia, den Anführer der Koreischiten. [30] Mohammed soll an die Juden von Kainoka unter anderem auch geschrieben haben, sie sollten für Allah Tributgeld an ihn bezahlen. Hierauf antwortete Pinehas ibn Azura: Allah muß arm sein, daß er von uns Geld leihen will.

aufzeichnen, ebenso wie den bösen Versuch der Ermordung der Propheten, und zu ihnen sagen: »Nehmt nun hin die Pein des Brennens.« [183] Dies wird ihnen für das Böse zuteil, welches sie mit ihren Händen voraussandten, auch weil Allah gegen seine Diener nicht ungerecht ist. [184] Andere sagen: »Allah befahl uns, keinem Gesandten zu glauben, es sei denn, er komme mit einem Opfer zu uns, welches das Feuer verzehrt[31].« Antworte: »Es sind ja schon vor mir Gesandte mit deutlichen Beweisen und mit dem, was ihr nun verlangt, gekommen, warum habt ihr sie, wenn ihr wahrheitsliebende Menschen seid, denn getötet?« [185] Beschuldigen sie dich des Betruges? Auch die Gesandten vor dir, welche mit deutlichen Beweisen kamen und mit Schriften und mit dem erleuchtenden Buche, haben sie des Betruges beschuldigt. [186] Jeder wird den Tod kosten, und ihr werdet erst am Auferstehungstag eueren Lohn empfangen. Wer dann dem Feuer entfernt und in das Paradies gelassen wird, der wird glücklich sein. Das irdische Leben ist nur zu trügendem Genuß. [187] Ihr werdet an eurem Vermögen und an euch selbst geprüft werden, und ihr werdet von jenen, die vor euch die Schrift erhalten haben (Juden und Christen), und von jenen, die Gott einen Gesellen gaben (Christen), schwere Leidklagen anhören müssen. Doch seid geduldig und gottesfürchtig: denn so ist es vom Schicksal beschlossen (und ist euer Zeichen von Entschlossenheit). [188] Als Allah ein Bündnis mit denen schloß, welchen er die Schrift gab, mit dem Auftrage, sie den Menschen bekanntzumachen und sie nicht zu verheimlichen, da warfen sie dieses Buch hinter ihren Rücken und verkauften es um geringen Preis. Ein schlechter Handel ist das. [189] Glaube nicht, daß die, welche sich ihrer Taten freuen und gelobt zu werden wünschen für das, was sie nicht getan haben, glaube nicht, daß sie der Strafe entgehen; große Strafe wartet auf sie. [190] Allah gehört die Herrschaft über die Himmel und die Erde, er ist der Allmächtige.

[191] In der Schöpfung der Himmel und der Erde, in dem Wechsel des Tages und der Nacht liegen für denkende Menschen deutliche Beweise genug. [192] Diese sind Allahs eingedenk, ob sie stehen oder ob sie sitzen oder ob sie liegen. Beim Nachdenken über die Schöpfung der Himmel und der Erde rufen sie aus: »O Herr, du

[31] Die Juden wiesen damit die Bekehrungsversuche Mohammeds zurück und verlangten, daß er himmlisches Feuer zu seiner Beglaubigung herabbeschwöre.

hast dies alles nicht umsonst erschaffen, Lob sei dir! Errette uns von der Strafe des Feuers. [193] O Herr, wen du ins Feuer stürzt, den überhäufst du auch mit Schande, und die Frevler haben keinen Erretter. [194] O Herr, wir haben einen Prediger (Mohammed) gehört, der uns mit den Worten zum Glauben mahnt: Glaubt an eueren Herrn! Und wir haben geglaubt. Vergib auch, o Herr, unsere Sünden und verzeihe unsere Vergehen und laß uns als Fromme sterben. [195] Erfülle auch, o Herr, was du uns durch deine Gesandten verheißen hast, und führe uns nicht am Tage der Auferstehung in Schande. Du brichst ja nicht dein Versprechen!« [196] Diesen antwortete der Herr: »Ich lasse keine gute Handlung verlorengehen, mag sie ausgeübt haben, wer es auch sei, Mann oder Weib.« Die ausgewandert sind und aus ihren Häusern vertrieben wurden und für meine Religion litten und für sie kämpfend umgekommen sind, will ich von aller Schuld befreien und sie in Gärten führen, welche Flüsse durchströmen. Diese Belohnung ist von Allah; bei ihm ist der allerbeste Lohn! [197] Werde auch nicht irre durch das Glück der Ungläubigen im Lande[32]. [198] Nichtiger Gewinn ist es. Bald ist die Hölle ihre Wohnung – ein unseliger Aufenthalt! [199] Die aber, welche ihren Herrn verehren, kommen in von Wässern durchströmte Gärten und bleiben ewig darin. Ein göttliches Geschenk! Was bei Allah ist, ist besser für die Frommen, als was hier ist. [200] Auch die Schriftbesitzer, die an Allah glauben und an das, was euch und was ihnen offenbart wurde, und sich Allah unterwerfen und die Zeichen Allahs nicht für geringen Preis vertauschen, empfangen ihren Lohn von Allah; denn Allah ist schnell im Zusammenrechnen. [201] Ihr Gläubige aber, seid standhaft; wetteifert untereinander in Geduld und fürchtet Allah, damit es euch wohl ergehe.

[32] Das Handelsglück der Mekkaner.

VIERTE SURE

Die Weiber[1] (Al-Nisa) *offenbart zu Medina*

[1] Im Namen Allahs, des Allbarmherzigen. [2] O ihr Menschen, fürchtet Allah, der euch aus einem einzigen Wesen (Adam) geschaffen hat und aus diesem dessen Weib (Eva) und aus beiden viele Männer und die Weiber werden ließ. Verehrt allein Allah, in dessen

[1] So überschrieben, weil vorzugsweise von weiblichen Angelegenheiten handelnd.

Namen ihr Bitten zueinander sprecht, und ehrfürchtet die Mutter, die euch gebar, pflegt die Verwandtschaftsbande! Allah wacht über euch. [3] Gebt der Waisen Besitz heraus, tauscht nicht Gutes gegen Schlechtes[2], verpraßt nicht ihr Vermögen mit euerem, dies ist große Sünde. [4] Fürchtet ihr, gegen Waisen nicht gerecht sein zu können . . . (betet und bessert euch). Überlegt gut und nehmt nur eine, zwei, drei, höchstens vier Ehefrauen. Fürchtet ihr auch so noch, ungerecht zu sein, nehmt nur eine Frau oder lebt mit Sklavinnen (die unter euerer Hand, euerem Rechte stehen), die ihr erwarbt[3]. So werdet ihr leichter nicht vom Rechten abirren. [5] Gebt den Frauen gutwillig ihre Morgengabe. Erlassen sie es euch aber aus eigenem Antrieb, so genießt es freudig als bekömmlich. [6] Den Schwachsinnigen gebt das Vermögen, welches euch Allah zu ihrer Erhaltung gegeben hat, nicht in die Hände, sondern ernährt sie damit und kleidet sie und redet auf freundliche Weise mit ihnen. [7] Prüft die Waisen, bis sie das heiratsfähige Alter erreicht haben[4]; findet ihr sie dann fähig, sich selbst vorzustehen, so übergebt ihnen ihr Vermögen; aber daß es ja nicht, ehe sie großjährig sind, schnell und verschwenderisch aufgezehrt werde. Der reiche Vormund enthalte sich, etwas von ihnen zu nehmen; der arme genieße von ihrem Vermögen nach Billigkeit[5]. Wenn ihr nun das Vermögen ihnen aushändigt, so nehmt Zeugen dazu; denn Allah fordert Rechenschaft. [8] Den Männern gebührt ein Teil von dem, was Eltern oder Verwandte hinterlassen; aber auch den Frauen gebührt ein Teil von der Hinterlassenschaft der Eltern und Anverwandten; sei es nun wenig oder viel, ein bestimmter Teil gebührt ihnen. [9] Wenn bei der Teilung Verwandte, Waisen und Arme anwesend sind, so gebt allen davon – von wenig etwas – und redet freundlich zu ihnen. [10] Der sich grämt, hilflose Kinder zurückzulassen, bedenke den Waisen angetanes Unrecht; ehrfürchtet und vertraut Allah, führt Worte, die sich geziemen. [11] Die ungerecht der Waisen Vermögen aufzehren, die fressen Feuer in ihre Leiber, sie werden in Höllenflammen braten müssen.

[2] Nehmt ihre guten Sachen nicht für euch, um ihnen schlechte dafür zu geben. [3] Diese im Original sehr schwierige Stelle ist gegen die allgemeine Zerrüttung des Hauswesens gerichtet, dadurch entstanden, daß mancher acht bis zehn Frauen hatte, weshalb dem Araber nur erlaubt war, höchstens vier Frauen zu heiraten, wenn es seine Verhältnisse zulassen. [4] Sorgt in allem für sie, bis sie mündig und selbständig geworden sind; nach einigen bis zum 15., nach anderen bis zum 18. Lebensjahre. [5] Je nach dem Vermögen und je nach der Mühe, welche die Erziehung und die Verwaltung des Vermögens verursacht.

[12] Hinsichtlich euerer Kinder hat Allah folgendes verordnet: Männliche Erben sollen so viel haben wie zwei weibliche. Sind nur weibliche Erben da, und zwar über zwei, so erhalten sie zwei Dritteile der Verlassenschaft. Ist aber nur eine da, so erhält sie die Hälfte[6]. Vater und Mutter des Verstorbenen erhalten je ein Sechstel des Nachlasses, wenn der Erblasser ein Kind zurückläßt. Ist er ohne Kind verstorben und die Eltern sind Erben, erhält die Mutter ein Drittel[7]. Hat er Brüder, erhält die Mutter nach Abzug von Legaten und Schulden ein Sechstel. Ob euere Eltern oder Kinder euch (im Werte) näherstehen, wißt ihr nicht. (Dies ist) Allahs Gebot, er ist allwissend, weise. [13] Die Hälfte von dem, was euere Frauen hinterließen, gehört euch, wenn sie kinderlos starben. Hinterließen sie aber Kinder, so gehört euch nach Abzug der gemachten Legate und Schulden der vierte Teil des Nachlasses. Auch den Frauen gehört der vierte Teil von dem, was ihr hinterlaßt, wenn ihr kinderlos sterbt; hinterlaßt ihr aber Kinder, so bekommen sie nach Abzug der gemachten Legate und Schulden nur den achten Teil eures Nachlasses. Wenn ein Mann oder eine Frau einen entfernten Verwandten zum Erben einsetzt und er oder sie hat jedoch einen Bruder oder eine Schwester, erhält jeder von diesen ein Sechstel des Nachlasses. Hat er aber mehrere Brüder oder Schwestern, so erhalten sie nach Abzug der gemachten Legate und Schulden den dritten Teil des Nachlasses, zu gleichen Teilen[8]. Diese Anordnung ist von Allah, dem Allwissenden, Allgütigen. [14] Dies sind die Schranken (Gebote) Allahs. Wer nun Allah und seinem Gesandten gehorcht, den führt er in wasserreiche Gärten, und ewig wird er darin bleiben. Dies ist eine große Glückseligkeit. [15] Wer aber Allah und seinem Gesandten zuwiderhandelt und seine Verordnungen übertritt, den führt er ins Höllenfeuer, und ewig soll er darin verweilen. Schmachvolle Strafe wird er erleiden.

[16] Wenn euere Frauen sich durch Unzucht vergehen und vier Zeugen aus euerer Mitte bezeugen dies, dann kerkert sie in euerem Hause ein, bis der Tod sie befreit oder Allah ihnen sonst einen Versöhnungsweg weist. [17] Wenn sich zwei Männer miteinander durch Unzucht vergehen[9], so straft beide; wenn sie aber bereuen und

[6] Das übrige Drittel und die übrige Hälfte flossen in diesem Falle wahrscheinlich in den öffentlichen Schatz. [7] Die übrigen zwei Drittel erbt der Vater. [8] Dieses Drittel wird gleichmäßig unter sie verteilt. [9] Verbot der heidnischen Gleichgeschlechts- und Knabenliebe.

sich bessern, dann laßt ab von ihnen; denn Allah ist versöhnend und barmherzig. [18] Allah vergibt nur jenen, die in Unwissenheit sündigen und es bald bereuen; diesen wendet sich Allah wieder zu, denn Allah ist allwissend und allweise. [19] Aber keine Versöhnung wird denen gewährt, welche Böses tun, bis der Tod ihnen naht, die dann sprechen: Ich bereue; auch jenen nicht, die als Ungläubige sterben. Für diese ist schwere Strafe bestimmt.

[20] O Gläubige, es ist nicht erlaubt, Frauen durch Erbschaft, gegen ihren Willen, sich anzueignen[10]; hindert sie auch nicht, einen anderen zu nehmen, um einen Teil ihrer Morgengabe für euch zu behalten; es sei denn, sie hätten offenbare Schandtat begangen; geht vielmehr billig mit ihnen um. Wenn ihr sie aber haßt (sie verabscheut), so kann es leicht sein, daß euch gerade davor ekelt, worin von Allah großes Glück für euch bereitet ist. [21] Wenn ihr eine Frau gegen eine andere vertauschen wollt und ihr habt der einen bereits eine Summe gegeben, so dürft ihr nichts davon wiedernehmen. Wolltet ihr es etwa nehmen? Darob sie des Unglaubens bezichtigen oder sie verleumden! [22] Wie dürftet ihr auch etwas nehmen, da ihr ihr beiwohntet und ihr einen festen Bund geschlossen hattet? [23] Ihr dürft auch keine Frau heiraten, die euer Vater heiratete – es sei denn schon vor langer Zeit geschehen[11]. Denn solches ist schändlich und abscheulich und eine üble Weise. [24] Ferner ist es euch verboten zu heiraten: euere Mütter, euere Töchter und euere Schwestern, euere Tanten von Vater und Mutter Seite, Ammen, die euch säugten, Töchter euerer Brüder und Schwestern, euere Milchschwestern, die Mütter euerer Frauen und euerer Stieftöchter, die ihr in eueren Schutz genommen habt und die von Frauen geboren wurden, welchen ihr schon beigewohnt habt; habt ihr ihnen aber noch nicht beigewohnt, so ist es keine Sünde, jene zu nehmen; verboten: die Frauen euerer Söhne, die ihr zeugtet; verboten zwei Schwestern zur gleichen Zeit – es sei denn vordem geschehen[11]; Allah ist allwissend, er verzeiht, ist barmherzig.

[25] Ihr dürft auch keine freien, bereits verheirateten Frauen nehmen; nur euere Sklavinnen machen eine Ausnahme. So schreibt Allah es euch vor. Alles übrige, was hier nicht verboten ist, ist er-

[10] Vor Mohammed war es Sitte, daß die Witwe samt Vermögen einem Verwandten anheimfiel und so dieser sich ihres Vermögens bemächtigte. Dies wird hier verboten. [11] Was vor der Offenbarung des Korans bereits geschehen, wird als geschehen zugelassen.

laubt. Ihr könnt euch nach dem Verhältnis eueres Vermögens Frauen nehmen, nur keine schlechten und liederlichen (heiratet richtig und begeht nicht Hurerei); gebt ihnen aber für die Freuden, die ihr durch sie habt, eine Morgengabe; doch es ist euch nicht verboten, einen Vertrag, über das Angeordnete hinaus, für den Fall mit ihnen abzuschließen, denn Allah ist allwissend und allweise. [26] Wer aber nicht Vermögen genug besitzt, um freie, gläubige Frauen heiraten zu können, der nehme gläubig gewordene Sklavinnen; denn Allah kennt euren Glauben, und ihr seid ja alle eines Ursprungs; doch heiratet sie nur mit Einwilligung ihrer Herren und gebt ihnen nach Billigkeit ihre Morgengabe. Auch diese müssen züchtig und dürfen nicht Dirnen sein, noch sich geheim Geliebte halten. Vergehen sich solche nach der Ehe durch Ehebruch und Hurerei, sollen sie die Hälfte der Strafe, die in diesem Falle (freie) Frauen träfe, erleiden[12]. (Die Vorschrift gilt) für den von euch, welcher sich zu versündigen fürchtet. Doch davon abzustehen (Enthaltsamkeit) ist für euch besser. Allah verzeiht und ist barmherzig.

[27] Allah will euch das bekanntmachen und euch nach den Vorschriften derer leiten, welche vor euch lebten[13], und euch gnädig sein; denn Allah ist allwissend und allweise. [28] Allah will huldvoll gegen euch sein; diejenigen aber, die ihren Lüsten folgen, wollen, daß ihr weit, weit abschweift. [29] Allah will es euch leicht machen, denn der Mensch ist ein schwaches Geschöpf[14].

[30] O Gläubige, verschwendet euer Vermögen nicht untereinander für Eitles[15], doch treibt Handel in beiderseitigem Einverständnis; und mordet euch nicht selbst; seht, Allah ist barmherzig mit euch. [31] Wer sündhaft, frevelhafterweise aber dennoch handelt, den werden wir in Höllenflammen braten, dies ist für Allah doch ein leichtes. [32] Wenn ihr keine schweren Sünden[16], welche euch verboten sind, begeht, so wollen wir euch von allem Übel befreien und euch auf ehrenvolle Weise ins Paradies führen. [33] Verlangt nicht nach dem, was Allah vorzugsweise dem einen oder anderen unter euch geschenkt hat. Der Mann wird erhalten, was er verdient, ebenso die Frau; bittet daher um die Huld Allahs; denn

[12] Sklavinnen werden deshalb bei Ausschweifungen gelinder bestraft, weil bei ihnen keine so gute Erziehung vorauszusetzen ist. [13] Nach den Lehren früherer Propheten und heiliger Männer. [14] Er kann ohne Frauen und sonstige Gelüste gar nicht sein. [15] Verwendet es nicht auf unerlaubte Weise für Wucher, Betrug und so weiter. [16] Es gibt sieben Hauptsünden: Götzendienst, Mord, falsches Zeugnis, Betrug an Waisen, Flucht im Religionskrieg, Ungehorsam gegen Eltern und Wucher.

Allah weiß alles. [34] Einem jeden haben wir Erben gegeben, welche das erben können, was Eltern und Verwandte hinterließen; verbinden euch Eide mit jemandem (machtet ihr einen Vertrag), so hinterlaßt ihm seinen Anteil[17]. Allah ist Zeuge aller Dinge.

[35] Männer sollen vor Frauen bevorzugt werden (weil sie für diese verantwortlich sind), weil Allah auch die einen vor den anderen mit Vorzügen begabte und auch weil jene diese erhalten. Rechtschaffene Frauen sollen gehorsam, treu und verschwiegen sein, damit auch Allah sie beschütze. Denjenigen Frauen aber, von denen ihr fürchtet, daß sie euch durch ihr Betragen erzürnen, gebt Verweise, enthaltet euch ihrer, sperrt sie in ihre Gemächer und züchtigt sie. Gehorchen sie euch aber, dann sucht keine Gelegenheit, gegen sie zu zürnen; denn Allah ist hoch und erhaben. [36] Befürchtet ihr Entzweiung zwischen Ehegatten, so beauftragt Schiedsrichter aus seiner und ihrer Familie, und suchen sie dann wieder friedliche Einigung, so wird Allah ihnen huldvoll sein; denn er ist allwissend und allweise. [37] Verehrt nur Allah allein und setzt ihm kein Geschöpf zur Seite und seid gütig gegen Eltern, Verwandte, Waisen, Arme, gegen eueren Nachbar, sei er euch nahe oder fremd[18], gegen euere vertrauten Freunde, den Wandersmann und zu eueren Sklaven; denn Allah liebt nicht Stolze, Prahler und Hochmütige. [38] Nicht Geizige und die, welche auch anderen Menschen Geiz anraten und das verheimlichen, was Allah von seiner Güte ihnen zuteil werden ließ; für Ungläubige ist schimpfliche und schwere Strafe bestimmt. [39] Die, welche mit ihrem Vermögen Gutes tun, nur damit es die Leute sehen, und nicht an Allah glauben und an den Jüngsten Tag, haben den Satan zum Freund, und der ist ein schlimmer Gesellschafter. [40] Welche Seligkeit aber stände ihnen bevor, wenn sie an Allah und den Jüngsten Tag glaubten und Almosen spendeten von dem, was Allah ihnen gab; Allah kennt sie, er ist ja allwissend. [41] Allah tut sicherlich niemandem Unrecht, nicht einmal so viel, wie eine Ameise schwer ist (um eines Stäubchens Gewicht) – bei einer guten Handlung aber verdoppelt er den Lohn und gibt in seiner Güte große Vergeltung[19]. [42] Wie (wird es den Ungläubigen zumute sein) wenn wir aus jeder Nation gegen sie selbst Zeugen auf-

[17] Enge Freundschaft sowie ein Erbvertrag, auch ein Vertrag auf Zahlung oder Zuwendung auf Todesfall begründen ein Erbrecht der Überlebenden. [18] Sei er verwandt, auch eueres Glaubens oder nicht. [19] Das Gute wird über Verdienst belohnt, das Böse aber nur nach dem strengsten Recht bestraft.

rufen? Und wie diesem Volke, wenn wir dich zum Zeugen gegen sie auffordern? [43] An jenem Tage werden die Ungläubigen, und die sich gegen den Gesandten empört haben, wünschen, daß die Erde sie bedecke; aber vor Allah können sie nichts verbergen.

[44] O Gläubige, betet nicht in Trunkenheit, sondern erst bis ihr wieder wißt, was ihr redet[20], auch nicht, wenn ihr befleckt seid durch Samenerguß, bis ihr euch gewaschen habt – außer ihr seid auf Reisen. Wenn ihr krank oder auf der Reise seid oder euere Notdurft verrichtet oder euere Frauen berührt habt – und ihr findet kein Wasser, so nehmt feinen reinen Sand und reibt Angesicht und Hände damit ab; Allah ist nachsichtig und verzeihend. [45] Sahst du die nicht, denen früher ein Teil der Offenbarung gegeben worden ist[21]. Sie erkaufen (verkaufen) nur Irrtum und wollen, daß auch ihr vom rechten Weg abweicht; [46] Allah aber kennt eure Feinde, er ist euch ein hinlänglicher Schutz und genügt euch als euer Helfer. [47] Einige von den Juden rücken Worte von ihrer wahren Stelle (verdrehen sie)[22], und sie sprechen: »Wir haben gehört und verhören (uns)!« oder: »Höre, ohne zu verstehen, und scheue! (Raina!)« Zweideutiges spricht ihre Zunge, und mit Schimpfreden und Spott verlästern sie die Religion Allahs. Wäre es doch so, daß sie sprächen: »Wir hören und gehorchen (ataana – wir gehorchen, nicht assaina – wir sind ungehorsam)« und: »Höre auch du und schaue auf uns! – Unzurna – wir gehorchen[23]!« Das wäre besser für sie, aufrechter und richtiger; so aber verflucht sie Allah ihres Unglaubens wegen. Nur wenige von ihnen glauben, und diese glauben wenig.

[48] O ihr, denen die Schrift gegeben wurde, glaubt an das, was wir zur Bestätigung eurer früheren Offenbarungen jetzt offenbarten, bevor wir euer Antlitz zerstören und es dem Hinterteile gleichmachen oder euch verfluchen, wie wir die verfluchten, welche den Sabbat entweihten[24] – und Allahs Befehl wurde ausgeführt. [49] Wer irgendein Geschöpf Allah zur Seite setzt[25], dem verzeiht Allah nicht; andere Sünden aber außer dieser verzeiht er wohl, wem er will;

[20] Dies lehrte Mohammed, bevor er noch den Wein verboten hatte. Die hier gegebenen Vorschriften über das Gebet hat Mohammed wahrscheinlich dem Judentum entlehnt. Vergl. Tr. Erubin fol. 64 und Brachoth fol. 15. [21] Nämlich die Juden und ihre Rabbinen. [22] In der Heiligen Schrift, und namentlich solche, die auf Mohammed sich beziehen sollen. [23] Vergleiche dasselbe Wortspiel, zweite Sure [105] und Note 26, so auf deutsch: Hören – sich verhören, Scheuen – schauen. [24] Die nach der zweiten Sure [66] in Affen verwandelt wurden; vergl. siebte Sure [164] ff. [25] Wer Götter und Götzen aller Art verehrt.

denn wer ein Geschöpf Allah zur Seite setzt, der hat eine schwere Sünde ersonnen. [50] Hast du nicht die beobachtet, welche sich selbst für gerecht halten? (Die Juden und Christen.) Aber Allah rechtfertigt, wen er will, und tut niemandem Unrecht, auch nicht um soviel wie das leichteste Häutchen eines Fruchtkerns[26]. [51] Sieh nur, welche Lügen sie gegen Allah ersinnen, und das ist doch offenbare Sünde.

[52] Hast du nicht die beobachtet, denen ein Teil der Schrift gegeben worden war (die Juden)? Sie glauben an falsche Götter (an Dschibt und Tagut) und sagen von den Ungläubigen, daß sie auf richtigerem Wege geleitet würden als die Gläubigen. [53] Diese hat Allah bereits verflucht, und wen Allah verflucht, der findet keinen Helfer. [54] Können sie am Himmelreich teilhaben, da sie den Menschen nicht das geringste (eine Furche des Dattelkerns) zukommen ließen? [55] Und beneiden sie nicht andere um die Vorzüge, welche Allah in seiner Güte diesen verlieh? Wir haben bereits der Familie Abrahams Schrift und Weisheit und ein großes Reich gegeben[27]. [56] Einige von ihnen glauben zwar nunmehr an ihn (Mohammed). Andere haben sich aber von ihm weggewendet; diesen ist die verzehrende Höllenflamme genügende Strafe. [57] Die, welche unseren Zeichen nicht glauben, werden in Höllenflammen braten, und sooft ihre Haut verbrannt ist, geben wir ihnen andere Haut, damit sie um so peinlichere Strafe fühlen; denn Allah ist allmächtig und allweise. [58] Die, welche glauben und tun, was recht ist, wollen wir in wasserreiche Gärten führen; ewig sollen sie darin weilen, bei unbefleckten Frauen, unter immerwährendem Schatten dort wohnen.

[59] Allah befiehlt euch ferner, das euch Anvertraute seinem Eigentümer zurückzugeben, und wenn ihr zwischen Menschen richtet, nur nach Gerechtigkeit zu richten. Dies ist eine herrliche Tugend, zu welcher euch Allah ermahnt; denn er hört und sieht alles. [60] O Gläubige, gehorcht Allah, gehorcht seinem Gesandten und euren Vorgesetzten, und seid ihr in irgend etwas uneinig untereinander, so bringt es vor Allah und seinen Gesandten, wenn ihr an Allah und den Jüngsten Tag glaubt. Das ist die beste und schönste Entscheidung (Auslegung).

[26] Bild des allerkleinsten Teilchens, das sich in verschiedenster bildhafter Bezeichnung (Fädchen des Dattelkerns, Ameise) im Koran findet. [27] Nämlich das arabische, da die Araber von Abraham abzustammen vorgeben.

[61] Hast du die nicht beobachtet, welche vorgeben, daß sie an das glauben, was dir und was vor dir offenbart wurde? Und dennoch sich der Entscheidung götzendienender Empörer unterwerfen, obgleich ihnen befohlen ist, an Götzen nicht zu glauben. Allein der Satan will sie in tiefen Irrtum führen. [62] Sagt man zu ihnen: Kommt dem nach, was Allah offenbart hat und was sein Gesandter befiehlt, so wirst du sehen, wie sie sich unwillig von dir abwenden. [63] Wie wird es ihnen aber zumute sein, wenn sie für das, was sie mit ihren Händen ausgeübt haben, ein Unglück trifft? Dann werden sie zu dir kommen und bei Allah schwören, daß sie nur das Gute und nur Frieden stiften wollen. [64] Aber Allah kennt die Gedanken ihrer Herzen; darum entferne dich von ihnen; zuvor ermahne sie und mit kräftiger Rede sprich ihnen zu Herzen. [65] Wahrlich, wir schickten nur deshalb Gesandte aus, damit ihnen nach dem Willen Allahs gehorcht werde. Kommen sie nun zu dir, nachdem sie sich versündigten, und bitten Allah um Verzeihung und auch der Gesandte bittet für sie um Vergebung, so sollen sie Allah gnädig und barmherzig finden. [66] Aber beim Herrn geschworen! Sie werden nicht eher vollkommen gläubig, bis sie dich in ihren Streitigkeiten zum Schiedsrichter genommen haben werden; sie werden dann in ihrem Herzen keine Ungerechtigkeit in deiner Entscheidung finden und sich beruhigt unterwerfen. [67] Hätten wir ihnen befohlen: »Tötet euch selbst« oder: »Verlaßt euere Wohnungen« – nur wenige würden das getan haben. Hätten sie aber dem gefolgt, wozu wir sie ermahnten, es stünde besser um sie, ihr Glaube hätte mehr Stärke bewiesen (erhalten), [68] und wir hätten ihnen, in unserer Güte, großen Lohn gegeben [69] und sie auf den rechten Weg geleitet. [70] Wer Allah und seinem Gesandten gehorcht, der wird zu denen kommen, gegen welche Allah gnädig gewesen ist, zu den Propheten und Gerechten, zu den Märtyrern und Frommen. Das ist wahrlich die beste Gesellschaft. [71] Diese Gnade gewährt Allah, der alles bis ins letzte weiß.

[72] O Gläubige, übt kluge Vorsicht im Kriege. Zieht nur in einzelnen Scharen oder auch in Gesamtmasse gegen sie. [73] Bleibt einer von euch feig zurück und euch begegnet ein Unfall, so sagt er: »Wie gnädig war mir Allah, daß ich nicht bei ihnen zugegen war!« [74] Wenn Allah euch hingegen einen glücklichen Erfolg gibt, dann heißt es (denn zwischen euch und ihm bestand doch keine Freund-

schaft[28]): »O wäre ich doch bei ihnen gewesen, großes Heil hätte ich mir erworben!« [75] Laß daher nur solche für die Religion Allahs kämpfen, welchen dieses Leben feil ist für das zukünftige. Wer für die Religion Allahs kämpft, mag er umkommen oder siegen, wir geben ihm großen Lohn. [76] Was hält euch denn zurück, für Allahs Religion zu kämpfen und die schwachen Männer, Frauen und Kinder zu verteidigen? Sie sprechen: »O Herr, führe uns aus dieser Stadt (Mekka), deren Bewohner Sünder (Bedrücker) sind, gib uns doch gütigst einen Beschützer und Erretter!« [77] Die Gläubigen allein werden für die Religion Allahs kämpfen, die Ungläubigen aber für die Religion des Tagut (Irrglaubens). Bekämpft die Freunde des Satans; denn die listigen Pläne des Satans sind doch nur schwach.

[78] Hast du nicht diejenigen beobachtet, welchen gesagt wurde: Enthaltet euch des Kampfes, verrichtet nur das Gebet und gebt Almosen[29]? Als ihnen aber der Kampf vorgeschrieben wurde, da fürchtete ein Teil von ihnen die Menschen, wie man Allah fürchtet, sogar noch mehr, und sprach: »O Herr, warum hast du uns den Krieg befohlen und gibst nicht zu, unser natürliches Ende abzuwarten?« Sage ihnen: »Der Gewinn des Lebens hienieden ist nur klein, der im zukünftigen ist besser für den, welcher Allah fürchtet. Dort habt ihr auch nicht im entferntesten Unrecht zu erwarten.« [79] Wo ihr auch sein mögt, wird euch der Tod erreichen, und wärt ihr auch im stärksten Turme. Wird ihnen Gutes zuteil, dann sagen sie: »Es kommt von Allah«; wird ihnen Böses zuteil, dann sagen sie: »Es kommt von dir[30].« Sage ihnen: »Alles kommt von Allah.« Wie kommt es, daß dieses Volk noch so weit davon entfernt ist, zu begreifen, was ihm gesagt wurde? [80] Das Gute, das dir beschert wird, ist von Allah, das Böse aber ziehst du dir selbst zu[31]. Wir haben dich zu den Menschen als Gesandten geschickt, und Allah ist dafür entsprechender Zeuge. [81] Wer nun dem Gesandten gehorcht, der gehorcht Allah; wer sich aber abwendet, zu dem haben wir dich nicht als Hüter geschickt. [82] Sie sprechen zwar von Gehorsam; sobald sie aber von dir entfernt sind, ersinnt ein Teil von

[28] Der Sinn dieses Zwischensatzes ist: Wenn er auch bedauert, an dem Kampfe keinen Anteil genommen zu haben, so ist dies Bedauern nicht aufrichtig, da er nie euer Freund war. [29] Einige von Mohammeds Anhängern waren nur so lange, als nicht zum Kampfe aufgefordert wurde, rechtgläubig und nicht länger. [30] Nach den Auslegern sollen die Juden das Böse, welches sie zu Mohammeds Zeit getroffen hat, nur ihm und seiner gottlästernden Lehre zugeschrieben haben. [31] Dies widerspricht dem obigen Satze: »Alles ist von Allah« durchaus nicht; denn auch das Böse, welches von Allah kommt, ist nur Folge der bösen Handlungen des Menschen.

ihnen des Nachts etwas ganz anderes, als was du mit ihnen sprachst. Allah aber zeichnet auf, was sie ersinnen. Du wende dich daher von ihnen und vertrau auf Allah. Er ist vertrauenswürdiger Schutz. [83] Wollen sie denn nicht über den Koran aufmerksam nachdenken? Wäre er nicht von Allah, so müßten sich viele Widersprüche darin finden. [84] Erreicht sie ein Gerücht, wirke es beruhigend oder verbreite Furcht, gleich verbreiten sie es; benachrichtigen sie den Gesandten oder den Befehlshaber, erführen sie, was daran ist, auch die es wissen sollen. Man verstünde. Ohne Allahs Huld und Barmherzigkeit gegen euch[32], wärt ihr, mit Ausnahme weniger, dem Satan gefolgt. [85] Kämpfe daher für die Religion Allahs und verpflichte nur dich zu Schwierigem – nur für dich trägst du Verantwortung; doch ermuntere auch die Gläubigen zum Kampf, vielleicht will Allah den Mut der Ungläubigen niederhalten; denn Allah ist allen an Kriegsmacht und Gewalt, zu strafen, überlegen.

[86] Wer bei Zwist zwischen Menschen auf eine gute Weise vermittelt, der soll Anteil daran haben, und wer in einer schlechten Angelegenheit vermittelt, der soll auch seinen Teil erhalten; denn Allah überschaut alles. [87] Wenn ihr freundlich gegrüßt werdet, so erwidert mit noch freundlicherem Gruße, oder wenigstens auf dieselbe Weise; denn Allah vergilt alles. [88] Allah! Außer ihm gibt es keinen Gott, er wird euch am Auferstehungstage wieder versammeln, was nicht zu bezweifeln ist[33], denn wer ist wohl in seinen Verheißungen zuverlässiger als Allah?

[89] Warum seid ihr der Ruchlosen wegen in zwei Parteien geteilt[34]? Hat sie doch Allah ihrer Vergehen wegen verstoßen. Wollt ihr wohl den auf den rechten Weg bringen, welchen Allah dem Irrtum anheimgegeben hat? Für den, welchen Allah irreführt, findest du nie den rechten Weg. [90] Sie wünschen, daß ihr Ungläubige werdet, so wie sie Ungläubige sind, und ebensolche Bösewichte wie sie. Schließt daher eher kein Freundschaftsbündnis mit ihnen, als bis sie für die Religion Allahs auswandern (Allahs Weg einschlagen). Weichen sie aber ab, so ergreift und tötet sie, wo ihr sie auch finden

[32] Wenn Allah euch seinen Gesandten und den Koran nicht gegeben hätte. [33] So lautet die wörtliche Übersetzung des Verses [88]. Ich finde die nachfolgende ganz moderne Auslegung interessant: [88] Allah ist der, neben dem keiner und nichts der Verehrung wert wäre. Allah versammelt euch bis zum und am Tage der Auferstehung. Darüber besteht kein Zweifel. Und welcher Überlegung kommt mehr Wert zu als Allahs Wort. [34] Mehrere hatten sich bei einer bestimmten, von Koran-Auslegern verschieden angegebenen Gelegenheit von Medina entfernt und sich mit Götzendienern vereinigt.

mögt, und nehmt keine Freundschaft und Unterstützung von ihnen an; [91] mit Ausnahme derer, welche zu einem Volk fliehen, mit dem ihr einen Freundschaftsbund geschlossen habt, oder derer, welche zu euch kommen, weil ihr Gewissen es ihnen verbietet, gegen euch oder gegen ihr eigenes Volk zu kämpfen; denn wenn es Allah zugelassen hätte, so würden sie euch bekämpft und besiegt haben. Wenn sie euch nun verlassen (von euch ablassen) und nicht bekämpfen, sondern euch Frieden anbieten, so erlaubt euch Allah nicht, sie anzugreifen. [92] Es werden sich andere finden, welche wünschen, in ein Bündnis mit euch zu treten und gleichzeitig auch mit ihrem eigenen Volke verbunden zu bleiben; sooft diese aufrührerisch (wieder feindlich gesinnt) werden, sollen sie zugrunde gehen. Wenn sie euch nicht verlassen (in Frieden lassen) und euch keinen Frieden bieten, sondern ihre Hände gegen euch erheben, dann ergreift und tötet sie, wo ihr sie auch findet. Wir geben euch vollkommene Gewalt über sie. [93] Ein Rechtgläubiger darf keinen Rechtgläubigen töten, es geschehe denn unvorsätzlich. Wer nun einen solchen versehentlich tötet, der soll einen gläubigen Nacken (Gläubigen aus der Gefangenschaft) zur Sühne befreien und Sühnegeld an des Getöteten Familie bezahlen, außer diese erläßt es ihm. Ist der Getötete aus einem Volke, das mit euch verfeindet ist, er selbst aber war ein Rechtgläubiger, so ist die Sühne, einen Gläubigen aus der Gefangenschaft zu befreien. Steht das Volk aber in Freundschaft mit euch, dann muß ein Lösegeld der Familie bezahlt und ein Gläubiger aus der Gefangenschaft befreit werden. Wer aber dies nicht zu bezahlen vermag, der soll dafür zwei Monate nacheinander fasten. Diese Buße ist von Allah, und Allah ist allwissend und allweise. [94] Wer aber einen Gläubigen vorsätzlich tötet, dessen Lohn ist die Hölle, und ewig soll er darin bleiben. Der Zorn Allahs wird auf ihm ruhen, er wird ihn verfluchen, ihm große Strafe bereiten.

[95] O Gläubige! Wenn ihr zum Kampfe für die Religion Allahs auszieht, seid behutsam und sagt nicht zu jedem, der euch mit: Friede! begrüßt: »Du bist kein Gläubiger!«, um ihn der Güter dieses Lebens zu berauben; bei Allah ist mehr Beute. So tatet ihr ehedem; aber Allah war gnädig mit euch; darum unterscheidet gut, denn Allah weiß, was ihr tut[35]. [96] Die Gläubigen, welche nicht

[35] Der Sinn dieser wörtlich übersetzten Stelle ist: keinen voreilig unter dem Vorwande, er sei kein Gläubiger, zu berauben, was wohl vordem Sitte war, aber nun, da Allah in seiner Güte den Koran offenbart hat, verboten ist, und Allah hat genug, um den Verlust an verbotener Beute zu ersetzen.

durch Krankheit verhindert zu Hause sitzen bleiben, haben nicht gleichen Wert mit jenen, die Vermögen und Leben für die Religion Allahs verwenden. Die für ihn Gut und Blut wagen, werden vor den ruhig zu Hause Bleibenden mit einer weit höheren Stufe von Allah begnadet werden. Zwar hat Allah allen das Paradies versprochen; doch werden die Aufopfernden vor den ruhig Bleibenden von Allah bevorzugt [97] mit einer höheren Stufe, mit Versöhnung (Vergebung) und Barmherzigkeit; denn Allah ist nachsichtig und barmherzig. [98] Sieh, die, welche sich versündigten und von den Engeln getötet und von diesen befragt wurden: Zu welchem Glauben gehört ihr?, antworteten: Wir waren schwach auf dieser Erde[36]. Aber die Engel antworteten: War denn Allahs Erde nicht weit genug, daß ihr nicht hättet auswandern können? Darum sei ihre Wohnung die Hölle. Eine schlimme Reise ist es dorthin. [99] Die schwachen Männer, Frauen und Kinder, welche keine Mittel und keinen Plan und Ausweg finden konnten, seien hiervon ausgenommen. [100] Diesen mag es Allah verzeihen; denn Allah ist gütig und versöhnend. [101] Wer der Religion Allahs wegen auswandern muß, er wird manchen auf der Erde zu demselben gezwungen und dennoch hinlänglich versorgt finden. Wer sich von seinem Hause trennt, um zu Allah und seinem Gesandten hinzuwandern, den wird Allah belohnen, auch wenn ihn auf dem Wege der Tod erreichen sollte; denn Allah ist gnädig und barmherzig.

[102] Wenn ihr durchs Land zieht, so ist es keine Sünde, wenn ihr das Gebet abkürzt, falls ihr fürchtet, von Ungläubigen angegriffen zu werden[37]: die Ungläubigen sind ja euere offenen Feinde. [103] Wenn du (Mohammed) bei ihnen bist und dich mit ihnen zum Gebet erhebst, so soll sich ein Teil von ihnen mit dir zum Gebet erheben und die Waffen ergreifen. Wenn diese das Gebet beendet haben, sollen sie sich hinter euch stellen und ein anderer Teil, der noch nicht gebetet hat, vortreten und mit dir das Gebet verrichten; auch sie sollen auf ihrer Hut sein und ihre Waffen bereithalten. Die Ungläubigen wünschen, daß ihr euere Waffen und euer Gepäck unbeaufsichtigt laßt, um euch auf einmal überfallen zu

[36] Mehrere Mekkaner hatten sich im Kriege den Ungläubigen angeschlossen und wurden dafür von Engeln getötet. Sie wollten ihren Verrat damit beschönigen, daß sie zum Kriege zu schwach gewesen sind und sich nur gezwungen dem Feind angeschlossen hätten.
[37] Auch die jüdischen Rabbinen stellen in ihrer Religionslehre als erlaubt, ja geboten dar, auf der Reise oder in Gefahrenmomenten das Gebet abzukürzen.

können. Ihr begeht keine Sünde, wenn ihr bei Regenwetter, oder wenn ihr krank seid, die Waffen ablegt; doch seid auf euerer Hut vor Überfall. Den Ungläubigen hat Allah eine schmachvolle Strafe bestimmt. [104] Habt ihr euer Gebet beendet, dann seid Allahs eingedenk, ihr mögt stehen, sitzen oder auf der Seite liegen. Seid ihr aber außer Gefahr und sicher, dann sagt das Gebet ganz und vorschriftsmäßig her; denn es ist den Gläubigen vorgeschrieben, das Gebet zur bestimmten Zeit zu verrichten. [105] Und seid nicht säumig in Suche und Verfolgung eines ungläubigen Volkes, mögt ihr auch Unbequemlichkeiten dabei zu ertragen haben; auch sie haben deren zu ertragen so wie ihr, aber die Ungläubigen haben nicht das von Allah zu erhoffen, was ihr zu erwarten habt; Allah ist allwissend und allweise.

[106] Wir haben dir die Schrift in Wahrheit offenbart, damit du zwischen den Menschen richtest, wie Allah es dich lehrte; sei daher kein Verteidiger der Ungetreuen, [107] bitte Allah für sie um Vergebung; denn er ist verzeihend und barmherzig[38]. [108] Verteidige auch die nicht, welche einander betrügen; Allah liebt nicht den sündhaften Betrüger. [109] Diese verbergen sich vor Menschen, aber Allah bleiben sie nicht verborgen. Allah ist bei ihnen, wenn sie des Nachts Reden ersinnen, die ihm nicht gefallen. Ihr Tun ist Allah bekannt. [110] Ja, in diesem Leben wart ihr wohl ihre Verteidiger; wer aber wird sie am Tage der Auferstehung vor Allah verteidigen oder sie beschützen können? [111] Wer Böses getan und sich versündigt hat und Allah um Vergebung bittet, der wird Allah versöhnend und barmherzig finden. [112] Wer Sünde beging, der hat gegen sich selbst gesündigt, und Allah ist allwissend und allweise. [113] Wer aber eine Sünde oder Ungerechtigkeit begeht und diese hernach einem Unschuldigen zur Last legt, der belädt sich mit dem Verbrechen der Verleumdung und offenbarer Ungerechtigkeit.

[114] Hätten dir die Gnade und Barmherzigkeit Allahs nicht beigestanden, so hätte dich ein Teil von ihnen zu verführen gestrebt; aber sie verführen nur sich selbst und vermögen durchaus nicht, dir zu schaden. Allah hat dir Schrift und Weisheit offenbart und dich gelehrt, was du vorher nicht wußtest, und die Gnade Allahs war groß gegen dich. [115] An dem größten Teil ihrer heimlichen Reden

[38] Dies wurde gesagt, als Mohammed einen Gläubigen, der einen Diebstahl begangen und einen Juden in Verdacht gebracht hat, freisprechen und den Juden ungerechterweise für schuldig erklären wollte.

ist nichts Gutes, mit Ausnahme derer, welche Almosen, Gerechtigkeit, den Frieden, oder was Menschen beglückt, anraten. Wer solches tut, aus Verlangen, Allah zu gefallen, der erhält großen Lohn. [116] Wer aber, nachdem ihm die wahre Leitung zuteil geworden ist, sich vom Gesandten entfernt und einen anderen Weg als den der Gläubigen verfolgt, dem wollen wir geben, was er erstrebt: den Irrtum. Dafür aber werfen wir ihn in Höllenflammen. Wahrlich eine schlimme Reise ist es dorthin.

[117] Wer Allah ein anderes Wesen zur Seite setzt, dem verzeiht er nicht; alle anderen Sünden aber außer dieser verzeiht er, wem er will. Wer Allah Götzen zur Seite setzt, der verfiel in einen sehr großen Irrtum. [118] Sie (die Ungläubigen) rufen außer ihm weibliche Gottheiten an und den aufrührerischen Satan. [119] Diesen hatte Allah verflucht, worauf dieser sagte: »Nun will ich einen bestimmten Teil deiner Gläubigen nehmen [120] und verführen, ihnen verbotene, böse Begierden einhauchen und ihnen befehlen, den Tieren die Ohren abzuschneiden[39], und ihnen befehlen, Allahs Geschöpfe zu mißbrauchen[40]. Wer nun statt Allah sich den Satan zum Beschützer nimmt, der wird augenscheinlich seinen Untergang finden. [121] Der Satan macht ihnen wohl Versprechungen und regt ihr Verlangen an; aber was der Satan verspricht, ist nur Trug. [122] Ihre Wohnung wird die Hölle sein, und sie werden kein Entkommen finden. [123] Die aber glauben und Gutes tun, wollen wir in wasserreiche Gärten führen, und ewig sollen sie darin bleiben, wie es Allah in Wahrheit verheißen hat – und wer ist in seinen Versprechen wahrhafter als Allah? [124] Weder euer Verlangen noch das Verlangen der Schriftbesitzer wird in Erfüllung gehen[41]. Wer Böses tut, der soll dafür bestraft werden, und er wird außer Allah keinen Verzeiher und Erretter finden. [125] Wer aber Rechtes tut, sei es Mann oder Frau, und gläubig ist, der wird ins Paradies kommen und nicht das entfernteste Unrecht zu erleiden haben. [126] Wer hat wohl einen besseren Glauben als der, welcher ganz Allah ergeben ist und nur das Gute tut und der Religion des rechtgläubigen Abraham folgt? Denn den Abraham nahm Allah unter die Zahl seiner Freunde auf. [127] Allah ist Herr von allem, was in den Himmeln und was auf Erden ist. Er umfaßt alle Dinge.

[39] Dies war ein götzendienerischer, abergläubischer Gebrauch. [40] Hierunter ist neben der bei den heidnischen Arabern üblichen Kastration der unnatürliche Gebrauch des menschlichen Körpers aller Art und die Vergötzung der Schöpfung zu verstehen. [41] Die Ver-

[128] Sie werden dich wegen der Frauen befragen[42]. Sage ihnen: Allah hat euch über sie bereits belehrt, ebenso wie er euch Vorschriften über die Waisen weiblichen Geschlechtes gegeben hat, denen ihr doch nicht gebt, was vorgeschrieben ist, und sie auch nicht heiraten wollt, und über schwächliche Knaben und über die Gerechtigkeit, mit welcher ihr gegen Waisen zu verfahren habt. Was ihr hierin Gutes tut, das weiß Allah. [129] Hat eine Frau von ihrem Ehemann Roheit (Lieblosigkeit und Ehepflichten-Vernachlässigung) zu befürchten, so ist es keine Sünde, dies Mißverhältnis zu schlichten; Versöhnung ist besser als Scheidung. Des Menschen Seele neigt an sich zum Geiz[43] (zur Gier); wenn ihr nun euere Frauen gut behandelt und den Mitmenschen nichts Böses tut, so weiß Allah all euer Tun. [130] Es kann nicht sein, daß ihr alle eure Weiber gleich liebt, wenn ihr es auch wolltet; nur wendet euch nicht von einer Frau mit sichtbarer Abneigung ab, laßt sie hierüber lieber in Ungewißheit; wenn ihr euch jedoch vertragt und sorgsam vermeidet, ihr Böses zu tun, so ist Allah versöhnend und barmherzig. [131] Wenn sie sich aber trennen, so wird Allah beide mit seinem Überflusse segnen[44], denn Allah ist groß und weise, [132] und ihm gehört, was in den Himmeln und was auf Erden ist. Wir haben denen, welchen wir die Schrift vor euch gaben, und auch euch befohlen, Allah zu fürchten, und wenn ihr auch ungläubig sein wollt, so gehört ihm doch, was in den Himmeln und was auf Erden; denn Allah ist sich selbst genug[45] und des Preises wert; [133] denn sein ist, was in den Himmeln und was auf Erden ist. Er ist ein ausreichender Beschützer. [134] Wenn es ihm gefällt, so kann er euch hinwegnehmen und ein anderes Geschlecht an eure Stelle setzen; denn Allah ist allmächtig. [135] Wenn jemand die Belohnung in dieser Welt wünscht, nun – bei Allah ist die Belohnung in dieser und auch in jener Welt. Er hört und sieht alles.

[136] O Gläubige, bleibt bei der Wahrheit[46], wenn ihr vor Allah

heißungen Allahs werden nicht erlangt, wenn ihr nur nach eigener Einsicht handelt oder nach den Einfällen der Juden und Christen, sondern nur, wenn ihr die Gebote Allahs im Koran erfüllt. [42] Über alle im Anfang dieser Sure erwähnten Frauenangelegenheiten, weil die Araber sich nicht mit den ihren früheren Gewohnheiten widersprechenden Verordnungen Mohammeds befreunden konnten. [43] Dadurch entsteht oft, hinsichtlich des Vermögens der Frau, häusliche Zwietracht, speziell, wenn der eheliche Friede durch »rohe Behandlung« – andere übersetzen: Untreue – schon gestört ist. [44] Mit Ruhe und Frieden. [45] Wenn ihr auch nicht glaubt, so schadet dies Allah nicht, denn er bedarf eurer nicht. Ihm gehört alles. Siehe dritte Sure [98] und Note 17. [46] Eigentlich Gerechtigkeit, aber da diese auf Wahrheit beruht, so bedeutet es auch Wahrheit.

Zeugnis ablegt, sei es auch gegen euch selbst oder euere Eltern und Anverwandten, gegen Reiche oder Arme; denn Allah steht höher als diese. Folgt daher nicht euerer Leidenschaft, damit ihr nur nach Gerechtigkeit schwört und handelt. Wie ihr euch dreht und wendet oder ganz ausweicht, Allah weiß, was ihr tut.

[137] O Gläubige, glaubt an Allah und seinen Gesandten und an das Buch, das er seinem Gesandten, und an die Schrift, welche er früher schon offenbart hat. Wer aber nicht an Allah und seine Engel glaubt, an die Schriften und seine Gesandten und an den Jüngsten Tag, der ist einem großen Irrtume verfallen. [138] Die, welche glauben, dann wieder nicht glauben, dann wieder glauben und endlich wieder nicht glauben[47], deren Unglaube ist so angewachsen, daß Allah ihn nicht verzeiht und sie nimmer auf den rechten Weg leitet. [139] Verkünde den ruchlosen Heuchlern, daß sie große Strafe erleiden werden. [140] Die lieber Ungläubige als Gläubige zu Freunden nehmen, werden sie wohl bei diesen Ehre finden, da ja alle Macht und Ehre bei Allah ist? [141] Allah hat euch ja schon in der Schrift[48] (im Koran) offenbart: Wenn ihr die Zeichen Allahs hören werdet, so werden sie (die Juden) nicht daran glauben, sondern sie nur verspotten. Darum setzt euch nicht zu ihnen, oder nur dann, wenn sie sich von anderen Dingen unterhalten[48], denn sonst werdet ihr wie sie. Allah aber wird gewiß die Ruchlosen und Ungläubigen in der Hölle versammeln. [142] Die euch beobachten, sagen, wenn Allah euch einen Sieg gibt: »Waren wir nicht mit euch?« Und wenn die Ungläubigen einen Vorteil erlangen, dann sagen sie zu diesen: »Waren wir denn nicht überlegen[49], und haben wir euch nicht gegen die Gläubigen verteidigt?« Allein Allah wird am Auferstehungstage zwischen euch richten, und Allah wird den Ungläubigen keine Gelegenheit geben, etwas über die Gläubigen zu vermögen.

[143] Die Heuchler ersinnen Trug gegen Allah, aber er wird sie dafür betrügen (bestrafen). Wenn sie das Gebet verrichten, stehen sie gedankenlos; sie wollen nur von den Leuten gesehen werden, aber an Allah denken sie nur wenig. [144] Sie schwanken zwischen Glauben und Unglauben, sie gehören weder diesen noch jenen an. Wen Allah in die Irre führt, der findet nimmer den rechten Weg.

[47] Dies ist gegen die Juden gerichtet, welche so oft dem Götzendienste huldigten und diesem wieder, zu Jahve zurückkehrend, entsagten. [48] Vgl. sechste Sure [67] ff. Der Gläubige spricht und streitet nicht mit Ungläubigen über Religion. [49] Das heißt: Ihr hättet nicht ohne unseren überlegenen Beistand den Sieg errungen.

[145] O Gläubige, nehmt nie vor Gläubigen lieber Ungläubige zu Beschützern an. Wollt ihr wohl Allah einen offenbaren Beweis[50] gegen euch geben? [146] Die Heuchler werden in die tiefste Tiefe der Hölle kommen, und du wirst keinen Helfer für sie finden. [147] Doch die, welche bereuen und sich bessern und an Allah festhalten und in ihrer Religion aufrichtig sind gegen Allah, die werden den Gläubigen zugezählt; den Gläubigen aber wird Allah gewiß großen Lohn geben. [148] Wie sollte Allah euch auch strafen wollen, wenn ihr dankbar und gläubig seid; ist er doch anerkennend und allweise!

[149] Öffentlich böse Reden führen, das liebt Allah nicht, es sei denn jemandem ein Unrecht geschehen; denn Allah hört und weiß alles. [150] Wenn ihr eine gute Handlung veröffentlichen oder verheimlichen oder irgendein Böses verzeihen mögt, so ist Allah, der Allmächtige, huldvoll. [151] Die nicht an Allah und seine Gesandten glauben und einen Unterschied machen wollen zwischen Allah und seinen Gesandten und sprechen: »Einigen Propheten wollen wir glauben und anderen nicht« und so einen Mittelweg zu halten suchen, [152] das sind wahre Ungläubige, und diesen Ungläubigen ist schimpfliche Strafe bestimmt. [153] Die aber, welche an Allah und seine Gesandten glauben und zwischen keinem unter diesen einen Unterschied machen, werden wir belohnen; denn Allah ist huldvoll und barmherzig.

[154] Die Schriftbesitzer werden von dir verlangen, daß du ihnen eine Schrift vom Himmel bringst[51]. Haben sie ja von Moses noch Schwereres verlangt, indem sie sagten: »Zeige uns doch Allah auf eine anschauliche Weise«, und wegen dieser Sünde hat ein himmlisches Feuerwetter sie verzehrt. Darauf nahmen sie das Goldene Kalb, nachdem wir ihnen überzeugende Lehren gegeben hatten; doch sogar das verziehen wir ihnen und gaben dem Moses volle Gewalt über sie. [155] Als wir den Bund mit ihnen schlossen, da hatten wir den Berg über sie erhoben. *(2. Sure [64] und Note 15)* und zu ihnen gesagt: »Geht anbetend durchs Tor dieser Stadt.« Wir sagten ferner zu ihnen: »Entweiht den Sabbat nicht«; worauf wir feste Treueversicherung von ihnen erhielten. [156] Weil sie nun ihr Bündnis zerrissen und die Zeichen Allahs geleugnet und die

[50] Durch diese Sünde gebt ihr Allah Anlaß, euch zu bestrafen. [51] In himmlischen Schriftzügen wie die steinernen Tafeln des Moses oder im allgemeinen auf eine ihnen sichtbare Weise.

Propheten ungerechterweise getötet und gesagt haben: »Unsere Herzen sind unbeschnitten (grausam verhüllt).« – (Wahrlich Allah hat sie ihres Unglaubens wegen versiegelt, und darum werden auch nur wenige glauben –.) [157] Und weil sie nicht (an Jesum) geglaubt und wider Maria große Lästerungen ausgestoßen haben[52], darum haben wir sie verflucht[53]. [158] Auch weil sie gesagt haben: »Wir haben den Messias, den Jesus, Sohn Marias, den Gesandten Allahs, getötet.« Sie haben ihn aber nicht getötet und nicht gekreuzigt, sondern einen anderen, der ihm ähnlich war[54]. In der Tat sind die verschiedenen Ansichten hierin nur Zweifel, weil sie keine bestimmte Kenntnis haben, sondern nur vorgefaßten Vermutungen folgen. [159] Sie haben ihn aber nicht wirklich getötet, sondern Allah hat ihn zu sich erhoben; denn Allah ist allmächtig und allweise. [160] Aber vor seinem Tode wird jeder der Schriftbesitzer an ihn glauben (da Jesus vor seinem Tod nach seiner Wiederkunft den Antichrist erschlagen haben wird); er wird am Jüngsten Tage wider sie zeugen. [161] Den Juden haben wir wegen ihrer Sünden manch reines Gutes verboten, was ihnen früher erlaubt war, [162] da sie weit von Allahs Religion abwichen und Wucher nahmen, was ihnen verboten, und anderer Menschen Gut ungerecht fraßen. Diesen Ungläubigen bestimmten wir harte Strafe. [163] Aber denen von ihnen, welche fest in der Erkenntnis sind, und allen Gläubigen, die an das glauben, was wir dir im Koran und was wir vor dir offenbart haben, und die das Gebet verrichten und Almosen geben und an Allah glauben und an den Jüngsten Tag, diesen wollen wir großen Lohn geben.

[164] Wir haben uns dir offenbart, wie wir uns dem Noah und den Propheten nach ihm offenbart haben und wie wir uns dem Abraham, Ismael, Isaak und Jakob und den Stämmen, dem Jesus, Hiob, Jonas, Aaron und Salomon offenbart haben. Wir haben auch dem David die Psalmen eingegeben. [165] Einige Gesandte haben wir dir früher schon genannt, andere nicht. An Moses hat Allah sich mit Worten gewandt. [166] Gesandte haben Gutes verkündet, aber auch Strafen, damit die Menschen gegen Allah keine Entschuldi-

[52] Nämlich die Beschuldigung der Unkeuschheit. [53] Die Worte dieses Nachsatzes stehen zwar nicht im Original, müssen aber nach den Auslegern hinzugedacht werden. [54] Dies: Lehre der Gnostiker (Sufis) und Monophysiten. Andere Auslegung: . . . sondern es schien ihnen, sie hätten ihn gekreuzigt. In der Tat bleiben nur Zweifel . . . Der Islam lehnt den Kreuzestod Christi strikt ab. Siehe dritte Sure [56].

gungsausreden mehr haben, nachdem diese Gesandten gekommen waren; denn Allah ist allmächtig und allweise. [167] Allah wird Zeuge sein dessen, was er dir nach seiner Erkenntnis offenbarte, auch die Engel werden Zeugen sein, doch Allah ist ein hinlänglicher Zeuge. [168] Die Ungläubigen, welche auch andere von der Religion Allahs ableiten, sind einem großen Irrtume verfallen. [169] Die nicht glauben und Böses tun, finden keine Verzeihung bei Allah. Sie werden nimmer den rechten Weg geleitet, [170] sondern den Weg zur Hölle, und ewig werden sie darin bleiben; was für Allah ein leichtes ist.

[171] O ihr Menschen (Mekkaner), nun ist der Gesandte zu euch gekommen, mit der Wahrheit von eurem Herrn; darum glaubt, und es wird besser um euch stehen; glaubt ihr aber nicht, gehört Allah doch alles, was in Himmeln und auf Erden, und Allah ist allwissend und allweise. [172] Ihr Schriftbesitzer, überschreitet nicht die Grenzen eurer Religion[55] und sagt nichts anderes von Allah, als was wahr ist. Wahrlich, der Messias Jesus, der Sohn Marias, ist ein Gesandter Allahs, und das Wort, das er Maria niedersandte, eine Erfüllung Allahs und sein Geist. Glaubt daher an Allah und seinen Gesandten, sagt aber nichts von einer Dreiheit[56]. Vermeidet das, und es wird besser um euch stehen. Es gibt nur einen einzigen Gott. Fern von ihm, daß er einen Sohn habe! Sein ist, was in den Himmeln und auf Erden ist. Allah genügt als Beschützer[57].

[173] Jesus ist nicht zu stolz, lediglich ein Diener Allahs sein zu wollen; die Engel sind es auch nicht, die Allah doch so nahe stehen. Wer aber zu stolz ist, Allahs Diener sein zu wollen, und sich hoffärtig aufbläht, den wird Allah einst am Tage des Gerichtes vor sich bringen. [174] Jenen aber, die glaubten und Gutes taten, wird er ihren Lohn geben und nach seiner Gnade ihn noch vermehren; die Stolzen und Überheblichen aber erwartet große Strafe, und sie werden außer Allah keinen Verzeiher und keinen Erretter finden.

[175] O ihr Menschen, nun sind euch überzeugende Beweise von eurem Herrn zuteil geworden, und wir haben auch ein helles Licht (den Koran) offenbart. [176] Die nun an Allah glauben und ihm fest anhangen, die wird er in seine Barmherzigkeit und Huld einführen und sie auf dem rechten Wege zu sich leiten.

[55] Den Juden wirft Mohammed hier vor, daß sie Jesum nicht als Propheten anerkennen wollen, den Christen, daß sie ihn der Gottheit gleichsetzen. [56] Nichts von einer Dreieinigkeit (Tritheismus). [57] Allah braucht keinen Sohn zur Regierung des Weltalls.

[177] Sie werden dich noch weiter befragen; sage ihnen: »Allah gibt euch folgende Anweisung bezüglich der entfernteren Verwandten: Stirbt ein Mann ohne Kinder und er hat eine Schwester, so erhält diese die Hälfte seiner Hinterlassenschaft[58], und er beerbt sie, wenn sie ohne Kinder stirbt[59]. Sind aber zwei Schwestern da, so erhalten sie zwei Dritteile seiner Hinterlassenschaft. Sind aber mehrere Brüder und Schwestern da, so erhält ein Mann so viel wie zwei Frauen.« So lehrt es euch Allah, auf daß ihr nicht irrt; denn Allah kennt alle Dinge[60].

[58] Die andere Hälfte fiel dem Staat anheim. [59] Der Bruder erbt alles. [60] Vers [177] ist nachträglich an diese Sure zugefügt worden, s. Einf., S. 8.

FÜNFTE SURE

Der Tisch[1] (Al-Maida) *offenbart zu Medina*

[1] Im Namen Allahs, des Allbarmherzigen. [2] O Gläubige, haltet euere Verträge[1]. Es ist euch erlaubt, das unvernünftige Vieh zu essen, ausgenommen das, was verboten ist[2], und ausgenommen die Jagdbeute, während ihr auf Wallfahrt seid (was sonst wohl erlaubt ist[3]); denn Allah verordnet, was er will. [3] O Gläubige, entweiht nicht die heiligen Gebräuche Allahs[4] und nicht den heiligen Monat (Moharam) und nicht die Opfertiere und deren Schmuck[5]. Beleidigt auch die nicht, welche zum heiligen Tempel wallfahrten, um Allahs Huld und Wohlgefallen zu erlangen. Habt ihr Iram (den Pilgermantel) abgetan (die Wallfahrt vollzogen), dann mögt ihr auf die Jagd gehen. Nicht verleite euch Haß gegen die, welche euch vom heiligen Tempel Haram abhalten (das Kampfverbot im heiligen Raum und Monat – gegen die den Tempelbesuch behindernden Koreischiten). Steht euch als Gerechte in Gottesfurcht bei, seid nicht sündig in Feindschaft. Fürchtet Allah; er ist streng im Strafen. [4] Es ist euch verboten zu essen: von selbst Gestorbenes (Verendetes), Blut und Schweinefleisch und das, bei dessen Schlachtung eines anderen als Allahs Name angerufen worden war, und Ersticktes und Erschlagenes oder durch Fall zu Tode Gestürztes oder das durch die

[1] So genannt nach den Versen [113, 115] f. dieser Sure, in denen der Tisch erwähnt wird, der Jesu vom Himmel zugekommen war. Siehe Note 46. Oft heißt diese Sure auch nach dem Anfang derselben: Die Verträge. [2] Das Schwein. [3] Jagd war nur während der Pilgerschaft verboten. [4] Die Zeremonien bei der Wallfahrt. [5] Die nach Mekka gebrachten Opfertiere wurden mit allerlei Zierat, z. B. mit Kränzen um den Hals, geschmückt.

Hörner eines anderen Tieres Getötete (und Angefressene) und das von wilden Tieren Zerrissene, außer ihr selbst habt es erst völlig getötet[6], und das, was Götzen zu Ehren geschlachtet wird[7]. Auch ist es Sünde, durch Werfen des Loses etwas zu verteilen[8]. Wehe an jenem Tage denen, welche von eurer Religion abfielen. Fürchtet nicht diese, sondern nur mich. Heute habe ich für euch euere Religion vollendet[9] und meine Gnade an euch erfüllt und euch (den) Islam zur Religion gegeben. Wer aber, durch Hunger gezwungen, Verbotenes genießt, ohne die Absicht, sündigen zu wollen, dem verzeiht Allah, gegen den ist er barmherzig.

[5] Sie werden dich fragen, was ihnen zu essen erlaubt sei. Antworte: »Alles, was zuträglich und gesund ist, ist erlaubt, und das, was Jagdtiere, die ihr wie Hunde abgerichtet habt, für euch fangen, welche ihr aber lehren müßt, das Wild so zu töten, wie es Allah befahl. Was diese für euch fangen, das eßt und gedenkt Allahs dabei und fürchtet ihn; denn Allah ist schnell im Zusammenrechnen.« [6] An diesem Tag ist euch alles, was gut ist, zu genießen erlaubt, auch die Speisen der Schriftbesitzer (was Juden oder Christen bereiteten), sowie euere Speisen auch ihnen erlaubt sind. Es ist euch auch erlaubt, freie keusche Frauen zu heiraten, die gläubig sind, auch freie keusche Frauen von denen, welche die Schrift vor euch erhalten haben, wenn ihr ihnen ihre Morgengabe gabt und züchtig mit ihnen lebt und sie nicht nur zu Konkubinen und Beischläferinnen macht oder heimlich Huren nehmt. Wer aber den Glauben verleugnet, dessen Werke sind vergeblich und der gehört in jener Welt zu denen, welche verdammt sind.

[7] O Gläubige, bevor ihr euch zum Gebet anschickt, wascht euer Gesicht, euere Hände bis zum Ellbogen, reibt naß euere Köpfe und reinigt euere Füße bis an die Knöchel ab; habt ihr euch durch Beischlaf verunreinigt, so wascht euch ganz. Seid ihr aber krank oder auf der Reise oder geht einer aus einem heimlichen Gemach (nach Verrichtung der Notdurft) oder ihr habt Frauen berührt und ihr findet kein Wasser, so nehmt feinen reinen Sand und säubert euer

[6] Wenn das von Tieren Zerrissene noch Leben hatte, als es in eure Hände kam, und ihr es ordnungsmäßig geschlachtet habt. [7] Im Original heißt es: was auf Steinen geschlachtet wird. Die heidnischen Araber pflegten vor ihren Häusern Steine aufzustellen und auf diesen den Götzen zu opfern. [8] Die Sitte, durchs Pfeillos zu entscheiden und das Schicksal zu befragen, war bei den heidnischen Arabern, wie überhaupt bei den Orientalen, verbreitet. [9] Die Kommentatoren schließen aus dieser Stelle, daß dies die letzte Offenbarung Mohammeds gewesen sei und nach dieser keine religiösen Anordnungen mehr erfolgt seien.

Gesicht und euere Hände damit. Allah will euch damit keine Last aufbürden, sondern euch reinigen und seine Gnade an euch vollbringen, damit ihr dankbar werdet. [8] Erinnert euch an Allahs Gnade und das Bündnis – zu El-Akaba –, das er mit euch geschlossen hatte, als ihr sagtet: »Wir haben gehört und wollen gehorchen.« Daher fürchtet Allah; denn Allah kennt das Innerste des Herzens. [9] O Gläubige, beobachtet Gerechtigkeit, wenn ihr ein Zeugnis vor Allah[10] ablegt. Laßt euch nicht durch Haß gegen jemanden verleiten, Unrecht zu tun, sondern handelt nur gerecht; das führt euch der Frömmigkeit näher. Fürchtet nur Allah; denn Allah kennt euer Tun. [10] Allah hat denen, welche glauben und Gutes tun, Versöhnung und großen Lohn versprochen. [11] Die Ungläubigen aber, welche unsere Zeichen für Lügen halten, sollen der Hölle Gefährten werden. [12] O Gläubige, seid eingedenk der Gnade Allahs gegen euch: Als einst Menschen (in Feindschaft) ihre Hände gegen euch ausstrecken wollten, da hielt er ihre Hände zurück; darum fürchtet Allah, nur auf ihn mögen die Gläubigen vertrauen.

[13] Allah hatte früher ein Bündnis mit den Kindern Israels geschlossen und unter ihnen zwölf Fürsten auserwählt[11], und Allah sprach: »Ich werde mit euch sein, wenn ihr das Gebet verrichtet und Almosen gebt und meinen Gesandten glaubt und sie unterstützt und Allah auf gute Zinsen leiht[12]. Dann will ich euch euere Sünden verzeihen und euch in wasserreiche Gärten bringen. Wer aber von euch darauf im Unglauben verharrt, der irrt vom rechten Weg ab.« [14] Weil diese nun ihr Bündnis gebrochen haben, deshalb haben wir sie verflucht und ihr Herz verstockt, so daß sie Worte von ihrer wahren Stelle gerückt[13] und einen Teil dessen, woran sie gemahnt worden waren, vergessen haben. Du aber laß nicht nach, ihre Betrügereien aufzudecken. Betrüger sind sie bis auf wenige. Doch vergib und verzeih ihnen; denn Allah liebt die, welche Gutes tun. [15] Auch mit denen, welche sagen: »Wir sind Christen«, hatten wir einen Bund geschlossen; aber auch sie haben einen Teil dessen vergessen, wozu sie ermahnt worden waren. Darum haben wir Feindschaft und Haß[14] unter ihnen bis zum Auferstehungstag erregt, dann wird ihnen gezeigt werden, was sie taten. [16] O ihr Schriftbesitzer,

[10] Es ist hier nicht nur an das Zeugnis vor Allah, sondern auch vor irdischen Richtern gedacht. [11] Nach Anzahl der Stämme. [12] Zu den heiligen Kriegen Geld vorschießt. [13] In der Heiligen Schrift namentlich solche Stellen, die sich auf Mohammed beziehen sollen. [14] Die vielen christlichen Sekten, welche sich gegenseitig verketzern.

unser Gesandter ist nun zu euch gekommen, um euch viele Stellen in der Schrift anzuzeigen, die ihr weggelassen habt. Manche wird auch er übergehen[15]. Nun ist euch ein Licht und eine deutliche Schrift von Allah zugekommen. [17] Hierdurch will Allah die, welche nach seinem Wohlgefallen streben, auf den Weg des Friedens leiten und sie aus der Finsternis in das Licht nach seinem Willen führen und ihnen den rechten Weg weisen. [18] Wahrlich, das sind Ungläubige, welche sagen: »Allah ist doch Christus, der Sohn Marias.« Sage ihnen: »Wer könnte es Allah verwehren, wenn er Christus, den Sohn Marias, mit seiner Mutter, samt allen Erdbewohnern vertilgen wollte?« Allah gehört ja das Reich der Himmel und der Erde, und was zwischen ihnen ist. Er erschafft, was er will; denn Allah ist allmächtig. [19] Die Juden und Christen sagen: »Wir sind die Kinder Allahs und einzig von ihm Geliebten.« Sag ihnen: »Warum straft euch Allah denn euerer Sünden wegen? Nein, ihr seid nur Menschen wie andere, die er erschuf.« Er verzeiht, wem er will, und bestraft, wen er will. Allah ist Herr über die Himmel und die Erde, und was zwischen ihnen ist, und zu ihm kehren alle Dinge zurück. [20] O ihr Schriftbesitzer, nun ist unser Gesandter nach einem Zeitraum von Propheten[16] zu euch gekommen, sonst hättet ihr sagen können: »Es ist keiner zu uns gekommen, weder Gutes verkündend noch uns warnend.« Nun aber ist ein Verkünder guter Botschaft und Ermahner zu euch gekommen, und Allah ist allmächtig.

[21] Besinnt euch, als Moses zu seinem Volke sagte: »Erinnert euch der Gnadenbeweise Allahs gegen euch, der euch Propheten und Könige eingesetzt und euch gegeben hat, was sonst keiner Nation in der Welt gegeben war[17]. [22] Mein Volk betritt das Heilige Land, welches Allah dir bestimmt hat. Wendet euch nicht ab, sonst könntet ihr verderben und untergehen.« [23] Sie aber antworteten: »O Moses, es wohnt ein Volk von Riesen darin, wir wollen nicht früher hineingehen, ehe jene nicht fortgezogen sind. Sobald aber diese aus dem Land verjagt sind, wollen wir einziehen.« [24] Darauf sagten zwei Männer[18], welche Allah fürchteten und die Gnade Allahs

[15] Wahl übersetzt: Und er wird euch viel vergeben. Sale bemerkt, daß nur solche Stellen, deren Wiederherstellung in der Heiligen Schrift überflüssig ist, übergangen werden. Und ich meine: Mohammed läßt sich hier von Allah die überzeugende Legitimation erteilen, wegzulassen, was seiner Lehre widerspricht, wie er selbst im Koran Überholtes später aufhebt. [16] Der Zeitraum, der zwischen der Erscheinung eines früheren und des nächsten nachfolgenden Propheten liegt. [17] Das Manna, die Wolkensäule, die Meeresspaltung und so weiter. [18] Kaleb und Josua, zwei von den zwölf Kundschaftern, die Moses nach Kanaan entsandte (V. Mos. 30).

schon erfahren hatten: »Geht nur zum Tore der Stadt hinein, und wenn ihr eingezogen seid, werdet ihr siegen. Vertraut nur auf Allah, wenn ihr Gläubige seid.« [25] Sie antworteten: »O Moses, wir gehen nimmer hinein, solange jene darin sind. Gehe du hin und dein Herr und kämpft. Wir wollen so lange hierbleiben.« [26] Moses sagte: »O Herr, ich habe nicht die Macht, über jemanden zu gebieten, nur über mich und meinen Bruder; darum mache einen Unterschied zwischen uns und diesem frevelhaften Volke.« [27] Allah antwortete: »Das Land sei ihnen nun vierzig Jahre verboten; so lange sollen sie auf der Erde umherirren. Sei weiter nicht besorgt um dieses frevelhafte Volk.« [28] Erzähle ihnen die Geschichte der zwei Söhne Adams[19], wie sie sich in Wahrheit zugetragen hat. Als diese ihr Opfer brachten und das Opfer des einen angenommen und das des anderen nicht angenommen wurde, sagte Kain: »Ich will dich umbringen.« Abel aber antwortete: »Allah nimmt nur das Opfer der Frommen an. [29] Wenn du deine Hand ausstrecken solltest, um mich zu erschlagen, so will ich doch die meinige nicht ausstrecken, um dich umzubringen; denn ich fürchte Allah, den Herrn der Welten. [30] Ich wünsche nur, daß du meine und deine Sünden trägst und ein Gefährte des Höllenfeuers wirst; denn das ist der Lohn der Ungerechten.« [31] Doch Kain verhärtete sein Herz und tötete seinen Bruder, und so gehörte er nun zu den Verlorenen. [32] Da schickte Allah einen Raben, der in der Erde scharrte, um Kain zu lehren, wie er den Leichnam seines Bruders bergen könne[20]. Da sagte Kain: »Wehe mir, bin ich ja nicht einmal so geschickt wie dieser Rabe, daß ich den Leichnam meines Bruders (die Tat an meinem Bruder) zu bergen wüßte.« Und nun gehörte er zu den Bereuenden. [33] Daher haben wir den Kindern Israels vorgeschrieben: daß, wer einen umbringt, nicht um zu vergelten oder weil dieser Verderben auf der Erde anrichtete (aus Vergeltung oder im Krieg), es so sei, als habe er alle Menschen umgebracht. Wer andererseits eines einzigen Menschen Leben rettet, nur einen am Leben erhält, sei angesehen, als habe er das Leben aller Menschen erhalten. Unsere Gesandten sind schon früher zu ihnen (den Juden) mit deutlichen Be-

[19] Die Geschichte von Kain und Abel, welche bei den Moslems Kabil und Habil heißen. [20] Im Original: die »Scham«, die unbedeckten Geschlechtsteile seines Bruders. Es wird ferner erzählt, daß Kain nicht wußte, wie er den Körper seines Bruders verbergen könne, bis er gesehen hatte, wie ein Rabe die Erde aufscharrte, um einen anderen toten Raben zu begraben.

weisen gekommen; nachher waren doch noch viele von ihnen lasterhaft auf der Erde. [34] Doch der Lohn derer, welche sich gegen Allah und seinen Gesandten empören und sich bestreben, nur Verderben auf der Erde anzurichten, wird sein: daß sie getötet oder gekreuzigt oder ihnen die Hände und Füße an entgegengesetzten Seiten[21] abgehauen oder daß sie aus dem Lande verjagt werden. Das ist ihre Strafe in dieser Welt, und auch in jener Welt erwartet sie große Strafe. [35] Doch die, welche bereuen, bevor ihr sie gefangen habt und zwingt, mögen wissen: Gegen sie ist Allah verzeihend und barmherzig.

[36] O Gläubige, fürchtet Allah und strebt nach Vereinigung mit ihm und kämpft für seine Religion, damit ihr glücklich werdet. [37] Die Ungläubigen aber, und hätten sie auch alles, was in der Welt ist, und noch viel mehr dazu – um sich am Auferstehungstage von der Strafe loszukaufen –, nein, es wird nichts von ihnen angenommen, auf sie wartet große Strafe. [38] Sie werden verlangen, aus dem Höllenfeuer herauszukommen. Sie werden aber nicht herauskommen, sondern ihre Strafe wird ewig dauern. [39] Einem Dieb und einer Diebin haut die Hände ab, zur Strafe dessen, was sie begangen haben. Diese warnende Strafe (ist) von Allah; denn Allah ist allmächtig und allweise. [40] Wer aber, nachdem er gesündigt hat, bereut und sich bessert, zu dem wird Allah sich wieder hinwenden; denn Allah ist verzeihend und barmherzig. [41] Weißt du denn nicht, daß Allah die Himmel und die Erde beherrscht? Er straft, wen er will, und verzeiht, wem er will; denn Allah ist aller Dinge mächtig. [42] O Gesandter, betrübe dich nicht über die, welche im Unglauben verharren, über die, welche mit dem Mund wohl sagen: »Wir glauben«, aber in ihrem Herzen doch nicht glauben, oder über die Juden, welche nur auf Lügen horchen, um sie weiterzuerzählen, und auf andere, die nicht zu dir kommen – die Rabbinen –, hören. Sie verkehren auf ihre Art die Worte der Schrift an ihren Stellen und sagen: »Wenn euch dies Buch gebracht wird, dann nehmt es an. Wird es euch nicht gebracht, seid vorsichtig auf euerer Hut!« Für die, welche Allah in Versuchung führen will, wirst du bei Allah nichts vermögen. Alle die, deren Herz Allah nicht reinigen will, haben in dieser Welt Schmach und in jener Welt große Strafe zu erwarten. [43] Sie hören auf Lügen und essen, was

[21] Entweder die rechte Hand und der linke Fuß oder der rechte Fuß und die linke Hand.

verboten ist. Sie werden zu dir kommen[22], richte dann zwischen ihnen oder entferne (wende) dich von ihnen. Wenn du dich von ihnen entfernst, werden sie dir durchaus nicht schaden können. Wenn du aber richtest, dann richte zwischen ihnen nur nach Gerechtigkeit; denn Allah liebt die Gerechten. [44] Doch wie sollten sie sich deiner Entscheidung unterwerfen? Sie haben ja die Thora, worin die Urteile Allahs enthalten sind. Sie werden dir daraufhin doch den Rücken zukehren[23]; denn sie sind keine Gläubigen.

[45] Wir haben die Thora offenbart, die Leitung und Licht enthält; nach ihr richteten die gottergebenen Propheten die Juden; auch die Rabbinen und Schriftgelehrten urteilten nach dem Buch Allahs, das ihnen zur Aufbewahrung gegeben war, und sie waren Zeuge davon[24]. Darum fürchtet nicht die Menschen, sondern nur mich und verkauft meine Zeichen nicht für geringen Preis. Wer sein Leben (und seine Urteile) nicht nach der Offenbarung Allahs und nach dem, was er herabsandte, richtet, der gehört zu den Ungläubigen.

[46] Wir haben ihnen vorgeschrieben, daß man also richten solle: Leben für Leben und Aug um Auge, Nase um Nase, Ohr für Ohr, Zahn um Zahn und Wunde mit Wiedervergeltung zu bestrafen[25]. Sollte aber einer darauf als Almosen vergeben (auf Sühne verzichten), dem werden seine Sünden verziehen, und es mag zu seiner Versöhnung angenommen werden. Wer aber nicht nach den Offenbarungen Allahs urteilt, der gehört zu den Ungerechten. [47] Wir haben Jesus, den Sohn der Maria, den Fußtapfen der Propheten folgen lassen, bestätigend die Thora, welche in ihren Händen war, und gaben ihm das Evangelium, das Leitung und Licht und Bestätigung der Thora enthält, welche zuvor in ihren Händen war, den Gottesfürchtigen zur Leitung und Erinnerung. [48] Die Besitzer des Evangeliums sollen nun nach den Offenbarungen Allahs darin urteilen; wer aber nicht nach den Offenbarungen Allahs urteilt, der gehört zu den Frevlern. [49] Wir haben nunmehr dir das Buch (den Koran) in Wahrheit offenbart, die früheren Schriften in ihren Händen bestätigend, und dich zum Wächter darüber eingesetzt. Urteile

[22] Die Juden und Christen werden in Streitigkeiten unter sich dich zum Richter nehmen. Es bleibt dir aber die Entscheidung, ob du urteilen willst oder nicht. [23] Sie werden dein Urteil, wenn es ihnen nicht gefällt, doch nicht beachten. [24] Darüber zu wachen, daß sie nicht verfälscht werde. [25] Der Talmud jedoch lehrt, daß viele Strafen nicht als wirkliche Leibesstrafen, sondern nur als entsprechende Geldstrafen zu nehmen seien; dies scheint auch Mohammed im folgenden Verse anzunehmen.

du nun nach dem, was Allah offenbart, und folge durchaus nicht ihrem Verlangen, daß du von der Wahrheit abgehst, welche dir zuteil geworden ist. Einem jeden Volke gaben wir Norm (Religion) und einen offenen Weg[26]. Wenn es Allah nur gewollt hätte, so hätte er euch allen nur einen Glauben gegeben; so aber will er euch in dem prüfen, was euch zuteil geworden ist[27]. Wetteifert daher in guten Werken, denn ihr werdet alle zu Allah heimkehren, und dann wird er euch über das aufklären, worüber ihr uneinig wart. [50] Und du (o Mohammed) richte zwischen ihnen nur nach den Offenbarungen Allahs und folge nicht ihrem Verlangen. Hüte dich vor ihnen, sonst verführen sie dich, von einem Teil dessen abzuirren, was Allah dir offenbart hat. Wenden sie dir den Rücken (folgen sie nicht deiner Entscheidung), so wisse, daß Allah sie für die Vielzahl ihrer Sünden bestrafen will. Ein großer Teil der Menschen ist wahrhaftig frevelhaft! [51] Verlangen sie vielleicht die Entscheidungen aus der Zeit der Unwissenheit[28]? Wer aber kann besser als Allah unter einem Volke von richtiger Erkenntnis (das fest zu seinem Glauben steht) entscheiden?

[52] O Gläubige, nehmt weder Juden noch Christen zu Freunden; denn sie sind nur einer des anderen Freund (gegeneinander). Wer von euch sie zu Freunden nimmt, der ist einer von ihnen. Ein ungerechtes Volk leitet Allah nicht. [53] Du wirst sehen, wie die, deren Herz schwach ist, zu ihnen hineilen und sprechen: »Wir befürchten, es möchte uns ein Unglück befallen.« Es kann aber leicht sein, daß Allah einen Sieg gibt oder sonst eine Anordnung trifft und sie dann das, was sie insgeheim irrig dachten, bereuen. [54] Dann werden die Gläubigen sagen: »Sind das die Leute, die bei Allah einen festen Eid geschworen haben, es mit euch zu halten?« Ihre Werke sind vergeblich, und sie gehören zu denen, welche untergehen werden. [55] O Gläubige, wer unter euch von seinem Glauben abfällt, an dessen Stelle wird Allah ein anderes Volk setzen, welches er liebt und das ihn liebt, das liebevoll gegen die Gläubigen und streng gegen die Ungläubigen sein wird und welches für die Religion Allahs kämpft und das sich nicht vor den Schmähungen der

[26] »Mit Absicht hat Allah mehrere Religionen zugelassen.« So deuten die meisten Kommentatoren. Ich nehme dies wörtlicher: So gab Allah im Laufe der Jahrtausende immer wieder deutlich seinen Willen kund und schrieb einen klaren Weg vor. [27] Er will sehen, ob jeder an den besonderen Offenbarungen und Rechtsvorschriften, die ihm zuteil geworden sind, auch festhält. [28] Der Zeitraum vor dem Koran, in welchem die Araber dem Götzendienst huldigten, wird die Zeit der »Unwissenheit« genannt.

Verleumder fürchtet. Dies ist die Güte Allahs, welche er schenkt, wem er will; denn Allah ist unendlich und allweise. [56] Euer Beschützer ist Allah; und sein Gesandter, auch die Gläubigen, die das Gebet verrichten und Almosen geben und sich tief vor ihm beugen, auch sie sind es. [57] Wer sich nun Allah und seinen Gesandten und die Gläubigen zu seinen Freunden nimmt, der gehört zu der Partei Allahs, und zu denen, welche obsiegen.

[58] O Gläubige, nehmt nicht die, welchen die Schrift vor euch zugekommen ist, und nicht die Ungläubigen, welche eueren Glauben verspotten und verlachen, zu Freunden, sondern fürchtet Allah, wenn ihr Gläubige sein wollt; [59] auch die nicht, welche darüber spotten und scherzen, wenn ihr zum Gebet ruft; dies tun jene, weil sie ein unverständiges Volk sind. [60] Sage zu den Schriftbesitzern: »Zieht ihr euch wohl aus einer anderen Ursache von uns zurück, als weil wir an Allah und an das glauben, was er uns und was er früher offenbarte, und weil der größte Teil von euch sündhaft ist?« [61] Sage ihnen: »Kann ich euch etwas Schlimmeres verkünden als die Vergeltung Allahs? Die, welche Allah verflucht hat und über welche er zürnte, hat er in Affen und Schweine verwandelt[29], und die den Tagut (den Irrgötzen) verehren, die befinden sich in einem noch schlimmeren Zustand; denn sie sind von der geraden Bahn noch weiter abgewichen.« [62] Kommen sie zu euch, so sagen sie wohl: »Wir glauben«; doch sie kamen im Unglauben, und ungläubig gehen sie auch wieder fort; aber Allah weiß, was sie verbergen. [63] Du wirst viele von ihnen zur Sünde und Bosheit hineilen sehen und Verbotenes essen, aber wehe ihnen wegen dem, was sie tun. [64] Wenn die Rabbinen und Schriftgelehrten ihnen ihre Gottlosigkeit und den Genuß des Verbotenen nicht wehren können, dann wehe ihnen wegen ihres Tuns. [65] Die Juden sagen: »Die Hand Allahs ist gebunden« (Allah kann nicht gütig sein); aber ihre Hände werden gebunden werden (am Jüngsten Tage werden die Juden vor Allah mit an den Hals gefesselten Händen treten), und sie verflucht sein wegen dieser Rede. Nein! Allahs Hände sind ausgestreckt (ausgebreitet), um damit auszuteilen, was er will. Die Offenbarung, welche dir von deinem Herzen zuteil geworden ist, wird ihre Ruchlosigkeit und ihren Unglauben noch vermehren; Haß und Feindschaft haben wir bis zum Auferstehungstage unter ihnen gestiftet.

[29] S.: II. [66], IV. [48]. Die Jungen verwandelte Allah in Affen, die Alten in Schweine.

Sooft sie ein Kriegsfeuer entzünden, wird Allah es wieder auslöschen. Sie streben, auf der Erde Verderben zu stiften, aber Allah liebt nicht die Übeltäter. [66] Wenn die Schriftbesitzer nur glauben und Allah fürchten wollten, werden wir ihre Sünden vergeben und sie in wonnevolle Gärten versetzen. [67] Wenn sie die Thora und das Evangelium beachten, und was nun ihnen von ihrem Herrn offenbart worden ist, so werden sie des Guten genießen, das über und unter ihnen ist[30]. Es gibt auch rechtliche Leute unter ihnen, die meisten aber tun nur Böses.

[68] O du Gesandter, veröffentliche alles, was dir offenbart worden ist; tust du das aber nicht, so hast du seine Sendung nicht vollbracht. Allah wird dich vor den Menschen schützen; denn Allah leitet nicht ein ungläubiges Volk. [69] Sage ihnen: »O ihr Schriftbesitzer, ihr gründet euch auf nichts, bis ihr die Thora und das Evangelium beachtet, und was euch sonst von euerem Herrn offenbart worden ist.« Doch das, was dir von deinem Herrn offenbart wurde, wird die Ruchlosigkeit und den Unglauben vieler unter ihnen nur vermehren; aber wegen des ungläubigen Volkes betrübe dich nicht. [70] Wahrlich die, welche glauben, die Juden, Sabäer und Christen, wenn sie an Allah und den Jüngsten Tag glauben und nur tun, was recht ist, so kommt weder Furcht noch Trauer über sie. [71] Als wir ein Bündnis mit den Kindern Israels geschlossen hatten, da schickten wir ihnen Gesandte. Sooft die Gesandten nun zu ihnen kamen, mit solchem, was ihrem Herzen nicht angenehm war, so beschuldigten sie einige des Betruges, und einige töteten sie sogar. [72] Sie glaubten, daß sie dafür nicht gestraft würden; blind und taub waren sie. Doch Allah wandte sich ihnen wieder zu[31]; darauf wurden viele von ihnen doch wieder blind und taub[32]; aber Allah sieht ihr Tun.

[73] Wahrlich, das sind Ungläubige, die sagen: Allah sei Christus, der Sohn der Maria. Sagt ja Christus selbst: »O ihr Kinder Israels, dient Allah, meinem und euerem Herrn.« Wer Allah irgendein Wesen zugesellt, den schließt Allah vom Paradies aus, und seine Wohnung wird das Höllenfeuer sein, und die Gottlosen werden keinen Helfer haben. [74] Auch das sind Ungläubige, welche sagen: »Allah ist der dritte (einer) von dreien«; denn es gibt nur einen

[30] Den Segen des Himmels und der Erde. [31] Auf ihre Reue und Buße. [32] Sie verschlossen vor der göttlichen Offenbarung Augen und Ohren und wurden ungläubig.

einzigen Gott. Enthalten sie sich nicht, so zu sprechen, wird diese Schriftbesitzer schwere Strafe treffen. [75] Sollten sie daher nicht zu Allah zurückkehren und ihn um Verzeihung bitten? Denn Allah ist versöhnend und barmherzig. [76] Christus, der Sohn Marias, ist nur ein Gesandter, so wie ihm Gesandte auch vorangegangen sind, seine Mutter war eine wahrhafte und wahrhaftige Frau (keine Göttin), beide aßen gewöhnliche Speisen[33]. Seht, wir bewiesen ihnen deutlich (die Einheit Allahs), doch seht nun, wie sie (von der Wahrheit) abweichen. [77] Sage ihnen: »Wollt ihr außer Allah etwas verehren, was euch weder Schaden noch Nutzen bringen kann?« Allah hört und weiß alles. [78] Sage ihnen: »O ihr Schriftbesitzer, überschreitet doch nicht gegen die Wahrheit die Grenzen euerer Religion und folgt nicht dem Verlangen der Menschen[34], welche schon früher geirrt und manchen verführt haben. Sie sind von der rechten Bahn abgewichen.«

[79] Die Ungläubigen unter den Kindern Israels wurden schon verflucht von der Zunge Davids und Jesu, des Sohnes der Maria, weil sie sich empört und versündigt [80] und sich die Frevel, welche sie ausübten, nicht untereinander verwehrt hatten; darum wehe ihnen wegen ihres Tuns. [81] Du wirst sehen, daß viele von ihnen sich mit Ungläubigen befreunden. Wehe ihnen wegen dem, was ihre Seele voranschickt[35]. Darüber entbrennt der Zorn Allahs, und ewig werden sie in der Qual bleiben. [82] Hätten sie nur an Allah und an den Propheten geglaubt, und an das, was ihm offenbart worden ist, so hätten sie jene nicht zu Freunden genommen, doch die meisten von ihnen sind Übeltäter. [83] Du wirst finden, daß unter allen Menschen die Juden und Götzendiener (Heiden) den Gläubigen am meisten feind sind; du wirst ferner finden, daß den Gläubigen noch die am besten gesinnt sind, welche sagen: »Wir sind Christen.« Das kommt daher, weil diese Priester und Mönche haben und auch weil sie keinen Stolz besitzen (nicht hochmütig sind).

[84] Wenn sie hören werden, was dem Gesandten offenbart worden ist, so wirst du ihre Augen in Tränen überfließen sehen wegen der Wahrheit, die sie nun wahrnehmen, und sie werden sagen: »O Herr, wir glauben, und schreibe uns zu denen ein, die Zeugnis davon geben! [85] Und warum sollten wir auch nicht an Allah glau-

[33] Sie hatten ihre Bedürfnisse wie alle Menschen. [34] Nämlich ihrer früheren Geistlichen.
[35] Die Sünden, welche der Mensch in die Ewigkeit vorausschickt.

ben und an die Wahrheit, die uns nun zugekommen ist, und nicht ernstlich wünschen, daß der Herr uns mit diesem frommen Volk ins Paradies führen möge?« [86] Für diese Rede belohnt sie Allah mit wasserreichen Gärten, in welchen sie ewig bleiben werden. Das ist die Belohnung der Gerechten! [87] Die Ungläubigen aber, welche unsere Offenbarung des Betruges beschuldigen, werden der Hölle Genossen sein.

[88] O Gläubige, verbietet auch nicht das Gute, das euch Allah erlaubt hat[36]. Seid keine Übertreter, denn Allah liebt die Übertreter nicht. [89] Eßt, was euch Allah zur Nahrung gegeben hat, was erlaubt und gut ist, und fürchtet Allah, an den ihr glaubt. [90] Allah wird euch nicht wegen eines unbedachten Wortes in eueren Eiden strafen; wohl aber wird er euch für das, was ihr mit Vorbedacht in eueren Eiden aussagt (und wozu ihr euch eidlich verpflichtet) zur Rechenschaft ziehen. Die Sühne eines solchen Eides besteht in der Speisung von zehn Armen mit solcher Speise, wie ihr sie euerer eigenen Familie gebt, oder sie so zu kleiden oder in der Auslösung eines Gefangenen. Wer aber das nicht vermag, der faste drei Tage. Dies ist die Sühne euerer Eide, die ihr unrichtig geschworen habt. Darum haltet euere Eide. Allah macht euch darum mit seinen Zeichen bekannt, damit ihr dankbar (und fromm) werdet.

[91] O Gläubige, der Wein, das Spiel, Bilder[37] und Loswerfen sind verabscheuungswürdig und ein Werk des Satans; vermeidet sie, damit es euch wohl ergehe. [92] Durch Wein und Spiel will der Satan nur Feindschaft und Haß unter euch stiften und euch vom Denken an Allah und von der Verrichtung des Gebetes abbringen. Solltet ihr daher nicht davon ablassen wollen? [93] Gehorcht Allah und gehorcht den Gesandten und seid auf eurer Hut. Solltet ihr euch aber abwenden, so wißt wenigstens, daß es Pflicht unseres Gesandten ist, hiergegen öffentlich zu predigen. [94] Die glauben und das Gute tun, haben keine Sünde davon, daß sie vordem (vor dem Verbot: Wein und Spiel) davon gekostet haben; wenn sie nur jetzt Allah fürchten und glauben und Gutes tun und auch ferner Allah fürchten und Gutes tun; denn Allah liebt die, welche Gutes tun.

[36] Dies ist gegen das überstrenge Mönchsleben gerichtet. [37] Götzenbilder oder besondere Abbildungen von Geschöpfen überhaupt (war auch den Juden verboten). In dieser Sure [91] und [92] verbietet Mohammed das beliebte Glücksspiel: Meisar. Durch Pfeilwurf wurde ein Kamel ausgespielt, sodann geschlachtet und zum Teil an die Armen verteilt. Siehe zweite Sure [220]: . . . aber doch auch Nutzen . . . Verhaßt war Mohammed die Zukunftsbefragung durch Pfeilwurfspiel: V. [4].

[95] O Gläubige, Allah will euch auch bei der Wallfahrt, mögt ihr das Wild mit eueren Händen oder Spießen erreichen, prüfen[38], damit Allah seine Verehrer im Verborgenen kennenlerne. Wer sich aber jetzt noch dagegen vergeht, den erwartet große Strafe. [96] O Gläubige, tötet kein Wild, während ihr auf der Wallfahrt seid. Wer dennoch mit Vorsatz getötet hat, der soll ebensoviel, als er tötete, an zahmem Vieh ersetzen, nach der Entscheidung zweier redlicher Männer unter euch, und dies soll als Opfer nach der Kaaba (in die heilige Moschee zu Mekka) gebracht werden; oder er soll als Sühne zwei Arme speisen oder statt dessen fasten, damit er das Unheil seiner Tat sühne. Was bereits geschehen ist, hat Allah verziehen, wer aber die Sünde wiederholt, an dem wird Allah Rache nehmen; denn Allah ist allmächtig und vermag sich zu rächen. [97] Der Fischfang ist euch erlaubt, und seine Speise diene euch und den Reisenden als Lebensmittel; nur Wild im Lande zu jagen, während ihr aus der Wallfahrt seid, ist euch verboten; darum fürchtet Allah, zu dem ihr einst versammelt werdet. [98] Allah hat die Kaaba, das heilige Haus, den Menschen zur Friedensstätte bestimmt[39] und den heiligen Monat Moharam verordnet und die Opfer mit ihrem Zierat, damit ihr wißt, daß Allah alles kennt, was in den Himmeln und was auf Erden ist, und sein Wissen alle Dinge umfaßt. [99] Wißt, daß Allah streng im Bestrafen ist, aber auch, daß Allah verzeihend und barmherzig ist. [100] Der Gesandte erhielt nur den Ruf, zu predigen; Allah kennt, was ihr offen kundtut und was ihr verheimlicht. [101] Wenn dir eine Menge des Bösen auch noch so sehr gefallen sollte, so ist doch Böses und Gutes nicht einerlei; darum fürchtet Allah, ihr, die ihr verständigen Herzens seid, damit ihr glücklich werdet.

[102] O Gläubige, fragt nicht nach Dingen, welche euch nur Kummer machten, wenn sie euch entdeckt würden; doch wenn ihr euch nach der Offenbarung des Korans danach erkundigt, so sollen sie euch entdeckt werden, und Allah verzeiht es euch; denn Allah ist versöhnend und huldvoll. [103] Auch vor euch haben sich Leute danach erkundigt und haben danach doch nicht geglaubt. [104] We-

[38] So soll bei einer Wallfahrt einst, auf der das Jagen verboten ist, den Pilgern so viel Wild begegnet sein, daß sie im Gehen aufgehalten wurden, was für sie eine Versuchung sein sollte. [39] Hier soll man namentlich in Zeiten der Gefahr und Not Sicherheit, Ruhe und Rettung finden. Die Ahmadiyya-Mission sagt: ... das unverletzliche Haus als eine Stütze und Erhebung für die Menschheit ...

gen Bahira, Saiba, Wassila und Hami[40] hat Allah nichts befohlen, sondern die Ungläubigen haben Lügen hierbei über Allah erfunden; denn der größte Teil von ihnen ist unwissend. [105] Sagt man zu ihnen: »Wendet euch zu dem, was Allah und der Gesandte offenbart haben«, so antworten sie: »Wir halten die Religion, welche wir bei unseren Vätern fanden, für zureichend.« Aber wie, wenn nun ihre Väter auch unwissend und nicht recht geleitet waren? [106] Oh, Gläubige, tragt Sorge für euer Seelenheil, dann wird kein Irrender euch schaden können, da ihr recht geleitet seid. Zu Allah werdet ihr alle zurückkehren, und er wird euch dann alles sagen, was ihr getan habt. [107] O Gläubige, wenn einer von euch dem Tode sich nähert und die Zeit zu euerem Testament ist da, so nehmt aus euerer Mitte zwei Zeugen, rechtliche Männer, dazu; oder seid ihr gerade auf Reisen und der Tod befällt euch, nehmt zwei andere Männer, die nicht aus euerer Mitte sind[41]. Nach dem Mittagsgebet sperrt diese ein (haltet sie zurück), damit sie, wenn ihr an ihrer Redlichkeit zweifelt, bei Allah schwören und sprechen: »Wir wollen unser Zeugnis nicht für irgendeine Bestechung verkaufen, und wäre es auch zum Besten eines Verwandten, und wollen auch nicht das Zeugnis Allahs verheimlichen (das Allah gebot), sonst wären wir Sünder.« [108] Würde aber von beiden ein Unrecht bekannt, so sollen zwei andere, die nächsten Blutsverwandten, an ihre Stelle treten, bei Allah den Betrug jener beschwören und sagen: »Unser Zeugnis ist wahrhafter als das jener, wir sind nicht treulos, sonst wären wir Frevler.«

[109] Es läßt sich auch leicht machen, daß sie ihr Zeugnis in Gegenwart jener ablegen, damit sie fürchten müssen, daß nach ihrem Eid ein Gegeneid geschworen wird; darum fürchtet Allah und gehorcht; denn Allah leitet nicht ein ungerechtes Volk[42].

[110] An einem gewissen Tage[43] wird Allah die Gesandten versammeln und sagen: »Was hat man euch geantwortet, als ihr predigtet?« Sie aber werden antworten: »Wir haben keine Kenntnis da-

[40] Prototypnamen von Opfertieren in heidnischer Zeit. Diese Tiere waren gezeichnet, jedoch wie andere auf Weidegang. Bahira: Kamelkuh, die zehn Kamelkälber geworfen hatte; Saiba: Kamelstute; Wassila: Schaftier; Hami: Kamelhengst, dessen Zeugung sicher zehn Kamele nachgewiesen waren. Mit diesen Opfern waren Aberglauben-Riten verbunden, daher von Mohammed verboten. [41] Die nicht eueres Glaubens sind. [42] Zu Vers [108, 109] eine moderne Auslegung: Haben die zwei ersten Zeugen falsch ausgesagt, dann sollen zwei andere vortreten, welche eine falsche Aussage behaupten und eben gegen die ersten Zeugen aufgetreten sind. Diese beiden nunmehrigen Zeugen sollen bei Allah schwören, ihr Zeugnis sei wahrhaftiger als das der ersten Zeugen. So wird wahrscheinlich, daß diese beiden letzteren wahr aussagen, da sie ja selbst weitere eidesstattliche Aussagen nach ihrer eigenen befürchten müssen. [43] Am Jüngsten Tage.

von, du aber kennst alles Verborgene[44].« [111] Darauf sagt Allah: »O du Jesus, Sohn der Maria, gedenke meiner Gnade gegen dich und deine Mutter, ich habe dich ausgerüstet durch den heiligen Geist, damit du schon in der Wiege, und auch als du herangewachsen warst, zu den Menschen reden konntest; ich lehrte dich die Schrift und die Weisheit, die Thora und das Evangelium. Du schufst mit meinem Willen die Gestalt eines Vogels aus Ton; du hauchtest in ihn, und mit meinem Willen wurde er ein wirklicher Vogel[45]. Mit meinem Willen heiltest du einen Blindgeborenen und einen Aussätzigen, und mit meinem Willen ließest du Tote aus ihren Gräbern treten. Ich hielt die Kinder Israels ab, Hand an dich zu legen, als du mit deutlichen Beweisen zu ihnen kamst und sie, welche nicht glaubten, sagten: ›Dies ist alles offenbare Täuschung.‹« [112] Als ich den Aposteln befahl, daß sie an mich und an meinen Gesandten glauben sollen, da antworteten sie: »Wir glauben, bezeuge du es uns, daß wir ganz dir ergeben sind.« [113] Erinnere dich, als die Apostel sagten: »O Jesus, Sohn der Maria, vermag dein Herr auch einen Tisch uns vom Himmel herabzusenden[46]?« Er antwortete: »Fürchtet nur Gott, wenn ihr wahre Gläubige sein wollt.« [114] Sie aber antworteten: »Wir wollen aber davon essen, damit unser Herz sich beruhigt und wir wissen, daß du die Wahrheit uns verkündet hast und wir Zeugnis davon geben können.«

[115] Darauf sagte Jesus, der Sohn der Maria: »O Gott, Herr, sende uns einen Tisch (mit Speise) vom Himmel, daß dies ein festlicher Tag für uns werde, für den ersten und letzten von uns, als ein Zeichen von dir. Nähre uns, denn du bist der beste Ernährer.« [116] Darauf erwiderte Allah: »Ich will euch den Tisch herabsenden, wer aber von euch dann nicht glauben wird, den werde ich bestrafen, wie ich kein anderes Geschöpf in der Welt bestrafen werde.« [117] Und wenn Allah einst Jesus fragen wird: »O Jesus, Sohn der Maria, hast du je zu den Menschen gesagt: Nehmt, außer Allah, noch mich und meine Mutter zu Göttern an?«, so wird er antworten: »Preis und Lob nur dir, es ziemte mir nicht, etwas zu sagen, was nicht die Wahrheit ist (wozu ich kein Recht hatte); hätte ich es aber

[44] Wir wissen nicht, ob die Äußerungen der Menschen aufrichtig waren oder nicht; du aber kennst die Herzen. [45] Vergleiche: III. [50], N. 7. [46] Über die Legende vom Tisch und der Speisen, nach welchem auch diese Sure benannt ist, fabeln die Ausleger auf verschiedene Weise. Es scheint aber nichts anderes zu sein als das Abendmahl, das Mohammed auf seine Art darstellt.

gesagt, so wüßtest du es; denn du weißt ja, was in mir, ich aber nicht, was in dir ist; denn nur du kennst alle Geheimnisse. [118] Ich habe nichts anderes zu ihnen gesagt, als was du mir befohlen hast, nämlich: Verehrt Gott, meinen und eueren Herrn. Solange ich bei ihnen war, war ich Zeuge ihrer Handlungen; nun da du mich zu dir genommen hast, bist du ihr Wächter; denn du bist Zeuge aller Dinge. [119] Strafst du sie, so sind es deine Diener; verzeihst du ihnen – du bist der Allmächtige und Allweise.« [120] Allah antwortet: »An diesem Tage soll den Wahrhaften ihre Wahrhaftigkeit Nutzen bringen; wasserreiche Gärten sollen sie erhalten und ewig darin bleiben.« Allah hat Wohlgefallen an ihnen, und sie sollen Wohlgefallen haben an ihm. Das wird eine große Seligkeit sein! [121] Allah gehört das Reich der Himmel und der Erde, und was darinnen ist; und Allah ist allmächtig.

SECHSTE SURE

Das Vieh[1] (Al-Anam) *offenbart zu Mekka*

[1] Im Namen Allahs, des Allbarmherzigen. [2] Gelobt sei Allah, der die Himmel und Erde geschaffen und Finsternis und Licht geordnet hat; und dennoch verähnlichen ihm die Ungläubigen noch andere Wesen. [3] Er ist es, der euch aus Lehm erschaffen und der euer Lebensziel bestimmt und auch das Endziel (den Jüngsten Tag) schon bestimmt hat; doch ihr zweifelt daran. [4] Er ist Gott in den Himmeln und auf Erden; er weiß, was ihr verheimlicht und was ihr offenbart; er kennt euere Verdienste. [5] Es ist ihnen (den Mekkanern) noch kein Zeichen von den Zeichen ihres Herrn zugekommen, ohne daß sie sich nicht davon abgewendet hätten. [6] Auch die Wahrheit, die ihnen nun zuteil geworden ist (im Koran), beschuldigen sie des Betruges; doch bald werden sie über das belehrt, was sie jetzt verspotten[2]. [7] Haben sie denn nicht bemerkt, wie viele Geschlechter wir vor ihnen bereits zugrunde gerichtet haben? Diese hatten ganz andere Wohnplätze auf der Erde von uns erhalten als ihr[3]. Wir schickten über sie vom Himmel Ströme von Regen, und zu

[1] So genannt, weil darin von gewissen Tieren gesprochen wird, welchen die Araber abergläubische Verehrung erwiesen (siehe Vers [137]). [2] Durch ihre Bestrafung und durch den siegreichen Erfolg der neuen Lehre. [3] Diese waren weit mächtiger und stärker als ihr, und doch ließen wir sie zugrunde gehen. Die Vernichtung der ungläubigen Stämme ist im Koran wiederholt geschildert.

ihren Füßen stiegen die Wasser (der Sintflut), und wegen ihrer Sünden rafften wir sie hinweg und ließen nach ihnen andere Geschlechter entstehen. [8] Und hätte ich dir auch ein Buch, auf Pergament geschrieben, herabgeschickt, die Ungläubigen würden es mit ihren Händen befühlt und gesagt haben: Das ist ja offenbarer Betrug. [9] Sie sagen: »Wenn deshalb kein Engel herabkommt, so glauben wir nicht.« Hätten wir aber auch einen Engel gesandt, so war die Sache doch schon beschlossen; wir konnten auf ihre Besserung nicht warten. [10] Hätten wir auch darum einen Engel abgesandt, so hätten wir – zu noch größerer Verwirrung der Ungläubigen – ihn doch in Gestalt eines Menschen geschickt und vor ihren Augen in solcher Kleidung, wie sie selbst gekleidet sind; [11] sie haben aber auch Gesandte vor dir schon verspottet, und die Strafe, welche die Spötter verhöhnten, ist an ihnen erfüllt worden.

[12] Sage ihnen: »Geht einmal im Land umher und seht, welch Ende die genommen haben, die unsere Propheten des Betruges beschuldigten.« [13] Frage sie: »Wem gehört alles in den Himmeln und auf Erden? Nicht Allah?« Er hat sich selbst Barmherzigkeit als Gesetz vorgeschrieben. Er wird euch einst am Auferstehungstag versammeln; daran ist kein Zweifel; nur die, welche sich selbst ins Verderben stürzen wollen, glauben es nicht. [14] Was sich des Nachts und des Tags zuträgt, geschieht durch ihn; denn er ist der alles Hörende und alles Wissende. [15] Sprich: »Solltest du wohl noch einen anderen Beschützer außer Allah nehmen, dem Schöpfer der Himmel und der Erde, der alles ernährt, aber selbst keine Nahrung nimmt?« Sprich: »Ich, Mohammed, bin der erste, der auf Allahs Geheiß dem Islam ergeben ist, und mir war befohlen worden, nicht zu den Götzendienern zu gehören.« [16] Sprich: »Ich müßte ja, wenn ich meinen Herrn erzürnen wollte, die Strafe jenes großen Tages fürchten.« [17] Barmherzigkeit und offenbares Heil ist es, an diesem Tage von ihr befreit zu sein. [18] Wenn dich Allah mit einem Unglücke heimsucht, so kann es dir niemand außer er selbst abnehmen. Das Gute, welches dir zukommt, ist von ihm, dem Allmächtigen. [19] Er ist Beherrscher seiner Diener, er, der Allweise und Allwissende. [20] Sprich: »Was ist wohl das wichtigste Zeugnis?« Sprich: »Allah ist Zeuge zwischen mir und euch, und mir wurde dieser Koran offenbart, euch durch ihn zu ermahnen und alle die, zu welchen (des Korans) Richtschnur gelangen wird. Wie woll-

tet ihr nun doch bezeugen, daß es neben Allah noch andere Götter gibt?« Sage: »Ich bezeuge dies nicht.« Sage: »Er ist nur ein einziger Gott, und es ist nicht meine Schuld, wenn ihr ihm noch andere Wesen zugesellt.» [21] Die, denen wir die Schrift gegeben haben, kennen ihn (Mohammed) so gut, wie sie ihre eigenen Kinder kennen; sie stürzen sich aber selbst ins Verderben, da sie nicht glauben wollen. [22] Wer ist ein größerer Bösewicht als der, welcher von Allah Lügen erdichtet, oder als der, welcher seine Zeichen für Betrug hält? Es ist sicher, die Frevler können nicht glücklich sein. [23] Wir werden sie alle einst versammeln, und dann werden wir die Götzendiener fragen: »Wo sind nun die Götzen, die ihr ersonnen habt?« [24] Sie werden dann keine andere Entschuldigung finden, als daß sie sagen: »O Allah, unser Herr, wir waren keine Götzendiener.« [25] Sieh nur, wie sie sich selbst belügen müssen und wie ihr Täuschungen, welche sie erdacht haben, hinschwinden. [26] Mancher von ihnen hört dir wohl zu; aber wir haben eine Hülle um ihr Herz geworfen und eine Taubheit in ihr Ohr, so daß sie dich nicht verstehen; daher glauben sie auch nicht, bei allen Zeichen, die sie sehen; ja sie werden sogar zu dir kommen, um mit dir zu streiten (und dich zu bekämpfen). Die Ungläubigen werden sagen: »Dies alles ist nur alberne alte Fabel!«, [27] und deshalb verbieten sie ihn, und andere wenden sie davon ab; aber sie stürzen sich nur selbst ins Verderben und wissen es nicht. [28] Könntest du aber sehen, wie sie ins Höllenfeuer geworfen werden und wie sie dann sagen: »Oh, wolltest du uns doch in die Welt zurückbringen, wir wollten dann die Zeichen unseres Herrn gewiß nicht des Betruges beschuldigen, sondern nur wahre Gläubige sein.« [29] Dann wird ihnen klar, was sie vorher verheimlichten (verleugneten). Würden sie aber auch in die Welt zurückgebracht, sie kehrten doch immer zu dem, was ihnen verboten ist, zurück; denn sie sind Lügner. [30] Sie sagten auch: »Es gibt kein anderes Leben als unser hiesiges irdisches Dasein, wir werden nicht wieder auferweckt.« [31] Könntest du sie aber sehen, wenn sie einst vor ihrem Herrn erscheinen und er sie fragt: »Ist die Auferstehung nun nicht wahr geworden?« Da werden sie antworten: »Sie ist wohl wahr, o Herr!« Und Allah wird sagen: »Schmeckt (nun) die Strafe dafür, daß ihr nicht glauben wolltet.«

[32] Die sind verloren, welche die Versammlung vor Allahs Gericht leugnen, bis plötzlich ihre Stunde schlägt; dann werden sie sa-

gen: »Wehe uns wegen dem, was wir vernachlässigten.« Dann tragen sie auf ihren Rücken ihre Sündenlast[4]. Das wird eine schlimme Last sein. [33] Dieses Leben ist nur ein Spiel, nur ein Getändel; die zukünftige Wohnung ist für die Frommen weit besser; seht ihr denn das nicht ein? [34] Wir wissen wohl, daß ihre Reden dich, Mohammed, betrüben; doch sie können dich nicht des Betruges überführen, und mögen die Frevler auch die Zeichen Allahs, den sie leugnen, bestreiten. [35] Auch andere Gesandte vor dir sind des Betruges beschuldigt worden; doch ertrugen sie es mit Geduld, daß man sie für Lügner hielt und sie beleidigte, bis wir ihnen Hilfe brachten. Die Worte Allahs ändert niemand ab. Darüber hast du ja bereits Belehrung von den früheren Gesandten. [36] Und wenn dir auch ihre Abneigung zu lästig würde und du suchtest eine Höhle, welche dich ins Innere der Erde brächte, oder eine Leiter, um in den Himmel zu steigen, um ihnen Wunder zu bringen ... (es wäre vergebens); denn wenn Allah nur wollte, er könnte sie ja alle auf den rechten Weg bringen. Sei daher nicht unwissend[5]. [37] Nur die, welche aufmerksam zuhorchen, wird er huldvoll erhören; Allah wird die Toten auferwecken, und sie alle werden zu ihm zurückkehren. [38] Sie sagen: »Nicht eher glauben wir, als bis Zeichen herabkommen von seinem Herrn.« Antworte: »Allah vermag allein, Zeichen herabzusenden«; aber der größte Teil von ihnen begreift das nicht. [39] Dieses Volk gleicht dem Getier auf der Erde[6] und den Vögeln, die mit ihren Flügeln sich fortbewegen; denn in der Schrift ist kein Beweis vergessen[7]. Zu ihrem Herrn werden sie einst zurückkehren. [40] Die, welche unsere Zeichen der Lüge beschuldigen, sind taub und stumm und wandeln in der Finsternis. Allah führt irre, wen er will, und leitet auf den rechten Weg, wen er will. [41] Sprich: »Was glaubt ihr wohl? Wenn die Strafe Allahs euch trifft oder wenn euere Stunde[8] kommt, werdet ihr dann einen anderen als Allah anrufen, wenn ihr wahrhaftig sein wollt?« [42] Nur ihn werdet ihr anrufen,

[4] Die unglückseligen Folgen und Strafen ihrer Sünden werden ihnen nun zuteil. [5] Wisse, daß es nicht Allahs Absicht ist, alle Menschen durch Wunder von der Wahrheit seiner Religion überzeugen zu wollen. Die religiöse Übersetzung fordert Mohammed auf, über den »Widerwillen« der Ungläubigen keine »schmerzlichen Empfindungen« zu hegen – sondern dies hinzunehmen. [6] Und »denkt« nur ans Gegenwärtige, Lebensnotwendige. Andere Auslegung: Alles Getier bildet Völker wie ihr! [7] Lazarus Goldschmidt deutet die Stelle: ... von dem ihr euch nicht unterscheidet. »Wir ließen in der Schrift nichts fort.« Die Übersetzung der Ahmadiyya-Mission lautet: ... die nicht Gemeinschaften wären gleich euch. »Nichts haben wir in dem Buch ausgelassen.« »Alles Werden und Sein ist unverändert in Allahs Hand und ungekürzt in seinem Buch verzeichnet.« So wurde mir diese dunkle Stelle von Moslems erklärt. [8] Der Jüngste Tag oder der Tod.

und er wird euch befreien, wann er nur will, von dem, um dessen Entfernung ihr bittet; und ihr werdet die Wesen, welche ihr ihm gleichstelltet, vergessen.

[43] Wir haben schon vor dir zu den Völkern Gesandte geschickt und sie mit Unglück heimgesucht, damit diese Völker sich demütigen. [44] Aber als das Unglück sie traf, demütigten sie sich dennoch nicht; denn ihr Herz war verstockt. Der Satan hatte sie mit dem, was sie taten, ausgerüstet (ließ es gut erscheinen). [45] Als sie vergessen hatten, wozu sie ermahnt waren, da öffneten wir ihnen die Pforten aller Dinge[9], und als sie sich dessen, was ihnen zuteil geworden war, freuten, da nahmen wir plötzlich alles wieder hinweg; worüber sie verzweifeln wollten. [46] Das Volk, das so ungerecht gehandelt hatte, wurde völlig ausgerottet. Gelobt sei Allah, der Herr aller Weltenbewohner! [47] Sage: »Was dünkte euch, wenn Allah euch eueres Gehörs und Gesichtes berauben und euere Herzen versiegeln wollte, was hülfe der Gottgötze, und wer könnte es euch außer Allah zurückgeben?« Sieh, wie wir mannigfache Beweise von der Einheit Allahs geben, und dennoch wenden sie sich weg davon. [48] Sage: »Was dünkt euch wohl, wenn die Strafe Allahs euch plötzlich oder öffentlich[10] ereilt, werden andere als gottlose Menschen untergehen?« [49] Wir sandten die Gesandten nicht anders, als nur um Gutes zu verkünden und mit Strafen zu verwarnen. Wer nun glaubt, der wird glücklich sein, und weder Furcht noch Trauer kommt über ihn. [50] Die aber, welche unsere Zeichen des Betruges beschuldigen, wird wegen ihres Frevels Strafe treffen. [51] Sprich: »Ich sage nicht zu euch, daß die Schätze Allahs in meiner Gewalt sind, auch nicht, daß ich Allahs Geheimnisse weiß[11], auch sage ich nicht, daß ich ein Engel bin, sondern ich folge nur dem, was mir offenbart wurde.« Sprich: »Sind wohl Blinde und Sehende dasselbe?« Bedenkt ihr das nicht?

[52] Verwarne hiermit (mit dem Koran) alle die, welche voll Furcht glauben, daß sie dereinst zu ihrem Herrn werden versammelt werden, daß sie außer Allah keinen anderen Beschützer finden und Vermittler haben, damit sie sich hüten und gottesfürchtig werden! [53] Treibe die nicht weg, welche ihren Herrn des Morgens und des Abends anrufen und sein Angesicht schauen wollen. Es ist nicht

[9] Wir gaben ihnen allen irdischen Segen, um sie so auf bessere Gesinnungen zu bringen.
[10] Plötzlich: ohne vorherige Verkündigung; öffentlich: wenn solche vorhergegangen.
[11] Ich bin weder allmächtig noch allwissend.

deine Sache, ihre Gesinnungen hierbei zu beurteilen, ebensowenig wie sie dich beurteilen dürfen. Vertreibst du sie aber, so gehörst du zu den Frevlern. [54] So haben wir die einen durch die anderen geprüft, daß sie sagen: »Sind das die Leute, welchen Allah huldvoll ist unter uns?« Kennt Allah jene nicht, die dankbar sind? [55] Kommen solche zu dir, die fest an unsere Zeichen glauben, so sprich: »Friede mit euch. Euer Herr hat sich selbst Barmherzigkeit zum Gesetz vorgeschrieben; wer daher von euch aus Unwissenheit Böses getan hat und es darauf bereut und sich bessert, dem verzeiht er; denn er ist verzeihend und barmherzig.« [56] Wir haben unsere Zeichen deutlich aufgestellt, damit der Weg der Sünder erkannt werde. [57] Sprich: »Mir ist es verboten, diejenigen zu verehren, welche ihr außer Gott anruft.« Sprich: »Ich folge nicht eueren Begierden, denn sonst wäre ich im Irrtum und gehörte nicht zu denen, welche recht geleitet sind.« [58] Sprich: »Ich richte mich nur nach der klaren Belehrung meines Herrn, die ihr der Lüge beschuldigt. Es ist nicht in meiner Macht, das, was ihr wünscht, zu beschleunigen[12]. Das Urteil (die Entscheidung) steht nur Allah allein zu; er wird die Wahrheit schon entscheiden; denn er ist der beste Schiedsrichter.« [59] Sprich: »Wäre es in meiner Macht, das, was ihr wünscht, zu beschleunigen, so wäre die Sache zwischen mir und euch schon längst entschieden; Allah aber kennt die Ungerechten.« [60] Bei ihm sind die Schlüssel der Geheimnisse, die niemand kennt außer ihm[13]. Er weiß, was auf dem trockenen Land und was im Meer ist. Es fällt kein Blatt vom Baum, er weiß es. Es ist kein Samenkorn in der dunkeln Erde, es gibt nichts Grünes und nichts Dürres, das nicht in seinem deutlichen Buch[14] aufgezeichnet wäre. [61] Er ist es, der euch des Nachts zu sich nimmt (im Schlaf ruft Allah alle Menschenseelen), er weiß, was ihr am Tage tut. Er erweckt euch zum neuen Tag, bis euer Ziel erreicht ist, und wird euch zu euerer Heimkehr zu ihm wiedererwecken und euch sagen, was ihr getan habt: [62] Er ist Herr seiner Diener. Er sendet Wächter[15] über euch. Tritt an einen von euch der Tod heran, unsere Boten bringen ihn, sie säumen nicht. [63] Dann kehrt ihr zu Allah zurück, euerem wahren Herrn. Ja

[12] Die Ungläubigen wollten Wunder von Mohammed zu seiner Beglaubigung sehen. Dieses Verlangen weist er hier ab. [13] Er weiß das Verborgenste. Die Ausleger sprechen von fünf wirklichen Schlüsseln, die in Gottes Händen seien, sowie der Talmud von dreien. [14] Alles, auch das Unbedeutendste, geschieht nur mit seinem Willen. [15] Engel begleiten den Menschen im Leben, und auch ein Engel veranlaßt seinen Tod, nämlich der Todesengel.

gebührt ihm nicht das Amt des Richters? – Er ist schnell im Rechnen. [64] Sprich: »Wer errettet euch aus der Finsternis[16] des Landes und des Meeres, wenn ihr ihn demütig und im stillen anruft und sprecht: ›Rette uns doch aus dieser Gefahr, damit wir dankbar werden‹?« [65] Sprich: »Allah ist es, der euch aus jeder Gefahr und Drangsal errettet, und dennoch gesellt ihr ihm noch andere Götter zu.« [66] Sprich: »Er ist mächtig genug, Strafen über euch von oben und von unten[17] zu senden und Zwietracht (Sekten) unter euch zu stiften, so daß sich der eine gewalttätig am andern vergreife.« Sieh nur, wie mannigfaltig unsere Zeichen sind, damit ihr verständig werden sollt. [67] Aber dein Volk beschuldigt diese, obgleich sie Wahrheit sind, des Betruges. Sprich: »Ich bin ferner nicht mehr euer Schutz.« [68] Eine jede Prophezeiung hat ihre bestimmte Zeit, ihr werdet das erfahren. [69] Siehst du Leute, die über unsere Zeichen streiten, so entferne dich von ihnen so lange, bis sie eine andere Unterhaltung beginnen. Wenn aber der Satan dich dieses vergessen läßt, so setze dich nicht zu den Frevlern, sobald du dich dessen wieder erinnerst. [70] Die Gottesfürchtigen laden dafür keine Verantwortung auf sich; aber doch sollen sie des eingedenk sein, damit sie fromm bleiben[18]. [71] Verlasse die, welche mit ihrer Religion Scherz und Spott treiben, die das irdische Leben geblendet hat; jedoch erinnere sie durch den Koran, daß, wenn eine Seele durch ihre Handlungen sich ins Verderben stürzt, sie außer Allah keinen Beschützer und Vermittler habe und daß, wenn sie auch noch so viel als Lösegeld zahlen wollte, nichts von ihr angenommen wird. Die sich durch ihre Handlungen selbst ins Verderben gestürzt haben, erhalten siedendes Wasser zum Trunk und außerdem noch große Strafe wegen ihres Unglaubens.

[72] Sprich: »Sollen wir wohl außer Allah noch ein anderes Wesen anrufen, das uns weder nützen noch schaden kann? Sollten wir wohl, nachdem uns Allah auf den rechten Weg geleitet hat, wieder in unsere früheren Fußtapfen treten wie der, welchen die Satane verführten, daß er auf Erden herumirre, obgleich er Freunde hat, die ihn auf die rechte Bahn führen wollen und ihm zurufen: ›Komm doch zu uns‹?« Sprich: »Nur Allahs Leitung ist die wahre Leitung,

[16] Aus den Gefahren, die euch zu Land und zu Wasser drohen. [17] Vom Himmel herab und von der Erde hinauf. [18] Wenn sie trotz der Spötter fromm geblieben sind, werden sie über das Verweilen bei denselben nicht zur Rechenschaft gezogen werden; jedoch ist es, um vor Verführung sicher zu sein, besser, sich fern von den Spöttern zu halten.

und uns ist geboten, uns ganz zu ergeben dem Herrn aller Weltenbewohner, [73] das Gebet zu verrichten und ihn zu ehrfürchten; denn er ist es, zu dem ihr einst versammelt werdet.« [74] Er erschuf in Wahrheit die Himmel und die Erde. Sobald er spricht: »Es werde« – so ist es da. Sein Wort ist Wahrheit. Er hat die Herrschaft an dem Tage, an welchem die Posaune erschallt[19]. Er weiß, was geheim und was offenbar ist. Er ist der Allweise und Allwissende.

[75] Erinnere dich, als Abraham zu seinem Vater Asar[20] sprach: »Nimmst du wohl Bildwerk zu Götzen an? Ich sehe nun, ihr, du und dein Volk, seid in einem offenbaren Irrtum!« [76] Darauf zeigten wir dem Abraham die Reiche der Himmel und der Erde, damit er zu denen gehöre, die fest in ihrem Glauben sind: [77] Als die Dunkelheit der Nacht ihn beschattete, sah er einen Stern, und er sprach: »Das ist mein Herr.« Als dieser aber unterging, sagte er: »Ich liebe die Untergehenden nicht.« [78] Und als er den Mond aufgehen sah, da sagte er: »Wahrlich, das ist mein Herr.« Als aber auch dieser unterging, da sagte er: »Wenn mein Herr mich nicht leitet, so bin auch ich wie dies irrende Volk.« [79] Als er nun die Sonne aufgehen sah, da sagte er: »Siehe, das ist mein Gott, denn dies ist das größte Wesen.« Als aber auch die Sonne unterging, da sagte er: »O mein Volk, ich nehme keinen Anteil mehr an euerem Götzendienste, [80] ich wende mein Angesicht zu dem, der Himmel und Erde geschaffen hat, als Hanif rechtgläubig, will ich nicht mehr zu den Götzendienern gehören.« [81] Sein Volk wollte mit ihm streiten, er aber sagte: »Was wollt ihr über Allah mit mir streiten? Er hat mich bereits auf den rechten Weg geleitet, die Wesen, die ihr ihm zugesellt, fürchte ich nicht, da sie nur mit seinem Willen etwas vermögen[21], denn er ist der Allumfassende, der Allwissende. Wollt ihr das nicht bedenken? [82] Wie sollte ich auch das, was ihr Allah zugesellt, fürchten, da ihr keinen Anstand nehmt, Gott Wesen zuzugesellen, wozu euch nicht im entferntesten die Erlaubnis gegeben wurde?« Welche von beiden Parteien (Religionen) ist nun wahrhafter? [83] Wißt ihr das? Die, welche glauben und ihren Glauben nicht mit dem Unrecht[22] bekleiden, die leben in Sicherheit und sind recht geleitet. [84] Diese Beweise haben wir dem Abraham, seinem

[19] Am Jüngsten Tage; der Posaunenton erdröhnt zweimal: zur Auferweckung als Zeichen des Anbruchs der »Stunde« und als Ruf zum Gericht. [20] Der Vater des Abraham heißt in der Bibel Therah (Terach – Gen. II, 24 ff.), bei Mohammed Asar. [21] D. h. die Naturerscheinungen, welche ihr göttlich verehrt, sind nur Äußerungen der allerhöchsten Kraft, durch deren Willen allein sie auf uns wirken. [22] Hier soviel wie Götzendienst.

ungläubigen Volke gegenüber, gegeben. Wir erheben zu den Stufen der Weisheit, wen wir wollen; denn dein Herr ist der Allweise und Allwissende.

[85] Wir gaben ihm den Isaak und Jakob, und beide leiteten wir; auch vorher schon leiteten wir den Noah und seine Nachkommen, David, Salomo, Hiob, Joseph, Moses und Aaron; denn so belohnen wir die, welche Gutes tun. [86] Auch Zacharias, Johannes, Jesus und Elias, die alle zu den Frommen gehörten. [87] Auch den Ismael, Elisa, Jonas und Lot, diese alle haben wir vor der übrigen Welt bevorzugt; [88] auch einen Teil ihrer Väter, Kinder und Brüder haben wir geliebt und auf den rechten Weg geleitet. [89] Das ist die Leitung Allahs, nach welcher er diejenigen seiner Diener leitet, die ihm gefallen. Hätten diese sich dem Götzendienst ergeben, so wäre das Gute, welches sie getan haben, vergebens gewesen. [90] Diesen nun haben wir die Schrift, Weisheit und das Prophetentum (die Prophetengabe) gegeben; sollten jene[23] nun nicht daran glauben wollen, so geben wir diese Gaben einem Volk, das nicht so ungläubig (undankbar) ist. [91] Diese hatte Allah geleitet, darum folge du ihrer Leitung. Sprich: »Ich fordere keinen Lohn für den Koran von euch, ihr Mekkaner; denn er ist nichts anderes als eine Mahnung an die ganze Menschenwelt.«

[92] Sie schätzen Allah nicht so hoch, wie sie sollten, weil sie sagen: Allah habe Menschen nie etwas offenbart. Sprich: »Wer hat denn das Buch offenbart, welches Moses als Licht und Leitung den Menschen gebracht hat, welches ihr auf Pergament geschrieben habt[24], wovon ihr einiges öffentlich bekennt, aber den größeren Teil verheimlicht[25] und obwohl ihr lerntet, was ihr (und euere Väter) nicht gewußt habt?« Sprich: »Allah!«, darauf verlasse sie, mögen sie sich mit ihrem eitlen Geschwätz erlustigen. [93] Dieses Buch, das wir offenbart haben, ist gesegnet und bestätigt die früheren Offenbarungen. Du sollst es in der Mutterstadt (Mekka) und in der Umgegend verkünden. Die an das zukünftige Leben glauben, werden auch daran glauben, und diese werden aufmerksam die Zeit des Gebetes beachten. [94] Wer aber kann frevelhafter sein als der,

[23] Nämlich der Koreischiten. [24] Eine moderne Auslegung sei hier wiedergegeben: »... das Buch, das Moses als Rechtleitung der Menschheit brachte – ob ihr es gleich als wertlosen Fetzen Papieres betrachtet, einiges vorzeigend, viel verbergend –, und doch ist euch gelehrt worden, was nicht ihr, noch eure Väter wußten.« [25] Das, was sich auf Mohammed beziehen soll.

welcher eine Lüge von Allah erdichtet, oder als der, welcher sagt: »Mir ward etwas offenbart!« *(Museilima oder anderer falscher Prophet z. Z. Mohammeds.)* Nichts wurde ihm offenbart. Oder er sagte: »Ich offenbare Gleiches wie Allah.« Könntest du die Frevler in der Todesangst sehen, wenn die Engel dann ihre Hände ausstrecken (und sprechen:) »Werft euere Seelen ab! Ihr sollt die Schmach der Strafe haben, da ihr unwahr von Allah spracht und gegen seine Zeichen übermütig (hoffärtig) gewesen seid.« [95] »Und nun seid ihr zu uns gekommen, allein[26], so wie wir euch zuerst erschufen, und habt alles, was wir euch gegeben haben, zurückgelassen, und wir sehen jene Vermittler (euere Götzen) nicht bei euch, von denen ihr wähntet, daß sie für euch Mitgenossen Allahs seien. Nun ist jede Verbindung zwischen euch abgeschnitten, und euere Einbildungen haben euch betrogen.«

[96] Allah läßt das Samenkorn und den Dattelkern hervorsprossen, er läßt Leben aus dem Tod und Tod aus dem Leben entstehen; dies tut Allah, und dennoch wollt ihr euch von ihm abwenden? [97] Er ruft die Morgenröte hervor und setzt die Nacht zur Ruhe ein und Sonne und Mond zur Zeitrechnung. Diese Einrichtung ist vom Allmächtigen und Allweisen. [98] Er ist es, der euch die Sterne gesetzt hat, damit sie euch in der Finsternis zu Land und zur See recht leiten. So haben wir unsere Zeichen für verständige Leute deutlich gezeigt. [99] Er ist es, der euch aus einer einzigen Seele entstehen ließ und euch einen sicheren Aufenthalt und Ruheort[27] gegeben hat. So haben wir weisen Menschen unsere Zeichen deutlich gezeigt. [100] Er ist es, der Wasser vom Himmel sendet; durch dieses bringen wir die Keime aller Dinge hervor und alles Grün und das in Reihen wachsende Korn und die Palmbäume, an deren Zweigen die Datteln gedrängt voll hängen, und Gärten mit Trauben, Oliven und Granatäpfeln aller Art[28]. Seht nur ihre Früchte an, wenn sie hervorwachsen und heranreifen. Hierin sind gewiß Zeichen genug für gläubige Menschen. [101] Sie haben dennoch Allah Geister[29] zugesellt, die er selbst geschaffen hat, und in Unwissenheit haben sie ihm Söhne und Töchter angedichtet. Lob und Preis sei ihm allein und fern von ihm alles, was sie ihm zudichten.

[102] Der Schöpfer der Himmel und der Erde, wie sollte er einen

[26] Mit Zurücklassung aller irdischen Güter. [27] Den Leib der Mutter. [28] Im Original heißt es: ähnliche und unähnliche. [29] Im Original heißt es die Dschinnen, worunter sowohl gute als böse feuergeschaffene Geister, auch Engel, verstanden werden.

Sohn haben, da er ja keine Genossin hat! Er ist der Schöpfer aller Dinge, und ihm sind alle Dinge bekannt. [103] Das ist Allah, euer Herr, es gibt keinen Gott außer ihm, dem Schöpfer aller Dinge; darum dient nur ihm (und betet ihn an), denn er trägt Sorge für alles. [104] Kein Auge kann ihn erfassen, doch er erfaßt ein jedes Gesicht. Er ist der Unerforschliche und Allwissende. [105] Überzeugende Beweise sind euch von euerem Herrn zuteil geworden; wer sie nun einsieht, der sorgt für seine Seele; wer aber absichtlich blind sein will, der hat sich die Folgen selbst zuzuschreiben. Ich bin nicht zum Wächter über euch eingesetzt. [106] So machen wir unsere Zeichen auf verschiedene Weise klar, mögen sie auch sagen: Du erklärst gesucht (hast forschend gelernt), vernünftigen Leuten werden wir sie (die Zeichen) deutlich machen. [107] Folge daher nur dem, was dir von deinem Herrn offenbart wurde; denn nur er allein ist Gott, und entferne dich von den Götzendienern. [108] Wenn Allah es nur gewollt hätte, so wären sie keine Götzendiener geworden. Dich haben wir weder zum Wächter noch zum Hüter über sie eingesetzt. [109] Schmähe nicht die Götzen, welche sie außer (statt) Allah anrufen, sonst möchten sie in Unwissenheit auch feindselig Allah schelten[30]. Wir haben einem jeden Volke seine Handlungen so überlassen, daß, wenn es einst zu seinem Herrn zurückkehrt, wir ihm genau verkünden können, was es getan hat. [110] Zwar haben sie bei Allah einen feierlichen Eid geschworen, daß, wenn ihnen ein Zeichen gesendet werde, sie daran glauben wollen; doch sage: »Allein bei Allah steht es, Wunder zu tun«, doch ihr begreift sie nicht, und wenn sie nun kommen, so glaubt ihr doch nicht und nie daran. [111] Wir wollen ihr Herz und Gesicht von der Wahrheit abwenden, weil sie nicht bereits zum ersten Male daran geglaubt haben; darum wollen wir sie in ihrem Irrtum herumirren lassen.

[112] Und wenn wir ihnen auch Engel gesandt hätten und Tote mit ihnen reden und alle Dinge vor ihren Augen wieder auferstehen lassen, so hätten sie doch nicht geglaubt, es sei denn, daß Allah es anders gewollt hätte; denn der größte Teil von ihnen ist unwissend. [113] So haben wir jedem Propheten einen Feind bestimmt, nämlich die Satane der Menschen und der Geister, die gegenseitig trügerische und eitle Reden einblasen; wenn aber dein Herr nur gewollt hätte, könnten sie nicht so tun; darum verlasse sie und das,

[30] Auch diese Anweisung ist der jüdischen Lehre entnommen.

was sie fälschlich erdichten. [114] Die Herzen derer, welche nicht an ein zukünftiges Leben glauben, mögen sich zu diesen Lügen hinneigen und sich daran vergnügen und den Gewinn genießen, den sie hierdurch erwerben. [115] Sollte ich wohl, außer Allah, einen anderen Schiedsrichter verlangen? Er ist es, der dieses Buch, den Koran, zur Unterscheidung zwischen Gut und Böse, euch offenbart hat. Diejenigen, welchen wir die Schrift gegeben haben[31], wissen es auch, daß dieses Buch in Wahrheit von deinem Herrn offenbart wurde; darum gehöre nicht zu denen, welche daran zweifeln. [116] Das Wort deines Herrn ist vollkommen in Wahrheit und Gerechtigkeit. Sein Wort kann niemand verändern; denn er ist der alles Hörende und alles Wissende. [117] Wolltest du dem größeren Teil derer, die auf der Erde sind, folgen, leiteten sie dich von Allahs Religion ab. Denn gewiß, sie folgen nur vorgefaßten Meinungen (einer Wahnidee) und sprechen nur Lügen. [118] Allah kennt die, welche von seinem Wege abirren, und er kennt auch die, welche auf den rechten Weg geleitet sind. [119] Eßt nur von dem, worüber der Name Allahs angerufen wurde, wenn ihr an seine Zeichen glaubt. [120] Warum solltet ihr auch das, worüber der Name Allahs gesprochen wurde, nicht essen? Er hat euch ja bereits deutlich auseinandergesetzt, was er euch verboten hat, ausgenommen dann, ihr seid aus Not gezwungen; zwar verfallen viele durch ihre Gelüste und durch Unwissenheit dem Irrtum; aber Allah kennt die Übertreter. [121] Meidet das Äußere und Innere der Sünde[32]; denn die, welche Sünden begehen, werden den Lohn, den sie verdienen, schon erhalten. [122] Das, worüber der Name Allahs nicht gedacht (gesprochen) wurde, eßt nicht; denn solches Tun wäre gottlos; doch die Teufel werden ihren Freunden eingeben, hierüber mit euch zu streiten; wenn ihr ihnen Folge leistet, gehört ihr zu den Götzendienern.

[123] Oder soll jener, der tot gewesen ist und den wir wieder lebendig gemacht und dem wir ein Licht gegeben haben, damit unter den Menschen zu wandeln, soll der gleich dem sein, welcher so in der Finsternis ist, daß er nicht mehr herauskann[33]? Es wurde den Ungläubigen das gefällig ausgerüstet, was sie tun[34]. [124] Wir haben in jeder Stadt Hauptbösewichter zugelassen, damit sie betrügerisch dort handeln; aber sie betrügen nur sich selbst und wissen es

[31] Die Juden und Christen. [32] Die öffentlichen und heimlichen Sünden. [33] Unter diesen Personen wird von einigen Hamsa, Mohammeds Oheim, und Abu Jahl verstanden. [34] Der Sinn ist: Den Ungläubigen scheint das Böse, das sie tun, gut zu sein.

nicht. [125] Und wenn sie (die Mekkaner) auch ein Wunderzeichen erhielten, so sagten sie doch gewiß: »Wir glauben nicht eher, als bis uns eine Offenbarung zuteil wird, wie sie den Gesandten Allahs geworden ist.« Allah aber weiß am besten, wohin er seine Gesandtschaft (Botschaft) setzt (sendet). Über die Bösewichter wird Schmach von Allah kommen und schwere Strafe wegen ihres Betruges. [126] Wen Allah leiten will, dem öffnet er die Brust für den Islam; wen er aber im Irrtume belassen will, dessen Brust wird er so verengen, als wollte dieser zum Himmel hinaufsteigen[35]. Solche Strafe legt Allah jenen auf, die nicht glauben. [127] Dies ist der rechte Weg deines Herrn. So haben wir unsere Zeichen den Leuten deutlich gemacht, welche ihrer auch eingedenk sein wollen. [128] Ihnen soll eine Wohnung des Friedens bei ihrem Herrn werden, und er wird ihnen wegen dem, was sie tun, Beschützer sein. [129] Denke an den Tag, an welchem Allah sie versammeln (und sagen) wird: »Oh, du Geschlecht der Dämonen, zu viel hast du dich mit den Menschen befaßt[36]«, und ihre Freunde unter den Menschen werden erwidern: »Oh, unser Herr, wir haben untereinander, einer vom anderen, Vorteil gehabt, und nun haben wir das Ziel erreicht, das du uns bestimmt hast.« Darauf spricht Allah: »Das Höllenfeuer sei nun euere Wohnung, und ewig bleibt darin«, insofern es Allah nicht anders gefällt; denn dein Herr ist der Allweise und Allwissende. [130] So werden wir auch einige Übeltäter über die anderen setzen[37], so wie sie es verdient haben. [131] »Oh, du Geschlecht der Dämonen und der Menschen, sind nicht Gesandte aus euerer Mitte zu euch gekommen, um meine Zeichen euch zu verkünden und euch zu verwarnen vor dem Anbruche dieses euren Tages?« Sie werden dann antworten: »Wir müssen gegen uns selbst dieses Zeugnis ablegen.« Das Leben hienieden hat sie betrogen (betört), und sie müssen nun gegen sich selbst bezeugen, daß sie Ungläubige gewesen sind. [132] So pflegt es Allah zu machen, weil dein Herr keine Stadt in ihrer Gottlosigkeit zerstört, indessen ihre Bewohner ganz sorglos sind[38]. [133] Verschiedene Grade gibt es für alle, je nach ihrem Tun; denn deinem Herrn ist nicht unbekannt, was sie tun, [134] und dein Herr ist

[35] So unmöglich ist es, den Himmel zu besteigen, ebenso unmöglich wird es sein, ihr Herz der Religion zuzuwenden. [36] Um sie zur Sünde zu verleiten. [37] In der Hölle werden einige mehr, andere weniger hart bestraft werden, je nachdem sie es verdienen. [38] Sie fürchten keine Gefahr. Daher schickt Allah erst Propheten, um sie zu belehren, zu warnen und zur Buße zu mahnen.

reich an Barmherzigkeit. Wenn er will, so kann er euch vertilgen und andere, wen er will, euch nachfolgen lassen, so wie er euch hat aus den Nachkommen anderer Völker entstehen lassen. [135] Sicher! Was euch angedroht ist, das trifft auch ein, und ihr vermögt nicht, es zu verhindern. [136] Sprich (zu den Mekkanern): »O, du mein Volk, handle nur nach deinem Vermögen, ich werde nur nach meiner Pflicht handeln[39], später wirst du erfahren, wer die Belohnung des Paradieses erhält.« Die Gottlosen wird es nicht beglücken. [137] Sie (die Mekkaner) haben zwar für Allah einen Teil der Früchte, welche er wachsen läßt, und einen Teil vom Vieh bestimmt und sprechen: »Dies ist für Allah!« – in ihrem offenen Wahn! –: »Und dies gehört unseren Gefährten[40].« Aber was den Götzen bestimmt war, das kam nicht zu Allah, und was Allah bestimmt war, das kam zu ihren Götzen. Wie schlecht sie doch urteilen! [138] Ebenso haben ihre Götzen einen großen Teil der Götzendiener verleitet, ihre Kinder[41] zu töten, um sie zu verderben und ihren Glauben zu verdunkeln; doch wenn Allah nur gewollt hätte, sie hätten solches nicht getan; darum überlasse sie sich selbst und dem, was sie fälschlich erdichten. [139] Sie sagen: »Diese Tiere und diese Früchte der Erde, sie sind geweiht (daher verboten). Niemand darf, außer demjenigen, der uns gefällt, davon genießen!« – so sagen sie in ihren Einbildungen –, und Tiere gibt es, von welchen verboten ist, ihre Rücken zu belasten[42], und wieder andere Tiere, über welche sogar Allahs Name (beim Opfern) nicht genannt werden darf[43]. Solche Lügen erdichten sie von ihm. Allah aber wird ihnen für das, was sie ersinnen, ihren Lohn geben. [140] Ferner sagen sie: »Was in dem Leibe dieser Tiere ist, ist unseren Männern erlaubt, aber unseren Frauen verboten«; eine Frühgeburt aber dürfen beide teilen[44]. Allah wird ihnen für solche Erdichtungen ihren Lohn geben; denn er ist der Allweise und Allwissende. [141] Schon sind verloren, die in Torheit und Unwissenheit ihre Kinder getötet haben, und die,

[39] »Verfolgt mich, soviel ihr könnt, ich werde doch nicht aufhören, euch Allahs Worte zu predigen.« [40] Den Götzen, welche sie als Gefährten Allahs betrachten. [41] Getötet wurden Kinder weiblichen Geschlechts, was der Prophet auch an anderen Stellen verdammt. [42] Geweihte Tiere dürfen nicht als Zugtiere verwendet werden. [43] Den Göttern (Götzen) geweihte Tiere dürfen nicht geschlachtet und von Gläubigen gegessen werden. [44] Lebendes, das im geschlacheten Vieh gefunden wird, darf bei den Heiden nur von Männern, solches aber, das bereits geworfen ist, auch von Frauen genossen werden. – Ich schließe mich der Auslegung, »was bereits geworfen war« an, da mir die Übersetzung: »das im Muttertierleib tot Gefundene« (und das zu verspeisen) den hohen damaligen religiösen Hygienevorschriften zu widersprechen scheint.

welche das verboten haben, was Allah zur Nahrung gegeben hat, indem sie Lügen von Allah ersannen. Sie waren im Irrtum und nicht recht geleitet.

[142] Allah ist es, der die Gärten geschaffen hat, sowohl die, welche Menschenhände, als die, welche die Natur angelegt hat, und die Palmbäume und das Samenkorn, das verschiedene Speisen hervorbringt, und die Oliven und die Granatäpfel nach verschiedener Art. Genießt ihre Früchte, wenn sie herangereift sind, und gebt davon am Tage der Ernte, was ihr schuldig seid[45]. Doch verschwendet nichts, denn Allah liebt die Verschwender nicht[46]. [143] Einige Tiere sind zum Lasttragen, andere zum Schlachten bestimmt. Eßt das, was Allah euch zur Nahrung bestimmt, und folgt nicht den Fußtapfen des Satans, denn er ist euer offener Feind. [144] Von den Tieren hat euch Allah acht zusammengepaart (vier Paare) gegeben, von den Schafen ein Paar und von den Ziegen ein Paar. Sage zu ihnen: »Hat Allah nun die zwei Männchen von den Schafen und Ziegen oder die zwei Weibchen, oder was in deren Bauch sich befindet, verboten? Sagt mir das mit Gewißheit, wenn ihr wahrhaftig seid« [145] Von den Kamelen hat er euch ein Paar und von den Rindern ein Paar gegeben. Frage sie: »Hat Allah nun die zwei Männchen oder die zwei Weibchen, oder was in deren Bauch sich befindet, euch verboten? Wart ihr zugegen, als Allah dies befohlen hat?« Wer aber kann ungerechter sein als der, welcher Lügen von Allah erdichtet, um unwissende Leute in die Irre zu führen? Wißt, Allah leitet Ungerechte nicht.

[146] Sprich: »In dem, was mir offenbart wurde, finde ich weiter nichts zum Essen verboten als das von selbst Verendete und das vergossene Blut und das Schweinefleisch, denn dies ist unrein, und das Vermaledeite ist solches, das im Namen eines anderen als Allahs geschlachtet wurde. Wer aber aus Not, gezwungen, nicht aus Gier oder Übermut, davon genießt, gegen den wird dein Herr versöhnend und barmherzig sein.« [147] Den Juden haben wir alles verboten, was Klauen hat[47], und von den Rindern und den Schafen verboten wir ihnen das Fett, außer dem, was an deren Rücken oder in den Eingeweiden oder zwischen den Beinen (am Knochen) sitzt[48]. Dies dient ihnen zur Strafe wegen ihrer Ruchlosigkeit; wir aber sind

[45] Steuer und Zakat (Armenbeitrag). [46] Gebt auch nicht zuviel an Arme, damit euerer Familie etwas bleibe. [47] Es muß hinzugedacht werden, alles, was ungespaltene Klauen hat. Vgl. 3. Buch Mos. 11, 3, 4. [48] 3. Buch Mos. 7, 23 und 3, 16.

wahrhaftig. [148] Wollen sie dich des Betruges beschuldigen, so sprich: »Euer Herr ist von unendlicher Barmherzigkeit; dennoch wird er seine Strenge von einem gottlosen Volke nicht abwenden.« [149] Die Götzendiener sagen: »Wenn Allah es gewollt hätte, so hätten wir keine Götter neben ihn gestellt, auch unsere Väter nicht; auch hat er uns nichts verboten.« So haben auch die vor ihnen schon die Propheten des Betruges beschuldigt, bis sie die Strenge unserer Strafe gefühlt haben. Sprich: »Wißt ihr das mit überzeugender Gewißheit, so gebt uns Beweise; doch ihr folgt nur falschen Einbildungen und seid nichts als Lügner.« [150] Sprich: »Allah allein ist im Besitz überzeugender Gewißheit, und hätte er gewollt, so hätte er euch alle geleitet.« [151] Sprich: »Bringt her eure Zeugen, die bezeugen können, daß Allah dieses verboten hat.« Und wenn sie dies auch bezeugen sollten, so zeuge du nicht mit ihnen und folge nicht dem Verlangen derer, welche unsere Zeichen des Betruges beschuldigen und an ein zukünftiges Leben nicht glauben und ihrem Herrn andere Wesen gleichsetzen.

[152] Sprich: »Kommt heran, ich will euch vorlesen, was euch geboten und verboten ist: Ihr sollt keine Götzen neben ihm haben; eueren Eltern sollt ihr Gutes tun; ihr sollt euere Kinder nicht aus Furcht vor Armut töten, denn wir wollen schon für euch und für sie Sorge tragen; ihr sollt euch nicht den schändlichen Verbrechen nähern, weder öffentlich noch geheim[49]. Ihr sollt nach göttlichem Verbot keinen töten, da Allah das Leben unverletzlich machte, außer wenn es die Gerechtigkeit fordert[50]; dies hat euch Allah geboten. Ob ihr diese Lehre begreift? [153] Kommt auch dem Vermögen der Waisen nicht zu nahe, ihr müßt es denn vergrößern wollen, bis sie mündig geworden sind. Gebraucht nur richtiges Maß und richtige Waage. Wir legen einer Seele nicht mehr auf, als sie zu tragen vermag. In euren richterlichen Urteilssprüchen seid gerecht, sei es auch gegen euere nächsten Verwandten, und haltet treulich am Bündnis Allahs fest. Dies hat Allah geboten, mögt ihr dessen eingedenk sein.« [154] Das ist mein richtiger Weg, spricht Allah, folgt diesem und nicht dem Weg anderer, damit ihr euch nicht vom Weg Allahs trennt. Dies hat Allah euch befohlen, damit ihr ihn ehrfürchtet. [155] Wir haben dem Moses die Schrift gegeben, als Gnade und eine vollkom-

[49] Worunter namentlich Ehebruch und Habsucht zu verstehen sind. [50] Nämlich nur Mörder, Ketzer und Ehebrecher, oder soweit es der Krieg erfordert.

mene Anleitung für die, welche nur, was recht ist, tun wollen, und sie lehrt den Unterschied aller Dinge. Sie ist eine Leitung, daß die Kinder Israels an die Begegnung mit ihrem Herrn glauben mögen. [156] Und diese Schrift (der Koran), die wir nun offenbarten, ist gesegnet; befolgt sie und fürchtet Allah, damit ihr begnadigt werdet, [157] und sagt nicht: »Die Schrift ist nur zwei Völkern vor uns offenbart worden, und wir waren zu unwissend, sie zu verstehen[51].« [158] Sagt nun auch nicht: »Wäre uns die Schrift offenbart worden, so hätten wir uns besser als jene leiten lassen!« Nun ist euch von euerem Herrn eine deutliche Belehrung zuteil geworden, auch Leitung und Gnade. Wer ist aber frevelhafter als der, welcher die Zeichen Allahs des Betruges beschuldigt und deshalb davon abweicht? Die sich von unseren Zeichen wegwenden, wollen wir mit schwerer Strafe belegen, daß sie abgewichen sind. [159] Was haben sie auch anderes zu hoffen, als daß die Todesengel zu ihnen kommen werden oder daß dein Herr selbst kommt, sie zu strafen, oder daß ein Teil der Zeichen deines Herrn, welche den Jüngsten Tag verkünden, eintreffen wird? An jenem Tage, an welchem ein Teil der Zeichen deines Herrn eintrifft, da kann ihr Glaube keiner Seele mehr helfen, wenn sie nicht früher schon recht geglaubt und in ihrem Glauben nur das Gute getan hat. Sprich: »Erwartet diesen Tag! Auch wir erwarten ihn.« [160] Mit denen, welche Trennungen in ihrer Religion stiften und Sektierer werden, habe du nichts zu schaffen. Diese ihre Sache gehört vor Allah allein. Er wird ihnen einst schon sagen, was sie getan haben. [161] Wer einst mit guten Werken kommt, der erhält zehnfachen Lohn dafür; wer aber mit bösen Werken erscheint, der erhält seine Strafe nach seinem Handeln. Sie werden nicht mit Unrecht behandelt werden[52]. [162] Sprich: »Mich hat mein Herr auf den rechten Weg geleitet, zur wahren Religion, zur Religion des rechtgläubigen Abraham, der kein Götzendiener war.« [163] Sprich: »Mein Gebet, mein Dienst an Allah, mein Leben und mein Tod gehören Allah, dem Herrn der Weltenbewohner; [164] Allah hat neben sich keine Gefährten. So wurde es mir von ihm befohlen – ich bin der erste Moslem[53].« [165] Sprich ferner: »Wie sollte ich auch, außer Allah, noch einen Herrn verlangen? Ist er ja der Herr aller

[51] Nur den Juden und Christen ward die Thora und das Evangelium gegeben, denn uns ist ja Sprache und Inhalt fremd. [52] Das Gute wird mit zehnfachem Wert belohnt, das Böse aber nur nach der tatsächlichen Höhe der Schuld bestraft. [53] Der erste, der Allah ganz ergeben ist.

Dinge.« Eine jede Seele erhält, was sie verdient, und zwar nur sie selbst, und die so belastete Seele braucht nicht auch die Last einer anderen zu tragen; einst werdet ihr zu euerem Herrn zurückkehren, und er wird euch dann belehren über das, worüber ihr hier verschiedener Ansicht wart. [166] Er ist es, der euch eueren Vorgängern als Nachfolger auf die Erde gesetzt hat und der einige von euch über andere stufenweise erhöhte, damit er euch prüfe durch das, was er euch gegeben hat. Dein Herr ist streng im Bestrafen, aber auch gnädig und barmherzig.

SIEBTE SURE

Die Zwischenmauer[1] (Al-Araf) *offenbart zu Mekka*

[1] Im Namen Allahs, des Allbarmherzigen. [2] Alif Lam Mim Sad[2]. [3] Eine Schrift ist dir offenbart worden. Es komme daher keine Bangigkeit in deine Brust. Du mahnst und erinnerst die Gläubigen. [4] Folgt darum nur dem, was euch von euerem Herrn offenbart wurde, und folgt keinem anderen Führer außer ihm. Doch wie wenige nur lassen sich mahnen. [5] Wie viele Städte haben wir zerstört, und unsere Strafe traf sie zur Zeit der Nacht oder des Mittags, wann sie der Ruhe pflegen wollten! [6] Als unsere Strafe sie traf, da war das einzige Wort, welches sie noch sprechen konnten: »Wahrlich, wir waren gottlos.« [7] Alle die, zu welchen wir Propheten gesandt haben, wollen wir zur Rechenschaft ziehen, aber auch von den Gesandten selbst wollen wir Rechenschaft fordern; [8] dann werden wir ihnen in Allwissenheit (ihre Handlungen) klar zeigen, denn wir waren ja nie abwesend. [9] An jenem Tage wird die Waage nur in Gerechtigkeit wiegen[3]. Diejenigen, deren gute Handlungen die Waagschale beschweren, werden glückselig sein. [10] Die aber, deren Waagschale zu leicht befunden wird, haben das Verderben ihrer Seele selbst verschuldet, weil sie gegen unsere Verse frevelhaft waren. [11] Wir haben euch auf die Erde gesetzt und euch auf ihr mit Nahrung versorgt; doch wie wenige nur sind dankbar dafür!

[12] Wir haben euch erschaffen, dann euch gestaltet und darauf

[1] Auch »Scheidewand«, »Wall« genannt, weil in dieser Sure von der Mauer die Rede ist, welche das Paradies von der Hölle trennt. [2] Die Bedeutung dieser vier arabischen Buchstaben ist stark umstritten. Vermutlich sagt damit der Schreiber Mohammeds: »Mir sagte Mohammed, der Wahrhaftige.« [3] Dieses Bild, welches auch bei den Rabbinen vorkommt, wird von den Mohammedanern wörtlich verstanden.

zu den Engeln gesagt: »Verehrt den Adam«; und sie taten also, mit Ausnahme des Iblis, des Satans, der nicht mit den Verehrenden sein wollte[4]. [13] Allah sprach zu ihm: »Was hält dich denn zurück, ihn zu verehren, wie wir es dir befahlen?« Dieser antwortete: »Weil ich vorzüglicher bin als Adam, da du mich aus Feuer und ihn nur aus Lehm geschaffen hast.« [14] Allah erwiderte: »Hinab mit dir, von hier (aus dem Paradiese) hinweg, es soll dir nicht gestattet sein, dich hier hoffärtig zu zeigen, darum gehe hinaus, fortan gehörst du zu den Verachteten.« [15] Er aber sagte: »Oh, gib mir doch Aufschub bis zum Tage der Auferstehung«; [16] worauf Allah erwiderte: »Gut, du sollst zu denen gehören, die Aufschub erhalten.« [17] Darauf sagte der Satan: »Weil du mich in die Irre gejagt hast, darum will ich den Menschen auf dem richtigen Weg auflauern [18] und sie überfallen von vorn und von hinten, von der rechten und von der linken Seite, daß du den größten Teil der Menschen undankbar finden sollst.« [19] Allah antwortete: »Fort von hier, du Verachteter und Verworfener! Wenn einer von ihnen dir folgen wird, dann will ich die Hölle mit euch allesamt füllen. [20] Und du, o Adam, bewohne das Paradies, du und dein Weib, und genießt seine Früchte, welche ihr nur wollt, nur diesem Baume nähert euch nicht, sonst gehört ihr zu den Gottlosen.« [21] Der Satan aber flüsterte ihnen zu, daß er ihnen entdecken wolle, was ihnen verborgen sei, nämlich ihre Scham (Nacktheit), und sagte: »Euer Herr hat euch nur deshalb diesen Baum verboten, weil ihr sonst Engel und ewig leben würdet«, [22] und er schwur ihnen: »Wahrhaftig, ich bin euch ein guter Ratgeber«; [23] und so brachte er sie durch List zum Fall. Als sie nun vom Baume gekostet hatten, da wurde ihnen ihre Nacktheit offenbar, und sie webten Blätter des Paradieses zusammen, um sich damit zu bedecken. Da rief ihr Herr ihnen zu: »Habe ich euch nicht diesen Baum verboten? Und hatte ich euch nicht gesagt, daß der Satan euer offener Feind sei?« [24] Darauf antworteten sie: »O Herr, wir haben unsere Seelen versündigt, und wenn du uns nicht verzeihst und dich unser nicht erbarmst, so gehören wir zu denen, welche verloren sind.« [25] Allah aber sprach: »Hinab mit euch[5]! Einer sei des anderen Feind. Auf der Erde sei von nun an euere Wohnung und Nahrung auf unbestimmte Zeit. [26] Auf ihr sollt ihr leben und auf ihr sterben und einst aus ihr wieder hervorgehen.«

[4] Siehe zweite Sure [35]. [5] Aus dem Paradies hinab auf die Erde.

[27] Oh, Kinder Adams, wir haben euch Kleider herabgesandt[6], euere Nacktheit zu bedecken, und zwar sehr schöne Kleider; doch das Gewand der Frömmigkeit ist weit besser. Das ist eins der Zeichen Allahs, dessen sie eingedenk sein mögen. [28] Oh, Kinder Adams, laßt euch nicht vom Satan verführen, so wie er euere Eltern aus dem Paradiese verjagt hat und ihre Kleider auszog, um ihnen ihre Nacktheit (Scham) zu zeigen. Bedenkt, der Satan und seine Gefährten sehen euch, obgleich ihr sie nicht sehen könnt. Den Ungläubigen haben wir die Satane zu Freunden gemacht. [29] Wenn jene nun eine schändliche Tat begehen, so sagen sie: »Bei unseren Vätern haben wir dasselbe gefunden, und Allah hat es uns befohlen.« Du aber sage: »Allah befiehlt keine Schändlichkeit. Wollt ihr von Allah etwas aussagen, was ihr nicht wißt?« [30] Sprich: »Mein Herr befiehlt nur Gerechtigkeit, wendet daher euer Angesicht jederzeit und an jedem Ort euerer Andacht zur höchsten Stätte der Anbetung und ruft Allah an und bewährt ihm die Aufrichtigkeit euerer Religion. So wie er euch anfangs erschaffen hat, so sollt ihr auch zu ihm zurückkehren.« [31] Einen Teil der Menschen hat er recht geleitet, und einen Teil hat er gebührend dem Irrtum übergeben, weil sie, statt Allah, die Satane zu Beschützern genommen haben und sich noch dabei einbildeten, daß nur sie recht geleitet seien. [32] O Kinder Adams, an jedem Anbetungsort bedient euch anständiger Kleider[7] und eßt und trinkt[8], aber schweift nicht aus, denn Allah liebt nicht die Ausschweifenden.

[33] Sprich: »Wer hätte Zierat an der Kleidung vor Allah verboten, die er ja für seine Diener geschaffen hat? Und wer die guten Dinge, die er zur Nahrung bestimmte?« Sprich: »Diese Dinge sind für die, welche in diesem Leben glauben, besonders für die, welche an den Tag der Auferstehung glauben[9].« So machen wir einem verständigen Volk unsere Zeichen deutlich. [34] Sprich: »Mein Herr hat alle schändlichen Handlungen verboten, sowohl die öffentlichen wie die geheimen, und ebenso alle Ungerechtigkeiten und eine jede Gewalttat, die ohne Gerechtigkeit ist, und Allah etwas beizugesellen, wozu er euch keine Ermächtigung gegeben hat, und nichts von Allah

[6] Nicht nur die Stoffe zu den Kleidern, sondern auch die Geschicklichkeit, solche anzufertigen. [7] Dies richtet sich gegen die frühere Sitte, spärlich bekleidet (und später nicht in guter Festkleidung) um die Kaaba herumzugehen. [8] Auf Pilgerfahrt ist jede Kasteiung zu unterlassen. [9] Eine andere moderne Auslegung: . . . in diesem Leben und ausschließlich für sie am Tage der Auferstehung.

auszusagen, was ihr nicht wißt.« [35] Einem jeden Volk ist ein bestimmtes Ziel gesetzt, und wenn seine Frist herankommt, so kann es diese, auch nicht um eine Stunde, hinausschieben oder rückwärtsrükken[10]. [36] Kinder Adams, sicherlich werden Gesandte aus euerer Mitte zu euch kommen und euch meine Zeichen auslegen; wer dann Allah fürchtet und sich bessert, über den kommt weder Furcht noch Trauer. [37] Die aber, welche unsere Zeichen des Betruges beschuldigen und sich übermütig davon wegwenden, die sollen des Höllenfeuers Gefährten sein und ewig darin bleiben; [38] denn wer ist frevelhafter als der, welcher Lügen von Allah erdichtet, oder als der, welcher seine Zeichen des Betruges beschuldigt? Diese sollen ihr Teil[11] haben, wie es im Buche (des göttlichen Ratschlusses) aufgezeichnet ist, bis unsere Boten (die Todesengel) zu ihnen kommen, um sie zu holen, und zu ihnen sagen: »Wo sind nun die, welche ihr statt Allah angerufen habt?« Sie werden dann antworten: »Sie sind von uns hinweggeschwunden«; und damit zeugen sie wider sich selbst, daß sie Ungläubige gewesen sind. [39] Und Allah wird (am Auferstehungstage) sagen: »Tretet nun in das Höllenfeuer ein mit den Völkern der Geister und Menschen, die vor euch gewesen sind«, und sooft ein Volk eintreten wird, wird es seine Schwester[12] verfluchen, bis sie nach und nach alle eingetreten sind. Die letzten werden dann von den ersten sagen: »Unser Herr, diese haben uns zum Irrtum verführt, bestrafe sie daher mit doppeltem Höllenfeuer.« Aber er wird antworten: »Für alle soll es verdoppelt werden[13]!« Doch ihr versteht das nicht. [40] Dann werden die ersten zu den letzten sagen: »Ihr habt keineswegs einen Vorzug vor uns; nehmt nun die Strafe hin, die ihr verdientet.«

[41] Denen, welche unsere Zeichen des Betruges beschuldigen und sich übermütig abwenden, sollen die Pforten des Himmels (Friedens ihrer Seelen) nicht geöffnet werden, nicht eher sollen sie ins Paradies eintreten, als bis ein Kamel durch ein Nadelöhr geht[14]. Dies ist der Lohn der Übeltäter. [42] Die Hölle ist ihre Lagerstätte,

[10] Oder beschleunigen. [11] Irdische Güter. [12] Das Schwestervolk, das zum Götzendienst verführt hat. Henning versteht unter Schwester: die Schar der Sünder, die vorangegangen ist. Die religiöse Übersetzung: Sooft eine Schar eintritt, wird sie ihre Schwesterschar verfluchen. [13] Die einen werden zwiefach bestraft, weil sie gesündigt und zugleich ein böses Beispiel gegeben haben; die andern, weil sie sich vergangen haben und weil sie dem bösen Beispiel gefolgt sind. [14] Vergleiche Matth. 19, 24, Mark. 10, 25, Luk. 18, 25. »Kamel« – und nicht nach griechischer Verfälschung »Schiffstau« – wird nicht in ein Nadelöhr gehen. Nach anderen Lesarten: »Elefant.« Ein Tor-Teil von Jerusalem hieß »Nadelöhr«, weil nur Menschen, nicht aber Lasttiere passieren konnten.

über ihnen lodert das Feuer zur Decke. Dies ist der Lohn für Frevler. [43] Die aber glauben und das Gute tun – wir legen keiner Seele mehr auf, als sie zu tragen vermag –, die sind Gefährten des Paradieses und bleiben ewig darin, [44] und wir wollen aus ihren Herzen allen Groll[15] entfernen. Zu ihren Füßen werden Ströme fließen, so daß sie ausrufen: »Lob und Preis Allah, der uns zu dieser Glückseligkeit geführt hat; denn wir wären nimmer recht geleitet gewesen, hätte Allah uns nicht geleitet. Wahrlich, die Gesandten unseres Herrn sind mit der Wahrheit zu uns gekommen.« Es wird ihnen zugerufen: Dies ist das Paradies, das ihr erbt für das, was ihr getan habt. [45] Die Gefährten (Bewohner) des Paradieses rufen dann den Gefährten des Höllenfeuers zu: Nun finden wir, daß das, was unser Herr uns versprochen hat, wahr geworden ist; findet ihr nicht, daß auch das wahr geworden ist, was euer Herr euch versprochen hat? Und diese werden antworten: Allerdings. Ein Ausrufer[16] wird unter ihnen ausrufen: »Der Fluch Allahs kommt über die Frevler, [46] über die, welche andere vom Weg Allahs ableiten und ihn zu verkrümmen suchen, und über die, welche das zukünftige Leben leugnen!« [47] Zwischen ihnen[17] ist ein Vorhang (eine Scheidewand), auf einer Zwischenmauer[18] aber sind Leute, die alle Kommenden an ihren Merkmalen erkennen, diese rufen den Gefährten des Paradieses zu: »Friede sei mit euch.« Sie selbst aber können nicht hineingelangen, obgleich sie es sehnlichst wünschen. [48] Wenn diese Männer von der Mauer nun ihre Augen zu den Gefährten des Höllenfeuers hinwenden, so werden sie ausrufen: »O Herr, bringe uns doch nicht zu diesen Ruchlosen hin.«

[49] Die auf der Zwischenmauer weilen, werden zu den Männern, welche sie an ihren Merkmalen erkennen, sagen: »Was hat es euch nun genützt, daß ihr Schätze gesammelt habt und hochmütig gewesen seid?« [50] Sind das die Leute, von denen ihr schwort, Allah werde ihnen kein Erbarmen erweisen? (Gesagt wird dann:) »Geht ein in das Paradies, und weder Furcht noch Trauer komme über euch[19]!« [51] Die Gefährten des Höllenfeuers werden den Ge-

[15] Jede Feindschaft in diesem Leben hört in jenem auf. [16] Einige sagen: dieser Herold sei der Engel Israfil. [17] Zwischen den Seligen und den Verdammten. [18] Auf dieser Zwischenmauer, nach welcher auch diese Sure benannt ist, stehen, nach den Auslegern, Leute, deren gute und schlechte Handlungen gleich sind, wodurch sie weder des Paradieses noch der Hölle teilhaftig werden können und daher einen Zwischenort einnehmen müssen, von welchem aus sie in das Paradies und in die Hölle sehen (nach jüdischer Quelle). Die »Merkmale«: Die Gesichter der Gerechten sind weiß, der Frevler schwarz. [19] Die Männer auf der Mauer fragen die Ungläubigen, auf die Gläubigen hindeutend:

führten des Paradieses zurufen: »Oh, gießt doch etwas Wasser auf uns, gebt von den sonstigen Labsalen, mit welchen euch Allah versehen hat[20].« Diese aber werden antworten: »Dies hat Allah für die Ungläubigen verboten, [52] für die, welche mit ihrer Religion nur Spott und Scherz getrieben haben und die das Weltleben betrogen hat«; darum wollen wir sie an diesem Tage (am Jüngsten) vergessen, so wie sie das Herankommen dieses Tages vergessen hatten und weil sie unsere Zeichen geleugnet haben. [53] Wir haben ihnen (den Mekkanern) nun ein Buch (den Koran) gebracht und es mit Erkenntnis ausgelegt, damit es einem gläubigen Volke Leitung und Gnade sei. [54] Erwarten sie wohl anderes als Auslegung[21]? An dem Tag, an welchem seine Auslegung in Erfüllung gehen wird, werden die, welche dies früher vergessen haben, sprechen: »Nun wissen wir, daß die Gesandten unseres Herrn mit der Wahrheit zu uns gekommen sind. Werden wir nun einen Fürbitter finden, der uns vertreten wird? Oder werden wir nochmals in die Welt zurückgeschickt, um andere Werke zu vollbringen als die, welche wir früher vollbracht haben?« Seht, sie selbst haben ihre Seelen zum Untergang gebracht, und das, was sie erdichteten (ihre falschen Götzen), ist von ihnen hinweggeschwunden.

[55] In der Tat! Euer Herr ist Allah, der die Himmel und die Erde in sechs Tagen (Zeiten) erschuf und sich dann auf seinen Thron setzte. Er macht, daß die Nacht den Tag verhüllt, und eiligst folgt jene diesem. Er schuf Sonne, Mond und Sterne, welche ganz seinem Befehl untertan sind. Gehört nicht ihm die ganze Schöpfung und die Herrschaft über sie? Gelobt sei Allah, der Herr der Weltenbewohner! [56] Darum ruft eueren Herrn bescheiden und still an; er liebt nicht Frevler[22]. [57] Richtet kein Verderben auf Erden an, da sie gebessert worden ist[23], und ruft ihn nur mit Furcht und in Hoffnung an; denn nahe ist die Gnade Allahs denen, welche Gutes tun. [58] Er ist es, der die Winde voraussendet, seine Barmherzigkeit (den Regen) zu verkünden, bis sie mit Regen schwerbeladene Wolken bringen, um sie auf eine tote (dürre und trockene) Gegend zu

Sind das die Leute . . .? Und dann zu den Gläubigen selbst sich wendend, rufen sie ihnen zu: Geht nur ein . . .! [20] Vergleiche dies mit der Parabel vom reichen Mann und armen Lazarus, Luk. 16, 19. [21] Auslegung heißt hier soviel als das Eintreffen der darin ausgesprochenen Drohungen und Belohnungen. [22] Unter welchen hier besonders die gemeint sind, welche sich auf ihr Gebet etwas einbilden oder mit überlauter Stimme oder mit einer Menge nichtssagender Worte zu ihm beten. [23] Durch die Propheten und die göttlichen Offenbarungen.

tragen, auf welche wir Wasser herabfallen lassen, um damit alle Arten von Früchten hervorzubringen. Auf (diese) unsere Weise werden wir auch einst die Toten wieder aus ihren Gräbern hervorbringen[24], mögt ihr des eingedenk sein. [59] Ein gutes Land bringt dann, mit dem Willen seines Herrn, seine Früchte in Überfluß; ein schlechtes Land aber bringt deren nur wenig. So machen wir einem dankbaren Volk unsere Zeichen klar und deutlich.

[60] Wir sandten schon vordem den Noah zu seinem Volk, und er sprach: »O mein Volk, verehrt nur Allah, ihr habt ja keinen anderen als ihn[25]; denn sonst fürchte ich für euch die Strafe des großen Tages[26].« [61] Die Häupter seines Volkes aber erwiderten ihm: »Wahrlich, wir sehen, daß du dich in einem offenbaren Irrtume befindest.« [62] Er aber antwortete: »Nein, mein Volk, ich bin in keinem Irrtum, ich bin vielmehr ein Bote vom Herrn der Weltenbewohner. [63] Ich bringe euch die Botschaft meines Herrn, und ich rate euch nur gut; denn ich weiß von Allah, was ihr nicht wißt. [64] Wundert es euch, daß euch eine Mahnung von euerem Herrn durch einen Mann aus eurer Mitte kommt[27], um euch zu warnen, damit ihr auf euerer Hut seid und Barmherzigkeit erlangt?« [65] Und sie beschuldigten ihn des Betruges; aber wir erretteten ihn und alle die, welche mit ihm waren, in der Arche, und ertränkten die, welche unsere Zeichen des Betruges beschuldigten; denn es war ein blindes Volk.

[66] Zum Stamm Ad[28] schickten wir ihren Bruder Hud[29]. Dieser sprach: »Oh, mein Volk, verehrt nur Allah, ihr habt ja keinen anderen Gott als ihn, wollt ihr ihn nicht fürchten?« [67] Die Häupter derjenigen seines Volkes, welche nicht glaubten, antworteten: »Siehe, wir sehen dich in Torheit befangen und betrachten dich als einen Lügner.« [68] Er aber erwiderte: »O mein Volk, nicht Torheit spricht aus mir, sondern ich bin vielmehr ein Bote vom Herrn der Weltenbewohner; [69] ich bringe euch Botschaft von euerem und

[24] Mohammed betrachtet den Regen als Barmherzigkeit, während die Rabbinen ihn als »Macht und Kraft Jahves« bezeichnen. Ebenso verhält es sich bei beiden mit der Totenauferstehung. [25] Daß Noah seine Zeitgenossen namentlich wegen des Götzendienstes zur Besserung gemahnt hat, findet sich auch bei den Rabbinen. [26] Entweder den Tag der Auferstehung oder den der Sintflut. [27] Sie sagten, wenn es wahr wäre, was er uns im Namen Allahs verkündet, so hätte wohl Allah uns einen Engel und nicht einen Menschen als Verkünder gesandt. [28] Ein alter, mächtiger, götzendienender Stamm. [29] Hud ist der Eber der Bibel. (Gen. 10, 24.) Er gilt als Stammvater der »Hebräer«. Zur Zeit Mohammeds kannte man nur den Sammelbegriff: »Juden«. Daher ist der Stammvater Hud (statt Eber) genannt. Das folgende bezieht sich auf den Turmbau und die Sprachenverwirrung.

meinem Herrn als ein treuer Ratgeber. [70] Wundert es euch, daß euch die Mahnung des Herrn durch einen Mann aus euerer Mitte zukommt, um euch zu warnen? Erinnert euch, er hat euch als Nachfolger von Noahs Geschlecht eingesetzt, auch daß er euch mit großer Leibeslänge begabt hat[30]. Gedenkt der Wohltaten Allahs, damit ihr glücklich werdet.« [71] Sie antworteten: »Bist du zu uns gekommen, damit wir Allah allein anbeten und die Götter verlassen sollen, welche unsere Väter verehrten? Bringe nur über uns die Strafen, welche du androhst, wenn du zu den Wahrhaftigen gehörst.« [72] Er antwortete: »Bald wird euch die Rache und der Zorn eueres Herrn überfallen. Wollt ihr mit mir über leere Namen streiten, welche ihr und euere Väter jenen beigelegt habt[31] und wozu euch Allah keine Befugnis erteilt hatte? Darum wartet nun[32], ich will zu jenen gehören, die mit euch warten.« [73] Wir erretteten ihn (den Hud), und die es mit ihm hielten, in unserer Barmherzigkeit. Die Ungläubigen aber, die unsere Zeichen des Betruges beschuldigten, rotteten wir mit der Wurzel aus[33].

[74] Zu dem Stamme Thamud[34] schickten wir ihren Bruder Saleh[35], und er sagte: »O mein Volk, verehrt nur Allah allein, ihr habt ja keinen anderen Gott als ihn. Hierüber habt ihr ja deutliche Beweise von euerem Herrn. Diese Kamelstute Allahs[36] sei euch ein Zeichen. Laßt sie frei umhergehen, daß sie auf Allahs Erde weide, und berührt sie nicht in der Absicht, ihr Böses tun zu wollen, denn sonst trifft euch schwere Strafe. [75] Erinnert euch, daß er euch dem Stamme Ad als Nachfolger eingesetzt hat und euch Wohnung auf der Erde gegeben hat, und auf der Ebene bautet ihr Paläste, und in den Bergen habt ihr euch Behausungen ausgehauen; darum seid eingedenk der Wohltaten Allahs und verderbt die Erde nicht durch Laster.« [76] Die Häupter seines Volkes, vor Stolz und Hochmut

[30] Die Aditen waren der Sage nach 100 Ellen (eine Elle = 30 bis 75 cm) hoch – also Riesen. [31] ... den Götzen, welchen sie solche Namen und Eigenschaften usw. beilegten, wie sie nur Allah allein zukommen. [32] ... auf das Strafgericht Allahs, welches euch treffen wird und wovon auch ich Zeuge sein werde. [33] Über den Untergang der Aditen wissen die Ausleger manche Geschichten zu erzählen. [34] Dies war auch ein mächtiger, götzendienender, altarabischer Stamm, dessen Abstammung von Thamud, Sohn des Gether, Sohn des Aram, 1. B. Mos. 10, 23, angegeben wird. Schon zu Mohammeds Zeiten gehörte der Stamm der Sage an. Sein Wohngebiet: Arabia Petraea. Siehe auch fünfzehnte Sure. [35] Wer dieser Saleh (Salich) sein soll, darüber sind die Meinungen verschieden. Bochart hält ihn für Peleg 1. B. Mos. 11, 16, D'Herbelot Bibl. orient. 740 hält ihn für Schelach 1. B. Mos. 11, 12, 13. [36] Die Thamudäer verlangten, daß er zu seiner Beglaubigung eine trächtige Kamelstute aus einem Felsen hervorbringe, was er auch getan habe und worauf einige gläubig wurden. Über diese Kamelstute werden viele Fabeln erzählt.

aufgeblasen, sagten zu denen, welche für schwach gehalten wurden und gläubig waren: »Wißt ihr es denn ganz gewiß, daß Saleh von seinem Herrn gesandt ist?« Sie antworteten: »Wir glauben ganz fest an das, womit er gesandt worden ist.« [77] Jene Hochmütigen aber erwiderten: »Wir glauben nicht das, was ihr glaubt.« [78] Und sie lähmten die Kamelstute und übertraten boshaft den Befehl ihres Herrn und sagten: »O Saleh, laß nun über uns kommen, was du uns androhtest, wenn du einer von denen bist, die von Allah gesandt sind.« [79] Da ergriff sie ein furchtbares Getöse (Erdbeben), und man fand sie des Morgens in ihren Wohnungen tot auf der Brust (ihrem Angesicht) liegen. [80] Da ging Saleh von ihnen fort und sagte: »O mein Volk, nun habe ich die Botschaft meines Herrn an euch erfüllt, und ich hatte euch guten Rat erteilt, aber ihr liebtet gute Ratgeber nicht.« [81] Erinnert euch auch des Lot. Als dieser zu seinem Volke sagte[37]: »Wollt ihr denn solche Schandtaten begehen, für die ihr bei keinem Geschöpf ein Beispiel findet? [82] Wollt ihr denn in lüsterner Begier, mit Hintansetzung der Weiber, nur zu Männern kommen? Wahrlich, ihr seid zügellose Menschen.« [83] Sein Volk aber gab keine andere Antwort, als daß es sagte: »Jagt sie[38] aus euerer Stadt, weil sie Menschen sind, welche sich rein erhalten wollen.« [84] Und wir erretteten ihn und seine Familie, mit Ausnahme seines Weibes, die vertändelte und zurückblieb. [85] Sodann ließen wir einen Stein- und Schwefelregen über sie kommen[39]. Siehe, so war das Ende dieser Frevler.

[86] Zu den Midianitern[40] schickten wir ihren Bruder Schoaib[41], und er sagte: »O mein Volk, verehrt nur Allah, ihr habt ja keinen anderen Gott als ihn. Hierüber habt ihr ja einen deutlichen Beweis von euerem Herrn erhalten[42]. Darum gebt volles Maß und Gewicht und tut niemandem an seinem Vermögen zu kurz und richtet kein Verderben auf der Erde an, da sie nunmehr in Ordnung ist. Das wird besser für euch sein, wenn ihr Gläubige sein wollt. [87] Be-

[37] Den Leuten von Sodom hielt er ihre Sodomiterei vor, welches Verbrechen, wie schon der Name besagt und wie auch 1. B. Mos. 13, 13; 18, 20 andeutete, dort heimisch war. Der hier erzählte Untergang Sodoms stimmt ziemlich mit 1. B. Mos. 19 überein. Siehe auch elfte Sure. [38] Nämlich Lot und seine Familie und die, welche es mit ihm halten. [39] Siehe elfte Sure. [40] Nachkommen des Midian (Madian), Sohn des Abraham von der Ketura. (1. B. Mos. 25, 2.) [41] Dieser Schoaib ist nach den meisten Auslegern Jethro, der Schwiegervater des Moses, 2. B. Mos. 2, 18; 3, 1. [42] Nämlich durch die Wunder, welche Schoaib, nach den Kommentatoren, getan haben soll; auch soll er im Besitz des Wunderstabes (vgl. 2. B. Mos. 18, 13) gewesen sein, welchen er später dem Moses gab.

setzt nicht drohend jeden Weg[43] und sucht nicht die vom Weg Allahs abzubringen, welche an ihn glauben; sucht auch nicht denselben zu verkrümmen. Erinnert euch, daß ihr nur wenige wart und daß Allah euch vermehrt hat, und seht, welch ein Ende die genommen haben, welche verderblich gehandelt haben. [88] Sollten einige von euch an das glauben, womit ich gesandt bin, und einige nicht glauben, so wartet nur in Geduld, bis Allah zwischen uns entscheiden wird; denn er ist der beste Schiedsrichter.«

[89] Da antworteten die Häupter derer seines Volkes, welche vor Hochmut aufgeblasen waren: »Wir jagen dich, o Schoaib, und alle die, welche mit dir glauben, aus unseren Städten weg, oder ihr müßt zu unserem Glauben zurückkehren.« Er erwiderte: »Auch wenn er uns verhaßt ist und wir nicht wollten? [90] Wir erdichteten ja Lügen über Allah und hätten gelogen, wenn wir zu euerer Religion rückkehren wollten, nachdem uns Allah von ihr befreit hat. Wir haben keine Ursache, zu ihr zurückzukehren, oder Allah, unser Herr, müßte es wollen. Unser Herr umfaßt in seiner Allwissenheit alle Dinge. Auf Allah setzen wir unser Vertrauen. O Herr, richte du nach Wahrheit zwischen uns und unserem Volke; denn du bist der beste Richter.« [91] Da sagten die Häupter seines Volkes, welche nicht glaubten: »Wenn ihr dem Schoaib folgt, dann seid ihr verloren.« [92] Da erfaßte sie ein Erdbeben, und man fand sie des Morgens in ihren Wohnungen tot auf den Angesichtern liegen[44]. [93] Die den Schoaib des Betruges beschuldigt hatten, denen geschah, als hätten sie nie gelebt und niemals in den Städten gewohnt. Sie, die Schoaib der Lüge bezichtigten, haben sich selbst ins Verderben gestürzt. [94] Er ging von ihnen hinweg und sagte: »O du mein Volk, nun habe ich die Botschaft meines Herrn an euch erfüllt. Ich hatte euch gut geraten. – Doch warum sollte ich mich über ein ungläubiges Volk betrüben?«

[95] Nie haben wir einen Propheten in eine Stadt geschickt, außer wir wollten deren Bewohner mit Not, Leid und Elend heimsuchen, damit sie sich demütigen sollten. [96] Darauf gaben wir ihnen für dieses Böse (ihren gottlosen Zustand) Gutes bis zum Überfluß, so daß sie sagten: »Auch unsere Väter traf Unglück und

[43] Einige nehmen dies wörtlich als Straßenraub, andere bildlich: als Besetzung des Wegs der Wahrheit oder der Religion, um die Gläubigen davon abzuhalten. [44] Ebenso wie die Thamudäer [79].

Glück[45].« Dann nahmen wir plötzlich Rache an ihnen, ohne daß sie es vorher ahnten. [97] Hätten aber die Bewohner dieser Städte geglaubt und Allah gefürchtet, so hätten wir ihnen die Segenspforte der Himmel und der Erde geöffnet; allein sie haben unsere Gesandten des Betruges beschuldigt, darum haben wir sie hinweggerafft, dessentwegen, was sie begangen haben. [98] Waren denn die Bewohner dieser Städte sicher davor, daß unsere Strafe sie nicht bei Nachtzeit überfalle, während sie schliefen? [99] Oder waren die Bewohner dieser Städte sicher davor, daß sie nicht mitten am Tage, während sie beim Spiele waren, unsere Strafe treffe?

[100] Waren sie daher sicher vor der List Allahs[46]? Nur ein Volk, das dem Untergange geweiht ist, hält sich sicher vor der List Allahs. [101] Haben sich denn die, welche das Land von seinen früheren Bewohnern geerbt haben, nicht überzeugt, daß wir sie für ihre Sünden bestrafen können, wenn wir nur wollen? Können wir nicht ihre Herzen versiegeln, so daß sie nicht hören? [102] Von diesen Städten wollen wir dir einige Geschichten erzählen. Ihre Gesandten kamen zu ihnen mit überzeugenden Beweisen (mit Wundern), aber es war den meisten nicht darum zu tun, zu glauben, was sie früher leugneten; so weiß Allah die Herzen der Ungläubigen zu versiegeln. [103] Den größeren Teil sahen wir nicht fest zum Bündnis stehen, ja wir fanden ihn vielmehr als offenbare Übeltäter. [104] Wir schickten später, nach diesen Gesandten, den Moses mit unseren Zeichen zu Pharao und seinen Fürsten; aber sie zeigten sich ungerecht dagegen (sie glaubten nicht daran). Aber sieh nur, welch ein Ende die Übeltäter genommen haben. [105] Moses sagte: »O Pharao, wahrlich, ich bin ein Bote vom Herrn der Weltenbewohner. [106] Es ziemt sich daher, daß ich nichts anderes von Allah aussage, als was wahr ist. Ich komme nun zu euch mit überzeugenden Beweisen von euerem Herrn, darum schicke die Kinder Israels mit mir hinweg.« [107] Er (Pharao) erwiderte: »Wenn du mit Zeichen kommst, so zeige sie, wenn du wahrhaftig bist.« [108] Darauf warf Moses seinen Stab hin, und siehe, er wurde eine sichtbare Schlange. [109] Er zog seine Hand hervor (aus dem Kleid), und siehe, sie erschien den Beschauern ganz weiß[47].

[45] Sie glaubten, alles sei Zufall, ohne göttliche Fügung und Bestimmung. [46] List Allahs heißt hier die Art und Weise, wie er mit den Sündern verfährt; er läßt sie das Maß ihrer Sünden füllen, ohne durch Strafen sie zur Sinnesänderung anzuregen, bis er sie plötzlich, wenn sie es am wenigsten erwarten, dem Untergange weiht. [47] Mohammed

[110] Darauf sagten die Häupter des pharaonischen Volkes: »Dieser Mann ist ein sehr gelehrter Zauberer, [111] und er hat die Absicht, euch aus dem Lande zu vertreiben. Was gedenkt ihr hiergegen zu tun?« [112] Sie antworteten: »Schicke ihn und seinen Bruder einstweilen hinweg (halte ihn hin); inzwischen sende Leute in die Städte aus, [113] daß sie alle gelehrten Zauberer versammeln und zu dir bringen.« [114] Als nun die Zauberer zu Pharao kamen, da sagten sie: »Erhalten wir dann eine Belohnung, wenn wir Sieger bleiben?« [115] Er antwortete: »Ja, allerdings, ihr sollt dann die Nächsten an meinem Throne sein.« [116] Darauf sagten sie: »O Moses, willst du deinen Stab hinwerfen, oder sollen wir unsere hinwerfen?« [117] Er antwortete: »Werft nur die eurigen zuerst hin.« Als sie diese nun hinwarfen, da blendeten sie die Augen der anwesenden Leute und flößten ihnen Furcht und Schrecken ein und zeigten so eine große Bezauberungskunst. [118] Darauf gaben wir dem Moses ein und sagten: »Wirf nun auch deinen Stab hin!« Und siehe, dieser verschlang das, was sie verwandelt hatten[48]. [119] Da war die Wahrheit bekräftigt, und das, was jene getan hatten, verschwand. [120] Die Zauberer wurden besiegt und gedemütigt; [121] ja sie warfen sich sogar verehrungsvoll nieder [122] und sagten: »Wir glauben an den Herrn der Weltenbewohner, [123] an den Herrn des Moses und Aaron.« [124] Darauf sagte Pharao: »Wie, ihr wollt an ihn glauben, bevor ich es euch erlaube? Wahrlich, das ist nur eine Machenschaft, welche ihr gegen die Städte ersonnen habt, um ihre Einwohner daraus zu verjagen[49]. Doch bald sollt ihr erkennen (daß ich euer Herr bin); [125] denn ich lasse euch Hände und Füße an entgegengesetzten Seiten[50] abhauen und euch alle ans Kreuz schlagen.« [126] Sie antworteten: »Dann werden wir sicherlich nur zu unserem Herrn zurückkehren; [127] denn du nimmst ja nur deshalb Rache an uns, weil wir an die Zeichen unseres Herrn, die uns zugekommen sind, glauben. O Herr, gieße (gib) Geduld über uns und laß uns als wahre Moslems sterben[51].«

[128] Darauf sagten die Häupter des pharaonischen Volkes:

hielt Moses anscheinend für einen Neger, daher das Wunder, daß seine Hand weiß erschien. In der Bibel (2. B. Mos. 7, 8) ist nicht erwähnt, daß Moses das Wunder seiner »weißen« Hand vor Pharao gezeigt hat. Nach der Bibel (Ex. 4, 6) war es Aussatz. [48] Ihre Stöcke, welche sie vor den benommenen Zuschauern scheinbar in Schlangen verwandelt hatten. [49] Pharao glaubte, sie seien mit Moses im Einverständnis, das Ganze sei nur zum Nachteil des Landes ersonnen. [50] Siehe fünfte Sure [34], Note 21. [51] Hier verlegt Mohammed – wie oft – seine Glaubenslehre ins frühe Altertum.

»Willst du vielleicht den Moses und sein Volk ziehen lassen, damit sie auf der Erde Verderben stiften und dich und deine Götter verlassen[52]?« Pharao erwiderte: »Wir wollen ihre Söhne töten und nur ihre Töchter leben lassen, so werden wir ihrer mächtig.« [129] Moses aber sagte zu seinem Volke: »Fleht Allah um Beistand an und harret in Geduld aus; denn Allah gehört die Erde, und er gibt sie dem aus seiner Diener Scharen, welchem er will, zum Erbgute. Die, welche ihn ehrfürchten, werden ein glückliches Ende (den Erfolg) haben.« [130] Sie antworteten: »Ach, wir wurden bedrückt, bevor du zu uns gekommen bist, und wir werden es noch, nachdem du zu uns kamst.« Darauf erwiderte er: »Vielleicht will euer Herr eueren Feind vertilgen und euch zu seinem Nachfolger im Lande machen und sehen, wie ihr euch in demselben betragen wollt.«

[131] Schon früher hatten wir das Volk des Pharao mit Teuerung und Mangel an Früchten heimgesucht, damit es eingedenk sei. [132] Jedoch wenn es ihnen gut ging, pflegten sie zu sagen: »Das gebührt uns für unsere Verdienste«; aber wenn sie Unglück traf, so schrieben sie es den unglücklichen Vorhersagen des Moses und derer, welche es mit ihm hielten, zu. Kommt wohl ihr Unglück von jemand anders als von Allah? Doch die meisten sahen das nicht ein. [133] Ja sie sagten sogar zu Moses: »Was für Zeichen du uns auch bringst, um uns zu bezaubern, wir wollen dir doch nicht glauben.« [134] Darum schickten wir über sie Flut[53], Heuschrecken, Ungeziefer, Frösche und Blut als deutliche Zeichen; aber sie zeigten sich übermütig und blieben ruchlose Menschen. [135] Als nun die Plage (eine der Plagen) sie traf, da sagten sie: »Rufe doch deinen Herrn für uns an, gemäß dem Bündnisse, welches er mit dir geschlossen hat, und wenn du die Plage von uns nimmst, so wollen wir dir glauben und die Kinder Israels mit dir ziehen lassen.« [136] Als wir nun die Plage von ihnen nahmen und die von ihnen bestimmte Zeit verstrichen war, da – brachen sie ihr Versprechen. [137] Wir nahmen daher unsere Rache an ihnen und ertränkten sie im Meere[54], weil sie unsere Zeichen des Betruges beschuldigten und sie nicht beachteten. [138] Dar-

[52] Nach anderen Lesarten: und dich, als Gott, verlassen, da nach der sechsundzwanzigsten und achtundzwanzigsten Sure [39], was auch die Rabbinen sagen, Pharao sich als Gott betrachtet und göttliche Verehrung für sich gefordert habe. [53] In der Zahl der ägyptischen Plagen ist der Text uneinheitlich: Einige Male spricht er von neun, Sure siebzehn und siebenundzwanzig, und hier von fünf. Er hat sogar hier eine neue Plage, welche in der Bibel nicht vorkommt, nämlich die Flut; damit kann nicht das Versinken im Meer gemeint sein, weil davon erst weiter unten erzählt wird. Ich nehme an: Sturmeswüten, andere: Sintflut. [54] Ausführlich in der zweiundzwanzigsten Sure.

auf ließen wir das durch Bedrückung schwach gewordene Volk gegen Osten und Westen alles Land erben, welches wir gesegnet hatten, und so wurde das gnadenvolle Wort deines Herrn an den Kindern Israels erfüllt, weil sie in Geduld ausgeharrt haben. Hingegen zerstörten wir alles, was Pharao und sein Volk geschaffen hatten, auch alle ihre hohen Gebäude[55]. [139] Die Kinder Israels aber ließen wir durch das Meer gehen, und sie kamen zu einem Volk[56], welches dem Götzendienst eifrigst ergeben war. Da sagten sie: » O Moses, mache uns doch auch einen Gott, so wie diese Götter haben.« Er aber antwortete: »Wahrlich, ihr seid unwissende Menschen; [140] denn der Glaube, in welchem diese Menschen befangen sind, wird untergehen, und eitel ist, was sie tun.« [141] Er sagte ferner: »Soll ich euch wohl außer Allah, der euch vor der übrigen Welt bevorzugt, einen anderen Gott suchen?« [142] Erinnert euch, wie wir euch vor dem Volk des Pharao erretteten, welches euch hart unterdrückte, euere Söhne tötete und nur euere Töchter leben ließ. Das war eine schwere Prüfung von euerem Herrn.

[143] Wir bestimmten dem Moses ein Fasten von dreißig Nächten (Tagen), und wir fügten noch zehn hinzu, so daß die bestimmte Zeit seines Herrn in vierzig Nächten erfüllt war[57]. Und Moses sagte zu seinem Bruder Aaron: »Sei du während dieser Zeit mein Stellvertreter bei meinem Volk; verhalte dich gut und folge nicht dem Wege der Übeltäter.« [144] Als nun Moses zu der von uns bestimmten Zeit kam und sein Herr mit ihm gesprochen hatte, da sagte er: »O mein Herr, laß mich dich doch sehen.« Allah aber antwortete: »Du kannst mich nicht sehen. Doch sieh hin gegen diesen Berg[58], wenn dieser fest an seiner Stelle stehenbleibt, dann wirst du auch mich sehen[59].« Als nun sein Herr in seiner Herrlichkeit auf dem Berg erschien, da machte er denselben zu Staub. Moses fiel darob ohnmächtig nieder. Als er wieder zu sich gekommen war, sagte er: »Lob sei dir, reuevoll wende ich mich zu dir, und ich will der erste unter den Gläubigen sein.« [145] Darauf sagte Allah: »Ich habe dich vor den übrigen Menschen durch meine Aufträge und mein

[55] Hierüber Sure achtundzwanzig und vierzig. [56] Nach einigen soll dieses Volk der Stamm Amalek und sein Abgott das Bild eines Ochsen gewesen sein, wodurch auch die Kinder Israels auf die Verehrung des Goldenen Kalbes gekommen sind. [57] Dies sind die vierzig Tage, welche Moses auf dem Berge Sinai war, um die Gesetzestafeln zu empfangen. Das bot den zurückgebliebenen Juden Gelegenheit zum Dienst am Goldenen Kalb. [58] Der Berg heißt nach obiger talmudischer Sage bei den Mohammedanern Al-Zabir. [59] Die hier aufscheinenden chronologischen Irrtümer sind Folge ungenauer Kenntnis des Judenglaubens.

Wort[60] bevorzugt. Nimm daher, was wir dir gaben, und gehöre zu den Dankbaren.« [146] Darauf schrieben wir ihm auf die Tafeln Belehrung über alle Dinge und Entscheidung über alle Fälle und sprachen: »Nimm dieses mit Ehrerbietung und befiehl deinem Volk, daß sie sich nach den vortrefflichen Lehren darin verhalten sollen. Dann zeige ich euch auch die Wohnung der Übeltäter[61].« [147] Von meinen Zeichen will ich alle die vertreiben, welche sich hochmütig und ungerecht auf Erden betragen; denn wenn sie auch alle Zeichen sehen, so glauben sie doch nicht daran, und wenn sie auch den richtigen Weg sehen, so wollen sie doch nicht diesen Weg gehen; wenn sie aber den Weg des Irrtums sehen, so wollen sie diesen Weg beschreiten, weil sie unsere Zeichen des Betruges beschuldigen und vernachlässigen; [148] die Werke derer, welche unsere Zeichen und die Erwartung des Jenseits leugnen, werden vergeblich sein. Sollten sie anders als nach ihrem Tun belohnt (bestraft) werden?

[149] Und das Volk des Moses machte, in Mosis Abwesenheit (während der vierzig Tage), aus seinen Kostbarkeiten (Ringen, Armreifen) ein leibhaftiges[62] Kalb, welches blökte. Konnten sie denn nicht sehen, daß es nicht mit ihnen zu sprechen und sie nicht auf irgendeinen Weg zu leiten vermochte? Und dennoch nahmen sie es als Gottheit an und handelten sündhaft. [150] Als sie aber ernstlich bereuten und einsahen, daß sie sich vergangen hatten, sagten sie: »Wenn sich der Herr unser nicht erbarmt und uns verzeiht, so sind wir verloren.« [151] Als Moses voll Zorn und Grimm zu seinem Volke zurückkam, sagte er: »Ihr habt ein großes Übel während meiner Abwesenheit begangen. Habt ihr euch beeilt, den Befehl eueres Herrn zu übertreten[63]?« Und er warf die Tafeln zu Boden, nahm seinen Bruder beim Kopf und zerrte ihn zu sich. Dieser aber sagte: »Sohn meiner Mutter, das Volk überwältigte mich[64], und nur wenig fehlte, sie hätten mich umgebracht. Laß doch meine Feinde nicht über mich frohlocken und mache mich nicht den gottlosen Menschen gleich.« [152] Darauf sagte Moses: »O Herr, verzeihe mir und meinem Bruder und nimm uns auf in deine Barmherzigkeit; denn du bist ja der Allbarmherzige.«

[60] Durch die Aufträge, welche ich dir erteilt habe, und daß ich persönlich mit meinem Worte zu dir gesprochen habe. [61] Entweder die verwüsteten Wohnungen der Ägypter oder des Stammes Ad und Thamud oder auch vielleicht die Hölle, welche den Frevlern in jener Welt als Wohnung dient. [62] Nach einigen bestand das Kalb aus Fleisch und Blut. [63] Wahl übersetzt: Habt ihr nicht die rächende Gewalt Allahs beschleunigt? Sale: have ye hastened the command of your Lord? [64] Wörtlich: machte mich schwach.

[153] Gewiß wird die, welche das Kalb verehrt haben, der Zorn ihres Herrn und Schande in diesem Leben treffen. So wollen wir denen vergelten, welche Fälschliches ersinnen. [154] Doch denen, welche wohl das Böse getan haben, aber es später bereuen und glauben, wird dein Herr Verzeihung und Barmherzigkeit schenken. [155] Als sich der Zorn des Moses besänftigt hatte, nahm er die Tafeln (die zerbrochenen Teile) wieder, in deren Schrift Leitung und Gnade für die, welche ihren Herrn fürchten, enthalten waren. [156] Und Moses wählte aus seinem Volke siebzig Männer, welche zu der von uns bestimmten Zeit mit ihm auf den Berg gehen sollten. Als diese aber ein Erdbeben ergriff, sagte Moses: »Mein Herr, wenn es dir so gefällt, so hättest du sie und mich schon früher verderben sollen; willst du uns denn dafür verderben, was die Toren unter uns getan? Wahrlich, das ist nur eine Versuchung (Prüfung) von dir, durch welche du in den Irrtum führst, wen du willst, und recht leitest, wen du willst. Du bist unser Beschützer, darum vergib uns und erbarme dich unser; denn du bist der beste der Verzeihenden. [157] Schreibe für uns nieder (ordne an) Gutes in dieser und in jener Welt; denn wir sind ja zu dir zurückgeleitet worden.« Allah aber antwortete: »Meine Strafe soll treffen, den ich will; meine Barmherzigkeit aber soll alle Dinge umfassen, und Gutes will ich niederschreiben für die, welche mich fürchten und Almosen geben und an unsere Zeichen glauben.« [158] Die dem Gesandten folgen, dem ungelehrten Propheten[65], von dem sie, bei sich selbst, in der Thora und im Evangelium, geschrieben finden[66], dieser wird ihnen nur, was recht ist, gebieten, und was unrecht ist, verbieten. Die guten, früher verbotenen Speisen wird er ihnen erlauben[67], die wirklich bösen aber ihnen verbieten[68]. Ihre Last wird er ihnen erleichtern und sie von dem Joch befreien, welches sie tragen. Die nun, welche an ihn glauben und ihn verehren und ihn gegen Unglauben unterstützen und dem Lichte folgen, welches mit ihm herabgekommen ist, diese werden glücklich sein.

[65] In andern Ausgaben übersetzt: Prophet aus dem Volke, auch Prophet der Heiden. Mohammed war ungelehrt. Es wird behauptet: Er konnte weder lesen noch schreiben. Siehe auch die Zeichen seiner Schreiber zu Beginn der Suren (Anfangsbuchstaben). Daher legt Mohammed auch Wert auf Zuziehung von Zeugen bei Rechtsgeschäften. [66] Mohammed weist auch hier darauf hin, daß er und seine Glaubensbotschaft in vorgängigen Prophetien, vor allem in den Büchern des Alten Testaments und im Evangelium Christi, angekündigt war (Maimonides, Amsterdamer Ausgabe). Diese Stellen seien aber von Juden und Christen verfälscht worden. [67] Dritte Sure [94]. [68] Schweinefleisch, Blut, Verendetes (fünfte Sure [4]).

[159] Sprich: »Ihr Menschen, wahrlich ich bin der Gesandte Allahs, geschickt zu euch allen. Er ist Herr über die Himmel und die Erde, und außer ihm gibt es keinen Gott. Er gibt Leben und Tod. Glaubt daher an Allah und seinen Gesandten, den ungelehrten Propheten, der damit an Allah und sein Wort glaubt; ihm folgt, damit ihr recht geleitet seid.« [160] Unter dem Volk des Moses gibt es eine Partei[69], welche andere nach der Wahrheit leitet und selbst nach ihr gerecht handelt. [161] Und wir teilten sie (die Kinder Israels) in zwölf Stämme und Nationen, und wir gaben es dem Moses durch Offenbarung ein, als sein Volk von ihm zu trinken verlangte: »Schlag mit deinem Stab an den Felsen.« Und es strömten zwölf Quellen hervor, so daß jedermann den Ort wußte, wo er zu trinken (und sein Vieh zu tränken) habe. Wir machten ihnen Wolken zu Schatten, und wir sandten ihnen das Manna und die Wachteln (Salwa-Vögel) herab, mit den Worten: »Genießt das Gute, welches wir euch zur Nahrung gegeben haben.« Doch nicht uns, sondern sich selbst haben sie durch ihre Frevel geschadet. [162] Erinnere dich, als zu ihnen gesagt wurde: »Bewohnt diese Stadt und eßt darin, was ihr nur wollt, und sagt: Hittatun (mach es uns leicht: Versöhnung) und geht andächtig zum Tor hinein, und dann wollen wir euch euere Sünden vergeben und die Frommen erheben.« [163] Doch die Frevler vertauschten das Wort mit einem anderen, welches ihnen nicht geboten war[70]; darum haben wir Strafe vom Himmel über sie gesandt, weil sie ruchlos handelten.

[164] Frage sie einmal wegen jener Stadt, die nahe am Meere liegt – Elat –, wie sie sich am Sabbat versündigten, als sich die Fische an ihrem Sabbattage öffentlich zeigten (an der Meeresoberfläche auftauchten), nur an dem Tag, an welchem sie den Sabbat nicht feierten, kamen sie nicht zum Vorscheine. So prüften wir sie, weil sie Übeltäter waren. [165] Und als ein Teil[71] des Volkes zum anderen sagte: »Wozu ein Volk verwarnen, welches Allah verderben oder mit schwerer Strafe heimsuchen will?«, da antwortete dieser: »Das soll für uns eine Entschuldigung bei euerem Herrn sein, und vielleicht auch lassen sie sich verwarnen.« [166] Da sie aber die erhaltenen Vermahnungen vergessen hatten, erretteten wir die, welche ihnen

[69] Nach den Auslegern ist damit ein Volksstamm jüdischer Abstammung in China gemeint, der die Lehre Mohammeds angenommen hatte. [70] Vergleiche zweite Sure [59] und [60]. [71] Der eine Teil sagte zu den anderen: Wozu die Frevler warnen? Worauf diese erwiderten: Es ist jedenfalls unsere Pflicht, sie zu mahnen, vielleicht hilft's, wenn nicht, so haben wir doch unsere religiöse und Stammespflicht getan.

das Böse untersagt hatten, und bestraften die Übeltäter mit schwerer Strafe wegen ihrer Vergehen. [167] Und als sie noch immer hochmütig nicht von dem ablassen wollten, was ihnen verboten war, da sagten wir zu ihnen: »Werdet Affen und ausgeschlossen von der menschlichen Gesellschaft[72].« [168] Erinnere dich, wie dein Herr erklärte, daß er wider die Juden ein großes Volk schicken wolle, welches sie, bis zum Auferstehungstage, mit schwerer Strafe heimsuchen solle; denn dein Herr ist schnell im Bestrafen, aber auch verzeihend und barmherzig. [169] Wir zerstreuten sie unter die Völker der Erde. Zwar sind einige von ihnen rechtschaffen, andere aber wieder sind gerade das Gegenteil; darum prüften wir sie mit Glück und Unglück, auf daß sie zurückkehren. [170] Und ihre Nachkommen haben wohl die Schrift geerbt, aber sie greifen nur nach den Gütern dieser Welt und sagen: »Dies wird uns wohl verziehen.« Bietet sich ihnen dann wieder ein ähnlicher zeitlicher Vorteil dar, so greifen sie doch wieder danach. Aber ist nicht durch die Schrift ein Bündnis mit ihnen geschlossen worden, daß sie nichts anderes als die Wahrheit von Allah aussagen sollen? Und noch forschen sie ja fleißig über deren Inhalt. Doch der Aufenthalt im Jenseits wird für die Gottesfürchtigen besser sein. Wollt ihr denn das nicht einsehen? [171] Denen, welche an der Schrift festhalten und das Gebet verrichten, wollen wir den Lohn, welcher den Frommen gebührt, nicht entziehen. [172] Als wir den Berg über sie erhoben[73], als sei er eine Decke, und sie glaubten, er würde über ihnen zusammenstürzen, da sagten wir: »Nehmt das Gesetz, welches wir euch bringen, mit Ehrerbietung an und seid seines Inhalts eingedenk, auf daß ihr auf der Hut seid.«

[173] Als dein Herr ihre Nachkommen aus den Lenden der Söhne Adams zog[74] und sie wider (über) sich selbst zeugen ließ, da sagte er: »Bin ich nicht euer Herr?« Und sie antworteten: »Jawohl, wir bezeugen es.« (Dies geschah deshalb), damit ihr am Auferstehungstage bekennen müßt: »Wir waren über diesen Gegenstand unbekümmert (achtlos deines Gebotes)«, [174] oder damit ihr nicht sagt: »Bloß unsere Väter waren vordem Götzendiener, und wir sind nur ihre Nachkommen, die ihnen nachgefolgt sind. Willst du

[72] Siehe zweite Sure [66]. [73] Vergleiche zweite Sure [64], N. 15 und [74]. [74] Ullmann schließt aus dieser Stelle, den Arabern, und somit Mohammed, sei der Präexistenz-Begriff nicht fremd gewesen. Ich finde nur die vertretbare religiöse Anschauung: beide göttlichen Ratschlüsse (Thora und Koran) hätten schon vor ihren Offenbarungen (Koran im Himmel) bestanden.

uns wohl verderben für das, was eitle Menschen getan haben[75]?« [175] Auf diese Weise machen wir unsere Zeichen deutlich, damit sie zurückkehren mögen. [176] Erzähle ihnen auch die Geschichte dessen, dem wir auch unsere Zeichen gaben[76], der sich aber davon wegwandte, weshalb ihm der Satan folgte, bis er verführt wurde. [177] Hätten wir gewollt, wir hätten ihn durch den Koran zur Weisheit erhoben; doch er neigte zur Erde (zum Irdischen) und folgte seinen Lüsten. Er gleicht einem (dürstenden) Hund, der immer die Zunge heraushängen läßt, magst du (losstürzend) ihn hinwegjagen oder unbeachtet lassen. Dies ist das Bild von Leuten, die unsere Zeichen des Betruges beschuldigen. Erzähle ihnen diese Geschichte, vielleicht denken sie nach. [178] Schlimm ist dies Gleichnis von Leuten, die unsere Zeichen der Lüge zeihen und sich selbst versündigen. [179] Wen Allah leitet, der ist wohl geleitet, wen er in die Irre führt, der ist verloren. [180] Viele der Dschinnen und Menschen schufen wir für die Hölle. Haben Herzen, zu verstehen – sie fühlen nicht; haben Augen, um zu sehen – sie blicken nicht; haben Ohren für die Lehren, wollen diese doch nicht hören. Gleichen unvernünftigem Vieh, sind verirrter als dieses, ohne jeden Bedacht. [181] Allah hat die herrlichsten Namen[77]; ruft ihn mit diesen an. Laßt von denen, welche seine Namen ketzerisch mißbrauchen[78]; sie werden den Lohn ihres Tuns schon empfangen.

[182] Unter denen, welche wir erschufen, gibt es auch ein Volk, welches andere nach der Wahrheit leitet und selbst gerecht nach ihr handelt. [183] Die aber, welche unsere Zeichen des Betruges beschuldigen, wollen wir stufenweise ins Elend stürzen, auf eine Weise, die ihnen unbekannt ist. [184] Ich will ihnen ein langes und glückliches Leben gewähren, denn mein Plan steht fest[79]. [185] Wollen sie es denn nicht begreifen, daß ihr Gefährte[80] von keinem bösen Geist besessen ist? Er ist nichts anderes als ein öffentlicher Warner. [186] Wollen sie denn nicht auf das Reich der Himmel und der Erde hinblicken und auf alles, was Allah geschaffen hat, und be-

[75] Eitle Menschen sind unbelehrte, welche Götzen anbeten. [76] Hierunter soll die Geschichte des Bileam verstanden sein (4. B. Mos. K. 22–25). Oder ein Rabbi zu Mohammeds Zeit, der Koran und Mohammed aber nicht anerkannte. [77] Die seine Attribute bezeichnen. Die gebrauchen deren über einhundert. [78] Solche, welche die Namen und Attribute Allahs den Götzen beilegen. [79] Selbst die Gewährung eines glücklichen Lebens gehört zur Strafe der Bösen und liegt als solche im Plan Allahs, damit die Bösen sich ganz frei, sorglos und ruhig der Sünde hingeben können. [80] Mohammed selbst ist gemeint, denn als er vom Berge Safa herabkam und mehrere Familien vor der Rache Allahs warnte, wenn sie nicht den Götzendienst verließen, da hielten diese ihn für besessen.

denken, daß vielleicht ihr Ende ganz nahe ist. An welche neue Offenbarung nach dieser wollen sie denn glauben[81]? [187] Doch wen Allah in die Irre leitet, der wird keinen Führer finden. Er läßt sie in ihrem Irrtum herumirren.

[188] Sie (die Mekkaner) werden dich auch befragen über die letzte Stunde (den Jüngsten Tag), wann diese wohl kommen werde? Antworte: »Mein Herr nur allein weiß das, und er wird dann ihre bestimmte Zeit bekanntmachen. Das wird eine schwere Stunde für Himmel und Erde sein. Sie wird plötzlich über euch hereinbrechen.« Sie werden dich hierüber so befragen, als wüßtest du sie mit Gewißheit; sag ihnen aber, daß Allah sie allein nur kenne; doch der größte Teil der Menschen versteht es nicht. [189] Sprich ferner: »Ich vermag nicht, mir selbst Vorteile zu verschaffen noch Nachteile von mir abzuhalten, und nur so weit, wie es Allah gefällt. Wüßte ich nun die Geheimnisse Allahs, so müßte ich ja an Glücksgütern Überfluß haben, und mich könnte kein Übel treffen; aber wahrlich, ich bin nichts anderes als nur ein Bote, der einem gläubigen Volk Strafen androht und Gutes verkündet.«

[190] Er, Allah, ist es, der euch von einem Menschen erschaffen hat und aus diesem sein Weib, daß er ihr beiwohne (Erquickung finde). Und als er sie erkannt hatte, da trug sie eine leichte Last, und sie konnte bequem damit gehen. Als sie aber immer schwerer wurde, da riefen sie zu Allah, ihrem Herrn: »Wenn du uns ein wohlgestaltetes (wohlgeratenes) Kind gibst, so sind wir dafür dankbar.« [191] Als er ihnen nun ein braves Kind gegeben hatte, da setzten sie, zum Lohne dafür, Götter neben ihn. Aber fern sei von Allah das, was sie ihm beigesellen! [192] Wollen sie denn Allah solche Wesen zugesellen, die nichts erschaffen können, sondern vielmehr selbst geschaffen sind [193] und die ihnen keine Hilfe bringen, ja sich selbst nicht einmal helfen können? [194] Ruft ihr sie um rechte Leitung an, so werden sie euch keine Folge geben. Es bleibt sich gleich, ob ihr sie anruft oder ob ihr sie in Ruhe laßt. [195] Wahrlich die, welche ihr statt Allah anruft, sind auch Diener[82], wie ihr seid. Ruft sie nur an, aber laßt sie auch einmal euch antworten, wenn ihr wahrhaftig seid. [196] Haben sie Füße, zu gehen, Hände, zu fassen, oder Augen, zu sehen, Ohren, zu hören? Sage zu ihnen: »Ruft nur

[81] Da sie den Koran verwerfen, welche Offenbarung kann ihnen dann statt des Korans überzeugender sein? [82] Sonne, Mond und Sterne, welche die Hauptgötter der Araber waren, sind auch nur Diener des einzigen Gottes.

euere Götter an, legt mir nur Fallstricke und haltet mich nicht hin (gebt mir keine Frist), all dies kümmert mich nicht, [197] Allah ist mein Beschützer, der die Schrift (den Koran) offenbarte.« Allah beschützt die Frommen. [198] Die ihr aber statt Allah anruft, können weder euch noch sich selbst helfen. [199] Und ruft ihr sie an, so hören sie es nicht. Siehe nur, wie sie dich anblicken, sie können dich aber doch nicht sehen. [200] Gebrauche Nachsicht und gebiete nur, was recht ist, und entferne dich von den Unwissenden. [201] Und wenn dich durch Verführung der Satan verleiten will, dann flieh zu Allah, denn er hört und weiß alles. [202] Wahrlich, die, welche Allah fürchten, sind bei Versuchungen des Satans der göttlichen Gebote eingedenk und sehen dann die Gefahr der Sünde; [203] doch die Teufel werden ihre ungläubigen Brüder so tief in den Irrtum führen, daß sie sich nimmermehr werden davor hüten können. [204] Und wenn du ohne Zeichen (Wunder) zu ihnen kommst, sagen sie (vom Koran): »Hast du da nicht zusammengetragenes Zeug[83]?« Antworte ihnen: »Ich folge nur dem, was mir von meinem Herrn offenbart wurde. Dieses Buch enthält deutliche Beweise von euerem Herrn und ist Leitung und Gnade für ein gläubiges Volk.« [205] Wenn der Koran gelesen wird, so hört zu und schweigt andächtig, damit ihr erbarmende Gnade findet. [206] Gedenke deines Herrn in deinem Herzen in Demut und Ehrfurcht, ohne des Morgens und Abends laut zu sprechen[84], und gehöre nicht zu den Nachlässigen. [207] Selbst die Engel, welche bei deinem Herrn sind, sind nicht zu stolz, ihm zu dienen, sondern sie preisen ihn und beten ihn an.

[83] Ohne Wunder werden sie nicht an die Göttlichkeit des Korans glauben, sondern sagen, daß er aus Thora und Evangelium, aus Sagen und Fabeln zusammengeflickt ist. [84] Bei dem Gebete; nach anderen: nicht großsprecherisch.

ACHTE SURE

Die Beute[1] (Al-Anfal) *offenbart zu Medina*

[1] Im Namen Allahs, des Allbarmherzigen. [2] Sie werden dich über die Beute befragen. Antworte: »Die Verteilung der Beute ist Sache Allahs und seines Gesandten; darum fürchtet Allah und legt

[1] So genannt, weil sie bei Gelegenheit eines Streites wegen der in der Schlacht bei Bedr gemachten Beute offenbart wurde. Die im Kampf gestandene Jugend behauptete: Die gemachte Beute gehöre ihr ganz; die zurückgebliebenen Alten aber sagten, daß auch ihnen ein Teil derselben rechtmäßig zukomme.

diese Angelegenheit friedlich bei und gehorcht Allah und seinem Gesandten, wenn ihr wahre Gläubige sein wollt.« [3] Seht, das sind wahre Gläubige, deren Herz bei der Erwähnung Allahs ehrfürchtig wird und deren Glaube bei Verlesung seiner Zeichen (des Korans) immer zunimmt und die ganz auf ihren Herrn vertrauen [4] und das Gebet zur bestimmten Zeit verrichten und von dem, was wir ihnen zugeteilt haben, Almosen geben. [5] Das sind in Wahrheit Gläubige; sie werden einen hohen Grad der Seligkeit, Vergebung und ehrenvolle Versorgung bei ihrem Herrn finden. [6] Als dein Herr dich aus deinem Haus (in Medina) führte, da zeigte sich ein Teil der Gläubigen widerspenstig[2]. [7] Sie stritten mit dir über die Wahrheit[3], obgleich sie doch bekannt war, und zwar stritten sie so heftig, als würden sie zum Tode geführt und sähen ihn schon mit Augen[4]. [8] Als Allah euch versprochen hatte, daß einer der beiden Heerhaufen euch unterliegen solle, da wünschtet ihr, daß euch der ohne Stachel (also der unbewaffnete[5]) in die Hände falle; aber Allah wollte, um die Wahrheit seines Wortes zu bestätigen, die Wurzel der Ungläubigen ausrotten, [9] damit sich die Wahrheit bewahrheite und das Falsche (der Götzendienst) zerstört werde, wenn sich die Gottlosen auch widersetzten. [10] Als ihr eueren Herrn um Beistand anflehtet, da antwortete er euch: »Wahrlich, ich will euch mit tausenden Engeln beistehen, die hintereinander folgen sollen[6].« [11] Dies geschah nur, um euch Glück zu verkünden und euere Herzen zu beruhigen; denn Hilfe ist nur bei Allah allein. Allah ist allmächtig und allweise. [12] Als euch der Schlaf zur Ruhe überfiel, da schickte er euch Wasser vom Himmel herab, um euch damit zu reinigen und die Befleckung des Satans von euch zu nehmen und euere Herzen zu stärken und euere Füße zu festigen[7].

[2] Als dein Herr dir befahl, in dem Kampf von Bedr für die Wahrheit, für die Religion Allahs, zu streiten, da zeigten viele deiner Anhänger Widerwillen dagegen. [3] Über den glücklichen Erfolg des Kampfes, den Allah im voraus versichert hatte. [4] Diese Furcht entstand durch die weit größere Anzahl des Feindes. [5] Wahl nimmt an, daß hier von zwei Völkern die Rede sei, nämlich von den koreischitischen Stämmen Air und Nefir. und die Airier seien schlechter bewaffnet und daher leichter zu besiegen gewesen. Sale (und die heutige Auslegung) meint: Es handelte sich um eine reich beladene, schlecht (mit nur vierzig Reitern) beschützte Karawane oder um die Besiegung der (tausend Mann starken) bewaffneten Mekkaner; deshalb zogen es die Gläubigen vor, es mit der ersteren aufzunehmen. [6] Oben ist die Rede von dreitausend Engeln; weshalb auch nach einigen Lesarten »Tausenden von Engeln« hier übersetzt wurde. [7] Es wird erzählt, daß das mohammedanische Heer in einer sandigen, wasserlosen, das feindliche Heer dagegen in einer wasserreichen Gegend gestanden habe. Der Satan gab deshalb den Moslems im Schlaf beunruhigende Träume ein, zu deren Widerlegung in derselben Nacht Allah durch Regen reichlich Wasser herabströmen ließ.

[13] Ebenso als dein Herr den Engeln offenbarte: »Ich bin mit euch, stärkt daher die Gläubigen, aber in die Herzen der Ungläubigen will ich Furcht bringen; darum haut ihnen die Köpfe ab und haut ihnen alle Enden ihrer Finger ab[8]«; [14] dies geschah deshalb, weil sie Allah und seinem Gesandten widerstrebten. Wer sich aber Allah und seinem Gesandten widersetzt, für den ist Allah ein gewaltig Bestrafender. [15] Dies ist euere Strafe, nehmt sie hin, denn die Ungläubigen werden mit dem Feuer der Hölle bestraft. [16] O Gläubige, wenn die Ungläubigen auch haufenweise euch entgegenkommen, so kehrt ihnen doch nicht den Rücken zu, [17] denn wer ihnen am selben Tage den Rücken zukehrt, es sei denn, daß der Kampf selbst ihn wegziehe oder daß er sich zu einem anderen Haufen seiner Partei zurückziehe, über den kommt der Zorn Allahs, und die Hölle ist sein Aufenthalt. Wahrlich, eine schlimme Reise ist es dorthin. [18] Nicht ihr habt den Feind in der Schlacht zu Bedr, sondern Allah hat ihn erschlagen. Nicht du, o Mohammed, hast ihnen den Sand in die Augen geworfen[9], sondern Allah hat ihn geworfen, um die Gläubigen (mit einer huldvollen Versuchung) zu prüfen, denn Allah hört und weiß alles. [19] Dies geschah deshalb, damit Allah die Kriegslist der Ungläubigen zunichte mache. [20] Verlangt ihr eine Entscheidung in unserer Angelegenheit – nun die Entscheidung ist euch (durch unseren Sieg) zuteil geworden. Und wenn ihr ablaßt von der Widersetzlichkeit gegen den Gesandten, so wird es besser um euch stehen; doch kommt ihr nochmals zurück, um ihn anzugreifen, so werden auch wir zurückkommen und weiterkämpfen, und euere Heerscharen, und seien es deren auch noch so viele, sollen euch nichts helfen, denn Allah ist mit den Gläubigen.

[21] O Gläubige, gehorcht Allah und seinem Gesandten und wendet euch nicht von ihm ab, da ihr ja die Mahnungen des Korans vernommen (ihn, den Gesandten, reden gehört) habt. [22] Seid nicht wie jene, die wohl sprechen: »Wir hören«, wenn sie auch nicht hören. [23] Noch tiefer als das Vieh sind bei Allah die angesehen, welche taub und stumm und ohne Einsicht sind. [24] Wüßte Allah nur einiges Gute bei ihnen zu finden, so würde er schon machen, daß

[8] Diese Strafe ward ausdrücklich für die Feinde des Islams bestimmt. Sie wurde aber von den Moslems gegen die Gefangenen in der Schlacht bei Bedr nicht in Anwendung gebracht. Dies wurde ihnen später in dieser Sure auch zum Vorwurf gemacht. Über das Vorgehen des Moslems gegen den Feind im und nach dem Kriege siehe Einleitung. [9] Eines der Wunder in dieser Schlacht soll gewesen sein, daß Mohammed eine Handvoll Sand dem Feinde entgegenwarf, worauf dieser die Flucht ergriff.

sie hören; aber machte er, daß sie hören können, so wendeten sie sich doch in Widerwillen weg und zögen sich zurück.[25] O Gläubige, antwortet Allah und seinem Gesandten, wenn er euch zu dem ruft, was euch Leben gibt (zur Religion), und wißt, daß Allah zwischen dem Menschen und seinem Herzen geht[10] und daß ihr einst zu ihm versammelt werdet. [26] Flieht den Aufruhr, denn die Bestrafung desselben trifft nicht gerade die Ungerechten unter euch allein und im besonderen, sondern sie trifft euch alle. Bedenkt, daß Allah ein gewaltig Strafender ist. [27] Erinnert euch, als ihr noch wenige und noch schwach im Lande (zu Mekka) wart und ihr fürchtetet, von den Leuten verschlungen (vernichtet) zu werden; aber Allah gab euch einen Zufluchtsort (schirmte euch) und stärkte euch mit seinem Beistand und ernährte euch mit allem Guten, damit ihr dankbar seid. [28] O Gläubige, täuscht nicht Allah und den Gesandten und verletzt auch nicht, gegen besseres Wissen, euere Treue. [29] Erkennt, daß euer Vermögen und euere Kinder nur eine Versuchung sind und daß von Allah großer Lohn zu erwarten ist.

[30] O Gläubige, wenn ihr Allah fürchtet, so wird er euch Erlösung gewähren und euch Euere Sünden vergeben und verzeihen, denn Allahs Güte ist groß. [31] Erinnere dich, wie die Ungläubigen Ränke gegen dich schmiedeten, um dich zu fangen oder dich zu töten oder dich zu vertreiben[11]. Sie hatten sich wider dich verschworen; aber Allah hatte sich wider sie verschworen, und Allahs Anschläge sind die besten[12]. [32] Und wenn ihnen unsere Zeichen (der Koran) vorgelesen werden, so sagen sie: »Wir haben sie schon gehört, und wenn wir nur wollten, so könnten wir ähnliche hersagen; denn er (der Koran) enthält ja doch nichts als alte Fabeln.« [33] Und als sie sagten: O Allah, ist dieses Buch in Wahrheit von dir, so laß Steine vom Himmel auf uns herabregnen oder strafe uns sonst mit schwerer Strafe[13]«, [34] da wollte Allah sie nicht strafen, weil du bei ihnen warst; auch deshalb wollte Allah sie nicht bestrafen, weil sie ihn um Verzeihung gebeten hatten. [35] Es war zwar kein Grund vorhanden, daß Allah sie nicht strafen sollte, denn sie hatten den Zugang zum heiligen Tempel verwehrt[14], obgleich sie nicht dessen Beschützer waren, denn nur die Gottesfürch-

[10] Des Menschen Herz ist ganz in Allahs Hand gegeben. [11] Aus der Stadt Mekka. [12] Wörtlich: Allah ist der beste Verschwörer (Listenreichste). [13] Ein gewisser Nodar ibn Haret soll das gesagt haben. [14] Die Mekkaner verboten den Gläubigen den Zutritt zu der in ihrem Gebiet liegenden Kaaba.

tigen sind dessen Hüter; doch der größte Teil weiß das nicht. [36] Ihr Gebet im Hause Allahs besteht in nichts anderem als in Pfeifen und Händeklatschen[15]. »Nehmt nun dafür die Strafe eures Unglaubens hin.« [37] Die Ungläubigen geben ihr Vermögen aus, um andere vom Weg Allahs abzuziehen. Mögen sie es nur verschwenden, später werden sie es mit Seufzen bereuen, wenn sie besiegt werden[16]. Die Ungläubigen sollen alle in die Hölle kommen; [38] damit Allah die Bösen von den Guten absondere, wird er die Bösen alle übereinander stellen (versammeln) und aus allen einen Haufen machen und sie zusammen in die Hölle werfen, und dann sind sie verloren. [39] Sage den Ungläubigen, wenn sie ablassen, sich zu widersetzen, daß ihnen das Vergangene vergeben sein soll; wenn sie aber dazu zurückkehren (rückfällig werden), dich anzugreifen, so soll die Strafe, welche die früheren Empörer getroffen hat, auch über sie kommen. [40] Bekämpft sie, bis alle Versuchung aufhört[17] und die Religion Allahs allgemein verbreitet ist. Lassen sie ab, so sieht Allah das, was sie tun. [41] Kehren sie aber den Rücken, so wißt, daß Allah euch beschützt. Er ist der beste Beschützer und der beste Helfer.

[42] Wißt, wenn ihr Beute macht, so gehört der fünfte Teil davon Allah und dem Gesandten und dessen Verwandten, den Waisen und den Armen und dem Wanderer[18]; wenn ihr nur an Allah glaubt und an das, was wir am Erlösungstag unserem Diener herabgesandt haben[19], an jenem Tag, an welchem die beiden Heere zusammentrafen. Allah ist über alle Dinge mächtig. [43] Als ihr auf dieser Seite des Flusses lagertet und sie auf der entgegengesetzten Seite und die Karawane unter euch (im Tal) stand, da wäret ihr, wenn ihr auch Verabredungen über den Angriff getroffen hättet, über diese Verabredung selbst uneinig geworden, jedoch Allah entschied die Sache, wie er beschlossen hatte, damit der, welcher umkomme, mit überzeugenden Beweisen (auf deutliche Zeichen) umkomme und der, welcher am Leben bleibe, mit (Bestimmtheit) über-

[15] Nach einigen war dies wirklich die Art und Weise der Mekkaner, ihre Götzen zu verehren; nach andern haben sie dies nur getan, um die Gläubigen in ihrer Andacht zu stören. (So auch Goldschmidt.) [16] Namentlich sollen zwölf Koreischiten große Opfer gebracht haben, um das feindliche Heer bei Bedr mit Nahrung zu versorgen. [17] Mit dem Schwert zerstört allen Götzendienst und mit dem Schwert verbreitet den Islam. [18] Hier heißt es wieder: dem Sohne des Weges. Vergleiche zweite Sure [216]. [19] Den Sieg, den wir euch im Kampf bei Bedr gegeben haben, jener Siegestag wird der Tag der Erlösung genannt.

zeugenden Beweisen lebe[20]; denn Allah hört und weiß alles. [44] Allah zeigte dir den Feind im Traum in geringer Anzahl; hätte er ihn dir aber groß an Zahl vorgestellt, so wärt ihr kleinmütig geworden und hättet euch über diese Angelegenheit herumgestritten. Allah aber hat euch davor geschützt, denn er kennt das Innerste des menschlichen Herzens. [45] Als ihr gegeneinander anrücktet, da zeigte er sie vor eueren Augen als nur wenige, und ebenso ließ er euch ihren Augen als nur sehr gering erscheinen[21], damit Allah die Sache so entscheide, wie er sie beschlossen hatte. Zu ihm kehren alle Dinge zurück.

[46] O Gläubige, wenn ihr auf einen Haufen der Ungläubigen stoßt, dann bleibt standhaft und denkt fleißig an Allah, damit ihr glücklich (erfolgreich) werdet. [47] Gehorcht Allah und seinem Gesandten, seid nicht widerspenstig, denn sonst werdet ihr kleinmütig, und der Sieg ist für euch verloren. Haltet vielmehr standhaft in Geduld aus, denn Allah ist mit den Standhaften. [48] Seid auch nicht wie die, welche auf eine unverschämte Weise (prahlend) ihre Häuser verließen, um sich vor den Leuten zu zeigen[22]. Sie wichen vom Weg Allahs ab; und Allah begreift wohl, was sie tun. [49] Der Satan hatte ihnen ihr Tun eingegeben und gesagt: »Ihr werdet an diesem Tage von niemandem besiegt, denn ich bin in euerer Nähe«; doch als die beiden Heere sich zu Gesicht bekamen, da trat er zurück[23] und sagte: »Ich bin nun frei von euch, denn ich sehe, was ihr nicht seht[24]; ich fürchte Allah, denn Allah ist ein streng Bestrafender.« [50] Darauf sagten die Heuchler und die Herzenskranken[25]: »Diese Leute hat ihre Religion getäuscht[26].« Wer jedoch auf Allah vertraut, der ist nicht getäuscht; denn Allah ist allmächtig und allweise. [51] Könntest du nur sehen, wie die Engel die Ungläubigen töten und sie ins Angesicht und auf den Rücken schlagen und sagen: »Nehmt nun die Strafe des Verbrennens hin [52] für das, was euere

[20] Allah gab euch an jenem Tag auf eine wundervolle Weise den Sieg, ohne daß ihr euere Pläne in Anwendung zu bringen brauchtet, so daß alle, die in der Schlacht Getöteten sowohl wie die am Leben Gebliebenen, sich von diesem Wunder überzeugt hatten. [21] Den Widerspruch dieser Stelle mit der dritten Sure [123] suchen die Kommentatoren dadurch zu beheben, daß sie einen Unterschied machen zwischen der Zeit vor und während der Schlacht. Auch entscheidet Allah bei jedem Kampfe nach seinem Ratschluß zum Besten der Gläubigen. [22] Die Einwohner von Mekka nämlich eilten in der Schlacht bei Bedr hinaus, den Ungläubigen zu Hilfe. Diese Hilfestellung bezeichnet Mohammed nicht als Patriotismus der Ungläubigen, sondern als »eitle Prahlsucht«. [23] Wörtlich: Er trat mit seinen Fersen zurück, er gab Fersengeld. [24] Nämlich die unsichtbaren Engel, welche den Gläubigen beistehen. [25] Deren Herz verzagt war. [26] Nur die Religion kann so ein kleines Heer zu der Torheit verleiten, gegen ein so mächtiges zu kämpfen.

Hände getan haben!« Allah ist nie ungerecht gegen seine Diener. [53] Sie haben nach der Weise des Volkes des Pharao gehandelt und wie alle die, welche auch vor ihnen schon nicht an die Zeichen Allahs glaubten und die Allah wegen ihrer Sünden hinwegraffte; denn Allah ist mächtig und streng im Bestrafen. [54] Dies geschah deshalb, weil Allah seine Gnade, die er einem Volk erzeigt, nicht umwandelt, bis dieses selbst seine Gesinnung des Herzens gegen Allah ändert; denn Allah hört und weiß alles. [55] Sie haben nach der Weise des Volkes des Pharao gehandelt und wie die, welche vor ihnen schon die Zeichen ihres Herrn des Betruges beschuldigten; darum haben wir sie ihrer Sünden wegen ausgerottet und das pharaonische Volk ertränkt; denn sie waren alle Frevler. [56] Die Ungläubigen, welche durchaus nicht glauben wollen, werden von Allah wie das ärgste Vieh betrachtet. [57] Diejenigen, mit welchen du ein Bündnis geschlossen hast und die dieses bei jeder Gelegenheit brechen und Allah nicht fürchten, [58] diese zerstreue, wenn du dich ihrer im Krieg bemächtigst, damit sie (durch ihr Schicksal) ihren Nachkommen ein (warnendes) Beispiel und dessen eingedenk seien. [59] Fürchtest du aber von einem Volke Treulosigkeit, so gib ihm auf gleiche Weise (das Bündnis) zurück; denn Allah liebt die Treulosen nicht. [60] Auch mögen sie, die Ungläubigen, nicht meinen, daß sie der Rache Allahs entflohen (über Allah siegten), denn sie vermögen nicht, Allahs Macht zu schwächen. [61] Rüstet euch mit Macht gegen sie, so gut, wie ihr nur könnt, und mit einer Reiterschar, um damit den Feinden Allahs und eueren Feinden und noch anderen außer diesen, die ihr zwar nicht kennt, die aber Allah wohl kennt, Schrecken einzujagen. Was ihr zur Verteidigung der Religion Allahs ausgebt, soll euch wieder bezahlt (ersetzt) werden; es wird euch kein Unrecht geschehen (kein Schaden treffen). [62] Sind sie aber zum Frieden geneigt, so sei auch du dazu geneigt und vertraue nur auf Allah; denn er hört und weiß alles. [63] Suchen sie aber dich zu hintergehen, so ist Allah dir Genugtuung. Er ist es ja, der dich stärkt mit seiner Hilfe und mit der Hilfe der Gläubigen, [64] deren Herzen er (in glaubensgemeinschaftlicher Liebe) vereinigt hat. Hättest du auch alle Schätze der Erde verschwendet, so hättest du doch nicht ihre Herzen vereinigen können; aber Allah hat sie vereinigt, denn er ist allmächtig und weise. [65] O Prophet, Allah und die Gläubigen, welche dir folgen, sind dein Genüge.

[66] Rege, o Prophet, die Gläubigen zum Kampf an; denn zwanzig standhaft Ausharrende von euch werden zweihundert besiegen, und hundert von euch werden tausend Ungläubige besiegen; denn diese sind ein unverständiges Volk. [67] Allah hat es euch leicht gemacht, denn er wußte wohl, daß ihr schwach seid; hundert standhaft Ausharrende von euch werden mit dem Willen Allahs zweihundert, und tausend von euch zweitausend besiegen; denn Allah ist mit den standhaft Ausharrenden. [68] Es wurde noch keinem Propheten erlaubt, Gefangene zu machen (statt sie zu töten), oder er müßte denn eine große Niederlage unter den Ungläubigen auf der Erde angerichtet haben[27]. Ihr sucht nur die irdischen Güter, aber Allah setzt das zukünftige Leben als Endzweck, und Allah ist allmächtig und allweise. [69] Wäre nicht eine Offenbarung herabgekommen, so hätte euch wahrlich schwere Strafe für das, was ihr nahmt[28], getroffen; [70] nun aber genießt das, was ihr erbeutet habt, auf erlaubte und gute Weise und fürchtet Allah; denn Allah ist verzeihend und barmherzig.

[71] Sage, o Prophet, zu den Gefangenen, die in euerer Gewalt sind: »Wenn Allah irgend etwas Gutes in eueren Herzen bemerkt[29], so wird er euch für das, was er euch genommen hat, weit Besseres geben und euch verzeihen; denn Allah ist verzeihend und barmherzig. [72] Wollen sie aber versuchen, dich zu täuschen, so haben sie zuerst Allah getäuscht, und darum hat er sie in deine Macht gegeben; denn Allah ist allwissend und allweise. [73] Diejenigen aber, welche glauben und für die Religion Allahs ausgewandert (aus ihren Häusern geflohen) sind und mit ihrem Vermögen und ihrem Leben für sie gekämpft haben, und die, welche dem Propheten und den Gläubigen einen Zufluchtsort gegeben und ihm beigestanden haben, die sollen einander als nächste (Schutz-)Verwandte betrachten[30]; doch die, welche nur gläubig gewesen, aber nicht ausgewandert sind, die sollen durchaus in keinem Verwandtschaftsverhältnisse zu euch stehen, bis sie auch ausgewandert (aus Religionsgründen in

[27] Solange der Islam noch auf schwachen Füßen stand, war die größte Strenge gegen die gefangenen Feinde geboten; später erst, als der Islam hinreichend ausgebreitet war, durften die Gefangenen am Leben bleiben. [28] Nämlich weil sie in der Schlacht von Bedr alle Beute und von den Gefangenen Lösegeld nahmen oder sie als Sklaven verkauften, wozu ihnen damals keine Erlaubnis gegeben war; diese kam erst später durch Offenbarung nach. [29] Wenn sie bereuen und den Islam annehmen. Die Strenggläubigen verlangen noch heute Übertritt zum Islam. [30] Sie sollen folglich auch einander beerben können. Diese Verfügung ist aber am Ende dieser Sure wieder eingeschränkt. Vermutlich eine spätere Ergänzung.

Not) sind. Wenn sie aber der Religion wegen um Beistand bitten, so habt ihr Hilfe zu leisten, ausgenommen gegen ein Volk, mit dem ihr ein Freundschaftsbündnis geschlossen habt; denn Allah sieht alles, was ihr tut. [74] Die Ungläubigen aber könnt ihr nur als Verwandte untereinander betrachten[31]; tätet ihr das aber nicht, so gäbe dieses Veranlassung zur Uneinigkeit und zu großem Verderben auf der Erde. [75] Die, welche geglaubt haben und ausgewandert sind und für die Religion Allahs gekämpft haben und die dem Propheten und den Gläubigen einen Zufluchtsort gegeben und ihnen beigestanden haben, das sind wahre Gläubige. Sie finden Vergebung und ehrenvolle Versorgung. [76] Und die, welche nachher erst geglaubt haben und mit euch vereint gekämpft haben und ausgewandert sind, auch diese gehören zu euch. Doch sollen die Blutsverwandten, nach ihren verschiedenen Graden, Fremden (auch den Schutzverwandten) gegenüber, als die allernächsten Verwandten betrachtet werden[32]. So ist es Vorschrift Allahs, und Allah kennt alle Dinge.

[31] Auch die Ungläubigen stehen zueinander und haben Schutzverwandtschaften gebildet. Der Gläubige halte sich von ihnen fern. [32] Im Erbrecht und in anderer rechtlicher Stellung bleiben aber die Blutsverwandten verschiedenen Grades den Glaubensschutz-(Wahl-) Verwandten im Vorzug. Diese rücken nicht zu Blutsverwandten auf. So übersetzten bereits Sale und Dr. L. Ullmann (1840) sowie die modernste Korandeutung unserer Zeit im Gegensatz zu vielen andern. Vers [76] schränkt Vers [73] wieder ein.

NEUNTE SURE

Die Buße[1] (Al-Tauba) *offenbart zu Medina*

[1] Die Befreiung (Schuldentlastung, Verpflichtungslossprechung) wird von Allah und seinem Gesandten den Götzendienern erklärt, mit denen ihr ein Bündnis (Vertrag) geschlossen habt[2]. [2] Geht nur vier Monate[3] frei im Land umher; aber wißt, daß ihr die Kraft Allahs nicht schwächen (seine Pläne nicht vereiteln) könnt. Allah wird vielmehr die Ungläubigen zuschanden machen. [3] Von Allah und seinem Gesandten wird hiermit den Menschen Anzeige

[1] So genannt, weil darin den Feinden vier Monate Zeit gegeben wird, ihre Sünden zu bereuen. Einige Übersetzer nennen diese Sure nach dem Anfangswort derselben: »Die Befreiung.« Übrigens ist diese Sure die einzige, bei welcher die Segensformel: »Im Namen Allahs, des Allbarmherzigen« fehlt. [2] Nach einigen Kommentatoren ist die Frist von vier Monaten hierunter zu verstehen, während welcher jede Feindseligkeit aufhört; nach anderen gerade umgekehrt, die Zeit nach diesen vier Monaten, in welcher die Gläubigen von ihrem eingegangenen Bündnis freigesprochen werden. Diese Frist gewährte Mohammed den Mekkanern nach der Einnahme von Mekka. [3] Diese vier Monate sind der 10., 11., 12. und 1. des mohammedanischen Jahres.

getan, daß Allah und sein Gesandter am Tage der großen Wallfahrt von Götzendienern ledig sein werden[4]. Bereut ihr aber, so wird es besser um euch stehen; wenn ihr aber wieder zurückfallt, dann wißt, daß ihr Allahs Macht nicht schwächen könnt. Verkünde den Ungläubigen qualvolle Strafe. [4] Nur den Götzendienern, mit welchen ihr in ein Bündnis getreten seid und die in keiner Weise ihr Bündnis gegen euch verletzen und niemandem gegen euch Beistand leisten, diesen müßt ihr das Bündnis treulich bis zur bestimmten Zeit[5] bewahren; denn Allah liebt die, welche ihn fürchten. [5] Sind aber die heiligen Monate, in welchen jeder Kampf verboten ist, verflossen, dann tötet die Götzendiener, wo ihr sie auch finden mögt; oder nehmt sie gefangen oder belagert sie und lauert ihnen auf allen Wegen auf. Bereuen (bekehren) sie (sich) dann, verrichten das Gebet zur bestimmten Zeit und geben Almosen, dann laßt sie frei ausgehen; denn Allah ist verzeihend und barmherzig. [6] Und wenn einer von den Götzendienern Schutz bei dir sucht, so muß du ihm Schutz gewähren, damit er Allahs Wort höre; und dann mußt du ihn an den Ort seiner Sicherheit gelangen lassen[6]. Dies mußt du deshalb tun, weil sie ja Leute sind, welchen die Wahrheit nicht offenbart wurde.

[7] Wie können aber Götzendiener in ein Bündnis mit Allah und seinem Gesandten treten? Nur diese können es, mit welchen ihr im heiligen Tempel ein Bündnis abgeschlossen habt; solange diese nun fest daran halten, so lange müßt auch ihr fest daran halten; denn Allah liebt die, welche ihn fürchten. [8] Wie können sie aber ein Bündnis mit euch schließen, da sie doch, wenn sie eurer mächtig wären, euch weder Verwandtschaftsliebe noch Bundestreue bewahrten? Mit ihrem Munde zwar suchen sie euch zu gefallen, doch ihre Herzen sind euch abgewendet; die meisten von ihnen sind Übeltäter. [9] Für geringen Preis verkaufen sie die Zeichen Allahs und halten andere von seinem Weg ab; wahrlich, nur Böses ist es, was sie tun. [10] Sie halten den Gläubigen keine Verwandtschaft und keine Bundestreue, denn sie sind Frevler. [11] Wenn sie sich jedoch bekehren und das Gebet zur bestimmten Zeit verrichten und Almosen geben, so sind sie durch die Religion euch Brüder geworden. So machen

[4] Es wird kein Götzendiener der heiligen Moschee von Mekka mehr nahe kommen. [5] Bis zur Zeit, welche im Traktate festgesetzt ist, oder auch bis nach Ablauf der heiligen Zeit, in welcher kein Blut vergossen werden darf. [6] Wenn er sich durch Anhörung des Wortes Allahs nicht vom Islam überzeugen lassen kann, dann mußt du ihm sicheres Geleit geben.

wir unsere Zeichen einem verständigen Volke deutlich. [12] Wenn sie aber, nachdem sie ein Bündnis geschlossen haben, dasselbe verletzen und euere Religion lästern, dann bekämpft die Häupter des Unglaubens, von welchen doch keine Treue zu erwarten ist, damit sie ferner von Verrat ablassen. [13] Wollt ihr nicht gegen ein Volk kämpfen, das seinen Eid der Treue bricht und damit umgeht, den Gesandten zu vertreiben, und das ohne Veranlassung euch zuerst angreift? Oder fürchtet ihr dieses Volk? Wahrlich, besser wäre es, ihr fürchtetet nur Allah, wenn ihr wahre Gläubige sein wollt; [14] darum greift es nur an, und Allah wird es in euere Hände geben und mit Schmach bedecken. Er wird euch wider dasselbe beistehen [15] und die Herzen eines gläubigen Volkes heilen und den Unwillen ihres Herzens hinwegnehmen; denn Allah wendet sich zu, wem er will. Allah ist allwissend und allweise. [16] Oder glaubt ihr, daß ihr verlassen seid und daß Allah diejenigen unter euch nicht kenne, welche für seine Religion kämpften und keinen andern, außer Allah und seinen Gesandten, anerkannten? Daß er nicht die treuen Freunde der Gläubigen kenne? Nein, Allah ist all euer Tun wohlbekannt.

[17] Es ziemt sich nicht, daß die Götzendiener den heiligen Tempel Allahs besuchen (erhalten und auch pflegen), da diese ja, durch ihren Unglauben, doch nur Zeugnis wider sich selbst ablegen. Die Werke dieser Leute sind vergebens, und sie bleiben auf ewig im Höllenfeuer. [18] Nur diese dürfen Allahs heiligen Tempel besuchen, die an Allah und den Jüngsten Tag glauben und das Gebet verrichten und Almosen geben und nur Allah allein fürchten; denn diese gehören zu den Rechtgeleiteten. [19] Glaubt ihr denn, daß es besser ist, den Wallfahrern zu trinken zu geben und den heiligen Tempel zu besuchen als an Allah und den Jüngsten Tag zu glauben und für die Religion Allahs zu kämpfen[7]? Nein, bei Allah steht dies nicht gleich, und Allah leitet ein frevelhaftes Volk nicht. [20] Die, welche geglaubt und für die Religion Allahs ihr Vaterland verlassen und mit ihrem Vermögen und Leben für sie gekämpft haben, diese erhalten eine hohe Stufe der Glückseligkeit bei Allah; und nur diese werden glücklich sein. [21] Ihnen verkündet der Herr Barmherzigkeit und Wohlgefallen und Gärten mit dauerhaften Freuden,

[7] Diese Worte wurden gesagt, als die Moslems den Al-Abbas, Oheim des Mohammed, gefangennahmen und ihn wegen seines Unglaubens bitter tadelten; da sagte dieser: Ihr seht nur auf unsere bösen, aber nicht auf unsere guten Handlungen, denn wir besuchen den Tempel zu Mekka und geben den Pilgrimen aus dem Brunnen Semsem zu trinken.

[22] und ewig sollen sie darin bleiben; denn bei Allah ist großer Lohn. [23] O Gläubige, erkennt weder euere Väter noch Brüder als Freunde an, wenn sie den Unglauben dem Glauben vorziehen. Wer aber von euch sie dennoch zu Freunden annimmt, der gehört zu den Übeltätern. [24] Sprich: »Wenn euere Väter und euere Kinder und euere Brüder und euere Frauen und euere Verwandten und euer Vermögen, welches ihr erworben habt, und euere Waren, von denen ihr fürchtet, daß sie keine Käufer finden werden, und euere Wohnungen, die euch so erfreuen, wenn diese euch lieber als Allah und sein Gesandter und der Kampf für seine Religion sind, dann wartet nur, bis Allah sein Wort erfüllt[8]; Allah leitet ein frevelhaftes Volk nicht.«

[25] In vielen Gefechten schon stand Allah euch bei, namentlich am Tage der Schlacht bei Honein[9], als ihr stolz auf euere größere Anzahl blicktet; diese aber konnte euch nichts helfen, und die sonst so weite Erde ward euch zu enge[10], und ihr wicht und flüchtetet. [26] Da zeigte Allah endlich seinem Gesandten und den Gläubigen seine fürsehende Allgegenwart und sandte Heere, die ihr nicht sehen konntet (seine unsichtbaren Engel), und strafte die Ungläubigen. Das war der Lohn der Ungläubigen. [27] Doch darauf wird Allah sich wieder wenden, zu wem er will; denn Allah ist versöhnend und barmherzig. [28] O Gläubige, wahrlich die Götzendiener sind als unrein zu betrachten, und sie dürfen daher, wenn dieses Jahr[11] vorüber ist, sich dem heiligen Tempel nicht mehr nähern. Seid ihr aber bange, daß dadurch Armut entstehe[12], so wißt, daß Allah, wenn er nur will, euch mit seinem Überfluß reich machen kann; denn Allah ist allwissend und allweise. [29] Bekämpft diejenigen der Schriftbesitzer, welche nicht an Allah und den Jüngsten Tag glauben und die das nicht verbieten, was Allah und sein Gesandter verboten haben, und sich nicht zur wahren Religion bekennen, so lange, bis sie ihren Tribut in Demut entrichten (und sich unterwerfen).

[8] Bis seine Strafe eintrifft. [9] Die Schlacht bei Honein (Hunen), einem Tale sechs Kilometer von Mekka, gegen die Stämme Hawazen und Takif, fiel ins 8. Jahr der Flucht: dritter Kriegszug Mohammeds. Der Feind war nur 4000 und die Moslems 12 000 Mann stark, dennoch siegte anfangs das feindliche Heer, und die Anhänger Mohammeds ergriffen die Flucht. Nur Mohammed hielt mit einigen wenigen stand. Als man sich nach und nach wieder sammelte, da warf Mohammed eine Handvoll Staub dem Feind entgegen, wodurch dieser mit göttlicher Hilfe völlig besiegt wurde. [10] Indem der Feind von allen Seiten angriff. [11] Das neunte Jahr der Flucht. Zufolge dieses Verbotes wurde Heiden, Christen und Juden der Besuch Mekkas versagt. [12] Indem der Handelsverkehr mit Fremden durch dieses Verbot gänzlich aufhört.

[30] Die Juden sagen: Esra ist der Sohn Gottes[13]; und die Christen sagen: Christus ist der Sohn Gottes. Sie sprechen das nur mit dem Mund und gedankenlos so, wie die Ungläubigen, welche vor ihnen lebten, zuvor geredet haben. Allah wird sie schon ihrer Lügen wegen strafen. [31] Sie erkennen, außer Gott und Christus, den Sohn der Maria, ihre Rabbinen und Mönche als ihre Herren an[14], obwohl ihnen doch geboten ist, nur Allah allein zu verehren; denn außer ihm gibt es keinen Gott. Fern von ihm (zu hehr ist Allah für) das, was sie ihm zugesellen! [32] Sie wollen das Licht Allahs mit ihrem Mund ausblasen, allein Allah wird sein Licht vollkommen machen, sosehr auch die Ungläubigen sich dem widersetzen[15]. [33] Er ist es, der seinen Gesandten mit der Rechtleitung und mit der wahren Religion geschickt hat, welche alle anderen Religionen überstrahlen soll, mögen sich die Götzendiener auch noch so sehr dem widersetzen. [34] O Gläubige, wahrlich viele Priester und Mönche streben darnach, das Vermögen der Leute in Eitelkeit zu verzehren[16], und dadurch leiten sie diese vom Weg Allahs ab. Doch denen, welche Gold und Silber anhäufen und es nicht für die Religion Allahs verwenden, ihnen verkünde schwere Strafe. [35] An jenem Tage des Gerichtes sollen diese Schätze am Feuer der Hölle glühend gemacht und ihre Stirnen, Seiten und Rücken damit gebrandmarkt werden. »Seht das ist es, was ihr für euere Seelen angesammelt habt. Kostet nun das, was ihr aufgespeichert habt.«

[36] Die Zahl der Monate ist nach Göttlicher Vorschrift zwölf im Jahr. So ist es im Buch Allahs aufgezeichnet, seit dem Tag, an welchem er Himmel und Erde geschaffen hat. Vier von diesen Monaten sind heilig. So lehrt es die wahre Religion. In diesen Monaten versündigt euere Seelen nicht; doch die Götzendiener mögt ihr in allen Monaten bekämpfen, so wie sie auch euch in allen angreifen[17], und wißt, daß Allah mit denen ist, welche ihn fürchten. [37] Die Verlegung des heiligen Monats auf einen anderen ist eine Zutat (Vermehrung) des Unglaubens[18]. Die Ungläubigen sind hierin im Irrtum. In dem

[13] Die hohe Verehrung der Juden für Esra, den Wiederhersteller des Gesetzes und der Schrift, ist bei denselben nie so weit gegangen, deshalb den Esra für Gottes Sohn zu erklären. [14] Die Juden verehren außer Gott noch ihre Rabbinen, und die Christen außer Christus auch ihre Mönche. [15] So heißt diese Stelle wörtlich, deren Sinn übrigens klar ist. [16] Einige verstehen Bestechung hierunter; wahrscheinlicher aber ist, daß auf die für Geld zu erkaufenden Dispense aller Art angespielt wird. [17] Siehe zweite Sure [218]. [18] Die Ausleger sagen, daß es Sitte der alten heidnischen Araber gewesen sei, den heiligen Monat Moharam nach Belieben mit dem folgenden Monate Safar zu vertauschen, was Mohammed hier verbietet. Ullmann scheint die ganze Stelle gegen die Juden gerichtet zu sein,

einen Jahr erlauben und in dem anderen Jahre verbieten sie einen Monat, damit sie mit der Zahl der Monate, welche Allah geheiligt hat, übereinstimmen, und so erlauben sie gerade das, was Allah verboten hat; darum ist das Übel für ihr Tun (das ihnen gottgefällig erscheint) ihnen schon bereitet; denn Allah leitet nicht ein ungläubiges Volk. [38] O Gläubige, was fehlte euch, als zu euch gesagt wurde: Geht hinaus und kämpft für die Religion Allahs, daß ihr euch unwillig zur Erde neigtet[19]? Habt ihr mehr Gefallen an diesem als an dem zukünftigen Leben? Wahrlich, die Versorgung (genußvolle Freude) in diesem Leben ist gegen die des zukünftigen nur als sehr gering zu achten. [39] Wenn ihr nicht zum Kampf auszieht, wird euch Allah mit schwerer Strafe belegen und ein anderes Volk an euere Stelle setzen. Ihm werdet ihr nicht schaden können; denn Allah ist aller Dinge mächtig. [40] Wenn ihr ihm (Mohammed) nicht helft, wird Allah ihm helfen, wie er ihm auch schon früher geholfen hat, als ihn die Ungläubigen vertrieben und er nur noch mit einem zweiten in der Höhle war[20] und zu seinem Gefährten sagte: »Sei nicht traurig, denn Allah ist mit uns.« Da sandte Allah seine allgegenwärtige Fürsehung über ihn und stärkte ihn mit Scharen, die ihr nicht sehen konntet (mit Engeln). Und so erniedrigte er das Wort der Ungläubigen und erhöhte das Wort Allahs; denn Allah ist allmächtig und allweise.

[41] Zieht in den Kampf, leicht und schwer[21], und kämpft mit Gut und Blut für die Religion Allahs; dies wird besser für euch sein, wenn ihr es nur einsehen wollt. [42] Wäre ein Vorteil nahe und die Reise bequem gewesen, so wären sie dir gefolgt; aber der Weg schien ihnen zu beschwerlich, und dennoch schwuren sie bei Allah: »Wenn wir gekonnt hätten, so wären wir mit euch gezogen.« So

die, um ihr Mondjahr mit dem Sonnenjahr in Einklang zu bringen, alle neunzehn Jahre sieben Schaltjahre einsetzten, wovon jedes aus dreizehn Monaten besteht und wodurch alle Fest- und Feiertage um einen ganzen Monat hinausgeschoben werden. Wahl übersetzt: Die Verlegung eines heiligen Monats auf einen anderen Monat hilft den Unglauben verwehren; dies ist wahrscheinlich ein Druckfehler und soll heißen: vermehren. [19] Wörtlich: daß ihr euch schwerfällig zur Erde neiget; bildlicher Ausdruck für: sich nicht von der Stelle bewegen wollen. Dies wurde als Kampfansage gesagt bei Gelegenheit des Kampfes bei Tabuk – einer Stadt halbwegs gelegen zwischen Medina und Damaskus –, welchen Mohammed mit einem Heer von 30 000 Mann im neunten Jahre der Hedschra gegen die Griechen unter Heraklius unternahm. Mit dem größten Widerwillen zogen die Mohammedaner aus, weil der Angriff in der größten Sommerhitze und bei großer Dürre unternommen wurde, wodurch sie manche Not auszustehen hatten. [20] Wörtlich: als er der zweite von zweien war. Als die Mekkaner ihn vertrieben, da folgte ihm als einziger Abu Bekr. [21] So wörtlich. Wahl erklärt es mit: arm oder reich; Savary mit: jung oder alt. Ullmann: Mit Fußvolk und Reiterei. Ich meine: leicht- und schwerbewaffnet.

stürzen sie selbst ihre Seelen ins Verderben; denn Allah weiß es wohl, daß sie Lügner sind. [43] Möge es dir Allah vergeben! Warum auch hast du ihnen nachgegeben[22], bevor du die Wahrhaftigen von den Lügnern unterscheiden konntest? [44] Die, welche an Allah und den Jüngsten Tag glauben, werden dich nicht um Entlassung bitten, wenn sie mit Glut und Blut kämpfen sollen. Allah kennt die, welche ihn fürchten. [45] Nur die werden dich um Entlassung bitten, welche nicht an Allah und den Jüngsten Tag glauben und deren Herz noch Zweifel über die wahre Religion hegt und die daher von ihren Zweifeln hin und her geworfen werden. [46] Hätten sie auch nur den Willen gehabt, in den Kampf zu ziehen, so würden sie sich doch wenigstens gerüstet haben. Ihrem Auszug jedoch war Allah entgegen, und darum machte er sie träge, und es ward ihnen gesagt: »Bleibt stillsitzen mit den Stillsitzenden[23].« [47] Wenn sie aber auch mit euch gezogen wären, so würden sie euch nur zur Last gewesen sein; denn sie hätten, unter euch hin und her laufend, euch zur Uneinigkeit reizen wollen, und manche unter euch hätten auf sie gehört; denn Allah kennt die Bösewichter. [48] Auch früher schon haben sie zur Empörung angereizt und deine Angelegenheiten verwirrt, bis sich die Wahrheit und der Wille Allahs in ganzer Klarheit gezeigt haben, wiewohl sie sich dem widersetzt hatten. [49] Mancher von ihnen sagt zu dir: »Entlaß mich doch und bring mich nicht in Versuchung[24].« Fallen sie denn zu Hause nicht in Versuchung? Doch die Hölle wird die Ungläubigen umfassen. [50] Bist du glücklich (trifft dich Glück), so betrübt sie das; befällt dich aber Unheil, so sagen sie: »Wir haben unsere Angelegenheiten schon früher gesichert[25]« und wenden dir den Rücken und freuen sich deines Unheils. [51] Sprich: »Nichts befällt uns, als was Allah uns bestimmt hat[23]. Er ist unser Beschützer, und auf Allah mögen die Gläubigen vertrauen.« [52] Sprich: »Erwartet ihr wohl, daß uns eines der beiden herrlichsten Dinge treffen werde (Sieg oder Tod für den Glauben)? Doch wir erwarten für euch, daß euch Allah mit Strafe heimsucht, sei es unmittelbar durch ihn selbst oder durch

[22] Mohammed hatte tatsächlich einige entlassen, die sich auf diese Weise bei der genannten Schlacht bei Tabuk zu entschuldigen und zu entfernen suchten. Das wird ihm hier zum Vorwurf gemacht. [23] Bleibt daheim bei den Weibern, Kindern und Schwachen. Hier bezieht sich Mohammed wieder auf Fatalismus, welcher alle Willensfreiheit aufhebt und alle durch freies Denken und Wollen sich äußernden Handlungen des Menschen auf Vorherbestimmung Allahs zurückführt. [24] Durch Verrat oder sonstige Vergehen, wozu ich mich, wenn wider Willen zum Kampfe gezwungen, genötigt sehe. [25] Dadurch, daß wir zu Hause blieben und uns vom Kampfe fernhielten.

unsere Hand. Wartet daher nur auf den Ausgang, und wir wollen mit euch warten.« [53] Sprich: »Spendet nur, freiwillig oder gezwungen, euer Vermögen zu guten Zwecken, nichts wird jedoch angenommen, weil ihr ein frevelhaftes Volk seid.« [54] Aus keinem anderen Grunde werden diese Ausgaben (Spenden) nicht angenommen, nur weil sie nicht an Allah und seinen Gesandten glauben und nur mit Trägheit das Gebet verrichten und nur mit Widerwillen sich zu diesen Ausgaben bequemen. [55] Wundere dich nicht über ihren Reichtum und über ihre Kinder; denn Allah will sie durch dieses Leben bestrafen (i. e. lohnen), so ihre Seelen verderben, weil sie Ungläubige sind[26]. [56] Sie schwören zwar bei Allah, daß sie zu euerem Glauben gehören; sie gehören aber nicht zu euch; nur weil diese Leute sich vor euch fürchten, sagen sie so. [57] Wenn sie nur einen Zufluchtsort finden können, eine Höhle oder sonst ein Versteck (Schlupfloch), so werden sie sich dahin wenden, und zwar in ungestümer Hast und ungesäumt. [58] Es gibt auch Leute unter ihnen, die über deine Almosen(-Verteilung) Übles reden. Solange sie Teil daran bekommen, sind sie wohl damit zufrieden; sobald sie aber nichts davon erhalten, sind sie unwillig. [59] Doch besser wäre es, sie zeigten sich zufrieden mit dem, was Allah und sein Gesandter ihnen geben, und sagten: »Uns genügt Allah und das, was Allah uns in seiner Gnade und was uns sein Gesandter gibt, und nur zu Allah senden wir unsere Gebete.«

[60] Die Almosen gehören nur den Armen und Bedürftigen und denen, welche sich mit deren Austeilung befassen, und denen, deren Herz sich bekehrt hat[27], und sie dienen zur Auslösung der Gefangenen und für die, welche ihre Schulden nicht bezahlen können, und für die Förderung der Religion Allahs (den Religionskrieg), und für den Wanderer[28]. So ist es die Anordnung Allahs, und Allah ist allwissend und allweise. [61] Einige von ihnen verleumden den Propheten und sagen: »Er ist leichtgläubig[29].« Sprich: »Zu euerem Be-

[26] Die Frage, warum es oft dem Tugendhaften schlecht und dem Gottlosen wohl ergehe, wird in unzähligen Schriften des Judentums dahin beantwortet: Da kein Mensch ohne Sünden und auch keiner ohne irgendeine Tugend ist, so wolle Gott, um dem Tugendhaften in jenem Leben die ungestörteste Glückseligkeit zu bereiten, ihn für seine wenigen Sünden hier bestrafen, und den Bösen, um ihm dort nur sein Böses zu vergelten, die Belohnung seiner wenigen Tugenden durch irdisches Glück in diesem Leben geben. Mit dieser Lehre ist Mohammed hier wie an anderen Stellen einverstanden. [27] Für die Feinde des Islams, die sich aber zu diesem bekehrt haben; auf diese Weise sucht Mohammed seiner Religion Anhänger zu verschaffen. [28] Vergleiche zweite Sure [216]. Wörtlich: dem Sohn des Weges; das heißt: dem Wanderer, Bettler, Pilger. [29] Wörtlich: Er ist ein Ohr. Mohammeds Landsleute machen ihm Vorwürfe, daß er so vieles den Juden und Christen für wahr nacherzähle, welchen Vorwurf er hier zurückweist.

sten ist er leichtgläubig. Er glaubt an Allah und glaubt den Gläubigen und erzeigt Barmherzigkeit denen unter euch, welche glauben«; doch die, welche den Gesandten Allahs verleumden, erhalten schwere Strafe. [62] Sie schwören euch bei Allah, daß sie streben wollen, euch (den Gläubigen) zu gefallen; doch wahrhaftiger wäre es, wenn sie Allah und seinem Gesandten zu gefallen suchten, wenn sie Gläubige sein wollen. [63] Wissen sie denn nicht, daß dem, welcher Allah und seinem Gesandten sich widersetzt, das Höllenfeuer zuteil wird und er ewig darin bleibt? Und solches ist wahrlich große Schmach. [64] Die Heuchler fürchten, es möchte gegen sie eine Sure offenbart werden, welche das enthüllt, was in ihrem Herzen ist. Sprich: »Spottet nur, Allah wird schon das ans Licht bringen, dessen Entdeckung ihr fürchtet.« [65] Und wenn du sie über die Ursache ihres Spottes fragst, so sagen sie: »Wir sprechen und scherzen nur untereinander (und sprechen nicht von dir und deiner Religion).« Sprich: »Wolltet ihr auch Allah und seine Zeichen und seinen Gesandten verspotten? [66] Sucht nicht, euch zu entschuldigen, denn ihr seid Ungläubige geworden, nachdem ihr Gläubige gewesen seid. Wenn wir auch einem Teil von euch verzeihen, so wollen wir doch den anderen bestrafen, weil er aus Übeltätern besteht.«

[67] Heuchlerische Männer und Frauen sind sie, die einen wie die anderen, sie halten zueinander. Sie gebieten nur, was böse (Verwerfliches), und verbieten, was recht und billig ist, und verschließen dem Armen ihre Hände. Sie haben Allah vergessen, darum vergißt er auch sie; denn die Heuchler sind Frevler. [68] Den Heuchlern, seien sie Männer oder Frauen, und den Ungläubigen verspricht Allah das Feuer der Hölle, und ewig sollen sie darin bleiben. Dies sei ihre Genugtuung (Strafe). Allah verflucht sie, und ständig dauernde Strafe trifft sie. [69] Ihr seid wie die, welche vor euch gewesen sind. Sie waren mächtiger als ihr und reicher an Vermögen und Kindern, und sie erfreuten sich ihres Anteils (Loses) in dieser Welt. So erfreut ihr euch auch des eurigen, wie die vor euch des ihrigen sich erfreuten, und ihr befaßt euch mit schlechten Reden, wie es jene taten. Eitel ist ihr Tun (Werk) in dieser und in jener Welt. Sie gehören zu denen, welche untergehen. [70] Ist ihnen denn die Geschichte derer, welche vor ihnen gelebt haben, unbekannt? Nämlich die Geschichte des Volkes des Noah, Ad, Thamud und Abraham und der Bewohner von Midian und der umgestürzten (zerstörten) Städte (Sodom und

Gomorrha)? Ihre Gesandten kamen zu ihnen mit deutlichen Beweisen. Allah wollte ihnen kein Unrecht tun, sie haben aber gegen sich selbst unrecht gehandelt. [71] Nur die gläubigen Männer und die gläubigen Frauen sind untereinander Freunde, sie gebieten nur, was recht, und verbieten, was unrecht ist, und sie verrichten das Gebet und geben Almosen und gehorchen Allah und seinem Gesandten. Ihnen ist Allah barmherzig; denn Allah ist allmächtig und allweise. [72] Den gläubigen Männern und Frauen hat Allah Gärten versprochen, von Flüssen durchströmt; in diesen Gärten werden sie ewig wohnen. Eine köstliche Wohnung ist dort in Edens Gärten[30], doch noch köstlicher für sie ist das Wohlgefallen Allahs. Das ist eine große Glückseligkeit.

[73] Du, o Prophet, kämpfe gegen die Ungläubigen und die Heuchler und sei streng gegen sie. Ihre Wohnung wird die Hölle sein. Eine schlimme Reise ist es dorthin. [74] Sie schwören zwar bei Allah, daß sie nichts Böses reden, und doch haben sie Reden des Unglaubens geführt und wurden ungläubig, nachdem sie den Islam angenommen hatten, und haben Pläne geschmiedet, die sie aber nicht ausführen konnten[31], und ließen sie nur deshalb fahren, weil Allah in seiner Güte und der Prophet ihnen Reichtum gewährten. Wenn sie zurückkehren (bereuen), wird es besser für sie sein; fallen sie aber wieder ab, wird sie Allah mit schwerer Strafe in dieser und in jener Welt heimsuchen, und sie werden auf der Erde keinen Beschützer und keinen Helfer finden. [75] Einige von ihnen haben ein Bündnis mit Allah geschlossen, wobei sie sprachen: »Wenn er uns von seiner Güte reichlich gibt, so wollen wir gerecht sein (Almosen geben) und einen gerechten Wandel führen.« [76] Als ihnen nun Allah von seiner Güte reichlich gegeben hatte, da wurden sie geizig und traten zurück und wichen weit ab. [77] Er selbst ließ Heuchelei in ihre Herzen kommen bis zu jenem Tag, an welchem sie ihm begegnen werden, weil sie Allah nicht hielten, was sie ihm versprachen, und gelogen haben. [78] Wissen sie denn nicht, daß Allah ihre Geheimnisse und ihre geheimen Reden und daß Allah überhaupt alle

[30] 1. B. Mos. 2, 8: der glückliche Aufenthaltsort des ersten Menschenpaares, welcher Ort zur Bezeichnung des jenseitigen glückseligen Aufenthalts gebraucht wird, von dem sich aber Juden und Moslems verschiedene Vorstellungen machen. [31] Einige der Kommentatoren sagen, man habe Mohammed bei seiner Rückkehr von dem Kampfe zu Tabuk umbringen, andere, man habe ihn von Medina verjagen wollen. Letzteres scheint der Nachsatz zu begründen, denn der Aufenthalt Mohammeds zu Medina war der Stadt sehr vorteilhaft.

Geheimnisse kennt? [79] Diejenigen, welche solche Gläubige verspotten, welche mit Almosen freigebig sind, und solche, welche weiter nichts geben können, als was sie (kümmerlich) durch ihren Fleiß verdienen, die wird Allah einst verspotten; auf sie wartet schwere Strafe. [80] Es steht sich gleich, ob du um Verzeihung für sie bittest oder nicht. Und wenn du auch siebzigmal für sie bittest, so wird ihnen Allah doch nicht vergeben; weil sie nicht an Allah und seinen Gesandten glaubten und weil Allah ein frevelhaftes Volk nicht leitet. [81] Die, welche vom Zuge nach Tabuk zurückblieben, freuten sich daheim, daß sie dem Gesandten Allahs nicht gefolgt waren, und weigerten sich, mit Gut und Blut für die Religion Allahs zu kämpfen. Sie sagten: »Zieht doch in der Hitze nicht aus[32].« Sprich: »Das Feuer der Hölle wird noch weit heißer sein.« Möchten sie das doch einsehen! [82] Laß sie nur noch ein wenig lachen, sie werden einst weit mehr weinen, zur Strafe für das, was sie getan haben. [83] Wenn Allah dich wieder zu einem Teile von ihnen zurückbringt[33] und sie dich dann bitten, mit ausziehen zu dürfen, dann sage: »Ihr sollt nimmer mit mir in den Kampf ziehen und keinen Feind mit mir angreifen; da es euch gefallen hat, das erstemal zu Hause zu bleiben, so bleibt auch jetzt bei denen, welche zurückbleiben.« [84] Wenn einer von diesen stirbt, so bete nicht für ihn und stehe auch nicht an seinem Grabe[34]; weil er nicht an Allah und seinen Gesandten glaubte und als Frevler starb. [85] Wundere dich nicht über ihr Vermögen und über ihre Kinder; denn Allah will sie gerade mit dieser Welt bestrafen, weil ihre Seele Abschied nehmen muß; sie sind Ungläubige. [86] Wäre ihnen eine Sure offenbart worden, worin es hieße: Glaubt an Allah und zieht mit seinem Gesandten zum Kampf; so würden doch die Begüterten unter ihnen dich gebeten und zu dir gesagt haben: »Laß uns doch bei denen bleiben, die zu Hause sitzen«; [87] es gefällt ihnen besser, bei den Zurückbleibenden zu verharren. Ihre Herzen sind versiegelt, darum haben sie keine Einsicht. [88] Doch der Gesandte und die, welche mit ihm glauben, haben mit Gut und Blut gekämpft; daher erhalten sie Gutes und werden glücklich sein. [89] Allah hat ihnen Gärten bereitet, von Wasserbächen durchströmt, und in diesen Gärten werden sie ewig bleiben. Das ist eine große Glückseligkeit!

[32] Siehe oben neunte Sure, Vers [38], Note 19. [33] Wenn du glücklich und wohlbehalten aus der Schlacht von Tabuk nach Medina zu diesen Heuchlern zurückkommst. [34] Verweigere ihm die gebräuchlichen letzten Ehrenbezeigungen.

[90] Es kamen manche Araber (aus der Wüste) mit Entschuldigungen und Ausflüchten; sie baten, sie doch zu Hause zu lassen; und sie blieben auch, Allah und seinen Gesandten verleugnend, zu Hause. Doch qualvolle Strafe wird diese Ungläubigen treffen. [91] Die Schwachen, Kranken und Armen, die nichts leisten (aufwenden) können, haben keine Sünde, wenn sie zu Hause bleiben, wenn sie es nur mit Allah und seinem Gesandten treu meinen. Gegen die Rechtschaffenen ist keine Veranlassung, zu zürnen; denn Allah ist verzeihend und barmherzig. [92] Auch die begingen keine Sünde, welche zu dir kamen mit der Bitte, daß du sie mit dem Nötigen versehen mögest[35], und du erwidertest: »Ich habe nichts, um euch damit aushelfen zu können«; worauf sie mit tränenvollen Augen zurückgingen, betrübt darüber, daß sie nichts haben, um zum Kampfe beitragen zu können. [93] Nur die verdienen Tadel, welche, obwohl reich, dich dennoch bitten, zu Hause bleiben zu dürfen. Es gefällt ihnen besser, bei denen zu sein, welche zu Hause sitzenbleiben. Allah hat ihr Herzen versiegelt, darum haben sie keine Einsicht.

[94] Sie werden sich bei euch entschuldigen wollen, wenn ihr zu ihnen zurückkehrt. Sprich: »Entschuldigt euch nicht, denn wir glauben euch doch nicht. Allah hat euer Verhalten uns bereits bekanntgemacht. Allah und sein Gesandter werden euer Tun beobachten; dann werdet ihr vor den gebracht, der ja alles Geheime kennt und alles Offenbare und der euch klar anzeigen wird, was ihr getan habt.« [95] Sie werden, wenn ihr zu ihnen zurückkehrt, euch bei Allah beschwören, daß ihr von ihnen ablassen möchtet[36]. Laßt ab von ihnen, denn sie sind ein Greuel, und die Hölle wird ihre Wohnung sein, zum Lohne dessen, was sie getan haben. [96] Sie beschwören euch, ihr mögt sogar noch Wohlgefallen an ihnen finden. Allein wenn sie euch auch wohl gefallen, so wird doch Allah kein Wohlgefallen an einem frevelhaften Volk finden. [97] Die Araber (die in der Wüste leben) sind sehr hartnäckig in ihrem Unglauben und in ihrer Heuchelei, und es ist leicht zu begreifen, daß sie die Vorschriften, welche Allah seinem Gesandten offenbart hat, nicht kennen[37]. Allah aber ist allwissend und allweise. [98] Da gibt es

[35] Die modernen Kommentatoren verstehen unter »dem mit dem Nötigen Versehen«: für den Kampf mit Waffen ausrüsten, ja sogar beritten machen. [36] Daß ihr sie nicht züchtigen und bestrafen mögt. [37] Durch ihre wilde Lebensweise und ihre Abgeschlossenheit von der gesitteten Außenwelt, aber auch aus Verstocktheit.

auch Araber, die ihre Beiträge[38] als eine gezwungene Schuld (erzwungene Buße) betrachten und daher aufs Ende eueres Glückes (auf euer Mißgeschick) warten[39]; allein sie erwartet ein schlimmes Los; denn Allah hört und weiß alles. [99] Es gibt aber auch solche, die an Allah und den Jüngsten Tag glauben und ihre Beiträge als eine Annäherung zu Allah und dem Gebet des Gesandten betrachten (als Mittel, den Segen des Propheten zu erlangen). Und wie sollte dies auch nicht eine Annäherung für sie sein? Darum wird sie Allah in seine Barmherzigkeit aufnehmen; denn Allah ist gnädig und barmherzig.

[100] An den Häuptern und Anführern der Auswandernden[40] und Hilfeleistenden [41], an denen, welche im Wohltun ihnen folgen, hat Allah Wohlgefallen, und sie finden Wohlgefallen an ihm. Er hat Gärten, von Wasserbächen durchströmt, für sie bestimmt, und ewig werden sie darin bleiben. Dies wird eine große Glückseligkeit sein. [101] Auch unter den Arabern, die um euch herum wohnen, gibt es Heuchler; ja selbst unter den Bewohnern Medinas[42] gibt es hartnäckige Heuchler. Du kennst sie nicht, wir aber kennen sie. Zwiefach wollen wir sie bestrafen[43], und dann wartet auf sie noch größere Strafe. [102] Andere haben ihr Unrecht offen bekannt, und so haben sie eine gute Handlung mit einer bösen vermischt[44]. Vielleicht nimmt Allah sich ihrer wieder an; denn Allah ist versöhnlich und barmherzig. [103] Nimm Almosen von ihrem Vermögen, um sie dadurch zu reinigen und zu entsühnen, und bitte für sie; denn dein Gebet ist ihnen eine Beruhigung, und Allah hört und weiß alles. [104] Wissen sie denn nicht, daß Allah Reue und Almosen seiner Diener gern anerkennt und annimmt und daß Allah versöhnlich und barmherzig ist? [105] Sage ihnen: »Tut (wirkt), was ihr wollt, Allah sieht euer Tun, und ebenso sehen es sein Gesandter und die Gläubigen. Ihr werdet einst zu dem hingebracht werden, welcher alles Geheime und alles Offenbare kennt, und er wird euch klar zeigen, was ihr getan habt.« [106] Andere wieder

[38] Zur Förderung der Religionsverbreitung. [39] Um dadurch sich von ihrem Tribute zu befreien. [40] Das sind die, welche wegen der Religion ihr Vaterland Mekka verlassen hatten. [41] Das sind die Bewohner Medinas, welche Mohammed und seine Anhänger in ihren Schutz aufnahmen. [42] Wörtlich: Stadt; gemeint Stadt des Propheten, Medina, vor Aufnahme des Propheten »Jathrib« genannt. [43] Worin diese doppelte Strafe besteht, darüber sind sich die Ausleger nicht einig. Gemeint ist: besonders hart. [44] Sie waren keine Heuchler und haben ihr Vergehen, nicht mit nach Tabuk gezogen zu sein, offen eingestanden und es nicht zu entschuldigen gesucht. Das Zurückbleiben wird als eine böse, das Geständnis des Unrechts als eine gute Handlung angesehen.

erwarten in Ungewißheit die Bestimmung Allahs, ob er sie bestrafen oder ob er sich wieder zu ihnen wenden werde; Allah ist allwissend und allweise. [107] Andere wieder haben einen Tempel gebaut, um den Gläubigen zu schaden und den Unglauben zu fördern und unter den Gläubigen Spaltungen zu veranlassen, damit er als Hinterhalt diene für den, welcher schon früher gegen Allah und seinen Gesandten gekämpft hat[45], und dennoch schwören sie: »Wir beabsichtigen nur Gutes«; aber Allah wird bezeugen, daß sie lügen. [108] Betritt diesen Ort nie. Es steht dort ein Heiligtum, gegründet auf Gottesfurcht, von dem ersten Tage seines Erbauens an[46]. Geziemender ist es, dieses zu betreten (dort zu stehen). Die Menschen sollen wünschen, in diesem zu sich reinigen; denn Allah liebt die Reinen. [109] Wer ist wohl besser: der sein Gebäude auf die Furcht vor Allah und sein Wohlgefallen gegründet hat oder der, welcher sein Gebäude gründet auf dem Rand einer von Gewässern unterspülten Sandbank, welche mit ihm in das Höllenfeuer stürzt? Ein ungerechtes Volk leitet Allah nicht. [110] Ihr Gebäude, das sie erbaut haben, wird nicht aufhören, so lange Zweifel in ihrem Herzen zu erregen, bis ihre Herzen ganz zerschnitten sind[47]; und Allah ist allweise und allwissend.

[111] Wahrlich, Allah hat das Leben und das Vermögen der Gläubigen dafür erkauft, daß sie das Paradies erlangen, indem sie für die Religion Allahs kämpfen. Mögen sie nun töten oder getötet werden, so wird doch die Verheißung, welche in der Thora, im Evangelium und im Koran enthalten ist, ihnen in Erfüllung gehen. Und wer ist wohl in seinen Verheißungen gewissenhafter als Allah? Freut euch daher eueres Handels (Kaufes), den ihr gemacht habt; denn er bringt große Glückseligkeit. [112] Nur die Bereuenden und die, welche Allah dienen und ihn preisen, und die fasten und die sich (beim Gebet) beugen und ihn verehren und gebieten, was recht, und verbieten, was unrecht ist, und die Verordnungen Allahs beobachten, nur diese erhalten das Paradies. Verkünde das den Gläubigen.

[45] Es wird erzählt, daß, als die Anhänger Mohammeds eine Moschee zu Koba erbaut hatten, seine Gegner einen Gegentempel dort errichteten, unter der Leitung eines christlichen Mönchs, namens Abu Amer, der ein geschworener Feind des Mohammed war und der sogar zur Vernichtung des Mohammed beim Kaiser Heraklius Hilfe suchte. [46] Entweder der erwähnte, von den Anhängern Mohammeds erbaute Tempel zu Koba oder der Tempel zu Medina. [47] So heißt diese Stelle wörtlich. Über deren Bedeutung sind die Ausleger verschiedener Meinung. Die richtige ist wahrscheinlich die: Dieses Gebäude wird so viele Religionszweifel an- und aufregen, daß die Ungläubigen über deren Lösung alle gesunde Vernunft verlieren.

[113] Es ziemt sich nicht für den Propheten und für die Gläubigen, daß sie für die Götzendiener beten, und wären es auch ihre nächsten Verwandten: da es ihnen ja bekannt ist, daß diese Gefährten der Hölle sind. [114] Wenn Abraham für seinen Vater betete, so geschah dies des Versprechens wegen, welches er ihm gemacht[48] hatte. Als er aber einsah, daß sein Vater ein Feind Allahs war, da sprach er sich vom Beten frei (und sagte sich von ihm los), und Abraham war doch gewiß zärtlich und liebevoll. [115] Allah will auch sein Volk, das er recht geleitet hat, nicht in den Irrtum führen, bis er ihm deutlich gemacht hat, was es zu vermeiden hat[49]; denn Allah kennt alle Dinge. [116] Allah gehört das Reich der Himmel und der Erde. Er macht lebendig, und er tötet, und außer Allah habt ihr keinen Beschützer und Helfer. [117] Allah hat sich bereits dem Propheten, den Auswandernden (aus Mekka) und den Hilfeleistenden (aus Medina), die ihm in jener verhängnisvollen Stunde (in den Kampf zu Tabuk) gefolgt sind, gnädig erwiesen, nachdem nur wenig gefehlt hat, daß nicht die Herzen eines Teiles von ihnen von ihrer Pflicht abgewichen wären. Aber Allah wandte sich ihnen gnädig zu; denn er war mitleidig und barmherzig gegen sie. [118] Auch gegen jene drei[50] zeigte er sich gnädig, die im Zweifel waren, ob sie wegen ihres Zurückbleibens begnadigt würden oder nicht, und sich deshalb so fürchteten, daß die Erde, welche doch sonst so weit ist, ihnen zu eng wurde, und ihre Seelen sich so ängstigten, bis sie endlich einsahen, daß es keine andere Zuflucht gebe als Allah; darauf wendete er sich ihnen wieder zu, damit sie bereuen; denn Allah ist gnädig und barmherzig. [119] O Gläubige, fürchtet nur Allah und gehört zu den Wahrhaftigen.

[120] Die Bewohner Medinas und die Araber ihrer Umgegend hatten keinen Grund, hinter dem Gesandten Allahs zurückzubleiben, um eigenes Wohl dem seinen voranzustellen, einzig deshalb, weil sie weder Durst noch Arbeit, noch Hunger für die Religion Allahs ertragen wollten. Sie taten keinen Schritt, welcher die Ungläubigen erzürnte, noch tut ihnen ein Feind einen Schaden – es

[48] Einige sagen: Abraham habe seinem Vater versprochen, für sein Seelenheil zu beten; andere aber umgekehrt: dieser habe jenem versprochen, vom Götzendienste ablassen zu wollen. Hier liegt ein Widerspruch gegen die jüdischen Schriften vor. [49] Allah bestraft nicht die Vergehen, welche man gegen seine Gebote vor der Zeit ihrer Offenbarung begangen hat, sondern erst die, welche nach dieser verübt wurden. [50] Diese drei Männer waren aus Medina: Caab ibn Malek, Helal ibn Omeya und Merara ibn Rabbi. Erst gegen Mohammed unbotmäßig, unterwarfen sie sich ihm.

würde ihnen nicht als gutes Werk angeschrieben. Allah läßt nichts verlorengehen. [121] Alle ihre Beiträge, sie seien groß oder klein, und ihre Wanderungen durch Tal und Strom, sie werden ihnen aufgezeichnet, damit Allah sie noch mehr belohne, als sie durch ihr Handeln verdient haben. [122] Die Gläubigen sind nicht verpflichtet, alle zugleich in den Krieg zu ziehen. Von jeder ihrer Schar möge ein Teil zurückbleiben, um sich und andere in der Religion zu belehren und ihr Volk, wenn es aus dem Kampf zurückkommt, zu mahnen, damit es auf seiner Hut sei.

[123] O Gläubige, bekämpft die Ungläubigen, die in euerer Nachbarschaft wohnen; laßt sie eure ganze Strenge fühlen und wißt, daß Allah mit denen ist, welche ihn fürchten. [124] Es gibt Leute unter ihnen, die, wenn eine Sure offenbart wird, fragen: »Wer von euch ist dadurch im Glauben gestärkt worden?« Wohl werden die Gläubigen dadurch in ihrem Glauben gestärkt und freuen sich dessen. [125] Aber denen, deren Herzen schwach sind, werden sich Zweifel auf Zweifel häufen, so daß sie als Ungläubige sterben. [126] Sehen sie denn nicht ein, daß sie jedes Jahr ein- oder zweimal in Versuchung geführt (geprüft) werden[51]? Dennoch bereuen sie nicht und lassen sich nicht mahnen. [127] Wird eine Sure offenbart, dann sieht einer den anderen an und spricht: »Sieht euch jemand?« Und dann wenden sie sich ab[52]. So wendet Allah ihre Herzen von der Wahrheit ab; denn sie sind ein unverständiges Volk. [128] Nun ist ein Gesandter, aus euerer Mitte, zu euch gekommen (ein trefflicher Mann), den es tief betrübt (bedrückt), daß ihr euch versündigt, der sich um euch sorgt und gegen die Gläubigen mitleidsvoll und barmherzig ist. [129] Wenn sie sich von dir abwenden, so sprich: »Allah ist meine Genugtuung« (meine Genüge). Es gibt keinen Gott außer ihm. Auf ihn setze ich mein Vertrauen. Er ist der Herr des prächtigen Thrones.

[51] Durch das Unglück, das sich unvermeidlich in dem Leben eines jeden Menschen fast in jedem Jahre zeigt und das als eine Prüfung Allahs betrachtet wird. (Aus jüdischer Glaubenslehre.) [52] Wenn eine Sure von Mohammed vorgelesen wird, dann schleichen sich die Ungläubigen, wenn es unbemerkt geschehen kann, leise hinweg.

ZEHNTE SURE

Jonas[1] (Yunus) *(Friede sei mit ihm)* *offenbart zu Mekka*

[1] Im Namen Allahs, des Allbarmherzigen. [2] Alif Lam Mim[2]. Dies sind die Verse des weisen Buches. [3] Scheint es den Leuten (zu Mekka) so auffallend, daß wir uns einem Mann aus ihrer Mitte offenbarten, um den Ungläubigen Böses anzudrohen und den Gläubigen Gutes zu verkünden, daß sie den Lohn ihrer Rechtschaffenheit bei ihrem Herrn finden werden? Die Ungläubigen sagen: »Dieser (Mohammed) ist nichts anderes als ein offenbarer Zauberer.« [4] Nur Allah ist euer Herr, der in sechs Tagen Himmel und Erde geschaffen hat und sich dann auf den Thron niederließ, um selbst die Herrschaft über alle Dinge zu übernehmen, und ohne seinen Willen gibt es keinen Vermittler. Dies ist Allah, euer Herr, darum dient nur ihm. Wollt ihr das nicht bedenken? [5] Zu ihm kehrt ihr alle einst zurück, wie es Allah in Wahrheit verheißen hat. Er bringt ein Geschöpf (Schöpfung) hervor, ruft es dann wieder zu sich (erneuert sie), um die, welche glauben und das Gute tun, nach Billigkeit zu belohnen. Die Ungläubigen sollen siedendes Wasser trinken und schwere Strafen erleiden, weil sie nicht glauben. [6] Er ist es, der die Sonne eingesetzt hat, um bei Tag zu scheinen, und den Mond, bei Nacht zu leuchten, und seine Stellungen so bestimmt hat, daß ihr dadurch die Zahl der Jahre wißt und die Zeit genau berechnen könnt. In Wahrheit hat dies alles Allah geschaffen[3]. So machte er seine Zeichen einsichtsvollen Menschen deutlich. [7] In der Tat, in dem Wechsel der Nacht mit dem Tag, in dem, was Allah in den Himmeln und auf Erden geschaffen hat, sind Zeichen genug für Leute, die Allah verehren. [8] Die aber, welche nicht hoffen, uns einst zu begegnen (am Jüngsten Tag), und nur Wohlgefallen finden an diesem Leben und sich dabei beruhigen und unsere Zeichen vernachlässigen, [9] erhalten, wie sie es verdienen, das Höllenfeuer zur Wohnung. [10] Die Gläubigen aber, und die das Gute tun, wird ihr Herr, ihres Glaubens wegen, in wonnevolle Gärten führen, welche von Wasserbächen durchströmt sind, [11] und ihr Gebet im

[1] So überschrieben, weil dieses Propheten am Ende der Sure gedacht wird. Die eingeklammerten Worte werden bei den Moslems wie bei den Juden aus Pietät gegen Personen, die in Frömmigkeit gelebt haben und gestorben sind bei Nennung derselben hinzugefügt. [2] Einige haben Alif Lam Ra. Das bedeutet wahrscheinlich: Mein Herr hat mir befohlen (oder gesagt). [3] Wahrscheinlich ist dies dem Judentum entlehnt, welches lehrt, daß Wahrheit Grundbedingung des Ent- und Bestehens der Schöpfung ist, wie dies auch die Endbuchstaben der jüdischen Anfangsworte der Schöpfung andeuten.

Paradiese wird sein: »Lob und Preis sei dir, o Allah!« und ihr gegenseitiger Gruß: »Friede!« Und der Schluß ihres Gebetes: »Lob und Preis sei Allah, dem Herrn aller Welten!«

[12] Würde Allah den Menschen das Böse so schnell bringen, wie sie das Gute beschleunigt wünschen, wahrlich, so wäre ihr Ende schon längst entschieden; darum lassen wir die, welche nicht hoffen, uns einst zu begegnen, in ihrem Irrtum umherirren. [13] Trifft einen Menschen irgendein Unglück, so ruft er uns an, möge er nun auf der Seite liegen, sitzen oder stehen[4]; befreien wir ihn aber von seinem Übel, so führt er doch seine frühere Lebensweise fort, als hätte er uns des Unheils wegen, das ihn getroffen hatte, nie angerufen. Das ist die Weise der Übeltäter in ihrem Tun (das ihnen so gefällig scheint). [14] O ihr (Mekkaner), wir haben Geschlechter, welche vor euch gelebt haben, zugrunde gerichtet, weil sie ungerecht gehandelt und ihren Gesandten, welche mit deutlichen Zeichen zu ihnen gekommen waren, nicht geglaubt haben. So vergelten wir dem frevelhaften Volk. [15] Darauf haben wir euch zu ihren Nachfolgern auf der Erde bestimmt, um zu sehen, wir ihr handeln werdet. [16] Wenn unsere deutlichen Zeichen ihnen vorgelesen werden, so sagen die, welche nicht hoffen, uns einst zu begegnen: »Bring uns einen anderen Koran als diesen oder ändere ihn ab.« Sprich: »Es ziemt mir nicht, nach meinem Belieben daran zu ändern; ich folge nur dem, was mir offenbart wurde, denn ich fürchte, wenn ich meinem Herrn ungehorsam werden sollte, die Strafe des großen Tages.« [17] Sprich: »Wenn es Allah anders gefallen hätte, so hätte ich ihn euch nicht vorgelesen und euch nicht durch ihn belehrt. Ich habe ja einen großen Zeitraum vor der Offenbarung unter euch zugebracht[5]. Seht ihr das denn nicht ein?« [18] Wer ist aber ungerechter als der, welcher von Allah Lügen aussinnt oder seine Zeichen des Betruges beschuldigt? Gewiß, die Frevler können nicht glücklich werden! [19] Sie verehren außer Allah solche Wesen, die ihnen weder schaden noch nützen können, und sagen: »Diese sollen unsere Vermittler bei Allah sein.« Sprich: »Wollt ihr Allah über Dinge belehren, die in den Himmeln und auf Erden sind und die er nicht kennte?« Lob und Preis sei ihm! Er ist weit erhaben über dem, was

[4] Siehe vierte Sure [104]. [5] Mohammed trat erst in seinem vierzigsten Jahr als Prophet auf. Seine Landsleute kannten ihn als ungelehrt, und so sollte ihnen gerade diese merkwürdige Umwandlung, welche mit ihm plötzlich vorgegangen war, als Beweis göttlicher Sendung gelten.

sie ihm zugesellen. [20] Die Menschen bekannten sich erst zu einer Gemeinschaft (Religion), darauf wurden sie uneinig, und wenn nicht das Wort deines Herrn es anders beschlossen hätte, so würde der Gegenstand ihrer Uneinigkeit zwischen ihnen schon längst entschieden sein. [21] Sie sagen: »Wenn ihm nicht ein Wunderzeichen von seinem Herrn gesandt wird, so glauben wir ihm nicht.« Antworte: »Das Verborgene kennt nur Allah allein, geduldet euch nur, und ich will mich mit euch gedulden.«

[22] Und nachdem wir den Leuten (von Mekka), als ein Unglück sie betroffen hatte[6], wieder Barmherzigkeit erzeigten, da schmiedeten sie Pläne gegen unsere Zeichen. Sprich: »Wahrlich, Allah ist schneller in seinen Anschlägen«, und unsere Boten (Engel) sollen euere listigen Ränke niederschreiben. [23] Er ist es, der es euch möglich gemacht hat, daß ihr zu Land und zu Wasser reisen könnt, so daß ihr in Schiffen, welche von gutem Wind getrieben werden, froh und munter sein könnt. Wenn aber ein Sturmwind sie erfaßt und die Wellen von allen Seiten über sie hereinschlagen, so daß sie fürchten, von ihnen verschlungen zu werden, dann rufen sie Allah an und bekennen ihm Aufrichtigkeit in der Religion (die Reinheit ihres Glaubens) und sagen: »Wenn du uns aus dieser Gefahr errettest, so wollen wir dankbar sein.« [24] Und hat er sie errettet, handeln sie doch wieder frevelhaft und sind ungerecht auf Erden. O ihr Menschen, euere Frevel, die ihr zum Nachteil euerer Seelen begeht, bringen euch nur in diesem Leben Gewinn. Dann müßt ihr zu uns zurückkehren, und wir zeigen euch dann deutlich, was ihr getan habt. [25] Dieses Leben gleicht in der Tat dem Wasser, das wir vom Himmel senden, um mit ihm die Gewächse der Erde zu befeuchten, welche von Menschen und Vieh verzehrt werden und der Erde Gewand und Schmuck verleihen. Dann glauben ihre Bewohner, frei darüber verfügen zu können (sie seien die Herren der Erde); aber wenn wir es befehlen, bei Nacht oder bei Tag, so ist alles wie abgemäht, als wäre gestern dieser Überfluß an Früchten gar nicht gewesen. So machen wir unsere Zeichen den Menschen offenbar, welche nachdenken wollen. [26] Allah ladet in die Wohnung des Friedens (in das Paradies) und leitet auf den rechten Weg, wen er will. [27] Die, welche das Gute tun, sollen die schönste Belohnung haben, und zwar noch mehr, als sie verdient haben. Weder Finsternis noch Schmach soll ihr

[6] Dies soll eine siebenjährige große Teuerung gewesen sein.

Angesicht bedecken. Sie werden Gefährten des Paradieses und sollen ewig darin bleiben. [28] Doch die, welche Böses begehen, sollen zum Lohn Böses erhalten, gerade so viel, wie sie verdient haben[7], und mit Schmach bedeckt werden – denn gegen Allah finden sie keinen Beschützer –, und ihr Angesicht wird sein, als wäre es mit der tiefen Finsternis der Nacht bedeckt (mit nachtschwarzen Fetzen verhüllt). Sie sind Bewohner des Höllenfeuers und sollen ewig darin bleiben. [29] An dem Auferstehungstage werden wir sie alle versammeln und zu den Götzendienern sagen: »Geht an eueren Platz hin, ihr und euere Götzen[8]«; und wir wollen sie voneinander absondern, und ihre Götzen werden dann zu ihnen sagen: »Auch uns habt ihr nicht verehrt[9]. [30] Allah ist hinreichender Zeuge zwischen uns und euch[10]. Auch haben wir euere Verehrung nicht beachtet (bemerkt).« [31] Dann soll eine jede Seele erfahren, was sie vorgewirkt hat, und sie soll zurückgebracht werden zu Allah, ihrem wahren Herrn, die Götter aber, welche sie ersonnen haben, werden ihr entschwinden (aller ersonnene Trug wird vergeblich und Verfälschtes verloren sein).

[32] Sprich: »Wer versieht euch mit Speise vom Himmel und von der Erde? Oder wer hat Gewalt über Gehör und Gesicht? Wer bringt Leben aus Tod und Tod aus Leben hervor? Wer ist Herr aller Dinge?« Gewiß werden sie antworten: »Nur Allah.« So sprich: »Wollt ihr ihn denn nicht fürchten (und in Verehrung bei Allah Schutz suchen)?« [33] Allah ist ja euer wahrer Herr. Und was bliebe ohne Wahrheit (die ihr verworfen habt) anderes übrig als der Irrtum? Warum wendet ihr euch denn von der Wahrheit ab (und laßt euch abwendig machen)? [34] So wird sich das Wort deines Herrn an den Übeltätern bewahrheiten, weil sie nicht glauben. [35] Sprich: »Ist unter eueren Götzen einer, der ein Geschöpf hervorbringen und dann wieder zu sich heimkehren lassen kann (der eine Schöpfung hervorbringt und immer erneuert)?« Allah aber bringt Geschöpfe hervor und bringt sie wieder zu sich zurück (erneuert sie). Warum wendet ihr euch denn von seiner Verehrung weg? [36] Sprich: »Wer von eueren Götzen kann zur Wahrheit leiten?« Sprich: »Nur Allah leitet zur Wahrheit. Wer ist nun eher wert, daß man ihm folge, der,

[7] Siehe vierte Sure [41], Note 19. [8] Wörtlich: euere Gefährten, das heißt die Götzen, welche sie Allah zugesellt haben. [9] Nicht uns, sondern eueren Leidenschaften und Gelüsten habt ihr gedient. [10] Die Moslems glauben, daß Allah am Jüngsten Tage den Götzen das Sprachvermögen erteilen werde.

welcher zur Wahrheit leitet, oder der, welcher nicht dazu leitet, es sei, er selbst werde erst geleitet? Wie kommt es, daß ihr so falsch urteilt (was fehlt euch, wie urteilt ihr jetzt)?« [37] Doch die meisten von ihnen folgen nur einer vorgefaßten Meinung (einem Wahn); aber eine bloße Meinung ist noch keineswegs die Wahrheit; doch Allah weiß, was sie tun. [38] Dieser Koran konnte von keinem anderen außer Allah verfaßt werden; denn er bestätigt das, was vor ihm offenbart wurde, und er erklärt die Schrift; es ist daher kein Zweifel, daß er vom Herrn der Welten gekommen ist. [39] Sollen sie vielleicht sagen: »Er (Mohammed) hat ihn verfaßt (erdichtet)?« Antworte: »So bringt doch auch nur eine ähnliche Sure hervor und ruft außer Allah zum Beistand an, wen ihr wollt, wenn ihr wahrhaft seid!« [40] Sie haben das, dessen Erkenntnis sie nicht fassen konnten, des Betruges beschuldigt, und eine Aufklärung desselben wollten sie nicht annehmen. Auf dieselbe Weise haben die, welche vor ihnen gelebt haben, ihre Propheten des Betruges beschuldigt, aber sieh einmal, welch ein Ende die Frevler genommen haben! [41] Einige von ihnen werden glauben, andere werden immer ungläubig bleiben. Dein Herr kennt der Übeltäter Tun.

[42] Wenn sie dich des Betruges beschuldigen, so antworte: »Mein Tun gehört mir, so wie euer Tun euch angehört, und so wie ihr mein Tun nicht zu verantworten habt, so habe ich auch nicht das eurige zu verantworten.« [43] Einige unter ihnen hören dir wohl zu. Kannst du aber Taube hörend machen, zumal da sie nicht begreifen? [44] Einige unter ihnen sehen wohl auf dich. Kannst du aber Blinde leiten, zumal da sie nicht sehen wollen? [45] Wahrlich, Allah handelt nicht im entferntesten ungerecht gegen die Menschen; sondern sie selbst sind gegen ihr eigenes Seelenheil ungerecht (begehen Unrecht). [46] An jenem Tage wird er sie alle versammeln, und dann wird es ihnen sein, als hätten sie nur eine Stunde von einem Tag hienieden geweilt. Einer wird den andern erkennen, dann aber sollen die untergehen, welche das Begegnen mit Allah geleugnet haben und nicht recht geleitet waren (geleitet sein wollten). [47] Mögen wir dir einen Teil der ihnen angedrohten Strafe zeigen oder dich zuvor sterben lassen, zu uns müssen sie zurückkehren, und dann wird Allah Zeuge sein dessen, was sie getan haben[11]. [48] Einem

[11] Mögen die Ungläubigen während deines Lebens schon bestraft werden oder mögest du ihre Bestrafung nicht erleben, so werde dadurch nicht irre, denn die eigentliche Strafe trifft sie im zukünftigen Leben.

jeden Volk ist ein Gesandter geschickt worden[12], und wenn sein Gesandter kam, wurde seine Angelegenheit in Billigkeit entschieden, und er wurde nicht ungerecht behandelt. [49] Die Ungläubigen sagen: »Wann trifft denn wohl die Drohung ein? Sagt es uns, wenn ihr wahrhaft seid.« [50] Antworte: »Ich vermag nicht einmal, ein Übel von mir selbst zu entfernen, auch nicht mir einen Vorteil zu verschaffen (ich habe nicht Macht über Wohl und Wehe meiner Seele); sondern alles hängt vom Willen Allahs ab.« So hat auch jedes Volk sein bestimmtes Ziel, und wenn dieses Ziel kommt, so kann man es, auch nicht um eine Stunde, weder hinausschieben noch beschleunigen. [51] Sprich: »Habt ihr wohl schon gesehen, wenn die Strafe Allahs euch überkommt, bei Nacht oder bei Tag, daß die Frevler etwas davon abwenden können? [52] Werdet ihr wohl dann erst glauben, wenn euch die Strafe trifft? Wie steht es aber jetzt, da ihr ja die Strafe beschleunigt wünschtet?« [53] Dann wird zu den Ungerechten gesagt werden: »Nehmt nun hin die Strafe der Ewigkeit. Wollt ihr wohl einen andern Lohn empfangen als den, welchen ihr verdient habt?« [54] Und sie werden von dir zu erfahren wünschen, ob dies alles denn auch wahr sei? Darauf erwidere: »Ja, bei meinem Herrn, es ist wahr, und ihr werdet Allahs Macht nicht schwächen (hindern) können.«

[55] Wenn dann jede Seele, die ungerecht gehandelt hat, alles besäße, was auf Erden ist, so wollte sie sich gerne damit lösen. Dann, wenn sie die Strafe sehen, werden sie ihre Reue offen bekennen. Doch mit Billigkeit soll über sie entschieden werden und ihnen kein Unrecht geschehen. [56] Gehört nicht alles, was in den Himmeln und was auf Erden ist, Allah an? Sind Allahs Verheißungen etwas anderes als Wahrheit? Doch die meisten Menschen erkennen das nicht. [57] Er ist es, der belebt und tötet, zu ihm kehrt alles heim.

[58] Ihr Menschen, es ist euch nun eine Ermahnung (der Koran) von euerem Herrn zugekommen, als Heilmittel für die Zweifel eueres Herzens und als Leitung und Gnade für die Gläubigen. [59] Sprich: »Freut euch der Güte und Gnade Allahs, das ist besser als das Aufhäufen irdischer Güter.« [60] Sprich: »Aus welchem Grunde habt ihr von dem, was euch Allah zur Nahrung bestimmt hat, eini-

[12] Die Ansicht, daß Allah allen Völkern Propheten gesandt hat, damit sie sich einst nicht damit entschuldigen können, daß sie den göttlichen Willen nicht gekannt haben, ist der jüdischen Lehre entlehnt. Siehe 4. B. Mos. K. 22, 2.

ges für verboten und anderes für erlaubt gehalten[13]?« Sprich: »Hat Allah euch das zu tun erlaubt, oder habt ihr solches von Allah ersonnen?« [61] Was werden aber die, welche Lügen von Allah ersinnen, am Tage der Auferstehung wohl denken? Wahrlich, Allah ist gnädig gegen die Menschen; doch der größte Teil ist nicht dankbar dafür. [62] Du sollst dich in kein Geschäft einlassen, du sollst nichts aus dem Koran vorlesen, überhaupt sollt ihr keine Tat verrichten, oder wir sind Zeugen eueres Tuns[14]. Nichts, was in den Himmeln und was auf Erden ist, bleibt deinem Herrn verborgen, und wäre es auch nur so schwer wie eine Ameise. Es gibt nichts, es sei auch kleiner noch oder größer: Es ist in dem deutlichen Buch aufgezeichnet. [63] Die Freunde Allahs wird weder Furcht noch Trauer befallen. [64] Die, welche glauben und Allah fürchten, [65] werden in diesem und in jenem Leben fröhliche Botschaft erhalten; denn Allahs Wort ist unwandelbar. Das wird eine große Glückseligkeit sein! [66] Betrübe dich nicht über ihr Gerede; denn alle Macht gehört nur Allah, und er hört und weiß alles. [67] Gehört nicht Allah alles, was in den Himmeln und was auf Erden ist? Wem folgen nun die, welche außer Allah noch Götzen anrufen? Sie folgen nur vorgefaßten Meinungen (Wahnideen) und sprechen nur Lügen (irre Vermutungen) aus. [68] Er ist es, der euch die Nacht zur Ruhe und den hellen Tag, zu sehen (zur Arbeit), gegeben hat. Hierin liegen wohl Beweise für ein Volk, das hören will.

[69] Sie sagen (die Christen): Gott hat einen Sohn gezeugt. – Lob und Preis sei Allah! Er ist sich selbst genug. Ihm gehört alles, was in den Himmeln und was auf Erden ist. Habt ihr etwa Beweise für euere Aussage? Wollt ihr Dinge von Allah behaupten, welche ihr nicht wissen könnt? [70] Sprich: »Die, welche von Allah Lügen erdichten, können nicht glücklich werden.« [71] In dieser Welt mögen sie wohl Genuß haben, dann aber werden sie zu uns zurückkommen, und dann wollen wir sie schwere Strafe kosten lassen, weil sie Ungläubige gewesen sind.

[72] Erzähle ihnen die Geschichte des Noah[15], wie dieser zu seinem Volke sagte: »Oh, mein Volk, wenn euch mein Wohnen (bei Allah) und meine Ermahnungen (an euch) wegen der Zeichen Allahs auch lästig sind, so setze ich doch mein Vertrauen in Allah. Braucht

[13] Sechste Sure [119] ff. [14] Vers [62] sagt: Was immer und in welcher Lage du tust, ob du aus dem Koran vorliest oder was immer einer unternimmt, ich, Allah, bin euer allgegenwärtiger Zeuge für all euer Tun ... [15] Vergleiche siebte Sure [60].

nur euere Kräfte und versammelt euere Götzen. Haltet euere Anschläge [73] nicht im Dunkeln und dann tretet gegen mich auf (verkündet sie), doch säumt nicht[16] (offen zu sein). Ich verlange ja keinen Lohn von euch, daß ihr euch deswegen abkehren solltet; denn ich erwarte meinen Lohn nur von Allah, und mir wurde befohlen, Allah ganz ergeben zu sein (als Moslem).« [74] Doch sie beschuldigten ihn des Betruges, da erretteten wir ihn und die, welche bei ihm im Schiff (in der Arche) waren, und wir setzten sie als Nachfolger derer ein, die wir ertränkten, da sie unsere Zeichen des Betruges beschuldigten. Sie nun, welch ein Ende die genommen haben, welche Noah ermahnt hatte. [75] Darauf haben wir, nach Noah, wieder Boten zu den Völkern gesandt[17], und sie kamen zu ihnen mit überzeugenden Beweisen; aber sie wollten nicht an das glauben, was sie zuvor schon des Betruges beschuldigt hatten. So versiegeln wir die Herzen der Frevler. [76] Nach diesem entsandten wir später Moses und Aaron zu Pharao und seinen Fürsten mit unseren Zeichen[18]; diese zeigten sich hochmütig und waren ein frevelhaftes Volk. [77] Als ihnen die Wahrheit von uns zukam, da sagten sie: »Das ist offenbare Zauberei.« [78] Darauf sagte Moses: »Nennt ihr so die Wahrheit, die euch zuteil wurde? Ist das wohl Zauberei? Aber Zauberer können nicht glücklich (Zauberer wird kein Glück beschieden) werden.« [79] Sie aber antworteten: »Seid ihr wohl deshalb zu uns gekommen, um uns von der Religion, welche wir von unseren Vätern erhalten haben, abwendig zu machen, damit euch beiden die Herrschaft im Lande zufalle? Wir wollen euch nun einmal nicht glauben.« [80] Da entschied Pharao: »Laßt einmal alle geschickten Zauberer zu mir kommen.« [81] Als die Zauberer nun gekommen waren, da sagte Moses: »Werft hin, was ihr hinzuwerfen gedenkt.« [82] Als sie nun (ihre Stäbe) hingeworfen hatten, da sagte Moses: »Wahrlich, die Zauberei, welche ihr vornehmt, wird Allah vereiteln; denn Allah läßt das Werk der Frevler nicht glücklich (erfolgreich) sein, [83] und Allah wird die Wahrheit seines Wortes bekräftigen, sosehr auch die Frevler sich dagegen sträuben.«

[84] Dem Moses glaubte aber nur sein Sippenstamm (der Stamm Levi); die übrigen aber fürchteten sich vor Pharao und seinen Für-

[16] Daß Noah auch als Ermahner seines Volkes aufgetreten ist, findet sich auch bei den Rabbinen in der jüdischen Glaubenslehre. [17] Hud, Saleh, Abraham, Lot und Schoaib sowie auch andere gelten Mohammed als Boten und Warner der Völker. [18] Siehe siebte Sure [104] ff.

sten, diese könnten ihnen Böses zufügen; denn Pharao betrug sich hochmütig (gewalttätig) im Land und gehörte zu den Frevlern. [85] Da sagte Moses: »Oh, mein Volk, wenn ihr an Allah glaubt, so vertraut nur auf ihn, wenn ihr Allah ganz ergeben sein wollt[19].« [86] Sie antworteten: »Nur auf Allah setzen wir unser Vertrauen; Herr, gib nicht zu, daß dieses ungerechte Volk uns Böses zufügt. [87] Errette uns in deiner Barmherzigkeit von diesem ungläubigen Volk.« [88] Und wir offenbarten uns dem Moses und seinem Bruder und sagten: »Errichtet Häuser in Ägypten für euer Volk und in diesen Häusern bestimmt eine Stätte für das Gebet und verrichtet dort die bestimmten Gebete und verkündet den Gläubigen gute Botschaft.« [89] Darauf sagte Moses: »Oh, Herr, siehe, du hast dem Pharao und seinen Fürsten große Pracht und Reichtümer in diesem Leben gegeben, damit sie (und die Menschen) dadurch von deinem Weg abirren. Vernichte nun, o Herr, ihre Reichtümer und triff ihre Herzen, da sie nicht eher glauben, als bis sie ihre schwere Strafe sehen.« [90] Darauf erwiderte Allah: »Euer Gebet ist erhört. Seid standhaft und folgt nicht dem Wege der Unwissenden.« [91] Wir führten endlich die Kinder Israels durch das Meer; Pharao aber und sein Heer folgte ihnen in böser und feindlicher Absicht, bis sie am Ertrinken waren. Da sagte Pharao: »Nun glaube ich, daß es keinen anderen Gott gibt als den, an welchen die Kinder Israels glauben, und ich gehöre nun zu den ihm Ergebenen.« [92] Darauf sagte Allah: »Du warst vordem zwar widerspenstig und einer von denen, die Verderben stifteten, [93] nun aber wollen wir dich mit deinem Leib erretten, damit du für kommende Geschlechter ein Zeichen seist[20]«; doch der größte Teil der Menschen beachtet unsere Zeichen nicht aufmerksam.

[94] Wir hatten den Kindern Israels eine dauerhafte Wohnung (im Lande Kanaan) bereitet, wir versorgten sie mit Nahrung, und sie wurden nicht eher untereinander uneinig, als bis ihnen die Erkenntnis zukam[21]; aber dein Herr wird am Tage der Auferstehung das zwischen ihnen entscheiden, worüber sie jetzt uneinig sind. [95] Bist du im Zweifel über etwas, was wir dir jetzt offenbart haben (die Berichte über frühere Zeiten), so frage nur die, welche die

[19] Wenn ihr Moslems sein wollt. [20] So übersetzt Geiger und Ullmann nach ihm. Diese Auffassung wird auch von der modernen, auch religiösen, Übertragung vertreten. Andere: deinen Leib und deine Seele. [21] Nicht eher entstanden Religionsstreitigkeiten, als bis Gott dem Moses die Thora offenbarte.

Schrift vor dir gelesen haben (kannten)[22]. Die Wahrheit ist dir nun von deinem Herrn zugekommen; gehöre daher nicht zu denen, die zweifeln. [96] Gehöre auch nicht zu denen, welche die Zeichen Allahs des Betruges beschuldigen; denn sonst bist du verloren. [97] Die aber, über welche das Wort deines Herrn bereits beschlossen hat, werden nimmer glauben, [98] bis sie ihre schwere Strafe sehen und kämen ihnen auch alle Wunderzeichen zu. [99] Wäre das nicht so, so würde wenigstens eine der vielen zerstörten Städte geglaubt und dies ihr genützt haben. Nur das Volk des Jonas (die Bewohner Ninives)[23] haben wir, nachdem es geglaubt hat, von der Strafe der Schande in dieser Welt befreit und ihm den Genuß seiner Güter auf ein bestimmte Zeit gegönnt (bis zu ihrem Tod auf Erden). [100] Wenn es dein Herr nur gewollt hätte, so hätten alle, welche auf der Erde gelebt haben, geglaubt. Wolltest du also wohl die Menschen zwingen, daß sie Gläubige werden sollen? [101] Keine Seele kann ohne den Willen Allahs glauben; doch wird er die seinen Zorn fühlen lassen, welche nicht einsehen wollen. [102] Sprich: »Betrachtet doch nur einmal, was in den Himmeln und was auf Erden ist (vor sich geht).« Doch Zeichen und Ermahnungen helfen nichts bei einem Volke, das nicht glauben will. [103] Dürfen sie nun etwas anderes erwarten als ebensolche furchtbaren Tage des Gerichtes, wie sie über ihre Vorfahren hereingebrochen waren? [104] Sprich: »Erwartet sie nur, und wir wollen sie mit euch erwarten.« Dann wollen wir unsere Gesandten und die, welche glauben, retten; denn es geziemt uns, die Gläubigen zu retten.

[105] Sprich: »Oh, ihr Menschen (aus Mekka), wenn ihr auch gegen meine Religion Zweifel hegt, so diene ich doch nicht den Götzen, die ihr außer Allah verehrt; sondern ich verehre nur Allah, der euch töten wird, denn mir wurde geboten, zu den Gläubigen zu gehören.« [106] Mir wurde gesagt: »Wende dein Angesicht der wahren Religion zu und sei rechtgläubig und sei kein Götzendiener. [107] Rufe auch, außer Allah, kein Wesen an, das dir weder nützen noch schaden kann. Wenn du das aber tust, so gehörst du zu den Frevlern.« [108] Wenn dich Allah mit einem Übel heimsucht, so kann dich, außer ihm, niemand davon befreien. Und will er dir Gutes geben, so gibt es niemanden, der Allahs Gnade zurückhalten

[22] Hier betont Mohammed die Geltung des Glaubensgutes der Thora und des Evangeliums. [23] Siehe Jon. Kap. 3.

könnte. Er gibt dies seinen Dienern nach Gefallen; denn er ist gnädig und barmherzig.

[109] Sprich: »Oh, ihr Menschen, nun ist euch die Wahrheit von euerem Herrn zugekommen. Wer nun recht geleitet sein soll, der ist zum Heile seiner Seele recht geleitet. Wer aber abirrt, der irrt zum Nachteile seiner Seele. Ich aber bin nicht zum Wächter über euch eingesetzt.« [110] Und du (o Prophet), folge nur dem, was dir offenbart wurde, und ertrage alles mit Geduld, bis Allah einst richten wird; denn er ist der beste Richter.

ELFTE SURE

Hud[1] *offenbart zu Mekka*

[1] Im Namen Allahs, des Allbarmherzigen. [2] Alif Lam Ra[2]. Dieses Buch, dessen Verse nicht verfälscht, sondern deutlich und klar sind[3], kommt vom Allweisen und Allwissenden, [3] damit ihr nur Allah allein verehrt – ich aber bin von ihm gesandt, euch zu warnen und auch Gutes zu verkünden – [4] und damit ihr eueren Herrn um Verzeihung bittet und zu ihm zurückkehrt. Er versieht euch mit reichlichem Auskommen, bis zur festgesetzten Zeit (bis zum Tod), und er wird jedem, nach seinem Verdienst, übergroße Belohnung geben. Solltet ihr euch aber abwenden, so fürchte ich euretwegen die Strafe des großen Tages. [5] Zu Allah sollt ihr zurückkehren; denn er ist aller Dinge mächtig. [6] Verhüllen sie nicht doppelt ihre Herzen, als wollten sie die Gesinnungen derselben vor ihm verbergen? Mögen sie sich auch noch so sehr mit ihren Gewändern verhüllen, so kennt doch Allah ebenso gut das, was sie verbergen, als was sie öffentlich zeigen; denn er kennt die geheimsten Winkel des menschlichen Herzens.

[7] Es gibt kein Insekt (Geschöpf) auf der Erde, Allah sorgt für seine Nahrung, er kennt seinen Aufenthalt und weiß den Todesort; alles ist aufgezeichnet in dem deutlichen Buche. [8] Er ist es, der in sechs Tagen die Himmel und die Erde geschaffen hat, und sein Thron stand auf den Wassern[4], um euch zu prüfen und zu sehen, wer sich

[1] So genannt, weil die Geschichte dieses Propheten in dieser Sure erzählt wird. Vergleiche siebte Sure [66] sowie daselbst Note 29. [2] Siehe zehnte Sure [2] und Note 2. [3] Der Koran, im Gegensatz zu den früheren Offenbarungen, die nach Meinung Mohammeds von Juden und Christen verfälscht wurden. [4] Vor der Schöpfung, wie dies auch die Rabbinen lehren.

von euch in guten Werken hervortun werde[5]. Sagst du zu ihnen: »Ihr werdet sicherlich nach dem Tode wieder auferweckt«, so werden die Ungläubigen sagen: »Das wäre ja offenbare Zauberei.« [9] Und wenn wir ihre Strafe auf eine bestimmte Zeit hinausschieben, so sagen sie: »Was verhindert denn die Strafe?« Aber wird sie nicht die Strafe an einem Tage überfallen, an welchem sie sich ihrer nicht erwehren können? Und dann wird in Erfüllung gehen, was sie jetzt verspotten.

[10] Wahrlich, wenn wir einen Menschen unsere Gnade empfinden lassen und sie ihm dann wieder entziehen, dann wird er verzweifeln und undankbar werden. [11] Sofern wir ihm aber, nachdem ihn ein Übel befallen hat, wieder Gnade zuwenden, wird er sagen: »Das Übel ist nun von mir genommen«, und prahlerisch wird er sich dessen rühmen. [12] Denen aber, welche alles in Geduld ertragen und das Gute tun, wird Verzeihung und großer Lohn zuteil. [13] Vielleicht gedenkst du (so meinen sie), einen Teil dessen, was dir offenbart wurde, zurückzuhalten[6], und dein Herz ängstigt sich darüber, daß sie sagen könnten: »Wenn ihm nicht ein Schatz herabgeschickt wird[7] oder wenn kein Engel mit ihm kommt, dann glauben wir ihm nicht.« Aber wahrlich, du bist ja nur ein Prediger, und nur Allah ist aller Dinge Herr. [14] Werden sie wohl sagen: »Er (Mohammed) hat den Koran erdichtet«? Dann antworte: »Bringt einmal nur zehn ähnliche Suren, von euch erdichtet, und ruft dazu, außer Allah, wen ihr wollt, zum Beistand an, wenn ihr wahrhaftig seid.« [15] Wenn aber die, welche ihr anruft, euch nicht antworten, dann wißt, daß dieses Buch nur durch die Allweisheit Allahs offenbart wurde[8] und daß es, außer ihm, keinen Gott gibt. Wollt ihr nun wohl Moslems[9] werden? [16] Dem, der dieses Leben mit seiner Pracht wünscht, dem wollen wir es, als Lohn seiner irdischen Werke, ohne ihm etwas zu entziehen, ganz geben; [17] aber in jenem Leben wird ihm dann nichts anderes als das Höllenfeuer zuteil werden; und vergebens und eitel wird all sein Tun und Han-

[5] Auch die Rabbinen lehren, Gott habe deshalb die Welt in sechs Tagen, und mit zehn Aussprüchen, geschaffen, um die Bösen, welche das Bestehen der sittlichen Welt gefährden, um so mehr zu bestrafen und die Frommen, welche sie erhalten, um so mehr zu belohnen. [6] Geheimhalten und nicht veröffentlichen oder aufgeben zu wollen. [7] Ein himmlischer Schatz, was soviel ist wie die Gabe und Macht, Wunder zu tun. [8] Ein Beweis, daß der Koran nur Allahs Weisheit enthalte. Es kann auch heißen: Wißt, daß der Koran nur mit Wissen Allahs herabgesandt wurde. [9] Ullmann wünscht festzuhalten, daß Moslem (woraus das Wort Muselman entstand) mit: »Allah ganz ergeben sein« gleichbedeutend ist.

deln in dieser Welt sein. [18] Kann wohl mit diesem der verglichen (und als Betrüger angesehen) werden, der (Mohammed) den deutlichen Beweisen seines Herrn folgt und den sein Zeuge[10] begleitet und dem das Buch Mosis als Leitung und göttliche Gnade für die Menschen voranging[11]? Dieser glaubt daran (an den Koran). Wer ihn aber leugnet und zur Horde der Ungläubigen gehört, dem ist das Höllenfeuer zugesichert. Darum hege keinen Zweifel (gegen den Koran); denn er ist Wahrheit von deinem Herrn; doch die meisten Menschen glauben nicht daran. [19] Wer ist aber wohl ungerechter als der, welcher Lügen von Allah erdichtet? Diese werden einst, am Tage des Gerichts, vor Allah gestellt, und die Zeugen (die Engel und Propheten) werden ausrufen: »Das sind sie, welche Lügen gegen ihren Herrn ersannen.« Soll nun die Frevler nicht der Fluch Allahs treffen, [20] die andere vom Weg Allahs abzuleiten und diesen zu verkrümmen suchen und die nicht an das zukünftige Leben glauben wollen? [21] Allahs Allgewalt auf der Erde konnten sie nicht schwächen, und sie hatten keinen Beschützer als allein Allah. Verdoppelt soll ihre Strafe werden (jenseits und diesseits). Sie konnten nicht hören und nicht sehen. [22] Sie haben ihre Seelen ins Verderben gestürzt, und die Götzen, welche sie ersonnen haben, sind ihnen nun entschwunden. [23] Kein Zweifel ist es, daß sie in jener Welt höchst elend werden müssen. [24] Die aber glauben und das Gute tun und sich vor ihrem Herrn demütigen, diese sollen Gefährten des Paradieses und ewig darin sein. [25] Beide Teile (die Gläubigen und die Ungläubigen) gleichen einander, wie die Blinden und Tauben den Sehenden und Hörenden gleichen. Sind sie wohl für ganz gleich zu halten? Wollt ihr denn das nicht einsehen?

[26] Wir haben ehedem den Noah zu seinem Volke gesandt[12], und er sagte: »Ich ermahne euch öffentlich, [27] nur Allah allein zu verehren; denn ich fürchte für euch die Strafe des großen Tages.« [28] Doch die Häupter seines Volkes, welche nicht glaubten, antworteten: »Wir sehen dich für nichts anderes (einen Menschen von Fleisch und Blut) an als einen Menschen, der uns ganz gleich steht, und wir sehen niemanden als nur die Niedrigsten unter uns dir folgen, und zwar nur aus Voreiligkeit und Unbesonnenheit. Wir bemerken durchaus keinen Vorzug in euch; darum halten wir euch für

[10] Göttlicher Zeuge ist nach einigen der Koran, nach anderen der Engel Gabriel. [11] Um Zeugnis von ihm zu geben. [12] Siehe siebte Sure [60].

Lügner.« [29] Er aber sagte: »Oh, mein Volk, sagt mir doch, da mir deutliche Beweise von meinem Herrn zuteil geworden sind und er mir seine Barmherzigkeit erzeigt hat, welche ihr zwar nicht einseht, sollte ich euch diese aufzwingen, da sie euch zuwider sind? [30] Oh, mein Volk, ich verlange ja für meine Ermahnungen kein Entgelt von euch; denn mein Lohn ist nur bei Allah. Auch will ich die Gläubigen nicht verjagen[13]. Diese werden einst ihrem Herrn begegnen. Doch ich sehe, daß ihr unwissende Menschen seid. [31] Wer könnte, o mein Volk, mir wider Allah Beistand leisten, wenn ich ihn ablehnte. Seht ihr denn das nicht ein? [32] Ich sage ja nicht zu euch: ›Ich besitze die Schätze Allahs!‹ oder: ›Ich kenne die Geheimnisse Allahs!‹ oder: ›Ich bin ein Engel‹, sage auch nicht von denen, welche in eueren Augen verächtlich sind: Allah werde ihnen nie Gutes erzeigen – nur Allah allein kennt die Gedanken ihrer Herzen. Wäre es anders – gehörte ich zu den Ungerechten.« [33] Darauf antworteten sie: »O Noah, du hast schon oft mit uns gestritten und läßt nicht nach, mit uns zu streiten; bringe nur einmal die Strafe, die du uns androhst, wenn du wahrhaftig bist.« [34] Er aber erwiderte: »Allah wird sie schon über euch bringen, sobald es ihm gefällt, und ihr werdet dann seine Strafgewalt nicht hindern. [35] Auch kann euch mein Rat nichts helfen, so gern ich euch rate, wenn Allah euch irreführen will. Er ist euer Herr, und zu ihm müßt ihr einst zurückkehren.« [36] Werden sie (die Mekkaner) nun wohl sagen: »Er (Mohammed) hat den Koran erdichtet.«? Dann antworte: »Wenn ich ihn erdichtet habe, dann will ich die Schuld auf mich nehmen; aber ich bin frei von euerem Verschulden.«

[37] Und es wurde Noah eingegeben: »Von deinem Volke wird außer denen, welche bereits glauben, niemand mehr glauben. Betrübe dich nicht über das, was sie tun. [38] Mache dir eine Arche, in unserer (und aller) Gegenwart[14] und nach unserer Eingebung, und sprich mir nicht weiter von den Ungerechten; denn sie sollen ertrinken.« [39] Er machte nun die Arche, und sooft ein Haufen seines Volkes vorüberging, lachten sie über ihn[15]. Er aber sagte: »Ihr

[13] Mohammed läßt alle Anklagen, welche seine Zeitgenossen gegen ihn erhoben, auch gegen die Propheten vor ihm von deren Mitbürgern erheben und von jenen widerlegen. Die Koreischiten (die reichen Mekkaner) verlangten von Mohammed, die Gläubigen, welche arm waren, zu verjagen, was er aber verweigerte. Eine ähnliche Weigerung legt er nun dem Noah in den Mund. [14] Öffentlich, daß es jedermann sieht, damit sie dadurch vielleicht in sich gehen und sich bessern; dies wird auch bei den Rabbinen so gelehrt. [15] Daß man den Noah auslachte, als er die Arche machte, wird auch im Midrasch Tanchumah gelehrt.

spottet jetzt wohl über uns; aber später werden wir euch verspotten, so wie ihr uns jetzt verspottet. [40] Ihr werdet es schon erfahren, wen die Strafe treffen wird, die ihn mit Schmach bedeckt und immer auf ihm lastet.« [41] Und da unser Befehl vollzogen wurde, begann der Ofen zu glühen[16], und wir sagten zu dem Noah: »Bringe von allen Tiergattungen ein Paar (Männchen und Weibchen) in die Arche, und auch deine Familie[17], mit Ausnahme dessen, über den der Untergang beschlossen ist[18], und auch die Gläubigen nimm darin auf[19].« Aber nur sehr wenige waren es, die mit ihm glaubten. [42] Und Noah sagte: »Besteigt nun in Allahs Namen die Arche. Mag sie sich nun fortbewegen oder stillstehen (landen), Allah ist gnädig und barmherzig.« [43] Die Arche schwamm mit ihnen auf berghohen Wellen dahin. Noah hatte seinem Sohn zugerufen, der abgewandt dastand[20]: »Oh, mein Sohn, besteige mit uns die Arche und bleibe nicht bei den Ungläubigen.« [44] Dieser aber antwortete: »Ich will auf einen Berg flüchten, der mich vor dem Wasser schützen wird.« Noah erwiderte: »Vor dem Ratschluß Allahs findet heute niemand Schutz, außer dem, dessen Allah sich erbarmt.« Darauf stürzte eine Welle zwischen beide, und – der Sohn ertrank. [45] Und es wurde (von Allah) befohlen: »O Erde, verschlinge dein Wasser, und o Himmel, halte deinen Regen zurück.« Und dieser Befehl wurde vollzogen, und die Arche ließ sich auf dem Berge Dschudi[21] nieder; und es wurde gesagt: »Nun ist es dahin, das frevelhafte Volk.« [46] Und Noah rief seinen Herrn an und sagte: »O mein Herr, mein Sohn gehörte ja zu meiner Familie, und deine Verheißungen sind Wahrheit, und du bist der gerechteste Richter[22].« [47] Allah erwiderte: »Wahrlich, Noah, er gehörte nicht zu deiner Familie, denn er hat ungerecht gehandelt[23]. Erfrage doch nicht Dinge von mir, die du nicht verstehst, ich warne dich, nicht einer der Tö-

[16] Das heißt: Das Wasser der Sintflut war siedend heiß, wie dies auch die Rabbinen behaupten. [17] Nämlich dein Weib, deine drei Söhne Sem, Ham und Japhet und ihre Frauen. [18] Dies soll ein ungläubiger Sohn des Noah sein, der auch weiter unten erwähnt wird und den die Ausleger Kanaan nennen. Kanaan ist aber nicht ein Sohn, sondern ein Urenkel des Noah. Diese Fabel scheint durch 1. B. M. 9, 20–25 entstanden zu sein. [19] Mohammed nimmt an, daß außer der Familie des Noah noch eine gewisse Anzahl, und zwar wie gesagt wird, noch siebzig Mann, welche er bekehrt hatte, mit ihm gerettet wurden. [20] Dies soll der genannte Kanaan sein. [21] Der Berg Al-Dschudi ist der Berg Ararat der Bibel, heute Massis oder Agridagh. [22] Du hast mir verheißen, meine Familie zu retten, und doch ist mein Sohn ertrunken, wie vereint sich dies mit deiner Wahrheit und Gerechtigkeit? [23] Durch seinen Unglauben hat er verwirkt, daß er noch als dein Sohn angesehen werden kann. Andere übersetzen: Wahrlich, dein Bitten für ihn ist unrecht. So auch Marac.: Quod petis pro eo, est opus non rectum. Sale: This intercession of thine for him is not a righteous work.

richten zu werden.« [48] Darauf sagte Noah: »Ich nehme meine Zuflucht zu dir, damit ich nichts frage (fordere), wovon ich keine Kenntnis habe; und wenn du mir nicht verzeihst und dich meiner erbarmst, so bin ich verloren.« [49] Darauf wurde ihm gesagt: »Komme aus der Arche, mit unserem Frieden und Segen, der auf dir und auf einem Teile derer, welche bei dir sind[24], ruhen soll; ein anderer Teil[25] aber freue sich nur des Genusses des irdischen Lebens; in jenem Leben aber wartet dieser große Strafe.« [50] Dies ist eine Botschaft über die verborgenen Dinge, welche wir dir offenbaren und welche weder du noch dein Volk vorher gewußt hat. Darum verharre in Geduld; denn ein glückliches Ende finden die Gottesfürchtigen.

[51] Und zu dem (Stamme) Ad schickten wir ihren Bruder Hud[26], und er sagte: »Oh, mein Volk, dient nur Allah allein; ihr habt ja keinen anderen Gott als ihn; denn ihr ersinnt ja nur Fälschliches, wenn ihr noch Götzen anbetet. [52] Ich verlange, o mein Volk, keinen Lohn für meine Ermahnungen; denn ich erwarte meinen Lohn nur von dem, welcher mich erschuf. Wollt ihr das denn nicht einsehen? [53] O mein Volk, bittet eueren Herrn um Verzeihung und kehrt zu ihm zurück; und er wird euch dann reichlich Regen vom Himmel herabsenden[27] und euere Manneskraft vermehren[28]; darum wendet euch nicht ab, um Übles zu tun.« [54] Sie aber antworteten: »O Hud, du bringst uns ja keine deutlichen Beweise (keine Wunderzeichen); wir werden daher, deiner Reden wegen, unsere Götter nicht verlassen; wir werden dir nicht glauben. [55] Wir können nichts anderes von dir denken, als daß einer unserer Götter dich mit einem Übel heimgesucht habe[29].« Er aber antwortete: »Ich nehme Allah und euch zu Zeugen, daß ich rein und frei bin von den Götzen, welche ihr außer Allah verehrt. [56] Verschwört euch nur alle wider mich und säumt nicht; [57] ich vertraue auf Allah, meinen und eueren Herrn. Es gibt kein Geschöpf, das

[24] Solche, welche im Glauben beharren. [25] Das sind solche, die später entweder selbst oder deren Nachkommen einst zum Unglauben hinneigen. [26] Siehe siebte Sure [66]. Henning übersetzt Vers [51]: . . . Ihr seid nichts als Erdichter (euerer Götzen, die ihr anbetet). [27] Die Aditen wurden mit drei Jahre lang dauernder Dürre heimgesucht. [28] Nach den Auslegern soll während dieser drei Jahre auch die Zeugungskraft gelähmt gewesen sein. Vielleicht auch war während der Hungersnot der eheliche Umgang verboten, wie dieser zur Zeit der allgemeinen Not auch im Judentume verboten ist. [29] Das bedeutet: dir den Verstand genommen hat. Die Beraubung des gehörigen Gebrauches der Vernunft und des Verstandes schrieb man gewöhnlich der Wirkung höherer Mächte zu.

er nicht an seinem Stirnhaar festhalten könnte[30]; denn mein Herr will nur den geraden Weg. [58] Wenn ihr aber abweicht, so habe ich euch meine Sendung bereits erklärt, und mein Herr wird ein anderes Volk an euere Stelle setzen, und ihr werdet ihm nicht schaden können; denn mein Herr wacht über alle Dinge.« [59] Als nun unser Ratschluß in Erfüllung ging, da erretteten wir in unserer Barmherzigkeit den Hud und die, welche mit ihm glaubten[31]. Wir bewahrten sie vor peinlicher Strafe. [60] Dies war der Stamm Ad. Er verwarf vorsätzlich die Zeichen seines Herrn und war ungehorsam gegen seinen Gesandten und folgte nur dem Befehl jedes hochmütigen Gegners des Glaubens. [61] Darum hat sie der Fluch in dieser Welt verfolgt, und er wird sie auch noch am Tage der Auferstehung verfolgen. Hatte nicht der Stamm Ad seinen Herrn verleugnet? Und wurde nicht deshalb gesagt: »Hinweg mit Ad, dem Volke des Hud!«

[62] Und zu dem Stamme Thamud schickten wir ihren Bruder Saleh[32], und er sagte: »Oh, mein Volk, verehrt nur Allah allein, ihr habt ja keinen anderen Gott als ihn. Er ist es, der euch aus Erde hervorgebracht und auf derselben eine Wohnung gegeben hat. Bittet ihn daher um Verzeihung und wendet euch zu ihm; denn mein Herr ist euch nahe und erhört euch.« [63] Sie aber antworteten: »Vordem haben wir unsere Hoffnung in dich gesetzt, und nun willst du uns verbieten, das zu verehren, was unsere Väter verehrt hatten. Gegen den Glauben, zu welchem du uns einlädst, hegen wir Zweifel, und er ist uns sehr verdächtig.« [64] Er aber erwiderte: »Oh, mein Volk, sagt mir doch, wer könnte mich gegen Allah schützen, da mir deutliche Beweise von meinem Herrn zuteil geworden sind und er mir seine Barmherzigkeit gezeigt hat, wenn ich ihm nun ungehorsam werden sollte? Wahrlich, nichts anderes als mein Verderben fördert ihr. [65] Oh, mein Volk, diese Kamelstute Allahs sei euch ein Zeichen. Laßt sie frei gehen, damit sie ihr Futter auf Allahs Erde suche, und tut ihr kein Leid an; denn sonst befällt euch die schnelle Strafe.« [66] Sie töteten sie aber dennoch[33], und Saleh sagte: »Nur noch drei Tage freut euch euerer Wohnungen, und dann werdet ihr untergehen. Diese Verheißung wird nicht der Lüge beschuldigt werden können.« [67] Und als unser Ratschluß in Erfül-

[30] Allah ist allmächtig. [31] Viertausend sollen ihm geglaubt haben. [32] Siehe siebte Sure [74].
[33] Es kann auch heißen, sie schnitten ihr die Sehnen der Füße durch.

lung ging, da erretteten wir in unserer Barmherzigkeit den Saleh und die, welche mit ihm glaubten, von der Schmach dieses Tages; denn dein Herr ist strenge und mächtig. [68] Ein Erdbeben erfaßte die Frevler, und man fand sie des Morgens in ihren Wohnungen tot hingestreckt, [69] und es war, als hätten sie nie darin gewohnt. Hatten die Thamuditen nicht ihren Herrn verleugnet? Und wurden sie nicht deshalb hinweggerafft?

[70] Unsere Boten kamen einst zu Abraham, ihm Gutes zu verkünden[34], und sagten: »Friede mit dir«; und er erwiderte: »Auch mit euch sei Friede«, und er säumte nicht, ihnen ein gebratenes Kalb vorzusetzen. [71] Als er aber sah, daß sie es nicht anrührten, da hielt er sie für feindlich Gesinnte und fürchtete sich vor ihnen[35]. Sie aber sagten: »Fürchte dich nicht; denn wir sind zu dem Volke des Lot gesandt[36].« [72] Und sein Weib stand dabei und fürchtete sich auch, aber lachte, und wir verkündeten ihr den Isaak und nach dem Isaak den Jakob[37]. [73] Sie aber sagte: »Ach, wie soll ich (alte Frau) einen Sohn gebären: Und dieser mein Mann ist ja schon ein Greis. Das müßte ja mit Wundern zugehen.« [74] Sie aber erwiderten: »Wunderst du dich über den Ratschluß Allahs? Die Barmherzigkeit und der Segen Allahs komme über euch, ihr Leute des Hauses; siehe, er ist des Lobes und Preises wert[38].« [75] Als nun Abraham der Furcht enthoben war und die frohe Verheißung erhalten hatte, da stritt er mit uns wegen der Leute des Lot[39]; [76] denn Abraham war mitleidsvoll, liebreich und Allah ergeben. [77] Wir aber sagten: »O Abraham, laß ab hiervon, denn der Ratschluß deines Herrn ist schon gefaßt, daß sie eine Strafe treffen soll, welche nicht mehr abgewendet werden kann.« [78] Als unsere Boten nun zu Lot kamen, da ward es ihm ihretwegen bange, und er fühlte sich zu schwach, sie zu beschützen[40], und er sagte: »Das ist ein schlimmer

[34] Nämlich die Engel, welche dem Abraham erschienen, um ihm einen Sohn zu verkünden und Sodom und Gomorrha zu zerstören. [35] Im 1. B. M. 18, 8 heißt es zwar: Sie aßen; worauf der Talmud sagt: Sie taten bloß, als ob sie äßen. Nach Mohammed aber haben sie nicht einmal zum Schein gegessen. [36] Wir sind Engel, und nur deshalb nehmen wir keine Speise. [37] In der Bibel geht die Sohnesverheißung dem Lachen der Sarah vorher, und erstere war Ursache des letzteren; hier aber lacht sie schon vor der Verkündigung; daher sind die Ausleger in großer Verlegenheit über die Ursache desselben. Nur Elpherar vermutet das Richtige, daß der Vers hier versetzt sei und eigentlich so heißen müsse: und seine Frau stand dabei . . . und wir verkündeten ihr . . ., und sie lachte. [38] Es erscheint zweifelhaft, ob sich das Wort »er« auf Allah oder Abraham bezieht. [39] Abraham unterhandelte mit den Engeln, um die Schonung der Leute des Lot zu erwirken. [40] Lot wollte die Boten – seine Gäste – vor den bösen und sündhaften Absichten seiner Mitbürger schützen.

Tag!« [79] Da kam sein Volk, welches von früher gewohnt war, Böses zu tun, gegen ihn herangestürmt. Da sagte er: »O mein Volk, hier sind meine Töchter, welche sich mehr für euch ziemen (sie sind unverfänglicher und reiner); fürchtet doch Allah und macht mir keine Schande, indem ihr meine Gäste beleidigt. Ist denn kein rechtlicher Mann unter euch?« [80] Sie aber antworteten: »Du weißt ja, daß wir kein Recht auf deine Töchter haben wollen; und weißt auch recht gut, was wir eigentlich wünschen.« [81] Er aber sagte: »Wenn ich nur Kraft genug gegen euch hätte oder meine Zuflucht zu einer mächtigen Stütze nehmen könnte, so solltet ihr sehen!« [82] Darauf sagten die Engel: »O Lot, wir sind Boten deines Herrn, und diese Menschen werden keineswegs zu dir hereinkommen. Gehe in der Nacht mit deiner Familie hinweg, und niemand von euch sehe sich um; deine Frau nur allein wird treffen, was jene treffen wird[41]. Diese Verheißung wird morgen früh an ihnen erfüllt werden. Ist nicht der Morgen schon nahe?« [83] Als nun unsere Verheißung in Erfüllung ging, da stürzten wir diese Städte gänzlich um[42] und ließen auf sie Steine von gebackenem Ton (Höllensteine) regnen, welche schnell aufeinander (Lage auf Lage) folgten [84] und von deinem Herrn gezeichnet waren[43]; und wahrlich sie (die Stadt Mekka) ist nicht weit von den Frevlern entfernt[44].

[85] Und zu dem Stamme von Midian schickten wir ihren Bruder Schoaib, und er sagte: »Oh, mein Volk, verehrt nur Allah allein, ihr habt ja keinen anderen Gott als ihn. Verkürzt doch nicht Maß und Gewicht. Zwar sehe ich euch jetzt in glücklichen Verhältnissen, aber ich fürchte für euch die Strafe jenes Tages, der alles umfaßt. [86] O mein Volk, gebt doch volles Maß und richtiges Gewicht und betrügt die Menschen nicht um ihr Vermögen und handelt nicht schändlich auf Erden, um diese zu verderben. [87] Seht, das wenige, das ihr in Redlichkeit mit Allahs Segen verdient, muß ja weit besser für euch sein, wenn ihr Gläubige sein wollt. Doch ich bin nicht zum Wächter über euch gesetzt.« [88] Sie aber antworteten: »Be-

[41] Die verschiedenen Lesarten des Originals lassen offen, ob die Engel Lot befohlen haben, seine Frau zurückzulassen, oder ob sie ihm nur den bevorstehenden Untergang seiner Frau vorherverkündeten. [42] Die Ausleger sagen, daß der Engel Gabriel die Städte zerstört habe; diese Ansicht findet sich auch bei den Rabbinen. Freiere Übersetzung: . . . kehrten das Unterste zuoberst . . . [43] Die Ausleger nehmen an, daß die Steine mit den Namen derer, die durch sie getötet wurden, bezeichnet waren. Wahrscheinlicher aber ist, daß diese Steine durch ihre Gestalt und ihren Schwefelgeruch ganz besonders als unmittelbare Strafe Allahs erkennbar waren und noch sind. [44] Entweder ihre Lage ist nicht weit von Sodom, oder ihr sittliches Verhalten steht dem der Sodomiter wenig nach.

rechtigt dich, o Schoaib, dein Glaube, uns zu gebieten, daß wir verlassen sollen, was unsere Väter verehrt haben, und daß wir nicht mit unserem Vermögen tun sollen, was uns beliebt? Es scheint, daß du nur dich allein für weise und rechtschaffen hältst.« [89] Er aber antwortete: »Oh, mein Volk, seht her, wenn ich deutliche Beweise von meinem Herrn erhalten habe und er mich mit allem Guten versehen hat und ich euch wie mir darin nicht nachgebe, wovon ich euch mit meinem Verbot abhalte – will ich anderes als nur euere Besserung, mit allen meinen Kräften? Meine Stütze ist nur Allah, und nur auf ihn vertraue ich, und nur zu ihm wende ich mich hin. [90] O mein Volk, zieht euch nicht, durch euere Widersetzlichkeit gegen mich, eine Strafe zu, gleich der, welche das Volk des Noah oder das des Hud oder das Volk des Saleh getroffen hat. Ihr seid ja von dem Volke des Lot nur wenig (sittlich) entfernt. [91] Darum bittet eueren Herrn um Verzeihung und kehrt zu ihm zurück; denn er ist barmherzig und liebevoll.« [92] Sie aber erwiderten: »Wir verstehen nicht viel, o Schoaib, von dem, was du da sagst, und wir kennen dich auch nur als einen schwachen Menschen[45]; wäre nicht deine Familie[46], so steinigten wir dich, und du hättest dann keine Macht über uns.« [93] Er aber antwortete: »Hat denn, o mein Volk, meine Familie mehr Wert bei euch als Allah? Wollt ihr ihn denn so ganz verächtlich beiseite werfen? Wahrlich, mein Herr umfaßt in seinem Wissen euer Tun. [94] Und nun, mein Volk, handelt nur nach euerem Gutdünken, und ich werde nur nach meiner Pflicht handeln, und später sollt ihr es erfahren, wen die Strafe treffen wird, die ihn mit Schmach bedeckt, und wer eigentlich ein Lügner ist. Wartet nur auf den Ausgang, und ich will mit euch warten.« [95] Als wir nun unseren Ratschluß erfüllten, da erretteten wir den Schoaib, in unserer Barmherzigkeit, und alle die, die gleich ihm glaubten. Ein Erdbeben erfaßte die Frevler, und man fand sie des Morgens in ihren Wohnungen tot hingestreckt, [96] und es war, als hätten sie nie darin gewohnt. Ward nicht der Stamm von Midian gerade so wie Thamud verstoßen?

[97] Auch hatten wir den Moses mit unseren Zeichen und mit sichtbarer Macht [98] zu Pharao und seinen Fürsten gesandt. Diese aber folgten nur den Befehlen des Pharao; die Befehle des Pharao

[45] Wir sehen durchaus keine höhere Kraft in dir, welche dich berechigte, den Propheten zu spielen. [46] Entweder das Mitleid für dieselbe oder die Furcht vor derselben.

aber waren ungerecht. [99] Darum soll er am Tage der Auferstehung seinem Volke vorangehen und es in das Höllenfeuer führen (wie das Vieh zur Tränke). Wahrlich, ein schlimmer Gang (eine schlechte Tränke), den (zu der) sie da geführt werden. [100] In diesem Leben hat sie der Fluch verfolgt, und in jenem Leben wird ihnen auch noch eine schlechte Gabe gegeben werden[47].

[101] Das, was wir dir erzählt haben, ist ein Teil der Geschichte jener Städte, von welchen einige noch stehen, andere aber gänzlich abgemäht (zerstört) sind (wie Gras). [102] Wir behandelten sie nicht mit Unrecht; sondern sie selbst waren ungerecht gegen ihre eigenen Seelen. Ihre Götter, die sie, statt Allah, anriefen, konnten ihnen, als der Ratschluß deines Herrn in Erfüllung ging, durchaus nichts helfen, ja sie gereichten ihnen nur zum Verderben. [103] So war die Strafe deines Herrn, als er die ungerechten Städte bestrafte; denn sein Griff ist hart und schwer. [104] Hierin liegen Zeichen genug für den, welcher die Strafe des Jüngsten Tages fürchtet. An diesem Tage sollen alle Menschen versammelt und an diesem Tage soll Zeugnis gegeben werden. [105] Wenn die bestimmte Zeit da sein wird, dann schieben wir ihn nicht hinaus. [106] Und wenn dieser Tag kommt, dann wird keine Seele etwas (zu ihrer Entschuldigung) sagen können, außer mit dem Willen Allahs. Einige werden dann unglücklich, andere glücklich sein. [107] Die Unglücklichen werden in das Höllenfeuer kommen und dort wehklagen und seufzen und ewig darin bleiben, [108] solange die Himmel und die Erde dauern, oder dein Herr müßte es anders wollen; denn dein Herr tut, was er will. [109] Die Glücklichen aber werden in das Paradies kommen und ewig darin bleiben, solange die Himmel und die Erde dauern, ungerechnet das, was deinem Herrn noch hinzuzufügen gefallen sollte. Das ist eine Gnade, die nicht unterbrochen wird. [110] Hege daher keine Zweifel darüber, was diese Menschen verehren; sie verehren nichts anderes, als ihre Väter vor ihnen verehrt hatten. Dafür wollen wir ihnen ihren vollen Teil ungemindert geben.

[111] Wir gaben vordem dem Moses, die Schrift, über die nun Uneinigkeit in seinem Volk entstand. Wäre nicht ein Ratschluß deines Herrn vorausgegangen, so wäre schon längst zwischen ihnen entschieden; daher sind sie noch jetzt darüber in Ungewißheit und

[47] Auch Sale übersetzt diese Stelle so. Wahl aber übersetzt nach Marac.: In dieser Welt haben sie den Fluch zum Gefährten gehabt, und er wird auch über ihnen sein am Tage der Auferstehung. Unglückselige Hilfe, die sie von Pharao hatten!

Zweifel[48]. [112] Aber einem jeden von ihnen wird dein Herr den Lohn seiner Werke geben; denn er kennt ihr Tun. [113] Darum sei du standhaft, wie dir befohlen ist, und auch die, welche mit dir bekehrt worden sind, mögen standhaft sein. Seid nicht widerspenstig; denn Allah sieht, was ihr tut. [114] Neigt euch nicht hin zu den Ungerechten, sonst erfaßt euch das Höllenfeuer. Ihr habt ja außer Allah keinen Beschützer, und niemand kann euch wider ihn helfen. [115] Betet in den beiden äußersten Grenzen des Tages, und (zu Nachtbeginn – der dem Tage nahe ist –) in dem Teile der Nacht[49]; denn gute Werke bannen die bösen. Dies sei eine Ermahnung für die, welche nachdenken. [116] Halte aus in Geduld; denn Allah läßt den Lohn der Rechtschaffenen nicht verlorengehen. [117] Waren nicht unter den Geschlechtern vor euch auch verständige und tugendhafte Menschen, die dem Verderben auf der Erde steuern wollten? Aber es waren deren nur wenige, und nur die haben wir dann auch wirklich gerettet. Die Frevler aber folgten allein ihren Gelüsten und waren Übeltäter. [118] Sicher! Dein Herr hätte jene Städte nicht ungerechterweise zerstört, wenn ihre Einwohner tugendhaft gewesen wären. [119] Hätte es deinem Herrn gefallen, so hätten alle Menschen nur eine Religion gehabt; aber sie sollen nicht aufhören, untereinander verschiedener Ansicht zu sein, [120] nur mit Ausnahme derer, gegen die dein Herr barmherzig ist; denn gerade dazu hat er sie erschaffen; denn das Wort deines Herrn soll erfüllt werden: »Ich will die Hölle mit Teufeln und Menschen zusammen füllen.« [121] Alles, was wir dir von der Geschichte der Gesandten erzählt haben, haben wir dir nur darum erzählt, um dadurch dein Herz zu stärken, und hiermit sind dir Wahrheit, Mahnung und Warnung für die Gläubigen zuteil geworden. [122] Den Ungläubigen aber sage: »Handelt nur nach euerem Gutdünken, und wir wollen nur nach unserer Pflicht handeln. [123] Erwartet nur den Ausgang, und wir wollen ihn mit euch erwarten.« [124] Allah kennt die Geheimnisse der Himmel und der Erde, und zu ihm kehrt alles zurück; darum verehrt nur ihn und vertraut nur auf ihn; denn dein Herr beachtet genau, was ihr tut.

[48] Über den Inhalt und die Erklärung der Schrift entstanden Meinungsverschiedenheiten, die Allah absichtlich zuläßt und in die er nicht durch unmittelbare Entscheidung eingreift.
[49] So wörtlich. Es bedeutet: des Morgens und des Abends und nach Sonnenuntergang.

ZWÖLFTE SURE

Joseph[1] (Yusuf) *(Friede sei mit ihm)* *offenbart zu Mekka*

[1] Im Namen Allahs, des Allbarmherzigen. [2] Alif Lam Ra[2]. Dies sind die Zeichen des deutlichen Buches, [3] das wir deshalb in arabischer Sprache offenbarten, damit es euch verständlich sei. [4] Wir wollen dir, durch Offenbarung dieser Sure des Korans[3], die schönste Geschichte erzählen, auf welche du früher nicht aufmerktest. [5] Als Joseph zu seinem Vater sagte: »Du, mein Vater, ich sah in meinem Traum elf Sterne und die Sonne und den Mond sich vor mir beugen«, [6] da sagte Jakob: »Mein kleiner Sohn, erzähle nicht dein Traumgesicht deinen Brüdern[4]; denn sonst schmieden sie Ränke gegen dich; siehe, der Satan ist ein offener Feind der Menschen. [7] Wie dein Traum beweist, wird es eintreffen: Dein Herr wird dich auserwählen und dich die Deutung dunkler Aussprüche[5] lehren und seine Gnade über dich und über das Geschlecht Jakob ergießen, so wie er sie gegen deine Voreltern Abraham und Isaak hat walten lassen; denn dein Herr ist allwissend und allweise[6].«

[8] Seht, in der Geschichte des Joseph und seiner Brüder sind für Suchende Zeichen göttlicher Vorsehung. [9] Diese sagten untereinander: »Unser Vater liebt den Joseph und seinen Bruder[7] mehr als uns, und wir sind doch größer an Zahl. In der Tat, unser Vater begeht da ein offenbares Unrecht. [10] Tötet den Joseph oder bringt ihn in ein fernes Land, und das Angesicht eueres Vaters wird dann freundlich gegen euch sein, und ihr könnt glückliche Menschen werden.« [11] Da sagte einer[8] von ihnen: »Bringt den Joseph nicht um; werft ihn vielmehr in die Tiefe eines Brunnens, und irgendwelche Vorbeireisende mögen ihn dann finden und herausziehen.« [12] Sie sagten sodann zu ihrem Vater: »Warum willst du uns den Joseph nicht anvertrauen? Wir meinen es ja gut mit ihm; [13]

[1] So genannt, weil sie die ganze Geschichte des Joseph (1. B. Mos., 39–50) enthält. Diese Sure ist durch die Ausschmückung dieser Geschichte eine der lieblichsten des ganzen Korans. Auch steht sie bei den Moslems in ganz besonderem Ansehen. [2] Siehe zehnte Sure, Note 2. [3] Im Original: durch Offenbarung dieses Korans. Das Wort Koran steht aber auch oft nur für einen Teil, für eine Sure, desselben. [4] Nach 1. B. Mos., 37, 9 hatte Joseph diesen Traum bereits seinen Brüdern mitgeteilt, als er ihn dem Vater erzählte. Den ersten Traum Josèphs erwähnt Mohammed nicht. [5] Die Kunst: Träume zu deuten und auszulegen. [6] Nach 1. B. Mos., 37, 10 hat Jakob nicht nur dem Joseph seine Träume nicht gedeutet, sondern ihm sogar das Erzählen derselben streng verwiesen. [7] Nämlich den Benjamin. [8] Nach 1. B. Mos., 37, 21 u. 22 sagte dies Ruben.

darum schick ihn morgen mit uns, daß er sich belustige und spiele, und wir wollen über ihn wachen.« [14] Jakob erwiderte: »Es betrübt mich, daß ihr ihn mit euch nehmen wollt, auch fürchte ich, es könnte ihn ein Wolf zerreißen, da ihr nicht aufmerksam auf ihn seid.« [15] Sie aber sagten: »Wie soll ihn ein Wolf fressen, da wir ja so groß an Zahl sind, oder wir müßten denn zuerst das Leben einbüßen[9].« [16] Als sie ihn nun mit sich genommen hatten und einig waren, ihn in die Tiefe eines Brunnens zu werfen (und so handelten), da offenbarten wir ihm: »Du wirst ihnen einst diese Handlung vorhalten, obgleich sie es jetzt nicht ahnen[10].« [17] Des Abends kamen sie zum Vater heim, weinten [18] und sagten: »O Vater, wir liefen miteinander um die Wette und ließen den Joseph bei unseren Geräten zurück, und da hat ihn ein Wolf zerrissen; doch du wirst uns nicht glauben wollen, obgleich wir nur die Wahrheit sagen.« [19] Und sie zeigten seinen Rock, mit fremdem Blut befleckt[11]. Da sagte Jakob: »Ihr habt vielleicht dies alles selbst erdacht (erdichtet); wahrlich, ich muß große Geduld haben, und ich muß Allahs Beistand anrufen, um das ertragen zu können[12], was ihr berichtet.« [20] Und es kamen Reisende (eine Karawane) vorbei, die einen Mann zum Brunnen schickten, um Wasser zu schöpfen[13], und als dieser seinen Eimer hinabgelassen hatte, da rief er aus: »Welch ein Glück[14]! Hier ist ein Jüngling.« Und sie verheimlichten (verbargen) ihn[15] (unter den Waren), um ihn als Sklaven zu verkaufen; aber Allah kannte ihr Tun. [21] Und sie verkauften ihn um geringen Preis, für einige Dirhem; denn sie schlugen seinen Wert nicht hoch an.

[22] Der Ägypter (Potiphar-Aziz), der ihn kaufte, sagte zu seinem Weibe[16]: »Behandle ihn auf ehrbare Weise, vielleicht kann er uns einmal nützlich werden, oder wir nehmen ihn einst an Sohnes

[9] Ähnlich übersetzten Wahl und Marac. Sale aber: we shall be weak indeed. Goldschmidt: Wir müßten dann die Verlustigen sein.(?) [10] Wahl übersetzt: die sie jetzt so wenig zu Herzen nehmen. Sale: and they shall not perceive thee to be Joseph. Augusti: und sie werden es nicht begreifen können. Moderne religiös bestimmte Übersetzung: und sie werden dich nicht erkennen. [11] Wörtlich: mit falschem, lügenhaftem. [12] Übersetzung der Ahmadiyya-Mission: Und Allah ist es, dessen Beistand anzurufen ist wider das, was ihr behauptet. [13] Nach 1. B. Mos., 37, 24 war kein Wasser in der Grube des Joseph. [14] Einige nehmen dieses Wort als Eigennamen desjenigen, der den Wasserschöpfenden begleitete, und es hieße also: O Boschra, hier ist ein Jüngling! [15] Nach einigen verleugneten die Brüder ihn als Bruder, um ihn als Sklaven zu verkaufen. Nach anderen verheimlichten die, welche den Joseph gefunden hatten, auf welche Weise sie zu ihm gekommen waren, um ihn zu verkaufen. [16] Diese wird gewöhnlich Suleicha genannt. Einige nennen sie auch Rail.

Statt an.« Und so bestimmten wir Joseph das Land Ägypten zum Aufenthalt, um ihn die Kunst der Deutung geheimnisvoller Geschehnisse zu lehren; denn Allah besitzt die Macht, seine Absichten auszuführen; doch die meisten Menschen wissen das nicht. [23] Da er nun in die Vollkraft der Jahre kam, da begabten wir ihn mit Weisheit und Erkenntnis, wie wir Rechtschaffene zu belohnen pflegen. [24] Und sie, die Frau, in deren Haus er war, forderte ihn (in ihrem Begehren) auf (daß er sich zu ihr lege), indem sie die Türen verschloß und zu ihm sagte: »Komm nun!« Er aber sagte: »Allah bewahre mich davor! Da mir mein Herr[17] eine so gute Wohnung gegeben hat. Die Frevler können nicht glücklich sein.« [25] So hegte sie den Gedanken, mit ihm zu sündigen, und auch er hätte gewünscht, mit ihr zu sündigen, wenn er nicht ein deutliches Zeichen seines Herrn gesehen hätte[18]. So wendeten wir (ohne uns hätte ihm hierzu die Kraft gefehlt) Sünde und Schändlichkeit von ihm ab; denn er war einer unserer treuen Diener. [26] Und als sie beide der Tür zuliefen[19], da zerriß sie ihm sein Kleid von hinten, und sie stießen auf ihren Herrn (ihren Mann) an der Tür. Da sagte sie zu diesem: »Welche Strafe soll der wohl erleiden, welcher plante, Böses in deiner Familie zu begehen? Sollte er nicht ins Gefängnis geworfen oder sonst schwer bestraft werden?« [27] Joseph sagte: »Sie war es, die mich begehrend zur Sünde aufforderte.« Da bezeugte[20] einer aus ihrer Familie und sagte: »Wenn sein Kleid von vorne zerrissen ist, dann spricht sie die Wahrheit, und er ist ein Lügner; [28] ist aber sein Kleid von hinten zerrissen, dann lügt sie, und er sagt die Wahrheit.« [29] Als Potiphar sah, daß Josephs Kleid von hinten zerrissen war, da sagte er: »Das ist ein listiger Anschlag (deines Geschlechts); denn euere List ist groß.« [30] Und weiter: »Du, o Joseph, nimm dich weiter der Sache nicht an; und du, Frau, bitte um Vergebung deiner Sünde; denn du hast dich schwer vergangen und bist schuldig.«

[31] Aber die Frauen in der Stadt sagten: »Die Frau des vornehmsten Mannes, ›Potiphar-Aziz‹, forderte ihren jungen Sklaven auf, mit ihr zu sündigen: er hat Liebe in ihrem Herzen angefacht,

[17] Einige beziehen dies richtig auf Allah, andere auf Potiphar. [18] Auch die Rabbinen erzählen, daß Joseph die Absicht gehabt hatte, mit der Frau des Potiphar zu sündigen, wenn ihn nicht das Gesicht seines Vaters, als Erscheinung, zurückgehalten hätte. [19] Nämlich Joseph, um zu entfliehen, und sie, um ihn zurückzuhalten. [20] Dies soll ein Kind in der Wiege gewesen sein, welches Zeuge der sündhaften Aufforderung war.

und wir sehen sie nun in offenbarer Verirrung[21]. [32] Als sie die spöttischen Reden hörte, schickte sie zu ihnen, sie zu einem Gastmahl einzuladen, und legte einer jeden ein Messer vor und sagte dann zu Joseph: »Komm und zeig dich ihnen[22].« Als sie ihn nun sahen, da priesen sie ihn sehr[23], schnitten sich in ihre Hände[24] und sagten: »Bei Allah! Das ist kein menschliches Wesen, sondern ein verehrungswürdiger Engel.« [33] Darauf sagte sie: »Seht, das ist derjenige, um dessentwillen ihr mich so getadelt habt. Ich hatte Verlangen nach ihm und ihn aufgefordert, mit mir zu sündigen; aber er hat standhaft widerstanden. Doch wenn er nun nicht tun wird, was ich ihm befehle, dann soll er ins Gefängnis geworfen und wie einer der Verächtlichsten behandelt werden.« [34] Joseph rief aus: »Oh, mein Herr[25], der Kerker ist mir lieber als das, wozu sie mich einlädt. Wenn du nicht ihre Fallstricke von mir abwendest, so könnte ich mich leicht ihnen ergeben und gehörte dann zu den Toren.« [35] Und sein Herr erhörte ihn und wendete ihre Schlingen von ihm ab; denn er hört und weiß alles. [36] Dennoch gefiel es ihnen (Potiphar und seinen Freunden), obgleich sie Beweise seiner Unschuld gesehen hatten, ihn eine Zeitlang ins Gefängnis zu werfen.

[37] Es kamen zugleich zwei königliche Diener (Obermundschenk und Oberbäcker) mit ihm ins Gefängnis. Einer (der Mundschenk) von ihnen erzählte: »Ich sah in meinem Traum, daß ich Wein auspreßte.« Der andere sagte: »Ich sah, daß ich auf meinem Kopfe Brot trug, von dem die Vögel fraßen. Erkläre uns die Bedeutung dieser Träume; denn wir halten dich für einen frommen und gelehrten Menschen[26].« [38] Er antwortete: »Noch bevor ihr das Essen, welches zu euerer Nahrung euch gebracht wird, erhaltet, will ich euch die Deutung erklären, wie es mich mein Herr gelehrt hat; denn ich habe die Religion derjenigen Leute verlassen, welche nicht an Allah glauben und das zukünftige Leben leugnen, [39]

[21] Wir sehen sie tief gesunken und gefallen. Augustis Übersetzung: Wir wissen aber, daß sie sich gewaltig betrogen hat, liegt nicht in den Worten des Originals. [22] Augusti übersetzt irrig: Sie redete mit Joseph in deren Gegenwart. [23] Die alten lateinischen Übersetzer haben diese Stelle mißverstanden, in dem sie mit menstruatae sunt übersetzen und dann sich veranlaßt finden, am Rande zu bemerken: O foedum et obscoenum prophetam! [24] Sie waren so durch die Betrachtung der Schönheit des Joseph bezaubert, daß sie es nicht einmal merkten, daß sie sich statt in die Speisen oder Früchte, in die Hände schnitten. [25] Diese Anrede bezieht sich auf Allah. [26] Ullmann übersetzt richtig: fromm und gelehrt. Meistens wurde mit »brav« und auch »gefällig« übersetzt. Im arabischen Wort liegt auch diese Bedeutung, sie genügt aber hier nicht, um einen nur »Braven« zur Traumdeutung aufzufordern. In neuerer Zeit: Goldschmidt (unbefriedigend): »liebfromm«. Ahmadiyya-Mission: »rechtschaffen«.

und ich folge der Religion meiner Väter Abraham, Isaak und Jakob, und uns ist nicht erlaubt, Allah irgendein Wesen beizugesellen. Diese Religion ist uns, und auch für alle Menschen, durch die Güte Allahs verkündet worden; doch die meisten Menschen sind nicht dankbar dafür. [40] Oh, meine Kerkergenossen, sind denn mehrere geteilte Herren besser als der einzige und allmächtige Gott? [41] Ihr verehrt, außer ihm, nichts anderes als Namen, welche ihr und euere Väter erfunden habt und wozu Allah keine Befugnis gegeben hat; nur Allah allein kommt es zu, zu urteilen, er hat befohlen, nur ihn allein zu verehren. Das ist die wahre Religion; doch die meisten Menschen erkennen sie nicht. [42] O meine Mitgefangenen, der eine von euch wird seinem Herrn den Wein wieder einschenken; der andere aber wird an das Kreuz geschlagen werden, und die Vögel werden von seinem Kopfe fressen. So ist die Sache beschlossen, über welche ihr belehrt sein wollt.« [43] Und zu dem, von welchem er glaubte, daß er der Gerettete sein würde, sagte Joseph: »Sei meiner eingedenk bei deinem Herrn.« Der Satan ließ ihn so das Andenken seines Herrn vergessen[27], und darum mußte Joseph noch einige Jahre im Gefängnis bleiben.

[44] Der König von Ägypten erzählte einst: »Ich sah (in einem Traum) sieben fette Kühe, die von sieben mageren verschlungen wurden, und sieben grüne Kornähren und sieben dürre. Und nun, ihr Edlen meines Reiches, erklärt mir mein Traumgesicht, wenn ihr Traumerscheinungen deuten könnt.« [45] Sie wußten nur zu antworten: »Das sind verwirrte Träume, auch besitzen wir nicht die Kunst, Träume zu deuten.« [46] Da sagte der, welcher von den beiden damals (im Kerker) errettet wurde, denn nun erinnerte er sich nach einer langen Zeit, an Joseph: »Ich will euch die Deutung geben, doch entlaßt mich nur jetzt!« [47] Er ging zu Joseph und sagte: »O du wahrhafter Mann, erkläre mir doch die Bedeutung von sieben fetten Kühen, die von sieben mageren gefressen werden, und von sieben grünen Kornähren und sieben dürren, damit ich zu den Leuten zurückkehre, die mich geschickt haben, und auch sie es erfahren.« [48] Joseph antwortete: »Ihr werdet sieben Jahre nach-

[27] Der Satan verleitete so den Joseph, sein Vertrauen nicht in Allah, sondern in einen Menschen zu setzen, und darum mußte er noch längere Zeit im Gefängnis bleiben. Alle Übersetzer haben daher unrecht, wenn sie übersetzen: Der Satan ließ den Mundschenk vergessen, sich des Joseph bei seinem Herrn (nach seiner Entlassung aus dem Kerker) zu erinnern, kritisiert Ullmann: »Doch erwähnte Sale in der Note auch das Richtige.«

einander säen; was ihr dann einerntet, laßt in den Ähren; nur das wenige ausgenommen, was ihr zu euerer Nahrung braucht. [49] Dann werden sieben sehr unfruchtbare Jahre kommen, da wird alles aufgezehrt werden, was ihr für diese aufgespeichert hattet, bis auf ein weniges, das ihr bewahren mögt[28]. [50] Dann kommt ein Jahr, in welchem es den Menschen nicht an Regen mangeln wird (die Menschen wieder ihr Auskommen finden werden) und in welchem sie Wein genug auspressen werden.«

[51] Auf diese Nachricht sagte der König: »Bringt ihn, den Joseph, zu mir.« Als nun der Bote deshalb zu ihm kam, da sagte Joseph: »Geh zu deinem Herrn zurück und frage ihn: Was war wohl die Absicht jener Frauen, welche sich in die Hände geschnitten haben[29]? Denn mein Herr[30] kennt ihre Fallstricke, welche sie mir gelegt hatten.« [52] Darauf sagte der König zu ihnen (den Frauen): »Was habt ihr vorgehabt, als ihr den Joseph (gegen seinen Willen) zur Sünde auffordertet?« Sie antworteten: »Er bewährte sich[31]! Wir wissen durchaus nichts Böses von ihm.« Darauf sagte die Frau des vornehmsten Mannes (des Potiphar-Aziz): »Nun wird die Wahrheit offenbar. Ich hatte ihn zur Sünde mit mir aufgefordert, er hat die Wahrheit gesagt.« [53] Als Joseph dies (das Geständnis der Frau) erfuhr, sagte er: »Nun weiß mein Herr, daß ich nicht in seiner Abwesenheit unredlich war. Allah leitet Betrüger nicht.

[54] Doch will ich nicht mein Herz von Schuld freisprechen; denn das menschliche Herz ist zum Bösen geneigt, wenn sich nicht Allah, der Herr, seiner erbarmt; denn mein Herr ist gnädig und barmherzig[32].« [55] Darauf sagte der König: »Bringt mir den Joseph her, denn ich will ihn zu meinem Vertrauten machen.« Der König redete ihn dann mit den Worten an: »Von diesem Tag an ist deine Stelle bei mir als mein Vertrauter.« [56] Er aber erwiderte: »Setze mich über die Vorratskammern des Landes, und ich will sie mit Einsicht verwalten[33].« [57] So haben wir Joseph eine Stätte im

[28] Wortfassung des Nachsatzes ist der Übersetzung der Ahmadiyya-Mission entnommen. Eine europäische Mission nahm Anstoß, daß das nicht erwähnt war. [29] Joseph wollte nicht eher das Gefängnis verlassen, als bis er öffentlich rein gesprochen worden war und Genugtuung erhalten hatte. [30] Entweder Allah oder der König oder Potiphar-Aziz. [31] Die Übersetzung der Antwort der Frauen – allgemein üblich – mit »Allah bewahre!« ist richtig wiederzugeben mit: »Er bewährte sich vor Allah!«, womit der logische Zusammenhang erst gegeben erscheint. [32] Wahl und andere lassen die hier Joseph in den Mund gelegten Worte von »Nun weiß mein Herr« Vers [53] und Vers [54] die Frau des Potiphar-Aziz sprechen. [33] Nach 1. B. Mos, 41, 39 bietet Pharao ihm dieses Amt an.

Lande gegeben, daß er darin wohne, wo er wolle; denn wir erteilen unsere Barmherzigkeit, wem wir wollen, und lassen den Lohn der Rechtschaffenen nicht untergehen.

[58] Doch der Lohn in der zukünftigen Welt wird noch weit besser sein für die, welche glauben und Allah fürchten. [59] Als nun die Brüder des Joseph nach Ägypten kamen und zu ihm eintraten, da erkannte er sie sogleich, sie aber erkannten ihn nicht. [60] Als er sie nun mit dem für sie Notwendigen (Bedarf an Getreide) hinreichend versehen hatte, da sagte er zu ihnen: »Bringt nächstens eueren Bruder (den Benjamin), den Sohn eueres Vaters, mit. Seht ihr denn nicht, daß ich euch mit reichlichem Maß Getreide gebe und daß ich sehr gastfreundschaftlich bin? [61] Wenn ihr ihn mir aber nicht mitbringt, dann bekommt ihr kein Korn mehr von mir zugemessen und dürft mir nicht mehr vor das Angesicht kommen.« [62] Sie antworteten: »Wir wollen ihn inständigst von unserem Vater erbitten und dann tun, wie du befohlen hast.« [63] Joseph sagte zu seinen Dienern: »Steckt die Zahlung, welche sie für das Getreide gegeben haben, in ihre Säcke, aber so, daß sie dies erst merken, wenn sie zu ihrer Familie zurückgekehrt sind, damit sie dann veranlaßt sind, wiederzukommen.« [64] Als sie nun zu ihrem Vater kamen, da sagten sie: »O Vater, wir bekommen ohne den Benjamin kein Korn mehr zugemessen; darum schick unseren Bruder mit, damit wir Getreide erhalten; wir wollen auf ihn sehr achtgeben.« [65] Der Vater antwortete: »Soll ich ihn euch so anvertrauen, wie ich ehedem euch seinen Bruder (Joseph) anvertraut habe? Doch Allah ist der beste Beschützer, und er ist der Allbarmherzige.« [66] Als sie nun ihre Säcke öffneten, da fanden sie das (ihnen zurückgegebene) Geld wieder; da sagten sie zu ihrem Vater: »O Vater, was wollen wir mehr! Siehe, unser Geld wurde uns wiedergegeben, wir wollen daher zurückkehren und neues Korn für unsere Familie kaufen und wollen auf unseren Bruder wohl achtgeben. Wir werden die Last eines Kamels mehr bringen als voriges Mal; das wird ein leichtes sein.« [67] Er aber erwiderte: »Ich schicke ihn nicht eher mit euch, als bis ihr mir feierlich versprecht und bei Allah schwört, daß ihr ihn mir wieder zurückbringt, wenn es euch nicht unmöglich gemacht wird[34].« Als sie ihm nun ein feier-

[34] Goldschmidt: ». . ., außer ihr werdet selbst zurückgehalten«; Ahmadiyya-Mission: ». . ., es sei denn, ihr werdet alle umringt.«

liches Versprechen gegeben hatten, da sagte er: »Allah ist Zeuge dessen, was wir gesprochen haben.« [68] Er sagte ferner zu ihnen: »O meine Söhne, geht nicht alle durch ein Tor, sondern durch verschiedene Tore in die Stadt; doch das wird euch nichts helfen, wenn Allah nicht mit euch ist; denn nur Allah allein entscheidet; darum setze ich nur auf ihn mein Vertrauen, und alle, welche in Zuversicht hoffen wollen, mögen nur auf ihn vertrauen.« [69] Als sie nun zur Stadt hineinzogen, auf die Weise, wie ihr Vater befohlen hatte, da konnte ihnen dies wider den Ratschluß Allahs nichts helfen und diente zu nichts anderem, als nur den Wunsch des Jakob zu erfüllen[35]; doch Jakob besaß eine göttliche Wissenschaft, eine Wissenschaft, welche die wenigsten Menschen haben.

[70] Als sie nun vor Joseph kamen, da nahm er seinen Bruder Benjamin vor sich und sagte: »Wahrlich, ich bin dein Bruder, sei nicht darüber betrübt, was jene gegen mich getan haben[36].« [71] Als er sie dann mit dem notwendigen Getreide versehen hatte, ließ er einen Becher in den Sack (die Satteltasche) seines Bruders Benjamin legen. Und bald darauf rief ihnen ein Herold nach: »Ihr Reisende, ihr seid Diebe!« [72] Sie wandten sich um und sagten: »Was ist euch denn abhanden gekommen?« [73] Sie antworteten (der Herold und seine Begleiter): »Der Becher des Königs. Wer ihn herbeischafft, der soll so viel Getreide erhalten, wie ein Kamel tragen kann; wir verbürgen ihm das.« [74] Sie aber antworteten: »Bei Allah, ihr müßt euch ja schon überzeugt haben, daß wir nicht gekommen sind, um Verderben im Lande zu stiften, auch sind wir niemals Diebe gewesen.« [75] Die Ägypter aber sagten: »Sagt selbst, was soll die Strafe des Diebes sein, wenn ihr als Lügner befunden werdet?« [76] Sie erwiderten: »Der, in dessen Sack der Becher gefunden wird, werde selbst Entgelt dafür: zur Strafe ein Leibeigener; denn so bestrafen wir die Diebe[37].« [77] Da begann

[35] Diese Stelle findet die verschiedenartigste Deutung. Ich verstehe den Sinn so: Der Wunsch eines Menschen, noch dazu des Vaters, war zwar erfüllt, doch haben menschliche Wünsche und menschlicher Vorbedacht keine Gewalt gegen das vorbestimmte Schicksal und gegen den vorgefaßten Ratschluß Allahs. [36] Nach 1. B. Mos., 45, 1 gibt sich Joseph allen seinen Brüdern, auch dem Benjamin, erst nach dem Vorfall mit dem Becher zu erkennen. Doch erzählt auch das Sepher Hajjacher, daß Joseph sich dem Benjamin zuerst zu erkennen gegeben habe. [37] Nach 1. B. Mos., 44, 9 verlangten sie den Tod des Diebes, und nur der Herold milderte diese Strafe mit den Worten, der Dieb allein bleibe als Sklave zurück. Die Worte V. 10: Es soll dabei bleiben, wie ihr gesagt habt, der, bei dem der Becher gefunden wird, soll Sklave und ihr frei sein, welche V. 9 widersprechen, werden dadurch klar, wenn sie, wie hier gesagt wird, hinzugefügt hatten, daß nach ihrem Haus- und Familienrecht die eigentliche Strafe eines Diebes sei, als Sklave verkauft zu werden.

Joseph ihre Säcke zuerst zu untersuchen, bevor er in dem Sack seines Bruders suchte; endlich wurde der Becher aus dem Sack seines Bruders hervorgezogen. Diese List hatten wir dem Joseph eingegeben; denn nach des Königs Gesetzen hätte er seinen Bruder nicht als Sklaven behalten dürfen[38]; so hatte es Allah gefügt[39]. Denn wir erheben, wenn wir wollen, und wir sind über alle, die mit Weisheit begabt sind, an Weisheit hoch erhaben. [78] Die Brüder sagten: »Hat dieser gestohlen, so hat auch sein Bruder Joseph ehedem gestohlen[40].« Doch Joseph hielt sich zurück und sagte nichts zu ihnen; er dachte aber: Wahrlich, ihr seid in schlimmster Lage, und Allah weiß genau, was ihr redet. [79] Darauf sagten sie zu Joseph: »Edler Herr, dieser Jüngling hat einen alten Vater; darum nimmt einen von uns an seiner Statt, denn wir sehen, daß du gnädig bist.« [80] Er aber antwortete: »Da sei Allah davor, daß wir einen anderen als den, bei dem der Becher gefunden worden ist, nehmen sollten; wir würden ja sonst ungerecht sein.« [81] Voller Verzweiflung gingen sie nun beiseite, um sich miteinander zu besprechen. Da sagte der Älteste von ihnen: »Wißt ihr nicht, daß ihr euerem Vater einen feierlichen Eid bei Allah geleistet habt, und wie treulos ihr auch früher an Joseph handeltet? Ich werde daher dieses Land nicht eher verlassen, als bis mir mein Vater es erlaubt oder bis Allah darüber entscheidet; denn er ist der beste Richter. [82] Geht ihr zu euerem Vater zurück und sagt: ›O Vater, dein Sohn hat gestohlen, wir bezeugen nichts anderes, als was wir wissen, und wir konnten ihn nicht schützen gegen das, was wir nicht vorhersehen konnten. [83] Frage nur in der Stadt, in welcher wir gewesen, und die Karawane, mit welcher wir angekommen sind, und du wirst finden, daß wir nur die Wahrheit sagen.‹« [84] (Als sie nun zu ihrem Vater gekommen waren und ihm dies erzählt hatten[41]), sagte er: »Wahrlich, auch diese Sache habt ihr schön ausgedacht! Doch ich muß Geduld haben, vielleicht gibt mir Allah sie alle wieder; denn er ist der Allwissende und Allweise.« [85] Er wandte sich darauf von ihnen weg und sagte: »Oh, wie groß ist mein Schmerz

[38] Nach ägyptischen Gesetzen wurde ein Dieb ausgepeitscht und mußte den doppelten Wert des Gestohlenen ersetzen. [39] Indem die Brüder selbst den Dieb zur Sklaverei verurteilten. [40] Die Ausleger fabeln darüber, worin der Diebstahl des Joseph bestanden habe. Dieser Ausspruch ist offenbar eine Verfälschung der Worte des Midrasch Rabba Par. 92, wo es heißt: »Er ist ein Dieb und Sohn einer Diebin«; was sich auf Rahels Entwendung der Götzenbilder ihres Vaters bezieht: 1. B. Mos., 31, 19. [41] Die eingeklammerten Worte stehen nicht im Original. Sie sind ergänzt.

um Joseph!« Und seine Augen wurden weiß[42] vor Schmerz, denn der Kummer zernagte sein Herz[43]. [86] Seine Söhne aber sagten: »Um Allahs willen, willst du denn nimmer aufhören, von Joseph zu reden, du grämst dich ja zu Tod und richtest dich zugrunde.« [87] Er aber erwiderte: »Nur Allah klage ich meinen Schmerz und Kummer; doch ich weiß durch Offenbarung Allahs, was ihr nicht wißt[44]. [88] O meine Söhne, geht hin und forscht nach Joseph und seinem Bruder und verzweifelt nicht an der Gnade Allahs; denn nur ungläubige Menschen verzweifeln daran.« [89] Als sie nun wieder zu Joseph kamen, sagten sie zu ihm: »Edler Herr, wir und unsere Familie leiden wieder Mangel, und wir kommen nur mit wenig Geld; versieh uns dafür reichlich mit Getreide und zeige dich wohltätig gegen uns, denn Allah belohnt die Wohltätigen.« [90] Er aber sagte: »Wißt ihr noch, was ihr Joseph und seinem Bruder angetan habt, als ihr noch nicht wissen konntet, welchen Ausgang die Sache nehmen würde?« [91] Sie antworteten: »Bist du etwa Joseph?« Er sagte: »Ja, ich bin Joseph, und dieser ist mein Bruder. Allah hat sich gnädig gegen uns gezeigt; denn Allah läßt nicht den Lohn der Frommen verlorengehen, die ihn fürchten und in Geduld ausharren.« [92] Darauf sagten sie: »Bei Allah, dich hat Allah über uns erhoben, und wir waren Sünder.« [93] Joseph aber erwiderte: »Macht euch deswegen heute keine Vorwürfe. Allah wird euch alles vergeben; denn er ist ja der Allbarmherzige. [94] Nehmt dieses mein Hemd und legt es auf das Angesicht meines Vaters, er wird wieder sehend werden, dann kommt mit eueren Familien zu mir.«

[95] Als nun die Karawane zurückkam, da sagte der Vater: »Ich empfinde den Geruch des Joseph[45], mögt ihr mich auch für wahnwitzig erklären.« [96] Die Söhne aber sagten: »Bei Allah, du bist noch immer in deinem alten Wahn.« [97] Bald darauf aber kam der Verkünder der frohen Botschaft[46] und legte das Hemd auf sein Angesicht, und – er wurde sehend. Da sagte der Vater: »Habe ich euch nun nicht gesagt, daß ich durch Offenbarung Allahs weiß, was ihr nicht wißt?« [98] Darauf sagten sie: »O unser Vater, bitte Allah

[42] Blind, wie auch weiter unten erzählt wird. [43] Moderne Übersetzung: Und seine Augen erblindeten ob seiner schmerzvollen Aufregung; dann aber unterdrückte er gottergeben seinen Kummer. [44] Nämlich daß Joseph noch lebt. [45] Vgl. 1. B. Mos., 27, 27. Das Kleid oder Hemd, welches Joseph seinem Vater schickte, soll er, als die Brüder ihn in die Grube warfen, vom Engel Gabriel erhalten haben. Es soll einen paradiesischen Geruch verbreitet haben. [46] Diese Nachricht brachte einer der zurückgekommenen Söhne.

um Verzeihung unserer Sünden; denn wir waren große Sünder.« [99] Er erwiderte: »Ich will alsbald meinen Herrn um Vergebung für euch anrufen; denn er ist verzeihend und barmherzig.« [100] Als Jakob und seine Familie nun zu Joseph kamen, da nahm er seine Eltern[47] mit Freuden auf und sagte: »Lebt nun sicher und ruhig, mit dem Willen Allahs, in Ägypten.« [101] Er ließ seine Eltern auf einem erhabenen Throne sitzen, nachdem sie aus Ehrerbietung vor ihm[48] sich niedergeworfen hatten. Er sagte: »O mein Vater, dies ist die Deutung (Erfüllung) meines ehemaligen Traumes. Mein Herr hat ihn wahr werden lassen. Er hat sich gnädig gegen mich erwiesen, da er mich aus dem Kerker führte und euch aus einem unfruchtbaren Lande (aus der Wüste) hierherbrachte, als der Satan zwischen mir und meinen Brüdern Zwietracht stiften wollte[49]; aber mein Herr ist gnädig, gegen wen er will, und er ist der Allwissende und Allweise. [102] O mein Herr, du hast mir an der Herrschaft dieses Reiches Teil gegeben und mich die Deutung dunkler Aussprüche gelehrt. Schöpfer der Himmel und der Erde, du bist mein Beschützer in dieser und in jener Welt. Laß mich als wahren Moslem sterben und vereine mich mit den Frommen.«

[103] Diese Geschichte, welche wir dir da erzählten, ist eine geheime; denn du (o Mohammed) warst ja nicht dabei, als die Brüder sich gegen den Joseph verbanden und ihre Ränke schmiedeten. [104] Doch die meisten Menschen werden dir nicht glauben, sosehr du es auch wünschst. [105] Verlange auch keinen Lohn von ihnen für die Mitteilung des Korans; denn er ist nichts anderes als eine Ermahnung für alle Menschen. [106] Doch so viele Beweise auch für die Einheit Allahs in den Himmeln und auf der Erde sind, so werden sie dennoch daran vorbeigehen und sich immer weiter davon entfernen. [107] Die meisten, welche an Allah glauben, verehren auch zugleich Götzen. [108] Glauben sie denn nicht, daß die Strafe Allahs plötzlich hereinbrechen und die Stunde des Gerichts ganz unerwartet kommen kann, bevor sie es sich versehen? [109] Sprich: »Das ist mein Weg, und ich und die, welche mir folgen, rufen euch zur Verehrung Allahs durch deutliche Beweise auf. Lob und Preis sei

[47] Josephs leibliche Mutter war schon seit langem tot, siehe 1. B. Mos., 35, 19; hier ist seine Pflegemutter Bilha gemeint, was auch die Rabbinen in der jüdischen Glaubenslehre annehmen. [48] ». . . vor ihm niedergeworfen.« Diese Verehrung bezieht sich nicht auf Joseph, sondern nach moderner Übersetzung: vor Allah wegen seiner Gnade an Joseph. Ein »moderner« Kritiker nimmt an dieser Auffassung Anstoß. [49] Besser: . . . gestiftet hatte.

Allah! Denn ich bin kein Götzendiener.« [110] Auch vor dir haben wir keine anderen Gesandten geschickt und uns keinen anderen Männern offenbart als nur solchen, die wir aus den Städtebewohnern erwählt haben. Wollen sie denn nicht einmal im Land umhergehen[50] und sehen, welch ein Ende die nehmen, welche vor ihnen lebten. Und gewiß wird die Wohnung im zukünftigen Leben weit besser sein für die, welche Allah fürchten. Seht ihr das denn nicht ein? [111] Sooft unsere Gesandten verzweifeln wollten und glaubten, daß man sie des Betruges beschuldigen werde, kamen wir ihnen zu Hilfe und erretteten die, welche wir erretten wollten; aber von einem frevelhaften Volke wurde unsere Strafe nicht abgewendet[51]. [112] Seht nun, in deren Geschichte sind lehrreiche Beispiele für verständige Menschen. Auch enthält der Koran keine lügenhaften, neu erdichteten Erzählungen; sondern er ist nur eine Bestätigung der früheren Offenbarungen und eine deutliche Erklärung aller Dinge und Leitung und Gnade für Menschen, die glauben.

[50] Moderne Übersetzung: Sind diese Männer nicht auf Erden herumgekommen und haben gesehen, welch ein Ende ... [51] Übersetzung der Ahmadiyya-Mission: [111] Bis dann, als die Gesandten (an den Ungläubigen) verzweifelten und sie (die Ungläubigen) dachten, daß sie belogen würden, unsere (Allahs) Hilfe zu ihnen kam, da wurde der errettet, den wir (ich, Allah) wollten. Und Allahs Strafe kann von sündigem Volk nicht abgewendet werden.

DREIZEHNTE SURE

Der Donner[1] (Al-Rad) *offenbart zu Mekka*[2]

[1] Im Namen Allahs, des Allbarmherzigen. [2] Alif Lam Mim Ra. Das sind die Zeichen des Buches, das dir von deinem Herrn offenbart wurde und das die Wahrheit enthält; doch die meisten Menschen glauben nicht daran. [3] Allah ist es, der die Himmel erhöhte, ohne sie auf sichtbare Säulen zu stützen, dann seinen Thron bestieg und die Sonne und den Mond zu seinem Dienste zwang. Alle Himmelskörper haben ihren bestimmten Lauf. Er ordnet alle Dinge und zeigt seine Zeichen deutlich, damit ihr überzeugt sein könnt, daß ihr einst vor eueren Herrn kommen werdet. [4] Er ist es, der die Erde ausbreitete und unwandelbare Berge hineinversetzt und Flüsse geschaffen sowie von jeder Fruchtart deren zweierlei Sorten hervorgerufen hat[3]. Er macht, daß die Nacht den Tag

[1] So genannt, weil im Vers [14] dieser Sure der Donner erwähnt wird. [2] Nach einigen Handschriften wurde diese Sure zu Medina offenbart. [3] Nämlich männliche und weibliche oder auch süße und saure, kleine und große.

bedeckt. In all diesem sind deutliche Beweise für nachdenkende Menschen. [5] Auf der Erde gibt es Teile, die das Wasser trennt, und Teile, die verbunden sind[4]. Da gibt es ferner Weingärten, Samen und Palmbäume, die verwandt[5] und nicht verwandt sind. Einerlei Wasser befeuchtet sie, und dennoch machen wir, daß die einen vor den anderen im Genusse bevorzugt werden. Auch hierin liegen deutliche Beweise für nachdenkende Menschen. [6] Du wunderst dich, daß sie trotz alledem nicht glauben? Wundere dich vielmehr, daß sie dich noch fragen können: »Wie, wenn wir zu Staub geworden sind, können wir dann wohl wieder neue Wesen werden[6]?« So sprechen die, welche nicht an ihren Herrn glauben. Ihr Nacken wird mit Ketten belastet werden[7], der Hölle Gefährten sollen sie sein und ewig dort bleiben. [7] Sie werden von dir eher verlangen, die Strafe als die Gnade Allahs zu beschleunigen, obgleich genug frühere Beispiele der göttlichen Strafe vorhanden sind. Doch dein Herr ist selbst gegen sündhafte Menschen voller Gnade; aber dann, wenn er straft, voller Strenge. [8] Die Ungläubigen sagen: »Wenn ihm (Mohammed) nicht Wunderzeichen von seinem Herrn gesandt werden, so glauben wir nicht.« Aber du, Mohammed, bist nur zum Prediger berufen, so wie jedes Volk einen Warner erhalten hat. [9] Allah kennt die Leibesfrucht eines jeden Weibes, und wie der Mutter Leib sich verengt und dehnt. Er hat all und jedem sein Maß bestimmt. [10] Er kennt das Verborgene wie das Offenbare, er, der Große und Hocherhabene! [11] Es ist vor ihm gleich, ob jemand von euch seine Gedanken verhehle oder ausspreche, ob er sich in der Nacht verberge oder bei hellem Tageslicht umhergehe. [12] Ein jeder Mensch hat seine Engel[8], die sich einander abwechseln und die vor und hinter ihm her gehen und auf Allahs Befehl ihn bewachen; und Allah verändert nicht seine Gnade gegen die Menschen,

[4] Wahl übersetzt: Und auf der Erde sind Landstriche von verschiedener Güte, so genau sie auch sonst aneinander grenzen. Hier ist die Übersetzung Augustis vorgezogen. [5] Verwandt heißt, wenn mehrere aus einer Wurzel hervorwuchsen, einzelnstehende heißen nicht verwandt. [6] Über die Bedeutung dieses Verses wurde in den letzten Jahren viel diskutiert; die Ahmadiyya-Mission übersetzt: Sollen wir dann in einer Neuschöpfung sein? Modernste arabische Denker stellen die Frage: Treten wir nach dem Tode in einer Neuschöpfung in Erscheinung? – Sie nähern sich uralter indischer Auffassung wiederholter Wiederkehr und zweckvoller Wiederverwendung jedes Stoffes im »Welthaushalt«. [7] Nach einigen ist dies wörtlich zu verstehen: Sie tragen Ketten um den Hals; nach anderen als Bild der Hartnäckigkeit. [8] Die Ahmadiyya-Mission übersetzt abweichend: [12] Für ihn (den Gesandten) ist eine Schar (von Engeln) vor ihm und hinter ihm; sie behüten ihn auf Allahs Geheiß. – Ich ziehe die Übersetzung Ullmanns, auch Goldschmidts, wie oben im Text, vor.

oder sie hätten denn zuerst ihre Gesinnung gegen Allah verändert. Und wenn Allah ein Volk bestrafen will, so wird niemand diese Strafe abwenden können, und es wird außer ihm keinen Beschützer finden. [13] Er ist es, der euch, in Furcht und Hoffnung, den Blitz zeigt[9] und der die Wolken mit Regen schwängert. [14] Der Donner verkündet sein Lob, die Engel preisen ihn mit Entsetzen (Ehrfurcht). Er sendet seine Blitze und zerschmettert, wen er will, dennoch streiten sie über Allah, welcher allmächtig ist. [15] Ihm allein gebührt die Verehrung (das Gebet), und die Götzendiener werden so wenig von ihren Götzen erhört, als der erhört wird, welcher seine Hand nach dem Wasser ausstreckt und bittet, doch von selbst in seinen Mund zu fließen – nimmer kommt es zu ihm. Nur verschwendeter Wahn ist es, was die Ungläubigen anrufen. [16] Allah verehrt, freiwillig oder gezwungen[10], was in Himmeln und was auf Erden ist, ja selbst ihr Schatten dient ihm des Morgens und des Abends[11]. [17] Sprich: »Wer ist Herr der Himmel und der Erde?« Antworte: »Allah.« Sprich: »Wollt ihr nun außer ihm noch Beschützer nehmen, die sich selbst weder nützen noch schaden können?« Sprich: »Sind denn der Blinde und der Sehende sich gleich? Oder sind Finsternis und Licht dasselbe? Oder haben ihre Götter so wie er geschaffen, daß ihre Schöpfung mit der seinigen verglichen werden könnte?« Sage: »Allah ist der Schöpfer aller Dinge, und nur ihm allein ist alles möglich.« [18] Vom Himmel sendet er Wasser, und die Ströme fließen in der ihnen bestimmten Bahn, und die Fluten tragen den gischtenden Schaum; und aus den Metallen, welche man im Feuer schmilzt, um Schmuck und Hausgeräte zu bereiten, steigt ähnlicher Schaum auf. So stellt euch Allah Wahrheit und Irrtum vor (so schmiedet Allah Wahrheit aus Wahn); der Schaum verfliegt, und das Brauchbare für die Menschen (das Metall) bleibt auf Erden (dem Boden) zurück. So lehrt Allah durch Gleichnisse. [19] Die ihrem Herrn gehorchen, werden herrlich belohnt, die aber nicht gehorchen, werden sich nicht von der Strafe befreien, und hätten sie auch alle Schätze der Erde und noch mehr, um sich damit auszulösen. Eine

[9] Die Furcht, der Blitz könnte sie treffen, und die Hoffnung, weil er erquickenden Regen verkündet. [10] Sale versteht unter freiwillig: die Gläubigen, und unter gezwungen: die Ungläubigen. Ich glaube aber, es heißt so viel wie: sowohl die aus freiem Willen wie die, welche zwingendem Naturgesetz folgen. [11] Dies ist eine Anspielung auf die verschiedene Länge des Schattens nach Verhältnis der Sonnenhöhe. Des Morgens und des Abends ist er am längsten, und er scheint dann, gleichsam wie zur Anbetung, auf dem Boden ausgestreckt zu liegen.

schreckliche Rechenschaft wartet ihrer. Ihre Wohnung wird die Hölle sein. Eine unselige Lagerstätte ist dies.

[20] Ist der, welcher sich überzeugte, daß das, was dir von Allah offenbart wurde, die Wahrheit ist, wohl dem Blinden gleich? Gewiß, nur Vernünftige bedenken das. [21] Die da festhalten am Bündnis Allahs [22] und es nicht zerreißen und verbinden, was Allah zu verbinden befohlen hat[12], und ihren Herrn fürchten und den Tag der schlimmen Rechenschaft (den Jüngsten Tag) [23] und standhaft ausharren, um einst das Angesicht ihres Herrn zu schauen, und die das Gebet verrichten und die von dem, was wir ihnen erteilten, Almosen geben, öffentlich und geheim, und die durch gute Handlungen die bösen abwehren, diese erhalten zum Lohne das Paradies[13], [24] und sie sollen eingehen in dasselbe mit ihren Eltern, Frauen und Kindern, welche fromm gewesen sind. Und die Engel kommen ihnen an jedem Tor entgegen und sagen: [25] »Friede mit euch, die ihr in Geduld ausharrtet. Wie herrlich ist nun die Seligkeit des Paradieses!« [26] Die aber, welche das Bündnis, das sie mit Allah geschlossen haben, zerreißen und trennen, was Allah zu vereinen befohlen hat, und Verderben stiften auf der Erde, diese trifft der Fluch, und sie erhalten eine schlimme Wohnung. [27] Allah gibt im Überfluß, wem er will, und ist auch karg, gegen wen er will. Sie (die Mekkaner) finden Freude nur an diesem Leben, obgleich dieses, im Verhältnis zum zukünftigen, nur dürftig (und auf Zeit beschränkt) ist.

[28] Die Ungläubigen sagen: »Ohne Wunderzeichen von seinem Herrn glauben wir ihm nicht.« Sprich: »Allah führt irre (und läßt zugrunde gehen), wen er will, und leitet zu sich die, welche sich bekehren [29] und glauben und ihr Herz mit dem Gedanken an Allah beruhigen. Sollte auch der Gedanke an Allah des Menschen Herz nicht beruhigen können? [30] Die nun glauben und das Gute tun, genießen Seligkeit, und selig ist ihr Eintritt ins Paradies.«

[31] Wir haben dich nun zu einem Volke geschickt, dem andere Völker vorangegangen sind, zu welchem wir auch Propheten geschickt haben, damit du ihnen vorliest, was wir dir offenbarten. Doch sie glauben nicht an den Allerbarmer. Sprich: »Er ist mein Herr; es gibt keinen anderen Gott als ihn. Auf ihn vertraue ich,

[12] Die Glaubenslehre mit den Lebenspflichten. [13] Wörtlich: Edens Gärten. Siehe neunte Sure [72], Note 30.

und zu ihm kehre ich einst zurück.« [32] Würden auch durch einen Koran Berge versetzt und die Erde gespalten und Tote redend werden[14], sie glaubten dennoch nicht. Dies alles steht allein in Allahs Macht. Wissen denn die Gläubigen nicht längst, wenn Allah nur wollte, daß er alle Menschen zur Wahrheit leiten könnte? Wahrlich, das Unglück wird nicht nachlassen, die Ungläubigen zu verfolgen, oder sich nahe an ihren Wohnungen niederzulassen[15], für das was sie getan haben, bis Allahs Verheißung in Erfüllung gegangen ist; denn Allah bricht seine Verheißung nicht.

[33] Auch die Gesandten vor dir wurden (bereits) verspottet, und dennoch gab ich den Ungläubigen Frist (ein langes und glückliches Leben); dann aber strafte ich sie, und wie streng war diese Strafe! [34] Wer ist es, der über jeder Seele steht und ihr Tun beobachtet? Und dennoch gesellen sie Allah noch andere Wesen bei. Sprich: »Nennt euere Götzen doch einmal!« Oder zeigt doch Allah etwas auf Erden an, was er noch nicht kennt! Oder ist es nur zum Schein so gesprochen[16]? Den Ungläubigen ist ihr betrügerisches Betragen deshalb lockend geworden, weil sie vom rechten Weg abwichen[17], und wen Allah in die Irre führt, den leitet kein Mensch recht. [35] Sie erhalten ihre Strafe schon in dieser, aber weit größere noch in jener Welt. Und niemand wird sie schützen können vor Allah. [36] Des Himmels Bild (das Paradies), das den Frommen versprochen ist, es ist von Flüssen durchströmt, enthält auf ewig Nahrung (ohne Plage) und bietet immerwährend kühlen Schatten. Hier ist der Frommen Lohn, der Lohn der Ungläubigen ist das Höllenfeuer. [37] Die Schriftbesitzer (die, welchen wir die Schrift gegeben haben) freuen sich über das, was wir offenbarten, doch haben sich auch viele verbündet (einige Stämme kamen überein), einen Teil der Offenbarung zu bestreiten. Sprich: »Mir ist befohlen, nur Allah allein zu verehren und ihm nichts zuzugesellen. Ihn rufe ich an, und zu ihm kehre ich einst zurück.« [38] Deshalb haben wir den Koran in arabischer Sprache offenbart, damit er als Richtschnur

[14] Derartige Wunder verlangten die Mekkaner zu Mohammeds Beglaubigung. Moderne Kommentatoren fassen Vers [32] auf: Würde auch ein anderer Koran (also nicht der vorliegende) imstande sein, Berge zu versetzen (und so weiter). [15] Einige nehmen diese Stelle als Anrede an Mohammed, nämlich so: und du, o Mohammed, lasse dich an ihren Wohnungen nieder, belagere Mekka, bis Allahs Verheißung in Erfüllung gegangen ist, bis du es eingenommen hast. [16] Denkt ihr selbst nichts dabei, wenn ihr von Götzen redet? Reclam: Oder sind es nicht nur hohle Namen? [17] Modern übersetzt: Das Verbrechen des Unglaubens wurde von Allah zugelassen, ja es erscheint in der Ungläubigen Augen noch wohlgefällig: Sie sollen vom rechten Weg abgehalten sein.

diene. Folgst du nun, nachdem dir Erkenntnis zuteil geworden ist, ihrem Verlangen, so wirst du keinen Beschützer und Verteidiger wider Allah finden.

[39] Auch vor dir schon haben wir Gesandte geschickt und ihnen Frauen und Kinder gegeben, aber kein Gesandter konnte ohne den göttlichen Willen mit Wunderzeichen auftreten[18]. Jedes Zeitalter hat von Allah seine eigenen Vorschriften. (Für jede Zeitspanne bestimmt Allahs Beschluß.) [40] Allah löscht aus, was er will, und bestätigt, was er will, denn bei ihm ist die Quelle aller Offenbarung[19]. [41] Mögen wir dich nun auch einen Teil der ihnen angedrohten Strafe sehen oder (zuvor) sterben lassen – so obliegt dir nur, zu predigen, uns steht die Entscheidung zu. [42] Haben sie denn nicht gesehen, daß wir schon in ihr Land gekommen sind und dessen Grenzen enger gemacht haben? Nur Allah ist Richter, und niemand kann sein Urteil vernichten, und schnell fordert er Rechenschaft. [43] Auch ihre Vorfahren haben Ränke gegen ihre Propheten geschmiedet; doch Allah ist Meister aller Ränke. Er weiß, was jede Seele verdient, und bald werden die Ungläubigen erfahren, für wen das Paradies geöffnet ist. [44] Die Ungläubigen sagen: du seist nicht von Allah gesandt. Antworte: »Gott sei Zeuge zwischen mir und euch, und auch der sei es, welcher die Schrift versteht. Das ist genug!«

[18] Abgesehen davon, daß man von Mohammed Wunder zu seiner Beglaubigung forderte – im Juli 1959 verlangte man über Radio Moskau von Gott selbst zu seiner Bestätigung per sofort ein Wunder! –, machten ihm die Juden begehrliche Sinnlichkeit zum Vorwurf, die durch die Vielzahl der Frauen und Kinder erwiesen sei. Dies war nach christlichen und jüdischen Begriffen mit Prophetentum unvereinbar. (More Nebuchim II. 36.) [19] Wörtlich: die Mutter des Buches. Das Original des Korans ist bei Allah.

VIERZEHNTE SURE

Abraham[1] (Ibrahim) *(Friede sei mit ihm) offenbart zu Mekka*

[1] Im Namen Allahs, des Allbarmherzigen. [2] Alif Lam Ra. Dieses Buch haben wir dir offenbart, um die Menschen auf Gebot ihres Herrn aus der Finsternis in das Licht und auf den schönsten und herrlichsten Weg zu führen. [3] Allah gehört alles, was in den Himmeln und was auf Erden ist, aber wehe den Ungläubigen der schweren Strafe wegen, [4] welche jene erwartet, die dieses Leben mehr als das zukünftige lieben und andere vom Weg Allahs abzu-

[1] So genannt, weil dieser Patriarch im Vers [36] dieser Sure erwähnt wird.

wenden und diesen zu verkrümmen suchen. Die sind in einen großen Irtum verfallen. [5] Wir haben keinen Gesandten anders geschickt als nur immer mit der Sprache seines Volkes, damit er ihm seine Pflichten deutlich mache; doch Allah führt in den Irrtum, wen er will, und leitet, wen er will; denn er ist der Allmächtige und Allweise. [6] Wir haben den Moses mit unseren Zeichen gesandt und sagten: »Führe dein Volk aus der Finsternis in das Licht und erinnere es an die Tage Allahs und Allahs frühere Gnade!« Denn hierin liegen Zeichen genug für standhafte und dankbare Menschen. [7] Und Moses sagte zu seinem Volk: »Seid doch der Gnade Allahs gegen euch eingedenk, da er euch von dem Volke des Pharao errettete, welches euch hart unterdrückte und euere Söhne tötete und nur euere Töchter am Leben ließ. Dies war eine große Prüfung von euerem Herrn.«

[8] Denkt auch daran, daß euer Herr durch Moses sagte: »Wenn ihr dankbar seid, dann will ich euch vermehren[2]; seid ihr aber undankbar, dann soll meine Strafe strenge sein.« [9] Und Moses sagte ferner: »Wenn ihr und alle, welche auf der Erde leben, auch undankbar würdet, so ist doch Allah, der Hochgepriesene, reich genug.« [10] Kennt ihr nicht die Geschichte euerer Vorgänger, des Volkes des Noah, des Ad und Thamud? *(Siebte Sure.)* Und hörtet ihr nicht die Geschichte derer, welche nach diesen gelebt haben? Doch diese kennt nur Allah allein. Ihre Gesandten kamen zu ihnen mit deutlichen Beweisen; aber sie legten mit Unwillen ihre Hände vor deren Mund und sagten: »Wir glauben euerer vorgeblichen Sendung nicht, und das, wozu ihr uns einladet, bezweifeln wir, da es uns verdächtig ist.« [11] Ihre Gesandten aber antworteten: »Kann man wohl Allah, den Schöpfer der Himmel und der Erde, bezweifeln? Er ruft euch zur wahren Religion, um euch euere Sünden zu vergeben und euch bis zur bestimmten Zeit nachzusehen.« Sie aber antworteten: »Ihr seid ja nur Menschen wie wir, und ihr sucht uns nur abwendig zu machen von dem, was unsere Väter verehrt haben; bringt daher zu euerer Beglaubigung deutliche Vollmacht.« [12] Sie aber, ihre Gesandten, erwiderten: »Allerdings! Wir sind nur Menschen wie ihr, jedoch begnadet; denn Allah ist huldvoll, gegen wen von seinen Dienern er will, und es steht nicht in unserer Macht, durch Wunder unsere Sendung zu beglaubigen,

[2] Andere fassen den Gedanken weiter: dann will ich meine Gnade gegen euch vermehren.

oder Allah müßte dies wollen. Auf ihn mögen die Gläubigen vertrauen. [13] Und warum sollten wir auch nicht auf Allah vertrauen, da er uns ja auf den rechten Weg geführt hat? Darum wollen wir in Geduld die Leiden ertragen, welche ihr uns zugefügt habt. Auf Allah mögen alle die vertrauen, welche wünschen, auf jemanden zu vertrauen.«

[14] Die Ungläubigen aber sagten zu ihren Gesandten: »Wir vertreiben euch entweder aus unserem Land, oder ihr müßt zu unserer Religion zurückkehren.« Aber ihr Herr offenbarte ihnen: »Die Übeltäter wollen wir ausrotten [15] und euch das Land zur Wohnung geben; denn so wird der belohnt, welcher mein Gericht und meine Drohung fürchtet.« [16] Und sie riefen Allah um Beistand an, und die Empörer waren dahin. [17] Vor ihnen liegt die Hölle, dort sollen sie siedendes, ekles Wasser trinken, [18] daran sie nippen, weil der Ekel es nicht durch die Kehle läßt; der Tod kommt zu ihnen von allen Seiten, und doch können sie nicht sterben. Große Qualen warten auf sie. [19] Folgendes ist ein Bild derer, welche nicht an ihren Herrn glauben. Ihre Werke gleichen der Asche, die der Wind an einem stürmischen Tage verweht. All ihr Tun wird ihnen durchaus keinen Nutzen bringen. Das ist ein großes Verderben! [20] Siehst du denn nicht, daß Allah in Wahrheit die Himmel und die Erde geschaffen hat? Wenn er nur will, kann er euch ausrotten und an euere Stelle eine neue Schöpfung setzen. [21] Und dies fällt Allah durchaus nicht schwer. [22] Sie werden einst alle vor Allah kommen, dann werden die Schwachen zu ihren hochmütigen Verführern sagen: »Da wir euch gefolgt sind, so solltet ihr doch einen Teil der Strafe Allahs von uns abnehmen.« Diese aber erwidern: »Wenn Allah uns recht geleitet hätte, so hätten wir auch euch recht geleitet. Es steht sich nun gleich, ob wir unwillig oder geduldig unsere Strafe hinnehmen, vor der wir uns doch nicht retten können.«

[23] Dann, nach gesprochenem Urteil, wird der Satan sagen: »Wahrlich, Allah hatte euch die Verheißung der Wahrheit gegeben; aber durch meine Verheißung täuschte ich euch. Doch hatte ich keine Gewalt über euch, außer daß ich euch rief, und ihr gehorchtet meinem Ruf; darum klagt nicht mich, sondern nur euch selbst an[3].

[3] Ihr folget nur den Begierden eurer Sinne, welche ich aufgeregt habe, die ihr aber hättet unterdrücken können und sollen.

Jetzt kann ich weder euch noch ihr mir mehr helfen. Ich verleugne es nun[4], daß ihr mich einst Allah zugeselltet; denn die Frevler trifft schwere Strafe.« [24] Die Gläubigen aber, und die Gutes getan haben, kommen in bewässerte Gärten, und mit dem Willen ihres Herrn werden sie ewig darin bleiben, und ihre Begrüßung dort wird heißen: »Friede!« [25] Kennst du nicht das Gleichnis, welches Allah von seinem beseligenden Wort gibt? Ein gutes Wort gleicht einem guten Baume, dessen Wurzel fest in der Erde steht und dessen Zweige bis an den Himmel ragen [26] und der, mit dem Willen seines Herrn, zu jeder Jahreszeit seine Früchte bringt. Allah stellt solche Gleichnisse den Menschen zu ihrer Belehrung auf. [27] Das schlechte Wort (wie Unglaube und Götzendienst) aber gleicht einem schlechten Baume, welcher entwurzelt, keine Festigkeit hat. [28] Allah wird daher durch das feste Wort die Gläubigen in diesem und in jenem Leben stärken; die Frevler aber wird er in die Irre führen; denn Allah tut, was er will.

[29] Hast du noch nicht die beobachtet, welche die Gnade Allahs mit dem Unglauben vertauscht und verursacht haben, daß ihr Volk in die Wohnung des Verderbens, in die Hölle, hinabsteigen muß? [30] Dort müssen sie brennen. Und welch eine schlimme Stätte ist das! [31] Sie haben Allah Götzen zugesellt, um die Menschen von seinem Weg abzuleiten; aber sage ihnen: »Genießt nur das irdische Leben; euere Reise von hier geht in das Höllenfeuer.« [32] Meinen Dienern aber, welche glauben, sage, daß sie das Gebet zur bestimmten Zeit verrichten und von dem, was wir ihnen erteilt haben, heimlich oder öffentlich Almosen geben sollen, bevor der Tag anbricht, an dem weder Kauf noch Verkauf, noch Freundschaft gilt. [33] Allah ist es, der die Himmel und die Erde geschaffen hat und Wasser vom Himmel herabsendet, um damit Früchte zu euerer Nahrung hervorzubringen. Er zwingt durch seinen Befehl die Schiffe, für euch das Meer zu durchsegeln. Er zwingt die Flüsse, euch zu dienen. [34] Auch die Sonne und den Mond, die so emsig ihren Lauf vollbringen, und die Nacht und den Tag zwingt er, euch nützlich zu sein. [35] Von allem, was ihr nur verlangt, gibt er euch, und wolltet ihr die Wohltaten Allahs aufzählen, ihr vermöchtet es nicht. Doch der Mensch ist ungerecht und undankbar.

[4] Besser die moderne Auslegung: Ich nahm es nie für Ernst (und glaubte nicht daran) . . . Henning: . . . ich leugne, Allah gleich zu sein, dem ihr mich beigeselltet.

[36] Erinnere dich an Abrahams Wort. Er sagte: »O mein Herr, gib diesem Lande (dem Gebiete von Mekka) Sicherheit und bewahre mich und meine Kinder vor dem Götzendienste; [37] denn sie haben schon viele Menschen in den Irrtum geführt. Wer aber mir folgt, der soll mir auch angehören; wer mir aber nicht gehorcht, dem mögest du Vergebung und Barmherzigkeit erweisen. [38] O unser Herr, ich habe einigen meiner Nachkommen[5] in dem unfruchtbaren Tale, nahe bei deinem heiligen Hause, Wohnung gegeben, damit sie das Gebet gehörig verrichten. Mache daher die Herzen der Menschen ihnen freundlich geneigt und versorge sie mit Früchten aller Art, damit sie dankbar werden. [39] O Herr, du kennst, was wir verheimlichen und was wir veröffentlichen; was auf Erden und was in den Himmeln ist, denn nichts ist Allah verborgen. [40] Lob und Preis sei Allah, der mir in meinem hohen Alter noch den Ismael und Isaak gegeben hat; denn mein Herr erhört das Gebet. [41] O Herr, mache, daß ich und mein Same (meine Nachkommen) das Gebet einhalten. O Herr, nimm mein Flehen an, [42] vergib mir und meinen Eltern und den Gläubigen am Tage der Rechenschaft.«

[43] Glaube nur nicht, daß Allah die Handlungen der Frevler unbeachtet läßt. Ihre Strafe wird bis auf den Tag (den Jüngsten) ausgesetzt, an dem sie erstarren werden. [44] Die Menschen werden dann auf den Ruf zum Gericht herzueilen und (bleichen Gesichts) ihre Häupter erheben, und einer wird den anderen nicht ansehen und ihre Herzen werden vor Angst hohl sein. [45] Drohe daher den Menschen mit dem Tag ihrer Strafe, an welchem die Frevler sagen werden: »O Herr, gib uns noch einige Zeit, und wir wollen deinem Ruf und den Gesandten gehorchen.« Aber die Antwort wird sein: »Habt ihr denn nicht früher schon geschworen, daß euch kein Unglück[6] treffen könne und werde? [46] Ihr habt ja die Wohnungen derer (der Leute vom Stamm Ad und Thamud) bewohnt, welche gegen sich selbst ungerecht handelten, und ihr habt gewußt, wie wir sie behandelten, und an ihnen haben wir euch ein Beispiel gegeben.« [47] Sie bedienten sich größter List, um sich der Wahrheit zu widersetzen, aber Allah kennt ihre List, und wäre sie auch so groß, Berge damit versetzen zu können. [48] Glaube daher nicht,

[5] Als Abraham nämlich (1. B. Mos., 21, 14) die Hagar mit ihrem Sohn Ismael wegschickte, sollen sich diese bei Mekka in der Nähe der Kaaba niedergelassen haben. [6] Weder Tod noch Strafe nach demselben.

daß Allah die Verheißung, welche er seinen Gesandten gegeben hat, abändern werde; denn Allah ist allmächtig, und er vermag, sich zu rächen. [49] An jenem Tage, an welchem sich die Erde und die Himmel verwandeln, an dem werden die Menschen aus ihren Gräbern vor den einzigen und allmächtigen Gott kommen. [50] Dann wirst du sehen, wie die Frevler an jenem Tag in Ketten geschlagen werden, [51] und ihre Kleider werden von Pech sein, und ihre Angesichter werden Feuersflammen bedecken, und [52] Allah wird eine jede Seele nach ihrem Verdienst belohnen; denn Allah ist schnell im Zusammenrechnen. [53] Dies diene den Menschen zur Mahnung und Warnung, damit sie erkennen, daß es nur einen einzigen Gott gibt; vernünftige Menschen mögen das bedenken.

FÜNFZEHNTE SURE

Al-Hedscher[1] (Al-Hidschr) *offenbart zu Mekka*

[1] Im Namen Allahs, des Allbarmherzigen. [2] Alif Lam Ra. Dies sind die Zeichen des Buches, des einleuchtenden Korans.

[3] Die Ungläubigen werden noch oft wünschen, Moslems gewesen zu sein[2]. [4] Laß sie nur genießen und sich des Lebens freuen und sich der süßen Hoffnung hingeben, bald werden sie ihre Torheit einsehen. [5] Wir haben noch keine Stadt zerstört, welche nicht eine Warnung erhalten hätte[3]. [6] Kein Volk wird sein bestimmtes Ziel überschreiten, doch dieses auch nicht hinausschieben können. [7] Sie (die Mekkaner) sagen: »O du, der du dich einer offenbarten Ermahnung (des Korans) rühmst, du bist wahnsinnig; [8] denn sprächst du Wahrheit, so kämst du mit einer Engelschar zu uns.« [9] Antworte: »Wir senden keine Engel, außer wenn es notwendig ist, dann fänden Ungläubige keine Nachsicht. [10] Wohl haben wir den Koran offenbart, und wir werden über diesen auch wachen.« [11] Schon vor dir haben wir zu den früheren Völkern Boten gesandt; [12] keiner der Boten kam zu ihnen, den sie nicht ver-

[1] Al-Hedscher (auch El-Chidir) ist ein Tal zwischen Medina und Syrien, in welchem die Thamudäer wohnten und das im Vers [81] der Sure erwähnt wird; daher auch so benannt. Auch oft – wörtlich die Felsen- oder Steinstadt – als Stadt der Leute von Thamud, in Vorzeit in Nordwestarabien wohnhaft, aufgefaßt. Siehe auch siebte Sure [74] und Note 34. [2] Entweder wenn sie den glücklichen Erfolg der Gläubigen sehen oder wenn sie sterben, oder am Tage der Auferstehung. [3] Wörtlich: der nicht ein bekanntes Buch (eine Offenbarung) zugekommen wäre.

höhnt hätten. [13] Gleiches legen wir jetzt in die Herzen der Frevler. [14] Sie werden nicht an ihn (Mohammed) glauben, obgleich sie das Strafgericht der Völker vor ihnen kennen. [15] Ja selbst wenn wir ihnen die Pforten der Himmel öffneten und sie hinaufstiegen, [16] so würden sie dennoch sagen: »Unsere Augen sind geblendet, wahrlich, wir sind verzaubert.«

[17] Auch haben wir Türme[4] an den Himmel gesetzt und sie für die Beschauenden ausgeschmückt [18] und sie vor jedem gesteinigten[5] Satan geschützt. [19] Wenn aber doch einer heimlich lauscht, so verzehrt ihn sogleich hellodernde Flamme. [20] Die Erde haben wir ausgebreitet und feste Berge darauf gesetzt und Gewächse aller Art, nach einem bestimmten Maß, aus ihr hervorwachsen lassen [21] und haben so Nahrungsmittel euch und denen gegeben, welche ihr nicht ernähren könnt[6]. [22] Von allen Dingen sind Vorratskammern bei uns, woraus wir nur nach bestimmtem Maße zuteilen. [23] Wir senden die Winde, welche die geschwängerten Wolken treiben, und das Wasser vom Himmel, um euch zu trinken zu geben, denn ihr seid nicht imstande, es zu speichern. [24] Wir geben Leben und Tod, und wir sind Erbe aller Dinge[7]. [25] Wir kennen die von euch, welche euch bereits vorangingen und euch nachfolgen werden. [26] Und dein Herr wird sie einst alle versammeln; denn er ist der Allweise und Allwissende.

[27] Den Menschen schufen wir aus trockenem Lehm und schwarzem geformtem Schlamm [28] und vor ihm die Dämonen aus dem Feuer des Samums[8]. [29] Und dein Herr sagte zu den Engeln: »Ich will den Menschen aus trockenem Lehm und schwarzem Schlamm schaffen; [30] wenn ich ihn vollkommen gestaltet und ihm meinen Geist eingehaucht habe, dann fallt ehrfurchtsvoll vor ihm nieder[9].«

[4] Darunter wird der Zodiakus – der Tierkreis – verstanden. Goldschmidt übersetzt: Sternburgen. Vergleiche fünfundzwanzigste Sure [62] und Note 20. [5] »Gesteinigt« im Sinne von des »verfluchten« Satans. Siehe dritte Sure [37] und dortselbst Note 5. Die bösen Geister hatten der Sage nach die Erlaubnis, in den Zodiakus, den Tierkreis, aufzusteigen, wo sie die Geheimnisse des Himmels erlauschen konnten, die sie den Zauberern auf Erden mitteilten. Nach dem Koran werden sie aber von den Himmelsposten durch Feuerflammen vertrieben. Als Beweis galten die feurigen Sternschnuppen und Kometen, mit denen der Satan gesteinigt wird. – Abraham vertrieb den Satan mit Steinwurf, als er Ismaels Opferung hindern wollte. – Daher der Brauch der Moslems, auf Pilgerfahrt im Tal von Mina bei Mekka symbolische Steinwürfe gegen den Satan. [6] Manche Übersetzer, die Tiere. Andere: Sklaven, Kinder und Frauen. [7] Wenn nichts mehr da ist, so ist doch Allah noch da, und alles fällt ihm als Erbe anheim. Diese Zusammenstellung, daß Allah im Besitz des Regens, der Nahrungsmittel und Herr über Tod und Leben ist, hängt eng mit dem Ausspruche der Rabbinen Tr. Tanith Fol. 1a zusammen. Siehe auch siebte Sure [55]. [8] Der im Orient so häufige heiße, alles verzehrende Giftwind. [9] Zweite Sure [35].

[31] Und die Engel fielen allesamt ehrfurchtsvoll vor ihm nieder, [32] nur Iblis, der Satan, weigerte sich, ihn zu verehren. [33] Da sagte Allah: »Satan, was ist dir, daß du nicht unter den Ehrfurchtbezeigenden sein willst?« [34] Er antwortete: »Ich werde mich nimmer bücken vor einem Menschenwesen, das du aus trockenem Lehm und schwarzem Schlamm geschaffen hast.« [35] Da sagte Allah: »Nun, so geh hinweg von hier, mit Steinen[10] sollst du vertrieben werden, [36] und der Fluch soll auf dir bis zum Tage des Gerichtes ruhen.« [37] Er sagte: »O Herr, sieh mir bis zum Tage der Auferstehung nach.« [38] Und Allah sagte: »Ich will dir Aufschub geben [39] bis zu jener bestimmten Zeit.« [40] Da sagte der Satan: »Da du mich, o Herr, zur Verführung bestimmt hast[11], so will ich denen auf der Erde die Sünden begehrenswert erscheinen lassen und sie allesamt verführen, [41] nur die nicht, welche dir aufrichtig dienen.« [42] Allah antwortete: »So ist es die rechte Weise, [43] über meine Diener sollst du keine Gewalt haben, sondern nur über die, welche dir folgen und sich verführen lassen[12].« [44] Ihnen allen ist die Hölle verheißen. [45] Sie hat sieben Tore, und jedes soll einen gewissen Teil von ihnen aufnehmen.

[46] Die Gottesfürchtigen aber sollen in stromreiche Gärten kommen. [47] »Geht ein in Friede und Sicherheit.« [48] Entfernen wollen wir allen Haß aus ihrer Brust, und brüderlich sollen sie auf Ruhekissen sich einander gegenübersitzen. [49] Weder Müdigkeit sollen sie dort empfinden noch je daraus vertrieben werden.

[50] Verkünde auch meinen Dienern, daß ich gnädig und barmherzig bin, [51] aber auch, daß ich mit gewaltiger Strafe strafe. [52] Erzähle ihnen auch von Abrahams Gästen[13]. [53] Als diese zu ihm kamen und sagten: »Friede sei mit dir«, da erwiderte er: »Mir ist bange vor euch.« [54] Sie aber sagten: »Fürchte dich nicht, denn wir verkünden dir einen weisen Sohn.« [55] Er aber sagte: »In meinem hohen Alter wollt ihr mir solches verkünden? Worauf hin?« [56] Sie antworteten: »Wir verkünden dir nur die Wahrheit, zweifle daher nicht.« [57] Er erwiderte: »Wer anders könnte auch an der Barmherzigkeit seines Herrn zweifeln als nur der Sünder!

[10] Vergleiche Note 5 dieser Sure. [11] Goldschmidt übersetzt: Herr, weil du mich irregejagt hast, will ich sie auf Erden verlocken ... Am nächsten kommt die moderne Übersetzung der Ahmadiyya-Mission: Mein Herr, da du mich als verloren erklärt hast ... Hierdurch wird die satanische Einstellung des Iblis am verständlichsten. [12] Eine ähnliche Unterredung zwischen Allah und dem Satan findet sich auch in jüdischer Überlieferung. [13] Vergleiche elfte Sure [70] und 1. B. Mos., 18 und 19.

[58] Aber ihr Boten, was für ein Anbringen habt ihr denn eigentlich?« [59] Darauf antworteten sie: »Wir sind zu den frevelhaften Menschen (den Einwohnern Sodoms) geschickt worden. [60] Die ganze Familie des Lot werden wir erretten, [61] nur sein Weib nicht. Ihren Untergang haben wir beschlossen, weil sie es mit den Frevlern hält.«

[62] Als nun die Boten zu der Familie des Lot kamen, [63] da sagte er: »Ihr seid mir ganz unbekannte Menschen.« [64] Sie aber sagten: »Wir kommen zu dir mit einer Botschaft, die deine Mitbürger zwar bezweifeln. [65] Wir kommen zu dir mit Wahrheit; denn wir sind nur Boten der Wahrheit. [66] Geh mit deiner Familie zur Nachtzeit hinweg; geh du selbst hinter ihnen her, aber daß sich keiner von euch umsehe, sondern geht, wohin man euch gehen heißt.« [67] Wir gaben ihm diesen Befehl, weil die übrigen Einwohner des Morgens früh umkommen sollten. [68] Da kam Volk aus der Stadt zu Lot, von Wollust trunken. [69] Er aber sagte zu ihnen: »Diese Leute sind meine Gäste, darum beschämt mich nicht, [70] sondern fürchtet Allah und macht mir keine Schande.« [71] Sie aber antworteten: »Haben wir dir nicht verboten, fremde Leute (aufzunehmen)?« [72] Er antwortete: »Hier habt ihr meine Töchter, wenn ihr durchaus etwas (Böses) tun müßt.« [73] So wahr du (Mohammed) lebst, sie beharrten in ihrem (blinden Wollust-)Rausch. [74] Darum erfaßte sie mit Sonnenaufgang der Sturm (die Strafe). [75] Wir kehrten (in der Stadt) das Oberste zuunterst, und wir ließen auf sie (harte) Backsteine herabregnen. [76] Hierin sind Zeichen für die, die solche verstehen. [77] An einer Straße vollzogen wir die Strafe. Die Straße besteht noch. [78] Fürwahr, hierin ist ein Zeichen für Gläubige.

[79] Auch die Gebüsch-(Wald-)bewohner[14] waren Frevler. [80] Daher straften wir sie hart: beide (Völker, diese und die von Sodom) sichtbar für alle.

[81] Auch die Leute von Hedscher[15] haben die Gesandten der Lüge beschuldigt. [82] Wir gaben ihnen deutliche Zeichen, sie wandten sich aber ab. [83] Sie bauten sich zu ihrer Sicherheit ihre Behausungen in den Bergen aus. [84] Eines Morgens er-

[14] Diese wohnten in der Nähe von Midian. Nach Geiger sind die Midianiter selbst darunter zu verstehen. Siehe zweiundzwanzigste Sure [45]. Diese religiöse Übersetzung sowie auch andere Übersetzer nehmen einen eigenen Volksstamm an. [15] Hierunter sind wohl die Thamudäer zu verstehen, siehe auch in siebter Sure [74] ff.

griff sie die Strafe (ein Erdbeben). [85] Ihre Vorkehrungen (und was sie erworben hatten) nützten ihnen gar nichts. [86] Wir erschufen die Himmel und die Erde, und was zwischen ihnen ist, in Wahrheit (und Weisheit), und ebenso wahr und gewiß wird die Stunde (des Gerichtes) kommen. Du (Mohammed) wende dich ab, vergib ihnen mit Geduld (Milde). [87] Dein Herr ist der erhabene, weise Schöpfer. [88] Wir offenbarten die sieben Verse, die oft wiederholt[16] werden müssen, und den erhabenen Koran. [89] Richte deine Augen nicht auf die vergänglichen Güter, die wir einigen Ungläubigen zu kurzem Genuß verliehen; gräme dich nicht darüber; breite deine beschützend-barmherzigen Fittiche (Arme) über die Gläubigen. [90] Und sprich: »Ich bin ein warnender, deutlicher Prediger der Wahrheit.« [91] So wie wir die bestrafen, die Spaltungen (gegen dich) gemeinsam stiften, [92] so auch die, welche den Koran als Lüge bezeichnen (oder nur teilweise annehmen). [93] Bei deinem Herrn! Wir werden sie zur Rechenschaft ziehen [94] für das, was sie getan haben. [95] Du aber verkünde ihnen, was dir befohlen wurde. Wende dich von den Götzendienern ab. [96] Gegen die, welche spotten, werden wir dich zur Genüge schützen, [97] und die, welche außer Allah noch einen anderen Gott annehmen, werden bald ihre Torheit einsehen. [98] Wohl wissen wir, daß ihre Reden dein Herz betrüben. [99] Aber lobe und preise nur deinen Herrn. Gehöre zu denen, welche in Anbetung niederfallend verehren. [100] Unablässig diene deinem Herrn, bis dich erreicht, was gewiß ist – der Tod.

[16] Diese sieben Verse sind die erste Sure, welche als Hauptgebet der Moslems oft gebetet werden müssen. So verstehen fast alle Ausleger diese Stelle. Eine abweichende Erklärung hat nur Geiger.

SECHZEHNTE SURE

Die Bienen[1] (Al-Nahl) *offenbart zu Mekka*

[1] Im Namen Allahs, des Allbarmherzigen. [2] Das Urteil Allahs trifft sicher ein, darum beschleunigt es nicht. Lob sei ihm! Er steht hoch über dem, was sie ihm zugesellen! [3] Auf seinen Befehl steigen die Engel mit dem Geist[2] nieder zu jenen von seinen Dienern, die ihm gefallen, damit diese predigen: daß es außer ihm keinen

[1] So genannt, weil im Vers [69] der Sure der Bienen und ihres Nutzens gedacht ist.
[2] Einige verstehen unter Geist den Engel Gabriel, andere die Offenbarung.

Gott gibt; darum fürchtet nur ihn. [4] Er schuf in Wahrheit die Himmel und die Erde. Hocherhaben ist er über alles, was sie ihm zur Seite setzen. [5] Den Menschen schafft er aus Samentropfen, und dennoch will dieser die Auferstehung krittelnd bestreiten[3]. [6] Ebenso hat er auch die Tiere zu euerem Nutzen, zu euerer Erwärmung (Wolle und Felle) und Bequemlichkeit (Haus- und Reittiere) und zu euerer Nahrung geschaffen. [7] Sie sind euch eine Zierde, wenn ihr sie des Abends heimtreibt und des Morgens auf die Weide führt. [8] Sie tragen euere Lasten in ferne Gegenden, wohin ihr selbst sie nur mit Mühen (ohne diese) brächtet; denn euer Herr ist gütig und barmherzig. [9] Auch Pferde, Maultiere und Esel hat er geschaffen, daß diese euch tragen und zur Pracht, und so hat er noch mehreres geschaffen, was ihr nicht einmal kennt. [10] Allahs Sache ist es, auf den rechten Weg zu führen[4] oder davon abzuleiten, und hätte er nur gewollt, er hätte euch allesamt recht geleitet.

[11] Er ist es, der Wasser vom Himmel herabschickt, um euch damit zu trinken zu geben, auch den Bäumen, unter welchen euer Vieh weidet. [12] Die Saat, Ölbaum, Palmen und Rebstock und alle übrigen Früchte wachsen durch ihn. Dies alles ist ein deutliches Zeichen für nachdenkende Menschen. [13] Er zwingt die Nacht und den Tag, euch zu dienen, und durch seinen Befehl zwingt er auch die Sonne, den Mond und die Sterne zu euerem Dienst. Auch hierin liegen Zeichen für verständige Menschen. [14] Überhaupt in allem, was er auf Erden in vielerlei Farben für euch geschaffen hat, sind deutliche Zeichen für einsichtsvolle Menschen. [15] Er ist es, der euch das Meer unterworfen hat, daß ihr frisches Fleisch (Fische) daraus eßt und daraus Schmuck (Perlen und Korallen) für euere Kleidung hervorzieht; und du siehst, wie die Schiffe durch die Wellen pflügen, damit ihr Reichtümer durch seine Huld erlangt, damit ihr dankbar werdet. [16] Feste Berge setzte er in die Erde, daß sie nicht unter euch wanke[5], und so schuf er auch Flüsse und Wege, um euch darauf zu führen, [17] und als Wegweiser die

[3] Als Mohammed die Auferstehung lehrte, da trat ein gewisser Obba ibn Khalif mit einem abgestorbenen Fuße zu ihm und fragte ihn, ob es Allah wohl möglich sei, diesem Beine wieder neues Leben zu geben? Er, Mohammed erwidert hier: Wenn es Allah möglich ist, aus nichts, aus Äther, einen Menschen zu erschaffen, um wie viel mehr vermag er die Toten aus dem vorhandenen Stoff wiederzuerwecken. Ganz ähnlich wird bei den Juden die Totenauferstehung bewiesen. [4] Goldschmidts Übersetzung: Gott(es) ist des Weges Ziel, und wenn von ihm abweicht einer; wollte er es, er rechtleitete euch allesamt. [5] Die alten Araber hielten die Berge für Stützen der Erde.

Sterne, welche euch leiten sollen. [18] Soll nun der Schöpfer von allem gleich dem sein, welcher nichts erschuf? Wollt ihr das denn nicht bedenken? [19] Wolltet ihr versuchen, die Wohltaten Allahs aufzuzählen, ihr könntet es nicht; Allah ist gnädig und barmherzig, [20] und Allah kennt, was ihr verheimlicht und was ihr kundtut. [21] Die Götter aber, welche sie statt Allah anrufen, können nichts schaffen, sie sind vielmehr selbst geschaffen. [22] Tot sind sie, ohne Leben, und wissen nicht, wie sie erweckt werden[6].

[23] Euer Gott ist ein einziger Gott. Die aber nicht an ein zukünftiges Leben glauben, deren Herz leugnet auch die Einheit Allahs, und sie verwerfen hochmütig die Wahrheit. [24] Es ist aber kein Zweifel, Allah kennt, was sie verheimlichen und was sie veröffentlichen. Wahrlich, die Hochmütigen liebt er nicht. [25] Fragt man sie: »Was hat euer Herr (dem Mohammed) offenbart?«, so sagen sie: »Uralte Fabeln.« [26] Dafür sollen sie die volle Last ihrer eigenen Sünden am Tage der Auferstehung tragen und einen Teil der Last derer, welche sie, ohne deren Wissen, in den Irrtum führten. Wird das nicht eine schlimme Last sein, welche sie tragen werden?

[27] Auch ihre Vorgänger haben Ränke geschmiedet; aber Allah zerstörte ihren Bau von Grund aus, und das Dach stürzte von oben auf sie, und es wurde ihnen eine Strafe zuteil, welche sie nicht erwartet hatten[7]. [28] Am Tage der Auferstehung wird er sie zuschanden machen und sagen: »Wo sind denn nun meine Gefährten (die Götzen, die ihr mir zugesellt habt), um derentwillen ihr gestritten habt?« Die Vernünftigen werden dann sagen: »Seht, nun trifft die Ungläubigen Schmach und Elend.« [29] Die, welche gegen ihr eigenes Seelenheil frevelten und von den Engeln getötet werden, werden diesen ihre Unterwerfung anbieten und sagen: »Wir haben nichts Böses getan.« Aber diese antworten: »Wohl habt ihr Böses getan, und Allah kennt euer Tun. [30] Darum geht durch die Pforten zur Hölle hinein und bleibt ewig dort.« Ein unseliger Aufenthalt ist das für die hochmütigen Frevler. [31] Wenn aber die Gottesfürchtigen gefragt werden: »Was (denkt ihr, was) hat euer Herr offenbart?«, so antworten sie: »Das höchste Gut.« Diese Frommen erhalten daher schon in diesem Leben Gutes und

[6] Nach einigen: wer sie gebildet hat, und wann und wie sie gebildet wurden; nach andern: sie wissen nicht, wann sie und ihre Verehrer zum Gericht auferweckt werden.
[7] Dies bezieht sich wahrscheinlich auf den Turmbau zu Babel.

in der zukünftigen Wohnung noch weit Besseres. Welch eine herrliche Wohnung ist das für die Frommen! [32] Sie werden in das Paradies[8] eingehen, das von Wasserläufen durchströmt ist. Im Paradies erhalten sie alles, was sie nur wünschen. So belohnt Allah die Frommen. [33] Zu den Rechtschaffenen, welche die Engel selig dahingehen lassen, werden diese sagen: »Friede mit euch. Geht in das Paradies ein, zum Lohne dafür, was ihr getan habt.« [34] Erwarten sie, die Ungläubigen, denn wohl etwas anderes, als daß die Todesengel oder das Urteil deines Herrn sie überkommen werde? So dachten und handelten auch die, welche vor ihnen lebten, und Allah war nicht ungerecht gegen sie; sie selbst waren gegen ihre eigenen Seelen ungerecht. [35] Darum traf sie wegen ihrer Taten Unglück; es wurde an ihnen wahr, was sie verspottet hatten.

[36] Die Götzendiener sagen: »Wenn es Allah anders gewollt hätte, so würden ja weder wir noch unsere Väter ein anderes Wesen außer ihm verehrt und nichts verboten haben, was nicht mit seinem Willen übereinstimmt[9].« Auf ähnliche Weise verfuhren auch die, welche vor ihnen lebten. Aber haben die Gesandten eine andere Berufung, als öffentlich zu predigen? [37] Wir haben in jedem Volk einen Gesandten erstehen lassen, der ihnen predigte: »Dienet Allah und meidet Tagut, den Götzendienst[10].« Einige nun hatte Allah auf den rechten Weg geleitet, anderen aber war der Irrtum bestimmt[11]. Darum geht einmal im Land umher und seht, welch ein Ende die genommen haben, welche die Gesandten des Betruges beschuldigten. [38] Wenn du (o Mohammed) auch noch so sehr ihre Leitung wünschst, so leitet doch Allah nicht den, über welchen beschlossen ist, daß er im Irrtum bleibe, und er findet keinen Helfer. [39] Sie schwören sogar feierlich bei Allah: »Nie wird Allah die Toten auferwecken.« Aber diese Verheißung wird wohl wahr werden, obgleich die meisten Menschen dies nicht anerkennen. [40] Er wird sie auferwecken, damit sie deutlich sehen, was sie jetzt bestreiten, und die Ungläubigen erfahren, daß sie Lügner sind. [41] Unsere Rede zu irgendeinem Dinge, das wir hervorzubringen wünschen, ist nur, daß wir sagen: »Werde!« – und es ist.

[8] Siehe neunte Sure [72] Note 30. [9] Wenn der Götzendiener sündlich wäre, so würde ihn Allah ja nicht zulassen. [10] Vergleiche zweite Sure [257]. Tagut bedeutet Idol, Götzendienst, besonders zwei mekkanische Götzen (Göttinnen): Alat und Al-Uzza. Weiterhin bedeutet das Wort: jeden religiösen Irrtum. Es ist dem Hebräischen entlehnt. [11] Apologetisch ist die Übersetzung Weils: Andere haben es wegen ihres Unglaubens verdient, im Irrtume zu bleiben.

[42] Denen, welche für Allahs Sache nach ungerechter Verfolgung ausgewandert sind, wollen wir eine herrliche Wohnstatt in diesem Leben und noch größeren Lohn in jenem Leben geben. [43] Möchten die, welche in Geduld ausharren und auf ihren Herrn vertrauen, dies doch wahrhaft erkennen! [44] Auch vor dir haben wir nur Menschen[12] als Gesandte geschickt, welchen wir uns durch Offenbarung mitteilten. Befragt deshalb nur die Schriftbesitzer[13], wenn ihr das nicht wißt. [45] Wir schickten sie mit Zeichen und schriftlicher Offenbarung; dir aber offenbarten wir die Ermahnung (den Koran), damit du die Menschen deutlich unterrichtest über das, was ihretwegen offenbart wurde, damit sie verständig werden. [46] Sind nun die, welche Böses (gegen den Propheten) im Sinne haben, wohl sicher davor, daß Allah nicht die Erde unter ihnen spaltet oder ihnen sonst eine Strafe zuschickt, von einer Seite, woher sie es nicht erwarten? [47] Oder daß er sie nicht auf ihren Reisen erfaßt, ohne daß sie seine Strafgewalt abwehren können? [48] Oder daß er sie nicht langsam nach und nach züchtigt? Doch euer Herr ist gnädig und barmherzig. [49] Sehen sie denn nicht auf die Dinge, welche Allah geschaffen hat, wie sie Schatten werfen zur Rechten und Linken, um Allah zu verehren und sich vor ihm zu demütigen[14]? [50] Alles, was in den Himmeln und was auf Erden ist, verehrt Allah, alles Geschaffene, auch die Engel, und sie sind nicht zu stolz dazu. [51] Sie fürchten den Herrn über ihnen und tun, was geboten ist.

[52] Allah aber sagte: »Nehmt keine zwei Götter an; denn es gibt nur einen einzigen Gott, darum verehrt nur mich.« [53] Ihm gehört, was in den Himmeln ist und was auf Erden ist. Ihm gebührt ewiger Dienst und Gehorsam. Wollt ihr nun einen anderen als Allah verehren? [54] Was ihr an Gutem besitzt, kommt ja nur von Allah, und wenn euch ein Übel befällt, betet ihr ja nur zu ihm. [55] Doch sobald das Übel von euch hinweggenommen ist, dann gibt es Menschen unter euch, die ihrem Herrn Götter zugesellen [56] und sich undankbar für die Gnade zeigen, die er ihnen schenkt. Genießt nur an Freuden hier, ihr werdet bald anderes erfahren. [57] Ja sie setzen Götzen – nichts wißt ihr von ihnen – Teile von Speisen vor, welche wir für sie selbst zur Nahrung bestimmt haben.

[12] So auch in siebter und zwölfter Sure. [13] Wörtlich: Leute von Erinnerung. Es sind die Juden gemeint, die sonst als die Schriftbesitzer bezeichnet werden; hier aber auch die Christen. [14] Siehe dreizehnte Sure [16] und Note 11.

Aber bei Allah, ihr werdet einst euerer falschen Erdichtungen wegen zur Rechenschaft gefordert. [58] Sie eignen Allah Töchter zu – fern sei es von ihm – und sich selbst nur solche Kinder, wie sie ihr Herz wünscht[15]. [59] Wird einem von ihnen die Geburt einer Tochter verkündet, dann färbt sich sein Gesicht aus Kummer schwarz (und wird düster), und er ist tief betrübt. [60] Wegen der üblen Kunde, die ihm zugekommen ist, verbirgt er sich vor den Menschen, und er ist im Zweifel, ob er sie zu seiner Schande behalten oder ob er sie nicht im Sande vergraben soll. Ist ein solches Urteil nicht schlecht?

[61] Die, welche nicht an ein zukünftiges Leben glauben, sind mit dem Schlechtesten, Allah aber mit dem Höchsten, das es gibt, zu vergleichen; denn er ist allmächtig und allweise. [62] Wenn Allah die Menschen nach ihren Freveln bestrafen wollte, so würde nichts Lebendiges mehr auf der Erde bleiben; aber er gibt ihnen bis zu einer bestimmten Zeit Aufschub. Ist diese Frist aber abgelaufen, so können sie diese auch nicht um eine Stunde hinausschieben oder ihre Strafe schon früher herbeirufen. [63] Sie setzen Allah dennoch zur Seite, was ihnen selbst mißfällt (die Töchter), und ihre Zunge stößt eine Lüge aus, wenn sie dennoch behaupten, daß ihnen die Belohnung des Paradieses bestimmt sei. Nein, ohne Zweifel kommen sie ins Höllenfeuer, in dem sie abgesondert und verlassen bleiben. [64] Bei Allah! Schon vor dir haben wir Gesandte zu den Völkern geschickt; aber der Satan hatte den Ungläubigen ihr böses Tun beschönigt. Er war ihr Beistand in dieser Welt, in jener aber werden sie peinliche Strafe erleiden. [65] Wir haben dir die Schrift nur deshalb offenbart, damit du ihnen Aufklärung gibst, worüber sie uneinig sind, und daß sie einem gläubigen Volk Leitung und Gnade sei. [66] Allah sendet Wasser vom Himmel, um die Erde neu zu beleben: (Wiedererweckungs-)Beweis für hörende Menschen.

[67] Auch an den Tieren habt ihr ein belehrendes Beispiel; denn wir geben euch von dem zu trinken, was in ihren Leibern die Mitte zwischen Kot und Blut hält, nämlich von der reinen Milch[16], welche für die Trinkenden so angenehm zu schlürfen ist. [68] Und von der

[15] Vermutlich sind weibliche Götzen gemeint. Die alten Araber hielten auch die Engel für Töchter Allahs. Sie selbst wünschten nur Söhne zu zeugen, denn die Geburt einer Tochter wurde als ein großes Unglück betrachtet. Deshalb brachten sie diese oft gleich nach der Geburt ums Leben. [16] Die Ausleger sagen: Die gröberen Teile der Nahrung gehen in Unrat, die feineren in Milch und die feinsten in Blut über.

Frucht der Palmbäume und den Weintrauben erhaltet ihr berauschende Getränke und auch gute Nahrung[17]. Auch hierin liegt ein Zeichen für verständige Menschen. [69] Und dein Herr lehrte die Bienen. Er sprach: »Baue dir Häuser in Bergen und Bäumen, mit Stoffen, womit Menschen und wo (in Balken) sonst diese zu bauen pflegen. [70] Iß von allen Früchten und fliege auf Wegen, die dein Herr dir wies.« Aus ihren Leibern kommt nun eine Flüssigkeit (der Honig), die verschieden an Farbe ist und Arznei für die Menschen enthält. Auch hierin ist ein Zeichen für nachdenkende Menschen. [71] Allah hat euch erschaffen, und er läßt euch auch wieder sterben. Einige von euch läßt er ein hilfloses Greisenalter erreichen, daß sie von allem, was sie gewußt haben, nichts mehr wissen; sieh, Allah ist allwissend und allmächtig.

[72] Einige hat Allah mit irdischen Gütern vorzugsweise vor andern versorgt, und nichts geben diese davon ihren eigenen Sklaven, damit auch diese Anteil hätten. Wollen sie Allahs Güte verleugnen? [73] Allah hat euch Frauen von euch selbst[18] gegeben und von eueren Frauen Kinder und Enkel und euch mit allem Guten zur Ernährung versehen. Wollen sie dafür nun an Nichtiges glauben und die Güte Allahs undankbar verleugnen? [74] Dennoch verehren sie statt Allah Wesen, welche ihnen nichts, weder vom Himmel noch von der Erde, geben oder ihnen sonst helfen können. [75] Darum setzt Allah kein anderes Wesen gleich[19]; denn Allah weiß alles, ihr aber nichts, [76] Allah stellt hierüber folgendes Gleichnis auf: Ein Sklave, der (leibeigen) über nichts Gewalt hat, und ein freier Mann, den wir mit allem Guten versorgt haben und der davon geheim und öffentlich Almosen gibt, sind beide einander gleich[20]? Allah bewahre! Doch die meisten Menschen sehen das nicht ein. [77] Noch ein anderes Gleichnis stellt Allah auf: Zwei Menschen, von welchen einer stumm geboren und daher zu nichts geschickt, sondern seinem Herrn nur zur Last ist, der, wohin man ihn auch schicke, unverrichtetersache immer zurückkommt, sollte der wohl gleich sein mit dem anderen, welcher nur das gebietet, was recht ist, und der selbst auf dem rechten Wege wandelt?

[17] Da Wein verboten ist, dienen die Trauben zur Speise und Nahrung. [18] So heißt es wörtlich, was nach einigen soviel wie: von euerer Nation heißt; andere denken hier an Eva, welche aus der Rippe des Adam erschaffen wurde. [19] Wörtlich: Macht kein Bild von Allah. Siehe »Gleichnis« von Gott: 2. B. Mosis 20, 4. [20] Die Götzen sind den Sklaven (Mameluken) gleich, die nichts besitzen, ja selbst im Besitz anderer sind; Allah aber dem freien Manne, welcher von seinem Vermögen freigebig anderen mitteilt.

[78] Allah allein kennt die Geheimnisse der Himmel und der Erde, und das Geschäft der letzten Stunde (die Auferweckung der Toten) dauert nur einen Augenblick oder noch weniger; denn Allah ist allmächtig. [79] Allah hat euch aus den Leibern euerer Mütter hervorgebracht, und ihr wußtet nichts. Er gab euch Gehör, Gesicht und das verständige Herz, damit ihr dankbar werdet. [80] Sehen sie denn nicht, wie die Vögel in der freien Luft des Himmels fliegen, ohne daß sie jemand anderer als Allah dort halten kann? Auch hierin liegen Zeichen für gläubige Menschen. [81] Allah ist es, der euch euere Häuser zu Stätten der Ruhe gegeben hat und die Häute der Tiere zu Zelten, welche ihr am Tage der Weiterreise leicht abnehmen und auch an dem Tage wiederaufrichten könnt, an welchem ihr euch niederlaßt; und ihre Wolle und ihren Pelz und ihre Haare zu vielerlei Gerät. [82] Auch hat er euch manches zum Schatten geschaffen, zum Beispiel Bäume, Berge gegen die Sonne, und euch die Berge (ihre Grotten und Höhlen) zu Schutzorten bestimmt und Kleider als Schutz vor Kälte[21], auch Panzer als Schutz im Kriege. So groß ist seine Gnade, daß ihr euch ihm ganz hingebt. [83] Wenn sie sich (vom Islam) abwenden, so liegt dir weiter nichts ob, als öffentlich zu predigen.

[84] Bald erkennen sie die Gnade Allahs, bald verleugnen sie diese wieder; der größte Teil von ihnen ist verstockt und ungläubig. [85] Doch an jenem Tag werden wir aus jedem Volk einen Zeugen auferwecken, und dann sollen die Ungläubigen sich nicht entschuldigen dürfen und keine Gnade erhalten können. [86] Wenn dann die Frevler die für sie bereitete Strafe sehen, welche ihnen nicht gemildert und nicht aufgeschoben wird, [87] und wenn die Götzendiener ihre Götzen sehen, welche sie Allah beigesellt haben, so werden sie sagen: »O Herr, dies sind unsere Götzen, welche wir statt dir angerufen«; diese aber werden ihnen antworten: »Ihr seid Lügner[22].« [88] An jenem Tage werden die Frevler sich Allah unterwerfen und um Frieden bitten und ihre eingebildeten Götter ihnen entschwinden. [89] Den Ungläubigen und denen, welche andere vom Weg Allahs verleiten, wollen wir Strafe auf Strafe häufen, weil sie Verderben gestiftet haben. [90] An jenem Tage werden wir aus je-

[21] Im Original steht zwar: »vor der Hitze«, was aber nach Jallaledin statt des Gegenteils: vor der Kälte steht. [22] Wir sind keine Götter, auch habt ihr in Wahrheit nicht uns, sondern nur eueren Leidenschaften gedient.

dem Volk einen Zeugen erwecken, der gegen sie zeuge, und dich, o Mohammed, wollen wir gegen diese (Araber) als Zeugen aufstellen. Wir haben dir die Schrift offenbart als eine Erläuterung aller Dinge, als eine Leitung und Barmherzigkeit und freudige Botschaft für die Moslems.

[91] Wahrlich, Allah befiehlt nur Gerechtigkeit und das Gute und Freigebigkeit gegen Verwandte, und er verbietet eine jede Schlechtigkeit und Ungerechtigkeit und allen offenbaren Zwang. Er ermahnt euch, damit ihr eingedenk sein mögt. [92] Haltet fest am Bündnis Allahs, wenn ihr ein solches geschlossen habt, und brecht euere Eide nicht, die ihr bekräftigt und bei Allah verbürgt habt; denn Allah weiß, was ihr tut. [93] Seid nicht wie jene Frau[23], die ihre gesponnenen und fest gedrehten Fäden immer wieder auflöste, daß ihr euch untereinander mit eueren Eiden täuscht, sobald eine Partei der andern überlegen wird[24]. Allah will euch hierdurch prüfen, und er wird euch einst am Tage der Auferstehung aufklären über das, worüber ihr jetzt uneinig seid. [94] Wenn Allah es gewollt hätte, so würde er ja nur ein Volk (mit einer, und zwar der richtigen Religion) aus euch gemacht haben; aber so läßt er in Irrtum und auf dem rechten Wege, wen er will, und ihr werdet einst Rechenschaft geben müssen über das, was ihr getan habt. [95] Darum brecht nicht treulos euere Eide untereinander, damit nicht der Fuß wanke, der sonst so fest stand; denn wenn ihr abweicht vom Weg Allahs, dann trifft euch Unglück in dieser und große Strafe in jener Welt. [96] Verhandelt auch nicht das Bündnis Allahs um geringen Preis; denn bei Allah erwartet euch besserer Lohn; möchtet ihr das nur einsehen. [97] All euer Besitz schwindet ja hin, und nur das ist dauerhaft, was von Allah ist[25]. Jenen, die in Geduld ausharren, werden wir ihr Tun mit herrlichem Lohn belohnen. [98] Wer rechtschaffen handelt, sei es Mann oder Frau, und sonst gläubig ist, dem wollen wir ein glückliches Jenseits geben, ihm außerdem sein Tun mit herrlichem Lohn vergelten. [99] Wenn du den Koran vorliest, so nimm

[23] Die Koranausleger gedenken hierbei einer Frau, die gleich der Penelope, der Gattin des Odysseus, ihr bei Tag für Laertes gewebtes Leichengewand des Nachts immer wieder auftrennte, um ihr Versprechen nicht einhalten zu müssen. Sie nennen diese Reita Bin Sad ibn Teym. Auf solch leichtsinnige Weise nun, sagt Mohammed, soll man mit seinen Eiden nicht spielen. [24] Gute Übersetzung Ullmanns, die den Sinn der folgenden wörtlichen verständlich macht: Ihr macht die Eide, die ihr schwört, zu einem Mittel des Betruges untereinander, aus Furcht, ein Volk möchte sonst mächtiger werden als ein anderes. [25] Alle irdischen Götter und Vorteile sind vergänglich, und nur das wahrhaft Göttliche bleibt ewig.

deine Zuflucht zu Allah, daß er dich vor dem verfluchten Satan[26] schütze; [100] denn dieser hat keine Gewalt über die, welche glauben und ihrem Herrn vertrauen. [101] Er hat nur Gewalt über die, welche ihn zum Beschützer annehmen und Götzen verehren.

[102] Wenn wir einen Vers im Koran hinwegnehmen und einen anderen an dessen Stelle setzen[27] – und Allah muß doch wahrlich die Richtigkeit seiner Offenbarungen am besten kennen –, so sagen sie, daß dies eine Erfindung von dir sei; doch der größte Teil von ihnen versteht nichts davon. [103] Sprich: »So hat ihn der heilige Geist[28] von deinem Herrn in Wahrheit herabgebracht, um die Gläubigen zu stärken und als Leitung und frohe Botschaft für die Moslems.« [104] Auch wissen wir, daß sie sagen: »Ein gewisser Mensch lehrt ihn die Verfassung des Korans; aber die Sprache des vermeintlichen Menschen ist eine fremde, und die des Korans ist die deutliche arabische[29].« [105] Wahrlich, die nicht an die Zeichen Allahs glauben, die will Allah nicht leiten, und ihrer wartet peinvolle Strafe. [106] Die, welche nicht an die Zeichen Allahs glauben, ersinnen Lügen; denn sie sind ja Lügner. [107] Wer Allah verleugnet, obwohl er früher an ihn geglaubt hat, es sei denn gezwungen, indes das Herz noch fest im Glauben ist, wer also freiwillig sich zum Unglauben bekennt, den trifft der Zorn Allahs, und seiner wartet peinvolle Strafe, [108] und zwar deshalb, weil er dieses Leben mehr als das zukünftige liebt und Allah ungläubige Menschen nicht leitet. [109] Das sind die, welchen Allah Herz, Ohr und Gesicht versiegelt hat. Das sind die Gleichgültigen, [110] die ohne Zweifel im zukünftigen Leben dem Untergange geweiht sind. [111] Dein Herr aber wird die belohnen, welche ausgewandert sind und Verfolgungen ertragen und dann für den Glauben gekämpft und standhaft ausgeharrt haben. Nach solchem Handeln wird dein Herr sich gnädig und barmherzig zeigen.

[112] An jenem Tage wird eine jede Seele sich selbst verant-

[26] Wörtlich: gesteinigten. Vergleiche dritte Sure [37] und Note 5. Mohammed soll einst beim Vorlesen des Korans eine schreckliche Gotteslästerung entfahren sein, die er auf Verführung des Satans zurückführte und damit entschuldigte. Vergleiche auch dreiundfünfzigste Sure [33]. Daher beten auch die Mohammedaner vor dem Lesen des Korans die sieben Verse der Einführungssure und: »Ich nehme meine Zuflucht zu Allah. Er schütze mich vor dem gesteinigten Satan.« [27] Siehe zweite Sure [107] und Note 27. [28] Der Engel Gabriel. Zweite Sure [88]. [29] Hieraus erhellt, wie noch aus anderen Stellen, daß schon Mohammeds Zeitgenossen den Verdacht hegten und aussprachen, Mohammed habe mit Hilfe anderer, und namentlich eines gelehrten Rabbinen Abdallah ibn Salam, den Koran erdacht und niedergeschrieben. Diesen Verdacht weist Mohammed hier ab

worten müssen, und einer jeden soll nach ihrem Tun vergolten und keine ungerecht behandelt werden. [113] Zum warnenden Bilde stellt Allah jene Stadt (Mekka) auf, die sicher und ruhig lebte und von allen Orten mit Nahrung im Überfluß versehen wurde und dennoch die Wohltaten Allahs undankbar verleugnete; darum ließ sie Allah die höchste Hungersnot heimsuchen und Furcht darüber, was sie getan haben. [114] Und nun ist ein Gesandter aus ihrer Mitte zu ihnen (er, Mohammed, zu den Mekkanern) gekommen, und sie beschuldigen ihn des Betruges; darum soll sie wegen ihrer Freveltat Strafe treffen. [115] Eßt von dem Guten und Erlaubten, was euch Allah zur Nahrung gegeben hat, und seid dankbar für die Wohltaten Allahs, wenn ihr ihn verehren wollt. [116] Er hat euch nur verboten: Verendetes, Blut und Schweinefleisch, und was in dem Namen eines anderen als Allah geschlachtet worden ist[30]. Wer aber, durch Not gezwungen, ohne Lust und ohne böse Absicht (absichtlichen Ungehorsam) davon genießt, gegen den ist Allah verzeihend und barmherzig. [117] Sprecht mit euerer Zunge die Lüge nicht aus: »Das ist erlaubt, und jenes ist verboten«, um so wider Allah Lügen zu erdichten; denn die, welche von Allah Lügen erdichten, können nicht glücklich sein. [118] Ihr Genuß hier ist nur gering, aber ihre Strafe dort – peinvoll. [119] Den Juden hatten wir das verboten, was wir dir früher schon mitgeteilt haben[31], und wir waren nicht ungerecht gegen sie; sondern sie waren es gegen sich selbst. [120] Gnädig aber ist dein Herr gegen die, welche Böses aus Unwissenheit taten und es später bereuen und sich bessern; denn dein Herr ist verzeihend und barmherzig.

[121] Abraham war ein frommer, Allah gehorsamer und rechtgläubiger Mann[32] und kein Götzendiener. [122] Er war dankbar für die Wohltaten Allahs, darum wurde er von Allah geliebt und auf den rechten Weg geleitet; [123] darum gaben wir ihm Gutes in diesem Leben, und in jenem gehört er zu den Frommen und Seligen. [124] Darum haben wir dir durch Offenbarung gesagt: »Folge dem Wege des rechtgläubigen Abraham, der kein Götzendiener war.«

[30] Zweite Sure [174]. [31] Nämlich in der sechsten Sure [147]. Siehe Note 47. [32] Wörtlich: Abraham war ein Geschlecht. Goldschmidt bemerkt hierzu: Da dies sich auf die Person Abrahams bezieht, nicht wie Gen. 12, 2 auf die Nachkommen, so ist die Bezeichnung sonderbar. Die Übersetzer geben das Wort mit: Mann – wie oben – wieder. Dies ist jedoch »ungebräuchlich«. In der zweiten Sure [125] wird Abraham als Vorbild, religiöser Vorstand bezeichnet. Die Ahmadiyya-Mission übersetzt: Abraham war in der Tat ein Vorbild an Tugend ... Henning: Imam – Vorsteher – und rechtgläubig: Hanif.

[125] Der Sabbat war eigentlich nur für diejenigen bestimmt, welche darüber mit ihrem Propheten uneinig waren[33]. Aber am Auferstehungstage wird dein Herr zwischen ihnen diesen Gegenstand des Streites entscheiden. [126] Rufe mit Weisheit und mit milder Ermahnung die Menschen auf den Weg deines Herrn, und wenn du mit ihnen streitest, so tu es auf die sanfteste Weise[34]; denn dein Herr kennt den, welcher von seinem Weg abweicht, ebenso wie er die kennt, welche recht geleitet sind. [127] Wenn ihr Rache an jemandem nehmt, so nehmt sie nur im Verhältnis des Bösen, welches er euch zugefügt hat. Doch wenn ihr das Böse mit Geduld hinnehmt, so ist das noch besser für die geduldig Tragenden[35]. [128] Darum ertrage du mit Geduld[36]. Diese Geduld selbst kann dir nur durch den Beistand Allahs zuteil werden (deine Geduld sei in Allah). Sei auch wegen der Ungläubigen nicht traurig und sei nicht darüber betrübt, was sie listig ersinnen; [129] denn Allah ist mit denen, welche gottesfürchtig und aufrichtig und rechtschaffen sind.

[33] Mohammed, welcher im Gegensatze zu den Juden und Christen den Freitag als wöchentlichen Ruhetag bestimmt hat, will auch dafür das höchste Altertum in Anspruch nehmen und sagt, daß dieser Tag ursprünglich zum Ruhetag eingesetzt worden sei; nur habe Moses den Juden nachgegeben, welche hierüber mit ihm stritten und den Samstag als solchen forderten. Dennoch behielt der Samstag den Namen Sabbat (Ruhetag). Und auch Mohammed soll den Juden nachgegeben haben. [34] Goldschmidt übersetzt: ... und bekämpfe sie nur mit dem, was besser ist. Die Ahmadiyya-Mission: Rufe auf den Weg deines Herrn mit Weisheit und schöner Ermahnung und streite mit ihnen auf die beste Art. [35] Hier warnt Mohammed vor zu harter Rache gegen die Mekkaner. Diese hatten die Leiche von Mohammeds Onkel Hamsa verstümmelt, der in der Schlacht bei Ohod gefallen war. [36] Du, o Mohammed, ertrage mit Geduld und Nachsicht ihre Widersetzlichkeit.

SIEBZEHNTE SURE

Die Nachtreise[1] (Bani-Israil) *offenbart zu Mekka*

[1] Im Namen Allahs, des Allbarmherzigen.

[2] Lob und Preis sei ihm, der seinen Diener zur Nachtreise vom heiligen Tempel zu Mekka zum fernen Tempel von Jerusalem geführt hat. Diese Reise haben wir gesegnet[2], damit wir ihm unsere Zeichen zeigen; Allah hört und sieht alles. [3] Dem Moses gaben wir die Schrift und bestimmten sie zur Leitung für die Kinder Israels, und wir befahlen ihnen: »Nehmt außer mir keinen zum Be-

[1] So genannt nach dem Anfang dieser Sure. Hier erzählt Mohammed – eine Traumvision –, daß er in einer gewissen Nacht – in der siebzehnten des ersten Rabia, ein Jahr vor der Hedschra, welche daher bei den Moslems Nacht der Auffahrt genannt wird –

schützer an, [4] keiner von euch, ihr Nachkommen derer, welche wir mit Noah in die Arche führten.« Er, Noah selbst, war in der Tat ein dankbarer Diener. [5] Wir haben ausdrücklich den Kindern Israels in der Schrift folgendes bestimmt: »Ihr werdet auf der Erde zweimal Verderben stiften und mit Übermut euch stolz erheben[3].« [6] Und als die angedrohte Strafe für das erste Vergehen in Erfüllung gehen sollte, da schickten wir unsere Diener[4] gegen euch, die mit außerordentlicher Strenge verfuhren[5] und die inneren Gemächer euerer Häuser durchsuchten, und so ging die Verheißung in Erfüllung. [7] Doch bald darauf gaben wir euch den Sieg über sie[6], und wir machten euch durch Vermögen und Kinder groß, und wir machten ein zahlreiches Volk aus euch [8] und sagten: »Wenn ihr das Gute tut, so tut ihr es zu euerem eigenen Seelenheil, und tut ihr Böses, so geschieht es zum Nachteil euerer Seele.« Als nun die angedrohte Strafe für das zweite Vergehen in Erfüllung gehen sollte, da schickten wir Feinde gegen euch, um euch zu kränken und wie auch schon früher den Tempel zu erstürmen und alles Eroberte gänzlich zu zerstören[7]. [9] Doch vielleicht erbarmt sich euer Herr wieder. Wenn ihr aber wieder zu eueren Sünden zurückkehrt, dann kehren auch wir zu unseren Strafen zurück, und außerdem haben wir für die Ungläubigen die Hölle zum Gefängnis bestimmt. [10] Wahrlich, dieser Koran leitet auf den richtigen Weg und verkündet den Gläubigen, welche das Gute ausüben, großen Lohn. [11] Denen aber, welche nicht an ein zukünftiges Leben glauben, verheißen wir schwere Strafe.

[12] Der Mensch erfleht oft gerade das Böse, im Glauben, er er-

von Allah durch den Engel Gabriel nach Jerusalem im Flug durch die Luft gebracht wurde. Nach einigen Handschriften ist diese Sure mit: »Die Kinder Israels« überschrieben, weil am Anfang und Ende der Sure dieser gedacht wird. [2] Vielfach, ähnlich Henning, übersetzt: ... von der heiligen Kaaba zu der entfernten Anbetungsstätte (in Jerusalem), deren Umgebung wir gesegnet haben, um ihm manche unserer Wunderzeichen zu zeigen. (Der Segen ruhe auf der Anbetungsstätte, nicht auf Mohammeds Fahrt.) [3] Erstens: Vernachlässigung des Gesetzes und die Ermordung des Jesajas und die Gefangennahme des Jeremias; zweitens: die Tötung des Zacharias und Johannes des Täufers und die vermeintliche Hinrichtung Jesu. Goldschmidt nimmt die zweimalige Zerstörung des jüdischen Reiches als Folge ihrer Verbrechen an. [4] Nach einigen ist Goliath und sein Herr, nach andern Sanherib oder Nebukadnezar hierunter zu verstehen. [5] Die neueren Übersetzer: ... unsere Diener, Männer von gewaltigem Wuchs ..., auch mit gewaltiger (Heeres-)Macht, statt wie Ullmann: ... mit außerordentlicher Strenge. [6] Entweder durch David, welcher den Goliath erschlug, oder durch das unglückliche Ende, welches das Heer Sanheribs genommen hat. [7] Nach einigen soll sich dies auf die Perser, nach anderen auf Antiochus Epiphanes, oder wahrscheinlicher, auf die Römer beziehen, welche die Juden verfolgten. In Tr. Gittin Fol. 57, b, findet sich, daß die Juden wegen der Ermordung des Zacharias große Drangsal zu erleiden hatten.

flehe das Gute; denn der Mensch ist voreilig. [13] Wir haben die Nacht und den Tag als zwei Zeichen unserer Allmacht eingesetzt. Wir verlöschen das Zeichen der Nacht und lassen das Zeichen des Tages erscheinen, damit ihr durch euere Arbeit die Fülle des Segens von euerem Herrn erlangt und auch die Zahl der Jahre und die Berechnung der Zeit dadurch wissen könnt. So haben wir jedem Dinge seine klare und deutliche Bestimmung gegeben. [14] Einem jeden Menschen haben wir sein Geschick bestimmt[8], und am Tage der Auferstehung werden wir ihm das Buch seiner Handlungen geöffnet vorlegen und zu ihm sagen: [15] »Lies selbst in deinem Buche[9], deine eigene Seele soll dich an jenem Tage zur Rechenschaft ziehen.« [16] Wer recht geleitet ist, der ist es zum Besten der eigenen Seele, wer aber irrt, der irrt zu ihrem Nachteil, und keine schon ohnedies beladene Seele wird auch noch die Last einer anderen zu tragen brauchen. Wir haben noch kein Volk bestraft, bevor wir ihm nicht einen Gesandten geschickt hatten. [17] Wollten wir eine Stadt zerstören, so befahlen wir zuvor den Bewohnern, unseren Gesandten zu folgen; aber sie handelten nur frevelhaft, und so mußte sich unser gegebenes Wort an ihr bewahrheiten, indem wir sie von Grund aus zerstörten. [18] Wie manches Geschlecht haben wir seit Noah dem Untergange geweiht? Denn dein Herr kennt und sieht hinlänglich die Sünden seiner Diener. [19] Wer dieses vergängliche Leben für sich wünscht, der soll so viel davon haben, wie uns gefällt; dann aber haben wir die Hölle für ihn bestimmt, dort soll er brennen und mit Schmach bedeckt werden und gänzlich verstoßen sein. [20] Wer aber das zukünftige Leben für sich wünscht und sein Streben nach diesem richtet und gläubig ist, dessen Streben ist Allah gefällig. [21] Allen, diesen und jenen, wollen wir hier schon von den Gaben deines Herrn geben, und keinem sollen die (unbeschränkten) Gaben deines Herrn versagt werden. [22] Sieh nur, wie wir schon in diesem Leben die einen von den anderen bevorzugen; doch im nächsten Leben gibt es noch höhere Stufen der Glückseligkeit und noch weit höhere Auszeichnung.

[23] Setze nicht neben Allah, den wahren Gott, noch einen anderen Gott; denn sonst fällst du in Schmach und Armut. [24] Dein

[8] »Einem jeden Menschen haben wir seinen Vogel an den Hals gebunden«, so wörtlich. Das Bild entstand, weil bei den Alten der Vogelflug als bedeutungsvoll für das menschliche Geschick betrachtet wurde. [9] Das Musaf-Gebet der Juden am Neujahrsfest sagt dasselbe.

Herr hat befohlen: nur ihn allein zu verehren und den Eltern, besonders wenn das hohe Alter sie erreicht, Vater oder Mutter oder beide, Gutes zu tun und daß du nicht zu ihnen sagst: »Pfui« oder sie sonst schmähst, sondern ehrfurchtsvoll mit ihnen sprichst. [25] Aus barmherziger Liebe sei demutsvoll gegen sie[10] und sprich: »O Herr, erbarme dich ihrer, so wie sie sich meiner erbarmt und mich in meiner Kindheit genährt haben.« [26] Allah kennt die Gedanken euerer Seelen, ob ihr rechtschaffen seid, und denen, welche sich aufrichtig ihm zuwenden, ist er gnädig. [27] Gib dem Verwandten, was ihm mit Recht zukommt, und auch dem Armen und dem Wanderer; aber verschwendet euer Vermögen nicht; [28] denn die Verschwender sind Brüder des Satans, und der Satan war undankbar gegen seinen Herrn. [29] Mußt du dich aber von ihnen abwenden, weil du selbst die Gnade deines Herrn erwartest und erhoffst[11], dann rede ihnen wenigstens freundlich zu. [30] Laß deine Hand weder an den Nacken gebunden noch zu weit ausgestreckt sein[12]; denn sonst fällst du in Schande oder in Armut. [31] Siehe, dein Herr gibt Nahrung im Überfluß, wem er will, und entzieht sie, wem er will; denn er kennt und durchschaut seine Diener.

[32] Tötet euere Kinder nicht aus Furcht vor Armut; wir wollen schon für sie und für euch sorgen; denn sie deshalb töten wollen wäre große Sünde[13]. [33] Enthaltet euch der Unkeuschheit; denn sie ist ein Laster und führt auf schlimme Wege. [34] Tötet keinen Menschen, da Allah es verboten hat, es sei denn, daß die Gerechtigkeit es fordert. Ist aber jemand ungerechterweise getötet worden, so geben wir seinem Verwandten die Macht, ihn zu rächen; dieser darf aber den Beistand des Gesetzes nicht mißbrauchen, um die Grenzen der Mäßigung bei sühnender Tötung des Mörders zu überschreiten[14]. [35] Nähert euch auch nicht dem Vermögen der Waisen, bis sie großjährig geworden sind, es sei denn zu deren Vorteil[15]. Haltet auch fest an eueren Bündnissen (Verträgen und Verpflichtungen), denn hierüber werdet ihr einst zur Rechenschaft gezogen. [36] Wenn ihr meßt, so gebt volles Maß und wiegt mit richtigem Gewicht. So ist es besser und förderlicher für die allgemeine Ord-

[10] Wörtlich: Neige ihnen die Fittiche der Demut zu. [11] Wenn du selbst nichts hast und für dich selbst die Gnade und Barmherzigkeit Allahs in Anspruch nehmen mußt, dann . . . [12] So wörtlich. Der Sinn ist: Sei weder geizig noch zu freigebig; denn ersteres führt zur Schande, letzteres an den Bettelstab. [13] Siehe sechste Sure [138]. [14] Über den Bluträcher auch 5. B. Mos., 19. Aber nur den Mörder selbst treffe Blutrache. Siehe auch zweite Sure [179]. [15] Vergleiche vierte Sure [3] ff.

nung. [37] Auch folge nicht dem, wovon du keine Kenntnis hast (falschen vorgefaßten Meinungen); denn Gehör und Gesicht und Herz werden einst zur Rechenschaft gezogen. [38] Wandle auch nicht stolz auf der Erde einher, denn du kannst ja dadurch doch die Erde nicht spalten und auch nicht die Höhe der Berge erreichen; [39] all das ist ein Greuel und deinem Herrn verhaßt. [40] Diese Lehren sind nur ein Teil der Weisheit, welche dein Herr dir offenbart hat. Setzt neben Allah, den wahren Gott, nicht noch einen anderen Gott, sonst werdet ihr mit Schmach und Verdammung in die Hölle gestürzt. [41] Hat denn der Herr gerade euch mit Söhnen bevorzugt und für sich die Engel als Töchter angenommen[16]? Seht, ihr behauptet da nicht zu verantwortende Reden.

[42] Wir haben nun in diesem Koran manche Beweise aufgestellt, um sie zu warnen; aber dies alles machte sie der Wahrheit nur noch abgeneigter. [43] Sprich: »Wenn es wirklich, wie ihr sagt, noch Götter neben ihm geben sollte, so müßten sich diese doch irgendwie bestreben wollen, Allahs Thron allein zu besitzen.« [44] Aber Allah sei davor, und fern von ihm ist das, was sie von ihm aussagen. Weit und hoch erhaben ist er über solchem! [45] Ihn preisen die sieben Himmel[17] und die Erde, und was in diesen ist. Ja, es gibt kein Wesen, das sein Lob nicht preist; doch ihren Lobgesang versteht ihr nicht. Er aber ist huldvoll und vergibt. [46] Wen du den Koran vorliest, so machen wir zwischen dir und denen, welche nicht an ein zukünftiges Leben glauben, einen dichten Vorhang [47] und legen eine Decke auf ihr Herz, damit sie ihn nicht verstehen, und auch ihre Ohren machen wir harthörig. Und wenn du bei der Vorlesung des Korans deinen Herrn den einzigen Gott nennst, dann wenden sie dir den Rücken und ergreifen die Flucht. [48] Wir wissen wohl, mit welcher Absicht sie aufhorchen, wenn sie dir zuhören. Wenn sie unter sich (heimlich) reden, dann sagen die Frevler: »Ihr folgt da keinem anderen als einem Wahnwitzigen.« [49] Sieh nur, mit wem sie dich vergleichen! Aber sie sind im Irrtum und werden nimmer den rechten Weg finden. [50] Auch sagen sie: »Wie sollten wir, wenn wir Gebein und Staub geworden sind, wieder zu neuen Geschöpfen auferweckt werden können?« [51] Antworte: »Ja, und wärt ihr auch Stein oder Eisen [52] oder sonst ein

[16] Siehe sechzehnte Sure [58] und Note 15. [17] Auch die Rabbinen lehren, daß es sieben Himmel gibt: In den untersten setzte Allah Sonne, Mond und Gestirne, im siebten steht Allahs Thron.

Geschaffenes, das nach euerer Meinung noch schwerer zu beleben ist...« Wenn sie sagen: »Wer wird uns denn wiedererwecken?«, dann antworte: »Der, welcher euch auch das erste Mal geschaffen hat.« Und wenn sie kopfschüttelnd fragen: »Wann wird das geschehen?«, dann antworte: »Vielleicht sehr bald.« [53] An jenem Tage wird er euch aus den Gräbern hervorrufen, und ihr werdet, ihn lobpreisend, gehorchen und glauben, nur eine kurze Zeit im Grabe verweilt zu haben.

[54] Sage meinen Dienern, daß sie (mit den Ungläubigen) nur das Beste reden mögen; denn der Satan sucht Uneinigkeit unter ihnen zu stiften, der Satan ist ja ein offenbarer Feind der Menschen. [55] Wohl kennt euch euer Herr, und er ist euch gnädig oder straft euch, je nach seinem Willen. Dich aber haben wir nicht gesandt, ihr Wächter zu sein. [56] Der Herr kennt jeden, der in den Himmeln und auf der Erde lebt, und darum haben wir einige Propheten vor anderen bevorzugt[18] und haben dem David die Psalmen eingegeben. [57] Sprich: »Ruft nur euere Götter, neben ihm, an, die ihr euch erdichtet habt; sie werden aber nicht imstande sein, euch von einem Übel zu befreien oder es sonstwie abzuwenden.« [58] Alle die, welche sie anrufen (die Engel und Propheten), streben, selbst die ihm Nächsten, zur Nähe Allahs, ihres Herrn, und hoffen auf seine Gnade und fürchten seine Strafe; denn die Strafe deines Herrn ist schrecklich. [59] Es gibt keine Stadt, die wir nicht vor dem Tage der Auferstehung gänzlich zerstören oder wenigstens mit schwerer Strafe heimsuchen werden. So ist es niedergeschrieben im Buche der Bestimmung. [60] Es hindert uns zwar nichts, dich mit Wunderzeichen zu senden, als nur der Umstand, daß auch die früheren Völker diese des Betruges beschuldigten[19]; wie wir denn auch den Thamudäern die Kamelstute als sichtbares Wunder brachten[20], gegen welche sie aber sündhaft handelten. Wir schicken nun keinen Gesandten mehr mit Wunderzeichen, als nur um Angst einzuflößen. [61] Auch haben wir dir gesagt, daß dein Herr alle Menschen in seiner Allwissenheit umfaßt. Das Gesicht und den verfluchten

[18] Dies soll den Einwand abweisen, welchen die Koreischiten Mohammed entgegenhielten, indem sie sagten: »Wenn Allah einen Gesandten schicken wollte, würde er sich wohl nicht einen von niedriger Herkunft oder aus ärmlichen Verhältnissen stammenden Menschen, wie ihn, als solchen auserwählen.« [19] Hier weist Mohammed wieder, wie oft, die allgemein gemachte Forderung, zu seiner Beglaubigung doch Wunder zu tun, auf bekannte Weise ab: er sei nur ein Mensch wie andere auch, der Koran sei genug Beglaubigung. [20] Siehe siebte Sure [74] und Note 36 sowie elfte Sure [65].

Baum im Koran haben wir dir nur gezeigt[21], um die Menschen dadurch zu Prüfungen zu führen und mit Schrecken zu erfüllen, doch dies wird sie zu den größten Vergehen veranlassen.

[62] Als wir zu den Engeln sagten: »Fallt vor Adam verehrungsvoll nieder«, da taten sie so, mit Ausnahme Iblis', des Satans[22], der sagte: »Wie soll ich den verehren, welchen du aus Lehm geschaffen hast? [63] Was denkst du wohl von diesem Menschen, welchen du mehr ehrst als mich? Wenn du mir bis zum Tage der Auferstehung Aufschub geben willst, dann will ich seine Nachkommen alle, bis auf wenige, ins Verderben stürzen.« [64] Darauf sagte Allah: »Geh hin! Doch wenn dir einer von ihnen folgt, dann soll die Hölle euer Lohn sein. Wahrlich, das ist eine reichliche Vergeltung. [65] Verführe nun durch deine Stimme von ihnen, wen du kannst, wende deine ganze Macht an[23], gib ihnen Vermögen und Kinder und versprich ihnen alles.« Die Versprechen des Satans sind jedoch immer nur Täuschungen. [66] »Doch über meine Diener sollst du keine Gewalt haben.« Denn dein Herr ist ihr hinlänglicher Beschützer. [67] Euer Herr ist es auch, welcher für euch Schiffe auf dem Meere fortbewegt, damit ihr dadurch (durch den Handel) Reichtum nach seiner Güte erlangt; denn er ist barmherzig gegen euch. [68] Und wenn euch zur See ein Unglück trifft, dann verbergen sich (vergeßt ihr) die falschen Götter, welche ihr anruft, und nur Allah allein hilft; und wenn er rettend euch wieder auf das trockene Land bringt, dann wendet ihr euch doch weg von ihm und wieder zu den Götzen hin; denn der Mensch ist undankbar. [69] Seid ihr denn sicher, daß er nicht die Erde spalte, die euch verschlingt (zu Land vernichtet), oder daß er nicht einen Wirbelsturm über euch schicke, der euch mit Sand bedeckt? Und dann werdet ihr keinen Beschützer finden. [70] Oder seid ihr sicher, daß er nicht veranlasse, daß ihr euch zu einer anderen Zeit nochmals auf die See begebt, und er euch dann einen Sturmwind sende und euch für euere Undankbarkeit ertrinken lasse? Und dann werdet ihr niemanden finden, der euch wider uns beschützt. [71] Und wir haben doch die Kinder Adams mit großen

[21] Unter Gesicht ist die Vision Mohammeds (seine Gegner verspotteten ihn deswegen) auf der Nachtreise (nach welcher diese Sure benannt ist) zu verstehen, und unter dem verfluchten Baume: der Höllenbaum (Sakkum), den Sure siebenunddreißig [63] und Sure vierundvierzig [44] erwähnen und dessen Früchte den Verdammten zur Nahrung dienen. Auch die Rabbinen reden von einem Höllenbaum. [22] Vergleiche zweite Sure [35] und siebte Sure [12]. Goldschmidt bezieht die Prüfung nur auf die Vision, den Schreck nur auf den Höllenbaum Sakkum. [23] Wörtlich: Stürme auf sie ein mit deiner Reiterei und mit deinem Fußvolk.

Vorzügen ehrenvoll ausgezeichnet, indem wir ihnen ihre Bedürfnisse zu Land und zu Wasser zuführten und sie mit allem Guten versorgten, und wir haben sie so vor manchen übrigen Geschöpfen bevorzugt.

[72] An jenem Tage werden wir alle Menschen mit ihren Anführern zur Rechenschaft aufrufen, jeder mit dem Buch seiner Handlungen in der rechten Hand, und sie sollen es vorlesen, und es wird ihnen auch nicht um einen Faden[24] breit Unrecht geschehen. [73] Wer nun in diesem Leben blind war, der wird es auch in jenem sein und weit abirren vom rechten Wege. [74] Wenig fehlte, und die Ungläubigen hätten dich verführt, von dem abzuweichen, was wir dir offenbarten, und statt dessen etwas anderes von uns zu erdichten, um dich dann als ihren Freund anzunehmen[25]. [75] Und wenn wir dich nicht (mit dem Koran) gestärkt hätten, so hättest du dich in einzelnem zu ihnen hingeneigt. [76] Hättest du aber nachgegeben, hätten wir dich mit Leiden im Leben und auch im Tode heimgesucht, und niemand hätte dich wider uns schützen können. [77] Beinahe hätten sie dich veranlaßt, das Land zu verlassen, da sie beabsichtigten, dich daraus zu vertreiben[26], aber dann hätten sie selbst nur einen kurzen Zeitraum noch dort verweilen dürfen. [78] So verfuhren wir mit den Gesandten, welche wir dir haben vorangehen lassen, und dieses Verfahren wollen wir auch für dich nicht ändern.

[79] Verrichte das Gebet beim Untergange der Sonne, bis die Dunkelheit der Nacht heranbricht, und auch das Gebet beim Anbruch des Tages: denn das Morgengebet wird bezeugt[27]. [80] Wach auch einen Teil der Nacht und bring ihn, als Übermaß der Frömmigkeit[28], mit Beten zu; denn dadurch wird dich vielleicht einst

[24] Vergleiche vierte Sure [50] und Note 26. Wörtlich: Faden und nicht Haar, wie Wahl und Sale übertragen. [25] Die Kommentatoren erzählen, daß der Stamm Takif, im Tal Tayef, mehrere Privilegien und einige Dispensationen von Mohammed als Bedingung der Annahme des Islams forderte, mit dem Hinzufügen, daß er ja den Gläubigen gegenüber diese Nachgiebigkeit durch eine vorgebliche ihm zuteil gewordene Offenbarung Allahs beschönigen könne. S. IX. Note 9 u. XXII. [53], Note 24. [26] Die Ausleger erzählen, daß die Juden zu Mohammed sagten, als Prophet müsse er Medina verlassen und sich nach Syrien begeben, da der Prophetismus nur in Palästina möglich sei. Geiger bezeichnet dies als Grundsatz des Judentums. [27] Im Original steht zwar: Lies beim Anbruche des Tages; denn das Leben bei Tagesanbruch wird bezeugt. Einige verstehen: das Lesen des Korans, andere: die Verrichtung des Gebetes darunter, welches von den Engeln mit Wohlgefallen aufgenommen und bezeugt werden soll. Es scheint hier eine Anspielung auf das Morgengebet der Engel zu liegen, welches Tr. Cholin fol. 91 b erwähnt. [28] Auch im Tr. Brachoth fol. 4 a wird das Beten um Mitternacht als ein Werk großer Frömmigkeit betrachtet.

dein Herr auf eine hohe und ehrenvolle Stufe erheben[29]. [81] Bet also: »Laß, o Herr, meinen Eingang und meinen Ausgang gerecht und wahrhaftig sein[30] und laß mir deinen helfenden Beistand zuteil werden.« [82] Sprich (beim Einzug in Mekka): »Die Wahrheit ist nun gekommen, und das Nichtige (alles Falsche) verschwand; denn das Nichtige ist nur von kurzer Dauer.« [83] Wir haben dir nun vom Koran offenbart, was den Gläubigen Heilung und Gnade bringen, den Frevlern aber das Verderben nur noch vermehren wird. [84] Wenn wir uns dem Menschen gnädig bezeigen, dann zieht er sich zurück und geht undankbar beiseite; wenn ihn aber ein Übel befällt, dann will er verzweifeln. [85] Sprich: »Ein jeder handle nur nach seinem Standpunkt und auf seine Weise, und euer Herr weiß am besten, wer auf seinem Weg am richtigsten geleitet ist.«

[86] Sie werden dich auch über den Geist[31] befragen; antworte: »Der Geist ist auf Befehl meines Herrn[32] geschaffen, und ihr versteht nur sehr wenig davon.« [87] Wenn wir nur wollten, so könnten wir das, was wir offenbarten, wieder zurücknehmen, und du hättest dann außer der Barmherzigkeit deines Herrn auf keinen Beistand wider uns zu hoffen; [88] aber seine Gnade gegen dich ist groß. [89] Sprich: »Wollten sich auch die Menschen und Geister zusammentun, um ein Buch, dem Koran gleich, hervorzubringen, so würden sie dennoch kein ähnliches zustande bringen, und wenn sie auch noch so sehr sich untereinander behilflich wären.« [90] Wir haben den Menschen in diesem Koran alle möglichen Beweise in Gleichnissen und Bildern aufgestellt, die meisten aber weigern sich, aus Ungläubigkeit, ihn anzunehmen (weisen alles ab, nur nicht den Unglauben). [91] Sie sprechen: »Nicht eher wollen wir dir (Mohammed) glauben, als bis du uns eine Wasserquelle aus der Erde strömen läßt [92] oder einen Garten hervorbringst mit Palmbäumen und Weinstöcken, dessen Mitte Wasserbäche reichlich durchströmen, [93] oder bis, wie du gedroht hast, der Himmel in Stücken auf uns herabstürzt[33] oder bis du Allah und die Engel uns sichtbar zu Zeugen bringst [94] oder du ein Haus von Gold besitzt oder

[29] Diese hohe Stufe soll sein: das ehrenvolle Amt eines Vermittlers und Fürsprechers für die übrigen Menschen. [30] Nach einigen soll dies so viel heißen wie: meinen Ausgang aus dieser Welt und meinen Eingang in jene. Da aber der Betende Moslem ist, so ist die Erklärung wahrscheinlicher, welche das Gebet auf einen glücklichen Auszug aus Mekka (Medina) und Einzug in Medina (Mekka) bezieht. [31] Über die Seele des Menschen, nach einigen: über den Engel Gabriel. [32] Einige übersetzen: Der Geist gehört zu den Dingen, die nur Allah allein bekannt sind. [33] Vergleiche vierunddreißigste Sure [10].

mit einer Leiter in den Himmel steigst. Auch deinem Aufstieg[34] (deiner Himmelfahrt) wollen wir nicht glauben, wenn du nicht ein für uns lesbares Buch herabfahren läßt.« Antworte: »Lob und Preis sei meinem Herrn! Bin ich denn etwas mehr als ein Mensch, der nur zum Gesandten bestimmt ist?«

[95] Und dennoch hält die Menschen, wenn ihnen eine richtige Leitung zuteil wird, nichts anderes vom Glauben ab, als daß sie sagen: »Schickt denn wohl Allah einen Menschen zum Gesandten?« [96] Sprich: »Wenn es sich ziemte, daß die Engel vertraulich auf der Erde umherwandeln, so hätten wir ihnen einen Engel des Himmels als Gesandten geschickt.« [97] Sprich: »Allah ist hinreichender Zeuge zwischen mir und euch; denn er kennt und beobachtet seine Diener.« [98] Wen Allah leitet, der ist recht geleitet, wen er aber in die Irre führt, der findet außer ihm keinen Beistand. Wir werden sie einst am Tage der Auferstehung (auf ihrem Angesicht liegend) versammeln, und blind, stumm und taub werden sie sein und die Hölle zur Stätte erhalten, und sooft deren Flamme verlöschen will, wollen wir sie von neuem entfachen. [99] Dies sei ihr Lohn, weil sie unsere Zeichen leugneten und sagten: »Wie sollen wir, wenn wir Gebein und Staub geworden sind, zu neuen Geschöpfen wieder auferweckt werden können?« [100] Sehen sie denn nicht ein, daß Allah, der die Himmel und die Erde geschaffen hat, mächtig genug ist, ihnen wieder neue Körper, wie ihre jetzigen, zu schaffen? Seht, er hat ihnen ein Ziel bestimmt, das ist keinem Zweifel unterworfen, und dennoch wollen die Frevler, aus Ungläubigkeit, dies nicht anerkennen. [101] Sprich: »Hättet ihr auch über die Schätze der Gnade meines Herrn zu verfügen, in der Tat, ihr würdet sie zurückhalten, aus Furcht: sie könnten (beim Spenden von Almosen) erschöpfen; denn der Mensch ist geizig.«

[102] Wir gaben dem Moses neun deutliche Wunderzeichen[35]. Erkundige dich hierüber nur bei den Kindern Israels. Als er nun zu ihnen kam, da sagte Pharao zu ihm: »Ich glaube, o Moses, du bist durch Zauberei betört.« [103] Er aber antwortete: »Du weißt es wahrhaftig, daß solch deutliche Wunder nur der Herr der Himmel und der Erde herabsenden kann. Ich halte dich daher, o Pharao, für einen verlorenen Menschen.« [104] Pharao wollte sie darauf aus

[34] An die in dieser Sure erwähnte Nachtreise, auf der Mohammed sich auch in den Himmel emporgeführt wähnte. Vergleiche auch Vers [61] und Note 21 dieser Sure. Die Vision schädigte Mohammeds Ansehen bei den Heiden. [35] Siehe siebte Sure [134] und Note 53.

dem Lande verjagen, aber wir ertränkten ihn und alle, die es mit ihm hielten. [105] Wir sagten dann zu den Kindern Israels: »Bewohnt das Land, und wenn die Verheißung des zukünftigen Lebens in Erfüllung gehen wird, dann wollen wir euch alle ins Gericht führen (zu einer Schar vieler Völker).« [106] Den Koran haben wir in Wahrheit offenbart, und in Wahrheit ist er herabgekommen. Dich aber haben wir nur geschickt, um Gutes zu verkünden und Strafen anzudrohen. [107] Den Koran haben wir deshalb in Abteilungen geteilt, damit du ihn den Menschen mit Bedächtigkeit (Stück für Stück) vorliest. Wir haben ihn so nach und nach herabgesandt. [108] Sprich: »Mögt ihr nun daran glauben oder nicht, so fallen die, welchen die Erkenntnis schon zuvor zuteil geworden ist[36], wenn er ihnen vorgelesen wird, anbetungsvoll auf ihr Angesicht nieder [109] und sagen: ›Lob und Preis unserem Herrn! Die Verheißung unseres Herrn ist in Erfüllung gegangen.‹« [110] Sie fallen weinend nieder, und während des Zuhörens nimmt ihre Demut zu. [111] Sprich: »Ruft ihn Allah oder Rahman (Erbarmer) an, wie ihr ihn auch anruft, das steht sich gleich; denn er hat die herrlichsten Namen[37].« In deinem Gebete sprich nicht zu laut und nicht zu leise, sondern folge dem Mittelweg [112] und sprich: »Lob sei Allah, der weder einen Sohn noch sonst einen Gefährten in seiner Herrschaft[38] hat und der auch (etwa wegen irgendeiner Schwäche) keinen Helfer braucht.« Verherrliche und verkünde du seine Größe.

[36] Juden und Christen. [37] Feinde Mohammeds glaubten, daß Mohammed unter Allah und Barmherziger zwei verschiedene Wesen göttlich verehre, was er hier widerlegt. [38] Dies richtet sich gegen die Christen.

ACHTZEHNTE SURE

Die Höhle[1] (Al-Kahf) *offenbart zu Mekka*

[1] Im Namen Allahs, des Allbarmherzigen. [2] Gelobt sei Allah, der seinem Diener die Schrift offenbarte, in welcher er nichts Krummes sondern nur Gerades gelegt hat, [3] um damit den Ungläubigen schwere Strafe von ihm anzudrohen und den Gläubigen, die rechtschaffen handeln, herrlichen Lohn zu verkünden, [4] der ihnen auf

[1] Die Sure erwähnt die Höhle [10], in welcher die Siebenschläfer ruhten. Dies waren nach der Legende sieben christliche Jünglinge aus Ephesus, welche vor der Verfolgung des Kaisers Decius in die Höhle flüchteten und dort ohne Unterbrechung sieben Jahre schliefen

ewig bleiben soll, [5] und auch die zu verwarnen, welche sagen: Allah habe einen Sohn gezeugt, [6] wovon doch weder sie noch ihre Väter Kenntnis haben können. Eine freche Rede sprechen sie da mit ihrem Mund und sagen nichts anderes als Lügen. [7] Du wirst dich vielleicht aus Verdruß zu Tode grämen, weil sie deiner neuen Offenbarung keinen Glauben schenken; es wäre unnötig. [8] Wir haben alles, was auf der Erde ist, zu ihrer Zierde angeordnet, um dadurch die Menschen zu prüfen und zu sehen, wer von ihnen sich in seinen Werken auszeichnet, [9] und dies alles werden wir einst auch wieder in trockenen Sand verwandeln. [10] Betrachtest du wohl die Bewohner der Höhle und Al-Rakim[2] als unsere Wunderzeichen? [11] Als die Jünglinge in die Höhle flüchteten, da beteten sie: »O unser Herr, begnade uns mit deiner Barmherzigkeit und lenke du unsere Sache zum besten!« [12] Wir ließen sie darauf eine Reihe von Jahren in der Höhle schlafen[3]; [13] dann weckten wir sie, um zu sehen, wer von den beiden Teilen (die Schläfer oder die übrigen Menschen) den hier zugebrachten Zeitraum am richtigsten berechnen werde.

[14] Wir wollen dir ihre wahrhafte Geschichte erzählen. Diese Jünglinge glaubten an ihren Herrn, und wir hatten sie stets richtig geleitet [15] und ihr Herz gestärkt, als sie vor dem Tyrannen standen und sagten: »Unser Herr ist der Herr der Himmel und der Erde, und außer ihm werden wir keinen anderen Gott anrufen; denn sonst sagten wir eine große Lüge. [16] Diese unsere Landsleute verehren zwar außer ihm noch andere Götter, aber sie können diese nicht mit Überzeugungsgründen beweisen. Wer aber ist frevelhafter als der, welcher von Allah Lügen erdichtet?« [17] Und die Jünglinge sagten einer zum anderen: »Wollt ihr euch von ihnen trennen und von den Götzen, welche sie statt Allah verehren, dann flieht in die Höhle, und euer Herr wird seine Barmherzigkeit über euch ausgießen und euere Angelegenheit aufs beste lenken.« [18] Hättest du nur die Sonne gesehen, wie diese sich bei ihrem Aufgang von ihrer Höhle weg zur rechten Seite wandte und sie bei ihrem Untergang zur linken ließ, während sie in der geräumigen

[2] Die Bedeutung von Al-Rakim ist umstritten: Berg- oder Talname, wo die Höhle lag; bleierne Erinnerungstafel, auf welcher angeblich (über dem Höhleneingang) die Namen der Siebenschläfer eingemeißelt waren. Ullmann sieht eine von den Siebenschläfern verschiedene Begebenheit in der Legende. Nach einem anderen Kommentator ist Al-Rakim der Name des Hundes, den die Jünglinge mit sich führten. [3] Wörtlich: Wir schlugen sie auf die Ohren.

Mitte sich aufhielten[4]. Dies war ein Wunderzeichen Allahs. Seht, wen Allah leitet, der ist recht geleitet; wen er aber in die Irre führt, der findet keinen Beschützer und keinen Führer.

[19] Du hättest sie, obgleich sie schliefen, für wach angesehen[5], und wir ließen sie sich auch oft von der rechten zur linken Seite wenden[6]. Und ihr Hund lag ausgestreckt mit seinen Vorderpfoten am Eingang der Höhle[7]. Wenn du dich zufällig ihnen genähert hättest, so hättest du voll Schrecken über ihren Anblick den Rücken gewendet und die Flucht genommen. [20] Als wir sie nun erweckten, da stellten sie sich untereinander Fragen. Einer von ihnen fragte: »Wie lange habt ihr hier zugebracht?« Einige erwiderten: »Wir haben wohl einen Tag oder auch nur einen Teil eines Tages hier verweilt.« Andere erwiderten: »Euer Herr weiß es am besten, wie lange ihr hier gewesen seid[8]. Schickt nun einen von euch mit euerem Geld in die Stadt[9], damit er sehe, wer dort die beste und wohlfeilste Speise feilhält, damit er sie euch bringe; er muß aber vorsichtig sein, daß er keinen von euch verrät; [21] denn wenn sie hierher zu euch kommen, dann werden sie euch steinigen oder euch zwingen, zu ihrer Religion zurückzukehren, und ihr würdet auf ewig unglücklich sein.« [22] Wir machten aber ihr Volk mit ihrer Geschichte bekannt, damit es erkenne, daß Allahs Verheißung wahr und die letzte Stunde nicht zu bezweifeln sei[10]. Da begann das Volk über diese Sache zu streiten[11], einige sagten: »Baut ein Haus über ihnen«; denn ihr Herr kennt ihren Zustand am besten. Die aber, welche in der Sache den Sieg davontrugen, sagten: »Ja, wir wollen einen Tempel über ihnen errichten.« [23] Einige sagen: es wären ihrer (der Schläfer) drei und ihr Hund der vierte gewesen; andere behaupten: es wären ihrer fünf und mit ihrem Hund sechs ge-

[4] Damit die Hitze sie nicht belästigte, mußte die Sonne einen anderen Weg nehmen. [5] Weil sie mit offenen Augen schliefen. [6] Damit das ständige Liegen auf einer Seite sie nicht schmerze. [7] Diesem Hund geben die Moslems sogar Anteil am Paradiese. [8] Auch in Tr. Tanith fol. 23a wird von einem Frommen erzählt, daß er siebzig Jahre lang ununterbrochen schlief. [9] Nach den Auslegern war dies Tarsus, nach der Legende aber Ephesus. [10] Die Auferstehung. Dieser lange Schlaf und diese Wiedererweckung soll, als Bild des Todes und der Auferstehung, diese versinnbildlichen. [11] Als der Jüngling mit seinem Geld in die Stadt kam – so wird erzählt –, da staunten die Leute über das alte Gepräge desselben und glaubten, er müsse einen Schatz gefunden haben, und führten ihn zum Fürsten. Diesem erzählte er den Sachverhalt, worauf der Fürst einige Männer mit zur Höhle schickte, um sich von der Wahrheit zu überzeugen. Als diese Leute mit den Jünglingen gesprochen hatten, fielen diese wieder in Schlaf, und zwar in den Todesschlaf. Nun stritt man darüber, ob sie wirklich tot seien oder nur schliefen. Ob man daher ein Haus oder einen Tempel über ihnen errichten solle? Endlich entschied man, daß sie wirklich tot seien, worauf der Fürst sie begraben und eine Kapelle über ihnen errichten ließ.

wesen. So raten sie herum in einer geheimen Sache. Andere wieder sagen: es seien sieben und mit ihrem Hund acht gewesen. Sprich: »Nur mein Herr kennt ihre Zahl, und nur wenige können das wissen.« Streite nicht hierüber oder nur nach klarer Offenbarung, die dir zuteil geworden ist. Erkundige dich auch hierüber nicht bei einem (Christen).

[24] Von keiner Sache sage: »Morgen will ich das tun«, [25] oder du fügst hinzu: »So Allah will[12].« Wenn du das vergessen hast, so erinnere dich deines Herrn und sprich: »Es ist meinem Herrn ein leichtes, daß er mich leitet und in dieser Sache der Wahrheit näher führt.« [26] Nun: Sie waren in der Höhle dreihundertneun Jahre[13]. [27] Sprich: »Allah weiß es am besten, wie lange sie hier verweilt haben.«; denn er kennt die Geheimnisse der Himmel und der Erde. Sieh und hör nur auf ihn[14]. Sieh, die Menschen, haben außer ihm keinen Beschützer, und zu seinen Ratschlüssen braucht er keinen Teilhaber. [28] Lies vor, was dir aus dem Buche deines Herrn offenbart worden ist, seine unveränderbaren Worte; denn außer bei ihm findest du keine Zuflucht. [29] Halte standhaft und in Geduld gemeinsam mit denen aus, welche ihren Herrn des Morgens und des Abends anrufen und seine Gnade suchen[15]. Wende deine Augen nicht von ihnen weg, indem du nach den Schätzen dieses Lebens strebst[16]; auch gehorche dem nicht, in dessen Herz wir unser Andenken haben erlöschen lassen, weil er nur seinen Begierden folgt und sein ganzes Tun nur aus Freveln besteht[17]. [30] Sprich: »Die Wahrheit kommt von euerem Herrn. Wer nun will, der glaube, und ungläubig sei, wer da will.« Den Frevlern aber haben wir das Höllenfeuer bereitet, dessen Flamme und Rauch sie einkreisen sollen. Wenn sie um Hilfe rufen, dann soll ihnen mit Wasser geholfen werden, das geschmolzenem Erze gleicht und ihre Gesichter brennend verzehrt.

[12] Um diesen Satz mit dem Vorhergehenden in Zusammenhang zu bringen, erzählen die Ausleger: Mohammed, von Juden und Christen über die Geschichte der Siebenschläfer befragt, habe geantwortet: er wolle ihnen morgen die Sache mitteilen. Da ihm aber keine Offenbarung inzwischen zuteil geworden war, konnte er erst später Wort halten. Daher die Lehre: nie mit Bestimmtheit ohne Hinzufügung »So Allah will« etwas zu versprechen. Diese Lehre des Mohammed wird von den Türken streng befolgt. Auch bei den Juden ist diese Formel alter und allgemeiner Brauch. [13] Nach der Legende flüchteten sie unter Decius und erwachten unter Theodosius, was hiermit zeitlich nicht übereinstimmt. [14] Sale übersetzt: do thou make him to see and to hear. Marac.: sac videre in eo, et fac audire. Wahl: Sieh und hör du einmal mit ihm. Andere: Wie sehend und hörend er ist. [15] Wörtlich: sein Angesicht begehren (Gnade durch Gesichtzuwenden). [16] Schäme dich nicht der Armen ihrer Armut wegen und ehre nicht die Vornehmen ihrer Schätze wegen. [17] Dies ist Omeya ibn Khalf, der von Mohammed verlangte, daß er seine dürftigen und niedrigen Anhänger entlasse.

Welch ein unglückseliger Trank! Und welch ein unglückliches Lager! [31] Denen aber, welche glauben und das Gute tun, wollen wir den Lohn ihrer guten Handlungen nicht entziehen. [32] Für sie sind Edens Gärten[18] bestimmt, welche Wasserläufe durchströmen. Geschmückt werden sie mit goldenen Armbändern und bekleidet mit grünen Gewändern von feiner Seide, mit Gold und Silber durchwirkt, und ruhen sollen sie auf weichen Polsterkissen. Welch herrliche Belohnung! Und welch ein süßes Lager!

[33] Stelle ihnen zum Gleichnis zwei Menschen auf[19]. Dem einen von beiden haben wir nämlich zwei Weingärten gegeben und sie mit Palmbäumen umgeben und zwischen beiden Korn hervorwachsen lassen. [34] Jeder von diesen Gärten brachte seine Früchte zur gehörigen Zeit und versagte nie etwas. Auch ließen wir in der Mitte beider Gärten einen Strom fließen. [35] Als der eine Mann nun Früchte im Überfluß erntete, da sagte er gesprächsweise zu seinem Nächsten, sich rühmend: »Ich bin an Vermögen und Nachkommen reicher und größer als du.« [36] Er ging in seinen Garten, voll frevler Überhebung im Herzen, und sagte[20]: »Ich glaube nicht, daß dieser Garten jemals zugrunde gehen wird, [37] auch glaube ich nicht an das Herannahen der letzten Stunde. Sollte ich aber auch einst zu meinem Herrn zurückkehren, so werde ich zum Tausche noch einen besseren Garten finden, als es dieser ist.« [38] Da erwiderte ihm sein Nächster: »Glaubst du denn nicht an den, welcher dich aus Staub und dann aus Samentropfen geschaffen und dich zum Manne gestaltet hat? [39] Was mich betrifft, ich erkenne Allah als meinen Herrn, und ich werde meinem Herrn keine andere Gottheit zugesellen. [40] Solltest du, wenn du in deinen Garten gehst, nicht sagen: ›Was Allah will, das mag kommen‹; nur bei ihm allein ist die Macht. Zwar siehst du mich jetzt an Vermögen und Kindern ärmer, als du es bist; [41] aber vielleicht will mein Herr mir noch etwas Besseres geben, als es dein Garten ist. Er kann ja über diesen Garten ein Unheil (Heuschrecken[21]) vom Himmel herabsenden, so daß er in dürren Staub verwandelt wird; [42] oder er kann sein Wasser so tief in die Erde versenken, daß du es nicht heraufzu-

[18] Siehe neunte Sure [72] Note 30. [19] Obgleich die beiden folgenden Personen nur als Bild dienen sollen und daher nicht wirklich existiert zu haben brauchen, so machen doch die Ausleger zwei Zeitgenossen Mohammeds namhaft, welche er hier gemeint haben soll. [20] Nämlich zu seinem Nächsten, welchen er mit sich zieht, um ihn durch den Anblick seines reichen Besitzes zu demütigen. [21] Das arabische Wort bedeutet: Strafe, kurzer Pfeil, Blitz, Hagel, Heuschrecken. Ich verwende: Unheil statt Ullmanns: Heuschrecken.

schöpfen vermagst.« [43] Und so geschah es auch. Seine Früchte wurden bald von Heuschrecken angefallen und vernichtet, so daß er die Hände über die vergeblichen Ausgaben, die er sich hierfür gemacht hatte, zusammenschlug. Als nun auch die Weinreben mit ihren Stöcken zusammenbrachen, sagte er: »Oh, hätte ich doch meinem Herrn keine andere Gottheit zugesellt!« [44] Nun konnte ihm gegen Allah weder die große Zahl der Seinen, die Menge[22], noch er selbst sich helfen. [45] In solchen Fällen ist in Wahrheit nur Schutz und Schirm bei Allah zu suchen. Bei ihm findet man die beste Belohnung und den glücklichsten Ausgang.

[46] Über das Leben hienieden stelle ihnen folgendes Gleichnis auf. Das Leben gleicht dem Wasser, das wir vom Himmel senden, das von den Gewächsen der Erde eingesaugt wird. Wenn diese dadurch grün geworden ist, dann – eines Morgens sind sie dürre Spreu, die der Sturmwind verweht; denn Allah ist aller Dinge mächtig. [47] Reichtum und Kinder sind allerdings eine Zierde des irdischen Lebens; doch weit besser noch sind gute Werke, die ewig dauern. Sie finden schöneren Lohn bei deinem Herrn und erregen freudigere Hoffnungen. [48] An jenem Tage werden wir die Berge abtragen, und du wirst die Erde bloß und offen vor dir finden, und dann wollen wir die Menschen versammeln und nicht einen übersehen. [49] Und sie werden in Ordnung vor deinem Herrn aufgestellt werden, und zu ihnen wird gesagt werden: »Nun kommt ihr so nackt zu uns, wie wir euch vorerst erschaffen haben, aber ihr glaubtet wohl nicht, daß wir unsere Verheißung erfüllen würden.« [50] Und das Buch ihrer Handlungen wird aufgelegt, und du wirst sehen, wie die Frevler über seinen Inhalt in Schrecken geraten und ausrufen: »Wehe uns, welch ein Buch ist das! Da fehlt ja nicht die kleinste und nicht die größte unserer Handlungen. Alles enthält es.« Sie finden nun vor ihren Augen, was sie getan haben, und keinem einzigen wird dein Herr Unrecht tun.

[51] Als wir zu den Engeln sagten: »Fallt anbetend vor Adam nieder!«, da taten sie so, mit Ausnahme Iblis', des Satans, der zu den bösen Geistern gehörte und dem Befehle seines Herrn zuwiderhandelte. Wollt ihr nun mich beiseite lassen und ihn und seine Nachkommen zu Beschützern annehmen, obwohl sie doch euere offenbaren Feinde sind? Das wäre für die Frevler ein elender Tausch.

[22] Nämlich die Menge seiner Kinder oder Sklaven, deren er sich gerühmt hatte.

[52] Ich habe sie nicht zu Zeugen gerufen bei der Schöpfung der Himmel und der Erde, auch nicht als ich sie selbst erschuf; auch habe ich keinen der Verführer (den Teufel) zum Beistande genommen. [53] An jenem Tage wird Allah (zu den Götzendienern) sagen: »Ruft jene herbei, die ihr mir als Gefährten angedichtet habt.« Und sie werden sie rufen, aber diese antworten nicht. Denn wir setzen ein Tal des Verderbens (eine Schranke) zwischen sie[23]. [54] Das Höllenfeuer sollen die Frevler erblicken und erkennen, daß sie hineingeworfen und nimmer daraus entfliehen werden.

[55] Wir haben nun den Menschen in diesem Koran alle möglichen Gleichnisse aufgestellt; doch der Mensch bestreitet das meiste. [56] Nun, da die rechte Leitung den Menschen zuteil geworden ist, hindert sie nichts, zu glauben und ihren Herrn um Verzeihung zu bitten, bevor die Strafe der Vorfahren über sie kommt oder die des Jüngsten Tages vor aller Augen erscheint. [57] Unsere Gesandten aber schicken wir nur, um Gutes zu verkünden und Böses anzudrohen. Die Ungläubigen zwar bestreiten sie mit Waffen der Falschheit, um die Wahrheit zu vernichten und meine Zeichen und Verwarnungen zu verspotten. [58] Wer aber ist frevelhafter als der, welcher mit den Versen seines Herrn wohl bekannt ist und sich dennoch von ihnen abwendet und vergißt, was seine Hände ausgeübt haben? Wahrlich, wir haben eine Decke über ihre Herzen gelegt und ihre Ohren verstopft, damit sie ihn (den Koran) nicht verstehen. Rufst du sie auch jetzt zur wahren Religion, so werden sie sich doch nie leiten lassen. [59] Dein Herr aber ist voller Gnade und Barmherzigkeit; denn hätte er sie ihrer Sünden wegen bestrafen wollen, so hätte er sich damit beeilt; allein die Strafe ist ihnen für den Jüngsten Tag verheißen, und dann finden sie, außer ihm, keinen Beschützer. [60] Auch den Städten, welche wir wegen ihrer Frevel zerstörten, hatten wir ihren Untergang zuvor schon angedroht und verheißen.

[61] Moses sagte einst zu seinem Diener (zu Josua, dem Sohn des Nun): »Ich will nicht eher rasten, und sollte ich auch achtzig Jahre lang reisen, bis ich den Zusammenfluß der zwei Meere erreicht habe[24].« [62] Als sie nun diesen Zusammenfluß der zwei Meere

[23] Wir machen zwischen ihnen und den Götzen eine Scheidewand. [24] Alle geographischen Vermutungen über die beiden Meere und über die Reise Mosis entfallen. Die Kommentatoren sind sich darüber nicht einig. Erwähnt sei, daß das von Mohammed Gesagte – über Moses, seinen Diener und den Diener Allahs = Gottes – bereits von den Rabbinen

erreicht hatten, da vergaßen sie ihren Fisch[25], der seinen Weg (durch einen Kanal) ins Meer nahm. [63] Als sie an diesem Orte vorbei waren, da sagte Moses zu seinem Diener: »Bring uns das Mittagsbrot; denn wir fühlen uns von dieser Reise ermüdet.« [64] Dieser erwiderte: »Sieh nur, was mir geschehen ist! Als wir dort am Felsen lagerten, da vergaß ich den Fisch. Nur der Satan kann die Veranlassung sein, daß ich ihn vergessen und mich seiner nicht erinnert habe, und auf eine wunderliche Weise nahm er seinen Weg ins Meer.« [65] Da sagte Moses: »Dort ist somit die Stelle, die wir suchen.« Und sie gingen den Weg, den sie gekommen waren, wieder zurück. [66] Und sie fanden einen unserer Diener, den wir mit unserer Gnade und Weisheit ausgerüstet hatten[26]. [67] Da sagte Moses zu ihm: »Soll ich dir wohl folgen, damit du mich, zu meiner Leitung, einen Teil der Weisheit lehrst, die du gelernt hast?« [68] Er erwiderte: »Du wirst bei mir nicht geduldig ausharren können; [69] denn wie solltest du bei Dingen, die du nicht begreifen kannst, geduldig ausharren?« [70] Moses antwortete: »Du wirst mich, wenn Allah will, geduldig finden, und ich werde dir in keiner Hinsicht ungehorsam sein.« [71] Darauf sagte jener: »Nun, wenn du mir denn folgen willst, so darfst du mich über nichts fragen, bis ich dir von selbst die Deutung geben werde.«

[72] Und so gingen sie denn beide, bis sie an ein Schiff kamen, in welches jener ein Loch schlug. Da sagte Moses: »Hast du etwa deshalb ein Loch hineingebohrt, damit seine Mannschaft ertrinkt? Was du da getan hast, das erscheint mir furchtbar.« [73] Jener aber erwiderte: »Habe ich dir nicht im voraus gesagt, du würdest nicht in Geduld bei mir ausharren können?« [74] Moses antwortete: »Mach mir keine Vorwürfe, daß ich das vergessen habe, und mach mir die Befolgung des Gehorsams nicht so schwer.« [75] Als sie weitergingen, da trafen sie einen Jüngling, den jener erschlug. Da sagte Moses: »Du hast einen unschuldigen Menschen erschlagen, der kei-

dem Josua ben Levi und Elias nacherzählt wurde. Der Diener Allahs wird von den Auslegern: Pinehas genannt, die Juden halten ihn für identisch mit dem Propheten Elias. Goldschmidt (und neue Übersetzungen) übersetzen nicht »Meere«, sondern »Gewässer«, womit Ursprung aller Gewässer, des Süß- und Salzwassers, gemeint ist: der Ursprung der Ströme und Meere. Die religiöse Übersetzung behält Meere bei und stützt sich dabei auf das antike (vorptolemäische) Weltbild. [25] Welchen sie zur Zehrung mitgenommen hatten. Siehe fünfte Sure [97]. Henning erläutert: Der Verlust des Fisches führte Moses auf die Spur El-Chidrs, des »grünen« Propheten, der aus dem Wasser des Lebens getrunken hat und daher erst beim ersten Posaunenstoß des Jüngsten Tages sterben soll. [26] Der erwähnte Pinehas oder Elias.

nen Mord begangen hat (ohne Blutrache zu nehmen). Wahrlich, du hast eine ungerechte Handlung ausgeübt.«

[76] Jener erwiderte: »Habe ich dir nicht im voraus gesagt, du würdest nicht bei mir in Geduld ausharren können?« [77] Darauf antwortete Moses: »Wenn ich dich ferner noch über etwas befragen sollte, dann dulde mich nicht mehr in deiner Gesellschaft. Nimm dies jetzt als letzte Entschuldigung an.« [78] Sie gingen nun weiter, bis sie zu den Bewohnern einer gewissen Stadt[27] kamen, von welchen sie Speise erbaten. Diese weigerten sich aber, sie zu speisen. Sie fanden dort eine Mauer, welcher der Einsturz drohte. Jener aber richtete sie auf. Da sagte Moses zu ihm: »Wenn du nur wolltest, so würdest du gewiß dafür eine Belohnung finden.« [79] Jener erwiderte: »Hier scheiden wir voneinander. Doch will ich dir zuvor die Deutung der Dinge, welche du nicht mit Geduld erwarten konntest, mitteilen. [80] Jenes Schiff gehörte armen Leuten, die auf dem Meer ihr Leben erarbeiteten, und ich beschädigte es deshalb, weil ein seeräuberischer Fürst hinter ihnen her war, der jedes Schiff gewalttätig raubte. [81] Was jenen Jüngling betrifft, so sind seine Eltern gläubige Menschen, und wir fürchteten, er möchte sie mit seinen Irrtümern und mit seinem Unglauben anstecken; [82] darum wünschten wir, daß ihnen der Herr zum Tausch einen besseren, frömmeren und liebevolleren Sohn geben möchte. [83] Jene Mauer gehört zwei Jünglingen in der Stadt, die Waisen sind. Unter ihr liegt ein Schatz für sie, und da ihr Vater ein rechtschaffener Mann war, ist es der Wille deines Herrn, daß sie selbst, erst wenn sie volljährig geworden sind, durch die Gnade deines Herrn den Schatz heben sollen. Ich habe also nicht nach Willkür gehandelt. Siehe, dies ist die Erklärung dessen, was du nicht in Geduld zu ertragen (erwarten) vermochtest.«

[84] Die (Juden) werden dich auch über den Dhulkarnain[28] befragen. Antworte: »Ich will euch eine Geschichte von ihm erzählen.« [85] Wir befestigten sein Reich auf Erden, und wir gaben ihm die

[27] Nach den Auslegern: Antiochia. [28] Dhulkarnain, der Zweigehörnte, ist nach vielen Alexander der Große, der auf alten Münzen gehörnt dargestellt ist (die »Hörner« können auch Haarbüschel nach ägyptischer Mode sein). Andere vermuten einen Heiligen, der Alexander hieß und zur Zeit Abrahams lebte. In alten jüdischen Schriften (Buch Daniel) ist Zweihörnigkeit das Symbol der Kraft. Die abenteuerlichen Heerfahrten Alexanders des Großen werden auch bei den Rabbinen erzählt, wo sie Mohammed fand und auf seine Weise darstellt. Nach Henning auch vielleicht: Herr des Ostens und Westens.

Mittel, alle seine Wünsche zu erfüllen. [86] Er ging einst seines Weges, [87] bis er an den Ort kam, wo die Sonne untergeht, und es schien ihm, als ginge sie in einer Quelle mit schwarzem Schlamm unter[29]. Dort traf er ein Volk. Wir sagten zu ihm: »O Dhulkarnain! Entweder bestrafe dieses Volk oder zeige dich milde gegen dasselbe.« [88] Er aber sagte: »Wer ungerecht von ihnen handelt, den wollen wir bestrafen, und dann soll er zu seinem Herrn zurückkehren, der ihn noch strenger bestrafen wird. [89] Wer aber glaubt und rechtschaffen handelt, der empfängt den herrlichsten Lohn, und wir wollen ihm unsere Befehle leicht machen.« [90] Dann verfolgte er seinen Weg weiter, [91] bis er an den Ort kam, wo die Sonne aufgeht. Er fand sie über einem Volk aufgehen, dem wir nichts gegeben hatten, um sich vor ihr schützen zu können[30]. [92] Dies ist wahr, denn wir umfaßten in unserer Kenntnis alle Leute, welche mit ihm waren[31]. [93] Er verfolgte seinen Weg weiter, [94] bis er zwischen die zwei Berge kam, wo er ein Volk fand, das kaum eine Sprache verstehen konnte. [95] Sie sagten zu ihm: »O Dhulkarnain! Jadschudsch und Madschudsch[32] richten Verderben im Land an. Bist du es zufrieden, daß wir dir einen Tribut unter der Bedingung zahlen, daß du zwischen uns und ihnen einen Wall errichtest?« [96] Er aber erwiderte: »Die Kraft, mit welcher mein Herr mich ausgerüstet hat, ist besser als euer Tribut. Steht mir nur kräftig bei, so will ich einen festen Wall zwischen euch und ihnen aufrichten. [97] Bringt mir große Stücke Eisen, um den Raum zwischen beiden Bergwänden auszufüllen.« Er sagte weiter: »Blast nur (mit den Blasebälgen), damit das Eisen wie Feuer glühe.« Dann sagte er: »Bringt mir geschmolzenes Erz, daß ich es darauf gieße.« [98] So konnten sie (Jadschudsch und Madschudsch) den Wall weder übersteigen noch durchlöchern. [99] Da sagte Dhulkarnain: »Dies habe ich nun mit der Gnade meines Herrn getan. Wenn aber einst die Verheißung meines Herrn in Erfüllung gehen wird, dann wird er den Wall in Staub verwandeln[33]; die Verheißung meines Herrn aber ist wahr.« [100]

[29] Auch bei dieser fabelhaften Reise entfallen alle geographischen Bemerkungen, die doch zu keinem Resultate führen. [30] Sie hatten weder Kleider noch Häuser. [31] Moderne Übersetzungen (so auch Goldschmidt): So war es. Wir umfaßten seinen Besitz mit Wissen. Goldschmidt bemerkt in einer Note: »ebenso, das heißt wie beim Untergang der Sonne; hier wiederholte sich das in Vers [88] ff. Berichtete.« [32] Jadschudsch und Madschudsch, hier zwei wilde Stämme, sind identisch mit Gog, dem Fürsten von Magog in der Bibel. Bei den Rabbinen werden Gog und Magog als zwei verschiedene Fürsten und der Krieg mit denselben als Zeichen der Ankunft des Messias betrachtet. [33] Oder auch: der Erde gleichmachen.

An jenem Tage werden wir die Menschen, einen über den anderen, gleich den Wellen des Meeres, herstürzen lassen; und wenn in die Posaune gestoßen wird, dann wollen wir sie alle versammeln. [101] An jenem Tage geben wir die Hölle den Ungläubigen, [102] deren Augen verhüllt und deren Ohren verstopft waren, so daß sie meine Ermahnung nicht verstehen konnten.

[103] Denken wohl die Ungläubigen, daß ich sie dafür, daß sie außer mir noch meine Diener zu Beschützern annehmen, nicht bestrafen werde? Wahrlich, die Hölle haben wir den Ungläubigen zur Wohnung bestimmt. [104] Sprich: »Sollen wir euch diejenigen zu erkennen geben, [105] deren Werke verloren und deren Bestrebungen in diesem Leben falsch geleitet sind und die dennoch glauben, daß sie rechtschaffen handelten? [106] Das sind die, welche nicht an die Zeichen ihres Herrn und an das einstige Zusammentreffen mit ihm glauben. Darum ist ihr Tun eitel und nichtig, auf welches wir am Tage der Auferstehung durchaus kein Gewicht legen. [107] Ihr Lohn soll die Hölle sein, weil sie nicht glaubten und meine Zeichen und Gesandten verspotteten.« [108] Die aber glauben und das Gute tun, erhalten die Gärten des Paradieses zur Wohnung. [109] Ewig werden sie dableiben und sich nie von dort hinwegwünschen. [110] Sprich: »Wenn selbst das Meer Tinte wäre, das Wort meines Herrn ganz niederzuschreiben, so würde doch das Meer noch eher als das Wort meines Herrn erschöpft sein, und wenn wir auch noch ein ähnliches Meer hinzufügten.« [111] Sprich: »Ich bin zwar nur ein Mensch wie ihr; aber mir ist offenbart worden, daß euer Gott nur ein einziger Gott ist. Wer nun auf das Zusammentreffen mit Allah hofft, der handle rechtschaffen und verehre niemanden göttlich wie nur seinen Herrn allein.«

NEUNZEHNTE SURE

Maria[1] (Maryam) *offenbart zu Mekka*

[1] Im Namen Allahs, des Allbarmherzigen. [2] Kaf Ha Ya 'Ain Sad[2]. [3] Folgendes ist eine Lehre über die Barmherzigkeit deines Herrn gegen seinen Diener Zacharias[3]. [4] Er rief einst seinen Herrn im geheimen an [5] und sagte: »O mein Herr, mein Gebein ist schwach, und mein Haupt ist vor Alter grau, und nie habe ich vergebens und ohne Erfolg, o mein Herr, dich angerufen. [6] Nun aber bin ich wegen meiner Verwandten, die mich beerben wollen, in Sorge: Denn mein Weib ist unfruchtbar. Darum gib mir in deiner Huld noch einen Nachkommen, [7] welcher mich beerbe und auch die Vorzüge der Familie des Jakob erbe und mach, daß er dir, oh, Herr, wohlgefällig werde.« [8] Er erhielt die Antwort: »Wir verkünden dir, Zacharias, einen Sohn, dessen Name Yahya (Johannes) sein soll, welchen Namen noch niemand zuvor gehabt hat[4].« [9] Er erwiderte: »Wie kann mir noch ein Sohn geboren werden, da ja mein Weib unfruchtbar ist und ich ein Greis bin?« [10] Der Engel erwiderte: »Es wird dennoch sein! Denn dein Herr spricht: ›Das ist mir leicht, habe ich ja auch dich geschaffen, da du noch ein Nichts warst.‹« [11] Darauf sagte Zacharias: »O mein Herr, gib mir ein Zeichen.« Der Engel erwiderte: »Ein Zeichen sei dir, daß du, obwohl vollkommen gesund, drei Tage[5] lang mit keinem Menschen reden kannst.« [12] Darauf ging er aus dem Gemache zu seinem Volke hin und zeigte durch Gebärden seine Worte an: Lobt und preist Allah des Morgens und des Abends. [13] Und zu Johannes sagten wir: »O Johannes, nimm die Schrift mit Kraft hin[6].« Wir gaben ihm schon als Kind Weisheit [14] und unsere Gnade und die Neigung, Almosen zu geben. [15] Er war gottesfürchtig und liebevoll gegen seine Eltern und kannte keinen Stolz und Ungehorsam. [16] Friede sei ihm mit dem Tage seiner Geburt und seines Todes und mit dem Tag, an welchem er einst wieder auferstehen wird.

[17] Erwähne (bedenke) auch in dem Buch (im Koran) die Geschichte Marias. Als sie sich einst von ihrer Familie nach einem

[1] In dieser Sure wird von Maria, der Mutter Jesu, erzählt. [2] Die Bedeutung dieser mysteriösen Buchstaben kennt man nicht. Golius' Vermutung, daß sie hebräische Worte und von einem jüdischen Schreiber Mohammeds hinzugefügt seien, ist nicht annehmbar. [3] Siehe dritte Sure [38]. [4] Den Namen Johannes führten auch schon früher mehrere. [5] Wörtlich: drei Nächte. [6] Die Thora; in der ernstlichen Absicht und mit dem festen Vorsatz, ihre Vorschriften zu erfüllen.

Ort zurückzog, der gegen Osten lag[7], [18] und sich verschleierte[8], da sandten wir ihr unseren Geist (den Engel Gabriel) in der Gestalt eines schöngebildeten Mannes. [19] Sie sagte: »Ich nehme, aus Furcht vor dir, zu dem Allbarmherzigen meine Zuflucht; wenn auch du ihn fürchtest, dann nähere dich mir nicht.« [20] Er erwiderte: »Ich bin von deinem Herrn gesandt, dir einen heiligen Sohn zu geben.« [21] Sie aber antwortete: »Wie kann ich einen Sohn bekommen, da mich kein Mann berührt hat und ich auch keine Dirne bin?« [22] Er erwiderte: »Es wird dennoch so sein; denn dein Herr spricht: ›Das ist mir ein leichtes. Wir machen ihn (diesen Sohn) zu einem Wunderzeichen für die Menschen, und er sei ein Beweis unserer Barmherzigkeit. So ist die Sache fest beschlossen.‹« [23] So empfing sie den Sohn, und sie zog sich (in ihrer Schwangerschaft) mit ihm an einen entlegenen Ort zurück. [24] Und eines Tages befielen sie die Wehen der Geburt am Stamm einer Palme, da sagte sie: »O wäre ich doch längst gestorben und ganz vergessen!« [25] Da rief eine Stimme[9] unter ihr: »Sei nicht betrübt, schon hat dein Herr zu deinen Füßen ein Bächlein fließen lassen, [26] und schüttle nur an dem Stamme des Palmbaumes, und es werden genug reife Datteln auf dich herabfallen. [27] Iß und trink und erheitere dein Auge (beruhige dich). Und wenn du einen Menschen triffst, der dich vielleicht wegen des Kindes befragt, dann sage: ›Ich habe dem Allbarmherzigen ein Fasten gelobt, und ich werde daher heute mit niemandem sprechen[10].‹« [28] Sie kam nun mit dem Kind in ihren Armen zu ihrem Volke, welches sagte: »O Maria, du hast eine sonderbare Tat begangen! [29] O Schwester Aarons[11], dein Vater war wahrlich kein schlechter Mann, und auch deine Mutter war keine Dirne.« [30] Da zeigte sie auf das Kind hin, damit es rede; worauf die Leute sagten: »Wie, sollen wir mit einem Kind in der Wiege reden?« [31] Das Kind (Jesus) aber sagte: »Wahrlich, ich bin der Diener Allahs, er gab mir die Schrift und bestimmte mich zum Propheten. [32] Er gab mir seinen Segen, wo ich auch sei, und er befahl mir, das Gebet zu verrichten und Almosen zu geben, solange ich lebe,

[7] Nach einem östlichen Gemach im Tempel, wahrscheinlich um zu beten. [8] Wahl übersetzt: und den Schleier abgelegt. [9] Nach einigen: der Engel Gabriel, nach anderen: das Kind selbst. [10] Ich will mich daher auch des überflüssigen Redens enthalten. [11] Um den Anachronismus, als werde geglaubt, Maria sei die Schwester des Moses und Aaron, zu beseitigen, bieten die Ausleger alle möglichen Vermutungen auf. Vergleiche dritte Sure: Die Familie Amrans und Note 1. Goldschmidt erklärte: Maria (arabisch Mirjam) wird mit Mirjam, der Tochter Amrans, Vaters Mosis und Aarons, verwechselt. Hier wird Maria als Schwester Aarons bezeichnet.

[33] und liebevoll gegen meine Mutter zu sein. Er machte keinen elenden Hochmütigen aus mir. [34] Friede kam über den Tag meiner Geburt und werde dem Tage meines Todes und dem Tag, an welchem ich wieder zum Leben auferweckt werde, zuteil.« [35] Das ist nun Jesus, der Sohn der Maria; das Wort ist Wahrheit, das sie bezweifeln. [36] Aber es ziemt sich nicht für Allah, daß er einen Sohn hätte. Lob und Preis sei ihm! Wenn er etwas beschließt und nur sagt: »Werde!« – so ist es. [37] Wahrlich, Allah ist mein und euer Herr; darum dient nur ihm, das ist der rechte Weg. [38] Die Zweifler jedoch sind uneinig darüber (über Jesus). Aber wehe den Ungläubigen beim Erscheinen jenes großen Tages. [39] Mach, daß sie auf den Tag hören und sehen, an welchem sie zu uns kommen. Doch die Frevler sind jetzt in offenbarem Irrtume. [40] Verwarne sie auch vor dem Tag, an dem sie seufzen und an dem ihr Verhängnis beschlossen werden soll, obwohl sie jetzt sorglos sind und nicht daran glauben. [41] Wir aber erben einst die Erde und alles, was darauf ist[12], und alle Dinge kehren zu uns zurück.

[42] Erwähne auch (bedenk auch), was im Koran über Abraham steht; denn er war ein gerechter Mann und ein Prophet. [43] Er sagte einst zu seinem Vater[13]: »Warum, o mein Vater, betest du Wesen an, die weder hören noch sehen und dir durchaus nichts nützen können? [44] Wahrlich, mein Vater, mir ist die Erkenntnis zuteil geworden, die dir nicht zuteil wurde; darum folge mir, und ich will dich auf den gebahnten Weg führen. [45] O mein Vater, diene doch dem Satan nicht; denn der Satan hat sich wider den Allbarmherzigen empört. [46] Ich fürchte, o mein Vater, die Strafe des Allbarmherzigen möchte dich treffen und daß du ein Gefährte des Satans wirst.« [47] Sein Vater erwiderte: »Willst du, Abraham, meine Götter verwerfen? Wenn du das nicht unterläßt, so steinige ich dich. Verlasse mich nun auf eine geraume Zeit.« [48] Darauf sagte Abraham: »Friede sei mit dir. Ich will meinen Herrn bitten, daß er dir verzeihe; denn er ist mir gnädig. [49] Ich will mich nun von euch und den Götzen trennen, die ihr statt Allah anruft. Ich will nun meinen Herrn anrufen; vielleicht bin ich nicht so erfolglos im Gebet zu meinem Herrn (als ihr bei dem Anrufen euerer Götzen).« [50] Als er sich nun von ihnen und von den Götzen, welche sie statt Allah verehrten, getrennt hatte, da gaben wir ihm Isaak und Jakob,

[12] Siehe fünfzehnte Sure [24] und Note 7. [13] Vergleiche sechste Sure [75].

die wir zu Propheten machten. [51] Wir gaben ihnen unsere Barmherzigkeit und die erhabenste Sprache der Wahrheit (hehren Ruhm).

[52] Erwähne auch den Moses im Koran (habt Bedacht, was über Moses gesagt ist); denn er war ein rechtschaffener (erwählter) Mann und Gesandter und Prophet. [53] Und wir riefen ihn von der rechten Seite des Berges (Sinai) und brachten ihn uns näher (hießen ihn heranzukommen) und sprachen vertraulich mit ihm. [54] Und wir gaben ihm, in unserer Barmherzigkeit, seinen Bruder Aaron zum (Sprecher) Propheten. [55] Erwähne (bedenke) auch Ismael im Koran, der wahrhaftig in seinen Versprechen und auch ein Gesandter und Prophet war. [56] Er befahl seiner Familie (seinem Volk), das Gebet zu verrichten und Almosen zu geben, und war seinem Herrn wohlgefällig. [57] Erwähne (gedenke) auch des Edris[14] im Koran. Er war ein gerechter Mann und ein Prophet, [58] den wir auf eine hohe Stufe (in einen hohen Ort) erhoben. [59] Das sind nun die Propheten von den Nachkommen Adams und derer, welche wir mit Noah in die Arche führten, und von den Nachkommen Abrahams und Israels sowie von denen, welche wir recht leiteten und auserwählten, die Allah begnadete. Wenn ihnen die Zeichen des Allbarmherzigen vorgelesen wurden, dann fielen sie weinend und ehrfurchtsvoll nieder. [60] Darauf aber folgte ihnen ein Geschlecht, das das Gebet vernachlässigte und nur den Gelüsten folgte; dafür soll es in den Höllenstrom hinabgestürzt werden, [61] mit Ausnahme dessen, welcher bereut und glaubt und das Gute tut. Solche sollen ins Paradies kommen, es wird ihnen kein Unrecht geschehen, [62] in Edens Gärten, welche der Allbarmherzige seinen Dienern für die verborgene Zukunft[15] verheißen hat. Und seine Verheißung geht gewiß in Erfüllung. [63] Dort hören sie kein eitles Geschwätz, sondern nichts als »Friede«, und morgens und abends finden sie ihren Unterhalt. [64] Dieses Paradies lassen wir diejenigen unserer Diener erben, die fromm sind. [65] (Und Gabriel sprach zu Mohammed, der sich beklagte, daß ihm so lange keine Offenbarung Allahs, seines Herrn, zuteil geworden war:) »Wir (Engel) kommen nur auf Befehl deines Herrn vom Himmel herab. Ihm gehört die Zukunft, die vor uns, die Vergangenheit, welche hinter uns, und die Gegenwart, welche zwischen beiden liegt, und dein Herr vergißt nichts.«

[14] Edris (auch Idris) soll der Henoch der Bibel sein. Dieser soll nach der Bibel lebend zu Gott genommen worden sein. Sein Name ist von »Forschen« abgeleitet. [15] Sale übersetzt: as an object of faith. Die lateinische Übersetzung: in absentia ist irrig.

[66] Er ist der Herr der Himmel und der Erde und dessen, was zwischen ihnen ist. Darum verehrt nur ihn und bleibt standhaft in seiner Verehrung. Kennst du wohl einen (Namen), der ihm (seinem Namen) gleich wäre?

[67] Zwar spricht der Mensch[16]: »Soll ich wohl, wenn ich tot bin, wirklich wieder lebendig aus dem Grabe steigen?« [68] Will sich denn der Mensch nicht erinnern, daß wir ihn auch vormals ja geschaffen haben, als er noch ein Nichts war? [69] Aber bei deinem Herrn! Wir werden einst sie und die Teufel versammeln und sie kniend um die Hölle herumsetzen. [70] Und von jeder Gruppe (Sekte) wollen wir besonders die aussuchen, welche am hartnäckigsten sich dem Allbarmherzigen widersetzt haben, [71] und wir kennen wohl diejenigen, welche es am meisten verdienen, in der Hölle verbrannt zu werden. [72] Es gibt keinen unter euch, der sich ihr nicht nähern müßte[17]. So ist es von deinem Herrn beschlossen und bestimmt. [73] Die Frommen wollen wir dann erlösen, die Frevler dort auf ihren Knien liegen lassen. [74] Wenn unsere deutlichen Zeichen ihnen vorgelesen werden, dann sagen die Ungläubigen zu den Gläubigen: »Wer von uns beiden Teilen befindet sich in besserem Zustand und glänzenderem Verhältnis (in besserer Umgebung)?« [75] Aber wie manches Geschlecht vor ihnen, das in reicheren und glänzenderen Verhältnissen lebte, haben wir nicht schon vertilgt? [76] Sprich: »Wer in der Irre sich befindet, dem gewährt der Allbarmherzige oft ein langes und glückliches Leben, bis er mit eigenen Augen die Drohungen eintreffen sieht, entweder die Strafe in diesem Leben oder die letzte Stunde; und dann wird er erfahren, wer die schlimmsten Verhältnisse und den schwächsten Schutz gehabt hat. [77] Die der rechten Leitung gefolgt sind, wird Allah erheben. Die bleibenden guten Handlungen sind in den Augen deines Herrn für seine Belohnung und Vergeltung besser als alle irdischen Güter.« [78] Hast du den gesehen[18], der unsere Zeichen leugnete und sagte: »Ich werde schon Reichtümer und Kinder erhalten?« [79] Kennt er etwa die Geheimnisse der Zukunft? Oder hat er darüber

[16] Dieser Mensch soll der am Anfang der sechzehnten Sure [5], Note 3 genannte Obba ibn Khalf sein. [17] Auch der Frömmste muß beim Eingang des Paradieses der Hölle nahe kommen. [18] Ein gewisser Alaz ibn Wail war einem namens Khabab Geld schuldig. Als dieser es forderte, wollte jener das Geld so lange verweigern, bis Khabab dem Islam abschwöre, worauf dieser sagte, daß er weder im Leben noch im Tod abtrünnig würde. Hierauf sagte nun Alaz: »So will ich denn mit der Zahlung warten, bis du wieder auferstanden bist, dann werde ich genug Vermögen und Kinder haben, um dich befriedigen zu können.«

mit dem Allbarmherzigen ein Bündnis geschlossen (eine Zusage erhalten)? [80] Keineswegs. Seine Reden wollen wir niederschreiben und seine Strafe groß werden lassen. [81] Wir wollen ihn erben lassen, was er gesagt hat[19], dann aber soll er allein und nackt zu uns kommen. [82] Auch haben sie neben Allah noch Götter verehrt, damit sie ihnen Hilfe seien.

[83] Aber das ist nicht so! Bald werden sie ihren Götzendienst verleugnen und den Götzen entgegen sein. [84] Siehst du nicht, daß wir die Teufel wider die Ungläubigen ausgeschickt haben, um sie zur Sünde anzureizen? [85] Darum beeile dich nicht, ihren Untergang zu wünschen; denn wir haben ihnen schon eine bestimmte Zeit festgesetzt. [86] An jenem Tage wollen wir die Frommen ehrenvoll, wie Gesandte großer Fürsten, versammeln, [87] die Frevler aber in die Hölle treiben, wie eine Herde Vieh zum Wasser getrieben wird, [88] und keiner wird eine Vermittlung finden, außer dem, welcher mit dem Allbarmherzigen ein Bündnis geschlossen hat. [89] Sie sagen (die Christen): »Der Allbarmherzige hat einen Sohn gezeugt.« [90] Damit äußern sie aber eine Gottlosigkeit, [91] und nur wenig fehlte, daß nicht die Himmel zerrissen und die Erde sich spaltete und die Berge zusammenstürzten, [92] weil sie dem Allerbarmer einen Sohn zuschreiben, [93] dem es doch nicht ziemte (zu heilig ist), Kinder zu zeugen. [94] Keiner in den Himmeln und auf der Erde darf sich dem Allbarmherzigen anders nahen, als nur um sein Diener sein zu wollen. [95] Er umfaßt sie alle in seiner Allwissenheit und zählt sie genau, [96] und sie werden einst alle einzeln und nackt zu ihm kommen. [97] Denen, welche glauben und das Gute tun, wird der Allerbarmer Liebe erweisen (einander lieben lassen). [98] Wir haben dir den Koran durch deine Sprache[20] leicht gemacht, damit du den Frommen Gutes verkünden und den streitsüchtigen Menschen Strafen androhen kannst. [99] Wie manche Geschlechter vor ihnen haben wir schon vernichtet? Findest du noch einen einzigen von ihnen? Oder hörst du noch einen Laut von ihnen?

[19] In dieser Welt möge er nach seinem Wunsche Reichtümer und Kinder haben. [20] Dadurch, daß wir ihn in arabischer Sprache offenbart haben.

ZWANZIGSTE SURE

TH[1] (Ta Ha) *offenbart zu Mekka*

[1] Im Namen Allahs, des Allbarmherzigen. [2] Ta Ha. [3] Den Koran haben wir dir nicht offenbart, um dich dadurch unglücklich zu machen[2], [4] sondern er diene nur zur Ermahnung für die Gottesfürchtigen. [5] Er ist herabgesandt von dem Schöpfer der hohen Himmel und der Erde. [6] Ihm, dem Allbarmherzigen, der auf seinem Throne sitzt, [7] gehört alles, was in den Himmeln und was auf der Erde und was dazwischen und was unter der Erde ist. [8] Daher ist es nicht nötig, daß du mit lauter Stimme sprichst; denn er kennt das Geheimste und Verborgenste. [9] Allah! Außer ihm gibt es keinen Gott! Er besitzt die herrlichsten Namen[3]. [10] Kennst du die Geschichte Mosis? [11] Einst sah er ein Feuer[4], da sagte er zu den Seinen: »Bleibt hier; denn ich habe ein Feuer bemerkt; entweder bringe ich einen Brand davon, oder ich werde wenigstens durch das Feuer den rechten Weg finden[5].« [12] Da rief ihm (beim Herankommen) eine Stimme zu: »O Moses! [13] Ich bin dein Herr, darum ziehe deine Schuhe aus; denn du befindest dich in dem heiligen Tale Towa. [14] Ich habe dich auserwählt, darum höre auf das, was dir offenbart wird. [15] Ich bin Allah, und außer mir gibt es keinen Gott; darum verehre nur mich und verrichte, meiner eingedenk, das Gebet. [16] Die Stunde des Gerichtes wird kommen, und ich bin dabei, sie offenbar zu machen, um einer jeden Seele den Lohn ihres Tuns zu geben. [17] Laß dich nicht von dem, welcher an diese Stunde nicht glaubt und nur seinen Gelüsten folgt, verführen, auch nicht daran zu glauben; denn sonst bist du verloren. [18] Was hast du da, o Moses, in deiner rechten Hand?« [19] Er antwortete: »Meinen Stab, auf welchen ich mich stütze und mit welchem ich Laub für meine Herde abschlage und der mir auch sonst noch Dienste leistet.« [20] Darauf sagte Allah: »Wirf ihn hin, o Moses.« [21] Und er warf ihn hin, und siehe, er wurde eine Schlange, die umher-

[1] Diese Sure hat zur Überschrift die zwei einzelnen Buchstaben Ta Ha, über deren Bedeutung die Ausleger ungewiß sind. Wir führen daher nur die eine an, nach welcher dies ein Ausrufungswort ist: Tah!, wie st!, Stille gebietend. [2] Dich durch Fasten, Wachen und sonstige Anstrengungen für die Verbreitung des Islams schwach und elend zu machen, das schreibt der Koran nicht vor. Goldschmidt erwägt auch: durch die Verfolgungen der Ungläubigen. [3] Siehe siebte Sure [181] und Note 77. [4] 2. B. Mos., Kap. 3: Der brennende Busch. [5] Die Ausleger erzählen, Moses habe von seinem Schwiegervater die Erlaubnis erhalten, seine Familie in Ägypten zu besuchen. Auf der Reise habe er den rechten Weg verloren und diese Erscheinung gehabt. Vergleiche achtundzwanzigste Sure [30].

kroch. [22] Allah sagte: »Ergreife sie und fürchte dich nicht, denn wir wollen sie wieder in ihren vorigen Zustand versetzen. [23] Stecke deine rechte Hand unter deinen linken Arm, und du wirst sie ganz weiß, ohne irgendeine weitere Verletzung, wieder hervorziehen[6]. Dies sei ein zweites Zeichen, [24] und so werden wir dir noch von unseren größten Zeichen zeigen. [25] Geh nun hin zu Pharao; denn er frevelt ohne Grenzen.«

[26] Moses aber erwiderte: »O Herr, weite meine Brust[7] [27] und erleichtere mir die Sache [28] und löse das Band meiner Zunge, [29] damit sie meine Rede verstehen[8]. [30] Gib mir auch [31] meinen Bruder Aaron aus meiner Familie zum Ratgeber[9]. [32] Stärke mich durch ihn[10] [33] und teile mir ihn für dieses mein Geschäft zu, [34] damit wir dich hochpreisen [35] und oft deiner eingedenk sind. [36] Du siehst in unser Inneres.« [37] Allah antwortete: »Deine Bitte, o Moses, sei dir gewährt. [38] Wir waren ja auch schon früher, zu einer anderen Zeit, gnädig gegen dich, [39] da wir deiner Mutter durch Offenbarung eingaben und sagten: [40] ›Leg ihn in eine Kiste (einen Korb) und setz ihn ins Meer (den Fluß), und das Meer (der Fluß) soll ihn an das Ufer treiben und mein Feind und sein Feind sollen ihn aufnehmen.‹ Ich erregte (hatte) liebevolle Gesinnung gegen dich, so daß du unter meinen Augen erzogen wurdest. [41] Als nun deine Schwester kam und sagte: ›Soll ich euch jemanden bringen, welche das Kind nährt[11]?‹, da brachten wir dich zu deiner Mutter zurück, damit ihr Auge (ihr Herz) sich beruhige und sich nicht mehr betrübe. Als du einen Menschen erschlugst, da erretteten wir dich aus der Angst, und wir prüften dich durch mehrere Prüfungen, und du bliebst mehrere Jahre bei den Midianitern. Und nun bist du auf unser Geheiß hierhergekommen, o Moses, [42] und ich habe dich zu meinen Zwecken auserwählt. [43] Darum geht nun hin, du und dein Bruder, mit meinen Zeichen, und laßt nicht nach, meiner eingedenk zu sein. [44] Geht hin zu Pharao, denn er ist gottlos ohne Maß. [45] Sprecht

[6] Siehe siebte Sure [109], Note 47. [7] So wörtlich: Der Sinn ist: Stärke mich. [8] Vergleiche 2. Buch Mosis, Kapitel 4: [10] Und Moses sprach zu Jehova: Ach Herr, ich bin kein Mann der Rede, weder seit gestern noch seit vorgestern, noch seitdem du zu deinem Knechte redest; denn ich bin schwer von Mund und schwer von Zunge. Der Ausleger Dschelaleddin bei Marac. erzählt die Veranlassung, wodurch Moses die Fähigkeit, geläufig zu reden, verlor. [9] Im Arabischen: Wazir, woraus unser Wesir wurde. [10] Wörtlich: Stärke meine Lenden. [11] Die Ausleger erzählen, daß man mehrere ägyptische Ammen geholt habe, die aber Moses als Säugling verweigerte; so kam Moses zu seiner Mutter zurück, was auch die Rabbinen erzählen.

ihm freundlich zu, vielleicht läßt er sich gütlich mahnen, oder daß er sich wenigstens vor uns fürchtet.« [46] Sie erwiderten: »O Herr, wir fürchten, er könnte heftig gegen uns werden und schrankenlos wüten.« [47] Allah antwortete: »Fürchtet euch nicht; denn ich werde bei euch sein und alles hören und sehen. [48] Geht daher zu ihm und sagt: ›Siehe, wir sind Gesandte deines Herrn, darum entlaß die Kinder Israels mit uns und unterdrücke sie nicht weiter. Wir kommen zur dir mit einem Zeichen deines Herrn, und Friede kommt über den, welcher der wahren Leitung folgt. [49] Aber zugleich ist uns auch durch Offenbarung gesagt worden, daß denjenigen Strafe treffen wird, welcher uns des Betruges beschuldigt und uns den Rücken zukehrt.‹« [50] Als sie so zu Pharao redeten, da fragte er: »Wer ist denn euer Herr, Moses?« [51] Moses antwortete: »Unser Herr ist der, welcher alle Dinge gibt, sie auch geschaffen hat und sie lenkt und leitet.« [52] Darauf sagte Pharao: »In welchem Zustande befinden sich (wie steht es) jetzt (um) die vormaligen Geschlechter[12]?« [53] Moses antwortete: »Nur mein Herr besitzt hiervon Kenntnis, enthalten in dem Buche seiner Ratschlüsse, und mein Herr irrt sich nicht, auch vergißt er nichts.« [54] Er hat euch die Erde zur Lagerstätte ausgebreitet und Wege für euch darauf angelegt. Er sendet Wasser vom Himmel herab, wodurch wir vielerlei Saaten hervorbringen, [55] mit dem Befehl: Eßt davon und weidet euer Vieh. Wahrlich, hierin liegen Zeichen genug für solche, die Verstand besitzen.

[56] Aus Erde haben wir euch geschaffen, zu ihr lassen wir euch zurückkehren, und aus ihr werden wir euch wieder einmal hervorbringen[13]. [57] So zeigten wir dem Pharao alle unsere Wunderzeichen; er aber beschuldigte sie des Betruges und wollte nicht glauben [58] und sagte: »Bist du, Moses, nur deshalb zu uns gekommen, um uns durch deine Zauberkünste aus dem Lande zu vertreiben? [59] Wahrlich, wir wollen dir mit ähnlichen Zaubereien kommen, bestimme hierzu für uns und dich Zeit und Ort, welche Bestimmung weder von uns noch von dir geändert werden darf.« [60] Er antwortete: »Nun, so setze ich einen Festtag fest, damit sich die Leute am hellen Tage versammeln können.« [61] Darauf entfernte sich der Pharao und versammelte seine Zauberer zur Ausführung seiner

[12] Marac. übersetzt: quae ergo fuit mens generationum priorum in colendis idolis?
[13] Auch in den jüdischen Schriften findet sich dieses Gespräch.

List, und er kam zur bestimmten Zeit. [62] Da sagte Moses zu ihnen: »Weh euch! Ersinnt keine Lüge gegen Allah, sonst wird er euch durch Untergang bestrafen, wie er bereits Lügner schon bestraft hat[14].« [63] Darauf besprachen die Zauberer die Sache unter sich und redeten geheim miteinander. [64] Dann sagten sie: »Diese beiden Männer sind nichts anderes als Zauberer und wollen euch durch ihre Zauberkünste aus euerem Lande vertreiben und euere edelsten und vornehmsten Männer mit sich fortführen (und euere beste Überlieferung vernichten). [65] Darum nehmt euere ganze List zusammen und kommt in der abgesprochenen Ordnung; denn der, welcher siegt, wird heute glücklich sein.« [66] Sie sagten: »Willst du, o Moses, deinen Stab hinwerfen, oder sollen wir die unseren zuerst hinwerfen?« [67] Er antwortete: »Werft nur zuerst hin!« Und siehe, es kam ihm durch ihre Zauberei vor, als schlängelten sich ihre Stricke und Stäbe wie Schlangen umher, [68] worüber das Herz des Moses in Furcht geriet. [69] Aber wir sagten zu ihm: »Fürchte dich nicht, denn du wirst siegen; [70] darum wirf den Stab nur hin, den du in deiner rechten Hand hast, damit er verschlinge, was jene gemacht haben; denn was sie gemacht haben, ist nur Täuschung eines Zauberers. Ein Zauberer aber wird nicht glücklich werden, komme er, woher er wolle.« [71] Als die Zauberer nun das Wunder des Moses sahen, da fielen sie verehrungsvoll nieder und sagten: »Wir glauben nun an den Herrn des Aaron und Moses.« [72] Pharao aber sagte zu ihnen: »Wollt ihr an ihn glauben, bevor ich es euch erlaube? Dieser ist wohl weiter nichts als euer Meister, der euch die Zauberkunst gelehrt hat. Aber ich will euch Hände und Füße an entgegengesetzter Seite abhauen[15] und euch an Stämmen von Palmbäumen kreuzigen lassen, damit ihr erfahrt, wer am strengsten und wirksamsten strafen kann.« [73] Sie aber antworteten: »Wir werden dich doch nicht höher halten als die deutlichen Beweise, die uns zugekommen sind, und als den, der uns erschaffen hat. Beschließe daher nur, was du beschließen magst; du kannst ja doch nur über dieses Leben bestimmen. [74] Wir aber wollen an unseren Herrn glauben, der unsere Sünden uns verzeihen möge und die Zauberei, zu der du uns gezwungen hast; denn Allah belohnt besser und bestraft länger als du.« [75] Wer einst mit Verbrechen

[14] Sale übersetzt: for he shall not prosper who deviseth lies. [15] Siehe fünfte Sure [34] und Note 21.

beschmutzt zu seinem Herrn kommen wird, der erhält die Hölle zur Strafe, in welcher er nicht sterben, aber auch nicht leben kann. [76] Wer zu ihm als ein Gläubiger kommt, welcher das Gute getan hat, der erhält die höchsten Stufen der Glückseligkeit, [77] Edens Gärten[16] nämlich, welche Wasserbäche durchströmen, und ewig sollen sie in diesen Gärten bleiben. Das ist der Lohn des Reinen!

[78] Darauf gaben wir dem Moses durch Offenbarung unsere Weisung ein: »Geh mit meinen Dienern bei Nacht aus Ägypten hinweg und schlage mit deinem Stab auf das Wasser und mache ihnen einen trockenen Weg durch das Meer[17]. Fürchte nicht Überfall (Verfolgung) von Pharao und hab keine Angst.« [79] Pharao folgte ihnen nun mit seinem Heere nach; das Meer aber überstürzte und ersäufte sie. [80] So hatte Pharao sein Volk in die Irre (ins Verderben, welchem auch er selbst nicht entrann) geführt und es nicht recht geleitet. [81] So erretteten wir euch, o Kinder Israels, von euerem Feind und stellten euch an die rechte Seite des Berges Sinai[18] und schickten euch das Manna und (Salwa) die Wachteln herab[19] [82] (mit den Worten:) »Genießt von dem Guten, das wir euch zur Nahrung gegeben haben, und versündigt euch nicht[20], damit mein Zorn euch nicht erfasse; denn wen mein Zorn erfaßt, der schwindet auch plötzlich dahin. [83] Huldvoll aber bin ich gegen den, welcher bereut und gläubig wird und das Gute tut und sich recht leiten läßt. [84] Doch was veranlaßt dich, o Moses, so eilig dich von deinen Leuten zu entfernen[21]?« [85] Er antwortete: »Diese folgen mir auf dem Fuße; ich aber eilte, o Herr, zu dir, um deine Gnade zu suchen und damit du Wohlgefallen an mir, deinem getreuen Diener, fändest.« [86] Allah, sein Herr, aber sprach: »Siehe, wir haben während deiner Abwesenheit dein Volk geprüft, und Al-Samir[22] hat es zum Götzendienst verführt.« [87] Da ging Moses in großem Zorn und in tiefer Betrübnis zu seinem Volke zurück und

[16] Vergleiche neunte Sure [72] und Note 30. [17] Die Ausleger erzählen, daß sich das Meer in zwölf Wege für die zwölf Stämme geteilt habe, was sich auch Pirke R. Elieser Kap. 42 findet. [18] Um euch die Thora zu offenbaren. [19] Vergleiche zweite Sure [58] und Note 12 und 2. B. Mos., Kap. 16. [20] Durch Unmäßigkeit, Undankbarkeit und Übermut. [21] Als Moses mit den siebzig Ältesten den Berg bestieg, um das Gesetz zu empfangen, soll er diesen vorausgeeilt sein und sie weit hinter sich gelassen haben. [22] Nach einigen soll Al-Samir (Samirij) ein Samaritaner (Magier), nach andern Aaron sein (von hüten, wachen), weil Aaron während der Abwesenheit Mosis die Aufsicht über das Volk hatte. Er hatte das Goldene Kalb gemacht. Wahrscheinlicher ist Geigers Vermutung, daß Al-Samir aus dem jüdischen Samael entstanden ist, der bei der Verfertigung des Kalbes behilflich gewesen sein soll. Historisch ist: Um 920 v. Chr. ließ Jerobeam I. in den Tempeln (z. B. von Bethel) dieses jüdische Kultsymbol aufrichten.

sagte: »O mein Volk, hat nicht euer Herr die herrlichste Verheißung euch versprochen[23]? Ist euch die Zeit meiner Abwesenheit zu lang geworden[24]? Oder habt ihr das Versprechen, welches ihr mir gegeben habt, deshalb gebrochen, weil ihr wünscht, daß der Zorn eueres Herrn euch überfallen möge? [88] Sie aber antworteten: »Wir haben das Versprechen, welches wir dir gegeben haben, nicht aus eigenem Willen und Antrieb gebrochen; sondern es wurde uns geheißen, eine Last (große Menge) vom Schmuck des Volkes zusammenzutragen, den wir in das Feuer warfen, und auf dieselbe Weise warf auch Al-Samir hinein; [89] siehe, er brachte ein leibhaftiges Kalb hervor, welches blökte[25].« Und Al-Samir und seine Gefährten sagten: »Das ist euer Gott und der Gott des Moses. Er (Moses) hat ihn aber vergessen und ist weggegangen, um einen anderen zu suchen.« [90] Konnten sie denn nicht sehen, daß ihr Götzenbild ihnen nicht zu antworten vermochte und ihnen weder schaden noch nützen konnte?

[91] Aaron hatte zwar schon früher zu ihnen gesagt: »Ihr werdet, o mein Volk, durch dieses Kalb nur geprüft; euer Herr ist der Allbarmherzige; darum folgt nur mir und gehorcht meinem Befehl.« [92] Sie aber antworteten: »Wir werden in keinem Fall in seiner Verehrung (des Goldenen Kalbes) nachlassen, bis Moses zu uns zurückgekehrt sein wird.« [93] Als Moses nun zurückkam, sagte er: »Was hat dich denn, o Aaron, abgehalten, mir nachzueilen, als du sahst, daß sie abirren[26]? [94] Warst du auch meinem Befehl ungehorsam?« [95] Er aber erwiderte: »O Sohn meiner Mutter, zieh mich nicht so an den Haaren meines Bartes und Hauptes; wahrlich, ich fürchtete, wenn ich wegginge, du möchtest sagen: ›Du hast die Trennung (Spaltung) unter den Kindern Israels gestiftet und hast meine Worte nicht beachtet.‹« [96] Darauf sagte Moses zu Al-Samir: »Was tatest du denn (was sagst du jetzt), o Al-Samir?« [97] Er erwiderte: »Ich sah ein, was sie nicht einsehen konnten, und so nahm ich eine Handvoll Staub aus den Fußtapfen des Gesandten Allahs[27] und warf ihn hinein; mein Herz gab mir dies ein[28].« [98]

[23] Nämlich die Thora und das Gesetz euch geben zu wollen. [24] Wahl übersetzt: Ist euch die Zeit der Erfüllung zu lang geworden? und kommt damit der modernen religiösen Auslegung nahe. [25] Vergleiche siebte Sure [149]. [26] Warum hast du sie nicht verlassen und bist zu mir auf den Berg gekommen, um mir das Vorgefallene anzuzeigen? [27] Hierunter soll der Engel Gabriel verstanden sein; derselbe soll oft mit Moses in Verbindung gestanden haben, bei welcher Gelegenheit Al-Samir den Staub seiner Fußtritte, welcher belebende Kraft besaß, genommen und ins Feuer geworfen habe, wodurch das lebende Kalb entstand. [28] Die Ahmadiyya-Mission übersetzt eigenartig: [97] Er sprach: »Ich

Moses aber sagte zu ihm: »Hinweg mit dir! Deine Strafe in diesem Leben soll sein, daß du zu jedem, der dir begegnet, sagen mußt: Rühr mich nicht an[29]; und dieser angedrohten Strafe kannst du nicht entgehen. Sieh deinen Gott noch einmal an, den du so hoch verehrtest, denn wir werden ihn verbrennen und ihn zu Asche machen, welche wir in das Meer werfen.« [99] Euer Gott ist einzig Allah, außer welchem es keinen anderen Gott gibt und der in seiner Allwissenheit alle Dinge umfaßt.

[100] Wir haben dir einen Teil der vormaligen Geschichten erzählt und dir eine Ermahnung (den Koran) von uns gegeben. [101] Wer sich nun von dieser abwendet, der wird am Tage der Auferstehung eine Sündenlast auf ewig zu tragen haben; [102] schwer wird sie auf ihm bürden am Tage der Auferstehung. [103] An jenem Tage wird in die Posaune gestoßen, und wir werden die Übeltäter versammeln, und sie erscheinen mit schielenden Augen[30], [104] und leise werden sie zueinander sagen: »Nur zehn Tage habt ihr verweilt[31].« [105] Wir wissen wohl, was sie einst sagen werden; und die Vornehmsten unter ihnen sprechen: »Nur einen Tag habt ihr verweilt[32].«

[106] Sie werden dich fragen, was es denn mit den Bergen geben wird? Antworte: »Mein Herr wird sie in Staub verwandeln und umherstreuen [107] und sie zu einer geraden (glatten) Ebene machen, [108] in welcher du nichts Hohes und nichts Niedriges finden wirst.« [109] An jenem Tage müssen die Menschen dem Engel folgen, welcher zu Gericht ruft und dem sich niemand entziehen kann. Mit hohler Stimme treten sie leise vor den Allbarmherzigen, und du wirst weiter nichts hören als das Schlurfen ihrer Füße. [110] An jenem Tage kann keine Vermittlung helfen, außer nur dessen, welchem es der Allbarmherzige erlaubt und dessen Rede[33] ihm wohl gefällt. [111] Allah kennt ihre Zukunft und ihre Vergangenheit, was sie aber mit ihrem Wissen nicht umfassen können. [112] Wie Besiegte werden sie ihr Angesicht niederschlagen vor dem Lebendigen und (Ewigen) Selbständigen, und verloren ist der, welcher die

gewahrte, was sie nicht gewahren konnten. Ich hielt mich an die Fußspuren des Gesandten, soviel ich vermochte, doch das habe ich nun aufgegeben. Das ist's, was mein Sinn mir geraten hat.« [29] Nach den Auslegern: weil mit ansteckenden Krankheiten (Aussatz) behaftet. [30] Das Wort kann auch »blind« oder »mit grauen oder blauen Augen« heißen. Blaue Augen hatten die verhaßten Feinde der Moslems: die Europäer, vor allem die Griechen. [31] Ullmann; entweder im Leben oder im Grabe. Richtig: im Grabe. [32] Nicht einmal zehn Tage, wie ihr glaubt, habt ihr verweilt. [33] Darunter wird die Formel verstanden: Es gibt keinen Gott außer Allah, und Mohammed ist sein Prophet.

Last von Sünden trägt. [113] Wer aber Gutes tat und gläubig war, der hat kein Unrecht und auch keine Verminderung seines Lohnes zu fürchten. [114] Den Koran haben wir deshalb in arabischer Sprache offenbart und denselben mit vielerlei Drohungen und Verheißungen durchflochten, damit die Menschen dadurch Allah fürchten oder die Erinnerung ihrer Pflichten in ihnen erweckt werde; [115] dafür sei Allah, der König, der Wahrhaftige, hoch gepriesen! Übereile dich nicht mit dem Koran, bevor nicht die Offenbarung desselben für dich vollendet ist[34], und sprich: »O Herr, vermehre meine Erkenntnis.« [116] Wir hatten ehedem dem Adam ein Gebot erteilt[35]; er aber vergaß dasselbe, und wir fanden in ihm keine Standhaftigkeit[36].

[117] Als wir zu den Engeln sagten: »Verehrt den Adam«, taten sie also; nur Iblis, der Satan weigerte sich[37]. [118] Da sprachen wir: »O Adam, dieser Satan ist dir und deinem Weibe feind; darum hütet euch, daß er euch nicht aus dem Paradiese vertreibt, denn sonst wirst du elend. [119] Es ist ja dafür gesorgt, daß du dort nicht hungerst und nicht nackt zu sein brauchst [120] und nicht durch Durst oder Hitze zu leiden hast.« [121] Aber der Satan flüsterte ihm zu und sagte: »Soll ich dir, o Adam, den Baum der Ewigkeit und das Reich zeigen, welches nie enden wird[38]?« [122] Da aßen Adam und sein Weib davon, gewahrten ihre Nacktheit und begannen, um sich zu bedecken, Blätter des Paradieses aneinanderzureihen[39]. So wurde Adam seinem Herrn ungehorsam und verfiel in Sünde. [123] Nachher nahm sein Herr sich wieder seiner an und wandte sich ihm wieder zu und leitete ihn. [124] Allah sprach: »Hinweg von hier allesamt, und einer sei des anderen Feind. Doch es soll euch eine Leitung von mir zuteil werden[40], und wer dieser meiner Leitung folgt, der wird weder irren noch unglücklich sein. [125] Wer sich aber von meiner Ermahnung abwendet, der soll ein unglückliches Leben führen, und wir wollen ihn am Tage der Auf-

[34] So heißt diese Stelle wörtlich, deren Sinn ist: dem Engel Gabriel, der Mohammed den Koran absatzweise offenbarte, nicht in die Rede zu fallen und auch den Koran nicht mitzuteilen, bis er durch weitere Erklärung ihm selbst klargeworden ist ... [35] Nämlich nicht vom Lebensbaum, heißt: dem Baum der Erkenntnis, zu essen. [36] Eine andere moderne Auslegung: Adam aber vergaß unser Verbot. Doch wir befanden, daß er ohne böse Absicht so handelte. – Allahs Verzeihung steht im Widerspruch zum christlichen Erbsündeerlösungsgedanken. [37] Siehe zweite Sure [35] und siebte [12]. [38] Während bei den Juden die Schlange verführt, von dem Baum der Erkenntnis zu essen, läßt Mohammed hier den Lebensbaum (mit Iblis) Anlaß der Verführung sein. [39] Vergleiche siebte Sure [23]. [40] Siehe zweite Sure [39].

erstehung blind vor uns erscheinen lassen.« [126] Er wird dann sagen: »O mein Herr, warum läßt du mich blind auferstehen, da ich doch sehend war?« [127] Allah aber wird antworten: »Deshalb, weil unsere Zeichen dir zuteil geworden sind, welche du aber vergessen hast, und darum sollst du auch heute vergessen werden.« [128] So vergelten wir es dem Nachlässigen, welcher an die Zeichen seines Herrn nicht glaubt. Doch wird die Strafe in dem zukünftigen Leben noch strenger sein und noch länger dauern als die in diesem Leben. [129] Wissen denn die (Mekkaner) nicht, wie wir manche Geschlechter vor ihnen vertilgt haben, deren Wohnungen sie nun betreten (bewohnen)? Wahrlich, hierin liegen Zeichen genug für solche Menschen, die Verstand besitzen.

[130] Wäre nicht das Wort von deinem Herrn ausgegangen[41], so wäre ihre Vertilgung schon längst erfolgt; aber so ist eine bestimmte Zeit angeordnet. [131] Darum ertrage ihre Reden in Geduld und preise das Lob deines Herrn, bevor die Sonne aufgeht und bevor sie untergeht, preise ihn des Nachts und an den Enden (in den Grenzen) des Tages[42], damit du wohl gefällst. [132] Wende dein Auge nicht auf die Pracht dieses Lebens hin, welche wir einigen Ungläubigen gewährt haben, um sie dadurch zu prüfen; denn die einstige Versorgung deines Herrn ist weit besser und dauerhafter. [133] Gebiete deiner Familie, das Gebet zu verrichten, und beobachte auch du dasselbe gewissenhaft. Wir fordern nicht von dir, daß du dich selbst versorgst (wir fordern keine Versorgung von dir), sondern wir wollen dich versorgen. Denn die Frömmigkeit hat wohltätige Folgen (Endergebnis ist Gottesfurcht). [134] Die Ungläubigen sagen freilich: »Wenn er nicht mit einem Wunderzeichen von seinem Herrn kommt, dann glauben wir nicht.« Aber sind ihnen denn nicht deutliche Beweise genug für den Koran in den früheren Schriften zugekommen? [135] Hätten wir sie vor Offenbarung desselben durch ein Strafgericht vertilgt, so sagten sie einst (bei der Auferstehung): »Wenn du, o Herr, uns einen Gesandten geschickt hättest, so wären wir deinen Zeichen gefolgt, bevor uns Schmach befallen hat.« [136] Sprich: »Ein jeder von uns warte auf den Ausgang. Erwartet ihn nur – ihr werdet es einst erfahren, wer auf dem geraden Pfad gefolgt ist und wer recht geleitet war.«

[41] Nämlich ihnen noch eine Zeitlang nachzusehen. [42] Ahmadiyya-Mission: [131] ... lobpreise deinen Herrn vor Aufgang der Sonne und vor ihrem Untergang; und verherrliche (Ihn) in den Stunden der Nacht und an den Enden des Tags, auf daß du ...

EINUNDZWANZIGSTE SURE

Die Propheten[1] (Al-Anbiya) *offenbart zu Mekka*

[1] Im Namen Allahs, des Allbarmherzigen.

[2] Die Zeit, zu welcher die Menschen[2] Rechnung ablegen sollen, kommt immer näher, und dennoch sind sie ganz unbesorgt (nachlässig) darum und weit entfernt davon, auch nur daran zu denken. [3] Die Ermahnung (den Koran), welche ihnen zuletzt zuteil geworden ist, hören sie nur an, um sie zum Gegenstande des Spottes zu machen. [4] Ihre Herzen sind durch sinnliche Lüste betört, und die Ungerechten sprechen heimlich untereinander: »Ist dieser Mohammed etwas anderes als ein Mensch, wie auch ihr seid? Wollt ihr nun hingehen und gar seine Zaubereien anhören, da ihr diese als solche erkennt?« [5] Du, Mohammed, aber sage: »Mein Herr weiß, was in den Himmeln und was auf Erden gesprochen wird; denn er hört und weiß alles.« [6] Sie sagen: »Der Koran enthält nur eine Menge verworrener Träume; wahrlich, er (Mohammed) hat ihn erdichtet; denn er ist ja ein Dichter. Laß ihn zu uns mit Wunderzeichen kommen, auf die Weise, wie früher Propheten gesandt wurden.« [7] Aber auch die Städte vor ihnen, welche wir zerstört haben, haben selbst den Wunderzeichen nicht geglaubt; würden nun wohl sie, die Mekkaner, glauben, wenn sie auch Wunder sähen? [8] Auch vor dir haben wir nur Menschen gesandt, welchen wir uns offenbarten. Fragt nur die Leute von Erinnerung (Schriftbesitzer[3]), wenn ihr dies nicht wißt. [9] Auch gaben wir ihnen (den Propheten) keinen solchen Körper, welcher ohne Speise hätte bestehen können[4]; auch waren sie nicht unsterblich. [10] Aber wir bewahrheiteten ihnen unsere Verheißung und erretteten sie und die, welche wir wollten, und nur die unbotmäßigen Sünder richteten wir zugrunde.

[11] Nun haben wir euch eine Schrift (den Koran) zu euerer Ermahnung offenbart, wollt ihr denn noch nicht verständig werden? [12] Wie viele ungerechte Städte haben wir nicht umgekehrt und haben andere Völker auf diese folgen lassen? [13] Und als sie unsere strenge Strafe fühlten, da flohen sie schnell aus den Städten. [14] (Und spöttisch sagten die Engel zu ihnen[5]:) »Flieht doch nicht,

[1] So genannt, weil viele Propheten in dieser Sure erwähnt werden. [2] Namentlich die Mekkaner. [3] Wörtlich: die Besitzer der Ermahnung, nämlich die Juden und Christen. [4] Menschen, nicht Engel waren sie. [5] Die eingeklammerten Worte stehen nicht im Original; die Worte in Klammern machen oft erst den Text verständlich.

kehrt vielmehr zu euerem Übermut und eueren Wohnungen zurück; denn vielleicht werdet ihr noch über etwas um Rat befragt[6].« [15] Sie aber antworteten: »Wehe uns, wir waren Bösewichter!« [16] Diese ihre Wehklagen ließen nicht eher nach, als bis wir sie wie das Getreide abgemäht und gänzlich vertilgt (wie Asche verstreut) hatten. [17] Wahrlich, wir haben die Himmel und die Erde, und was zwischen ihnen ist, nicht zum Scherz geschaffen[7]. [18] Hätten wir nur Zeitvertreib gewollt, so hätten wir diesen in uns selbst finden können, hätten wir ihn gewollt[8]. [19] Wir beabsichtigen vielmehr, durch die Wahrheit[9] den Wahn zu unterdrücken und zu vernichten, und sieh nur, wie er schon verschwindet. Aber wehe euch dafür, was ihr von Allah Gottloses sprecht. [20] Ihm gehört, was in den Himmeln und auf Erden ist; selbst die Engel, welche um ihn sind, sind nicht zu überheblich, ihm zu dienen, und werden dessen nicht überdrüssig; [21] sie preisen ihn Tag und Nacht und werden nicht müde. [22] Nehmen sie (die Ungläubigen) nicht Götter an, welche der Erde entstammen? Können diese Tote lebendig machen? [23] Gäbe es in den Himmeln und auf Erden außer Allah noch andere Götter, so müßten ja beide zugrunde gehen[10]. Lob und Preis sei Allah, dem Herrn des Weltenthrones, und fern sei von ihm, was sie aussprechen. [24] Er wird für sein Tun nicht zur Rechenschaft gefordert werden, wohl aber werden s i e zur Rechenschaft gezogen. [25] Werden sie nun außer ihm noch andere Götter verehren? Sprich: »Bringt doch euere Beweise für ihre Göttlichkeit.« Die Lehre (der Gotteseinheit) ist der Inhalt meiner Ermahnung (des Korans) und der früheren Ermahnungen (Offenbarungen). Doch der größte Teil will die Wahrheit nicht erkennen und wendet sich davon ab. [26] Wir haben keinen Gesandten vor dir gesandt, welchem wir nicht auch offenbarten, daß es außer mir keinen Gott gibt; darum verehrt nur mich. [27] Sie sagen: »Der Allerbarmer hat mit (in) den Engeln Kinder gezeugt (sich einen Sohn – Jesus – gezeugt).« Bewahre Allah! Sie sind nur seine vornehmsten Diener [28] und

[6] Der Sinn: Warum eilt ihr so, euere Verhältnisse zu verlassen, da diese doch euerer Gegenwart bedürfen? [7] Sondern damit man Allahs Allmacht, Allgüte und Allweisheit in der Schöpfung erkenne und uns verehre. [8] Nicht zu seiner Unterhaltung hat Allah die Schöpfung hervorgerufen; denn er bedarf einer solchen nicht. [9] Wörtlich: Wir schleudern die Wahrheit, . . . [10] Die feindlichen Gottheiten hätten im Kampfe gegeneinander um die Alleinherrschaft schon längst die Welt vernichtet. Der Sinn dieses Verses ist: Die vielen einander entgegengesetzten selbständigen Kräfte und Ursachen müßten in egoistischer Selbstsucht alles zweckvolle Wirken in der Natur (Allahs) aufheben.

kommen ihm nicht mit ihrer Rede zuvor[11], sondern sie tun nur, was er befiehlt. [29] Er weiß, was sie tun werden und was sie getan haben, für niemanden werden sie fürsprechen, nur für den, welcher Allah wohl gefällt, sie zittern aus Ehrfurcht vor ihm. [30] Spräche einer von ihnen: »Ich bin Gott neben ihm«, bestraften wir ihn mit der Hölle; das ist die Strafe für Frevler.

[31] Wissen es denn die Ungläubigen nicht, daß die Himmel und die Erde eine feste Masse bildeten, bis wir sie öffneten und durch das Wasser allen Dingen Leben gaben? Wollen sie nicht glauben? [32] Wir setzten feste Berge in die Erde, damit sie unbeweglich (nicht wankend) werde[12], und wir machten breite Durchgänge durch sie (durch die Gebirge) für Wege, damit sie bei ihren Reisen sicher gehen, [33] und die Himmel machten wir zu einer wohlgestützten Decke, und dennoch wenden sie sich von diesen Zeichen weg. [34] Er ist es, der die Nacht und den Tag, die Sonne und den Mond geschaffen hat, und diese Himmelskörper bewegen sich alle schnell in ihrer Bahn. [35] Wir haben auch vor dir noch keinem Menschen Unsterblichkeit gewährt. Wollen sie nun, da auch du sterben mußt, unsterblich sein? [36] Jeden wird der Tod treffen, und wir wollen euch durch Böses und Gutes, das als Versuchung euch treffe, prüfen, und zu uns werdet ihr dann zurückkehren. [37] Wenn die Ungläubigen dich sehen, so empfangen sie dich mit Spott und sagen: »Ist das der Mensch, der nur mit Verachtung euere Götter erwähnt?«, indes sie selbst die Ermahnung des Barmherzigen leugnen. [38] Der Mensch wurde in (zur) Übereilung geschaffen (sagen sie); bald sollt ihr meine Zeichen sehen, von welchen ihr wünscht, sie mögen nicht eilen (daß ich damit nicht eilte). [39] Sie sagen: »Wann wird denn wohl diese Drohung eintreffen? Sagt es uns, wenn ihr wahrhaftig seid.« [40] Könnten die Ungläubigen es doch einsehen, daß eine Zeit kommen wird, in welcher sie das Feuer von ihrem Angesicht und von ihrem Rücken nicht abwehren können und sie dann keinen Helfer finden werden! [41] Wahrlich, der Tag der Rache wird sie plötzlich überfallen und sie bestürzt machen, und sie werden ihn nicht abwenden können; auch wird ihnen kein Aufschub gegönnt werden. [42] Fürwahr, auch Gesandte vor dir sind schon verspottet worden; aber es ist an den Spöttern das in Erfüllung gegangen, was sie verspottet hatten.

[11] Sie wagten kein Wort, bis er gesprochen hat. [12] Siehe sechzehnte Sure [16] und Note 5.

[43] Sprich: »Wer kann euch, bei Nacht oder bei Tag, gegen den (an Stelle des) Allbarmherzigen schützen?« Doch sie wenden sich von der Ermahnung ihres Herrn gänzlich ab. [44] Haben sie etwa außer uns Götter, die ihnen helfen können? Ihre Götter können weder sich selbst helfen noch sich (durch ihre Gefährten) wider uns beistehen lassen (wir retten sie nicht). [45] Wir haben zwar sie und ihre Väter, solange sie lebten, mit Glücksgütern erfreut. Sehen sie aber nicht ein, daß wir in das Land kommen und es von allen Seiten einengen (heimsuchen)? Werden sie dann wohl Sieger bleiben? [46] Sprich: »Ich predige euch nur die Offenbarung Allahs.« Doch die Tauben wollen nicht auf den Ruf hören, wenn sie gemahnt werden. [47] Wenn aber der kleinste Hauch der Strafe deines Herrn sie berührt, dann rufen sie aus: »Wehe uns, denn wir waren Frevler!« [48] Am Tage der Auferstehung werden wir uns gerechter Waage bedienen und keiner Seele irgendein Unrecht antun, und ein jedes Werk, und wäre es auch nur so schwer wie ein Senfkorn, zum Vorschein bringen; denn wir sind ein genauer Rechner. [49] Wir gaben einst dem Moses und Aaron die Offenbarung[13] als ein Licht und eine Ermahnung für die Frommen, [50] welche ihren Herrn im geheimen fürchten und vor der Stunde des Gerichtes bange sind. [51] Auch diese Schrift (der Koran) ist eine gesegnete Ermahnung, welche wir vom Himmel herabgesandt haben. Könnt ihr das leugnen?

[52] Schon vordem haben wir auch dem Abraham seine richtige Leitung gegeben; denn wir erkannten ihn ihrer würdig. [53] Als er zu seinem Vater und dessen Volke sagte[14]: »Was sind das für Bilder, welche ihr so eifrig verehrt?«, [54] da antworteten sie: »Wir sahen, daß auch unsere Väter sie verehrten.« [55] Er aber sagte: »Wahrlich, ihr und euere Väter wart in offenbaren Irrtum verfallen.« [56] Sie erwiderten: »Sprichst du Wahrheit, oder scherzt du nur?« [57] Er antwortete: »Wahrlich, euer Herr ist der Herr der Himmel und der Erde; er ist es, der sie geschaffen hat, und ich gehöre zu denen, welche euch Zeugnis hiervon geben. [58] Bei Allah, ich werde gegen euere Götter eine List ersinnen (gegen euere Götzen vorgehen), sobald ihr sie verlassen und ihnen den Rücken zugekehrt haben werdet.« [59] Darauf schlug er die Götzen in Stücke[15], mit Ausnahme des größten, damit sie die Schuld auf diesen schieben (sie

[13] Siehe zweite Sure [54] und Note 9. [14] Siehe sechste Sure [75]. [15] Diese Darstellung ist jüdischen Ursprungs.

diesen fragen) sollten. [60] Sie fragten: »Wer hat das unseren Göttern angetan? Gewiß nur ein gottloser Mensch.« [61] Einige von ihnen antworteten: »Wir hörten einen Jüngling verächtlich von ihnen sprechen, man nennt ihn Abraham.« [62] Darauf sagte man: »Bringt ihn vor das Volk, damit man gegen ihn zeuge.« [63] Und man fragte ihn: »Hast du, o Abraham, unseren Göttern dies angetan?« [64] Er erwiderte: »Ich nicht, sondern der höchste von ihnen hat es getan. Fragt sie doch selbst, wenn sie sprechen können.« [65] Und nun wendeten sie sich zu sich selbst (kamen zur Besinnung), und sie besprachen untereinander: »Ihr seid gottlose Menschen.« [66] Bald darauf aber verfielen sie wieder in ihren Aberglauben[16] und sagten zu ihm: »Du weißt ja wohl, daß diese nicht sprechen wollen.« [67] Er antwortete nun: »Wie wollt ihr denn, statt Allah, Wesen anbeten, welche euch weder nützen noch schaden können? [68] Pfui über euch und über die, welche ihr statt Allah anbetet. Denkt ihr denn gar nicht nach?« [69] Darauf sagten sie: »Verbrennt ihn und rächt euere Götter, wenn ihr eine gute Tat ausüben wollt.« [70] Wir aber sagten: »Werde kalt, o Feuer, und diene dem Abraham zur Erhaltung[17].« [71] Sie wollten eine List wider ihn ersinnen, aber wir machten, daß sie nur sich selbst schadeten. [72] So erretteten wir ihn und den Lot und brachten sie in das Land (Palästina), in welchem (durch welches) wir alle Geschöpfe segneten. [73] Wir gaben ihm Isaak und Jakob und machten sie alle zu rechtschaffenen Männern. [74] Wir bestimmten sie zu Vorbildern in der Religion[18], damit sie andere nach unserem Willen leiten, und wir regten sie an, Gutes zu tun, das Gebet zu verrichten und Almosen zu geben, und so waren sie uns (als dem einzigen Gotte) treue Diener. [75] Und dem Lot gaben wir Weisheit und Erkenntnis und erretteten ihn aus jener Stadt, welche die schändlichsten Verbrechen beging; denn es waren böse und lasterhafte Menschen[19] darin; [76] ihn aber nahmen wir in unsere Barmherzigkeit auf, weil er ein rechtschaffener Mann war.

[77] Vordem schon erhörten wir den Noah, als er wegen des Unterganges seines Volkes flehte, und erretteten ihn und seine Familie aus großer Not [78] und beschützten ihn vor dem Volke, wel-

[16] Wörtlich: Sie neigten sich nach ihren Köpfen, Henning: Wurden auf ihre Köpfe gekehrt. [17] Diese Legende findet sich auch bei den Rabbinen, welche den Nimrod als Verfolger Abrahams bezeichnen. [18] Siehe zweite Sure [125] ff. [19] Vergleiche siebte Sure [81], auch elfte Sure.

ches unsere Zeichen der Lüge zeihen wollte; denn es bestand aus schlechten Menschen; darum ersäuften wir sie allesamt. [79] Erinnere dich, wie David und Salomon einst über ein Feld urteilten, auf welchem zur Nachtzeit die Schafe eines fremden Stammes ohne Hirten weideten, und wir waren Zeuge ihres Urteils[20]. [80] Wir hatten dem Salomon die Einsicht für solche Dinge gegeben und ihn mit aller Weisheit und Erkenntnis ausgestattet. Und wir zwangen die Berge und die Vögel, uns mit David zu preisen. Dies taten wir [81] und lehrten ihn[21] auch die Kunst, Panzer für euch zu verfertigen, damit ihr euch in eueren Kriegen verteidigen könnt. Seid ihr auch dankbar dafür? [82] Auch hatten wir dem Salomon einen gewaltigen Sturm dienstbar gemacht, welcher auf seinen Befehl in das Land hineilte, auf welchem unser Segen ruht[22]; und wir wußten alle Dinge. [83] Auch mehrere Teufel (Taucher) machten wir ihm dienstbar, so daß sie im Meer untertauchten (um Perlen für ihn zu suchen) und außerdem noch andere Arbeiten verrichteten. Wir überwachten sie[23]. [84] Erinnere dich auch des Hiob, wie er zu seinem Herrn flehte: »Ach, Unglück hat mich heimgesucht, du aber bist der Allbarmherzige.« [85] Und wir erhörten ihn und retteten ihn aus seinem Elend und gaben ihm seine Familie wieder und noch so viel dazu. So zeigten wir unsere Barmherzigkeit zur Belehrung derer, welche Allah dienen. [86] Erinnere dich auch des Ismael, des Edris[24] und des Dhulkefel[25]. Diese harrten alle standhaft aus, [87] darum ließen wir sie in unsere Barmherzigkeit eingehen; denn sie waren rechtschaffen. [88] Erinnere dich auch des Dhulnun[26], wie er sich in Grimm entfernte und glaubte, daß wir nun keine Macht mehr über ihn hätten. Und er flehte aus der Finsternis[27]: »Es gibt außer dir keinen Gott; Lob und Preis sei dir! Wahrlich, ich war ein Sünder.« [89] Wir erhörten ihn und retteten ihn aus der Not[28], so wie wir die Gläubigen stets zu retten pflegten. [90] Erinnere dich auch Zacharias', wie dieser seinen Herrn anrief und flehte: »O Herr, lasse mich nicht kinderlos, obgleich du der beste Erbe bist.« [91]

[20] Inhalt und Quelle dieser Sage sind unbekannt. [21] Nämlich David. [22] Der Wind trug ihn auf seinem Thron, wohin er, Salomo, wollte. [23] Die Teufel, damit sie kein Unheil stiften. [24] Über Edris (auch Idris genannt) siehe neunzehnte Sure [57] und Note 14. [25] Wer dieser Dhulkefel (wörtlich Anteilmann, Dhul-Kifl) sein soll, darüber sind die Ausleger uneinig. Einige halten ihn für Elias oder Josua oder Zacharias; andere für einen Sohn des Hiob. Geiger hält ihn, der Etymologie nach, gleichbedeutend mit Obadiah 1. B. Kön. 18, 4. oder mit Ezechiel. [26] Dhulnun (wörtlich Fischmann) ist Jonas, der vom Walfisch verschlungen worden war. [27] Im Bauche des Fisches. [28] Siehe siebenunddreißigste Sure [140] ff.

Wir erhörten ihn und gaben ihm den Johannes, indem wir sein Weib fähig (fruchtbar) für ihn machten (ihm ein Kind zu gebären). Alle diese eiferten, sich in guten Werken zu übertreffen, und sie riefen uns mit Liebe und Ehrfurcht an und zeigten sich demütig vor uns. [92] Erinnere dich auch derjenigen, welche ihre Jungfräulichkeit bewahrt hatte[29], die wir mit unserem Geist angeweht hatten und sie und ihren Sohn als ein Wunderzeichen für alle Welt machten.

[93] Diese euere Religion (der Islam) ist die einzig wahrhaftige (Gemeinschaft), und ich bin euer Herr; darum verehrt nur mich. [94] Sie[30] allein haben in ihrer Religion Trennungen verschuldet; sie alle sollen dafür einst vor uns erscheinen. [95] wer nun gute Werke verrichtet und sonst ein Gläubiger ist, dem wird der Lohn seiner Werke nicht vorenthalten, sondern wir schreiben ihn für ihn nieder. [96] Ein Bann[31] aber liege auf den Städten, die wir zerstört haben, daß sie nicht wieder auferstehen sollen, [97] als bis Jadschudsch und Madschudsch[32] ihnen den Weg hierzu öffnen und sie von allen Höhen herbeieilen[33]. [98] Dann wird die wahrhaftige Drohung der Erfüllung nahe und die Augen der Ungläubigen werden starr sein, und sie werden ausrufen: »Wehe uns! Wir waren zu unbekümmert um diesen Tag und waren Sünder.« [99] Ihr aber (ihr Mekkaner!), und die Götter, welche ihr, statt Allah, verehrt, sollt der Hölle Anteil werden, in welche ihr hinabsteigen müßt. [100] Wären diese nun wirkliche Gottheiten, so stiegen sie wohl nicht in dieselbe hinab. Sie alle aber sollen ewig darin bleiben. [101] Seufzen und jammern werden sie dort und nichts zu ihrem Trost hören. [102] Die aber, welchen der herrlichste Lohn von uns bestimmt ist, werden von der Hölle weit entfernt sein, [103] damit sie nicht den leisesten Laut aus derselben hören; sie sollen vielmehr sich ewig der Glückseligkeit freuen, welche ihre Seelen sich wünschen. [104] Selbst der größte Schrecken wird sie nicht betrüben, und die Engel werden ihnen entgegenkommen (mit den Worten): »Dies ist euer Tag, der euch verheißen ist.« [105] An diesem Tage wollen wir die Himmel zusammenrollen, so wie man ein beschriebenes Pergament zusammenrollt. So wie wir einst das erste Geschöpf hervorgebracht haben, so wollen wir sie auch am Tage der

[29] Die Jungfrau Maria. [30] Die Juden und Christen, welche sich in Sekten zersplitterten. [31] Analog dem Hebräischen mit »Bann« übersetzt. So auch alle anderen modernen Übersetzer. [32] Siehe achtzehnte Sure [95] und Note 32. [33] Nach einigen Lesarten heißt es: und die Menschen aus ihren Gräbern hervoreilen.

Auferstehung wieder hervorbringen. Diese Verheißung haben wir übernommen, und wir werden sie auch vollbringen. [106] Wir haben auch, nach der Offenbarung der Ermahnung (des Gesetzes), in die Psalmen niedergeschrieben, daß meine rechtschaffenen Diener das Land (die Welt, wörtlich: die Erde) erben sollen[34]. [107] Wahrlich, in diesem (Koran) sind hinreichende Mittel zur Weisung für Menschen enthalten, welche Allah verehren, [108] und wir haben dich zu keinem anderen Zweck gesandt, als daß du allen Geschöpfen unsere Barmherzigkeit verkündest. [109] Sprich: »Mir wurde offenbart: Allah ist ein einziger Gott.« Wollt ihr daher Moslems sein? [110] Wenn sie aber den Rücken kehren, dann sage: »Ich verkünde euch allen, einem wie dem anderen, die Kunde; doch ist es mir unbekannt, ob das, was euch angedroht ist, schon nahe oder noch ferne ist; [111] denn nur er kennt die offenbaren Aussprüche (das Offenbare) und auch die, welche euch verborgen (das Verborgene) sind[35]. [112] Auch weiß ich nicht, ob dies nicht vielleicht nur eine Prüfung für euch sein soll, daß ihr euch des irdischen Glückes auf eine Zeitlang erfreut.« [113] Sprich: »O Herr, richte du (zwischen mir und meinen Gegnern) nach der Wahrheit. Unser Herr ist der Allbarmherzige, dessen Beistand wider die Lästerungen anzuflehen ist, die ihr ausstoßt.«

[34] Vergleiche hierzu Psalm 37, 9: Denn bei dir ist der Quell des Lebens, in deinem Licht werden wir das Licht sehen; 37, 11: »Nicht erreiche mich der Fuß der Hochmütigen (des Hochmuts), und die Hand der Gesetzlosen, vertreibe mich nicht«; ferner 37, 22 und 37, 29: »Denn die von ihm Gesegneten werden das Land besitzen, und die von ihm Verfluchten werden ausgerottet werden. – Die Gerechten werden das Land besitzen und werden immerdar darin wohnen.« [35] Die Übersetzung folgt der Wahls und Ullmanns. »Der Zusammenhang erfordert diese Auslegung« (Ullmann). Die Ahmadiyya-Mission übersetzt: Wahrlich Allah kennt, was offen ist in der Rede, und er weiß, was ihr verheimlicht. Henning: Siehe, er weiß eure laute Rede und weiß, was ihr verheimlicht.

ZWEIUNDZWANZIGSTE SURE

Die Wallfahrt[1] (Al-Hadsch) *offenbart zu Mekka*

[1] Im Namen Allahs, des Allbarmherzigen. [2] O ihr Leute (zu Mekka), fürchtet eueren Herrn. Wahrlich, das Erdbeben zur Zeit der letzten Stunde wird schrecklich sein. [3] An jenem Tag – ihr werdet ihn sehen –, wird eine jede stillende Mutter ihren Säugling vergessen und jede Schwangere ihre Bürde abwerfen, und die Menschen werden dir trunken scheinen, obgleich sie nicht berauscht sind;

[1] So überschrieben, weil in dieser Sure einige bei der Wallfahrt nach Mekka übliche Gebräuche erwähnt werden.

denn die Strafe Allahs wird streng sein. [4] Da ist ein Mensch[2], welcher über die Gottheit (Allah) streitet, ohne irgendeine Kenntnis zu haben, indem er jenem aufrührerischen Satan folgt, [5] von welchem (Satan) niedergeschrieben ist, daß der, welcher ihn zum Beschützer annimmt, von ihm verführt und zur Strafe des Höllenfeuers geleitet wird. [6] O ihr Menschen, wenn ihr hinsichtlich der Auferstehung im Zweifel seid, dann bedenkt doch, daß wir euch zuerst aus Staub geschaffen haben; dann aus Samentropfen; dann aus geronnenem Blute[3]; dann aus einem Stück Fleisch, teils völlig und teils unvollkommen geformt, damit wir unsere Allmacht an euch offenbaren. Wir lassen das, was uns gefällt, im Mutterleibe ruhen bis zu der bestimmten Zeit der Entbindung. Dann lassen wir euch als Kindlein hervorgehen und ein kräftiges Alter erreichen. Einige aber sterben in der Jugend, andere wieder erreichen ein so armseliges Alter, daß sie alles vergessen, was sie gewußt haben. Du siehst die Erde manchmal trocken und dürr; sowie wir aber Wasser auf sie herabsenden, dann kommt sie in Bewegung und schwillt auf und bringt alle Arten üppiger Gewächse hervor (welche das Auge erfreuen). [7] Dies beweist, daß Allah die Wahrheit ist und daß er die Toten wiederbelebt und allmächtig ist [8] und daß ohne Zweifel die Stunde des Gerichtes kommen und Allah alle auferwecken wird, die in den Gräbern liegen[4]. [9] Da ist ein Mensch[5], der über Allah streitet, ohne irgendeine Kenntnis oder eine Leitung oder ein erleuchtendes Buch zu besitzen. [10] Hochmütig wendet er seinen Hals um, damit er auch andere vom Weg Allahs ab in die Irre führe. Schmach trifft ihn dafür in diesem Leben, und am Tage der Auferstehung wollen wir ihn die Qual des Verbrennens fühlen lassen, [11] mit den Worten: »Dies geschieht dir für das, was deine Hände vorausgeschickt haben; denn Allah ist nicht ungerecht gegen seine Knechte.«

[12] Da gibt es auch wieder Menschen, welche Allah gleichsam an der äußersten Grenze (so nebenbei am Rande) verehren[6]. Wenn

[2] Dieser Mensch soll ein gewisser Nodar ibn Haret gewesen sein; er behauptete: die Engel seien Töchter Allahs und der Koran enthalte nur alte Märchen und Fabeln; er leugnete die Auferstehung. [3] Siehe sechsundneunzigste Sure [3]. [4] Vergleiche siebte Sure [58]. [5] Hierunter soll Abu Jahl, ein vornehmer Koreischite, aber geschworener Feind des Mohammed gemeint sein. Sein wahrer Name war Amru ibn Haschem, aus dem Stamm Lachsum. Er fiel in der Schlacht bei Bedr. – Siehe achte Sure [13]. [6] Dies Bild ist von der Stellung eines Kriegers am äußersten Flügel der Schlachtordnung entlehnt, welcher je nach dem Stande der Schlacht auf seinem Posten ausharrt oder die Flucht ergreift.

es ihnen nämlich gut ergeht, so beharren sie beruhigt im lauen Glauben. Kommen sie aber in irgendeine Versuchung, dann wenden sie ihr Angesicht herum[7], selbst bei Verlust des zeitlichen und ewigen Lebens. Dies ist doch offenbares Verderben! [13] Sie rufen statt Allah Wesen an, welche ihnen weder schaden noch nützen können. Welch ein von der Wahrheit weit entfernter Irrtum ist das! [14] Rufen sie nun gar ein Wesen an, welches eher schaden als nützen kann, wehe dann! Welch ein unglückseliger Beschützer! Welch ein unglückseliger Gefährte! [15] Doch die, welche glauben und gute Werke verrichten, wird Allah in Gärten bringen, welche von Wasserläufen durchströmt sind; denn Allah tut, was er nur will. [16] Wer da glaubt, daß Allah ihm (Mohammed) weder in diesem noch in jenem Leben helfen werde, der spanne doch ein Seil vom Dache seines Hauses[8] und hänge sich auf, schneide es dann ab[9] und sehe, ob sein Kunstgriff das vernichten kann, was ihn so sehr erzürnt. [17] Diesen (Koran) haben wir als offenbares Zeichen herabgesandt; aber Allah leitet, wen er will. [18] Zwischen den wahren Gläubigen (den Moslems) und den Juden, den Sabäern, den Christen, den Magiern und den Götzendienern wird einst Allah am Tage der Auferstehung entscheiden; denn Allah ist aller Dinge Zeuge. [19] Siehst du nicht, daß alles, was in den Himmeln und was auf Erden ist, Allah sich beugend verehrt? Die Sonne, der Mond, die Sterne, die Berge und die Bäume, das Vieh und viele der Menschen? – Jedoch ein großer Teil der Menschen verdient, bestraft zu werden[10], und wen Allah verächtlich macht, der wird nimmer geehrt sein; denn Allah tut, was er will. [20] Da gibt es zwei entgegengesetzte Parteien (die Gläubigen und die Ungläubigen), welche über ihren Herrn streiten. Für die Ungläubigen sind Kleider aus Feuer bereitet, und siedendes Wasser soll über ihre Häupter gegossen werden, [21] wodurch sich ihre Eingeweide und ihre Haut auflösen. [22] Geschlagen sollen sie werden mit eisernen Keulen. [23] Sooft sie versuchen, der Hölle zu entfliehen, aus Angst vor der Qual, so oft sollen sie auch wieder in dieselbe zurückgejagt werden mit den Worten: »Nehmt nun die Strafe des Verbrennens hin.«

[24] Aber jene, die glauben und rechtschaffen handeln, wird Allah in Gärten führen, welche Wasserläufe durchströmen, und im

[7] Sie kehren wieder zu ihrem früheren Götzendienste zurück. [8] Wörtlich: bis an den Himmel. [9] Er soll sich aufhängen und vom Himmel zur Hölle stürzen! [10] Weil sie Allah die gebührende Ehrfurcht und Verehrung nicht bezeigen.

Paradiese werden sie mit Armbändern von Gold und Perlen geschmückt und mit Kleidern aus Seide; [25] denn sie wandelten nach dem besten Wort[11] und auf dem ehrenwertesten Wege. [26] Die Ungläubigen aber, welche andere verhinderten, dem Weg Allahs zu folgen und den heiligen Tempel (die Kaaba) zu Mekka zu besuchen, den wir für alle Menschen, für den Einheimischen wie für den Fremden, zum Verehrungsort gleicherweise bestimmt haben, und die, welche denselben frevlerisch zu entweihen suchen, diese wollen wir schwere Strafe erleiden lassen.

[27] Erinnere dich, daß wir dem Abraham die Stätte[12] des Hauses (der Kaaba) zum Aufenthaltsorte gaben mit den Worten: »Vergöttere kein Wesen neben mir und reinige mein Haus für die, welche um dasselbe herumgehen[13] und die stehend und sich beugend darin beten. [28] Verordne den Menschen die Wallfahrt: sie kommen zu Fuß oder auf abgemagerten Kamelen, aus weiter Ferne, über Berg und Tal, damit sie [29] von den Vorteilen[14] Zeugnis geben, welche ihnen diese Reise bringt, und den Namen Allahs an den dazu bestimmten Tagen[15] aussprechen: für den Genuß des Viehes, welches er ihnen erlaubt. Darum eßt nur davon und speist auch den Bedürftigen und Armen. [30] Dann mögen sie aufhören, ihren Körper zu vernachlässigen[16], und sollen ihre Gelübde erfüllen und um das altehrwürdige Haus[17] herumgehen. [31] So möge man tun. Wer nun in Ehren hält, was Allah geheiligt hat, für den wird es um so besser stehen bei seinem Herrn. Es ist euch erlaubt, alles Vieh zu essen, mit Ausnahme dessen, was euch als verboten bereits vorgelesen wurde[18]. Haltet euch fern von der Abscheulichkeit des Götzendienstes und hütet euch, lügenhafte Reden (über Allah) auszusprechen. [32] Seid rechtgläubig gegen Allah und setzt ihm kein Wesen zur Seite; denn wer Allah ein Wesen zur Seite setzt, der gleicht dem, was vom Himmel herabfällt, aber von den Raubvögeln erhascht oder vom Sturm an einen entfernten Ort verweht wird. [33] So ist es. Wer Allahs Opferbräuche hochhält, zeigt Frömmigkeit des

[11] Nach dem Wort Allahs. [12] Siehe zweite Sure [126] ff. [13] Siehe zweite Sure [126]. [14] Diese Vorteile sind teils die Handelsgeschäfte, welche während der Wallfahrt gemacht werden, teils das frohe Bewußtsein, seiner religiösen Pflicht genuggetan zu haben. [15] Nämlich die zehn ersten Tage des Monats Dhulhaja, wobei Allahs Name verehrt wird. [16] Sie sollen nunmehr ihr Haupt scheren, den Bart abnehmen, die Nägel schneiden: sich »reinigen«. Siehe zweite Sure [197] und Note 41. [17] Die Kaaba zu Mekka. Siehe dritte Sure [98]. [18] Vergleiche fünfte Sure [2] und [4] sowie sechste Sure [146] und sechzehnte Sure [116].

Herzens. [34] Zu mancherlei Nutzung bedient euch der Opfertiere bis zur bestimmten Zeit des Opfertages; dann aber müssen sie in dem altehrwürdigen Hause geschlachtet werden.

[35] Den Bekennern einer jeden Religion haben wir gewisse Gebräuche bestimmt, damit sie Allahs Namen beim Schlachten der Tiere eingedenk seien, welche er euch zur Nahrung gegeben hat. Euer Gott (Allah) ist ein einziger Gott. Ihm seid ganz ergeben. Und du verkünde Gutes denen, welche sich demütigen, [36] deren Herz bei der Erwähnung Allahs Ehrfurcht ergreift, welche alles mit Geduld ertragen, was sie befällt, und die das Gebet verrichten und Almosen von dem geben, was wir ihnen verliehen. [37] Die Opferkamele haben wir allein für Zeremonien zu Allahs Ehrung bestimmt, von denen ihr übrigens zuvor Nutzen ziehen dürft; sprecht daher den Namen Allahs über ihnen, wenn ihre Füße in gehöriger Ordnung stehen[19]. Wenn sie dann (nach der Schlachtung) tot niedergefallen sind, dann eßt davon und speist damit den Bescheidenen, welcher nichts fordert, wie auch den Bittenden. So haben wir sie euerer Herrschaft unterworfen, damit ihr uns dankbar seid. [38] Allah nimmt weder ihr Fleisch noch ihr Blut an; sondern nur euere Frömmigkeit nimmt er an. So hat er sie euerer Herrschaft unterworfen, damit ihr Allah preist, daß er euch recht geleitet hat. Und du verkünde den Rechtschaffenen frohe Botschaft. [39] Allah wird von den Gläubigen alle bösen Absichten der Ungläubigen abwenden; denn Allah liebt die Treulosen und Ungläubigen nicht.

[40] Den Gläubigen wurde erlaubt, die Ungläubigen, welche sie ungerechterweise verfolgten, zu bekämpfen, und Allah ist wahrlich mächtig genug, ihnen beizustehen, [41] denen, welche ungerechterweise aus ihren Wohnungen verjagt wurden, aus keiner anderen Ursache, nur weil sie sagten: »Unser Herr ist Allah!« Wendete Allah die Gewalttätigkeit der Menschen nicht durch andere Menschen ab, so wären die Klöster, Kirchen, Synagogen und Moscheen, in welchen der Name Allahs so oft genannt wird, schon längst zerstört[20]. Aber Allah steht dem bei, welcher sich zu ihm hält; denn Allah ist stark und mächtig. [42] Er wird denen helfen, welche, nachdem wir ihnen feste Wohnungen im Lande gegeben haben, das

[19] Zum Schlachten, wobei die Tiere am linken Vorderfuße festgebunden wurden und nur auf drei Füßen stehen durften. [20] »Jede religiöse Gesellschaft und Institution kann nur durch äußere Gewalt und durch die Macht der Waffen erhalten werden«, ein Ausspruch, der uns aus Mohammeds Mund nicht wundern darf.

Gebet verrichten, Almosen geben und gebieten, was Recht, und verbieten, was Unrecht ist. Das Ende aller Dinge ist bei Allah[21]. [43] Wenn sie dich (o Mohammed) des Betruges beschuldigen, so bedenke, daß auch vor ihnen schon das Volk des Noah, die Stämme Ad und Thamud, [44] das Volk des Abraham und Lot [45] und die Leute von Midian ihre Propheten desselben beschuldigten, ja selbst Moses wurde für einen Betrüger gehalten. Den Ungläubigen hatte ich eine Zeitlang nachgesehen, dann aber züchtigte ich sie, und welch eine Veränderung (all ihrer Verhältnisse) brachte dies hervor! [46] Wie manche Städte, welche nun mit ihren Häusern in Trümmern daliegen, haben wir, ihrer Ungerechtigkeiten wegen, zerstört? Wie viele Brunnen liegen nun verlassen, wie viele Festungen in Trümmern? [47] Reisen sie (die Mekkaner) denn gar nicht im Land umher? Haben sie denn keine Herzen, damit sie begreifen, keine Ohren, damit zu hören? Nun, ihre Augen sind nicht blind, nur die Herzen in ihrer Brust sind erblindet. [48] Jetzt wollen sie die angedrohte Strafe von dir beschleunigt haben; aber Allah wird schon nicht verfehlen, seine Drohung in Erfüllung zu bringen; denn ein Tag deines Herrn ist gleich tausend solcher Jahre, wie ihr sie zählt[22]. [49] Wie manchen Städten hatte ich eine Zeitlang nachgesehen, obgleich sie ungerecht waren! Doch später züchtigte ich sie, und zu mir ist die einstige Heimkehr.

[50] Sprich: »O ihr Menschen, ich bin euch nur ein ersichtlicher Prediger.« [51] Die nun glauben und gute Werke verrichten, erhalten Vergebung und ehrenvolle Versorgung. [52] Die aber sich bestreben, unsere Zeichen (Verse) zu schwächen[23], sollen der Hölle Gefährten werden. [53] Wir haben noch keinen Gesandten oder Propheten vor dir (Mohammed) geschickt, welchem nicht, wenn er vorlas (seine Sendung zu erfüllen trachtete), der Satan irgendeinen Irrtum in seine Vorlesung (sein Streben) eingestreut hätte; aber

[21] Zu ihm kehrt einst alles zurück. [22] Als Beweis des Einflusses von altem jüdischem und christlichem Gedankengut auf den Koran hier der Wortlaut des Psalms 90, 4: Denn tausend Jahre sind in deinen Augen wie der gestrige Tag, wenn er vergangen ist, und wie eine Wache in der Nacht. – Und bis in die Gegenwart blieb der Gedanke lebendig: Ina Seidel in der Karfreitags-Legende: Adam schläft im verschütteten Felsengrab / Tropfen rinnen wie Tränen die Wände herab / Jahre rinnen wie Tropfen, tausendmal modert das Laub . . . Der Zeitbegriff *(Der kranke Mensch und die Zeit)* in Zusammenhang mit dem Raum wird in der Münchner Medizinischen Wochenschrift, Jahrgang 1959, in modernster philosophischer Erläuterung von L. R. Grote klar umrissen: Das Leben . . . ist durch eine Eigenschaft unabdingbar charakterisiert. Es hat eine Dauer. Drei Ansichten der Zeit resultieren: meßbare Zeit; Dauer und Begrenzung; subjektive Zeit. [23] Die den Koran zu vernichten suchen.

Allah wird vernichten, was der Satan eingestreut hat[24]. Allah wird seine Zeichen (gegen den Satan) bekräftigen; denn Allah ist allwissend und allweise. [54] Er läßt dies aber zu, damit das, was der Satan einstreut, eine Versuchung werde für die, deren Herz schwach oder verhärtet ist – seht, die Gottlosen sind weit entfernt von der Wahrheit –, [55] und damit die, welchen Erkenntnis zuteil geworden ist, einsehen, daß dieser Koran die Wahrheit deines Herrn enthält, und daran glauben und ihre Herzen dadurch sich beruhigen; denn Allah leitet die Gläubigen auf den rechten Weg. [56] Die Ungläubigen aber werden nicht aufhören, denselben in Zweifel zu ziehen, bis die letzte Stunde plötzlich über sie hereinbricht oder die Strafe des unglückseligen Tages (des Jüngsten) sie überkommt. [57] An diesem Tage wird Allah allein die Herrschaft haben, und er wird zwischen ihnen richten. Die nun glaubten und rechtschaffen handelten, kommen in liebliche Gärten. [58] Die Ungläubigen aber, welche unsere Zeichen des Betruges beschuldigten, sollen eine schmachvolle Strafe erleiden.

[59] Und wer für die Religion Allahs ausgewandert ist, hernach erschlagen wurde oder gestorben ist, dem wird Allah eine herrliche Versorgung geben; denn Allah ist der beste Versorger. [60] Er wird sie in eine Stätte eingehen lassen, welche ihnen wohl gefällt[25]; denn Allah ist allwissend und langmütig. [61] So ist es. Wer Vergeltung in dem Maße nimmt, das genau dem Unrecht entspricht, das ihm geschehen ist, und dafür wieder mit Unrecht behandelt wird[26], dem wird Allah beistehen, denn Allah ist gnädig und versöhnend. [62] Er läßt (kaum merkbar) die Nacht auf den Tag und den Tag auf die Nacht folgen, und Allah ist der Allhörende und Allsehende. [63] Allah ist die Wahrheit, und was sie statt ihm anrufen, ist Wahn, und nur Allah ist das höchste und erhabenste Wesen. [64] Siehst du denn nicht, wie Allah Wasser vom Himmel herabsendet, wodurch die Erde sich grün färbt? Allah ist allgültig und allweise. [65] Ihm gehört, was in den Himmeln und was auf Erden ist, Allah ist wahrhaftig reich und des Preisens wert.

[24] Die Ausleger erzählen, daß bei Vorlesung der dreiundfünfzigsten Sure zwischen Vers [20], [21], wo von drei weiblichen Gottheiten die Rede ist, Mohammed die Worte entfahren seien: Dies sind die erhabensten und schönsten Jungfrauen, deren Vermittlung wohl zu erwarten ist. Der Engel Gabriel soll aber diese Unanständigkeit gleich verbessert haben, welche hier als Eingebung des Satans bezeichnet wird. Siehe sechzehnte Sure [99] und Note 26 sowie siebzehnte Sure [74] und Note 25. [25] So wörtlich, nämlich ins Paradies. [26] Wer sich an den Ungläubigen nicht mehr rächt, als sie ihm Unrecht angetan haben . . .

[66] Siehst du denn nicht, daß alles, was auf Erden ist, ja selbst die Schiffe, welche das Meer durchsegeln, Allah durch sein Wort euch untertänig gemacht hat? Er hält den Himmel, daß er nicht auf die Erde falle, oder er müßte es wollen (am Jüngsten Tage); denn Allah ist gegen die Menschen gütig und barmherzig. [67] Er ist es, welcher euch das Leben gab und euch wieder sterben läßt und dann wieder aufs neue belebt, und dennoch sind die Menschen undankbar. [68] Einem jeden Volke haben wir fromme Gebräuche verordnet, welche sie beobachten. Lasse sie daher darüber nicht mit dir streiten; rufe sie nur zu deinem Herrn[27], denn du folgst der richtigen Leitung. [69] Wollen sie sich aber mit dir in Streit einlassen, so sprich: »Allah kennt euer Tun, [70] und Allah wird am Auferstehungstage zwischen euch das entscheiden, worüber ihr jetzt uneinig seid.« [71] Weißt du denn nicht, daß Allah kennt, was in den Himmeln und was auf Erden ist? Dies alles ist niedergeschrieben im Buche der ewigen Ratschlüsse; dies ist ein leichtes für Allah. [72] Sie verehren statt Allah Dinge, wozu ihnen kein Recht gegeben wurde und wovon sie keine Kenntnis haben. Aber die Frevler werden keinen Helfer finden. [73] Und wenn unsere deutlichen Zeichen (der Koran) ihnen vorgelesen werden, so kannst du auf dem Angesichte der Ungläubigen die Verachtung derselben wahrnehmen, und wenig fehlt, daß sie nicht mit Heftigkeit über die herfallen, welche ihnen unsere Zeichen vorlesen. Sprich: »Soll ich euch etwas Schlimmeres noch als dies verkünden? Das Höllenfeuer, welches Allah angedroht hat, ist schlimmer, und eine unglückselige Reise ist dorthin.«

[74] O ihr Menschen, es gibt ein Gleichnis, hört es doch an! Die Götzen, welche ihr statt Allah anruft, können ja nicht einmal eine Fliege erschaffen, und wenn sie auch alle deshalb zusammenstehen. Und wenn ihnen eine Fliege etwas hinwegnimmt[28], so können sie es ihr nicht einmal wieder abnehmen. Schwach ist der Suchende (bittende Götzendiener) und der Gesuchte (angebetete Götze). [75] Sie beurteilen Allah nicht nach seinem wahren Wert (nach seiner Göttlichkeit), und Allah ist doch allmächtig und allgewaltig. [76] Allah wählt sich Boten aus den Engeln und aus den Menschen, und Allah hört und sieht alles. [77] Er weiß, was vor ihnen und was hinter ihnen ist[29], und zu Allah kehren alle Dinge zurück. [78] Oh,

[27] Laß dich in keine Religionszänkereien ein; lade sie nur zur wahren Religion ein und damit genug. [28] Nämlich von den Opfern. [29] Was sie getan haben und was sie noch tun werden.

Gläubige, beugt euch, betet an und dient euerem Herrn und handelt rechtschaffen, vielleicht ergeht es euch wohl. [79] Kämpft für Allahs Weg, wie es sich geziemt, für diesen zu kämpfen. Er hat euch auserwählt und euch nichts Unmögliches in der Religion auferlegt. Er hat euch die Religion eueres Vaters Abraham gegeben und euch früher schon und jetzt in diesem Buche »Moslems« genannt, damit der Gesandte einst Zeuge gegen (und für) euch sei und ihr Zeuge gegen (und für) die übrigen Menschen seid. Darum verrichtet das Gebet und gebt Almosen und hängt fest Allah an. Er ist euer Herr. Er ist der beste Herr und der beste Beschützer.

DREIUNDZWANZIGSTE SURE

Die Gläubigen[1] (Al-Mominun) *offenbart zu Mekka*

[1] Im Namen Allahs, des Allbarmherzigen.

[2] Glücklich sind die Gläubigen, [3] welche sich in ihrem Gebet demütigen [4] und sich von unnützem Gerede (beim Gebete) fernhalten [5] und Almosen geben [6] und welche sich vor fleischlicher Berührung (Unkeuschheit) hüten, [7] bei anderen als mit Ausnahme ihrer Frauen und Sklavinnen, welche sie erworben haben – denn dies ist nicht strafbar; [8] wer aber nach anderen Frauen außer diesen lüstern ist, der ist ein Übertreter –, [9] und die treulich ihre Verträge und Anvertrautes hüten [10] und ihre Gebete zur bestimmten Zeit beachten. [11] Diese werden die Erben sein, [12] welche das Paradies erben und ewig darin bleiben. [13] Wir erschufen einst den Menschen aus reinstem Lehm; [14] dann machten wir ihn aus Samentropfen in einem sicheren Aufenthaltsort (im Mutterleib); [15] dann machten wir den Samen zu geronnenem Blut (einer Blutmasse), und das geronnene Blut bildeten wir zu einem Stück Fleisch und dieses Fleisch wieder zu Knochen, und diese Knochen bedeckten wir wieder mit Fleisch, woraus wir dann ein neues Geschöpf[2] erstehen ließen. Lob sei darum Allah, dem herrlichsten Schöpfer! [16] Darnach aber müßt ihr sterben, [17] am Tage der Auferstehung aber werdet ihr wieder auferweckt. [18] Über euch haben wir sieben Himmel[3] geschaffen, und nichts von dem, was wir ge-

[1] So genannt, weil diese Sure von dem Glück der Gläubigen spricht und dies Wort auch im Vers [2] enthalten ist. [2] Nämlich den vollendeten Menschen, der aus Leib und Seele besteht. [3] Wörtlich: sieben Wege.

schaffen haben, vernachlässigen wir. [19] Wir schicken den Regen vom Himmel nach bestimmtem Maß und lassen ihn in der Erde ruhen, und wir besitzen auch die Macht, ihn derselben wieder zu entziehen. [20] Durch den Regen schaffen wir euch Gärten mit Palmbäumen und Weinreben, die euch mancherlei Früchte gewähren, welche ihr genießen könnt, [21] und auch den Baum, welcher besonders am Berge Sinai wächst[4] und Öl hervorbringt und einen Saft zur Speise. [22] Auch das Vieh kann euch zur Ermahnung dienen. Wir geben euch zu trinken von der Milch in ihrem Leibe, und ihr habt sonst noch mancherlei Nutzen von demselben, wie den, davon zu essen [23] und auf demselben wie auf Schiffen davongetragen zu werden[5].

[24] Auch den Noah schickten wir einst zu seinem Volk, und er sagte: »O mein Volk, verehrt doch nur Allah, ihr habt ja keinen Gott außer ihm, und ihr wolltet ihm nicht ehrfürchtig dienen?« [25] Die Häupter seines Volkes aber, welche nicht glaubten, erwiderten: »Dieser ist ja nur ein Mensch, wie ihr auch seid; er will sich nur herrschsüchtig über euch erheben. Hätte Allah jemanden zu uns schicken wollen, so würde er doch Engel gesandt haben. Wir haben nie so etwas von unseren Vorfahren gehört. [26] Dieser Mann muß vom Wahnsinn befallen sein; darum gebt eine Zeitlang acht auf ihn.« [27] Er (Noah) aber sprach: »O mein Herr, hilf du mir, da sie mich des Betruges beschuldigen.« [28] Wir sagten durch Offenbarung zu ihm: »Mache dir die Arche in unserer Gegenwart und nach dem Plane, den wir dir offenbaren. Wenn nun unser Befehl in Erfüllung gehen und der Ofen zu sieden[6] beginnen wird, dann bring in die Arche von allen Tiergattungen zwei Paare[7] und deine Familie, mit Ausnahme dessen, über welchen das Urteil bereits gesprochen ist[8], und sprich mir nicht zugunsten der Frevler; denn sie sollen ertränkt werden. [29] Und wenn du, und die mit dir sind, die Arche bestiegen haben, dann sprich: ›Lob sei Allah, der uns von dem gottlosen Volk errettet hat!‹ [30] und sprich ferner: ›O mein Herr, führe mich auch wieder aus der Arche, und laß meinen Ausgang (meine Landung) gesegnet sein; denn du bist der beste Herausführer

[4] Nach den Auslegern der Olivenbaum. [5] Das Vieh, welches hier besonders gemeint ist, ist das Kamel, das bei den Arabern auch das Landschiff heißt, weil es sicher durch die Wüste, das Sandmeer, trägt. [6] Siehe elfte Sure [41] und Note 16. [7] So wörtlich. Soll wahrscheinlich heißen: zwei, nämlich ein Männchen und ein Weibchen, die zusammen ein Paar bilden. [8] Dies soll ein Sohn des Noah gewesen sein. Siehe elfte Sure [41] und Note 18.

(Steuermann).‹« [31] Wahrlich, dies waren Zeichen unserer Allmacht, wodurch wir sie prüften. [32] Darauf ließen wir nach diesen ein anderes Geschlecht erstehen[9] [33] und schickten ihnen einen Gesandten aus ihrer Mitte[10], welcher sagte: »Verehrt nur Allah allein, ihr habt ja keinen Gott außer ihm, und ihr wolltet ihm nicht ehrfürchtig dienen?«

[34] Aber die Häupter seines Volkes, welche nicht glaubten und die Zukunft des zweiten Lebens leugneten und welche wir in diesem Leben mit Überfluß versehen hatten, diese sagten: »Dieser ist ja nur ein Mensch, wie ihr seid. Er ißt dasselbe, was ihr eßt, und trinkt, was ihr trinkt. [35] Wenn ihr nun einem Menschen gehorcht, der euch ganz gleich ist, dann seid ihr verloren. [36] Will er euch damit drohen, daß ihr, wenn ihr tot und Staub und Knochen geworden seid, nochmals aus dem Grabe hervorgehen werdet? [37] Hinweg, hinweg mit dieser Drohung! [38] Es gibt kein anderes Leben als unser irdisches Dasein. Wir sterben und leben (wir leben und sterben) und werden nie wieder auferweckt. [39] Dieser Mensch erdichtet nur Lügen von Allah; daher wollen wir ihm nicht glauben.« [40] Der Gesandte aber sagte: »O mein Herr, hilf mir doch, da sie mich des Betruges beschuldigen.« [41] Allah antwortete: »Noch eine kurze Weile, und sie werden bereuen.« [42] Eine strenge und gerechte Strafe traf sie, und wir machten sie dem hinschwindenden Schaume gleich; denn weit hinweg wird ein gottloses Volk geschleudert. [43] Nach diesen ließen wir wieder andere Geschlechter[11] erstehen. [44] Kein Volk aber kann seine ihm bestimmte Zeit beschleunigen oder weiter hinausschieben. [45] Wir schickten unsere Gesandten, einen nach dem anderen. Sooft nun ein Gesandter zu seinem Volke kam, so oft auch wurde er von demselben des Betruges beschuldigt. Darum ließen wir ein Volk nach dem anderen untergehen und machten sie zum Gegenstande der Erzählung (warnenden Beispiels); denn weit hinweg wird ein ungläubiges Volk geschleudert! [46] Später schickten wir den Moses und seinen Bruder Aaron mit unseren Zeichen und mit sichtbarer Gewalt [47] zu Pharao und seinen Fürsten. Diese aber zeigten sich übermütig; denn es waren hochmütige Menschen. [48] Sie sagten: »Sollen wir wohl zwei uns ganz ähnlichen Menschen Glauben schenken, deren Volk uns zudem

[9] Der Stamm Ad oder Thamud. [10] Den Propheten Hud oder Saleh. [11] Die Sodomiter und Midianiter.

als Sklave dient?« [49] So beschuldigten sie beide des Betruges; daher mußten sie auch untergehen; [50] dem Moses aber gaben wir das Buch des Gesetzes, um die Kinder Israels durch dasselbe richtig zu leiten. [51] Und den Sohn der Maria und seine Mutter machten wir zu Wunderzeichen und gaben beiden einen erhabenen Ort, welcher Sicherheit und frische Wasserquellen gewährt, zum Aufenthalt[12].

[52] »O ihr Gesandten, genießt die erlaubten guten Dinge und handelt auch gut; denn ich kenne euer Tun. [53] Diese euere Religion ist die einzig wahrhaftige, und ich bin euer Herr; darum fürchtet nur mich[13].« [54] Aber sie, die Menschen, haben ihre Religion in Parteien (Sekten) geteilt, und eine jede Sekte freut sich ihres Anteils. [55] Laß sie nur in ihrem Irrtume bis zu einer gewissen Zeit (bis zu ihrem Tode). [56] Glauben sie, daß der Reichtum und die Kinder, welche wir ihnen so schnell in Überfluß gegeben haben, [57] nur zum Glück sind? Doch sie verstehen das nicht. [58] Die ehrfurchtsvoll ihren Herrn fürchten [59] und an die Zeichen ihres Herrn glauben [60] und kein Wesen ihrem Herrn beigesellen [61] und die, welche als Almosen geben, was sie zu geben haben, und deren Herz mit Zagen daran denkt, daß sie einst zu ihrem Herrn zurückkehren müssen, [62] diese beeilen sich, gute Werke auszuüben, und suchen sich gegenseitig darin zu übertreffen. [63] Wir legen auch keiner Seele mehr Last auf, als sie zu tragen vermag; denn wir besitzen ein Buch, das die Wahrheit spricht, und sie sollen nicht Unrecht erleiden. [64] Aber ihre Herzen waren hierin ganz unwissend, und ganz verschieden von den oben angegebenen Werken waren die, welche sie so lange ausübten, [65] bis wir ihre Begüterten mit schrecklicher Strafe heimsuchten[14], so daß sie laut um Hilfe schrien. [66] Da hieß es aber: »Schreit heute nicht so um Hilfe; denn es wird euch von uns nicht geholfen.« [67] Wenn meine Zeichen euch vorgelesen wurden, dann kehrtet ihr euch auf eueren Fersen (um zu verleugnen) [68] und zeigtet euch hochmütig dagegen und unterhieltet euch lieber des Nachts von törichten Dingen[15]. [69] Wollen

[12] Die Ausleger sagen, dieser Ort sei entweder Jerusalem, Damaskus, Land Palästina oder Ägypten. Vielleicht ist der Berg gemeint, auf welchem, nach Mohammed, Maria niedergekommen sein soll. Siehe neunzehnte Sure [23] ff. [13] Vergleiche einundzwanzigste Sure [93]. [14] Hierunter ist entweder die Schlacht bei Bedr, wo mehrere vornehme Koreischiten ihr Leben ließen, oder eine große Hungersnot zu Mekka zu verstehen. [15] Nach Wahls Meinung wirft Mohammed seinen Zeitgenossen hier ihre Vorliebe zu abendlichen Märchenerzählungen vor, welche sie der Anhörung seines Korans weit vorzogen.

sie denn nicht ernstlich die Worte (des Korans) bedenken, daß ihnen dadurch eine Offenbarung zuteil geworden ist, welche ihren Vorfahren nicht zugekommen war? [70] Kennen sie denn ihren Gesandten nicht, daß sie ihn so ganz verwerfen wollen? [71] Wollen sie etwa sagen, er sei ein Verrückter? Aber nein, er kommt mit der Wahrheit zu ihnen; aber der größte Teil verachtet die Wahrheit. [72] Richtete sich die Wahrheit nach ihren Lüsten, so müßten die Himmel und die Erde, und was darin ist, zugrunde gehen[16]. Wir haben ihnen nun eine Ermahnung (den Koran) gegeben; aber sie wenden sich von ihrer Ermahnung weg. [73] Willst du etwa für dein Predigen eine Belohnung von ihnen fordern? Der Lohn deines Herrn ist besser; er vergilt am besten. [74] Du lädst sie zwar ein, den richtigen Weg zu wandeln, [75] aber sie, die nicht an ein zweites Leben glauben, weichen von diesem Weg ab. [76] Hätten wir uns ihrer auch erbarmt und sie von der großen Not (der Hungersnot), welche sie befallen hat, befreit, so würden sie doch hartnäckig in ihrem Irrtume geblieben sein und in demselben verharrt haben. [77] Wir züchtigten sie darauf mit schwerer Strafe (der Hungersnot), sie demütigten sich aber dennoch nicht vor ihrem Herrn und beteten auch nicht zu ihm, [78] bis wir ihnen die Pforte zu härterer Strafe (die Niederlage bei Bedr) öffneten; da wurden sie zur Verzweiflung gebracht.

[79] Er ist es, der euch Gehör und Gesicht und empfindsam fühlende Herzen gegeben hat, aber wie wenige von euch sind dankbar dafür! [80] Er ist es, der euch für die Erde geschaffen (und auf dieser vermehrt) hat, und vor ihm werdet ihr einst wieder versammelt. [81] Er ist es, der Leben und Tod gibt, und von ihm kommt der Wechsel der Nacht und des Tages. Wollt ihr denn das nicht begreifen? [82] Aber sie sprechen gerade wie ihre Vorfahren; [83] sie sagen nämlich: »Wenn wir tot und Staub und Knochen geworden sind, sollten wir da wohl wieder auferweckt werden? [84] Wir, und auch unsere Vorfahren schon, sind hiermit bedroht worden; das ist aber nur eine alte Fabel der Früheren.« [85] Sprich: »Wem gehört die Erde, und was darauf ist; wißt ihr das?« [86] Sie werden antworten: »Allah.« Dann frage: »Warum wollt ihr denn seiner nicht in Ehrfurcht eingedenk sein?« [87] Sprich: »Wer ist Herr der sieben Himmel und Herr des herrliches Thrones?« [88] Sie werden ant-

[16] Vergleiche einundzwanzigste Sure [23] und Note 10.

worten: »Allah.« Dann frage: »Warum wollt ihr ihm denn nicht dienen?« [89] Sprich ferner: »In wessen Hand ist die Herrschaft über alle Dinge, und wer beschützt alles und wird nicht beschützt (und gegen den es keinen Schutz gibt)? Wißt ihr das?« [90] Sie werden antworten: »In Allahs Hand.« Dann frage: »Warum seid ihr denn wie bezaubert (so verblendet)?« [91] Wahrlich, wir haben ihnen nun die Wahrheit gebracht; aber sie leugnen sie. [92] Allah hat kein Kind gezeugt, und neben ihm ist auch kein anderer Gott; denn wäre es anders, so nähme ja jeder Gott vorweg, was er geschaffen hat, und einer würde sich über den anderen erheben wollen[17]. Fern sei von Allah, was sie von ihm sagen! [93] Er weiß das Verborgene und das Offenbare, und er ist weit erhaben über das, was sie ihm zugesellen.

[94] Sprich: »O mein Herr, willst du mich das Strafgericht sehen lassen, welches ihnen angedroht ist, [95] so setze mich doch nicht, o Herr, diesem gottlosen Volk an die Seite[18].« [96] Sieh, wir besitzen die Macht, dich sehen zu lassen, was wir ihnen angedroht haben. [97] Wende du aber das Böse durch Besseres ab[19]; denn wir kennen die Verleumdungen, welche sie von dir aussagen. [98] Sprich: »Ich fliehe zu dir, o mein Herr, gegen die Anfechtungen des Satans; [99] ich nehme meine Zuflucht zu dir, o Herr, damit sie mir nicht schaden.« [100] Erst wenn der Tod einen der Ungläubigen erfassen will, wird er sagen: »O Herr, laß mich ins Leben zurückkehren, [101] damit ich die guten Werke verrichte, welche ich unterlassen habe[20].« Keineswegs! heißt es dann, und die Worte, die er spricht, sind vergebens; denn hinter ihnen ist eine Kluft[21] bis zum Tage der Auferstehung. [102] Wenn dann in die Posaune gestoßen wird, dann besteht an diesem Tage keine Verwandtschaft mehr unter ihnen, und sie werden dann nicht nach dem anderen fragen (sich dann gegenseitig nicht um Beistand bitten). [103] Die, deren Waagschale mit guten Werken schwer befunden wird, sollen glücklich sein; [104] deren Waagschale aber leicht befunden wird, weihten ihre Seelen dem Untergang, und sie bleiben auf ewig in der Hölle. [105] Das Feuer wird ihr Gesicht verbrennen, und aus Angst werden sie den Mund verzerren (und ihr Leib wird schrumpfen), und es heißt dann:

[17] Siehe siebzehnte Sure [43]. [18] So lasse dessen Strafe an mir vorübergehen und mich nicht mittreffen. [19] Vergib ihnen das Böse, das sie dir zufügen, und tue ihnen Gutes dafür. [20] Es kann auch heißen: damit ich . . . in der Welt, die ich nun verlasse. [21] Nämlich das Grab, als Zwischenzeit und Scheidewand zwischen dieser und jener Welt.

[106] »Wurden euch meine Zeichen nicht vorgelesen? Und habt ihr sie nicht des Betruges beschuldigt (verworfen)?« [107] Sie werden antworten: »Unser Unglück war zu mächtig über uns, und wir waren irrende Menschen. [108] O unser Herr, führe uns aus diesem Höllenfeuer, und wenn wir zu unserer früheren Schlechtigkeit zurückkehren, dann sollen wir Frevler sein.« [109] Allah aber wird antworten: »Hinweg, ihr zur Hölle Verworfenen, und sprecht mir nicht von Rettung! [110] Ein Teil meiner Diener sagte: ›Oh, unser Herr, wir glauben; darum vergib uns und erbarme dich unser; denn du bist der beste Erbarmer.‹ [111] Ihr aber habt sie nur mit Spott aufgenommen, so daß sie euch meine Ermahnung vergessen ließen[22], und dabei lachtet ihr sie noch mit Hohn aus. [112] Ich aber belohne sie an diesem Tage dafür, daß sie euere Beleidigung mit Geduld ertragen haben, und sie werden sich großer Glückseligkeit erfreuen.« [113] Allah wird (die Höllenbewohner) fragen: »Wie viele Jahre habt ihr wohl auf der Erde verweilt?« [114] Sie werden antworten: »Einen Tag oder nur einen Teil eines Tages[23]; frage nur die, welche Rechnung darüber führen (die Engel).« [115] Er aber wird sagen: »Ihr habt nur eine ganz kurze Zeit dort verweilt, wenn ihr es wissen wollt. [116] Glaubtet ihr, daß wir euch nur zum Scherz erschufen und daß ihr nicht wieder zu uns zurückkehren würdet?« [117] Hoch erhaben ist Allah, der König, die Wahrheit! Außer ihm, dem Herrn des hocherhabenen Thrones, gibt es keinen Gott. [118] Wer neben dem wahren Gott noch einen anderen Gott anruft, für den er doch keinen Beweis hat, der wird einst von seinem Herrn deswegen zur Rechenschaft gezogen werden; denn die Ungläubigen können nicht glücklich sein. [119] Sprich: »O Herr, verzeih und sei barmherzig; denn du bist der beste Erbarmer.«

[22] Ihr verursachtet dadurch, daß sie euch nicht mehr zum Guten ermahnten. [23] So kurz erscheint ihnen das Erdenleben.

VIERUNDZWANZIGSTE SURE

Das Licht[1] (Al-Nur) *offenbart zu Medina*

[1] Im Namen Allahs, des Allbarmherzigen. [2] Diese Sure haben wir vom Himmel gesandt und darin Verordnungen erlassen, deutliche Zeichen zu euerer Ermahnung. [3] Eine Hure und einen Hurer sollt ihr mit hundert Schlägen geißeln[2]. Laßt euch nicht, diesem Urteil Allahs zuwider, von Mitleid gegen sie einnehmen, wenn ihr an Allah und den Jüngsten Tag glaubt. Einige Gläubige sollen ihre Bestrafung bezeugen[3]. [4] Der Hurer soll keine andere Frau als nur eine Hure oder eine Götzendienerin heiraten, und eine Hure soll nur einen Hurer oder einen Götzendiener zum Manne nehmen. Eine Heirat mit solchen ist den Gläubigen verboten. [5] Wer eine ehrbare Frau des Ehebruchs beschuldigt und dies nicht durch vier Zeugen beweisen kann[4], den geißelt mit achtzig Schlägen und nehmt dessen Zeugnis nie mehr an, denn er ist ein Bösewicht; [6] derjenige sei ausgenommen, der später bereut und sich bessert; denn Allah ist versöhnend und barmherzig. [7] Diejenigen, welche ihre eigenen Frauen des Ehebruchs beschuldigen und kein anderes Zeugnis als ihr eigenes darüber beibringen, sollen viermal bei Allah schwören, daß sie die Wahrheit gesprochen haben, [8] und das fünftemal rufen sie den Fluch Allahs über sich, wenn sie Lügner sind (dann genügt ihr Zeugnis). [9] Doch soll folgendes die Strafe von der Frau abwenden, wenn sie nämlich viermal bei Allah schwört, daß ihr Mann ein Lügner sei, [10] und das fünftemal den Zorn Allahs über sich ruft, wenn der Beschuldiger die Wahrheit gesprochen habe[5]. [11]

[1] So genannt, weil in dieser Sure Allah und seine Offenbarung unter dem Bilde des Lichtes vorgestellt wird. [2] Nach der Sunna (Sammlung – nach Mohammeds Tod – von Aussprüchen und Anordnungen Mohammeds und der ersten vier Kalifen) wird diese Strafe nur bei Nichtfreien angewendet; Freigeborene werden gesteinigt; ebenso Ehebrecher. [3] Sie mögen bei der Bestrafung der Geißelung gegenwärtig sein. [4] Siehe vierte Sure [16]. [5] Mohammed hat von dem im 4. B. Mos., 5, 11 – 31 enthaltenen Gesetze gehört und es für seinen Zweck abgeändert. Um dem Leser Einblick zu gewähren, sei hier die angezogene Stelle in der vom Verlag R. Brockhaus, 1955, herausgegebenen Taschenbuch-Bibelausgabe ungekürzt zitiert: [11] Und Jehova redete zu Moses und sprach: [12] Rede zu den Kindern Israels und sprich zu ihnen: Wenn irgendeines Mannes Weib ausschweift und Untreue gegen ihn begeht [13] und ein Mann liegt bei ihr zur Begattung und es ist verborgen vor den Augen ihres Mannes und sie hat sich im geheimen verunreinigt und es ist kein Zeuge gegen sie und sie ist nicht ertappt worden: [14] und der Geist der Eifersucht kommt über ihn und er wird eifersüchtig auf sein Weib und sie hat sich verunreinigt, oder der Geist der Eifersucht kommt über ihn und er wird eifersüchtig auf sein Weib und sie hat sich nicht verunreinigt; [15] so soll der Mann sein Weib zu dem Priester bringen und eine Opfergabe ihrethalben bringen, ein Zehntel Epha Gerstenmehl; er soll kein Öl daraufgießen und keinen Weihrauch darauflegen; denn es ist ein Speisopfer der Eifersucht, ein Speisopfer des Gedächtnisses, welches Ungerechtigkeit ins Gedächtnis

Waltete nicht Allahs Gnade über euch und seine Barmherzigkeit und wäre er nicht versöhnlich und allweise (so würde er euere Verbrechen gleich bestrafen)[6].

[12] Haltet[7] die Partei, welche mit der Verleumdung unter euch auftrat, nicht für ein Übel; im Gegenteil, dies ist gerade gut für euch[8]. Ein jeder von dieser Partei soll nach Maßgabe des Verbrechens, dessen er sich schuldig gemacht hat, bestraft werden[9]. Der

bringt. [16] Und der Priester soll sie herzunahen lassen und sie vor Jehova stellen. [17] Und der Priester nehme heiliges Wasser in einem irdenen Gefäß; und der Priester nehme von dem Staub, der auf dem Fußboden der Wohnung ist und tue ihn in das Wasser. [18] Und der Priester stelle das Weib vor Jehova und entblöße das Haupt des Weibes und lege auf ihre Hände das Speisopfer des Gedächtnisses; es ist ein Speisopfer des Gedächtnisses; es ist ein Speisopfer der Eifersucht; und das fluchbringende Wasser der Bitterkeit soll in der Hand des Priesters sein. [19] Und der Priester soll sie beschwören und zu dem Weib sagen: Wenn kein Mann bei dir gelegen hat und wenn du, unter deinem Mann seiend, nicht ausgeschweift bist in Unreinigkeit, so bleibe unversehrt von diesem fluchbringenden Wasser der Bitterkeit; [20] wenn du aber, unter deinem Mann seiend, ausgeschweift bist und dich verunreinigt hast und ein Mann bei dir gelegen hat außer deinem Mann – [21] und zwar soll der Priester das Weib beschwören mit dem Schwur des Fluches, und der Priester soll zu dem Weib sagen –: So mache dich Jehova zum Fluch und zum Schwur in der Mitte deines Volkes, indem Jehova deine Hüfte schwinden und deinen Bauch schwellen mache, [22] und es komme dieses fluchbringende Wasser in deine Eingeweide, um den Bauch schwellen und die Hüfte schwinden zu machen! Und das Weib soll sagen: Amen! Amen! [23] Und der Priester soll diese Flüche in ein Buch schreiben und sie in das Wasser der Bitterkeit auslöschen (damit die Flüche gleichsam ins Wasser übergehen); [24] und er soll das Weib das fluchbringende Wasser der Bitterkeit trinken lassen, damit das fluchbringende Wasser in sie komme zur Bitterkeit. [25] Und der Priester nehme aus der Hand des Weibes das Speisopfer der Eifersucht und weihe das Speisopfer vor Jehova und bringe es zum Altar; [26] und der Priester nehme eine Handvoll von dem Speisopfer als dessen Gedächtnisteil und räuchere es auf dem Altar; und danach soll er das Weib das Wasser trinken lassen. [27] Und hat er sie das Wasser trinken lassen, so wird es geschehen, wenn sie sich verunreinigt und Untreue begangen hat gegen ihren Mann, daß das fluchbringende Wasser in sie kommen wird zur Bitterkeit, und ihr Bauch wird schwellen und ihre Hüfte schwinden; und das Weib wird zum Fluch werden in der Mitte ihres Volkes. [28] Wenn aber das Weib sich nicht verunreinigt hat und rein ist, so wird sie unversehrt bleiben und Samen empfangen. [29] Das ist das Gesetz der Eifersucht: Wenn ein Weib, unter ihrem Mann seiend, ausschweift und sich verunreinigt [30] oder wenn über einen Mann der Geist der Eifersucht kommt und er wird eifersüchtig auf sein Weib, so soll er das Weib vor Jehova stellen, und der Priester soll ihr tun nach diesem ganzen Gesetz. [31] Und der Mann wird frei sein von Schuld (Ungerechtigkeit); das Weib aber soll ihre Missetat tragen!

[6] Die eingeklammerten Worte stehen nicht im Text, müssen aber hinzugedacht werden. [7] Mohammed und seine Anhänger werden in diesem Vers unter Bezug auf Aïscha angesprochen. [8] Zum Verständnis dieser und der folgenden Stelle diene folgender Bericht: Aïscha (614–13. 7. 678), die dritte und liebste Frau Mohammeds, die ihn in dem Feldzug gegen den Stamm Moztalek im fünften Jahr der Hedschra begleitete, kam in der Nacht vom Weg ab. Safan ibn al-Moattel, einer der vornehmsten Heerführer, blieb zufällig auch zurück und fand des Morgens die Aïscha schlafend. Als diese jenen gewahr wurde, warf sie den Schleier übers Gesicht. Safan, ohne weiter ein Gespräch mit ihr anzuknüpfen, ließ sie ein Kamel besteigen und brachte sie zurück. Durch diesen Vorfall suchten Mohammeds Feinde, namentlich ein gewisser Abdallah ibn Obba, ihre Tugend zu verdächtigen, was Mohammed großen Kummer verursachte. Zu seiner Beruhigung und zum Trost der Aïscha und ihres Vaters Abu Bekr und des Safan wurden nun diese Verse offenbart, welche diese Verleumdung als eine Prüfung zum Zwecke der Erhöhung ihres Seelenheiles darstellt. [9] Ungefähr vier Personen erhielten achtzig Peitschenhiebe. Leider

Rädelsführer aber, der die Verleumdung aufgebracht und aufgebauscht hat, soll peinliche Strafe erleiden[10]. [13] Haben nicht die gläubigen Männer und die gläubigen Frauen, als sie dies hörten, das Beste davon in ihren Herzen gedacht? Und gesagt: »Dies ist offenbare Lüge!« [14] Hatten sie vier Zeugen dafür aufgebracht? Da sie nun keine Zeugen aufbringen konnten, so werden sie von Allah als Lügner betrachtet. [15] Walteten nicht Allahs Gnade und seine Barmherzigkeit über euch – in diesem und im zukünftigen Leben–, so hätte euch schwere Strafe wegen der Verleumdung getroffen, die ihr ausgestreut habt, [16] da ihr mit euerer Zunge solches sagtet und mit euerem Munde spracht, wovon ihr keine Kenntnis hattet, und das für gering achtetet, was vor Allah sehr wichtig ist. [17] Warum habt ihr nicht, als ihr dies (die Verleumdung) gehört habt, gesprochen: »Es ziemt uns nicht, davon zu sprechen. Bewahre Allah! Dies ist ja eine große Verleumdung.«? [18] Allah warnt euch nun, daß ihr nie mehr ähnliches begeht, wenn ihr Gläubige sein wollt. [19] Allah macht euch seine Zeichen deutlich; denn Allah ist allwissend und allweise. [20] Die es lieben, von den Gläubigen Schändliches (Unkeusches) zu verbreiten, erhalten in diesem und in dem zukünftigen Leben schwere Strafe; denn Allah weiß, was ihr nicht wißt. [21] Walteten nicht Allahs Gnade und seine Barmherzigkeit über euch und wäre Allah nicht gnädig und nachsichtig ... (so hätte euch seine Strafe schon getroffen).

[22] O Gläubige, folgt doch nicht den Fußtapfen des Satans; denn wer den Fußtapfen des Satans folgt, befiehlt nur schändliche Verbrechen und nur das, was verboten ist (dem gibt der Satan nur Unsittliches ein). Walteten nicht Allahs Gnade und seine Barmherzigkeit über euch, so spräche er nie einen von euch rein (von seinen Sünden los); aber Allah spricht rein, wen er will; denn Allah hört und weiß alles. [23] Die Reichen und Vermögenden unter euch mögen nicht schwören, den Verwandten, Armen und den für die Religion Allahs Ausgewanderten nichts mehr geben zu wollen[11]; sie sollen vielmehr verzeihen und sich gnädig erweisen; wünscht ihr denn nicht, daß Allah auch euch verzeihe? Und Allah ist versöhnend und

ging der angesehene Abdallah ibn Obba leer aus, er durfte aber nicht Moslem werden – was er gar nicht wollte. [10] Abdallah ibn Obba, der zur Strafe nicht Moslem werden durfte, sondern als Ungläubiger sterben mußte. [11] Diese Worte sind gegen Abu Bekr, Vater der Aïscha, gerichtet, der sich vorgenommen hatte, Mestah, seinem Neffen, der an obiger Verleumdung teilgenommen hatte, nichts mehr geben zu wollen.

barmherzig. [24] Die, welche ehrbare gläubige Frauen, welche ohne Bedacht in ihrer äußerlichen Haltung scheinen[12], fälschlich verleumden, sollen in dieser und in der zukünftigen Welt verflucht sein und peinliche Strafe erleiden. [25] Einst werden ihre eigenen Zungen, Hände und Füße für das wider sie zeugen, was sie getan haben. [26] An dem Tage wird Allah ihnen den Lohn ihres Tuns nach Gebühr zumessen, und sie werden es dann erfahren, daß Allah die offenbarste Wahrheit ist. [27] Böse Frauen werden einst (im zukünftigen Leben) mit bösen Männern vereinigt, und böse Männer mit bösen Frauen; gute Frauen aber mit guten Männern, und gute Männer mit guten Frauen[13]. Diese werden dann auch gerechtfertigt sein über die Nachreden der Verleumder, und ihnen wird Versöhnung und eine ehrenvolle Versorgung zuteil.

[28] O Gläubige, geht in kein Haus, außer in eueres, ohne zuerst um Erlaubnis gefragt und seine Bewohner begrüßt zu haben. Es ist gut für euch, dieser Mahnung eingedenk zu sein[14]. [29] Findet ihr niemanden zu Hause, dann geht auch nicht hinein, bis es euch erlaubt wurde. Und wenn man zu euch sagt: »Kehrt zurück!«, so kehrt um. So ist es am schicklichsten für euch, und Allah weiß, was ihr tut. [30] Doch es ist kein Vergehen, wenn ihr in unbewohnte Häuser einkehrt, in welchen ihr Bequemlichkeit findet[15], und Allah kennt, was ihr zugebt und was ihr verheimlicht. [31] Sage auch den Gläubigen, daß sie ihre Augen von Unkeuschem[16] abwenden und sich bewahren sollen, so ist es am schicklichsten für sie; denn Allah ist wohl bekannt mit dem, was sie tun. [32] Sage auch den gläubigen Frauen, daß sie ihre Augen niederschlagen und sich vor Unkeuschem bewahren sollen und daß sie nicht ihre Zierde (ihren nackten Körper, ihre Reize), außer nur was notwendig sichtbar sein muß, entblößen und daß sie ihren Busen mit dem Schleier verhüllen sollen. Sie sollen ihre Reize nur vor ihren Ehemännern zeigen oder vor ihren Vätern oder vor den Vätern ihrer Ehemänner oder vor ihren oder den Söhnen ihrer Ehemänner, den Stiefsöhnen, oder vor

[12] Frauen, die durch freieres Benehmen und ungezwungenere Haltung oder ahnungslos zu Verdacht und zu falscher Beschuldigung Veranlassung geben. [13] Die Ahmadiyya-Mission übersetzt abstrakt: Schlechte Dinge sind für schlechte Menschen, und schlechte Menschen sind für schlechte Dinge. Und gute Dinge sind für gute Menschen, und gute Menschen sind für gute Dinge; sie sind frei von alldem, was die Verleumder ihnen nachsagen . . . [14] Wörtlich: Dies ist besser für euch, damit ihr eingedenk seid. [15] Solche Häuser, die nicht Privaten angehören, sondern zu allgemeinen Zwecken bestimmt sind: Herbergen, Läden. Andere übersetzen: . . . in Häuser tretet, in denen sich Güter von euch befinden oder ihr Nutzungsrecht habt. [16] Wörtlich: vor allen Schamteilen.

ihren Brüdern oder vor den Söhnen ihrer Brüder und Schwestern oder vor ihren Frauen[17] oder vor ihren Sklaven oder vor den Dienern, welche kein Bedürfnis zu Frauen (keinen Geschlechtstrieb) fühlen[18], oder vor Kindern, welche die Blöße der Frauen nicht beachten. Auch sollen sie ihre Füße nicht so werfen, daß man der Zierde, die sie verbergen sollen[19], gewahr werde. O Gläubige, kehrt doch alle zu Allah zurück, damit ihr glücklich werdet. [33] Verheiratet die Ledigen unter euch, ebenso euere redlichen Knechte und Mägde, und wenn diese auch arm sind, so kann sie ja Allah mit seinem Überflusse reich machen; denn Allah ist allgütig und allwissend. [34] Diejenigen, welche keine Aussteuer (Gelegenheit zur Verheiratung) finden können, mögen sich vor jeder Unkeuschheit hüten, bis Allah sie von seinem Überflusse reich macht. Denjenigen von eueren Sklaven, welche einen Freischein (Freilassung) wünschen, schreibt einen solchen, wenn ihr sie als rechtschaffen kennt, und gebt ihnen von dem Reichtum Allahs, welchen er euch geschenkt hat. Zwingt auch euere Sklavinnen, wenn sie ehrbar und keusch sein wollen, nicht zur Hurerei, der zufälligen Güter des irdischen Lebens wegen[20]. Wenn sie aber dennoch jemand dazu zwingt, so wird ihnen Allah, nachdem sie gezwungen wurden, versöhnend und barmherzig sein. [35] Wir haben euch nun deutliche Zeichen und Ereignisse offenbart, welche denen gleichen, welche schon lange vor euch vorgefallen sind[21], und eine Ermahnung für die Frommen.

[36] Allah ist das Licht der Himmel und der Erde. Sein Licht gleicht dem in einer Nische in einer Mauer, in welcher eine Lampe und die Lampe in einem Glas ist. Das Glas scheint dann wie ein

[17] Kammerfrauen, Gespielinnen, Ammen. [18] Verschnittene (Eunuchen) oder alte Leute. [19] Entweder ihren nackten Körper oder auch allerlei Zierat, welchen die orientalischen Frauen an den Knien zu tragen pflegten. Schon einer der vier großen Propheten, Jesaja (700 v. Chr.), droht in Kap. 3 den Jüdinnen: [16] Und Jehova sprach: Weil die Töchter Zions hoffärtig sind, einhergehen mit gerecktem Hals und blinzelnden Augen und trippelnd einhergehen und mit ihren Fuß- und Kniespangen klirren, [17] so wird der Herr den Scheitel der Töchter Zions kahl machen und Jehova ihre Scham entblößen. [18] An jenem Tag wird der Herr den Schmuck der Fußspangen wegnehmen und den der Stirnspangen (Sönnchen) und der Halbmonde, [19] die Ohrgehänge, die Armreifen und die Schleier, [20] die Kopfbünde und Fußkettchen, die Gürtel und die Riechfläschchen sowie die Amulette, [21] die Finger- und Nasenringe (!), [22] die Prachtkleider und Oberröcke, die Umhänge und die Beutel, [23] die Handspiegel, die Hemden und die Turbane sowie die Überwürfe; [24] und es wird statt des Wohlgeruchs Moder sein – statt des Gürtels ein Strick und statt des Lockenwerks eine Glatze, statt des Prunkgewandes ein Sackleinenkittel und ein Brandmal statt Schönheit . . . [20] Der ersterwähnte Abdallah ibn Obba soll seine Sklavinnen gezwungen haben, sich als öffentliche Dirnen gebrauchen zu lassen und eine gewisse Summe ihm dafür zu entrichten, wogegen diese Stelle eifert. [21] Nämlich die oben angeführte Verleumdung der Aïscha, die mit der, begangen an Joseph und der Maria, Ähnlichkeit hat.

leuchtender Stern. Es wird erhellt vom Öl eines gesegneten Baumes, eines Olivenbaumes, der weder im Osten noch im Westen wächst, dessen Öl fast ohne Berührung des Feuers Licht gibt und dessen Licht über allem Lichte steht, und Allah leitet mit (zu) seinem Lichte, wen er will. So stellt Allah den Menschen Gleichnisse auf; denn Allah kennt alle Dinge. [37] In den Häusern, in welchen Allah erlaubt, daß man ihn preist und seines Namens gedenkt[22], in diesen Häusern lobpreisen ihn die Männer des Morgens und des Abends, [38] und weder Verkauf noch Kauf kann sie vom Gedanken an Allah und von der Verrichtung des Gebetes und von der Darbringung der Almosen zurückhalten; denn sie fürchten den Jüngsten Tag, an welchem die Herzen und Augen der Menschen unruhig (erloschen) sein werden, [39] damit Allah sie nach dem höchsten Verdienst ihrer Handlungen belohne und ihnen noch mehr von seinem Überflusse zufüge; denn Allah ist, gegen wen er will, freigebig ohne Maß. [40] Die Handlungen der Ungläubigen aber gleichen dem Dunst in einer Ebene[23], den der durstige Wanderer für Wasser hält, und wenn er hinkommt, so findet er – nichts; nur Allah findet er bei sich, welcher ihm seine Rechnung voll ausbezahlt; denn Allah ist schnell im Rechnen. [41] Oder ihre Handlungen gleichen der Finsternis auf dem hohen Meere. Wogen stürzen auf Wogen und über ihnen stehen Wolken, welche Finsternis auf Finsternis häufen, so daß, wenn einer seine Hand ausstreckt, er sie nicht sehen kann. Wem Allah nicht Licht gewährt, der wird auch nimmer sich des Lichtes erfreuen.

[42] Siehst du nicht, wie alles Allah preist, was in den Himmeln und was auf Erden ist, selbst die Vögel, indem sie ihre Fittiche ausbreiten? Jedes Geschöpf kennt sein Gebet und seinen Lobgesang, und Allah weiß, was sie tun. [43] Allah hat die Herrschaft über die Himmel und die Erde, und zu Allah führt die einstige Rückkehr. [44] Siehst du nicht, wie Allah die Wolken sachte fortbewegt, sie dann zusammenzieht und zu einem Haufen türmt? Dann siehst du den Regen aus ihrer Mitte fallen, er stürzt, mit Hagel gemischt, aus Wolkenbergen vom Himmel herab. Er schlägt damit, wen er will, und wendet ihn ab, von wem er will. Wenig fehlt, und der Strahl seines Blitzes blendete das Gesicht. [45] Allah ist es, der Nacht und Tag wechseln läßt, hierin liegt Belehrung für die, welche Einsicht

[22] Dies sind namentlich die Tempel zu Mekka, Medina und Jerusalem. [23] Das Wort bedeutet den in den Sandwüsten zur Mittagszeit aufsteigenden Wasserschein, der die nach Wasser lechzenden reisenden Menschen und Tiere als Fata Morgana oft schrecklich täuscht.

haben. [46] Allah schuf alle Tiere aus Wasser[24]; einige kriechen auf dem Bauch, andere gehen auf zwei und andere wieder auf vier Beinen. Allah schafft, was er will; denn er ist aller Dinge mächtig. [47] Wir haben nun deutliche Zeichen offenbart, und Allah leitet, wen er will, auf den rechten Weg. [48] Die Heuchler sagen zwar: »Wir glauben an Allah und den Gesandten, und wir gehorchen ihnen«; hernach aber wendet ein Teil von ihnen doch wieder den Rücken. Dies sind keine wahrhaft Gläubigen; [49] und wenn sie zu Allah und seinem Gesandten hingerufen werden, daß er zwischen ihnen entscheide, dann zieht sich ein Teil von ihnen zurück. [50] Wären aber das Recht und die Wahrheit auf ihrer Seite, so kämen sie wohl zu ihm und unterwürfen sich. [51] Ist vielleicht in ihrem Herzen eine Schwäche? Oder zweifeln sie? Oder fürchten sie, daß Allah und sein Gesandter ungerecht gegen sie sein werden? Fürwahr! Sie selbst sind ungerecht[25].

[52] Die Sprache der Gläubigen aber, wenn sie zu Allah und seinem Gesandten hingerufen werden, daß er entscheide zwischen ihnen, ist keine andere, als daß sie sagen: »Wir haben gehört, und wir gehorchen«; diese werden auch glücklich sein. [53] Wer Allah und seinem Gesandten gehorcht und Allah fürchtet und ihn verehrt, der wird glückselig sein. [54] Sie schwören bei Allah mit einem feierlichen Eide, daß sie, wenn du es ihnen befiehlst, ausziehen wollen[26]. Sprich: »Schwört nicht; geziemender ist Gehorsam (der Tat); denn Allah ist wohl bekannt mit dem, was ihr tut.« [55] Sprich: »Gehorcht Allah und gehorcht seinem Gesandten«, wenn ihr euch aber abwendet, dann ist zu erwarten, daß er tun wird, was ihm zu tun obliegt, und daß ihr zu ertragen habt, was ihr nur tragen könnt. Wenn ihr ihm aber gehorcht, dann werdet ihr auch geleitet; die Berufung des Gesandten ist aber nur, öffentlich zu predigen. [56] Allah verspricht denen unter euch, welche glauben und gute Werke verrichten, daß er sie zu Nachfolgern der Ungläubigen im Land einsetzen will, so wie er die vor ihnen[27] den Ungläubigen ihrer Zeit hat nachfolgen lassen, und daß er ihnen ihre Religion befestigen will, an welcher sie Wohlgefallen gefunden haben (die Allah für sie be-

[24] Die Kommentatoren verstehen unter Wasser hier den Samentropfen. [25] Diese Stelle und die in der vierten Sure [61] sollen sich auf zwei Streitsachen beziehen, in welchen sich die Parteien lieber der Entscheidung eines Juden als der Mohammeds unterwerfen wollten. [26] In den Kampf für Allah und seine Religion. [27] Nämlich die Israeliten den heidnischen kanaanitischen Völkern.

stimmte), und daß er ihre Furcht in Sicherheit verwandeln werde. »Sie sollen aber auch nur mir allein dienen und mir kein anderes Wesen zugesellen. Wer aber darauf ungläubig wird, der ist ein Übeltäter.« [57] Verrichtet das Gebet, gebt Almosen und gehorcht dem Gesandten, damit ihr Barmherzigkeit findet. [58] Glaubt nur nicht, daß die Ungläubigen dem Ratschluß Allahs auf Erden entkommen können; ihre Wohnung soll das Höllenfeuer sein, und welch eine schlimme Reise ist es dorthin!

[59] O Gläubige, laßt euere Sklaven und die unter euch, welche noch nicht das männliche Alter erreicht haben, erst um Erlaubnis fragen, bevor sie zu euch kommen, und das dreimal des Tages, nämlich: vor dem Morgengebet[28], und wenn ihr des Mittags euere Kleider ablegt[29], und nach dem Abendgebet[30]; diese drei Zeiten sind für euch bestimmt, zurückgezogen (und entblößt) zu sein. Doch ist es kein Vergehen, weder für euch noch für sie, wenn sie nach diesen Zeiten ohne Erlaubnis zu euch kommen, um euch, einer nach dem anderen, zu bedienen. So macht euch Allah seine Zeichen deutlich; denn Allah ist allwissend und allweise. [60] Und wenn euere Kinder auch das Alter der Reife erreicht haben, so laßt sie dennoch zu jeder Zeit erst um Erlaubnis fragen, um zu euch zu kommen, so wie die um Erlaubnis fragen mußten, welche schon vor ihnen sind[31]. So macht euch Allah seine Zeichen deutlich; denn Allah ist allwissend und allweise. [61] Für alternde Frauen, die keine Kinder mehr gebären und sich nicht mehr verheiraten können, ist es kein Vergehen, wenn sie ihre Obergewänder ablegen, ohne aber dabei ihre Zierde (den bloßen Körper) zu zeigen; doch noch besser ist es für sie, auch hierin enthaltsam zu sein; denn Allah hört und sieht alles. [62] Es ist keine Sünde für den Blinden und keine Sünde für den Lahmen und keine Sünde für den Kranken und auch keine für euch selbst, wenn ihr (mit ihnen) in eueren Häusern[32] eßt oder in den Häusern euerer Väter, Mütter, Brüder, Schwestern oder in den Häusern

[28] Die Zeit, zu welcher man aus dem Bett kommt. [29] Nämlich um der dem Orientalen notwendigen Mittagsruhe zu pflegen. [30] Da man sich auskleidet, um zu Bett zu gehen, und es für unanständig gehalten wird, sich vor Kindern und Sklaven unbedeckt sehen zu lassen. [31] Die schon längst das Alter der Reife erreicht haben. Wahl übersetzt irrig gerade umgekehrt: sowie andere darum bitten müssen, die noch vor ihnen sind, ihre mannbaren Jahre noch nicht erreicht haben. [32] Das Essen in einem fremden Haus oder in Gesellschaft, namentlich aber mit Blinden, Lahmen oder Kranken, wurde bei den heidnischen Arabern für verunreinigend gehalten. Gegen diesen Aberglauben spricht Mohammed hier. In eueren Häusern heißt hier soviel wie: mit euerer Familie oder mit eueren Frauen; oder auch soviel wie: in den Häusern euerer Söhne, welche ihr als die eurigen betrachtet.

euerer Oheime und Tanten von Vaters Seite oder Mutters Seite oder in solchen Häusern, von welchen ihr die Schlüssel besitzt[33], oder in den Häusern euerer Freunde. Es ist keine Sünde für euch, ob ihr zusammen oder allein speist. Und wenn ihr in ein Haus eintretet, dann grüßt einander[34] im Namen Allahs mit einem gesegneten und liebreichen Gruß. So macht euch Allah seine Zeichen deutlich, damit ihr verständig werdet.

[63] Die nur sind wahrhaft Gläubige, welche an Allah und seinen Gesandten glauben und sich, wenn sie wegen einer Angelegenheit bei ihm (bei Mohammed) versammelt sind, nicht eher entfernen, als bis sie ihn um Erlaubnis dazu gefragt haben; nur die, welche dich um Erlaubnis fragen, glauben an Allah und seinen Gesandten. Bitten sie dich, wegen irgendeines Geschäftes weggehen zu dürfen, so erteile sie, wem du willst; bitte aber Allah für sie um Verzeihung[35]; denn Allah ist versöhnend und barmherzig. [64] Haltet nicht den Anruf des Gesandten an euch gleich dem Rufe, welchen einer unter euch an den anderen richtet. Allah kennt wohl die unter euch, welche sich heimlich dem Ruf entziehen und Schutz hinter anderen suchen. Mögen die, welche sich seinem Befehle widersetzen, sich in acht nehmen, daß sie nicht in Bedrängnis kommen[36] oder sie (in jenem Leben) peinliche Strafe treffe. [65] Gehört nicht Allah, was in den Himmeln und was auf Erden ist? Er kennt euer Verhalten (zu ihm). An jenem Tage werden sie zu ihm zurückkehren, und er wird ihnen verkünden, was sie getan haben; denn Allah kennt alle Dinge.

[33] Die euch anvertraut worden sind. [34] Wörtlich: Dann grüßt euch selbst. Der Gruß lautet: Allah lasse dich leben! [35] Nämlich dafür, daß sie die zeitlichen Vorteile den ewigen vorziehen und Mohammed und damit Allah vorübergehend verlassen. [36] Durch Elend in dieser Welt.

FÜNFUNDZWANZIGSTE SURE

Die Erlösung[1] (Al-Furkan) *offenbart zu Mekka*

[1] Im Namen Allahs, des Allbarmherzigen. [2] Gelobt sei der, welcher die Erlösung[2] (Unterscheidung – *bei anderen ist die Sure auch so überschrieben* –, den Koran) seinem Diener offenbarte, damit er (Mohammed) allen Geschöpfen (den Menschen, Engeln und

[1] Über dieses Wort siehe zweite Sure [54] und Note 9. Al-Furkan heißt hier: die Erlösung, womit die Offenbarung, welche von dem sündigen Leben erlöst, bezeichnet wird. Dieses Wort kommt in dem zweiten Vers dieser Sure vor, daher ist sie so benannt. [2] Wörtlich: Furkan, die Erlösung.

Geistern) ein Prediger – Verkünder und warnender Mahner – sei. [3] Allah ist es, welchem die Herrschaft über die Himmel und die Erde gehört, der keinen Sohn zeugte, der keinen Mitgenossen in der Herrschaft hat, der Schöpfer aller Dinge ist, der alles nach bestimmter Ordnung geordnet hat. [4] Und doch haben sie neben ihm noch Götter angenommen, welche nichts erschaffen können, sondern selbst geschaffen sind und welche sich selbst weder schaden noch nützen können, die nicht Herr über Tod und Leben und Totenauferweckung sind. [5] Die Ungläubigen sagen: »Der Koran ist nichts anderes als eine selbsterdachte Lüge, wobei ihm andere Leute geholfen haben[3]«; aber damit sprechen sie nur Ungerechtes und Lügenhaftes. [6] Auch sagen sie: »Er enthält nur Fabeln der Vorfahren, welche er (Mohammed) abschreiben läßt und die ihm des Morgens und Abends vorgelesen werden (vor ihm diktiert werden).« [7] Sprich: »Der hat ihm (den Koran) offenbart, welcher die Geheimnisse der Himmel und der Erde kennt, der wahrhaftig und barmherzig ist.« [8] Sie sagen: »Was für ein Gesandter ist das doch! Er nährt sich von Speisen und geht in den Gassen umher (als Mensch) wie wir. Wenn nicht ein Engel zu ihm herabsteigt und als Prediger mit ihm kommt [9] oder wenn ihm kein Schatz herabgeworfen wird oder wenn er keinen Garten erhält, woraus er seine Nahrung zieht, so glauben wir ihm nicht[4].« Die Gottlosen sagen: »Ihr folgt da nur einem verrückten Menschen.« [10] Siehe, mit wem sie dich vergleichen! Doch sie sind im Irrtum und können den richtigen Weg nicht finden.

[11] Gelobt sei der, welcher, wenn er will, dir weit Besseres geben kann[5], nämlich: Gärten, von Wasserläufen durchströmt, und Paläste. [12] Sie leugnen auch die letzte Stunde; aber wir haben für den, welcher diese Stunde leugnet, das brennende Feuer bereitet; [13] wenn sie dieses von weiter Ferne sehen, so hören sie auch (seiner Bewohner) rasendes Wüten und Heulen. [14] Werden sie nun aneinandergekettet in einen der engen Räume hineingestoßen, werden sie um Vernichtung bitten. [15] Dann wird ihnen aber gesagt: »Ruft flehend heute nicht nur um eine Vernichtung, sondern um viele Vernichtungen.« [16] Sprich: »Was ist nun besser: dies oder der Garten der Ewigkeit, welcher den Frommen zur Belohnung und Wohnung versprochen ist!« [17] Ewig werden sie in demselben

[3] Siehe sechzehnte Sure [104] und Note 29. Namentlich beschuldigte man die Juden, daß sie geholfen hätten, den Koran zu schmieden. [4] Siehe siebzehnte Sure [91] ff. [5] Nämlich als das, was sie zu deiner Beglaubigung von dir wünschen.

haben, was sie nur wünschen. Die Erfüllung dieser Verheißung darf von deinem Herrn erwartet werden. [18] An jenem Tage wird er sie und das, was sie statt Allah verehrt haben, versammeln und zu den Götzen sagen: »Habt ihr diese meine Diener zum Irrtume verführt, oder sind sie von selbst vom rechten Weg abgewichen?« [19] Sie werden antworten: »Allah bewahre! Es hätte sich für uns nicht geziemt, einen anderen Beschützer als dich anzunehmen; du allein hast ihnen und ihren Vätern Reichtum im Überflusse gewährt; dadurch haben sie die Ermahnung vergessen und sind nichtswürdige Menschen geworden.« [20] (Und Allah wird zu den Götzendienern sagen:) »Diese haben nun euere Aussagen als Lügen hingestellt, und sie können weder (die Strafe) von euch abwenden noch euch irgendeine Hilfe bringen.« Wer gottlos von euch gewesen ist, der soll nun auch schwere Strafe von uns erhalten. [21] Auch vor dir haben wir keine anderen Gesandten geschickt als nur solche, die Speise zu sich nahmen und in den Gassen einhergingen; und wir lassen einige unter euch den anderen zur Prüfung dienen[6]. Wollt ihr nun in Geduld erwarten? Wahrlich, dein Herr sieht alles.

[22] Die nicht hoffen, uns einst wiederzubegegnen, sagen: »Wenn uns keine Engel herabgesendet werden oder wir nicht selbst unseren Herrn sehen ... (so glauben wir nicht!)« Und so zeigen sie sich hochmütig und begehen ein schweres Vergehen. [23] Der Tag, an welchem sie die Engel sehen werden[7], wird für die Übeltäter kein Tag der frohen Botschaft sein; sondern sie werden sagen: »Weg, weg von uns!« [24] Wir werden zu den Werken hinzutreten, welche sie ausgeübt haben, und sie zu verwehtem Staube machen. [25] An diesem Tage werden sich die Gefährten des Paradieses einer besseren Wohnung erfreuen und die angenehmste Mittagsruhe halten können. [26] An diesem Tage wird sich der Himmel samt den Wolken spalten, und die Engel werden hinabsteigen[8]. [27] An diesem Tage wird die Herrschaft in Wahrheit allein in den Händen des Allbarmherzigen und dieser Tag für die Ungläubigen schrecklich sein. [28] An diesem Tage wird sich der Frevler aus Angst in die Hände beißen und sagen: »Oh, wäre ich doch mit dem Gesandten auf dem

[6] Indem wir nämlich Gelegenheit zu Neid und Bosheit geben ... So ist der Reiche und Gesunde ein Gegenstand des Neides für den Armen und Kranken und so weiter. [7] Entweder ihr Sterbetag oder der Tag der Auferstehung. [8] Mit dem Buch, in welchem die Handlungen der Menschen aufgezeichnet sind.

rechten Wege geblieben! [29] Wehe mir! O hätte ich doch jenen nicht zum Freunde genommen! [30] Von der Ermahnung, die mir zuteil geworden ist, verleitete er mich in den Irrtum«; denn der Satan ist ein Betrüger der Menschen[9]. [31] Der Gesandte wird sagen: »O mein Herr, siehe, mein Volk hält den Koran für eitles Geschwätz.« [32] Auf gleiche Weise hatten wir jedem Propheten einen Feind aus der Frevler Mitte gegeben; dein Herr aber ist hinreichender Lenker und Helfer. [33] Die Ungläubigen sagen: »Wurde ihm nicht der Koran ganz und auf einmal offenbart, glauben wir ihm nicht[10].« (So sprechen diese.) Aber um dadurch dein Herz zu stärken, haben wir ihn in geordnete Teile eingeteilt[11]. [34] Sie werden dir keine rätselhafte Frage vorlegen – wir geben dir auch zugleich die richtige Antwort und die beste Erklärung. [35] Die auf ihren Angesichtern zur Hölle hingeschleift werden, befinden sich in der übelsten Lage und weitab von dem Wege des Heils.

[36] Dem Moses gaben wir einst die Schrift und bestimmten ihm seinen Bruder Aaron zum Ratgeber, [37] und wir sagten zu ihnen: »Geht hin zu jenem Volke, das unsere Zeichen des Betruges beschuldigt«, und dann vernichteten wir es gänzlich. [38] Erinnere dich auch des Volkes des Noah. Als dasselbe unsere Gesandten des Betruges beschuldigte, da ertränkten wir es und machten es zum warnenden Zeichen für die Menschen; denn den Frevlern haben wir peinvolle Strafe bereitet. [39] Erinnere dich auch des Stammes Ad und Thamud und der Bewohner von Ras[12] und noch mancher Völker ihrer Zeit. [40] Allen diesen stellten wir zur Ermahnung Gleichnisse auf, und alle zerstörten wir gänzlich. [41] Sie, die Mekkaner, sind ja oft an jener Stadt (Sodom) vorübergekommen, über welche jener unheilbringende Regen herabgegossen wurde; haben sie denn noch nie einen Blick darauf geworfen? Auch die Bewohner jener Stadt haben die Auferstehung nicht gefürchtet.

[42] Wenn sie dich sehen, so empfangen sie dich nur mit Spott

[9] Diese, wenn auch ganz allgemein gehaltene, dennoch sehr klare Stelle beziehen die Kommentatoren auf einen besonderen Fall und erzählen ein Märchen von einem gewissen Okba und einem Obba. [10] Wie nach der Ansicht der Araber die Thora und das Evangelium auf einmal offenbart wurden, während die Offenbarung des ganzen Korans dreiundzwanzig Jahre brauchte. Die in Klammer zugefügten Worte sollen die feierliche Art des Vortrages des Korans verdeutlichen. [11] Wir haben den Koran deshalb teilweise offenbart, damit du ihn besser verstehen und behalten (und singend vortragen) kannst; denn Mohammed konnte nicht wie Moses und Jesus schreiben und lesen. Er mußte sich daher auf sein Gedächtnis verlassen. [12] Wo und was Ras ist, darüber sind die Ausleger uneinig. Nach einigen, auch neueren Auslegungen ist dies der Name eines Brunnens in Midian, zu dessen Bewohnern der Prophet Schoaib gesandt wurde.

und sagen: »Ist das der Mann, welchen Allah als seinen Gesandten schickt? [43] Er hätte uns beinahe von der Verehrung unserer Götter abwendig gemacht, wenn wir nicht so standhaft gewesen wären.« Sie werden aber endlich zur Einsicht kommen, wenn sie die Strafe dessen sehen, welcher vom rechten Weg abgeirrt ist. [44] Was hältst du von dem, welcher sich seine Gelüste zum Gott erwählt? Willst du sein Beschützer sein? [45] Oder glaubst du wohl, daß der größte Teil von ihnen hören oder verstehen kann? Sie sind wie das unvernünftige Vieh, ja sie irren vom richtigen Wege noch weiter ab als dieses.

[46] Siehst du nicht, wie dein Herr die Schatten dehnt und verlängert? – Wollte er, er hätte ihn ruhend (unveränderlich) gemacht. – Dann setzte der Herr die Sonne über ihn zur Weisung (als Lenkerin). [47] Und nun zieht er ihn mit leichtem Zuge wieder an sich[13]. [48] Er ist es, der euch mit der Nacht wie mit einem Tuche bedeckt und den Schlaf zur Ruhe und den Tag zu neuem Leben bestimmt. [49] Er ist es, der die Winde sendet als Verkünder seiner Barmherzigkeit[14] und damit reines Wasser vom Himmel herabschickt, [50] um dadurch das tote Erdreich neu zu beleben und unseren Geschöpfen damit zu trinken zu geben, sowohl dem Vieh wie auch einer Menge Menschen. [51] Und wir verteilen den Regen unter ihnen zu verschiedenen Zeiten, damit sie sich an uns erinnern; doch die meisten Menschen weigern sich aus Undankbarkeit. [52] Wenn es uns gefallen hätte, so hätten wir jeder Stadt einen Prediger geschickt[15]; [53] darum gehorche nicht den Ungläubigen; bekämpfe sie vielmehr eifrig. [54] Er ist es, welcher die beiden Meere auseinanderhält, von welchem das eine frisch und süß, das andere gesalzen und bitter ist[16]. Zwischen beiden machte er eine Kluft zur Scheidewand. [55] Er ist es, der den Menschen aus Wasser erschaffen hat[17] und dem-

[13] Geiger und Ullmann sehen hier einen Rückgriff Mohammeds auf 2. Buch Könige, 20: [8] Und Hiskia sprach zu Jehova: Welches ist das Zeichen, daß Jehova mich heiligen wird und daß ich am dritten Tag in das Haus Jehovas hinaufgehen werde? [9] Und Jesaja sprach: Dies wird dir das Zeichen sein von seiten Jehovas, daß Jehova das Wort tun wird, das er sprach: Soll der Schatten zehn Grade vorwärts gehen, oder soll er zehn Grade rückwärts gehen? [10] Und Hiskia sprach: Es ist dem Schatten ein leichtes, zehn Grade zu fallen. Nein! Der Schatten soll zehn Grade rückwärts gehen. [11] Da rief der Prophet Jesajas zu Jehova; und er ließ den Schatten an den Graden, welcher am Sonnenzeiger Ahas' niederwärts gegangen war, um zehn Grade rückwärts gehen. [14] Siehe siebte Sure [58] und Note 24. [15] Wir hätten dich nicht bemüht, der Prediger der ganzen Welt zu sein. [16] Das frische Quellwasser und das gesalzene Meerwasser. [17] Entweder das Wasser, welches mit dem Lehm, woraus Adam entstand, vermischt wurde, oder Wasser heißt hier so viel wie Samen. Siehe vierundzwanzigste Sure [46] und Note 24.

selben Verwandtschaft durch Blut, dann Heirat gab; denn dein Herr ist allmächtig. [56] Und dennoch verehren sie statt Allah irgendwelche Wesen, die ihnen weder nützen noch schaden können, und die Ungläubigen sind Helfershelfer des Satans wider ihren Herrn. [57] Wir haben dich nur gesandt, um Gutes zu verkünden und Strafen anzudrohen. [58] Sprich: »Ich verlange dafür keinen anderen Lohn von euch als den, daß der, welcher will, den Weg seines Herrn nehme[18].« [59] Vertraue auf den Lebendigen, welcher nie stirbt, und preise sein Lob, welcher zur Genüge die Fehler seiner Diener kennt; [60] welcher in sechs Tagen die Himmel und die Erde, und was zwischen ihnen ist, erschaffen hat und hernach seinen Thron bestieg. Er, der Allbarmherzige! Frage über ihn die, welche von ihm wissen. [61] Wenn zu den Ungläubigen gesagt wird: »Betet den Allbarmherzigen an«, dann antworten sie: »Wer ist der Allbarmherzige[19]? Sollen wir wohl den verehren, dessen Anbetung du uns befiehlst?« Diese Ermahnung veranlaßt sie, noch weiter vor der Wahrheit zu fliehen.

[62] Gelobt sei der, welcher die Türme[20] an den Himmel gesetzt hat und eine Leuchte (die Sonne) für den Tag, und den Mond, der bei Nacht scheint. [63] Er ist es, welcher den Wechsel der Nacht und des Tages zur Ermahnung für den angeordnet hat, welch eingedenk und dankbar sein will. [64] Diener des Allbarmherzigen sind die, welche demütig auf der Erde wandeln und, wenn die Unwissenden (die Götzendiener) zu ihnen sprechen, nur »Friede«[21] antworten [65] und die des Nachts hingeworfen und stehend ihren Herrn anbeten [66] und sagen: »O Herr, wende die Strafe der Hölle von uns ab; denn ihre Pein dauert ewig, und [67] der Aufenthalt und Zustand dort ist ein elender«; [68] ferner die, welche beim Almosengeben weder verschwenderisch noch geizig sind, sondern zwischen beiden die richtige Mitte halten[22], [69] und die neben Allah nicht noch einen anderen Gott anrufen und die Menschen, welche Allah zu töten verboten hat, nur wegen einer gerechten Ursache um das Leben bringen und die keine Hurerei treiben; denn wer solches tut, den trifft die Strafe seiner Missetat. [70] Verdoppelt wird ihm die Strafe am Tage der Auferstehung und ewig, mit Schande bedeckt, soll er

[18] Sich zum Islam bekehre. Es kann auch heißen: als Lohn, welcher freiwillig zur Förderung der Religion Allahs gespendet wird. [19] Vergleiche siebzehnte Sure [111] und Note 37. [20] Der Zodiakus. Siehe fünfzehnte Sure [17] und Note 4. [21] Friede heißt hier soviel wie: jede weitere Unterhaltung abbrechen. [22] Siehe siebzehnte Sure [27].

in der Hölle verharren, [71] mit Ausnahme dessen, welcher bereut, gläubig wird und gute Werke verrichtet. Solchen wird Allah ihre bösen Handlungen zum Guten wandeln; denn Allah ist verzeihend und barmherzig. [72] Wer bereut und gute Werke verrichtet, dessen Bekehrung zu Allah ist für eine aufrichtige zu halten. [73] Diese geben kein falsches Zeugnis und weichen unanständigen Reden auf schickliche Weise aus (und meiden Unschickliches und gehen vorbei – sehen sie solches); [74] sie fallen auch nicht hin, als wären sie taub und blind, wenn die Zeichen ihres Herrn erwähnt werden. [75] Sie sprechen vielmehr: »O Herr, laß unsere Frauen und Kinder solche sein, daß sie Freude unseren Augen gewähren, und mache uns den Frommen zum musterhaften Vorbilde.« [76] Diese werden mit der schönsten Stätte[23] im Paradiese dafür belohnt, daß sie in Geduld ausgeharrt haben. Dort werden sie Heil und Frieden finden [77] und ewig darin bleiben. Welch ein herrlicher Aufenthalt und Zustand! [78] Sprich: »Mein Herr ist euretwegen unbekümmert, wenn ihr ihn nicht anrufen wollt. Habt ihr ja auch seine Gesandten des Betruges beschuldigt; doch bald wird euch die ewighaftende Strafe treffen.«

[23] Wörtlich: mit dem siebten Himmel, der obersten Stufe ewiger Glückseligkeit.

SECHSUNDZWANZIGSTE SURE

Die Dichter[1] (Al-Schuara) *offenbart zu Mekka*[2]

[1] Im Namen Allahs, des Allbarmherzigen. [2] Ta Sin Mim[3]. [3] Dies sind die Zeichen des deutlichen Buches. [4] Deine Seele härmt sich vielleicht ab, weil sie (die Mekkaner) nicht gläubig werden wollen. [5] Wenn wir nur wollten, wir würden ihnen ein Zeichen vom Himmel herabsenden, unter welches sie ihre Nacken demütig beugen müßten. [6] Aber noch keine der neuesten Ermahnungen (des Korans) des Allbarmherzigen wurde ihnen zuteil, sie hätten sich nicht davon abgewendet [7] und sie des Betruges beschuldigt. Es wird aber eine Botschaft zu ihnen kommen, welche sie nicht mit Spott verlachen werden. [8] Haben sie denn noch nicht auf die

[1] So genannt, weil am Ende der Sure die arabischen Dichter getadelt werden. [2] Nach einigen sind die letzten fünf Verse dieser Sure zu Medina offenbart worden. [3] Die Ausleger sagen, daß die Bedeutung dieser drei Buchstaben, wovon die ersten zwei auch am Anfang der siebenundzwanzigsten und alle drei am Anfang der achtundzwanzigsten Sure stehen, nur Allah allein kenne.

Erde hingeblickt, aus welcher wir so viele herrliche Gewächse aller Art hervorwachsen lassen? [9] Hierin liegt ein Zeichen unserer Allmacht; doch die meisten wollen nun einmal nicht glauben; [10] aber dein Herr ist der Allmächtige und Allbarmherzige.

[11] Als dein Herr den Moses berief und sagte: »Gehe zu dem frevelhaften Volke, [12] zu dem Volke des Pharao, und sieh, ob sie mich nicht fürchten wollen«, [13] da antwortete Moses: »O Herr, ich fürchte, sie beschuldigten mich des Betruges [14] und daß mir meine Brust zu beengt und meine Zunge der Sprache nicht fähig sei; schicke daher lieber zu Aaron, daß er mitgehe. [15] Auch habe ich mir ein Verbrechen gegen sie zuschulden kommen lassen[4], weshalb ich fürchte, sie möchten mich umbringen.« [16] Allah aber antwortete: »Keineswegs! Geht nur beide mit unseren Zeichen, und wir werden mit euch sein und alles hören. [17] Geht hin zu Pharao und sagt: ›Wir sind die Gesandten des Herrn der Weltenbewohner, [18] darum entsende die Kinder Israels mit uns.‹« [19] (Als sie dies nun zu Pharao sagten) erwiderte er: »Haben wir dich nicht (bei uns) als Kind erzogen? Und hast du nicht viele Jahre deines Lebens bei uns zugebracht? [20] Und dennoch hast du jenen Mord begangen, du Undankbarer!« [21] Moses erwiderte: »Wohl habe ich ihn begangen und habe sehr gefehlt, [22] darum flüchtete ich auch vor euch, weil ich euch fürchtete. Mein Herr aber hat mich mit Weisheit ausgerüstet und zum Gesandten bestimmt. [23] Die Wohltat, welche du mir erwiesest, ist wohl die, daß du die Kinder Israels unterjochst?« [24] Da fragte Pharao: »Wer ist der Herr der Weltenbewohner?« [25] Moses erwiderte: »Der Herr der Himmel und der Erde und alles dessen, was zwischen ihnen ist; wenn ihr dies nur glauben könntet!« [26] Pharao sagte dann zu denen, welche um ihn standen: »Habt ihr es gehört?« [27] Moses aber fuhr fort: »Er ist euer Herr und der Herr euerer Vorfahren.« [28] Und Pharao sagte: »Euer Gesandter da, der zu euch geschickt sein will, ist sicherlich

[4] Die Ermordung eines Ägypters. Vergleiche 2. Buch Mosis, [11] Und es geschah in diesen Tagen, als Moses groß geworden war, da ging er aus zu seinen Brüdern und sah ihren Lastarbeiten zu; und er sah einen ägyptischen Mann, der einen Hebräer schlug. [12] Und er wandte sich dahin und dorthin, und als er sah, daß kein Mensch da war, erschlug er den Ägypter und verscharrte ihn im Sand. [13] Und er ging am zweiten Tag aus, und siehe, zwei Hebräer zankten sich. Da sprach er zu den Schuldigen: Warum schlägst du deinen Nächsten? [14] Und dieser erwiderte: Wer hat dich zum obersten Richter über uns gesetzt? Willst du mich töten, wie du den Ägypter getötet hast? Da fürchtete sich Moses und sprach: Oh, die Sache ist ruchbar geworden. [15] Und der Pharao hörte davon und suchte Moses zu töten . . .

verrückt.« [29] Moses aber fuhr fort: »Er ist der Herr des Ostens und Westens, wenn ihr das begreifen könnt.« [30] Pharao sagte: »Wenn du einen anderen als mich zum Gott nimmst[5], dann lasse ich dich ins Gefängnis werfen.« [31] Moses erwiderte: »Wie aber, wenn ich mit überzeugenden Beweisen zu dir käme?« [32] Pharao erwiderte darauf: »So zeig sie, wenn du Wahrheit sprichst.« [33] Darauf warf er seinen Stab hin, und siehe, er wurde eine sichtbare Schlange.

[34] Er zog ferner seine Hand hervor (aus dem Gewand), und siehe, sie erschien den Zuschauern ganz weiß[6] [35] Darauf sagte Pharao zu den Fürsten, die ihn umgaben: »Wahrlich, dieser Mann ist ein geschickter Zauberer, [36] er beabsichtigt, euch durch seine Zauberei aus euerem Lande zu vertreiben. Was sagt ihr dazu?« [37] Sie antworteten: »Schicke ihn und seinen Bruder einstweilen hinweg – halte ihn hin –, inzwischen sende Herolde in die Städte, [38] daß sie alle gelehrten Zauberer versammeln und zu dir bringen.« [39] Die Zauberer versammelten sich zu einer bestimmten Zeit an einem festlichen Tage[7]. [40] Darauf wurde zu den Leuten gesagt: »Seid ihr nun alle beisammen? [41] Vielleicht, daß wir uns den Zauberern anschließen, wenn sie siegen.« [42] Als nun die Zauberer kamen, fragten sie den Pharao: »Erhalten wir auch eine Belohnung, wenn wir Sieger bleiben?« [43] Er antwortete: »Ja, allerdings, ihr sollt dann die Nächsten an meinem Throne sein.« [44] Moses sagte alsdann zu ihnen: »Werft hin, was ihr hinzuwerfen gedenkt.« [45] Sie warfen nun ihre Stricke[8] und Stäbe hin und sagten: »Bei der Macht des Pharao, wir werden Sieger bleiben.« [46] Nun warf auch Moses seinen Stab hin, und siehe, dieser verschlang das, was sie verwandelt hatten. [47] Da warfen sich die Zauberer verehrungsvoll nieder [48] und sagten: »Wir glauben an den Herrn der Weltenbewohner, [49] an den Herrn des Moses und Aaron.« [50] Pharao aber sagte zu ihnen: »Wie, ihr wollt an ihn glauben, bevor ich es euch erlaube? Wahrlich, er ist nur euer Meister, der euch die Zauberkunst gelehrt hat; bald aber sollt ihr mich kennenlernen; denn ich lasse euch Hände und Füße an entgegengesetzter Seite[9] abhauen und dann allesamt ans Kreuz schlagen.« [51] Sie aber antworteten: »Das

[5] Vergleiche siebte Sure [128] und Note 52. Auch die jüdische Literatur berichtet von der göttlichen Verehrung der Könige. [6] Siehe siebte Sure [109] und Note 47. [7] Vergleiche zwanzigste Sure [59] ff. [8] Vergleiche zwanzigste Sure [67]. [9] Siehe fünfte Sure [34] und Note 21.

wird uns nicht schaden; denn wir kehren ja zu unserem Herrn zurück, [52] und wir hoffen, daß unser Herr uns unsere Sünden verzeihen wird; denn wir sind die ersten, die an ihn glauben.«

[53] Darauf gaben wir Moses durch Offenbarung ein und sagten: »Gehe des Nachts fort mit meinen Dienern; denn ihr werdet verfolgt werden.« [54] Pharao aber schickte in den Städten umher und ließ sie versammeln und ihnen sagen: [55] »Wahrlich, dies Volk (die Juden) ist nur ein unbeträchtlicher, kleiner Haufe; [56] zwar sind sie gegen uns in Zorn[10] entbrannt, [57] aber wir dagegen bilden eine große und wohlgerüstete Anzahl.« [58] So veranlaßten wir, daß sie ihre Gärten, Quellen, [59] Schätze und ihre herrlichen Wohnungen verließen. [60] Dies taten wir und ließen die Kinder Israels ebensolches erben[11]. [61] Sie (die Ägypter) verfolgten sie nun mit Sonnenaufgang. [62] Als sich die beiden Heere erblickten, da sagten die Gefährten Mosis: »Wir werden sicherlich eingeholt.« [63] Moses aber antwortete: »Keineswegs; denn mein Herr ist mit mir, und er wird mich schon leiten.« [64] Und wir gaben dem Moses durch Offenbarung ein und sagten: »Schlage das Meer mit deinem Stabe.« Und es wurde geteilt in Teile[12], und jeder Teil war wie ein großer Berg. [65] Wir ließen nun auch die anderen (die Ägypter) herannahen [66] und erretteten den Moses und die, welche mit ihm waren; [67] die anderen aber ertränkten wir. [68] In der Tat, hierin liegt ein Zeichen; doch die meisten glaubten nicht. [69] Dein Herr aber ist der Allmächtige und Allbarmherzige.

[70] Erzähle ihnen auch die Geschichte Abrahams. [71] Als er seinen Vater und sein Volk fragte: »Wen verehrt ihr?«, [72] antworteten sie: »Wir verehren Götzenbilder und dienen ihnen den ganzen Tag.« [73] Darauf erwiderte er: »Erhören sie euch denn auch, wenn ihr sie anruft? [74] Oder können sie euch irgendwie nützen oder schaden?« [75] Sie antworteten: »Wir fanden aber doch, daß unsere Väter dasselbe taten.« [76] Er antwortete: »Habt ihr auch wohl nachgedacht? Die Götter, welche ihr verehrt [77] und euere Väter und Vorväter verehrten, [78] sind mir Feinde; nur der Herr der Weltenbewohner nicht, [79] welcher mich erschaffen hat

[10] Andere übersetzten: . . . und ich (Pharao) bin gegen sie in Zorn entbrannt. [11] Wörtlich: und gaben es den Kindern Israels zum Erbe. Nach einigen sollen die Kinder Israels nach dem Untergang der Ägypter nach Ägypten zurückgekehrt sein und deren Schätze in Besitz genommen haben; nach anderen soll angedeutet sein, daß die Kinder Israels ebensolches, nämlich im Lande Kanaan, erben werden. [12] Siehe zwanzigste Sure [78] und Note 17.

und mich leitet, [80] welcher mich speist und mir zu trinken gibt [81] und der, wenn ich krank werde, mich wieder heilt [82] und der mich sterben läßt, aber auch wieder zu neuem Leben auferwecken wird [83] und von dem ich hoffe, daß er mir einst am Tage des Gerichtes meine Sünden verzeihen wird. [84] O Herr, gewähre mir Weisheit und vereine mich mit den Rechtschaffenen [85] und laß die späte Nachwelt ehrenvoll von mir sprechen[13] [86] und mache mich auch zum Erben des Gartens der Wonne; [87] vergib auch meinem Vater, daß er zu denen gehörte, welche dem Irrtum anhingen[14] [88] Mache mich nicht am Tage der Auferstehung zuschanden, [89] an jenem Tag, an welchem weder Vermögen noch Söhne mehr nützen können, [90] sondern nur das, daß man mit aufrichtigem Herzen zu Allah komme.« [91] An diesem Tage wird das Paradies den Frommen nahe gebracht [92] und die Hölle den Sündern sichtbar, [93] und man sagt zu diesen: »Wo sind nun die Götzen, welche ihr statt Allah verehrt habt? [94] Können sie euch nun helfen? Oder können sie sich selbst helfen?« [95] Sie werden nun in die Hölle hinabgeworfen, sowohl sie, die Götzen[15], als auch die, welche durch sie verführt worden sind, [96] wie auch das ganze Heer der Teufel. [97] Dort werden sie miteinander streiten, und die Verführten werden sagen: [98] »Bei Allah! Wir waren in offenbarem Irrtum, [99] daß wir euch mit dem Herrn der Weltenbewohner gleichstellten, [100] und nur Frevler haben uns verführt. [101] Wir haben nun keinen Vermittler [102] und keinen Freund, welcher für uns Sorge trüge. [103] Könnten wir doch nochmals in die Welt zurückkehren, so wollten wir Gläubige werden.« [104] Auch hierin[16] liegen Zeichen; doch die meisten wollen nicht glauben. [105] Dein Herr aber ist der Allmächtige und Allbarmherzige.

[106] Auch das Volk des Noah hat die Gesandten des Betruges beschuldigt. [107] Als ihr Bruder Noah zu ihnen sagte: »Wollt ihr denn Allah nicht fürchten? [108] Wahrlich, ich bin euch ein treuer und redlicher Gesandter; [109] darum fürchtet Allah und gehorcht mir; [110] ich verlange ja für mein Predigen keinen Lohn von euch: denn ich erwarte meinen Lohn nur vom Herrn der Weltenbewohner, [111] fürchtet daher Allah und gehorcht mir!«, [112] da ant-

[13] Wörtlich: Gib mir eine Zunge der Wahrheit. Derselbe Ausdruck findet sich in der neunzehnten Sure [51] und wurde dort mit: die erhabenste Sprache der Wahrheit übersetzt. Goldschmidt unterlegt den Gedanken: Die Späteren mögen erkennen, daß Abraham die Wahrheit sprach. [14] Siehe neunte Sure [114] und vierzehnte [42]. [15] Siehe einundzwanzigste Sure [99]. [16] In der Geschichte Abrahams.

worteten sie: »Wie sollen wir dir glauben, da doch nur die niedrigsten Menschen dir folgen?« [113] Er aber erwiderte: »Ich habe keine Kenntnis von ihrem Tun[17], [114] und nur meinem Herrn haben sie dafür Rechenschaft zu geben. Könntet ihr das doch begreifen! [115] Die Gläubigen werde ich nie verstoßen[18], [116] denn ich bin nichts weiter als ein öffentlicher Prediger.« [117] Sie aber sagten: »Wahrlich, wenn du, o Noah, nicht aufhörst zu predigen, so wirst du gesteinigt.« [118] Er sagte darauf: »O mein Herr, mein Volk beschuldigt mich des Betruges; [119] darum entscheide du zwischen mir und ihnen und errette mich und die Gläubigen, welche es mit mir halten.« [120] Wir erretteten ihn, und die mit ihm waren, in der beladenen Arche; [121] die übrigen aber ertränkten wir. [122] Auch hierin liegt ein Zeichen; doch die meisten wollen nicht glauben. [123] Dein Herr aber ist der Allmächtige und Allbarmherzige.

[124] Auch der Stamm Ad hat die Gesandten Allahs des Betruges beschuldigt. [125] Ihr Bruder Hud sagte zu ihnen: »Wollt ihr denn Allah nicht fürchten? [126] Wahrlich, ich bin euch ein treuer und redlicher Gesandter; [127] darum fürchtet Allah und gehorcht mir; [128] ich verlange ja für mein Predigen von euch keinen Lohn; denn ich erwarte meinen Lohn nur vom Herrn der Weltenbewohner. [129] Wollt ihr wohl auf jeder Höhe ein (götzendienendes) Malzeichen errichten, um dort zu scherzen (Götzendienst zu huldigen)? [130] Wollt ihr kunstvolle Gebäude errichten, daß ihr verewigt seid[19]? [131] Und wenn ihr Gewalttätigkeit ausübt, wollt ihr dies wohl mit hartherziger Grausamkeit tun? [132] Fürchtet doch Allah und gehorcht mir. [133] Fürchtet doch den, welcher, wie ihr wißt, [134] euch Vieh und Kinder erteilt hat [135] und Gärten und Wasserquellen. [136] Wahrlich, ich fürchte für euch die Strafe des großen Tages.« [137] Sie aber antworteten: »Es ist uns gleichviel, ob du uns ermahnst oder nicht; [138] denn das ist doch nichts anderes als altes bekanntes Geschwätz. [139] Wir werden nie bestraft werden.« [140] So beschuldigten sie ihn der Lüge, wofür wir sie vertilgten. Auch hierin liegt ein Zeichen; doch die meisten wollen nicht glauben. [141] Dein Herr aber ist der Allmächtige und Allbarmherzige.

[17] Ihre Gesinnung, ob sie aufrichtig oder nur irdischer Vorteile wegen sich zu meiner Lehre bekennen, das ist mir unbekannt. [18] Siehe elfte Sure [30] und Note 13. [19] Entweder ewig darin wohnt oder euch einen ewigen Namen macht. Dies bezieht sich auf den Turmbau zu Babylon.

[142] Auch die Thamudäer haben die Gesandten Allahs des Betruges beschuldigt. [143] Ihr Bruder Saleh sagte zu ihnen: »Wollt ihr euch denn nicht zu Allah bekehren? [144] Wahrhaftig, ich bin euch ein treuer und redlicher Gesandter; [145] darum fürchtet Allah und gehorcht mir; [146] ich verlange ja für mein Predigen keinen Lohn von euch; den ich erwarte meinen Lohn nur vom Herrn des Weltalls. [147] Seid ihr denn überzeugt, daß ihr auf immer im Besitze der irdischen Güter bleibt? [148] Nämlich im Besitze der Gärten und Quellen, [149] der Saat und der reichtragenden Palmbäume, deren Frucht (Blüte) so süß (zart) ist? [150] Wollt ihr wohl noch ferner euch großtuerisch Häuser in den Bergen aushauen[20]? [151] Fürchtet doch Allah und gehorcht mir [152] und nicht den Befehlen der Übeltäter, [153] welche nur Verderben und kein Heil auf der Erde stiften.« [154] Sie antworteten darauf: »Wahrlich, du bist verrückt. [155] Du bist ja nur ein Mensch wie wir auch. Komm mit einem Wunderzeichen, wenn du die Wahrheit sprichst.« [156] Darauf erwiderte er: »Diese Kamelstute sei ein solches[21]; sie soll ihren Teil Wasser und ihr den eurigen je an bestimmten Tage in Zukunft wechselweise zum Trunk erhalten. [157] Jedoch hütet euch sorgfältig, ihr etwas zuleide zu tun – sonst wird euch sicherlich an jenem großen Tage die verheißene Strafe treffen.« [158] Doch sie schnitten ihr die Fußsehnen durch[22], was sie tags darauf bereuten; [159] denn die angedrohte Strafe traf sie. Auch hierin liegen Zeichen; doch die meisten wollen nicht glauben. [160] Dein Herr aber ist der Allmächtige und Allbarmherzige.

[161] Auch das Volk des Lot hat die Gesandten Allahs des Betruges beschuldigt. [162] Ihr Bruder Lot sagt zu ihnen: »Wollt ihr denn (Allah) nicht fürchten? [163] Wahrlich, ich bin euch ein treuer und redlicher Gesandter; [164] darum fürchtet Allah und gehorcht mir; [165] ich verlange ja für mein Predigen keinen Lohn von euch; denn ich erwarte meinen Lohn nur vom Herrn der Weltenbewohner. [166] Wollt ihr nur zu den männlichen Geschöpfen kommen [167] und euere Frauen, die euer Herr für euch erschaffen hat, verlassen[23]? Ihr seid schrankenlose Menschen.« [168] Sie aber erwider-

[20] Siehe siebte Sure [75]. Vergleiche siebte Sure [74] und Note 36. [21] Der Überlieferung nach soll diese Kamelstute alles Wasser aus den Brunnen an einem Tag ausgetrunken haben. Daher verordnete hier Saleh, daß an einem Tage die Kamelstute und am andern Tag die Thamudäer trinken sollten. [22] Vergleiche elfte Sure [66] und Note 33. Sale übersetzt: But they slew her; so auch Wahl: Sie töteten die Kamelin (die Stute). [23] Siehe siebte Sure [81] und Note 37.

ten: »Wenn du, o Lot, nicht aufhörst zu predigen, so wirst du verbannt.« [169] Er antwortete darauf: »Wahrlich, ich verabscheue euer Treiben. [170] O Herr, errette mich und die Meinen von den Schandtaten, welche sie ausüben.« [171] Und wir erretteten ihn und seine ganze Familie, [172] mit Ausnahme einer alten Frau (Lots Weib)[24], welche umkam mit jenen, die zurückblieben, [173] indem wir die übrigen vertilgten [174] durch einen Steinregen, welchen wir auf sie herabfallen ließen. Und wahrlich, das war ein schrecklicher Regen für die, welche vergebens gewarnt waren. [175] Auch hierin liegen Zeichen; doch die meisten wollen nicht glauben. [176] Dein Herr aber ist der Allmächtige und Allbarmherzige.

[177] Auch die Waldbewohner[25] haben die Gesandten Allahs des Betruges beschuldigt. [178] Schoaib sagte zu ihnen: »Wollt ihr denn Allah nicht fürchten? [179] Wahrlich, ich bin euch ein treuer und redlicher Gesandter; [180] darum fürchtet Allah und gehorcht mir; [181] ich verlange ja für mein Predigen keinen Lohn von euch; denn ich erwarte meinen Lohn nur vom Herrn des Weltalls. [182] Gebt volles Maß und betrügt nicht [183] und wiegt mit gerechter Waage [184] und verkürzt den Menschen ihr Vermögen nicht und stiftet nicht durch Frevel Verderben auf der Erde. [185] Fürchtet den, welcher euch und die früheren Geschlechter geschaffen hat.« [186] Sie aber antworteten darauf: »Wahrhaftig, du bist verrückt; [187] denn du bist ja nur ein Mensch wie wir auch; wir halten dich daher für einen Lügner. [188] Laß ein Stück des Himmels auf uns herabfallen, wenn du die Wahrheit sprichst.« [189] Er aber erwiderte: »Mein Herr kennt euer Tun.« [190] So beschuldigten sie ihn des Betruges; dafür traf sie die Strafe des Tages der finsteren Wolke[26]. Dies war die Strafe eines großen Tages. [191] Auch hierin liegen Zeichen; doch die meisten wollen nicht glauben. [192] Dein Herr aber ist der Allmächtige und Allbarmherzige.

[193] Dieser Koran ist wahrlich eine Offenbarung des Herrn der Weltenbewohner, [194] und der Treue hütende Geist (der Engel Gabriel) hat ihn [195] in dein Herz gelegt, damit du predigst

[24] Siehe siebte Sure [84]. [25] Vergleiche siebte Sure [86] und Noten 40 und 41 sowie fünfzehnte Sure [79] und Note 14. Da hier Schoaib nicht als ihr Bruder bezeichnet wird, so scheint es, daß die Waldbewohner nur in der Nähe der Midianiter gewohnt haben, aber nicht mit denselben zu identifizieren sind. Goldschmidt nimmt aber an, daß »Gebüsch«- oder Waldbewohner einer der vielen Namen der Midianiter sei. [26] Der Sage nach plagte sie Allah mit einer siebentägigen furchtbaren Hitze; dann ließ er eine finstere Wolke über ihnen aufsteigen, unter deren Schatten sie Schutz suchen wollten, dort aber durch einen glühenden Feuerwind verzehrt wurden.

[196] in deutlicher arabischer Sprache. [197] Er ist auch schon in den Schriften der Früheren[27] erwähnt. [198] Ist ihnen (den Mekkanern) dies kein Zeichen, daß die Weisen der Kinder Israels schon Kenntnis von ihm hatten? [199] Hätten wir ihn aber auch einem Fremden (Nichtaraber) offenbart[28] [200] und er wäre ihnen von ihm vorgelesen worden, sie hätten sicher nicht daran geglaubt. [201] Wir haben es so in die Herzen der Übeltäter gelegt, [202] daß sie nicht daran glauben wollen, bis sie die peinvolle Strafe sehen, [203] welche plötzlich, ohne daß sie es ahnen, über sie hereinbricht. [204] Dann werden sie sagen: »Wird uns denn nicht noch nachgesehen?« [205] Werden sie dann noch unsere Strafe beschleunigt wünschen? – [206] Was glaubst du wohl? Wenn wir ihnen den Genuß der irdischen Güter noch mehrere Jahre gelassen hätten [207] und dann erst, was ihnen angedroht worden ist, sie überkommen hätte, [208] hätte ihnen dieser Genuß wohl etwas genützt? [209] Wir haben noch keine Stadt zerstört, ohne ihr zuvor einen Prediger geschickt zu haben, [210] um sie zu ermahnen, und wir haben keine ungerecht behandelt. [211] Auch sind nicht, wie die Ungläubigen sagen, die Teufel mit dem Koran herabgekommen; [212] denn er stimmt ja nicht mit ihren Absichten überein (das gebührt ihnen nicht), sie besitzen auch nicht die Fähigkeit, ein solches Buch abzufassen, [213] und sind zu weit entfernt, um die Reden der Engel hören zu können[29]. [214] Rufe neben Allah, dem wahren Gott, nicht noch einen anderen Gott an, damit du nicht zu jenen gehörst, die zur Strafe verdammt sind. [215] Dies predige auch warnend deinen allernächsten Verwandten (den Koreischiten) [216] und bezeige dich milde[30] zu den Gläubigen, welche dir folgen. [217] Und wenn sie dir ungehorsam werden, dann sprich: »Ich spreche mich rein und frei von dem, was ihr tut.« [218] Vertrau nur auf den Allmächtigen und Allbarmherzigen, [219] der dich sieht, wenn du aufstehst (zu beten), [220] auch wie du dich mit den Anbetenden verhältst[31]; [221] denn er hört und weiß alles. [222] Soll ich euch verkünden, zu wem die Teufel herabsteigen? [223] Sie steigen auf jeden Lügner und Sünder herab. [224] Das Gehörte[32] geben sie wieder; die meisten lügen. [225] Diese Verirrten folgen

[27] Im Alten und Neuen Testament. [28] Nicht nur dir, weil du, Mohammed, ihr Landsmann bist, auch einem Fremden versagten sie Glauben. [29] Siehe fünfzehnte Sure [18] und Note 5. [30] Wörtlich: Neige deine Flügel. [31] Ob und wie du sie die Art und Weise des Gebetes lehrst. [32] Was sie von den Engeln gehört haben.

den Dichtern[33]. [226] Sahst du nicht, wie sie in jedem Tal umherschwärmen[34]? [227] Ihre Reden stimmen nicht mit ihren Handlungen überein (was sie reden – aber nicht tun). [228] Nur die machen eine Ausnahme, welche glauben und rechtschaffen handeln und oft an ihren Herrn denken und sich nur selbst verteidigen[35], wenn sie ungerechterweise angegriffen werden. Die Frevler aber sollen es einst erfahren, wohin man sie verstoßen wird.

[33] Die Pilger zogen die Erzählungen der Dichter dem Koran Mohammeds begreiflicherweise vor. Der Prophet war auch der Mehrzahl der Dichter böse, weil Spottgedichte gegen ihn kursierten. [34] Wie sie sich ohne Maß ihrer schwärmerischen Phantasie und Einbildungskraft ganz hingegeben haben. [35] Mit der Feder. Bei dem großen Ansehen, in welchem die Dichter bei den Arabern standen, war es nötig, daß Mohammed sich ihrer Unterstützung bedienen und ihre Feder in Anspruch nehmen mußte. Es werden mehrere Dichter namhaft gemacht, welche für ihn und seine Lehre schrieben.

SIEBENUNDZWANZIGSTE SURE

Die Ameise[1] (Al-Naml) *offenbart zu Mekka*

[1] Im Namen Allahs, des Allbarmherzigen. [2] Ta Sin[2]. Dies sind die Verse des Korans, des deutlichen Buches, [3] worin Leitung und frohe Botschaft für die Gläubigen enthalten sind, [4] welche das Gebet verrichten und Almosen geben und fest an das zukünftige Leben glauben. [5] Denen aber, welche nicht an ein zukünftiges Leben glauben, haben wir die Strafe ihres Tuns bereitet, worüber sie staunen werden. [6] Hier schon erhalten sie schwere Strafe, und auch in jenem Leben sind sie rettungslos verloren. [7] Du hast nun diesen Koran von dem Allweisen und Allwissenden wirklich (Wort für Wort) erhalten. [8] Erinnere dich, wie Moses einst zu seinen Leuten sagte: »Ich sehe ein Feuer, entweder bringe ich euch Nachricht darüber oder einen flammenden Brand, daß ihr euch erwärmen könnt[3].« [9] Als er sich nun dem Feuer näherte, da rief ihm eine Stimme zu: »Gelobt ist der, welcher im Feuer, und der, welcher um dasselbe (der dem Feuer nahe) ist[4]. Lob und Preis sei Allah, dem Herrn der Welten! [10] Ich, o Moses, bin Allah, der Allmächtige und Allweise! [11] Wirf deinen Stab hin.« Als er nun sah, daß er sich wie eine Schlange bewegte, da zog er sich zurück und entfloh, um nicht mehr zurückzukommen. Allah aber sagte: »Fürchte dich nicht, o Moses, denn meine Gesandten sollen sich nicht in meiner

[1] So genannt wegen der Fabel, welche von der Ameise in dieser Sure erzählt wird. [2] Siehe sechsundzwanzigste Sure [2] und Note 3. [3] Siehe zwanzigste Sure [11]. [4] Allah und die Engel und Moses selbst.

Gegenwart fürchten; [12] denn wenn sich auch jemand vergangen hat, später aber das Böse durch Gutes ersetzt[5], bin ich ihm ein verzeihender und barmherziger Gott. [13] Stecke deine Hand an deinen Busen, und sie wird weiß und ohne Übel hervorkommen[6]; dies sei eins von den neun Wunderzeichen vor Pharao und seinem Volke[7]; siehe, es ist frevelhaftes Volk.« [14] Als wir unsere sichtbaren Wunderzeichen vor ihnen taten, sagten sie: »Das ist ja offenbare Zauberei.« [15] Sie leugneten sie aus Frevelmut und Stolz, obwohl sie in ihren Seelen erkannt hatten, daß sie von Allah seien. Aber sieh auch, welch ein Ende die Übeltäter genommen haben.

[16] Auch David und Salomon hatten wir mit Kenntnissen ausgerüstet, und sie sagten: »Lob und Preis sei Allah, welcher uns vor so vielen seiner gläubigen Diener bevorzugt hat!« [17] Und Salomon wurde Davids Erbe[8]; so konnte er sagen: »O ihr Menschen, es wurde uns die Sprache der Vögel gelehrt, und er hat uns mit allem ausgerüstet. Das ist doch wohl ein offenbarer Vorzug.« [18] Es wurde einst vor Salomon sein Heer geschart, welches aus Geistern[9], Menschen und Vögeln bestand. Jede Abteilung wurde besonders geführt, [19] bis sie ins Tal der Ameisen[10] kamen. Sagte da ein Ameisenweibchen: »O ihr Ameisen, geht in euere Bauten, damit euch nicht Salomon und sein Heer, ohne es gewahr zu werden, mit den Füßen zertreten.« [20] Salomon lächelte heiter über diese ihre Worte und sagte: »O Herr, rege mich zur Dankbarkeit für deine Gnade an, mit welcher du mich und meine Eltern beschenkt hast, damit ich tue, was recht und dir wohlgefällig ist, und du mich in deiner Barmherzigkeit zu deinen rechtschaffenen Dienern bringst[11].« [21] Als er einst die Vögel musterte, da sagte er: »Wie kommt es, daß ich den Hudhud (Wiedehopf) nicht sehe? Ist er vielleicht abwesend? [22] Wahrlich, ich will ihn schwer bestrafen oder ihn gar töten, es sei denn, er komme mit einer annehmbaren Entschuldigung zu mir.« [23] Er säumte nicht lange, um sich vor Salomon zu stellen, und sagte: »Ich habe ein Land gesehen, welches du noch nicht

[5] Dies bezieht sich wahrscheinlich auf den Mord, den Moses an dem Ägypter begangen. [6] Siehe siebte Sure [109] und Note 47. [7] Siehe siebte Sure [134] und Note 53. [8] Nämlich der Erbe seines Thrones, seiner Weisheit und seiner Prophetengabe. [9] Die Dschinnen. Die Sage von der Herrschaft Salomons über die Geisterwelt entstand in den Schriften des Alten Testaments. [10] Einige versetzen dieses Tal, welches seinen Beinamen von der Menge der Ameisen, die man dort findet, erhalten hat, nach Syrien, andere nach Tayef. [11] Diese Sage von den Ameisen ist entstanden durch Spruchw. Salomon. 6, 6. ff.: Geh hin zur Ameise, du Faulpelz, sieh ihre Wege und werde weise . . . sie bereitet im Sommer ihr Brot, . . . in der Ernte ihre Nahrung gesammelt . . .

gesehen hast. Ich komme aus dem Saba-Land mit sicherer Kunde. [24] Ich fand dort eine Frau, welche regiert und welche alles besitzt (was einem Fürsten zukommt) und welche auch einen herrlichen Thron hat[12]. [25] Ich fand aber, daß sie und ihr Volk die Sonne statt Allah anbeten. Der Satan hat ihnen ihr Tun vorgeschrieben und sie vom Wege der Wahrheit abwendig gemacht; daher sind sie nicht eher recht geleitet, [26] bis sie Allah verehren. Er bringt ans Licht, was in den Himmeln und auf der Erde verborgen ist; er weiß, was sie heimlich und was sie öffentlich tun.« [27] Allah! Es gibt keinen Gott außer ihm, und er ist der Herr des erhabenen Thrones. [28] Salomon erwiderte darauf: »Wir wollen sehen, ob du die Wahrheit gesprochen hast oder ob du ein Lügner bist. [29] Flieg hin zu ihr mit diesem Brief, wirf ihn vor sie hin, dann kehr dich zur Seite und sieh, was sie antworten werden.« [30] Die Königin (als sie den Brief erhalten hatte) sagte (zu den versammelten edlen Männern): »O ihr Edlen, ein ehrenvolles Schreiben hat mich erreicht, [31] es ist von Salomon, und sein Inhalt lautet: ›Im Namen Allahs, des allbarmherzigen Gottes, [32] erhebt euch nicht gegen mich, sondern kommt zu mir und unterwerft euch!‹«

[33] Sie sagte weiter: »O ihr Edlen, ratet mir nun in dieser meiner Angelegenheit. Ich will nichts beschließen, das ihr nicht vorher billigt.« [34] Sie antworteten: »Wir sind zwar mächtig und auch tapfer im Krieg, doch du hast zu befehlen; überlege daher, was du zu befehlen gedenkst.« [35] Darauf sagte sie: »Wenn Könige feindselig in eine Stadt ziehen, dann zerstören sie dieselbe und demütigen ihre vornehmsten Einwohner. Diese werden ebenso gegen uns handeln. [36] Ich will ihnen daher Geschenke schicken und die Nachricht abwarten, welche mir die Gesandten zurückbringen.« [37] Als die Gesandten nun zu Salomon kamen, da sagte er: »Wollt ihr etwa meinen Reichtum vermehren? Wahrlich, was Allah mir gegeben hat, ist weit besser als das, was er euch gegeben hat. Erfreut euch selbst mit eueren Geschenken [38] und kehrt zurück. Wir aber werden zu euch mit einem Heere kommen, welchem ihr nicht widerstehen könnt, und wir wollen euch aus der Stadt vertreiben, demütigen und verächtlich machen.« [39] Er sagte ferner: »O ihr

[12] Die Araber nennen diese Königin Balkis. Diese Sage wird auch im zweiten Targum zum Buch Esther erzählt.

Edlen, wer von euch will mir ihren[13] Thron bringen, bevor sie selbst gläubig zu mir kommen und sich unterwerfen?« [40] Da antwortete ein Iphrit[14], ein böser Geist: »Ich will ihn dir bringen, noch ehe du dich von deinem Platze (deinem Richterstuhl) erhebst; denn geschickt (stark) und redlich genug bin ich dazu.« [41] Ein Schriftgelehrter aber sagte: »Ich will ihn dir bringen, noch bevor du dein Auge auf einen Gegenstand richten und es wieder zurückziehen kannst[15].« Als Salomon nun den Thron vor sich stehen sah, da sagte er: »Dies ist eine Gnade meines Herrn, um mich zu prüfen, ob ich dankbar oder undankbar sein werde. Wer aber dankbar ist, der ist es zu seinem eigenen Heile. Ist aber jemand undankbar, so ist mein Herr doch reich und herrlich genug[16].« [42] Er sagte ferner: »Macht ihren Thron unkenntlich für sie, damit wir sehen, ob sie recht geleitet ist oder ob sie zu jenen gehört, die nicht recht geleitet sind[17].« [43] Als sie nun zu Salomon kam, da wurde sie gefragt: »Gleicht dein Thron diesem hier?« Sie antwortete: »So, als wäre er derselbe.« Darauf sagte Salomon[18]: »Uns wurde die Erkenntnis doch früher zuteil als ihr, indem wir Gottergebene geworden sind.« [44] Das, was sie statt Allah verehrt hat, hat sie von der Wahrheit abgelenkt; denn sie gehörte bis jetzt zu einem ungläubigen Volke. [45]. Darauf wurde zu ihr gesagt: »Geh hinein in diesen Palast[19].« Als sie diesen sah, glaubte sie, es sei ein tiefes Wasser, und entblößte daher ihre Beine. Salomon sagte aber zu ihr: »Es ist ein Palast, mit Glas belegt.« Darauf sagte die Königin: »Wahrlich, ich war ungerecht gegen mich selbst; aber nun unterwerfe ich mich, mit Salomon, ganz Allah, dem Herrn der Weltenbewohner.«

[46] Auch zu den Thamudäern hatten wir ihren Bruder Saleh gesandt (und dieser sagte): »Verehrt doch Allah.« Aber sie teilten sich in zwei Parteien und stritten miteinander. [47] Er sagte zu ihnen: »Warum, o mein Volk, wollt ihr lieber das Böse als das Gute beschleunigt wissen? Solltet ihr nicht um Verzeihung bitten, damit ihr Barmherzigkeit findet?« [48] Sie antworteten: »Wir ahnen nur Böses von dir und von denen, welche es mit dir halten.« Er erwi-

[13] Die Ahmadiyya-Mission übersetzt: ... von euch bringt mir einen Thron für diese Frau, bevor sie zu mir kommen ... [14] Dämon – besonders grausige Geisterabart. [15] In einem Nu. Dieser Schriftgelehrte soll Asaf, der Sohn des Barachia, Salomons Wesir, gewesen sein und dieses Kunststück mittels des unaussprechlichen allerheiligsten Namens ausgeführt haben. [16] Er bedarf des Dankes nicht. [17] Ob Allah mit ihr ist oder nicht. [18] Der Text ist hier unbestimmt. Mit den meisten Erklärern wird die folgende Stelle als Salomons Wort angenommen. [19] Oder auch: in diesen Saal.

derte: »Das Böse, das ihr ahnt, sendet euch Allah; denn ihr seid Menschen, die geprüft werden sollen.« [49] Es waren neun Menschen in der Stadt, die durchaus kein Heil, sondern nur Verderben im Lande stifteten. [50] Diese sagten untereinander: »Laßt uns bei Allah schwören, daß wir den Saleh und seine Leute des Nachts überfallen, und wir wollen dann zu seinem Bluträcher sagen: ›Wir waren nicht gegenwärtig bei dem Untergange seiner Leute; wahrhaftig, wir sprechen nur Wahrheit.‹« [51] Indes sie ihre List erdachten, schmiedeten auch wir einen Plan, den sie nicht vorhersehen konnten. [52] Und sieh nun, welch ein Ende ihre List genommen hat. Wir vertilgten sie und ihr Volk ganz und gar, [53] und ihre Häuser sind leer geblieben[20], wegen der Ungerechtigkeiten, die sie begangen hatten. Für wissende Menschen liegen hierin Zeichen. [54] Die Gläubigen aber, die Allah ehrfürchteten, haben wir errettet. [55] Erinnere dich auch des Lot. Dieser sagte zu seinem Volke: »Begeht ihr nicht Schandtaten, deren Schändlichkeit ihr selbst einseht? [56] Wollt ihr wohl statt zu den Frauen wollusttrunken zu den Männern kommen? Wahrlich, ihr seid unwissende Menschen.«

[57] Die Antwort seines Volkes aber war keine andere, als daß sie sagten: »Jagt die Familie des Lot aus euerer Stadt; denn diese Menschen halten sich für sündenrein.« [58] Wir aber erretteten ihn und seine Familie, mit Ausnahme seiner Frau, über welche wir beschlossen hatten, daß sie mit den Zurückbleibenden untergehe. [59] Wir ließen einen Steinregen auf sie herabfallen, und verderbenbringend war der Regen für die, welche vergeblich gewarnt worden waren. [60] Sprich: »Lob und Preis Allah, Friede seinen Dienern, welche er sich erkor. Ist Allah oder sind die ihm beigestellten Götzen besser?«

[61] Wer hat die Himmel und die Erde geschaffen und läßt euch Wasser vom Himmel herabfallen? Wir lassen durch dasselbe die herrlichen Lustgärten hervorwachsen; ihr aber vermöchtet es nicht, deren Bäume nur sprießen zu lassen. Gibt es wohl noch einen Gott neben Allah? Und dennoch setzen Menschen ihm andere Wesen zur Seite. [62] Wer hat die Erde befestigt und durch deren Mitte Ströme fließen lassen? Wer hat unbewegliche Berge auf ihr er-

[20] Es wird erzählt, daß sie den Saleh und seine Leute in einem engen Feldweg anfielen, diese sich jedoch retteten, die Angreifer aber durch herabfallende Felsenstücke schändlich das Leben einbüßten.

richtet und eine Scheidewand zwischen die beiden Gewässer (von Süß- und Salzwasser) gesetzt[21]? Gibt es wohl noch einen Gott neben Allah? Doch die meisten erkennen dies nicht. [63] Wer hört den Bedrängten, wenn er ihn anruft, und wer befreit ihn von der Bedrängnis? Und wer hat euch zu Nachfolgern euerer Vorfahren auf die Erde gesetzt? Gibt es wohl noch einen Gott neben Allah? Doch wie wenige beherzigen es! [64] Wer leitet euch in Finsternis auf den Pfaden der Erde und des Meeres? Wer sendet die Winde als Verkünder seiner Barmherzigkeit[22]? Gibt es wohl noch einen Gott neben Allah? Weit erhaben ist Allah über das, was sie ihm zur Seite setzen. [65] Wer bringt ein Geschöpf hervor, und wer läßt es, nach seinem Tode, zu neuem Leben wiedererstehen? Und wer gibt euch Nahrung vom Himmel und von der Erde? Gibt es nun wohl noch einen Gott neben Allah? Sprich: »Bringt euere Beweise dafür, wenn ihr Wahrheit sprecht.« [66] Sprich: »Keiner, im Himmel und auf der Erde, außer Allah, kennt das Verborgene, auch wissen sie es nicht, wann sie wieder auferweckt werden. [67] Sie habe keine Erkenntnis von einem zukünftigen Leben, es ist mit Zweifeln vermischt, und für die wahren Umstände sind sie blind.«

[68] Die Ungläubigen sagen: »Wie, wenn wir und unsere Väter Staub geworden sind, da sollten wir wieder aus dem Grabe hervorsteigen? [69] Zwar wurde uns und schon längst unseren Vätern damit gedroht; aber es ist nichts anderes als altes Geschwätz.« [70] Sprich: »Geht einmal über die Erde und seht, welch ein Ende die Übeltäter genommen haben.« [71] Betrübe dich nicht ihretwegen, beängstige dich auch nicht der Pläne wegen, welche sie gegen dich schmieden. [72] Sie sagen: »Wann wird denn diese Drohung in Erfüllung gehen? Sagt es, wenn ihr Wahrheit sprecht!« [73] Sprich: »Vielleicht ist ein Teil der Strafe, die ihr so schnell herbeiwünscht, euch schon nahe.« [74] Aber dein Herr zeigt nachsichtige Güte gegen die Menschen; doch die meisten sind nicht dankbar dafür. [75] Dein Herr weiß, was sie in ihrer Brust verheimlichen und was sie veröffentlichen, [76] wie denn nichts in den Himmeln und auf der Erde verborgen ist, das nicht in dem deutlichen Buche aufgezeichnet ist. [77] Wahrlich, dieser Koran gibt Entscheidungen über die meisten Punkte, worüber die Kinder Israels uneinig sind. [78] Er ist

[21] Siehe fünfundzwanzigste Sure [54] und Note 16. [22] Vergleiche siebte Sure [58] und Note 24.

eine Leitung und eine Barmherzigkeit für die Gläubigen; [79] denn dein Herr entscheidet ihre Streitpunkte zwischen ihnen mit seinem weisen Urteil, da er der Allmächtige und Allwissende ist. [80] Darum vertraue nur auf Allah; denn du bist im Besitze der offenbaren Wahrheit. [81] Nie wirst du die Toten hörend machen können, auch nicht die Tauben auf den Ruf zur Wahrheit, wenn sie absichtlich dir den Rücken wenden. [82] Auch wirst du die Blinden (Verblendeten) nicht dahin leiten können, daß sie von ihrem Irrtum ablassen; nur von solchen wirst du angehört werden, die an unsere Zeichen glauben und uns ganz ergeben sind. [83] Wenn das Verhängnis einst über sie hereinbrechen wird, dann werden wir ein Tier[23] aus der Erde hervorbringen, welches zu ihnen sagen wird: »Wahrlich, die Menschen haben nicht fest an unsere Zeichen geglaubt.«

[84] An jenem Tage werden wir von jedem Volk einen Haufen derer versammeln, welche unsere Zeichen des Betruges beschuldigt haben, und wir werden sie in Ordnung halten, [85] bis sie vor Gericht gekommen sind und Allah zu ihnen gesagt hat: »Habt ihr meine Zeichen des Betruges beschuldigt, obwohl ihr sie nicht begreifen konntet? Was habt ihr getan?« [86] Das Verhängnis wird dann, ihrer Frevel wegen, über sie hereinbrechen, und sie werden kein

[23] Dieses Tier, welches El-Dschessâsa oder der Spion heißt, soll eine Anzeige des Jüngsten Tages sein. Die Ahmadiyya-Mission übersetzt: . . . werden wir einen Keim aus der Erde hervorbringen, der sie verwunden soll, weil die Menschen kein Vertrauen zu unseren Zeichen hatten. – (Diese Lesart lehnt bereits Ullmann vor eineinhalb Jahrhunderten ab.) – Vergleichsweise sei aus dem Alten Testament Buch Daniel Kapitel 7, 3 ff. zitiert: [3] Und vier große Tiere stiegen aus dem Meer herauf, eins verschieden von dem andern. – [4] Das erste war gleich einem Löwen und hatte Adlersflügel; ich schaute, bis seine Flügel ausgerissen wurden und es von der Erde aufgehoben und wie ein Mensch auf seine Füße gestellt und ihm eines Menschen Herz gegeben wurde. – [5] Und siehe, ein anderes zweites Tier, gleich einem Bären; und es richtete sich auf einer Seite auf, und es hatte drei Rippen in seinem Maul zwischen seinen Zähnen; und man sprach zu ihm also: Steh auf, friß viel Fleisch! – [6] Nach diesem schaute ich, und siehe, ein anderes, gleich einem Pardel; und es hatte vier Flügel eines Vogels auf seinem Rücken. Und das Tier hatte vier Köpfe, und Herrschaft wurde ihm gegeben. [7] Nach diesem schaute ich in Gesichten der Nacht: und siehe, ein viertes Tier, schrecklich und furchtbar und sehr stark, und es hatte große eiserne Zähne; es fraß und zermalmte, und was übrigblieb, zertrat es mit seinen Füßen; und es war verschieden von allen Tieren, die vor ihm gewesen, und es hatte zehn Hörner. [8] Während ich auf die Hörner achtgab, da stieg ein andres kleines Horn zwischen ihnen empor, und drei von den ersten Hörnern wurden von ihm ausgerissen; und siehe, an diesem Horn waren Augen, wie Menschenaugen, und ein Mund, der große (vermessene) Dinge redete . . . – Und ein Zitat aus dem Neuen Testament, Offenbarung, 13, [1] Und ich sah aus dem Meer ein Tier aufsteigen, welches zehn Hörner und sieben Köpfe hatte und auf seinen Hörnern zehn Diademe und auf seinen Köpfen Namen der Lästerung. [2] Und das Tier, das ich sah, war gleich einem Pardelweibchen und seine Füße wie die eines Bären und sein Maul wie eines Löwen Maul. Und der Drache gab ihm seine Macht und seinen Thron und große Gewalt . . .

Wort zu ihrer Verteidigung sagen können. [87] Sehen sie es denn nicht ein, daß wir die Nacht zur Ruhe und den Tag zur leuchtenden Helle[24] bestimmt haben? Wahrlich, hierin liegen Zeichen für gläubige Menschen. [88] An jenem Tage wird in die Posaune gestoßen, und Schrecken befällt alles, was in den Himmeln und was auf Erden lebt, die ausgenommen, welche Allah gefallen, und alle werden in tiefer Demut vor ihn kommen. [89] Dann wirst du die Berge, welche du für so fest hältst, hinschwinden sehen – wie Wolken enteilen und entschwinden sie. Das ist Allahs Werk, welcher alle Dinge weise angeordnet (und vollendet) hat und der wohl mit dem, was ihr tut, bekannt ist. [90] Wer dann mit guten Werken kommt, der wird noch über ihren Wert belohnt und frei bleiben von den Schrecknissen dieses Tages. [91] Wer aber mit bösen Werken kommt, der soll auf seinem Angesicht ins Höllenfeuer geschleift werden. Solltet ihr auch wohl anders als nach eueren Taten belohnt werden? [92] Wahrlich, mir wurde befohlen, den Herrn dieses Landstriches, den er geheiligt hat (das Gebiet um Mekka und die Kaaba), den, welchem alle Dinge angehören, zu verehren; mir wurde befohlen, Moslem zu sein [93] und den Koran vorzulesen. Wer sich nun durch denselben leiten läßt, der tut es zu seinem eigenen Seelenheile. Zu dem aber, der im Irrtume bleibt, sage: »Ich bin nur da, um zu warnen.« [94] Sprich: »Lob und Preis sei Allah, der euch seine Zeichen[25] schon zeigen wird, damit ihr sie kennenlernt.« Wahrlich, dein Herr läßt euer Tun nicht unbeachtet.

[24] Wörtl.: um zu sehen. [25] Die glücklichen Erfolge in den Kriegen gegen die Ungläubigen.

ACHTUNDZWANZIGSTE SURE

Die Geschichte[1] (Al-Kasas) *offenbart zu Mekka*

[1] Im Namen Allahs, des Allbarmherzigen. [2] Ta Sin Mim[2]. [3] Dies sind die Verse des deutlichen Buches. [4] Wir wollen dir, zu Nutz und Frommen der Gläubigen, aus der Geschichte Mosis und Pharaos nach der Wahrheit erzählen. [5] Pharao erhob sich stolz im Lande Ägypten und teilte seine Untertanen in zwei Teile. Den einen Teil (die Juden) unterjochte er, indem er die männlichen

[1] Diese Sure hat ihre Überschrift von dem Vers [4] und [26] derselben erhalten, wo es heißt, daß Moses die Geschichte seines bisherigen Lebens dem Schoaib erzählt habe. [2] Vergleiche sechsundzwanzigste Sure [2] und Note 3.

Kinder töten und nur die weiblichen am Leben ließ; denn er gehörte zu denen, welche Verderben stiften. [6] Wir aber wollten uns den Unterdrückten im Lande gnädig zeigen und sie zu Vorbildern in der Religion machen und sie zu Erben[3] der Ägypter einsetzen [7] und ihnen eine Stätte im Lande geben; dem Pharao, Haman[4] und ihrem Heer aber gerade das zeigen, was sie fürchteten[5]. [8] Wir gaben der Mutter des Moses durch Offenbarung ein und sagten: »Säuge ihn; wenn du aber seinetwegen Angst hast, dann lege ihn in den Fluß und fürchte dich nicht und betrübe dich nicht; denn wir werden ihn dir wiedergeben und ihn zu unserem Gesandten machen[6].« [9] Als sie so getan hatte, da nahmen ihn die Leute des Pharao aus dem Fluß, ihn, der ihnen ein Feind werden und zur Betrübnis gereichen sollte; denn Pharao, Haman und ihre Heere waren Sünder. [10] Die Frau des Pharao sagte[7]: »Dieses Kind ist eine Augenweide für mich und für dich, darum töte es nicht; vielleicht kann es uns einmal nützlich sein, oder wir nehmen es an Kindes Statt an.« Sie ahnten nicht die Folgen ihres Tuns. [11] Das Herz der Mutter des Moses war aber leer (so voller Furcht), daß sie ihn beinahe verraten (als ihr Kind bekannt) hätte, wenn wir ihr Herz nicht mit Festigkeit gestärkt hätten, daß sie eine Gläubige wurde. [12] Und sie sagte zu ihrer Schwester: »Folge ihm«; und sie beobachtete ihn aus der Ferne, ohne daß jene es merken konnten. [13] Wir hatten ihm anfangs verboten, die Brust der Säugammen zu nehmen[8], bis Mutters Schwester kam und sagte: »Soll ich euch nicht lieber eine Amme anzeigen, die ihn für euch nähre und Sorge für ihn trage?« [14] So brachten wir ihn seiner Mutter zurück, zur Beruhigung ihrer Augen (ihres Herzens), damit sie sich nicht betrübe und erkenne, daß Allahs Verheißung Wahrheit sei, was die meisten Menschen nicht erkennen.

[15] Als nun Moses kräftig herangewachsen und ein Mann geworden war, da gaben wir ihm Weisheit und Erkenntnis, wie wir

[3] Siehe sechsundzwanzigste Sure [60] und Note 11. [4] Hier wird der zur Zeit des Ahasverus lebende, aus dem Buch Esther als judenfeindlich gesinnte Haman als Ratgeber und Helfershelfer des Pharao genannt; bei den Rabbinen aber Korah, Jethro und Bileam. [5] Die Rabbinen erzählen, daß Pharao zu seiner Grausamkeit gegen die jüdischen Knaben durch einen Traum veranlaßt wurde, in welchem er gesehen hatte, daß er durch einen Juden untergehen werde. [6] Die Ausleger erzählen, daß die Hebamme den Moses deshalb nicht getötet, sondern der Mutter gelassen habe, weil sie bei seiner Geburt ein Licht zwischen den Augen des Kindes gesehen habe. [7] Nach 2. B. Mosis 2; 5–10 hat die Tochter, nicht die Frau des Pharao Moses vom Tod errettet. [8] Siehe zwanzigste Sure [41] und Note 11.

die Rechtschaffenen zu belohnen pflegen. [16] Einst kam er in die Stadt (Memphis) zur Zeit, als es die Einwohner nicht bemerkten[9]. Da fand er zwei Männer miteinander im Kampfe; der eine war von seiner Partei (Jude), der andere aber gehörte zu seinen Feinden[10] (den Ägyptern). Der von seiner Partei bat ihn um seinen Beistand gegen seinen Feind, worauf Moses diesen mit der Faust so schlug, daß er starb. Aber bald bereute er und sagte: »Dies ist ein Werk des Satans, der ein offener Verführer und Feind ist.« [17] Er sagte ferner: »O mein Herr, ich habe mich versündigt, verzeihe mir doch.« Und Allah vergab ihm; denn er ist versöhnend und barmherzig. [18] Er sagte ferner: »Da du mir, o Herr, so huldvoll gewesen bist, werde ich Sündhaftem nie mehr Beistand leisten.« [19] Am anderen Morgen war er furchtsam in der Stadt und sah ängstlich um sich, und siehe, der, welchem er gestern beigestanden hatte, flehte ihn wieder um Beistand an. Aber Moses sagte zu ihm: »Du bist doch offenbar ein streitsüchtiger Mensch.« [20] Als er dennoch den, welcher ihr beiderseitiger Feind war[11], mit Gewalt zurückhalten wollte, sagte dieser: »Willst du, o Moses, mich auch umbringen, wie du gestern jemanden umgebracht hast? Du willst nur gewalttätig im Lande sein und suchst nicht Frieden zwischen Streitenden herzustellen.« [21] Da kam ein Mann aus dem fernsten (Juden-)Teil der Stadt eiligst heran und sagte: »O Moses, die Ratsherren gehen damit um, dich zu töten; ergreife daher die Flucht; glaub mir, ich rate dir gut[12].« [22] Er floh nun aus der Stadt, und sich furchtsam umsehend, sagte er: »O mein Herr, rette mich doch vor diesem frevelhaften Volke.«

[23] Da er nun seine Reise gegen Midian unternahm, sagte er: »Vielleicht wird mich Allah auf den rechten Weg leiten.« [24] Als er nun an einem Wasser bei Midian ankam, da fand er einen Haufen Leute beim Brunnen, welche ihre Herden tränkten. Außer diesen traf er noch zwei Mädchen, welche sich mit ihrer Herde in einiger Entfernung hielten. Er fragte sie: »Was macht ihr hier?« Sie antworteten: »Wir dürfen unsere Herde nicht eher tränken, als bis die Hirten die ihrigen weggetrieben haben, und unser Vater ist ein alter, hochbejahrter Mann.« [25] Darauf tränkte er ihre Schafe

[9] Zur Mittagszeit, zu der man der Mittagsruhe pflegte; nach andern: gegen Abend. [10] Siehe sechsundzwanzigste Sure [15] und Note 4. [11] Den Ägypter. Nach 2. B. Mosis 2, 13 und 14 geben zwei streitende Juden die Veranlassung zu dem Folgenden. Vergleiche Bibelzitat in sechsundzwanzigster Sure, Note 4. [12] Vgl. 2. B. Mos., 2, 15, zitiert.

und zog sich dann in den Schatten zurück und sprach: »O mein Herr, nun bedarf ich des Guten, das herabzusenden du mir versprochen hast.« [26] Da kam eines der Mädchen[13] schüchtern zu ihm heran und sprach: »Mein Vater (Reghuel) läßt dich rufen, damit er dich dafür belohne, daß du uns die Schafe getränkt hast.« Als er zu ihm gekommen war, erzählte ihm Moses seine Geschichte. Jener sagte: »Fürchte dich nicht; denn du bist nun von dem frevelhaften Volk errettet.« [27] Und eines der Mädchen sagte: »O mein Vater, dinge ihn für Lohn; denn er ist der Beste, du dingst einen kräftigen und treuen Menschen.« [28] Darauf sagte er[14]: »Ich will dir eine von meinen Töchtern zur Frau geben, unter der Bedingung, daß du dich auf acht Jahre bei mir für Lohn verdingst; willst du aber auf zehn Jahre, so steht das bei dir. Ich will dir durchaus keine Schwierigkeiten machen; denn du wirst, wenn Allah will, mich als einen redlichen Mann kennenlernen[15].« [29] Darauf erwiderte Moses: »Dieser Vertrag zwischen mir und dir soll gültig sein. Wenn ich dann eine von den zwei angegebenen Fristen ausgedient haben werde, dann soll es auch keine Vertragsverletzung meinerseits sein, wenn ich dich verlasse; und Allah sei Zeuge dessen, was wir gesprochen haben.«

[30] Als nun Moses seine Zeit[16] ausgedient hatte und er mit seiner Familie nach Ägypten reiste[17], da sah er an der Seite des Berges Sinai ein Feuer. Da sagte er zu den Seinen: »Bleibt hier; ich sehe ein Feuer, ich will euch Nachricht darüber bringen oder wenigstens einen Feuerbrand, damit ihr euch wärmen könnt[18].« [31] Als er nun herankam, da ward ihm aus der rechten Seite des Tales, aus einem Baum, auf dem geheiligten Boden, zugerufen: »Ich bin, o Moses, Allah, der Herr der Weltenbewohner. [32] Wirf deinen Stab hin.« Als er nun sah, daß dieser sich wie eine Schlange bewegte, da zog er sich zurück und floh, ohne sich noch umzukehren. (Allah sagte zu ihm:) »Tritt nur näher, o Moses, und fürchte dich nicht; denn du bist sicher (beschützt). [33] Stecke deine Hand in dein Gewand, und sie wird ganz weiß, ohne irgendeine Verletzung,

[13] Dies war Zifura oder Zippora, welche Moses später zur Frau nahm. [14] Hier Schoaib oder Jethro, wie er in der Bibel genannt wird. [15] Von einem derartigen Vertrag zwischen Moses und Jethro weiß die Bibel nichts. Mohammed scheint der Vertrag zwischen Laban und Jakob vorgeschwebt zu haben. [16] Nach den Auslegern hat er die längere Zeit, nämlich zehn Jahre, gedient. [17] Nach der Bibel wird Moses erst durch die Erscheinung im Dornbusch veranlaßt, nach Ägypten zu gehen, während er hier schon früher diesen Entschluß gefaßt hatte. [18] Siehe zwanzigste Sure [11] und [12] und Note 5.

wieder hervorkommen. Ziehe deine Flügel (Hand) ohne Furcht wieder zurück. Dies sollen zwei Beweise von deinem Herrn für Pharao und seine Fürsten sein; denn sie sind frevelhafte Menschen.« [34] Moses erwiderte: »O mein Herr, ich habe einen von ihnen erschlagen, daher fürchte ich, sie bringen mich um! [35] Auch ist mein Bruder Aaron von beredterer Zunge als ich, darum schick ihn mit mir zu meinem Beistand und zu meiner Beglaubigung; denn ich fürchte, sie möchten mich des Betruges beschuldigen.« [36] Darauf sagte Allah: »Wir wollen deinen Arm durch deinen Bruder stärken und euch beiden Kraft verleihen, so daß sie euch nicht gegen unsere Zeichen werden beikommen können. Ihr beide, und wer euch folgt, sollt Sieger bleiben.« [37] Als nun Moses mit unseren deutlichen Zeichen zu ihnen kam, da sagten sie dennoch: »Dies ist nichts anderes als täuschende Zauberkunst, dergleichen wir nie von unseren Vorfahren gehört haben.« [38] Moses aber erwiderte: »Mein Herr weiß am besten, wer mit einer Leitung von ihm kommt und wer einst die Wohnung des Paradieses zur Belohnung erhalten wird; Frevler aber können nicht glücklich werden.« [39] Da sagte Pharao: »O ihr Fürsten! Ich habe nicht gewußt, daß außer mir noch ein Gott ist[19]; darum laß mir, o Haman!, Lehm für Ziegelsteine brennen und baue mir einen hohen Turm, damit ich einmal hinaufsteige zu dem Gott des Moses[20]; denn ich halte ihn für einen Lügner.« [40] Und so waren er und sein Heer hochmütig und ungerecht auf Erden, und sie glaubten, daß sie nie zu uns zurückkehren müssen. [41] Darum ergriffen wir ihn und sein Heer und warfen sie in das Meer. Sieh nun, welch ein Ende die Frevler genommen haben! [42] Und so machten wir sie auch zu verführerischen Führern, welche (ihre Nachfolger) in das Höllenfeuer verlocken; ihnen wird am Tag der Auferstehung nicht geholfen. [43] Wir verfolgten sie mit einem Fluch in dieser Welt, und am Tage der Auferstehung werden sie schmachvoll verworfen sein.

[44] Dem Moses gaben wir, nachdem wir die früheren Geschlechter vertilgt hatten, die Schrift, um die Menschen zu erleuchten, daß sie zur Leitung und Barmherzigkeit diene, damit sie Allahs eingedenk sein mögen. [45] Du (Mohammed) warst freilich nicht an der Westseite (am Berg Sinai), als wir Moses diesen Auftrag gaben,

[19] Siehe siebte Sure [128] und Note 52. [20] Die Ausleger wissen auch von diesem Turm erbauliche Märchen zu erzählen.

und warst nicht Zeuge desselben; [46] und wir haben noch manche Geschlechter nach Mosis Zeit entstehen lassen, welchen ein langes Leben vergönnt war[21]. Du hast auch nicht unter den Einwohnern Midians gewohnt, um ihnen unsere Zeichen vorzulesen; aber nun haben wir dich als Gesandten bestellt. [47] Du warst auch nicht an der Seite des Berges (Sinai), als wir den Moses beriefen; aber aus Barmherzigkeit deines Herrn wirst du nun gesandt, einem Volke (den Arabern) zu predigen, zu welchem vor dir noch kein Prediger gekommen ist. Vielleicht lassen sie sich ermahnen [48] und sagen nicht mehr, wenn, wegen ihrer begangenen Sünden, sie Elend befällt: »O Herr! Wenn du uns auch Gesandte geschickt hättest, so wären wir auch deinen Zeichen gefolgt und Gläubige geworden.« [49] Und doch, da ihnen jetzt die Wahrheit von uns zugekommen ist, sagen sie: »Wenn ihm (Mohammed) nicht die Macht, Wunder zu tun, zuteil wird, wie sie dem Moses gegeben worden ist, so glauben wir nicht.« Aber haben sie nicht auch die Offenbarungen, welche Moses ehedem erhalten hat, auf gleiche Weise verworfen? Sie sagen: »Zwei Betrüger[22], welche sich gegenseitig unterstützen, haben sie geschrieben, und darum«, sagen sie, »verwerfen wir beide.« [50] Sprich: »Bringt denn einmal eine andere Schrift von Allah, welche richtiger leitet als diese beiden, und folgt ihr (auch ich folge dann), wenn ihr die Wahrheit sprecht.« [51] Wenn sie dir darauf nicht antworten, so wisse, daß sie nur ihren eigenen Begierden zu folgen wünschen. Wer aber irrt mehr als der, welcher ohne Leitung von Allah nur seinen Begierden folgt? Wahrlich, Allah leitet ein frevelhaftes Volk nicht!

[52] Nun haben wir das Wort (den Koran) zu ihnen kommen lassen, auf daß sie eingedenk seien [53] wie auch die, welchen wir die Schrift schon vordem gegeben haben, daran glauben[23]. [54] Wenn der Koran diesen vorgelesen wird, so sagen sie: »Wir glauben daran; denn er ist Wahrheit von unserem Herrn, und auch schon vordem waren wir Moslems[24].« [55] Diese werden zwiefach[25] belohnt, weil sie standhaft gewesen sind und das Böse durch Gutes vergelten und von dem, was wir ihnen verliehen haben, Almosen

[21] Wodurch sich die Wahrheit des Erzählten von Mund zu Mund fortpflanzen konnte. [22] Nämlich Moses und Mohammed. Andere übersetzen: Zwei Zauberwerke (Thora und Koran) . . . schrieben sie. [23] Die Juden und Christen, welche sich zum Islam bekehrt haben. [24] Bevor wir noch von demselben etwas wußten, da ja unsere frühere Offenbarung auf diese hinweist und mit ihr übereinstimmt. [25] Weil sie an ihre eigenen Schriften und auch an den Koran glauben.

geben [56] und weil sie, wenn sie gottloses Gerede hören, sich davon abwenden und sagen: »Wir haben unsere Werke und ihr die eurigen. Friede sei mit euch[26]! Wir haben kein Verlangen nach dem Umgange mit unwissenden Menschen.« [57] Du kannst nicht leiten, wen du so gern (in Liebe) leiten möchtest; aber Allah leitet, wen er will; denn er kennt am besten die, welche sich leiten lassen. [58] Sie (die Mekkaner) sagen: »Wenn wir deiner Leitung folgen wollten, so würden wir gewaltsam aus unserem Lande verstoßen werden[27].« Haben wir ihnen denn nicht einen sicheren Zufluchtsort[28] gewährt, der, durch unsere Güte, Früchte aller Art zur Nahrung hervorbringt (zu dem Früchte gebracht werden)? Doch die meisten von ihnen wollen davon nichts wissen. [59] Wie viele Städte haben wir schon zerstört, deren Bewohner in Wollust und Überfluß lebten und deren Wohnungen nach ihnen nur noch von wenigen bewohnt werden, deren Erben wir nun sind! [60] Aber dein Herr hat diese Städte nicht eher zerstört, als bis er erst einen Gesandten in ihre Hauptstadt geschickt hatte, welcher ihnen unsere Zeichen vorgelesen hat; und wir hätten diese Städte nicht zerstört, wären ihre Einwohner nicht frevelhaft gewesen. [61] Die Dinge, welche euch jetzt zuteil geworden sind, gehören zu den Genüssen des vergänglichen irdischen Lebens und zu dessen Ausschmückung; aber das, was bei Allah ist, ist weit besser und dauerhafter. Könnt ihr das denn nicht einsehen?

[62] Soll denn der, welchem wir ein herrliches Versprechen gegeben haben und dem es auch sicher erfüllt wird, soll denn der gleich dem sein, welchen wir zwar mit den Notwendigkeiten des irdischen Lebens versorgt haben, der aber am Tage der Auferstehung der ewigen Strafe anheimfallen wird? [63] An jenem Tage wird Allah ihnen zurufen und sagen: »Wo sind denn nun meine Mitgenossen, welche ihr euch als solche eingebildet habt?« [64] Und die, über welche das gerechte Urteil der Verdammung ausgesprochen wird, werden sagen: »O unser Herr, dies sind diejenigen, welche wir verführt haben! Wir haben sie irregeführt, wie wir selbst irregeführt worden sind. Nun aber verlassen wir sie und kehren zu dir zurück.

[26] Siehe fünfundzwanzigste Sure [64] und Note 21. [27] Dieser Entwurf wurde von Haret ibn Otman ibn Nawfal ibn Abd Menaf gemacht. Er sagte zu Mohammed: die Koreischiten würden sich gern öffentlich zum Islam bekennen, wenn sie nicht die Übermacht der übrigen Araber fürchteten. [28] Das heilige Gebiet Mekkas. In dieser »Frei«stätte wurde während der heiligen Monate Markt gehalten, »auf den vielerlei gebracht wurde«.

Nicht uns (sondern nur ihren Leidenschaften) haben sie gehuldigt[29].« [65] Es wird dann zu den Götzendienern gesagt: »Ruft nun die an, welche ihr Allah zugesellt habt.« Sie werden sie auch wirklich anrufen, aber diese werden ihnen nicht antworten. Sie werden dann die für sie bestimmte Strafe sehen und wünschen, recht geleitet gewesen zu sein. [66] An jenem Tage wird Allah ihnen zurufen und sagen: »Was habt ihr unseren Gesandten geantwortet?« [67] Und sie werden an jenem Tage vor Bestürzung keine Rechenschaft geben[30] und sich untereinander nicht einmal befragen können. [68] Wer aber bereut und glaubt und rechtschaffen handelt, der kann noch glücklich werden. [69] Dein Herr hat erschaffen, was er wollte, und er erwählt nach freiem Willen; sie aber (die Götzen) haben keinen freien Willen. Lob und Preis sei Allah und fern von ihm, was sie ihm zugesellen. [70] Er weiß, was sie in ihrer Brust verheimlichen und was sie veröffentlichen. [71] Er ist Allah, und außer ihm gibt es keinen Gott. Lob sei ihm in diesem und in dem zukünftigen Leben! Ihm allein gehört das Richteramt, und zu ihm kehrt ihr einst zurück. [72] Sprich: »Was denkt ihr wohl? Wenn Allah euch mit immerwährender Nacht bis zum Tage der Auferstehung bedecken wollte, welcher Gott, außer Allah, könnte euch Licht bringen? Wollt ihr denn gar nicht hören?« [73] Sprich: »Wenn Allah euch nur fortwährenden Tag bis zum Tage der Auferstehung geben wollte, welcher Gott, außer Allah, könnte euch Nacht geben und zur Ruhe bringen? Wollt ihr denn gar nicht einsehen?« [74] Aus Barmherzigkeit hat er die Nacht und den Tag für euch angeordnet, daß ihr in jener ruht und an diesem anstrebt, von seinem Überflusse[31] zu erhalten, und dafür dankbar seid. [75] An jenem Tage wird Allah ihnen zurufen und sagen: »Wo sind nun meine Mitgenossen, welche ihr euch als solche eingebildet habt?« [76] Wir bringen dann einen Zeugen aus jedem Volk[32], und wir werden sagen: »Bringt nun euere Beweise für euere Behauptungen.« Sie werden dann erfahren, daß nur Allah allein die Wahrheit ist, und die Götter, welche sie ersonnen haben, werden ihnen in ein Nichts entschwinden.

[29] Siehe zehnte Sure [29] und Note 9. Am Jüngsten Tage ist den Götzen Sprache gegeben. Ihnen sind diese Worte in den Mund gelegt. Lustfrönen, nicht Religion leitete die Götzendiener. [30] Wörtlich: Die Rechenschaft wird sich ihnen verdunkeln. [31] Durch Fleiß und Arbeitsamkeit euere Bedürfnisse zu erlangen sucht. [32] Nämlich die Propheten eines jeden Volkes, die Allah zur Bekehrung und Rechtleitung in seiner Güte zu jedem Volke gesandt hatte.

[77] Karun[33] gehörte zu dem Volke des Moses, aber er betrug sich hochmütig gegen dasselbe, und wir hatten ihm so viele Schätze gegeben, daß an den Schlüsseln dazu zehn bis vierzig (mehrere) starke Menschen zu tragen hatten. Sein Volk sagte zu ihm: »Freue dich nicht so unmäßig; denn Allah liebt die nicht, welche sich ihres Reichtums wegen so ausgelassen freuen. [78] Suche vielmehr durch das Vermögen, welches dir Allah gegeben hat, die zukünftige Wohnung des Paradieses zu erlangen. Vergiß zwar nicht deinen Anteil an den irdischen Gütern, tue aber anderen wohl damit, so wie Allah dir wohl getan hat, und suche nicht Verderben auf der Erde zu stiften; denn Allah liebt die Verderbenstifter nicht.« [79] Er erwiderte: »Diesen Reichtum habe ich mir durch meine Kenntnisse erworben[34].« Wußte er denn nicht, daß Allah auch schon vor ihm manche Geschlechter vertilgt hatte, die stärker waren an Macht und noch weit mehr Reichtümer aufgehäuft hatten als er? Und diese Frevler brauchte Allah nicht erst wegen ihrer Sünden zu befragen. [80] Und wenn Karun in seiner ganzen Pracht vor seinem Volk einherzog, da sagten die, welche das irdische Leben liebten: »Oh, hätten wir es doch auch, wie es Karun hat, denn dieser hat großes Glück!« [81] Die Einsichtsvollen aber antworteten: »Wehe euch! Weit besser ist Allahs Belohnung für die, welche glauben und rechtschaffen handeln; aber nur die werden sie erhalten, welche mit Standhaftigkeit alles ertragen.« [82] Und wir spalteten die Erde unter ihm und seinem Palast (um beides zu verschlingen); außer Allah konnte ihm keine Macht helfen, noch rettete sie ihn. [83] Und am anderen Morgen sagten die, welche gestern noch sich dessen Lebensglück gewünscht hatten: »In der Tat! Allah gibt reichliche Versorgung, wem er von seinen Dienern will, und ist auch karg, gegen wen er will. Wäre Allah nicht gnädig gegen uns gewesen, so hätte sich die Erde auch unter uns geöffnet. Die Ungläubigen (und Undankbaren) können ja nicht glücklich sein.«

[84] Die künftige Wohnung des Paradieses haben wir für die bestimmt, welche sich auf Erden nicht hochmütig benehmen und kein

[33] Karun ist der Korach (Korah) der Bibel. Von dessen großem Reichtum erzählen auch die Rabbinen. Über seinen Streit mit Moses, dessen auch in der dreiunddreißigsten Sure gedacht ist, sind die Ausleger uneinig. Nach einigen hatte er den Moses des Ehebruchs beschuldigt, was sich auch bei den Rabbinen findet. Nach andern soll er ihm am Tode des Aaron schuld gegeben haben. – Ist der reiche Karun Krösus? [34] Nach einigen war er nach Moses und Aaron der gelehrteste Mann in Israel. Nach andern war er Alchimist. Wieder andere sagen: er habe die Schätze Josephs in Ägypten gefunden, was auch die Rabbinen sagen.

Verderben stiften wollen. Wahrlich, die Frommen werden einen glücklichen Ausgang (ein glückliches Ende) nehmen! [85] Wer einst mit guten Handlungen kommt, der wird über ihren Wert belohnt; wer aber mit bösen Handlungen kommt, der wird gerade nur nach dem Werte der bösen Tat, welche er ausgeübt hat, bestraft[35]. [86] Der dir den Koran zur Richtschnur gegeben hat, wird dich schon wieder zurückbringen (nach Mekka[36]). Sprich: »Mein Herr kennt am besten den, welcher mit der wahren Leitung kommt, wie auch den, welcher in offenbarem Irrtum ist.« [87] Du durftest nicht hoffen, daß dir die Schrift (der Koran) übergeben würde, wenn es nicht aus Barmherzigkeit deines Herrn geschehen wäre. Leiste daher den Ungläubigen keinen Beistand. [88] Mögen sie dich auch nie von den Zeichen deines Herrn abwendig machen, nachdem sie dir offenbart worden sind, und rufe die Menschen zu deinem Herrn. Sei kein Götzendiener [89] und ruf auch nicht neben Allah noch einen anderen Gott an[37]; denn außer Allah gibt es ja keinen Gott. Alle Dinge werden untergehen, nur sein Angesicht (er) nicht. Ihm gehört das Richteramt, und zu ihm kehrt ihr einst zurück.

[35] Siehe vierte Sure [41] und Note 19. [36] Dieser Vers soll Mohammed auf seiner Flucht von Mekka nach Medina, bei seiner Ankunft zu Schoffa, zu seinem Trost offenbart worden sein; es kann aber auch das Jenseits gemeint sein. [37] Einige vornehme Mekkaner wollten sich mit Mohammed versöhnen. Sie schlugen als Vergleich vor, Mohammed möge einige ihrer Götzen anerkennen, sie wollten dafür Allah annehmen. Der Erzengel Gabriel – mit dem erbetenen Ratschluß Allahs – blieb aus. Angeblich ist daraufhin Mohammed auf den später bitter bereuten Vergleich eingegangen. Darauf beziehen sich die nachfolgend offenbarten Verse [88] und [89]. Siehe auch zweiundzwanzigste Sure [58] und Note 24.

NEUNUNDZWANZIGSTE SURE

Die Spinne[1] (Al-Ankabut) *offenbart zu Mekka*

[1] Im Namen Allahs, des Allbarmherzigen. [2] Alif Lam Mim[2]. [3] Glauben wohl die Menschen genug getan zu haben, wenn sie sagen: »Wir glauben«, ohne Beweise davon gegeben zu haben[3]? [4] Wir prüften auch die, welche vor ihnen lebten, um zu erfahren, ob sie aufrichtig oder ob sie Lügner sind. [5] Oder glauben die Übeltäter vielleicht, daß sie unserer Strafe vorbeugen können? Dann urteilen sie schlecht. [6] Wer auf die Begegnung mit Allah (am

[1] So genannt, weil die Spinne in dieser Sure erwähnt wird. [2] Siehe zweite Sure [2] und Note 2. [3] Diese und die folgende Stelle sollen den Ungläubigen ihre Ungeduld über die erlittenen Unfälle verweisen und diese als Prüfungen darstellen. Namentlich sollen die unmäßigen Klagen der Hinterbliebenen des in der Schlacht bei Bedr gebliebenen Mahja, eines Sklaven des Omar, Veranlassung dazu gegeben haben.

Jüngsten Tage) hofft, der wisse, daß die von Allah bestimmte Zeit sicherlich kommen wird; denn Allah hört und weiß alles. [7] Wer für Allahs Religion kämpft, der kämpft für das eigene Seelenheil, denn Allah ist zu reich, als daß er seiner Geschöpfe bedürfen sollte. [8] Denen, welche glauben und rechtschaffen handeln, wollen wir ihre Sünden vergeben und ihre Handlungen auf das herrlichste belohnen. [9] Auch haben wir den Menschen befohlen, ihren Eltern Gutes zu erzeigen. Wenn sie dich aber zwingen wollen, mir solche Wesen zuzugesellen, wovon du keine Kenntnis hast, so gehorche ihnen nicht. Zu mir werdet ihr einst zurückkehren, und ich werde euch dann anzeigen, was ihr getan habt. [10] Die glauben und Gutes tun, werden wir in das Paradies zu den Frommen bringen und einführen. [11] Da gibt es Menschen, die sagen wohl: »Wir glauben an Allah«; wird aber ein solcher der Sache Allahs wegen bedrängt, so betrachtet er diesen Druck der Menschen als eine Strafe Allahs. Wenn aber die Gläubigen Hilfe von deinem Herrn erhalten, sagen sie: »Wir hielten es mit euch.« Weiß denn Allah nicht, was in der Brust seiner Geschöpfe vorgeht? [12] Siehe, Allah kennt sowohl die Gläubigen wie die Heuchler. [13] Die Ungläubigen sagen zu den Gläubigen: »Folgt nur unseren Wegen, und wir wollen euere Sünde tragen.« Aber sie werden ihre eigenen Sünden nicht tragen können; sie sind Lügner. [14] Sie sollen ihre eigene Last und noch die Last anderer[4] zu tragen haben und am Tage der Auferstehung befragt werden über das, was sie fälschlich erdichtet haben.

[15] Wir schickten einst den Noah zu seinem Volk, und er verweilte unter demselben tausend Jahre weniger fünfzig[5]; die Sintflut erfaßte sie sodann, denn sie waren Frevler. [16] Ihn aber und die, welche in der Arche waren, erretteten wir und machten sie zu einem Wunderzeichen für alle Geschöpfe. [17] Auch Abraham sagte einst zu seinem Volke: »Verehrt Allah und fürchtet ihn; dies wird besser für euch sein, wenn ihr das einsehen könnt. [18] Ihr aber verehrt statt Allah Götzen und erdichtet Lügen. Die aber, welche ihr statt Allah noch verehrt, können euch ja durchaus keine Versorgung gewähren. Sucht daher euere Versorgung bei Allah, verehrt nur ihn und seid ihm dankbar; denn zu ihm kehrt ihr einst zurück. [19] Wollt ihr mich des Betruges beschuldigen[6]? Auch die Völker vor euch

[4] Auch die Sünden der durch sie Verführten. [5] Mohammed läßt hier den Noah zur Zeit der Sintflut neunhundertfünfzig Jahre alt sein, während dies nach 1. B. Mosis seine ganze Lebensdauer ist. [6] Dieses und das Folgende spricht noch immer Abraham.

haben die Propheten des Betruges beschuldigt; aber die Pflicht eines Gesandten besteht nur darin, öffentlich zu predigen.« [20] Sehen sie denn nicht, wie Allah die Schöpfung erschafft und sie immer von neuem hervorruft[7]? Wahrlich, dies fällt Allah sehr leicht. [21] Sprich: »Geht doch über die Erde hin und seht, wie Allah Geschöpfe hervorbrachte und darauf wieder neue Schöpfungen hervorruft«, denn Allah ist aller Dinge mächtig. [22] Er straft, wen er will, und erbarmt sich, wessen er will, und zu ihm werdet ihr einst zurückgebracht. [23] Ihr könnt ihm nicht entgehen (nichts vereiteln), weder auf der Erde noch in den Himmeln[8], und außer Allah habt ihr keinen Beschützer und keinen Helfer.

[24] Die aber die Zeichen Allahs und das einstige Zusammentreffen mit ihm leugnen, werden an meiner Barmherzigkeit verzweifeln, und eine qualvolle Strafe erwartet sie. [25] Die Antwort seines Volkes aber war keine andere, als daß sie sagten: »Tötet ihn oder verbrennt ihn!« Allah aber errettete ihn aus dem Feuer[9]. Wahrlich, hierin liegen Zeichen für gläubige Menschen. [26] Abraham sagte ferner: »Ihr habt statt Allah Götzen angenommen und hierin in dem irdischen Leben euch zusammengefunden, aber an dem Tage der Auferstehung wird einer den anderen verleugnen und einer den anderen verfluchen. Euere Wohnung wird dann das Höllenfeuer sein, und niemand wird euch helfen können.« [27] Und Lot[10] glaubte an ihn und sagte: »Ich gehe nun weg von hier und wende mich zu meinem Herrn; denn er ist der Allmächtige und Allweise.« [28] Und wir gaben ihm (dem Abraham) den Isaak und Jakob und bestimmten für seine Nachkommen das Prophetentum und die Schrift. Auch gaben wir ihm schon in dieser Welt seinen Lohn, und in der zukünftigen gehört er zu den Frommen. [29] Auch Lot sagte zu seinem Volke: »Wollt ihr wohl solche Schändlichkeiten begehen, worin euch noch kein Geschöpf als Beispiel vorangegangen ist? [30] Kommt ihr nicht schamlos zu Männern und schneidet euch selbst den Weg zur Besserung ab[11]? Und in eueren Zusammenkünften, treibt

[7] Alle Gewächse jedes Jahr von neuem, was der Auferstehung zum Beweis dienen soll. [8] Vergleiche Psalm 139, 7: Wohin sollte ich gehen vor deinem Geiste, und wohin sollte ich fliehen vor deinem Angesicht? [9] Siehe einundzwanzigste Sure [70] und Note 17. [10] Goldschmidt sieht in diesem Vers eine Anspielung auf Abu Bekr, den Schwiegervater Mohammeds, der sich ihm auf seiner Flucht nach Mekka anschloß. [11] Wahl übersetzt nach Marac.: Scheucht ihr nicht alle züchtigen Leute von euch weg: Sale: and lay wait in the highways. Vers [30] lautet in der Übersetzung auf Ahmadiyya-Mission: Naht ihr euch tatsächlich Männern (in Begierde) und raubet auf den Landstraßen? Und in euren Versammlungen begeht ihr Abscheuliches! – Jedoch die Antwort seines Volkes . . .

ihr nicht auch da Sündhaftes?« Die Antwort seines Volkes aber war keine andere, als daß sie sagten: »Bring uns nur die Strafe Allahs, wenn du die Wahrheit sprichst.« [31] Er aber sprach: »O mein Herr, steh mir bei gegen dieses frevelhafte Volk und schütze mich vor diesem!«

[32] Als nun unsere Boten[12] zu Abraham kamen, ihm frohe Botschaft zu bringen, da sagten sie: »Wir werden die Leute dieser Stadt vertilgen, denn sie sind Übeltäter.« [33] Darauf erwiderte Abraham: »Aber Lot wohnt darin?« Sie antworteten: »Wir wissen es wohl, wer darin wohnt; ihn und seine Familie werden wir erretten, mit Ausnahme seiner Frau, welche mit den Zurückbleibenden untergehen wird.« [34] Als nun unsere Gesandten zu Lot kamen, da war er besorgt um ihretwegen, und er fühlte seinen Arm zu schwach, sie zu beschützen[13]. Sie aber sagten: »Sei ohne Furcht und betrübe dich nicht; denn wir erretten dich und deine Familie, nur mit Ausnahme deiner Frau, welche mit den Zurückbleibenden untergehen wird; [35] denn wir sind gesandt, über die Leute dieser Stadt die Rache des Himmels zu bringen, weil sie Missetäter gewesen sind«; [36] und wir haben für nachdenkende Menschen deutliche Zeichen zurückgelassen[14]. [37] Auch zu den Midianitern hatten wir ihren Bruder Schoaib geschickt, und er sagte: »O mein Volk, verehrt Allah und erwartet den Jüngsten Tag und stiftet doch nicht frevelhaft Verderben auf der Erde!« [38] Aber sie beschuldigten ihn des Betruges; darum erfaßte sie ein Erdbeben, und man fand sie des Morgens früh tot in ihren Wohnungen hingestreckt[15]. [39] Ebenso vertilgten wir die Aditen und Thamudäer, wie euch die Trümmer ihrer Städte wohl bekannt ist. Der Satan hatte ihnen ihre Werke bereitet und sie vom richtigen Weg abgeleitet, obgleich sie übrigens einsichtsvolle Menschen gewesen sind. [40] Ebenso vertilgten wir den Karun, Pharao und Haman. Moses kam mit deutlichen Beweisen zu ihnen; sie aber betrugen sich hochmütig im Land und konnten darum unserer Strafe nicht entgehen. [41] Einen jeden von ihnen vertilgten wir seiner Sünden wegen. Wider einige schickten wir einen mit Steinen geschwängerten Wind (Sodom und Gomorrha). Andere ergriff ein Erdbeben (Ad und Thamud); wieder andere ließen wir durch die Erde verschlingen (Karun), und andere

[12] Nämlich die Engel. Siehe elfte Sure [70]. [13] Siehe elfte Sure [78] und Note 40.
[14] Die Spuren der Zerstörung sind an der eigentümlichen Beschaffenheit des Bodens jener Gegend noch heute sichtbar. [15] Siehe siebte Sure [92].

wieder ertränkten wir[16]. Allah war nicht ungerecht gegen sie, sondern sie waren ungerecht gegen sich selbst. [42] Die statt Allah einen Götzen anbeten, sind der Spinne gleich, welche sich ein Haus erbaute; aber das Haus der Spinne ist das schwächste von allen Häusern. Könnten sie das doch einsehen! [43] Wahrlich, Allah kennt die Dinge, welche sie statt ihm anrufen; denn er ist der Allmächtige und Allweise. [44] Solche Gleichnisse stellen wir den Menschen auf, aber nur die klugen verstehen sie. [45] Allah hat die Himmel und die Erde in Wahrheit geschaffen, und hierin liegen Zeichen für gläubige Menschen.

[46] Verkünde also, was dir von der Schrift (dem Koran) offenbart worden ist, und verrichte das Gebet; denn das Gebet schützt den Menschen vor Schandtaten und allem, was unerlaubt ist; und Allahs eingedenk zu sein ist eine große Tugend; denn Allah kennt, was ihr tut.

[47] Mit den Schriftbesitzern (Juden und Christen) streitet nur auf die anständigste Weise, nur die Frevler unter ihnen seien ausgenommen, und sagt: »Wir glauben an das, was uns, und an das, was euch offenbart worden ist. Allah, unser Gott und euer Gott, ist nur einer, und wir sind ihm ganz ergeben.« [48] Wir haben dir nun die Schrift offenbart; auch die, welchen wir ehedem die Schrift gegeben haben, glauben daran; auch von diesen (Mekkanern, Arabern) glaubt mancher daran, und nur die Ungläubigen (Undankbaren) verwerfen unsere Zeichen. [49] Du konntest ja vordem kein Buch vorlesen und auch keines mit deiner Rechten schreiben; sonst zweifelten deine Gegner mit Recht[17]. [50] Wahrlich, er, der Koran selbst, ist deutlicher Beweis genug für Herzen, die Erkenntnis besitzen; und nur die Frevler verwerfen unsere Zeichen. [51] Sie sagen zwar: »Wenn ihm nicht ein Wunderzeichen von seinem Herrn herabgesandt wird, so glauben wir ihm nicht.« Sprich: »Wunder zu tun ist nur in Allahs Macht; ich bin nur ein offenkundiger Warner.« [52] Genügt es ihnen denn nicht, daß dir die Schrift offenbart worden ist, welche ihnen vorgelesen werden soll? Sie enthält Barmherzigkeit und Ermahnung für gläubige Menschen.

[53] Sprich: »Allah ist hinlänglicher Zeuge zwischen mir und euch, und er weiß, was in den Himmeln und was auf Erden ist. Die

[16] Die Zeitgenossen des Noah und Pharao und sein Heer. [17] Seine bekannte frühere Unwissenheit soll die Göttlichkeit des Korans beweisen.

aber an eitle Götzen glauben und Allah leugnen, die sind verloren.« [54] Sie wollen, daß du ihnen die angedrohte Strafe beschleunigst; die Strafe würde sie auch getroffen haben, wenn nicht eine bestimmte Frist dafür angesetzt wäre; aber plötzlich, ohne daß sie es ahnen, wird diese über sie hereinbrechen. [55] Sie wollen die Strafe von dir beschleunigt wissen; dafür soll die Hölle die Ungläubigen umgeben. [56] An jenem Tage wird die Strafe von oben und von unten[18] über sie hereinbrechen und zu ihnen gesagt werden: »Nehmt nun hin den Lohn eueres Tuns.« [57] O ihr meine gläubigen Diener, meine Erde ist ja weit genug, darum dient mir[19]. [58] Eine jede Seele wird den Tod schmecken, dann kehrt ihr zu mir zurück. [59] Die geglaubt und rechtschaffen gehandelt haben, die wollen wir die erhabensten Gemächer des Paradieses bewohnen lassen, durch welches Wasserläufe fließen, und ewig sollen sie in diesen Gärten bleiben. Welch herrlicher Lohn für die, welche rechtschaffen gehandelt [60] und geduldig ausgeharrt und auf ihren Herrn vertraut haben! [61] Wie viele Tiere gibt es doch, die sich selbst nicht ernähren können; Allah aber ernährt sie und euch; er, der alles hört und weiß. [62] Fragst du sie: »Wer hat die Himmel und die Erde geschaffen und Sonne und Mond zu ihrem Dienste gezwungen?«, so antworten sie: »Allah!« Aber wie dürfen sie hernach Lügen (falsche Götter) erdichten? [63] Allah ist es, welcher, wen er will, von seinen Dienern reichlich versorgt und der auch karg ist, gegen wen er will; denn Allah ist allwissend. [64] Fragst du sie: »Wer sendet Wasser vom Himmel, um dadurch die Erde, nachdem sie tot gewesen ist, von neuem zu beleben?«, so antworten sie: »Allah!« Sprich: »Lob und Preis sei Allah!« Doch die meisten von ihnen verstehen es nicht.

[65] Wahrlich, dieses irdische Leben ist ein Scherz, ein Spiel, nur die künftige Wohnung des Paradieses ist wahres Leben. Möchten sie das doch einsehen! [66] Wenn sie ein Schiff besteigen, dann rufen sie Allah an und versprechen ihm Aufrichtigkeit in der Religion. Hat er sie aber wieder wohlbehalten ans Land gebracht, dann sind sie auch wieder Götzendiener [67] und sind undankbar für die Güte, welche wir ihnen erzeigt haben, um sich (nur des irdischen Genusses) zu erfreuen; doch bald sollen sie ihre Torheit einsehen. [68] Sehen sie es denn nicht ein, daß wir ihnen (den Mekkanern) einen sicheren und unverletzlichen Aufenthaltsort gewährt haben,

[18] Siehe sechste Sure [66] und Note 17. [19] Wenn man euch wegen der Religion an einem Ort nicht dulden will, so wählt und sucht einen anderen auf der großen, weiten Erde.

während andere Menschen um sie her Plünderungen und Leid ausgesetzt sind? Wollen sie dennoch an nichtige Götzen glauben und für die Gnade Allahs undankbar sein? [69] Wer aber ist ungerechter als der, welcher Lügen von Allah erdichtet oder die Wahrheit, die ihm zuteil geworden ist, verleugnet? Soll nicht die Hölle Wohnung der Ungläubigen sein? [70] Die aber für uns treulich kämpfen, die wollen wir auf unseren Wegen leiten; denn Allah ist mit den Rechtschaffenen.

DREISSIGSTE SURE

Die Römer[1] (Al-Rum) *offenbart zu Mekka*

[1] Im Namen Allahs, des Allbarmherzigen. [2] Alif Lam Mim. [3] Besiegt sind die Römer[2] [4] im nahen Lande. Doch nach der Niederlage werden sie Sieger sein [5] in einigen[3] Jahren. Denn Allah bestimmt Vergangenheit und Zukunft. An jenem Tage werden sich auch die Gläubigen der Hilfe Allahs zu erfreuen haben, [6] der da hilft, wem er will; denn er ist der Allmächtige und Allbarmherzige. [7] So lautet die Verheißung Allahs, und Allah läßt seine Verheißung nicht unerfüllt; doch die meisten Menschen erkennen dies nicht. [8] Sie erkennen nur die glänzende Außenseite des irdischen Lebens und bekümmern sich nicht um das zukünftige Leben. [9] Wollen sie denn nicht bei sich selbst bedenken, daß Allah die Himmel und die Erde, und was zwischen ihnen ist, in Weisheit geschaffen und ihnen eine bestimmte Zeit als Ziel gesetzt hat? Aber dennoch leugnen die meisten Menschen, daß sie einst mit ihrem Herrn zusammentreffen werden. [10] Warum gehen sie nicht einmal im Land umher und sehen, welch ein Ende die nahmen, welche vor ihnen gelebt haben? Diese waren weit mächtiger als sie, und sie bebauten das Land[4] und bewohnten es länger als sie. Ihre Gesandten kamen zu ihnen mit deutlichen Zeichen, und Allah wollte sie nicht ungerecht behandeln, sondern sie selbst handelten ungerecht gegen

[1] So genannt nach dem Anfang der Sure. Unter Römern wird das Griechisch-Römische Reich, dessen Hauptstadt Konstantinopel war, verstanden. Daher wird die Sure in Übersetzungen auch »Die Griechen« überschrieben. [2] Im Jahre 615 n. Chr., sechs Jahre vor der Hedschra, wurden die Byzantiner von den Persern besiegt. Mohammed prophezeit hier, daß binnen »kurzem« die Perser wieder von den Römer-Griechen besiegt werden, was auch im vierten Jahr der Hedschra, im Jahre 625, unter Kaiser Heraklius eintraf. Die Moslems sind auf diese Erfüllung der Prophezeiung nicht wenig stolz. [3] Das arabische Wort, übersetzt mit einige, bedeutet eine Zahl »bis zehn«. [4] Oder sie gruben die Erde auf, um die darin verborgenen Schätze zu suchen.

sich. [11] Das Ende der Bösen war böse, weil sie die Zeichen Allahs des Betruges beschuldigten und sie verspotteten.

[12] Allah erschafft die Wesen und wird sie einst wieder von neuem erstehen lassen, und dann kehrt ihr zu ihm zurück. [13] An jenem Tage, wenn die Stunde des Gerichtes schlägt, dann werden die Frevler verzweifelnd verstummen, [14] und ihre Götzen können ihnen nicht Vermittler sein, weshalb sie ihre falschen Götter dann verleugnen werden. [15] An jenem Tage, zur Stunde des Gerichtes, werden die Ungläubigen von den Gläubigen getrennt. [16] Die Gläubigen, welche das Gute ausgeübt haben, sollen sich in herrlichen Lustgefilden ergötzen; [17] die Ungläubigen aber, welche unsere Zeichen und das einstige Zusammentreffen mit uns leugneten, werden der Strafe überliefert. [18] Lobt daher Allah, wenn es Abend wird und wenn ihr des Morgens aufsteht. [19] Er wird gepriesen in den Himmeln und auf der Erde zur Abend- und zur Mittagszeit[5]. [20] Er bringt Leben aus dem Tod und Tod aus Leben hervor; so wie er die Erde nach ihrem Tode neu belebt, so werdet auch ihr einst wieder aus dem Grabe steigen[6].

[21] Eines seiner Wunderzeichen ist es, daß er euch aus Staub geschaffen hat, und siehe, ihr seid Menschen geworden, welche sich auf der ganzen Erde ausgebreitet haben. [22] Eines seiner Wunderzeichen ist es, daß er Frauen für euch aus euch selbst geschaffen hat[7], um ihnen beizuwohnen, und er läßt Liebe und Barmherzigkeit zwischen euch bestehen, so daß hierin Zeichen für denkende Menschen sind. [23] Eines seiner Wunderzeichen ist die Schöpfung der Himmel und der Erde und die Verschiedenheit euerer Sprachen und Farben; wahrlich, dies ist ein Zeichen für die ganze Welt[8]. [24] Eins seiner Wunderzeichen ist euer Schlaf bei Nacht und bei Tage (zur Mittagszeit) und euer Streben, aus seinem Überfluß euch Unterhalt zu verschaffen; auch hierin liegen Zeichen für Menschen, die hören wollen. [25] Eines seiner Wunderzeichen ist es, daß er euch den Blitz zu Furcht und Hoffen[9] zeigt und Wasser vom Himmel herabsendet,

[5] Wörtlich: wenn ihr Mittagsruhe haltet. [6] Auch bei den Rabbinen findet sich die Auferstehung durch das Bild des Regens, der die tote Erde neu belebt, veranschaulicht. Siehe sechste Sure [100]. [7] Aus Adams Rippe. Vergleiche 1. B. Mosis, 2, 21: Und Jehova Gott ließ einen tiefen Schlaf auf den Menschen fallen, und dieser entschlief. Und er nahm eine von seinen Rippen und verschloß ihre Stelle mit Fleisch; [22] und Jehova Gott baute aus der Rippe, welche er von dem Menschen genommen hatte, eine Männin (ein Weib), und er brachte sie zu dem Menschen. [8] Wahl und Sale haben hier eine andere Lesart gehabt: für Leute, die wissen. [9] Zu Furcht, er möchte sie treffen, und zu Hoffen, daß er ihnen erquickenden Regen bringe.

um die Erde nach ihrem Tode dadurch neu zu beleben; ein Zeichen ist das für nachdenkende Menschen. [26] Eines seiner Wunderzeichen ist es, daß Himmel und Erde auf sein Geheiß fest stehen und daß ihr, wenn er euch einst aus der Erde hervorruft, aus dem Grabe steigt. [27] Ihm gehört alles, was in den Himmeln und was auf Erden ist, und alles gehorcht ihm. [28] Er ist es, welcher ein Geschöpf hervorbringt und es einst nochmals auferstehen läßt, was ihm ein leichtes ist. Nur das erhabenste Bild dessen, was in den Himmeln und was auf Erden ist, muß auf ihn angewendet werden[10]; denn er ist der Allmächtige und Allweise.

[29] Er stellt euch ein Gleichnis auf, das von euch selbst genommen ist: Haben eure Sklaven an den Gütern teil, welche wir euch gegeben haben, und sind sie wohl euch gleichzuachten? Und fürchtet ihr sie so, wie ihr euch voreinander fürchtet[11]? So machen wir unsere Zeichen vernünftigen Menschen deutlich. [30] Die Frevler aber folgen ohne Einsicht nur ihren Begierden. Wer aber kann den leiden, den Allah in die Irre entlassen will? Solche finden keine Helfer. [31] Wende daher dein Antlitz rechtgläubig der wahren Religion[12] zu, denn sie ist eine Einrichtung Allahs, für welche er die Menschen geschaffen hat, und was Allah geschaffen hat, ist nicht veränderlich[13]. Dies ist die wahre Religion; doch die meisten Menschen wollen das nicht wissen. [32] Wendet euch doch zu ihm und fürchtet ihn und verrichtet das Gebet und gehört nicht zu den Götzendienern [33] und auch nicht zu denen, welche Spaltungen in ihrer Religion stiften und Sektierer sind, von denen jede Sekte sich ihrer besonderen Lehre freut. [34] Wenn die Menschen ein Drangsal trifft, dann rufen sie ihren Herrn an und wenden sich zu ihm; sobald er ihnen aber seine Barmherzigkeit wieder bewiesen hat, dann setzt auch gleich wieder ein Teil von ihnen ihrem Herrn Götter zur Seite [35] und zeigt sich undankbar für die Huld, welche wir ihnen erzeigt haben. Freut euch nur des irdischen Lebens, ihr werdet bald erfahren ... (welche Folgen das hat). [36] Haben wir ihnen denn jemals Vollmacht gegeben, welche dafür spräche, uns Götter zuzugesellen? [37] Wenn wir den Menschen Barmherzigkeit erweisen, so erfreuen sie

[10] Nur in den erhabensten Bildern darf von ihm gesprochen werden. [11] Siehe sechzehnte Sure [76] und Note 20. [12] Diese Ausgabe übersetzt wörtlich (mit Erläuterung). Vers [31] in der Übersetzung der Ahmadiyya-Mission: So richte dein Antlitz, (im Dienst) an der Religion, als ein (ihm) Ergebener. (Und folge der) Natur, die Allah geschaffen – die Natur, worin er die Menschheit erschuf. Es gibt kein Ändern an Allahs Schöpfung ...
[13] Die Religion, die Allah einsetzte, ist auf ewig verbindlich.

sich derselben; befällt sie aber ein Übel durch die Werke ihrer eigenen Hände, dann verzweifeln sie. [38] Sehen sie denn nicht, daß Allah reichlich versorgt, wen er will, und auch karg ist, gegen wen er will? Wahrlich, hierin liegen Zeichen für Menschen, die glauben. [39] Gebt dem Verwandten, was ihm zukommt; ebenso dem Armen und dem Wanderer[14]. Dies ist besser für die, welche das Angesicht Allahs (sein Wohlgefallen) suchen, und sie werden glücklich sein. [40] Was ihr auf Wucher ausleiht, um euer Vermögen durch anderes zu vermehren, das wird durch den Segen Allahs nicht vermehrt; was ihr aber, aus Verlangen nach dem Angesicht Allahs, als Almosen gebt, das sollt ihr verdoppelt wiedererhalten[15]. [41] Allah ist es, welcher euch schuf und ernährte, der euch sterben läßt und wieder belebt. Wer nun von eueren Götzen kann euch nur etwas von diesen Dingen tun? Lob und Preis sei ihm! Fern von ihm, was ihr ihm zugesellt!

[42] Verderben ist auf dem Land und auf dem Meere[16] wegen der Verbrechen entstanden, welche der Menschen Hände begangen haben, damit sie einen Teil der Strafe ihres Tuns kosten und dadurch vielleicht umkehren. [43] Sprich: »Geht einmal über die Erde hin und seht, welch ein Ende die nahmen, welche vor euch gelebt haben und größtenteils Götzendiener gewesen sind!« [44] Wende dein Angesicht dem wahren Glauben zu, bevor der Tag kommt, welchen niemand gegen Allah abzuwehren vermag; jener Tag, an welchem die Gläubigen von den Ungläubigen gesondert werden. [45] Wer dann ein Ungläubiger ist, der erhält den Lohn seines Unglaubens; wer aber rechtschaffen gehandelt hat, der hat sich wohl gebettet. [46] Er wird nach seiner Güte die belohnen, welche geglaubt und rechtschaffen gehandelt haben; aber die Ungläubigen liebt er nicht. [47] Auch ist es eines seiner Wunderzeichen, daß er die Winde sendet, um euch seine Barmherzigkeit[17] zu verkünden und kosten zu lassen, und das auf sein Geheiß die Schiffe segeln, damit ihr von seinem Überfluß erlangt[18] und dankbar werdet. [48] Auch vor dir haben wir schon Gesandte zu den Völkern geschickt, und sie kamen mit deutlichen Beweisen; doch wir mußten an den Frevlern Rache nehmen; denn es oblag uns, den Gläubigen Beistand zu leisten. [49]

[14] Siehe zweite Sure [216]. [15] Siehe Psalm 15; 5: Der sein Geld nicht auf Zins (Wucher) gibt und kein Geschenk nimmt wider den Unschuldigen; wer solches tut, wird nicht wanken in Ewigkeit. [16] Pest, Hagel, Stürme, Schiffbruch und so weiter. [17] Der Regen. Siehe siebte Sure [58] und Note 24. [18] Reichtümer durch den Handelsverkehr.

Allah ist es, welcher die Winde sendet und die Wolken erhebt und sie nach seinem Willen Hauf zuhauf am Himmel ausbreitet, und spaltet er das Gewölk, so siehst du den Regen aus seiner Mitte herabfallen, und er begießt damit die (Saaten) seiner Diener, soweit er will, die sich dessen freuen, [50] obwohl sie zuvor, ehe er herabfiel, verzweifeln wollten. [51] Betrachte dann die Fußtapfen (Spuren) der Barmherzigkeit Allahs, wie er die Erde belebt, da sie tot gewesen war. So wird er auch einst die Toten wieder beleben, denn er ist aller Dinge mächtig. [52] Bringen wir aber verderbenden Wind und sehen sie ihre Saat gelb werden[19], dann fallen sie dem Irrtum anheim und werden undankbar. [53] Du kannst es nicht bewirken, daß die Toten hören oder die Tauben deinen Ruf vernehmen, zumal sie sich abwenden und dir den Rücken kehren. [54] Auch kannst du nicht die Blinden (Verblendeten) leiten und vom Irrtum lösen. Nur die wirst du hörend machen, welche an unsere Zeichen glauben und uns ganz ergeben (Moslems) sind.

[55] Allah ist es, welcher euch als schwache Wesen erschaffen hat und nach der Schwäche euch Stärke gab und nach der Stärke euch wieder Schwäche gibt und dann – graues Haar. Er schafft, was er will, denn er ist der Allwissende und Allmächtige. [56] An jenem Tage, wenn die Stunde des Gerichtes schlägt, werden die Frevler schwören, daß sie nicht länger als eine Stunde verweilten[20], so sehr sind sie an die Lüge gewöhnt. [57] Die aber, welche der Erkenntnis und des Glaubens teilhaftig geworden sind, werden sagen: »Ihr habt, wie es im Buch Allahs aufgezeichnet ist[21], bis zum Tage der Auferstehung gesäumt, dies ist der Tag der Auferstehung, und ihr wußtet es nicht.« [58] An jenem Tage wird es den Frevlern nichts helfen können, wenn sie sich entschuldigen, auch werden sie nicht mehr aufgefordert, sich Allahs Wohlgefallen zu erwerben. [59] Wir haben nun den Menschen in diesem Koran manche Gleichnisse aufgestellt; doch wenn du mit unseren Versen zu ihnen kommst, so sagen die Ungläubigen dennoch: »Ihr seid ja nur Eitelkeitskrämer.« [60] So hat Allah die Herzen jener versiegelt, die nicht erkennen wollen. [61] Du aber ertrag in Geduld; denn Allahs Verheißung wird Wahrheit. Laß dich nicht durch die wankend machen, welche nicht in Festigkeit glauben (und die geringschätzen).

[19] Durch den Wassermangel und den Samum wird die Saat gelb, dürr und unbrauchbar.
[20] Entweder auf der Welt oder im Grabe. Siehe dreiundzwanzigste Sure [114] und Note 23.
[21] Entweder wie es im Buche des göttlichen Ratschlusses oder im Koran aufgezeichnet ist.

EINUNDDREISSIGSTE SURE

Lokman[1] (Lukman) *offenbart zu Mekka*

[1] Im Namen Allahs, des Allbarmherzigen. [2] Alif Lam Mim. [3] Dies sind die Zeichen des weisen Buches, [4] welches eine Leitung und Barmherzigkeit ist für die Rechtschaffenen, [5] die das Gebet verrichten und Almosen geben und fest an ein zukünftiges Leben glauben. [6] Diese sind von ihrem Herrn geleitet und werden glücklich sein. [7] Da gibt es einen Menschen, der spaßhafte Erzählungen (Eitles) verhandelt (kauft)[2], um andere, welche ohne Erkenntnis sind, vom Weg Allahs abzuleiten, und der diesen selbst zu verspotten sucht; solche Menschen aber erhalten schmachvolle Strafe. [8] Werden ihm unsere Zeichen vorgelesen, dann wendet er sich hochmütig weg, als höre er sie nicht, ja als wären seine Ohren mit Taubheit geschlagen; darum verkünde ihm peinvolle Strafe. [9] Die aber glauben und das Gute tun, erhalten wonnevolle Gärten [10] und bleiben ewig darin; diese Verheißung Allahs ist Wahrheit; denn er ist der Allmächtige und Allweise. [11] Er hat die Himmel geschaffen, ohne sie durch sichtbare Säulen zu stützen, und feste Berge setzte er in die Erde, daß sie nicht unter euch wanke[3], und er hat Tiere aller Art auf ihr verstreut. Auch senden wir Wasser vom Himmel herab, um dadurch edle Pflanzen aller Gattungen hervorsprossen zu lassen. [12] Dies ist Allahs Schöpfung, und nun zeigt mir doch, was die geschaffen haben, welche ihr außer ihm verehrt. Wahrlich, die Frevler sind in offenbarem Irrtum.

[13] Wir gaben auch dem Lokman Weisheit und sagten zu ihm: »Sei dankbar gegen Allah.« Denn wer dankbar ist, der ist es zum eigenen Seelenheile. Wenn aber jemand undankbar ist, so ist Allah doch reich genug, und er wird hoch gepriesen. [14] Lokman sagte zu seinem Sohn[4], ihn ermahnend: »O mein Sohn, geselle Allah kein Wesen zu; denn Götzendienst ist ein großes Verbrechen.« [15] Wir

[1] So genannt, weil in dieser Sure [13] von dem weisen Lokman die Rede ist. Wer dieser Lokman war, ob der bekannte arabische Fabeldichter oder wer sonst, darüber sind die Ausleger uneinig. Äsop? [2] Siehe achte Sure, Note 13, zweiundzwanzigste Sure, Note 2 und dreiundzwanzigste Sure [68] und Note 15. Dieser Mensch hier soll ein gewisser Nodar ibn Haret gewesen sein, der sich lange in Persien aufgehalten hat und von dort manche Erzählungen, namentlich die von Rustem und Isfandar, mitgebracht und sie seinen Landsleuten, den Koreischiten, vorgelesen hatte. Diese fanden mehr Geschmack an diesen Erzählungen als an den im Koran enthaltenen; daher war dieser Nodar Mohammed höchst unwillkommen und wurde von ihm bekämpft. [3] Siehe sechzehnte Sure [16] und Note 5. Diese Stelle ist eine Nachahmung von Psalm 104, 5: Er hat die Erde gegründet auf ihre Grundfesten; sie wird nicht wanken, immer und ewiglich. [4] Dieser Sohn wird bald Anam, bald Eschkam, auch Mathan genannt.

haben dem Menschen auch Pflichten gegen seine Eltern befohlen – denn seine Mutter hat ihn mit Arbeit über Arbeit (mit Schmerzen) getragen und ihn zwei volle Jahre lang gesäugt[5] – und zu ihm gesagt: »Sei mir und deinen Eltern dankbar; denn zu mir ist die einstige Rückkehr. [16] Wenn sie dich aber zwingen wollen, mir solche Wesen zuzugesellen, wovon du keine Kenntnis hast, so gehorche ihnen nicht. Sei ihr treuer Gefährte in diesem Leben, wie es billig ist, doch (in der Religion) folge dem Wege dessen, welcher sich zu mir bekehrt hat[6]; denn euere einstige Rückkehr ist zu mir, und ich werde euch dann anzeigen, was ihr getan habt[7].« [17] »Oh, mein Söhnchen, wäre etwas auch nur so schwer wie ein Senfkorn und läge es auch verborgen in einem Felsen oder in den Himmeln oder in der Erde, Allah brächte es an den Tag, denn Allah durchschaut und kennt alles. [18] O mein Sohn, verrichte das Gebet und gebiete nur, was recht, und verhindere, was unrecht ist, und trage die Leiden, die dich treffen, in Geduld, denn so ist es vom Geschicke beschlossen. [19] Wende deine Wange (dein Angesicht) nicht verächtlich von den Menschen ab und gehe nicht hochmütig im Land umher; denn Allah liebt anmaßende und prahlerische Menschen nicht. [20] Geh auch mit Anstand einher und sprich mit sanfter Stimme; denn die häßlichste aller Stimmen ist die Stimme des Esels.«

[21] Seht ihr denn nicht, daß Allah alles, was in den Himmeln und was auf Erden ist, zu euerem Dienste gezwungen und daß er seine Gnade äußerlich und innerlich[8] über euch ausgegossen hat? Und dennoch gibt es Menschen, welche ohne Erkenntnis, ohne Leitung und ohne erleuchtende Schrift über Allah streiten. [22] Wird zu ihnen gesagt: »Folgt doch der Offenbarung Allahs«, so antworten sie: »Wir folgen nur den Lehren, welche wir bei unseren Vätern vorgefunden haben.« Wie aber, wenn der Satan sie dadurch zur Höllenstrafe rufen will? [23] Wer sich aber ganz Allah ergibt und das Gute tut, der hält sich an eine feste Stütze; denn bei Allah ist das Ende aller Dinge. [24] Der Unglaube der Ungläubigen betrübe dich

[5] Bei Mohammed ist es wie bei den Rabbinen Religionsvorschrift, daß die Mütter ihre Kinder zwei Jahre lang säugen sollen. Siehe zweite Sure [234]. [6] Dies soll sich auf Abu Bekr beziehen, auf dessen Zureden Sad ibn Abi Wakaz sich bekehrte. [7] Diese zwei Verse: Auch haben wir dem Menschen . . ., und ich werde euch dann anzeigen, was ihr getan habt, sind Worte Mohammeds und nicht des Lokman an seinen Sohn bzw. der Mutter [15], [16]. Dieser störende Zwischensatz paßt weit eher in die neunundzwanzigste Sure [9]. Wahl versetzt diese Stelle und weist ihr hinter den Worten des Lokman ihren Platz an. [8] Unter äußerlich sind die Bedürfnisse des Körpers und unter innerlich die des Geistes zu verstehen.

nicht; denn sie werden zu uns zurückkehren, und wir werden ihnen dann anzeigen, was sie getan haben, denn Allah kennt das Innerste des Herzens. [25] Noch eine kurze Zeit lassen wir sie die irdischen Freuden genießen, dann aber führen wir sie zu schwerer Strafe hin. [26] Fragst du sie: »Wer hat die Himmel und die Erde geschaffen?«, antworten sie: »Allah!« Sprich: »Lob und Preis sei Allah!« Die meisten Menschen begreifen das nicht. [27] Allah gehört, was in den Himmeln und auf Erden ist; Allah ist reich und des Lobpreisens wert. [28] Wären auch alle Bäume auf der Erde Schreibrohre und würde auch das Meer zu sieben Tintenmeeren anschwellen, die Worte Allahs wären nicht erschöpft[9]; Allah ist allmächtig und allweise. [29] Euere Erschaffung und Wiederauferweckung fällt ihm nicht schwerer als die einer einzigen Seele; Allah ist die alles hörende und sehende Allmacht. [30] Siehst du denn nicht, daß Allah Nacht auf Tag und Tag auf Nacht folgen läßt? Daß er Sonne und Mond zu euerem Dienste zwingt? Sie eilen ihrem bestimmten Ziele zu; Allah weiß, was ihr tut. [31] Darum wißt, daß Allah die Wahrheit ist und daß die Wesen, die ihr statt ihm anruft, eitel und nichtig sind. Er ist das höchste Wesen.

[32] Siehst du denn nicht, wie durch Allahs Güte die Schiffe das Meer durchsegeln, um euch dadurch seine Zeichen zu zeigen? Denn wahrlich hierin liegen Zeichen für Menschen, welche standhaft und dankbar sind. [33] Wenn die Wellen wie überschattende Berge sie bedecken, dann rufen sie Allah an und geloben ihm Aufrichtigkeit in der Religion; bringt er sie dann wohlbehalten an Land, so schwanken sie auch wieder zwischen Glauben und Unglauben hin und her. Aber nur Treulose und Undankbare können unsere Zeichen verwerfen. [34] O ihr Menschen, verehrt eueren Herrn und fürchtet den Tag, an welchem der Vater nichts für den Sohn und der Sohn nichts für den Vater tun kann; denn Allahs Verheißung ist Wahrheit. Laßt euch nicht täuschen durch das irdische Leben, auch der Betrüger (der Satan) täusche euch nicht über (um) Allah. [35] Nur bei Allah ist die Kenntnis der Stunde des Gerichtes, und nur er ist es, der den Regen herabsendet, und nur er kennt, was im Mutterleib ist. Kein Mensch weiß, was ihm morgen begegnet, niemand weiß, wo er einst sterben wird. Nur Allah ist allwissend.

[9] Eine ganz ähnliche Stelle befindet sich im Talmud. Siehe auch achtzehnte Sure [110]. Wörtlich heißt die Stelle: . . . und der Ozean Tinte und kämen sieben Tintenmeere hinzu, . . .

ZWEIUNDDREISSIGSTE SURE

Die Anbetung[1] (Al-Sadschdah) *offenbart zu Mekka*

[1] Im Namen Allahs, des Allbarmherzigen. [2] Alif Lam Mim. [3] Die Offenbarung dieses Buches stammt ohne Zweifel von dem Herrn der Weltenbewohner. [4] Wollen sie noch sagen: »Er (Mohammed) hat es selbst ersonnen?« Dieses Buch enthält nur die Wahrheit deines Herrn, welche du einem Volke predigen sollst, zu welchem vor dir noch kein Prediger gekommen ist[2]; vielleicht daß es sich leiten läßt. [5] Allah ist es, der die Himmel und die Erde, und was zwischen ihnen ist, in sechs Tagen erschaffen hat und sich dann auf den Thron niederließ. Außer ihm habt ihr keinen Beschützer und keinen Vermittler. Wollt ihr das denn nicht bedenken? [6] Er regiert über alle Dinge von den Himmeln bis zur Erde; dann kehren sie zu ihm zurück[3], an jenem Tage, dessen Länge wie tausend solcher Jahre ist, wie ihr sie zählt[4]. [7] Er kennt die geheime Zukunft und die Gegenwart, er, der Allmächtige und Allbarmherzige. [8] Er ist es, welcher alle Dinge auf die schönste Weise geschaffen hat und der den Menschen zuerst aus Lehm [9] und seine Nachkommen später aus Samen, aus verächtlichem (schlechtem) Wasser schuf. [10] Er formte ihn und hauchte ihm von seinem Geist ein, und er gab euch Gehör, Gesicht und Herz. Doch wie wenige sind ihm dankbar dafür. [11] Sie sagen: »Wie sollen wir, wenn wir einmal in der Erde begraben liegen, wieder als neue Geschöpfe auferstehen können?« So leugnen sie das einstige Zusammentreffen mit ihrem Herrn. [12] Sprich: »Der Todesengel, welcher über euch gesetzt ist, wird euch sterben lassen, und dann werdet ihr zurückgebracht zu euerem Herrn.«

[13] Könntest du es sehen, wie dann die Frevler ihre Köpfe beugen vor ihrem Herrn und sagen: »O unser Herr, wir haben nun gesehen und gehört. Laß uns noch einmal in die Welt zurückkehren, damit wir rechtschaffen handeln; denn nun wollen wir fest glauben.« [14] Wenn wir es gewollt hätten, so würden wir jedem Menschen richtige Leitung gegeben haben; aber mein Wort muß

[1] So genannt, weil in Vers [16] dieser Sure vom »Anbeten« der Gläubigen gesprochen wird. [2] Siehe achtundzwanzigste Sure [47]. [3] Goldschmidt übersetzt: Er (Allah) leitet den Befehl vom Himmel zur Erde, dann steigt alles zu ihm empor am Tage, dessen Länge tausend Jahre mißt, deren ihr zählt. – Und die Ahmadiyya-Mission: Er lenkt seinen Ratschluß vom Himmel zur Erde, dann steigt er (!) wieder zu ihm empor in einem Tage, dessen Länge . . . [4] Siehe zweiundzwanzigste Sure [48] und Note 22 sowie siebzigste Sure [5].

wahr werden, da ich gesprochen habe: »Die Hölle will ich füllen mit den Geistern und den Menschen allesamt[5].« [15] Kostet nun die Strafe dafür, daß ihr unser Zusammentreffen an diesem euerem Tage vergessen habt. Wir wollen nun auch eurer vergessen; nehmt nun hin die ewige Strafe für euer Tun. [16] Nur die nicht, welche wahrhaft an unsere Zeichen (Verse) glauben, die, wenn sie gemahnt wurden, in Anbetung niederfallen und ihren Herrn lobpreisen und nicht hochmütig sind [17] und die, wenn sie sich von ihrem Lager erheben[6], ihren Herrn in Furcht und Hoffnung anrufen und die Almosen geben von dem, was wir ihnen erteilt haben. [18] Niemand kennt die verborgene Freude (ihrer Augen, Augenweide), welche ihnen zur Belohnung ihres Tuns zuteil wird. [19] Sollte auch wohl der Gläubige mit dem Frevler gleich sein? Nein, sie sind nicht gleich. [20] Die glauben und rechtschaffen handeln, erhalten Gärten zur ewigen Wohnung, zur Vergeltung dessen, was sie getan haben. [21] Die Wohnung der Frevler aber ist das Höllenfeuer, und sooft sie demselben entfliehen wollen, so oft werden sie auch wieder hineingestoßen, und gesagt wird zu ihnen: »Nehmt nun hin die Strafe des Höllenfeuers, welche ihr für Lüge gehalten habt.« [22] Wir wollen ihnen aber, außer der schwereren Strafe in der zukünftigen Welt, auch hier auf Erden, bei Lebzeiten schon, eine entsprechende Buße zu schmecken geben, vielleicht bekehren sie sich dadurch. [23] Wer aber ist ungerechter als der, welcher, gewarnt durch die deutlichen Zeichen seines Herrn, sich dennoch von diesen abwendet? Wahrlich, an solchen Frevlern werden wir eine gewaltige Sühne nehmen.

[24] Wir haben einst dem Moses die Schrift gegeben – sei nicht im Zweifel über deren Abkunft[7] – und haben sie als Leitung bestimmt für die Kinder Israels. [25] Auch hatten wir ihnen Führer (Lehrer) aus ihrer Mitte gegeben, welche sie nach unserem Gebote leiten sollten, da sie in Geduld alles ertragen und fest an unsere Zeichen geglaubt hatten. [26] Dein Herr wird sicher einst am Tage der Auferstehung das zwischen ihnen entscheiden, worüber sie uneinig gewesen sind. [27] Ist es ihnen denn nicht bekannt, wie viele Geschlechter wir vor ihnen vertilgt haben, an deren alten Sied-

[5] Siehe siebte Sure [19] und elfte Sure [120]. [6] Wörtlich: ... ihre Hüften sich von den Lagerstätten trennen. – Die Ahmadiyya-Mission übersetzt: Ihre Seiten halten sich fern (!) von (ihren) Betten ... [7] Die Thora ist mithin »göttliche« Offenbarung. Henning: ... sei nicht im Zweifel über die Begegnung mit ihm ...

lungen sie nun vorbeikommen[8]? Wahrlich, hierin liegen Zeichen. Wollen sie denn gar nicht hören? [28] Sehen sie denn nicht, wie wir Wasser auf ein dürres und ödes Land bringen, wodurch wir die Saat hervorbringen, von welcher sie und ihr Vieh essen? Wollen sie denn gar nicht einsehen? [29] Die Ungläubigen sagen: »Wann trifft denn diese Entscheidung ein? Sagt es uns, wenn ihr die Wahrheit sprecht.« [30] Sprich: »Am Entscheidungstage, dem Tage des Gerichtes; dann wird den Ungläubigen der Glaube nichts mehr nützen können, und es wird ihnen nicht länger mehr (ein Aufschub) nachgesehen (gewährt) werden.« [31] Entferne dich von ihnen und warte nur, so wie auch sie warten.

[8] Die Mekkaner kamen auf ihren Handelsreisen oft an den Orten vorbei, wo früher die Aditen, Thamudäer, Midianiter und andere im Koran erwähnte Völker gewohnt hatten.

DREIUNDDREISSIGSTE SURE

Die Verbündeten[1] (Al-Ahzab) *offenbart zu Medina*[2]

[1] Im Namen Allahs, des Allbarmherzigen. [2] O Prophet, fürchte nur Allah und gehorche weder den Ungläubigen noch den Heuchlern; denn Allah ist allwissend und allweise. [3] Folge nur dem, was dir von deinem Herrn offenbart worden ist; denn Allah ist das wohl bekannt, was ihr tut. [4] Vertraue nur auf Allah; denn Allahs Schutz genügt. [5] Allah hat nicht zwei Herzen in die Brust der Menschen (Männer) gelegt; auch hat er nicht euere Frauen, von welchen ihr euch mit der Erklärung scheidet, daß sie euch »wie der Rücken euerer Mutter« seien, zu eueren wirklichen Müttern gemacht, auch nicht euere angenommenen Söhne zu eueren wirklichen Söhnen[3]. Dies redet ihr zwar mit euerem Munde daher, aber Allah

[1] So genannt, weil in Vers [21] erwähnt wird, daß sich mehrere gegen Mohammed verbündet hatten. Ein Teil dieser Sure wurde bei Gelegenheit des sogenannten Krieges des Grabens offenbart. Dieser fiel ins fünfte Jahr der Flucht Mohammeds (der Hedschra), 627 n. Chr., als Medina über zwanzig Tage lang von mehreren vereinigten jüdischen Stämmen und von den Koreischiten, Mekkanern und den Einwohnern von Nadsched und Thama, auf Anstiften des jüdischen Stammes Nadir, den Mohammed ein Jahr vorher vertrieben hatte, belagert wurde. Der Anfang handelt von Mohammeds Vermählung mit Seineb. [2] Nach einigen wurde diese Sure zu Mekka offenbart. [3] Zum Verständnis dieser Stelle diene folgendes. Sitte der Araber war es, wenn sie sich von einer Frau schieden, diese aber dennoch im Hause behalten wollten, daß sie dies mit der Erklärung taten: »Sei mir von nun an wie der Rücken meiner Mutter«; wodurch sie für den Mann und alle übrigen Verwandten in allen Beziehungen wirklich in das Verhältnis einer Mutter trat. Ferner wurden Adoptivsöhne gleich natürlichen Söhnen betrachtet, und die Hindernisse bei Verheiratung, welche letztere durch das »Verwandtschafts«-Verhältnis im Wege standen, galten auch für erstere. Diese Sitten will Mohammed hier aufheben, und zwar mit der Bemerkung, daß der Mensch ja keine zwei Herzen habe, mithin eingebildete Ver-

spricht die Wahrheit und leitet auf den rechten Weg. [6] Nennt die angenommenen Söhne nach ihren leiblichen Vätern, so ist das gerechter vor Allah. Doch wenn ihr ihre Väter nicht kennt[4], so betrachtet sie wegen der gleichen Religion als euere Brüder und Freunde. Euere Irrtümer in diesen Belangen werden euch nicht als Vergehen angerechnet, wohl aber die böswilligen Absichten eueres Herzens[5]; denn Allah ist versöhnend und barmherzig. [7] Der Prophet ist den Herzen der Gläubigen weit näher, als sie es sich selbst sind[6], und seine Frauen sind ihre Mütter[6]. Die Blutsverwandten sind, nach der Schrift Allahs, näher untereinander verwandt als die anderen Gläubigen und die, welche wegen der Religion (dem Propheten folgten und) ausgewandert sind[7]. Daß ihr nur überhaupt gegen euere Anverwandten nach Recht und Billigkeit handelt! Es steht aufgeschrieben im Buch Allahs[8]. [8] Als wir das Bündnis von (mit) dem Propheten annahmen[9] (schlossen), von dir und Noah, Abraham, Moses und Jesus, dem Sohne der Maria, da machten wir ein festes Bündnis mit ihnen, [9] damit Allah einst die Wahrhaften über ihre Wahrhaftigkeit befrage, so wie er für die Ungläubigen qualvolle Strafe bereitet hat[10].

[10] O Gläubige, erinnert euch der Gnade Allahs. Als die Heere der Ungläubigen gegen euch heranzogen, da schickten wir ihnen einen Wind entgegen und ein Heer von Engeln, das ihr nicht sehen konntet[11], und Allah beobachtete damals euer Tun. [11] Als nun die Feinde von oben und von unten[12] wider euch herankamen und

wandte ja nicht wie wirkliche lieben könne. Die Hindernisse der Scheinverwandtschaft durch Adoption hob Mohammed deshalb auf, weil er selbst die Frau seines freigelassenen Sklaven Said, den er als Sohn adoptiert hatte, geheiratet hatte, was er der Sitte gemäß nicht hätte dürfen. [4] Zum Beispiel, wenn es Findlinge oder Kriegsgefangene sind. [5] Früher irrtümlich Begangenes ist keine Sünde, wohl aber nach der Offenbarung herzlos Getanes. [6] Durch seine Lehre meint er es besser mit ihnen als sie selbst. Dafür gebührt ihm kindliche Liebe und seinen Frauen mütterliche Ehrfurcht seitens der Gläubigen. So ist auch evtl. Heirat seinen Witwen nach seinem Tod untersagt. [7] Diese Stelle steht durchaus nicht im Widerspruche mit der achten Sure [73]; wie manche Kommentare annehmen. [8] Im Koran oder nach andern: im Pentateuch. [9] Dieses Bündnis mit den Propheten soll, nach den Kommentatoren wie auch nach den Rabbinen, schon in dem Bündnis mit Moses am Sinai enthalten sein. Siehe dritte Sure [82] ff. [10] Er wird sie einst zur Rechenschaft ziehen, und je nachdem sie das Bündnis treu hielten oder treulos verletzten, sie belohnen oder bestrafen. [11] Als die Koreischiten mit den Ghatfaniten, in Verbindung mit den Juden von Nadir und Koreidha, mit 12000 Mann Medina belagerten, da zog Mohammed, nachdem er auf den Rat des Persers Selman einen Graben um Medina gezogen, mit 3000 Mann ihnen entgegen. Während zwanzig Tagen standen sich beide Heere gegenüber, bis in einer Winternacht sich ein kalter Wind erhob, der dem Feind den Staub in das Gesicht jagte, seine Feuer auslöschte, seine Zelte umwarf und so weiter, so daß er sich genötigt sah, die Belagerung aufzuheben, was Mohammed hier dem Beistand unsichtbarer Engel zuschreibt. [12] Die Ghatfaniten lagerten auf der Ostseite der Stadt, auf einer Anhöhe, und die Koreischiten auf der Westseite, in einer Niederung.

ihr euere Augen aus Angst abwandtet und vor Furcht euch das Herz bis an die Kehle stieg, da erdachtet ihr mancherlei Gedanken über Allah. [12] Dort wurden die Gläubigen geprüft, und ein gewaltiges Zittern und Beben ergriff sie. [13] Die Heuchler und die, deren Herz schwach[13] war, sagten: »Allah und sein Gesandter haben uns bloß Trügerisches versprochen[14].« [14] Ein anderer Teil von ihnen sagte[15]: »O ihr Leute von Jathrib[16], hier ist kein Ort der Sicherheit für euch, darum kehrt zurück.« Ein anderer Teil von ihnen ersuchte den Propheten um Erlaubnis, heimgehen zu dürfen, und sagte: »Unsere Häuser sind vor dem Feind unbeschützt«, sie waren aber nicht ohne Schutz, sondern sie wollten nur die Flucht ergreifen. [15] Wäre der Feind von allen Seiten in die Stadt eingedrungen und hätte er sie aufgefordert, die Gläubigen zu verlassen (sich an der Verfolgung der Moslems zu beteiligen) und wider sie zu kämpfen, so hätten sie sicherlich eingewilligt; selbst dann aber wären sie auch nur kurze Zeit darin geblieben[17]. [16] Sie hatten doch aber früher Allah versprochen, nicht den Rücken kehren zu wollen[18], und was man Allah verspricht, das muß auch gehalten werden. [17] Sprich: »Flucht kann euch nichts nützen, und wenn ihr auch dem natürlichen oder gewaltsamen Tod entflieht, so werdet ihr euch doch nur auf kurze Zeit des irdischen Genusses freuen.« [18] Sprich: »Wer kann euch wider Allah helfen, wenn er euch Böses zufügen oder Barmherzigkeit erzeigen will?« Sie werden außer Allah keinen Beschützer und keinen Helfer finden. [19] Allah kennt die unter euch, welche andere verhindern wollen, dem Gesandten zu folgen, und die zu ihren Brüdern sagen: »Kommt hierher zu uns«, mutlos, damit ihrer nur wenige kämpfen. [20] Sie sind geizig gegen euch[19]. Befällt sie aber irgendeine Furcht, so wirst du sehen, wie sie nach dir hinblicken und ihre Augen verdrehen wie einer, den Todesfurcht befällt. Ist diese Furcht aber vorüber, dann ziehen sie mit scharfer Zunge, aus Habsucht nach der besten Beute (in Habgier nach irdischem Gut) wider euch los. Diese glauben nicht, daher macht Allah ihr Tun vergeblich, was für Allah ein leichtes ist. [21] Sie glaubten, die Verbündeten kämen nicht (nach Mekka), kämen sie aber (die Verbündeten

[13] Wörtlich: krank. [14] Dies soll Moateb ibn Kosheir gesagt haben. [15] Ibn Keidhi und seine Anhänger. [16] So hieß Medina in vormohammedanischer Zeit. [17] In der Stadt, aus der die Strafe Allahs sie vertrieben hätte. Goldschmidt und Moderne übersetzen: ... dann hätten sie nur wenig gezögert (sich an der Verschwörung zu beteiligen). [18] Dies taten die Banu Haret. [19] Sie wollen euch deshalb nicht unterstützen. Es kann auch heißen: Sie sind nach der Beute habsüchtig.

seien nicht gewichen, sollten sie wieder anrücken), ja dann würden sie sehnlich wünschen, lieber bei den Arabern der Wüste zu wohnen[20], um sich von dort aus nach euch zu erkundigen; wären sie aber auch mit euch gewesen, so hätten doch nur wenige gekämpft.

[22] An dem Gesandten Allahs habt ihr ein herrliches Beispiel eines Mannes, der auf Allah und auf den Jüngsten Tag hofft und oft Allahs eingedenk ist. [23] Als die Gläubigen die Verbündeten erblickten, da sagten sie: »So hat es uns ja Allah und sein Gesandter verheißen[21], und Allah und sein Gesandter haben wahr gesprochen.« Dies hat ihren Glauben und ihre Ergebung noch vermehrt. [24] Unter den Gläubigen gibt es wohl noch Männer, die treulich erfüllen, was sie Allah versprochen haben[22]. Einige von ihnen haben bereits ihr Gelübde erfüllt[23], und einige warten noch auf die Erfüllung und ändern ihr Versprechen nicht. [25] Diese Wahrhaften wird Allah für ihre Wahrhaftigkeit belohnen; die Heuchler aber wird er entweder bestrafen oder auch sich ihnen wieder zuwenden, je nach seinem Willen; denn Allah ist versöhnend und barmherzig. [26] Die Ungläubigen mit ihrem Mute hat Allah zurückgetrieben, und sie konnten keinen Vorteil erringen; den Gläubigen aber war Allah hinreichender Schutz im Kampfe; denn er ist stark und allmächtig. [27] Er veranlaßte auch, daß von den Schriftbesitzern mehrere[24] aus ihren Festungen herabkamen, um ihnen, den Verbündeten, Beistand zu leisten, und er warf Schrecken und Angst in ihre Herzen, so daß ihr einen Teil umbringen und einen anderen Teil gefangennehmen konntet. [28] Und Allah ließ euch ihr Land erben, ihre Häuser und ihr Besitztum und ein Land, das ihr früher nie betreten hattet; denn Allah ist aller Dinge mächtig.

[29] Sage, o Prophet, zu deinen Frauen: »Wollt ihr den Genuß des irdischen Lebens mit seiner Pracht, gut, so will ich euch gehörig versorgen und auf ehrbare Weise entlassen[25]. [30] Wollt ihr aber Allah und den Gesandten und die Wohnung des zukünftigen Le-

[20] Um nur nicht mit in den Kampf zu müssen. [21] Nämlich: daß nur durch Versuchungen und Prüfungen in diesem Leben das ewige erlangt werden kann. Siehe neunundzwanzigste Sure [4] ff. [22] Die standhaft dem Propheten in seinem Kampfe für die Religion zur Seite bleiben. [23] Sie sind bereits als Märtyrer im Krieg gefallen. [24] Die Juden vom Stamme Koreidha, die zu den verbündeten Gegnern Mohammeds hielten. [25] Dies wurde offenbart, als die Frauen des Mohammed die Mittel zu größerem Luxus und Aufwand von ihm forderten; worauf er ihnen die Wahl ließ, bei ihm zu bleiben oder sich von ihm zu scheiden. Aïscha wählte sogleich ersteres, und die andern folgten ihrem Beispiel. Es sei hingewiesen, daß Mohammeds Frauen es neben Vorteilen aus seiner Stellung mit ihm nicht leicht hatten.

bens, dann hat Allah für die Rechtschaffenen unter euch eine große Belohnung bereitet.« [31] O ihr Frauen des Propheten, wer von euch offenbar Unziemliches begeht, deren Strafe soll zwiefach verdoppelt werden, was für Allah ein leichtes ist.

[32] Wer aber von euch Allah und seinem Gesandten gehorsam ist und rechtschaffen handelt, die belohnen wir zwiefach und bereiten ihr eine ehrenvolle Versorgung. [33] O ihr Frauen des Propheten, ihr seid nicht wie eines anderen Frau. Wenn ihr Allah fürchtet, dann seid nicht zu vertraulich in eueren Reden, damit nicht der nach euch lüstern werde, dessen Herz liebeskrank ist; sondern redet nur so, wie es sich schickt. [34] Bleibt auch wohlweislich (in Würde) zu Hause und mit dem Schmuck aus der früheren Zeit der Unwissenheit[26] schmückt euch nicht und verrichtet das Gebet und gebt Almosen und gehorcht Allah und seinem Gesandten; denn Allah will von euch, weil ihr zu dem Hause des Propheten gehört, alle Unreinheit entfernt und euch mit einer besonderen Reinheit gereinigt sehen. [35] Seid auch eingedenk der Zeichen und der Weisheit Allahs (im Koran), welche in eueren Häusern vorgelesen werden; denn Allah durchschaut und weiß alles.

[36] Für die Moslems und die Muslimen, für die gläubigen Männer und Frauen, für die wahrhaftigen, standhaften und demütigen Männer und Frauen, für die Almosen gebenden und für die fastenden und für die keuschen Männer und Frauen, die oft Allahs eingedenk sind, hat Allah Versöhnung und großen Lohn bereitet. [37] Es ziemt den gläubigen Männern und Frauen nicht, wenn Allah und sein Gesandter irgendeine Sache beschlossen haben, sich die Freiheit herauszunehmen, anders zu wählen[27]; denn wer Allah und seinem Gesandten ungehorsam ist, der befindet sich in offenbarem Irrtum. [38] Als du zu jenem, dem Allah und dem du Gnade erzeigt hat-

[26] Die Zeit vor der Offenbarung des Korans, die Heidenzeit, wird die Zeit der Unwissenheit genannt. Wird auch folgend übersetzt: . . . behängt euch nicht mit Schmuck zur Schau in (unbedachter) Unwissenheit . . . [27] Zum Verständnis dieser und der folgenden Stelle diene: Said ibn Hareta, früher Sklave des Mohammed, dann von ihm freigelassen und als Sohn, wie bei Freilassungen üblich, angenommen, erhielt von ihm die Seineb, Tochter des Dschahasch und der Amima, welche Mohammeds Muhme war, zur Frau. Später aber verliebte sich Mohammed in die Seineb und wollte, daß sich Said von ihr scheide, damit er sie heirate. Die Seineb und ihr Bruder Abdallah waren aber dagegen, worauf Mohammed scheinbar von seinem Begehren abstand, bis es ihm endlich doch gelang, beide und den Said für sich zu gewinnen, so daß dieser sich von der Seineb trennte, welche nun Mohammed heiratete.

tet[28], sagtest: »Behalte dein Weib (Seineb) und fürchte Allah«, suchtest du deine Liebe im Herzen zu verheimlichen, welche doch Allah veröffentlicht haben wollte, und du fürchtetest die Menschen da, wo es billiger gewesen wäre, Allah zu fürchten. Da sich endlich Said[29] hinsichtlich ihrer (zur Scheidung) entschlossen hatte, da gaben wir sie dir zur Frau, damit für die Gläubigen kein Vergehen mehr darin bestehe, wenn sie die Frauen ihrer angenommenen Söhne heiraten[30]; denn was Allah befiehlt, das muß geschehen. [39] Was Allah dem Propheten, in Übereinstimmung mit der Verordnung Allahs, gegen vorherige Bräuche (Gebote) erlaubt hat, ist auch kein Verbrechen für ihn; denn Allahs Befehl ist fest und bestimmt. [40] Auch wenn sie (frühere Gesandte) andere Befehle Allahs gebracht haben. Und sie haben nur ihn und außer Allah niemanden gefürchtet, und Allah führt hinlängliche Rechnung. [41] Mohammed ist nicht der Vater eines einzigen Menschen von euch; sondern er ist der Gesandte Allahs und das Siegel des Propheten[31], und Allah ist allwissend.

[42] O Gläubige, denkt oft an Allah und [43] preist ihn des Morgens und des Abends; [44] denn er schützt euch, und seine Engel bitten für euch, daß er euch aus der Finsternis zum Lichte führen möge; denn gegen die Gläubigen ist er barmherzig. [45] An dem Tage, an welchem sie mit ihm zusammentreffen, wird ihr Gruß sein: »Friede«, und eine ehrenvolle Belohnung hat er ihnen bereitet. [46] O Prophet, wir haben dich gesandt, Zeuge zu sein und Gutes zu verkünden und Strafen anzudrohen, [47] daß du die Menschen zu Allah nach seinem Willen rufst und ihnen als Licht vorleuchtest. [48] Verkünde daher den Gläubigen große Segensfülle von Allah. [49] Gehorch aber nicht den Ungläubigen und den Heuchlern und beunruhige dich nicht[32], wenn sie dir schaden wollen, und vertraue nur auf Allah; denn Allah ist ein hinreichender Beschützer. [50] O Gläubige, wenn ihr gläubige Frauen heiratet und euch dann von ihnen trennen wollt, bevor ihr sie berührt habt, so ist keine Wartefrist für euch bestimmt, wie lange ihr sie noch behalten müßt[33]; ver-

[28] Said. Die Gnade Allahs besteht darin, daß er durch sie Moslem geworden ist, und die Gnade des Mohammed, daß er ihn zum Sohn angenommen hatte. Mohammed stellt seine Liebe zur Seineb als von Allah gebilligt und bestimmt hin. [29] Bemerkenswert ist, daß von allen Anhängern des Mohammed nur Said im Koran namentlich angeführt wird. [30] Siehe diese Sure, Note 3. [31] Der letzte aller Propheten, der mit niemandem in leiblicher Verwandtschaftsbeziehung steht und daher heiraten darf, wen er will. [32] Es kann auch heißen: Unterlaß es, ihnen zu schaden. [33] Um sich von bereits beschlafenen Frauen

sorgt sie aber und entlaßt sie freiwillig auf anständige Weise. [51] Dir, o Prophet, erlauben wir alle Frauen, die du durch eine Morgengabe erkauft hast[34], und ebenso deine Sklavinnen, welche dir Allah (aus Kriegsbeuten) geschenkt hat[35], und die Töchter deiner Oheime und Muhmen, von Vater- und Mutterseite, die mit dir aus Mekka geflüchtet sind, und jede gläubige Frau, die sich dem Propheten überlassen und die derselbe heiraten will[36]. Diese Freiheit sollst nur du haben vor den übrigen Gläubigen. Wir wissen es recht gut, was wir hinsichtlich ihrer Frauen und Sklavinnen befohlen haben; doch begehst du kein Verbrechen, wenn du Gebrauch von dieser Freiheit machst; denn Allah ist versöhnend und barmherzig. [52] Du kannst zurücksetzen (die Heirat verweigern), wen du willst, und zu dir nehmen, wen du gerade willst, ja selbst die, welche du früher verstoßen hast, wenn du jetzt Verlangen nach ihr hast[37]; dies alles soll kein Verbrechen für dich sein. Dies hat nur den Zweck, ihre Augen frisch zu erhalten, daß sie sich nicht betrüben und alle sich zufriedengeben mit dem, was du jeder gewährst; und Allah weiß, was in euerem Herzen ist, denn Allah ist allwissend und allgütig. [53] Es ist dir aber nicht erlaubt, noch Weiber daneben zu halten[38] noch deine Frau mit anderen zu vertauschen, wenn die Schönheit anderer dir auch noch so sehr gefällt; nur deine Sklavinnen machen hiervon eine Ausnahme. Allah beobachtet alles.

[54] O Gläubige, betretet nicht die Räume des Propheten, um mit ihm zu speisen, wenn er es euch nicht erlaubt hat und die Zeit ihm nicht gelegen ist[39]. Sobald er euch aber einlädt, dann geht (rechtzeitig) hinein. Wenn ihr aber gegessen habt, dann entfernt euch wieder und bleibt nicht, um vertrauliche Unterhaltungen anzuknüpfen; denn dies könnte dem Propheten beschwerlich fallen (ihn belästigen) und er sich vor euch schämen (davor scheuen), es zu

zu trennen, bedurfte es einer viermonatigen Wartefrist. Siehe zweite Sure [227]. Die ebendaselbst gegebene Vorschrift, daß eine geschiedene Frau drei Monate warten muß, bis sie wieder heiraten darf, findet sich auch im Judentum. [34] Im Orient war es Sitte, daß der Mann die Frau erkaufte, wie dies aus vielen Stellen des Alten Testaments erhellt wird. [35] Mohammed will die erkauften Sklavinnen nicht ausgeschlossen wissen. [36] Mohammed will für sich selbst eine Ausnahme von der Vorschrift der vierten Sure [4] in Anspruch nehmen. [37] Hier nimmt er für sich wieder neue Privilegien in Anspruch, die nicht näher bezeichnet werden sollen. [38] Um den Schwierigkeiten zu entgehen, welche die Ausleger in dieser Stelle finden und daher dieselbe verschiedenartig erklären, ist Wahls Übersetzung und Auffassung gewählt, nach welcher dem Propheten hier verboten wird, sich Nebenweiber, Kebsweiber, Konkubinen, zu halten. [39] Wird hier das arabische Wort mit Gefäß übersetzt, so lautet der Satz: . . . und ohne den Hausrat des Propheten zu besichtigen.

sagen[40]; Allah aber scheut sich nicht, die Wahrheit zu sagen. Wenn ihr etwas Notwendiges von den Frauen des Propheten zu fordern (sie um etwas zu bitten) habt, so fordert es hinter einem Vorhang[41]; dies trägt zur Reinheit euerer und ihrer Herzen wesentlich bei. Es ziemt sich nicht, daß ihr den Gesandten Allahs kränkt (belästigt) und je seine Frauen nach ihm heiratet[42]; denn dies wäre ein schweres Vergehen vor Allah. [55] Und mögt ihr etwas öffentlich oder heimlich tun, so weiß doch Allah alle Dinge. [56] Doch haben die Frauen des Propheten keine Sünde davon, wenn sie unverhüllt mit ihren Vätern, Söhnen, Brüdern oder mit den Söhnen ihrer Brüder und Schwestern oder mit ihren Frauen oder mit ihren Sklaven sprechen[43]. Fürchtet aber Allah, ihr Frauen des Propheten, denn Allah ist Zeuge[44] aller Dinge. [57] Allah und seine Engel segnen[45] den Propheten, darum, o Gläubige, segnet ihn auch und grüßt ihn ehrerbietig mit »Friede« (mit freundlichem Gruß). [58] Die aber Allah und seinen Gesandten beleidigen, wird Allah verfluchen in diesem und in dem zukünftigen Leben, und schmachvolle Strafen hat er für sie bereitet. [59] Und die, welche gläubige Männer oder Frauen, ohne daß sie es verdienen, beleidigen, die sollen das Verbrechen der Verleumdung und offenbarer Ungerechtigkeit zu tragen haben.

[60] Sage, Prophet, deinen Frauen und Töchtern und den Frauen der Gläubigen, daß sie ihr Übergewand[46] (über ihr Antlitz) ziehen sollen, wenn sie ausgehen; so ist es schicklich, damit man sie als ehrbare Frauen erkenne und sie nicht belästige. Allah aber ist versöhnend und barmherzig. [61] Wenn die Heuchler und die Schwachsinnigen[47] und die Unruhestifter (zu Medina) nicht nachlassen, so werden wir dich lossenden gegen sie, so daß sie nur noch kurze Zeit neben dir dort wohnen sollen. [62] Verflucht sind sie, daher sollen sie, wo man sie auch finden mag, ergriffen und getötet werden, [63] nach dem Ratschluß Allahs, der auch gegen die, welche vor ihnen lebten, erfüllt wurde; und du wirst nicht finden, daß Allahs Rat-

[40] Dieselbe Anstandsregel findet sich bei den Rabbinen. Auf die Einladung des Hausherrn »tu alles, was er dich heißt«, nur mit dem Weggehen warte nicht, bis er dich dazu auffordert. [41] Entweder ein Vorhang sei zwischen euch und den Frauen; oder Vorhang heißt hier so viel wie Schleier: die Frau sei verschleiert. [42] Die, von denen er sich getrennt hat, oder die er bei seinem Tode hinterläßt. [43] Siehe vierundzwanzigste Sure [32]. [44] Diese Worte sind an die Frauen des Propheten gerichtet. [45] Wörtlich: beten für den Propheten; darum bittet für ihn. Daher denn auch die Moslems nie den Namen des Propheten aussprechen, ohne hinzuzufügen: »Segen und Friede Allahs komme über ihn.« [46] Dieses Gewand, gewöhnlich aus weißer Leinwand, bedeckt die Frauen stets außer Haus vom Kopf bis zu den Füßen und hat nur einen schmalen Schlitz für die Augen. [47] Die zwischen Glauben und Unglauben hin und her schwanken.

schlüsse veränderlich sind. [64] Die Menschen werden dich auch über die letzte Stunde befragen. Sprich: »Nur Allah allein weiß sie«, und er will sie dir nicht kundtun; doch vielleicht ist diese Stunde schon nahe. [65] Die Ungläubigen hat Allah verflucht und für sie das Höllenfeuer bereitet, [66] und ewig werden sie darin bleiben, ohne einen Beschützer und Helfer finden zu können. [67] An dem Tag, an welchem ihre Angesichter im Feuer umhergewälzt werden, werden sie sagen: »O wären wir doch nur Allah und dem Gesandten gehorsam gewesen!« [68] Sie werden ferner sagen: »O Herr, wir gehorchten unseren Fürsten und Großen, und diese haben uns vom rechten Weg abgeführt; [69] darum, o Herr, gib ihnen doppelte Strafe und verfluche sie mit schwerem Fluch.«

[70] O Gläubige, seid nicht wie die, welche den Moses durch Verleumdung beleidigten; aber Allah sprach ihn rein von dem Bösen, welches sie von ihm sagten[48]; denn er stand in großem Ansehen bei Allah[49]. [71] O Gläubige, fürchtet Allah und sprecht nur wohlüberlegte Worte, [72] damit Allah euere Werke beglücke (gedeihen lasse) und euch euere Sünden vergebe; denn wer Allah und seinem Gesandten gehorcht, der soll sich großer Glückseligkeit erfreuen. [73] Hätten wir den Glauben den Himmeln, der Erde und den Bergen auferlegt, so hätten sie sich geweigert, ihn zu tragen, und wären vor Schrecken zurückgebebt; die Menschen jedoch haben ihn übernommen[50], denn sie waren ohne Wissen und töricht; [74] Allah wird die Heuchler und die Heuchlerinnen, die Götzendiener und die Götzendienerinnen[51] strafen. Den gläubigen Männern und den gläubigen Frauen aber wird Allah sich zuwenden; denn Allah ist versöhnend und barmherzig.

[48] Dies bezieht sich auf 4. Buch Mosis, 12 [1]: Und Mirjam und Aaron redeten wider Moses wegen des kuschitischen Weibes, das er genommen hatte . . . und 16 [1]: Und Korah, der Sohn Jizhars . . . unternahm es und mit ihm Dathan und Abiram . . . und On . . . [2] und sie standen auf gegen Moses mit zweihundertundfünfzig Männern von den Kindern Israels, Fürsten der Gemeinde, Berufenen der Versammlung, Männern von Namen. [3] Und sie versammelten sich wider Moses . . . Siehe achtundzwanzigste Sure [77] und Note 33. [49] Andere übersetzen: Er war ein vortrefflicher Diener Allahs. [50] Die Ahmadiyya-Mission übersetzt: [73] Wahrlich, wir boten das Vertrauenspfand den Himmeln und der Erde und den Bergen, doch sie weigerten sich, es zu tragen, und schreckten davor zurück. Aber der Mensch nahm es auf sich. Fürwahr, er ist sehr ungerecht, unwissend. [51] Ullmann schreibt zu diesen schwierigen und vieldeutbaren Versen: Himmel und Erde, und was darin ist, würden den Glauben nicht angenommen haben, aus Furcht, seine Vorschriften nicht halten zu können. Der Mensch aber hat ihn freiwillig übernommen und dennoch demselben zuwider gelebt; darum soll er auch bestraft werden.

VIERUNDDREISSIGSTE SURE

Saba[1] (Saba) *offenbart zu Mekka*

[1] Im Namen Allahs, des Allbarmherzigen. [2] Lob und Preis sei Allah, ihm gehört alles, was in den Himmeln und was auf Erden ist. Lob sei ihm auch in der zukünftigen Welt. Er ist der Allweise und Allwissende. [3] Er weiß, was in die Erde eingeht[2] und was aus ihr hervorkommt[3] und was vom Himmel herabkommt[4] und was zu ihm hinaufsteigt[5], und er ist barmherzig und versöhnend. [4] Die Ungläubigen sagen: »Die letzte Stunde wird uns wohl nicht schlagen.« Sprich: »Wahrlich, bei meinem Herrn, sie wird für euch kommen. Vor ihm, welcher die Geheimnisse kennt, vor ihm ist nichts verborgen, was in den Himmeln und was auf Erden ist, und sei es auch nur so leicht wie eine Ameise; sei es aber auch noch kleiner oder auch schwerer, so ist es doch in dem deutlichen Buche seiner Ratschlüsse aufgezeichnet; [5] damit er die belohne, welche glauben und rechtschaffen handeln. Diese erhalten Vergebung und ehrenvolle Versorgung.« [6] Die aber, welche unsere Zeichen zu bekämpfen (und die Gläubigen) zu vernichten suchen[6], die sollen mit schmerzlicher Strafe bestraft werden. [7] Denen Erkenntnis zuteil geworden ist (Juden und Christen), sehen es wohl ein, daß das, was dir von deinem Herrn offenbart worden ist, die Wahrheit ist und auf den rühmlichen und löblichen Weg leitet. [8] Die Ungläubigen sagen: »Sollen wir euch einen Mann zeigen, welcher euch prophezeit, daß ihr, wenn auch ganz in Staub zerstoben, doch wieder zu neuen Geschöpfen auferstehet? [9] Er ersinnt eine Lüge von Allah, oder er ist verrückt[7].« Doch die nicht an ein zukünftiges Leben glauben, fallen in Strafe und sind in großem Irrtum. [10] Haben sie denn noch nicht betrachtet, was über und was unter ihnen ist[8], den Himmel und die Erde? Wenn wir nur wollten, so könnten wir ja machen, daß die Erde sie verschlinge oder ein Stück des Himmels auf sie herabstürze. Hierin liegt doch sicherlich ein Zeichen für jeden Diener, welcher zu Allah zurückkehren will.

[11] Dem David schon hatten wir von unserer Herrlichkeit die Gnade verliehen, und wir hatten gesagt: »O ihr Berge, singt mit

[1] So genannt, weil in dieser Sure das Volk von Saba erwähnt wird. [2] Nämlich Regen, Samen, die Toten. [3] Pflanzen, Metalle, Wasser. [4] Engel, Regen, Donner, Blitz. [5] Dünste, Rauch, das Gebet und die Handlungen der Menschen. [6] Den Inhalt des Korans zu verdächtigen und dessen Ansehen zu schwächen suchen. [7] Wörtlich: von einem bösen Geiste besessen. [8] Wörtlich: was vor ihnen und was hinter ihnen.

ihm wechselweise Preisgesang«; und dasselbe befahlen wir auch den Vögeln[9]. Und wir machten für ihn das Eisen weich [12] und sagten: »Mache vollkommene Panzer daraus und wirke feine Ringketten hinein[10]. Und (ihre Leute vom Hause David) handelt nur rechtschaffen; denn ich sehe, was ihr tut.« [13] Salomon machten wir den Wind untertänig, welcher einen Monat des Morgens und einen Monat des Abends blies[11], und wir ließen eine Quelle geschmolzenen Erzes für ihn fließen[12]. Auch mußten nach dem Willen Allahs Geister in seiner Gegenwart für ihn arbeiten, und wer von diesen von unseren Befehlen abwich, der mußte die Strafe des Höllenfeuers hinnehmen[13]. [14] Sie machten für ihn, was er nur wollte, Paläste, Bildsäulen und Schüsseln, so groß wie Fischteiche, und feststehende Kessel[14]; und wir sagten: »O ihr Leute vom Hause David, handelt rechtschaffen und seid dankbar.« Denn nur wenige meiner Diener sind dankbar. [15] Und als wir beschlossen, daß Salomon sterben sollte, und er tot war, da entdeckte ihnen, den Geistern, nur ein Erdwurm, der seinen Stab durchfraß, seinen Tod. Und als nun sein Leichnam zur Erde fiel und die Geister dies gewahrten, kam ihnen Erkenntnis: hätten sie von diesem Geheimnis gewußt, wären sie nicht in dieser schmachvollen Strafarbeit verblieben.

[16] Auch Sabas[15] Nachkommen hatten an ihrem Wohnort ein Zeichen: zwei Gärten, einen rechts und einen links[16], und wir sagten: »Eßt von dem, womit euer Herr euch versorgt hat, und seid ihm dankbar; denn das Land ist gut und der Herr gnadenvoll.« [17] Aber sie wichen (vom Glauben) ab, und darum schickten wir über sie die Überschwemmung der Dämme, und wir verwandelten ihre zwei Gärten in zwei Gärten, welche bittere Früchte trugen, Tamarisken und ein wenig Lotus. [18] Dies gaben wir ihnen zum Lohne ihrer Undankbarkeit. Sollten wir wohl auch andere als Undankbare so

[9] Siehe einundzwanzigste Sure [80]. [10] Siehe einundzwanzigste Sure [81]. [11] Siehe siebenundzwanzigste Sure [18] ff. Der Wind des Morgens und Abends besaß die Kraft der Winde eines Monats (Frants Buhl). [12] Diese Quelle soll der Sage nach drei Tage lang jeden Monat für ihn geflossen sein. [13] Siehe einundzwanzigste Sure [83]. [14] Dieser Vers bezieht sich in der Hauptsache auf den Tempelbau. (1. Buch der Könige, Kap. 7 [1]: Und an seinem Hause baute Salomo dreizehn Jahre . . .) Salomo wurde gewahr, daß sein Tempelbau zu seinen Lebzeiten nicht vollendet werde. Daher ließ er sich zur Täuschung der Dschinnen, der ihm dienstbaren bösen Geister, nach seinem Tod auf den Thron setzen. Durch einen Stab gestützt, blieb seine Leiche aufrecht sitzen. Den Stab zerfraß ein Erdwurm, seine Leiche stürzte um; da erst merkten die Geister, daß Salomo längst tot war. Ähnlich erläutern die Rabbinen. [15] Saba, der vierte jemische König, war der Sohn des Jeschad, dieser der Sohn des Jareb, Sohn des Khatan. Sein Reich wird Saba und seine Residenz Mareb genannt. Der Dammbruch [17] ereignete sich etwa 150 Jahre n. Chr. [16] Von allen Seiten glich ihr Land einem gesegneten Garten.

belohnen? [19] Und wir errichteten zwischen ihnen und den Städten, welche wir gesegnet hatten[17], noch andere bekannte Städte, und wir erleichterten die Reise dahin und sagten: »Reist nun bei Nacht und bei Tage sicher umher.« [20] Sie aber sagten: »O unser Herr, erweitere doch unsere Reisen[18].« Und so versündigten sie sich; daher machten wir sie zum bekannten Mahnsprichwort, indem wir sie gänzlich zerstreuten. Wahrlich, hierin liegen Zeichen für jeden standhaft ausharrenden und dankbaren Menschen. [21] Und Iblis, der Satan, fand seine Meinung, welche er von ihnen hegte, bestätigt[19]; denn sie sind ihm, mit Ausnahme eines kleinen Teiles von wahrhaft Gläubigen, nachgefolgt. [22]. Er hatte nur Macht über sie, damit wir den kennenlernten, welcher an ein zukünftiges Leben glaubte, und den, welcher es bezweifelte; denn dein Herr beobachtet alle Dinge.

[23] Sprich (zu den Mekkanern); Ruft doch die Götter an, die ihr euch statt Allah ersinnt. Sie vermögen doch gar nichts über die Himmel und über die Erde, und wäre es auch nur im Gewicht einer Ameise, und sie haben keinen Teil an der Schöpfung und Erhaltung derselben, auch hat er, Allah, ihren Beistand nicht nötig.« [24] Und keine Fürbitte wird bei ihm helfen, außer die Fürbitte dessen[20], welchem es gewährt ist, Fürbitte einzulegen. Und wenn die Furcht von ihrem Herzen gewichen ist[21], dann fragen sie: »Was hat euer Herr gesprochen?« Sie werden antworten: »Nur die Wahrheit.« Denn er ist der Hohe und Erhabene. [25] Sprich: »Wer versorgt euch mit Nahrung vom Himmel und von der Erde?« Antworte: »Allah.« Entweder wir folgen oder ihr folgt der wahren Leitung, wir sind oder ihr seid in offenbarem Irrtum. [26] Sprich: »Weder habt ihr zu verantworten, was wir begangen haben, noch werden wir zur Rechenschaft gezogen für das, was ihr getan habt.« [27] Sprich: »Unser Herr wird uns einst versammeln und in Gerechtigkeit zwischen uns richten; er ist der öffnend-allwissende Richter.« [28] Sprich: »Zeigt mir die, welche ihr ihm als Götter hinzugefügt habt! Aber wahrlich, nur

[17] Zwischen den Sabäern und den Städten in Syrien fand man noch andere Städte, wodurch das Reisen bequem und sicher war. [18] Sie wünschten aus Habsucht, ihre Handelsreisen noch weiter auszudehnen. Auch sollten die Reisenden bei ihnen höhere Reiseauslagen tätigen. Zur Strafe dafür wurden sie über weite Länder versprengt, so daß sie zum warnenden Beispiel dienten, indem man von untergegangenen Völkern sagte: »Sie sind untergegangen wie Saba.« [19] Daß er die Menschen verführen werde. Vergleiche siebte Sure [17] und achtunddreißigste Sure [83]. [20] Damit will Mohammed nur seine eigene Fürbitte verstanden wissen. [21] Weil sie einen Fürsprecher haben.

Allah ist Gott, er, der Allmächtige und Allweise.« [29] Wir haben dich zu der Gesamtmenschheit nur deshab geschickt, um Gutes zu verkünden und Böses anzudrohen; doch der größte Teil der Menschen will das nicht erkennen. [30] So sprechen sie: »Wann trifft denn diese Drohung ein? Sagt es uns, wenn ihr wahrhaftig seid.« [31] Sprich: »Die Drohung des Tages ist euch angekündigt, welchen ihr auch nicht nur um eine Stunde weiter hinausschieben oder beschleunigen könnt.«

[32] Die Ungläubigen sagen: »Wir wollen nun einmal nicht an diesen Koran und auch nicht an die (früheren) Offenbarungen vor ihm (an Thora und Evangelium) glauben.« Könntest du es doch sehen, wie die Frevler einst vor ihren Herrn gestellt werden! Sie werden sich dann untereinander die Schuld zuschieben, und die, welche schwach gewesen sind, sagen dann zu den Hochmütigen[22]: »Wärt ihr nicht gewesen, so wären wir Gläubige geworden.« [33] Die Hochmütigen aber werden den Schwachen antworten: »Haben denn wir euch von der wahren Leitung, nachdem sie euch zuteil geworden war, abwendig gemacht? Nur aus eigenem Antriebe seid ihr Frevler geworden.« [34] Die Schwachen aber werden darauf den Hochmütigen erwidern: »Nein, nur euere Ränke, welche ihr bei Nacht und bei Tag geschmiedet habt, haben uns unglücklich gemacht, indem ihr uns geheißen habt, nicht an Allah zu glauben, vielmehr ihm Ebenbilder an die Seite zu setzen.« So werden sie ihre Reue zeigen (trotz vorgetäuschtem Gleichmut), wenn sie die ihnen bestimmte Strafe sehen. Wir wollen dann den Ungläubigen Ketten um den Hals werfen. Sollten sie wohl auch anders belohnt werden als nach den Handlungen, welche sie ausgeübt haben? [35] Wir haben noch keinen Ermahner in irgendeine Stadt gesandt, daß nicht die Reichen in derselben gesagt haben: »Wir glauben euerer Sendung nicht.« [36] Und so sagen auch sie (die Mekkaner): »Wir sind reicher an Vermögen und Kindern als ihr, nimmer wird uns daher die Strafe treffen.« [37] Antworte: »Mein Herr versorgt reichlich, wen er will, und ist karg, gegen wen er will; doch die meisten Menschen erkennen dies nicht.«

[38] Weder euer Reichtum noch euere Kinder können euch uns näher bringen; sondern nur die, welche glauben und rechtschaffen handeln, sollen zwiefach für ihr Tun belohnt werden, und sicher sol-

[22] Zu ihren Verführern. Henning: sich groß Dünkenden. Siehe vierzehnte Sure [22].

len sie in der Paradieswohnung wohnen. [39] Die aber, welche den Glauben an unsere Verse zu zerstören suchen, sind der Strafe verfallen. [40] Sprich: »Mein Herr versorgt reichlich, wen von seinen Dienern er will, und ist auch karg, gegen wen er will. Was ihr aber irgend als Almosen ausgebt, das wird er euch wiedererstatten; denn er ist der beste Versorger.« [41] An jenem Tage wird er sie alle versammeln und die Engel befragen: »Haben d i e s e euch verehrt?« [42] Die Engel aber werden antworten: »Gott bewahre! Du nur bist unser Beschützer und nicht diese. Sie haben die bösen Geister verehrt, und die meisten haben an diese geglaubt.« [43] An jenem Tage werdet ihr, einer dem andern, weder nützen noch schaden können, und wir werden zu den Frevlern sagen: »Nehmt nun die Strafe des Höllenfeuers hin, welches ihr geleugnet habt.« [44] Werden ihnen unsere deutlichen Zeichen vorgelesen, so sagen sie von dir: »Wahrlich, dieser Mann will weiter nichts als euch von den Göttern abwendig machen, welche euere Väter verehrt haben.« Und von diesem Koran sagen sie: »Er ist nichts anderes als eine erdichtete gotteslästerliche Lüge.« Und von der Wahrheit, wenn sie ihnen zuteil wird, sagen die Ungläubigen: »Dies ist nichts anderes als offenbare Täuschung.« [45] (Dies kommt daher, weil) wir ihnen früher keine Schrift gegeben haben, in welcher sie hätten forschen können, und ihnen vor dir keinen Prediger gesandt hatten. [46] Auch die, welche vor ihnen lebten, haben ihre Propheten des Betruges beschuldigt, und sie haben nicht den zehnten Teil (des Vermögens), welches wir jenen gegeben haben, aber wie streng war dafür auch meine Rache!

[47] Sprich: »Ich rate euch das eine, daß ihr je zwei und zwei oder einzeln vor Allah hintretet[23] und ernstlich bedenkt und euch überzeugt, daß kein böser Geist in euerem Gefährten (Mohammed) wohnt[24], sondern daß er ein Prediger ist, zu euch geschickt, um vor der strengen Strafe zu warnen.« [48] Sprich: »Ich verlange ja von euch keinen Lohn für mein Predigen (es steht ganz bei euch, ob ihr etwas geben wollt[25]); meinen Lohn erwarte ich nur von Allah allein; denn er ist aller Dinge Zeuge.« [49] Sprich: »Wahrlich, mein Herr, welcher die Geheimnisse kennt, wirft (sendet seinem Prophe-

[23] Einzeln, ruhig und ohne Leidenschaft und nicht in Massen voller Aufregung. [24] Schon immer wurde von den Gegnern Mohammeds ausgestreut, daß in ihm »ein böser Geist wohnt«. [25] Siehe fünfundzwanzigste Sure [58] und Note 18. Heute vielfach analog den vorgängigen Versen übersetzt: Was ich an Lohn verlangt habe, ist euer . . . (Mohammed verlangt eben keinen.)

ten) gewiß nur die Wahrheit herab.« [50] Sprich: »Die Wahrheit ist nun gekommen, der eitle Wahn (der Götzendienst) soll nunmehr verschwinden, er wird nicht mehr zurückkommen.« [51] Sprich: »Wenn ich irre, so irre ich nur zu meinem eigenen Nachteil; bin ich aber recht geleitet, so bin ich es nur durch das, was mir mein Herr offenbarte.« Denn er hört alles und ist denen nahe, welche ihn anrufen. [52] Könntest du es nur sehen, wie die Ungläubigen (am Jüngsten Tage) zittern und keinen Zufluchtsort finden werden und wie sie herausgenommen werden aus dem nahen Ort[26] [53] und dann sprechen: »Wir glauben an ihn.« Wie sollen sie an einem so entfernten Ort[27] aber zum Glauben kommen, [54] da sie ihn doch ehedem verleugnet und die Geheimnisse desselben (im irdischen Leben) gelästert haben? [55] Ein Abgrund sei daher zwischen ihnen und dem, was sie wünschen, wie auch denen geschehen ist, welche sich früher wie sie betrugen, als sie zweifelten und Ärgernis gaben.

[26] Aus ihren Gräbern. Das Grab heißt deshalb naher Ort, weil es von der Oberfläche der Erde ins Grab hin nur ein Schritt ist. [27] Der Glaube kann nur in dieser, nicht aber in jener Welt betätigt werden.

FÜNFUNDDREISSIGSTE SURE

Die Engel[1] (Al-Fatir) *offenbart zu Mekka*

[1] Im Namen Allahs, des Allbarmherzigen. [2] Lob und Preis sei Allah, dem Schöpfer der Himmel und der Erde, der die Engel zu seinen Boten macht, begabt mit zwei, drei und vier Paar Flügeln[2]. Er fügt seinen Geschöpfen hinzu, was er will, denn Allah ist aller Dinge mächtig. [3] Die Gnade, welche Allah den Menschen erzeigt, kann niemand zurückhalten, und was Allah zurückhält, das kann niemand außer ihm erzeigen. Nur er ist der Allmächtige und Allweise. [4] O ihr Menschen, seid doch eingedenk der Gnade Allahs gegen euch! Gibt es denn außer Allah noch einen Schöpfer, welcher euch mit Nahrung vom Himmel und von der Erde versorgt? Es gibt keinen Gott außer ihm, und ihr wolltet euch von ihm abwenden? [5] Wenn sie dich des Betruges beschuldigen, so wisse: Auch die

[1] So genannt, weil der Engel im zweiten Verse gedacht wird. Diese Sure ist auch »Der Schöpfer« überschrieben. [2] Der Prophet Jesaias, Kap. 6: [2] Seraphin standen über ihm, ein jeder von ihnen hatte sechs Flügel: mit zweien bedeckte er sein Angesicht, und mit zweien bedeckte er seine Füße, und mit zweien flog er . . . (als sie um den Thron Gottes waren). Daher wohl an dieser Stelle zu ergänzen: mit je zwei, drei und vier Paar Flügeln.

Gesandten vor dir wurden desselben beschuldigt; zu Allah kehren alle Dinge zurück. [6] O ihr Menschen, wahrlich, die Verheißung Allahs ist wahr, laßt euch daher nicht durch das irdische Leben täuschen und auch nicht durch den Betrüger (den Satan) in dem, was Allah betrifft; [7] denn der Satan ist euer Feind, darum betrachtet ihn auch als Feind; denn er lädt seine Anhänger nur dazu ein, daß sie der Hölle Gefährten werden. [8] Für die Ungläubigen ist schwere Strafe bestimmt. Die aber glauben und rechtschaffen handeln, erlangen Gnade und großen Lohn.

[9] Soll denn der, dessen Werke zum Bösen bereitet sind und der sie dennoch für gut hält ... (dem Rechtschaffenen gleichen)[3]? Allah beläßt im Irrtum und leitet auf den rechten Weg, wen er will. Härme dich nicht durch Seufzen ihres Unglaubens wegen ab; denn Allah weiß ja, was sie tun. [10] Allah ist es, welcher die Winde sendet und die Wolken formt, und wir treiben sie auf ein totes Gelände hin, um die Erde (dort) nach ihrem Tode neu zu beleben. Ebenso wird auch die Auferstehung sein[4]. [11] Wer Herrlichkeit anstrebt, der findet alle Herrlichkeit bei Allah; zu ihm steigt jede gute Rede, und er selbst erhöht eine jede gute Tat. Die aber, welche böse Ränke schmieden[5], erleiden schwere Strafe, und ihre Anschläge sollen vereitelt werden. [12] Allah schuf euch zuerst aus Staub, dann aus einem Samentropfen und schied euch in zweierlei Geschlechter. Kein Weib empfängt oder gebiert ohne sein Wissen. Nichts wird dem Leben eines lange Lebenden hinzugefügt und nichts von seinem Leben hinweggenommen, wenn es nicht in dem Buche der göttlichen Ratschlüsse aufgezeichnet ist. Dies alles ist für Allah ein leichtes. [13] Auch die beiden Gewässer sind sich nicht ähnlich. Das eine ist frisch und süß und angenehm zu trinken, das andere aber ist salzig und bitter[6]; doch genießt ihr aus beiden frisches Fleisch und nehmt aus denselben Zierat, womit ihr euch schmückt[7]. Auch siehst du Schiffe deren Wellen durchschneiden, damit ihr Reichtümer von dem Überfluß Allahs erlangt und dankbar seid. [14] Er läßt die Nacht dem Tag und den Tag der Nacht folgen und zwingt Sonne und Mond, ihren Dienst zu verrichten, und beide durcheilen ihren bestimmten Lauf. Das tut Allah, euer Herr, dem die Herrschaft gehört. Die

[3] So zu ergänzen. [4] Siehe siebte Sure [58] und Note 24. [5] Mohammed spielt auf die Anschläge der Koreischiten gegen sein Leben an. Siehe achte Sure [31]. [6] Vergleiche fünfundzwanzigste Sure [54]. [7] Siehe sechzehnte Sure [15]. Gemeint sind die Fische zur Nahrung und Korallen und Perlen als Schmuck.

Götzen, welche ihr statt Allahs anruft, haben nicht einmal Gewalt über die Schale eines Dattelkerns. [15] Wenn ihr sie anruft, so hören sie euer Rufen nicht, und wenn sie euch auch hörten, so antworten sie euch doch nicht. Am Tage der Auferstehung werden sie es leugnen, daß ihr sie euch zu Göttern zugesellt habt; und nur der kann dir alles Verborgene mitteilen, der es weiß.

[16] O ihr Menschen, vor Allah seid ihr arm, und nur er ist reich und hoch gelobt. [17] Wenn er nur wollte, er könnte euch hinwegraffen, dafür eine neue Schöpfung an euer Statt entstehen lassen, [18] und dies würde Allah nicht schwerfallen. [19] Keine belastete (Seele) braucht zusätzlich die Last einer anderen zu tragen. Und wenn eine schwerbelastete (Seele einer anderen) zurufen sollte, einen Teil ihrer Last zu übernehmen, so soll diese doch nichts (davon) tragen dürfen, und wären beide auch noch so nahe miteinander verwandt. Du aber ermahne die, welche ihren Herrn auch im geheimen fürchten und ihr Gebet verrichten. Wer sich reinigt von Sünden, reinigt sich zum eigenen Seelenheil. Alle kommen zu ihm zurück. [20] Der Blinde und der Sehende gleichen sich nicht [21] und nicht die Finsternis und das Licht [22] und nicht der kühle Schatten und der heiße Wind; [23] auch gleichen sich die Lebenden und die Toten nicht[8]. Allah macht hörend, wen er will; du aber kannst die nicht hörend machen, die im Grabe liegen[9]. [24] Denn du bist nur ein Prediger. [25] Wir haben dich mit der Wahrheit gesandt, Gutes zu verkünden und Böses anzudrohen; es gibt kein Volk, unter welchem nicht einst ein Prediger gewesen wäre. [26] Wenn sie dich des Betruges beschuldigen, so bedenke, daß auch die vor ihnen (deren Vorfahren) ihre Gesandten desselben beschuldigten, obgleich sie zu ihnen mit überzeugenden Wunderzeichen und mit göttlichen Schriften (mit Thora und Evangelium) und mit dem erleuchtenden Buche kamen. [27] Dafür aber züchtigte ich die Ungläubigen, und wie streng war meine Rache!

[28] Siehst du denn nicht, daß Allah Wasser vom Himmel herabsendet und daß wir dadurch Früchte von verschiedener Farbe[10] hervorbringen? Auch in den Bergen finden sich Adern von verschiedener Farbe, weiße, rote, bunte und nachtschwarze[11]. [29] Auch die

[8] Diese Gegenüberstellungen sollen den Gegensatz des Glaubens und Unglaubens veranschaulichen. [9] Die verstockten Ungläubigen sind mit den Toten in ihren Gräbern zu vergleichen. [10] Von verschiedener Art. Siehe sechzehnte Sure [6] ff. und [12]. [11] Wörtlich: rabenschwarze.

Menschen und die wilden und zahmen Tiere sind verschieden an Farbe. – Und daher fürchten Allah diejenigen seiner Diener, welche mit Weisheit begabt sind; denn Allah ist allmächtig und allgnädig. [30] Diejenigen, welche die Schrift (den Koran) lesen und das Gebet verrichten und heimlich und öffentlich Almosen geben von dem, womit wir sie versorgt haben, die dürfen auf einen Erfolg hoffen, der nie eingeschränkt wird (die ewige Glückseligkeit), [31] und daß Allah ihnen ihren Lohn geben, ja denselben nach seiner Huld noch vergrößern wird, denn er ist gnädig und lohnt gerne. [32] Was wir dir in diesem Buch offenbart haben, ist Wahrheit und bestätigt die Offenbarungen vor ihm; denn Allah kennt und beobachtet seine Diener. [33] Und wir haben dieses Buch denjenigen unserer Diener, welche wir besonders auserwählten, zum Erbteile gegeben. Doch der eine von ihnen sündigt wider sich selbst[12], der andere ergreift den Mittelweg[13], und wieder ein anderer sucht mit Willen Allahs die übrigen in guten Werken zu übertreffen. Dieser hat den größten Vorzug (er wird besonders begnadet). [34] In Edens Gärten sollen sie geführt und dort mit Armbändern von Gold und Perlen geschmückt werden und Kleider von Seide tragen [35] und sagen: »Lob sei Allah, welcher alle Sorgen nun von uns genommen hat! Wahrlich, unser Herr ist gerne bereit, zu vergeben und zu belohnen, [36] er, der uns in seiner Huld in eine Wohnung von ewiger Dauer gebracht hat, wo weder Plage noch Müdigkeit uns trifft.« [37] Für die Ungläubigen aber ist das Höllenfeuer bestimmt, und weder der Tod[14] noch irgendeine Erleichterung ihrer Strafe wird über sie verfügt; so wird jeder Ungläubige bestraft werden. [38] In der Hölle werden sie (jammernd) ausrufen: »O Herr, bring uns doch von hier hinweg! Wir wollen rechtschaffen handeln und nicht mehr tun, wie wir früher getan haben.« Aber ihnen wird geantwortet: »Hatten wir euch denn nicht hinlänglich langes Leben gewährt, damit der, welcher sich hätte warnen lassen wollen, sich auch wohl hätte warnen lassen können? Und ist nicht ein Prediger (Mohammed) zu euch gekommen? Darum nehmt nun die Strafe hin.« Die Frevler werden keinen Helfer finden.

[39] Allah kennt die Geheimnisse der Himmel und der Erde, und er kennt auch das Innerste des menschlichen Herzens, [40] und er

[12] Indem er die Lehren des Korans nicht befolgt. [13] Die den »rechten Pfad« gerade einhalten, ihren Pflichten wohl eben nachkommen, aber nicht mehr. [14] Das Aufhören ihres Seins, wodurch sie ihre Strafe nicht mehr fühlten.

ist es, der euch auf Erden eueren Vorfahren hat nachfolgen lassen. Wer ungläubig ist, über den komme sein Unglaube; der Unglaube vermehrt den Ungläubigen nur den Unwillen ihres Herrn, und der Unglaube vergrößert nur das Unheil der Ungläubigen. [41] Sprich: »Was denkt ihr wohl von den Göttern, welche ihr statt Allah anruft? Zeigt mir doch, was sie auf der Erde erschufen! Oder haben sie vielleicht irgendwie Anteil an der Schöpfung der Himmel?« Oder haben wir ihnen (den Götzendienern) irgendeine Schrift gegeben, wodurch sie ihren Götzenglauben beweisen könnten? Gewiß nicht. Die Gottlosen täuschen sich, einer den anderen, durch leere Verheißungen selbst. [42] Nur Allah ist es, der die Himmel und die Erde hält, daß sie nicht zusammenfallen, und wenn sie zusammenfallen sollten, so kann sie keiner außer ihm aufrechterhalten. Er ist allgütig und allgnädig! [43] Sie (die Koreischiten) haben zwar einen feierlichen Eid bei Allah geschworen, daß – käme ein Prediger zu ihnen – sie sich besser leiten lassen wollten als irgendein Volk. Allein da nun ein Prediger zu ihnen gekommen ist, sind doch ihr Abscheu vor der Wahrheit [44] und ihr Hochmut auf Erden und ihr böses Trachten nur gewachsen; allein das böse Trachten wird nur die verstricken, die Böses planen. Können sie eine andere Strafe erwarten als die, welche die Ungläubigen früherer Zeiten getroffen hat? Du wirst keine Veränderung und auch keine Verschiedenheit in dem Strafgericht Allahs finden. [45] Sind sie denn noch nicht im Land umhergereist und haben bemerkt, welch ein Ende die vor ihnen genommen haben, obwohl sie an Macht weit stärker waren? Nichts in den Himmeln und nichts auf Erden kann Allahs Macht mindern; denn er ist der Allwissende und Allmächtige. [46] Wenn Allah die Menschen strafen wollte, wie sie es verdienen, er ließe kein Tier mehr auf der Oberfläche der Erde übrig. Doch er sieht ihnen bis zu einer bestimmten Frist nach, und wenn diese ihre Frist kommt, dann wird Allah auch auf seine Diener achten.

SECHSUNDDREISSIGSTE SURE

YS[1] (Ya Sin) *offenbart zu Mekka*

[1] Im Namen Allahs, des Allbarmherzigen. [2] Ya Sin. [3] Bei diesem Koran, voll der Weisheit: [4] Du bist einer der Gesandten Allahs, [5] um den richtigen Weg zu lehren. [6] Offenbarung des Allmächtigen und Allbarmherzigen ist es, [7] daß du ein Volk ermahnst, dessen Väter nicht gewarnt wurden und welches daher sorglos und leichtsinnig dahinlebte! [8] Das Urteil ist bereits über die meisten von ihnen gesprochen worden[2]; denn sie können nicht glauben. [9] Ketten haben wir ihnen um den Hals gelegt, welche bis an das Kinn reichen, so daß sie ihre Köpfe in die Höhe gereckt halten müssen. [10] Vor und hinter sie haben wir Riegel geschoben und sie mit Finsternis so bedeckt, daß sie nicht sehen können[3]. [11] Es ist ganz gleich, ob du ihnen predigst oder nicht, sie werden (und sollen) nicht glauben. [12] Mit Erfolg wirst du nur dem predigen, welcher der Ermahnung (des Korans) folgt und den Allbarmherzigen selbst im verborgenen fürchtet. Diesem verkünde gnadenvolle Vergebung und ehrenvolle Belohnung. [13] Wir werden einst die Toten wieder lebendig machen, und wir schreiben nieder, was sie vorausgeschickt und was sie zurückgelassen haben[4], und vermerken alles in einem klaren Verzeichnis (im deutlichen Buche).

[14] Stelle ihnen die Bewohner (die Geschichte) jener Stadt[5] zum Gleichnis auf, zu denen Boten (Jesu) kamen. [15] Als wir ihnen zwei Boten sandten, da beschuldigten sie diese des Betruges, weshalb wir sie noch durch einen dritten Boten verstärkten, und sie sagten zu den Einwohnern: »Wir sind zu euch gesandt.« [16] Diese aber antworteten: »Ihr seid ja nur Menschen wie wir; der Allbarmherzige hat euch nichts offenbart, und ihr seid nichts weiter als Lügner.« [17] Sie erwiderten: »Unser Herr weiß es, daß wir wirklich an euch abgesandt worden sind, [18] und unsere Pflicht ist es daher, öffentlich zu predigen.« [19] Jene aber sagten: »Wir erwarten uns nichts Gutes von euch, und wenn ihr nicht aufhört zu predigen, so

[1] So genannt von den beiden Buchstaben Y und S, welche an der Spitze der Sure stehen, deren Bedeutung unbekannt ist. Die Moslems pflegen diese Sure den Sterbenden vorzulesen, Mohammed selbst soll diese Sure »Herz des Korans« genannt haben. [2] Schon beim Fall des ersten Menschen. Siehe siebte Sure [25] ff. und elfte Sure [120]. Spruch: achtunddreißigste Sure [86]. [3] Das Ganze ist Bild des starren und hartnäckigen Unglaubens, zu welchem Allah die Bösen verdammt. [4] Das Gute und Böse, welches ihnen in die Ewigkeit vorangeht und dessen Wirken auf Erden zurückbleibt. [5] Hierunter wird Antiochia verstanden. Die Ausleger erzählen von der Entsendung zweier Apostel, zu denen noch ein dritter kam. Sie sollen die Leute durch Wunder bekehrt haben.

werden wir euch steinigen, und eine schwere Strafe wird euch von uns treffen.« [20] Sie antworteten: »Was ihr Böses voraussehet ... (hängt ja ganz von euch ab [liegt ja in euch]. Wollt ihr euch ermahnen lassen?) Doch ihr seid gottlose Menschen.« [21] Da kam vom äußersten Ende der Stadt (aus dem Armenviertel) ein Mann[6] gelaufen und sprach: »O mein Volk, folgt doch diesen Boten; [22] folgt doch denen, die keine Belohnung von euch fordern; diese Boten sind recht geleitet. [23] Und warum sollte ich auch nicht den verehren, der mich geschaffen hat und zu dem ihr zurückkehren müßt? [24] Sollte ich wohl andere Götter außer ihm verehren? Wenn der Allbarmherzige mir Leid zufügen wollte, so könnte mir ja der Götzen Beistand weder nützen noch mich retten, [25] und ich verfiele in einen offenbaren Irrtum (wenn ich sie verehrte). [26] Ja, ich glaube an eueren Herren.« [27] Als sie (die Stadtleute) ihn daraufhin schändlich behandelten[7], wurde zu ihm gesagt: »Geh in das Paradies ein!« [28] Er sagte: »Oh, könnte doch mein Volk es erfahren, wie gnädig mir mein Herr ist, indem er mich unter die versetzte, die hoch geehrt sind.«

[29] Wir schickten nach seinem Tode nicht ein Heer vom Himmel oder sonst ein Tatzeichen der Bestrafung, wie wir es über Frühere herabzusenden pflegten, [30] sondern es bedurfte nur eines einzigen Donnerwortes, und sie waren vernichtet. [31] Ach, welch unglückliche Menschen[8]! Kein Gesandter kommt zu ihnen, welchen sie nicht verspotten. [32] Sehen sie denn gar nicht ein, wie viele Geschlechter wir vor ihnen vertilgten? Die Gesandten sollen nicht wieder zu ihnen kommen, [33] aber sie alle sollen insgesamt einst vor uns versammelt werden.

[34] Ein Zeichen der Auferstehung sei die tote Erde, die wir durch den Regen neu beleben[9] und dadurch aus ihr verschiedene Saaten hervorbringen, von deren Frucht ihr eßt. [35] Auch legten wir Gärten auf der Erde an, mit Palmbäumen und Weinstöcken, und ließen Quellen aus ihr hervorsprudeln, [36] damit sie deren Früchte und die ihrer Hände Arbeit genießen[10]; und sie sollten nicht dankbar dafür sein? [37] Gelobt sei der, welcher (paarweise) all die

[6] Dieser Mann wird Habib der Zimmermann genannt. Sein Grab wird noch zu Antiochia gezeigt und von den Moslems stark besucht. [7] Sie steinigten nämlich den Habib zu Tode. [8] Wörtlich: Unheil über die Knechte. Daher übersetzt Henning: Weh über meine Diener! [9] Siehe neunundzwanzigste Sure [21] ff. [10] Andere übersetzen: ... und (die wir und) nicht ihrer Hände Arbeit schufen.

verschiedenen Gattungen geschaffen hat, welche die Erde hervorbringt, und der sie (die Menschen) selbst und die übrigen Dinge, welche sie nicht einmal kennen, in verschiedenen Geschlechtern schuf. [38] Ein Zeichen sei ihnen auch die Nacht; wir entziehen ihr das Tageslicht, und siehe, sie befinden sich in Finsternis, [39] und auch die Sonne eilt ihrem Ruheort entgegen[11], nach der Anordnung, welche der Allmächtige und Allweise getroffen hat. [40] Und dem Mond haben wir Wohnungen[12] bestimmt, bis er dem toten Zweig einer Palme gleicht[13]. [41] Es ziemt sich nicht für die Sonne, daß sie den Mond in seinem Lauf einhole (auch nicht für die Nacht, daß sie in den Tag falle), sondern ein jedes dieser beiden Lichter bewege sich in seiner bestimmten Bahn. [42] Auch sei es ihnen ein Zeichen, daß wir ihre Nachkommen zur Zeit Noahs in jener beladenen Arche sicher getragen [43] und daß wir später ähnliche Schiffe für sie geschaffen haben, welche sie weiterhin tragen. [44] Wenn wir aber wollen, so können wir sie (durch Schiffbruch) ertränken, und niemand kann ihnen helfen und niemand sie retten, [45] außer nur unsere Barmherzigkeit, damit sie sich noch eine Zeitlang dieses Lebens erfreuen. [46] Wenn zu ihnen gesagt wird: »Fürchtet doch das, was vor und hinter euch ist[14], damit ihr Barmherzigkeit erlangt« – [47] du brächtest ihnen welcher Art Zeichen immer von den Zeichen deines Herrn –, so wenden sie sich weg[15]. [48] Wenn zu ihnen gesprochen wird: »Gebt Almosen von dem, was euch Allah gewährt hat«, so sagen die Ungläubigen zu den Gläubigen: »Sollten wir den wohl speisen, den Allah ja selbst speisen könnte, wenn er nur wollte? Ihr seid in offenbarem Irrtume.« [49] Auch werden sie fragen: »Wann wird denn die Verheißung der Auferstehung erfüllt werden? Sagt es, wenn ihr wahrhaftig seid.« [50] Sie mögen den dröhnenden Krach (Posaunenschall) erwarten, welcher ihnen unverhofft ertönen wird, während sie noch miteinander hadern; [51] sie werden keine Zeit haben, (testamentarisch) ihre Angelegenheiten zu ordnen und noch zu ihren Familien zurückzukehren.

[52] Und die Posaune wird mächtig ertönen, und siehe, sie stei-

[11] Der Sonne Untergang gleicht einem Reisenden, welcher zur Ruhe eilt. [12] Man glaubte, daß der Mond 28 Sterne zu Wohnungen, welche daher auch Häuser des Mondes genannt werden, habe und daß er jede Nacht durch eines derselben gehe. [13] Der Palmzweig schrumpft zusammen und wird gelb, wenn er altert. Hiermit wird der abnehmende Mond verglichen. [14] Die Strafe in dieser und in jener Welt. [15] Der Sinn der Stelle: Es ist gleich, ob den Menschen Zeichen oder keine von Allah gebracht werden: Sie wenden sich ab. Die Übersetzer daher teils positiv: e i n Zeichen, teils negativ: k e i n Zeichen.

gen aus ihren Gräbern und eilen zu ihrem Herrn hin [53] und sprechen: »Wehe uns! Wer hat uns von unserem Lager auferweckt?« – »Das ist es, was der Allbarmherzige uns verheißen hat und die Gesandten haben die Wahrheit gesprochen!« [54] Noch ein einziger Posaunenschall, und siehe, sie sind allesamt vor uns versammelt[16]. [55] An jenem Tage wird keiner Seele das geringste Unrecht geschehen, sondern ihr werdet nur nach dem Verdienst euerer Handlungen belohnt werden. [56] Die Gefährten des Paradieses werden an jenem Tage nur der Lust und Wonne leben [57] und sie und ihre Frauen in schattenreichen Gefilden auf herrlichen Polsterkissen ruhen. [58] Die schönsten Früchte und alles, was sie nur wünschen, sollen sie dort haben. [59] Die Botschaft des allbarmherzigen Herrn an sie wird sein: »Friede!« [60] (Den Gottlosen aber wird zugerufen:) »Trennt euch heute, ihr Frevler, von den Frommen. [61] Habe ich euch denn nicht, ihr Kinder Adams, befohlen, dem Satan nicht zu dienen, der euer offener Feind ist? [62] Und habe ich euch nicht gesagt: ›Verehrt nur mich, das ist der richtige Weg?‹ [63] Aber nun hat er bereits eine große Menge von euch verführt; saht ihr das denn nicht ein? [64] Hier ist nun die Hölle, die euch angedroht worden ist, [65] in welcher ihr jetzt dafür brennen sollt, weil ihr Ungläubige gewesen seid.« [66] An diesem Tage wollen wir ihren Mund versiegeln[17], aber ihre Hände werden zu uns sprechen, und ihre Füße werden von dem Zeugnis geben, was sie getan haben[18]. [67] Hätten wir gewollt, so hätten wir ihnen ja die Augen blenden können. Hätten sie dann den Weg – ihm in die Irre folgend – sehen können? [68] Hätten wir gewollt, so konnten wir ihnen ja an ihrem Ort eine ganz andere Gestalt geben, so daß sie weder vorwärts noch rückwärts hätten gehen können[19]. [69] Wem wir langes Leben gewähren, dessen Körper beugen wir auch[20]. Sehen sie das denn nicht ein?

[70] Wir haben ihn (den Mohammed) nicht die Kunst des Dichtens gelehrt, auch ziemt sie sich nicht für ihn[21]; denn er, der deut-

[16] Die Posaune am Jüngsten Tag und bei der Auferstehung, welche in vielen Suren des Korans vorkommt, spielt auch bei den Rabbinen an unzähligen Stellen eine sehr wichtige Rolle. [17] Daß sie sich nicht verteidigen können. [18] Siehe vierundzwanzigste Sure [25] ff. [19] Wir hätten Mittel genug gehabt, sie vom Unglauben abzuhalten, wenn wir in die Willensfreiheit hätten eingreifen wollen. [20] Wie wir euch im Alter körperlich beugen, so solltet ihr euch geistig vor uns beugen. [21] Dies soll einerseits dem Vorwurf begegnen, als sei der Koran nur eine erdichtete Fabel, und andererseits soll dies gegen die gerichtet sein, welchen poetische Erzählungen angenehmer waren als der ernst mahnende Koran. Siehe dreiundzwanzigste Sure [68] und Note 15 sowie einunddreißigste Sure [7] und Note 2.

liche und klare Koran, soll nur eine Ermahnung sein, [71] damit die Lebenden[22] sich warnen lassen und das Urteil an den Ungläubigen in Erfüllung gehe. [72] Sehen sie es denn nicht ein, daß wir für sie neben anderen Dingen, die unsere Hand für sie bereitet hat, auch die Tiere erschufen, die sie besitzen? [73] Diese haben wir ihnen unterworfen, und sie dienen ihnen teils zum Reiten, teils zur Nahrung, [74] wie auch zu anderen Vorteilen, und ihre Milch zum Trinken. Sollten sie daher nicht dankbar sein? [75] Sie aber haben statt Allah andere Götter angenommen, damit diese ihnen beistehen sollen. [76] Diese können aber keinen Beistand leisten, wenngleich ihr sie auch scharenweise anfleht[23]. [77] Ihre Reden mögen dich nicht betrüben; denn wir wissen, was sie verheimlichen und was sie veröffentlichen. [78] Will denn der Mensch gar nicht einsehen, daß wir ihn aus einem Samentropfen erschufen? Dennoch bestreitet er offen die Auferstehung [79] und stellt uns Ebenbilder auf und vergißt seine Schöpfung. Er spricht: »Wer soll den Gebeinen wieder Leben geben, wenn sie dünner Staub (Moder) geworden sind[24]?« [80] Antworte: »Der wird sie wieder beleben, der sie auch zum erstenmal ins Dasein gerufen hat, er, der die ganze Schöpfung kennt, [81] der, welcher euch aus dem grünen Baume, mit welchem ihr Feuer anzumachen pflegt, Feuer gibt[25]. [82] Sollte der, welcher Himmel und Erde geschaffen hat, nicht die Kraft besitzen, ähnliche Geschöpfe hervorzubringen?« Sicherlich; denn er ist ja der allweise Schöpfer. [83] Er befiehlt, wenn er etwas will, und er spricht: »Es werde!« – Und es ist. [84] Darum Lob und Preis ihm, in dessen Hand die Herrschaft aller Dinge ist. Zu ihm kehrt ihr einst zurück.

[22] So wörtlich: Die Vernünftigen. Die Toren sind den Toten gleich. [23] Diese Übersetzung folgt der von Ullmann und Wahl. Sale übersetzt: yet are they a party of troops ready to defend them. Marac.: et ipsis sunt exercitus praesentandi. Goldschmidt: ... sie sind ihnen eine Schar (selber) vorgeführt. (Da ihn bei dieser Übersetzung Zweifel überkommen, ergänzt Goldschmidt in der Fußnote: »vor Allah zur Verantwortung« und bemerkt, daß das arabische Wort wohl Soldat, Krieger bedeutet, im Aramäischen: Heer, Schar.) Und die Ahmadiyya-Mission übersetzt: [76] Sie vermögen ihnen nicht zu helfen, sondern sie werden selbst (vor Gottes Angesicht) gebracht werden als ein Heer gegen sie. – Womit die Götzen als Zeugen gegen die Ungläubigen angenommen werden. Diese dunkle mehrdeutige Koranstelle ist ein Beweis dafür, daß die einfachste Deutung, Mohammeds Denkart entsprechend, die zutreffendste ist. [24] Siehe sechzehnte Sure [5] und Note 3. [25] Man pflegt noch heute im Orient durch Aneinanderreiben zweier Hölzer Feuer zu machen, wenn die Errungenschaften der Zivilisation versagen.

SIEBENUNDDREISSIGSTE SURE

Die sich Reihenden[1] (Al-Saffat) *offenbart zu Mekka*

[1] Im Namen Allahs, des Allbarmherzigen. [2] Bei denen, welche sich in Reihen ordnen[2], [3] (böse Geister) machtvoll verscheuchen (verwarnen)[3], [4] die auch die Ermahnung (den Koran[4]) lesen, [5] (bei ebendiesen) sei (es geschworen:) Wahrlich, Allah, euer Gott, ist ein einziger Gott! [6] Er ist Herr der Himmel und der Erde und alles dessen, was zwischen ihnen ist, und er ist Herr der Sonnenaufgänge (der Länder des Ostens). [7] Wir haben den untersten Himmel[5] mit der Sterne Pracht ausgeschmückt, [8] und sie (die Sterne) sind Wache gegen jeden widerspenstig-aufrührerischen Satan, [9] daß keiner dieser die Worte der erhabenen Fürsten (den hohen Rat der Engel) belausche. (Mit Steinen) beworfen, werden sie (die Teufel) von allen Seiten [10] zurückgeworfen (verstoßen). Schwere Strafe ist ihnen bestimmt. [11] Wer aber dennoch ein Wort verstohlenerweise auffängt, der wird mit helleuchtendem Feuerstrahle verfolgt[6]. [12] Frage sie (die Mekkaner), ob sie, die wir aus festem Lehm erschufen, von besonderer Natur sind (schwerer zu erschaffen waren) gegenüber anderen (den Engeln), die wir auch erschaffen haben. [13] Du wunderst dich (über ihren Unglauben), sie aber spotten deiner nur. [14] Werden sie ermahnt, so lassen sie sich nicht ermahnen. [15] Sehen sie irgendein Wunderzeichen, sie verspotten es [16] und sagen: »Das ist offenbar nur Zauberei! [17] Wie sonst! Wenn wir tot sind und Staub und Gebein geworden sind, da sollten wir wieder auferweckt werden können? [18] Wir und auch unsere Vorfahren?« [19] Antworte: »Jawohl! Und ihr werdet verachtet sein.« [20] Und ein furchtbarer Posaunenton (und ein Schrei des Entsetzens) – und sie sehen es (die Auferstehung), [21] und sie sagen: »Weh uns, der Tag des Gerichtes.« – [22] »Das ist der Tag der (letzten Ent-)Scheidung, den ihr leugnetet.«

[23] (Und zu den Engeln spricht Allah:) »Versammelt nun die Frevler und ihre Genossen (die Teufel), auch die Götzen, welche sie statt Allah verehrt haben, [24] und führt sie den Pfad zur Hölle. [25] Vor Allah haltet inne: Sie sollen zur Rechenschaft ge-

[1] So benannt nach dem Vers 2 dieser Sure. [2] Angerufen werden die Engel, die sich vor Allah in Reihen aufstellen, um ihn anzubeten. [3] Die Engel wehren die Bosheit der Menschen und bösen Geister ab und verwarnen sie. [4] Mohammed meint, daß auch die Engel den Koran (vor)lesen. [5] Siehe siebzehnte Sure [45] und Note 17. [6] Vergleiche fünfzehnte Sure [18] und Note 5.

zogen werden.« [26] »Warum verteidigt (helft) ihr euch nicht?« [27] Doch an jenem Tag unterwerfen sie sich dem Urteil Allahs. [28] Da wendet sich einer an den anderen, näher tretend, [29] und (die Verführten zu ihren Verführern) sprechen: »Ihr kamt von der rechten Hand[7] (mit falschen Eiden).« [30] Diese aber antworten: »Ihr wolltet keine Gläubigen sein; [31] wir hatten ja keine Macht, euch zu zwingen; nein, ihr wart Menschen, die aus eigenem Antrieb sündigten.« [32] – »Das Urteil unseres Herrn über uns ist nur gerecht; wir müssen es nun (die Strafe auskostend) hinnehmen. [33] Verführten wir euch – wir irrten auch selbst.« [34] Und sie werden an jenem Tag ihrer Strafen teilhaftig. [35] So wollen wir mit den Frevlern verfahren, [36] weil sie voll des Hochmutes waren, als zu ihnen gesagt wurde: »Es gibt keinen Gott außer Allah!«, [37] und erwiderten: »Sollen wir wegen eines verrückten Poeten unsere Götter aufgeben?« [38] Aber nein! Er kam mit der Wahrheit und bestätigte das Wort (früherer) Gesandter, [39] und ihr werdet nun schwere Strafe auskosten [40] und belohnt werden nach euerem Tun. [41] Die aufrichtigen Diener Allahs [42] aber sollen im Paradiese vorbestimmte Versorgung erhalten: [43] herrliche Früchte und hoch geehrt werden, [44] in Edens Gärten [45] auf erhöhten Ruhekissen einander gegenüber (sitzen)[8]. [46] Ein Becher, gefüllt aus sprudelndem Quell, wird unter ihnen kreisen, [47] ein klarer Trunk, eine Erquickung der Nippenden. [48] Nichts, was den Geist verwirrt oder berauscht, wird er enthalten. [49] Und keusche Frauen werden neben ihnen sein, mit großen dunklen Augen, [50] schön wie das versteckte Ei (des Straußes)[9]. [51] Und einer wendet sich dem anderen zu, und sie befragen einander. [52] Und dieser da wird sagen: »Ich hatte einst einen guten Freund, [53] der sprach zu mir: ›Hältst auch du es (die Auferstehung) für Wahrheit? [54] Wir sollen gerichtet werden, wenn wir tot und Staub und Gebein geworden sind?‹« – [55] »Und nun«, wird er (zu seinem Gefährten im Paradiese) sagen, »wollt ihr (hinabblickend) ihn sehen?« [56] Da wird man hinabblicken und ihn (jenes Freund) inmitten des Höllenfeuers sehen. [57] Und er wird hinabrufen: »Bei Allah! Nur wenig fehlte, und du hättest mich mit ins Verderben ge-

[7] So wörtlich. Bedeutet entweder Trug unter Eid durch Aufheben der rechten Hand oder Gewaltanwendung durch rechte Hand. Hier zu übersetzen: Ihr zwangt uns zu Unglauben.
[8] Siehe fünfzehnte Sure [46] ff. [9] Dem Orientalen ist dies das schönste Bild für die liebliche Farbe und die zarte Beschaffenheit der geliebten Frau.

stürzt. [58] Hätte nicht die Gnade meines Herrn mich bewahrt, ich wäre auch einer jener, die der ewigen Strafe überliefert sind. [59] Erleiden wir nicht [60] außer unserem ersten (natürlichen) Tod (für Schuld) einen (zweiten ewigen) Tod oder eine Strafe? [61] Doch hier genießen wir große Glückseligkeit. [62] Für solche lohnt sich frommes Mühen.« [63] Welche Stätte ist nun besser, diese hier oder die beim Baume Sakkum[10]? [64] Diesen haben wir den Frevlern zur Versuchung bestimmt. [65] Und dieser Baum wächst aus dem tiefsten Grunde der Hölle hervor, [66] und seine Früchte gleichen dem Kopfe des Satans[11]. [67] Die Verdammten sollen davon essen und ihren Bauch damit anfüllen, [68] und siedend heißes Wasser wird ihnen darauf zu trinken gegeben, [69] und dann werden sie wieder zur Hölle verstoßen. [70] Sie sahen ihre Väter im Irrtume wandeln [71] und beeilten sich, in deren Fußtapfen zu treten; [72] denn die meisten derer, welche vor ihnen lebten, waren im Irrtum, [73] obwohl wir ihnen Ermahner gesandt hatten. [74] Sieh aber nun, welch ein Ende die genommen haben, welche wir ermahnen ließen! [75] Nur die aufrichtigen Diener Allahs sind hiervon ausgenommen.

[76] Noah rief uns einst an, und gnädig erhörten wir ihn [77] und erretteten ihn und seine Familie aus großer Not [78] und erhielten seine Nachkommen am Leben zur Fortpflanzung des Menschengeschlechtes. [79] Wir ließen ihm noch bei der spätesten Nachwelt den Segen zurück: [80] »Friede über Noah in ewigen Zeiten und allen Welten.« [81] So belohnen wir die Frommen; [82] er gehörte zu unseren gläubigen Dienern. [83] Die anderen aber ertränkten wir. [84] Zu seiner (des Noah) Religion bekannte sich auch Abraham, [85] da er sich seinem Herrn mit ganzem Herzen zuwandte. [86] Er sagte einst zu seinem Vater und zu seinem Volke: »Was betet ihr denn an? [87] Wollt ihr wohl falschen Göttern den Vorzug geben vor Allah, dem wahren Gott (Lüge statt dem wahren Gott)? [88] Was denkt ihr denn wohl von dem Herrn der Weltenbewohner?« [89] Darauf blickte er (beobachtend) nach den Sternen hin [90] und sagte: »Wahrlich, ich werde krank[12].«

[10] Siehe siebzehnte Sure [61] und Note 21. [11] Oder: der Schlange; denn das arabische Wort hat beide Bedeutungen. [12] Ich kann deshalb eueren Opferfesten nicht beiwohnen. Abraham benutzte ihren Aberglauben, daß man alles in den Sternen lesen könne, und gab vor, daß er in diesen eine ihm bevorstehende Krankheit sehe, um sich so auf gute Weise ihnen zu entziehen.

[91] Da wandten sie ihm den Rücken zu und verließen ihn[13]. [92] Darauf ging er heimlich zu ihren Götzen und fragte sie: »Warum eßt ihr nicht von der euch vorgesetzten Speise? [93] Warum sprecht ihr nicht?« [94] Und er fiel über sie her und zerschlug sie mit seiner rechten Hand (mit Gewalt). [95] Das Volk aber kam eilends auf ihn zugelaufen, [96] und er fragte: »Betet ihr die an, welche ihr selbst geschnitzt habt? [97] Wahrlich, Allah ist es, der euch und euere Götterschnitzarbeit, welche ihr euch machtet, geschaffen hat.« [98] Darauf sagten sie: »Errichtet einen Scheiterhaufen für ihn und werft ihn in das Feuer.« [99] So schmiedeten sie Pläne wider ihn, die wir unterdrückten[14]. [100] Und Abraham sagte: »Ich wende mich zu meinem Herrn, der mich leiten wird. [101] O mein Herr, gib mir einen frommen Sohn.« [102] Darauf verkündeten wir ihm einen sanften Sohn. [103] Als dieser nun in die Jahre der Einsicht kam[15], da sagte Abraham zu ihm: »O mein Sohn, ich sah in einem Traum, daß ich dich zum Opfer darbringen soll[16]; nun bedenke, was du davon hältst.« Er aber antwortete: »Tu, mein Vater, wie dir geheißen worden ist, und du wirst mich, mit Allahs Willen, ganz geduldig finden.« [104] Als sie nun beide sich dem göttlichen Willen unterworfen hatten, da legte er ihn aufs Angesicht. [105] Wir aber riefen ihm zu: [106] »Du hast hiermit bereits das Traumgesicht zur Erfüllung gebracht.« Und so belohnen wir die Rechtschaffenen; [107] denn dies war offenbar ja nur Allahs Prüfung. [108] Wir lösten ihn aus durch ein anderes edles Opfer[17], [109] und wir ließen ihm noch bei der spätesten Nachwelt den Segen zurück: [110] »Friede komme über Abraham.« [111] So belohnen wir die Frommen; [112] denn er war einer von unseren gläubigen

[13] Aus Furcht, angesteckt zu werden. [14] Siehe einundzwanzigste Sure [63] ff. [15] Nach den Auslegern in das dreizehnte. Wörtlich: zu seinem bestimmten Platz. [16] Vergleiche 1. Buch Mosis, Kap. 22 (auszugsweise): Und es geschah: . . ., daß Gott den Abraham versuchte; und er sprach zu ihm: Abraham, . . . nimm deinen Sohn, deinen einzigen, welchen du lieb hast, den Isaak, und zieh hin in das Land Morija und opfere ihn daselbst als Brandopfer . . . Und Abraham baute daselbst den Altar und schichtete Holz; und er band seinen Sohn Isaak und legte ihn auf den Altar auf das Holz. [10] Und Abraham streckte seine Hand aus und nahm das Messer, um seinen Sohn zu schlachten. [11] Da rief ihm der Engel Jehovas vom Himmel zu . . . und sprach: Strecke deine Hand nicht aus nach dem Knaben und tu ihm gar nichts! Denn nun weiß ich, daß du Gott fürchtest und deinen Sohn, deinen einzigen, mir nicht vorenthalten hast . . . Aus den Versen Mohammeds scheint hervorzugehen, er habe geglaubt, Ismael sei der gewesen, der zum Opfer bestimmt war, Isaak sei ihm hierauf, nach dem Beweise seiner unbedingten Treue zu Allah, verkündet worden. Siehe auch Vers [113]. [17] Vergleiche 1. Buch Mosis, Kap. 22 [13]: Und Abraham erhob seine Augen . . ., da war ein Widder dahinter im Dickicht festgehalten durch seine Hörner, und Abraham ging hin und nahm den Widder und opferte ihn als Brandopfer an seines Sohnes Statt.

Dienern. [113] Und wir verkündeten ihm den Isaak, einen Propheten von den Frommen, [114] und wir segneten ihn und den Isaak, und unter beider Nachkommen waren solche, die rechtschaffen, und solche, die offenbar gegen sich selbst frevelhaft handelten.

[115] Und wir bewiesen uns auch gnädig gegen Moses und Aaron, [116] indem wir sie und ihr Volk erretteten aus großer Not. [117] Wir standen ihnen bei, so daß sie Sieger blieben, [118] und wir gaben ihnen die deutliche Schrift [119] und leiteten sie auf den richtigen Weg [120] und haben ihnen noch bei der spätesten Nachwelt den Segen zurückgelassen: [121] »Friede komme über Moses und Aaron.« [122] So belohnen wir die Frommen; [123] denn beide gehörten zu unseren gläubigen Dienern. [124] Auch Elias war einer unserer Gesandten. [125] Er sagte zu seinem Volke: »Wollt ihr denn nicht Allah fürchten? [126] Warum ruft ihr Baal an[18] und vergeßt den herrlichsten Schöpfer? [127] Allah ist ja euer Herr und der Herr euerer Väter.« [128] Aber sie beschuldigten ihn des Betruges; deshalb fielen sie, [129] mit Ausnahme der aufrichtigen Diener Allahs, der ewigen Strafe anheim. [130] Ihm aber ließen wir noch bei der spätesten Nachwelt den Segen zurück: [131] »Friede komme über Elias.« [132] So belohnen wir die Frommen; [133] denn er war einer unserer gläubigen Diener. [134] Auch Lot war einer unserer Gesandten. [135] Wir erretteten ihn und seine ganze Familie, [136] mit Ausnahme einer alten Frau, welche mit den Zurückbleibenden unterging[19]. [137] Alle die anderen vertilgten wir. [138] Und ihr (Mekkaner) reist ja bei Tag [139] und Nacht an ihren (zerstörten) Städten vorüber und wollt dies nicht bedenken?

[140] Auch Jonas war einer unserer Gesandten[20]. [141] Als er in das überladene Schiff floh[21], [142] da warfen die Schiffsleute das Los, und durch dasselbe wurde er verurteilt (denn er zog das schlechte Los), [143] worauf ihn der Fisch verschlang, weil er die Strafe verdiente (und sich selbst verurteilte). [144] Und wenn er Allah nicht gepriesen hätte, [145] so hätte er in dessen Bauche[22] bis zum Tage der Auferstehung bleiben müssen. [146] Wir warfen ihn

[18] Vergleiche das erste Buch der Könige, Kap. 18; daraus [21] zitiert: Da trat Elias zu dem ganzen Volk und sprach: Wie lange hinket ihr auf beiden Seiten? Wenn Jehova der wahre Gott ist, so wandelt ihm nach, wenn aber der Baal, so wandelt ihm nach! [19] Siehe siebte Sure [84] und elfte Sure [82] und Note 41. [20] Siehe zehnte Sure [99]. [21] Siehe einundzwanzigste Sure [88] und Note 26. [22] Im Bauche des Fisches.

an das nackte Ufer, und er fühlte sich krank, [147] wir ließen daher eine Kürbispflanze über ihn wachsen [148] und sandten ihn zu hunderttausend Menschen[23] oder zu noch mehr, [149] und da sie glaubten, ließen wir sie leben bis zur bestimmten Zeit.[24]. [150] Frage sie, die Mekkaner, ob dein Herr wohl Töchter habe und sie Söhne[25]? [151] Haben wir denn die Engel weiblichen Geschlechtes geschaffen? Können sie darüber Zeugnis geben? [152] Ist es nicht eine üble Erfindung, wenn sie sagen: [153] Allah habe (Kinder) gezeugt? Sind sie nicht Lügner? [154] Hat er denn Töchter Söhnen vorgezogen? [155] Ihr habt keine Veranlassung, so zu urteilen. [156] Wollt ihr euch denn nicht ermahnen lassen? [157] Oder habt ihr etwa einen deutlichen Beweis dafür? [158] So bringt euere Schriften, wenn ihr die Wahrheit sprecht. [159] Sie meinen auch, daß Allah mit den Geistern in irgendeiner Verwandtschaft stehe; aber die Dschin wissen es, daß die, welche dies behaupten – nicht sprechen sie wie aufrichtige Diener Allahs –, der ewigen Strafe anheimfallen. [160] Fern sei von Allah, [161] was sie von ihm aussagen! [162] Ihr und die Götzen, welche ihr verehrt, [163] sollt keinen verführen [164] als nur den, welcher bestimmt ist, in der Hölle zu brennen. [165] (Und die Engel sprechen:) »Keinen von uns gibt es, welcher nicht seinen bestimmten Platz hätte; [166] wo wir uns in Reihen aufstellen [167] und Allah preisen[26].« [168] Die Ungläubigen sagen: [169] »Wäre uns von unseren Vorfahren ein Buch der Ermahnung zugekommen, [170] so wären wir aufrichtige Diener Allahs geworden.« [171] Aber sie leugnen ja auch jetzt den Koran; doch später sollen sie (die Folgen ihres Unglaubens) erfahren. [172] Auch vordem schon ist unser Wort unseren Dienern, den Gesandten, gegeben worden, [173] daß sie Beistand gegen die Ungläubigen erhalten [174] und daß unsere Schar Sieger bleiben werde. [175] Darum trenne dich eine Zeitlang von ihnen [176] und beobachte sie, und auch sie werden es endlich bemerken (daß sie Allahs Strafe trifft). [177] Wollen sie unsere Rache beschleunigt haben? [178] Wahrlich, wenn sie nur über ihre Höfe herabkommt, dann geht ein böser Morgen auf über die, welche vergebens gewarnt wurden. [179] Darum trenne dich eine Zeitlang von ihnen [180] und beob-

[23] Nach Ninive, der Hauptstadt Assyriens. [24] Bis zu ihrem natürlichen Tode. Siehe der Prophet Jon: Kapitel 1–4. [25] Vergleiche sechzehnte Sure [58] und Note 15. [26] Diese Worte – im Koran offengelassen – können nur den Engeln in den Mund gelegt werden – siehe auch Verse [2] ff. –, nicht aber, wie manche Übersetzer meinen: Mohammed selbst.

achte sie, und auch sie werden es dereinst bemerken. [181] Preis sei deinem Herrn, dem Herrn, welcher hoch erhaben ist über das, was sie von ihm reden! [182] Friede sei über seinem Gesandten! [183] Und Lob sei Allah, dem Herrn der Weltenbewohner!

ACHTUNDDREISSIGSTE SURE

Die Wahrheit[1] (Sad) *offenbart zu Mekka*

[1] Im Namen Allahs, des Allbarmherzigen. [2] Sad. Bei diesem Koran voller Ermahnung! [3] Die Ungläubigen geben sich nur (falschem) Stolz und der Streitsucht hin. [4] Wie manche Geschlechter vor ihnen haben wir schon vertilgt, und sie riefen um Gnade, als es nicht mehr Zeit war, der Strafe zu entgehen! [5] Sie wundern sich, daß ein Mahner aus ihrer Mitte zu ihnen kommt, und die Ungläubigen sagen: »Dieser Mann ist ein Zauberer und ein Lügner. [6] Zu verwundern ist es, wie er aus vielen Göttern nur einen einzigen Gott machen will.« [7] Die Vornehmsten unter ihnen begaben sich hinweg und riefen einander zu: »Haltet weiterhin fest an eueren Göttern; denn diese euch zu entziehen beabsichtigt man. [8] In der zuletzt geoffenbarten Religion[2] haben wir nichts der Art vernommen. Dies ist nichts anderes als Erdichtung. [9] Sollte ihm auch wohl vorzugsweise vor u n s eine Ermahnung offenbart worden sein?« Wahrlich, sie bezweifeln meine Ermahnung; aber sie haben meine[3] Strafe noch nicht empfunden. [10] Gehören ihnen denn die Schätze der Barmherzigkeit deines Herrn, des Allmächtigen und Allgütigen? [11] Oder gehört ihnen die Herrschaft der Himmel und der Erde und alles dessen, was zwischen diesen ist? Wenn das so ist, so mögen sie mit Strickleitern zum Himmel steigen; [12] aber hier wird selbst ein Heer der Verbündeten[4] in die Flucht gejagt. [13] Auch die vor ihnen, das Volk des Noah, der Stamm Ad und Pharao, der Hartnäckige[5], [14] und die Thamudäer und die Leute

[1] Diese Sure wird oft »Sure Sad« überschrieben, und zwar nach dem arabischen Buchstaben in Vers [2]. Seine Bedeutung ist unbekannt, nach einigen Arabisten ist Sad das Abkürzungszeichen für Wahrheit. Auch Wahl überschreibt diese Sure so. [2] Gemeint ist die christliche Religion, oder die bisher im Lande befolgt wurde. [3] Die Worte des Verses [9] ab: Wahrlich, sie bezweifeln . . . sind als von Allah gesprochen zu betrachten. [4] Heer der Verbündeten; das ist die übliche Bezeichnung der Koreischiten, die als Feinde Mohammeds ihre Kampfverbände gegen ihn aufboten. [5] Wörtlich: Pharao, Herr der Pfähle. Pharao wurde so genannt, entweder weil er die Straffälligen seines Reiches an Pfähle binden ließ oder weil er sich in seiner Herrschaft »hinter Pfählen« für gesichert hielt. Die Übersetzung folgt hier der Auffassung Ullmanns und anderer, die – im übertragenen Sinn der Worte – die Hartnäckigkeit Pharaos gegen Moses und den wahren Glauben herausstellen.

des Lot und die Waldbewohner[6], [15] diese alle hatten sich gegen die zu ihnen Gesandten verschworen und sie des Betruges beschuldigt; deshalb hat sie auch meine Strafe zu Recht getroffen.

[16] Und auch sie, die Mekkaner, mögen nur erwarten: einen Schall der Posaune, dem man nicht entgehen kann. [17] Sie sagen: »O Herr, beschleunige doch unser Urteil noch vor dem Tage der Rechenschaft.« [18] Höre ihre Reden nur geduldig an und erinnere dich unseres Dieners David, welchen wir mit Kraft begabt hatten und der sich immer uns zuwandte. [19] Wir hatten die Berge gezwungen, uns mit ihm des Abends und Morgens zu preisen, [20] ebenso die Vögel, welche sich bei ihm scharten und ihm dienstbar waren[7]. [21] Sein Reich festigten wir und gaben ihm Weisheit und Gewandtheit der Rede. [22] Weißt du die Geschichte jener zwei Streitenden, welche über die Mauer in sein Gemach stiegen[8]? [23] Als sie zu David eindrangen, da erschrak er vor ihnen[9]. Sie sagten: »Fürchte dich nicht, wir sind nur zwei Gegner, welche eine Streitsache miteinander haben. Einer von uns hat dem anderen Unrecht getan; darum urteile in Gerechtigkeit zwischen uns; sei nicht ungerecht, sondern leite uns auf den geraden Weg. [24] Dieser mein Bruder hat neunundneunzig Schafe und ich nur ein einziges, und er sagte zu mir: ›Gib es mir‹, und er bezwang mich im Wortstreite.« [25] Darauf sagte David: »Wahrlich, er hat Unrecht gegen dich getan, daß er dein Schaf zu seinen vielen forderte; aber die meisten Menschen, wenn sie sich in Geschäfte miteinander einlassen, suchen sich gegenseitig zu übervorteilen, nur die Gläubigen und Rechtschaffenen machen hiervon eine Ausnahme; aber deren gibt es nur wenige!« Nun merkte David, daß wir ihn selbst hierdurch nur auf die Probe stellen wollten, und er bat seinen Herrn um Vergebung,

[6] Siehe fünfzehnte Sure [79] und Note 14 sowie zweiundzwanzigste Sure [45]. [7] Siehe einundzwanzigste Sure [80]. [8] Vergleiche die auszugsweise wiedergegebene Fabel aus dem zweiten Buch Samuel, 12. Kapitel, 1–15: Und Jehova sandte Nathan zu David . . ., und Nathan sagte: Zwei Männer waren in einer Stadt, der eine reich und der andere arm. Der Reiche hatte . . . Rinder in großer Menge. Der Arme aber hatte gar nichts als nur ein einziges kleines Lamm . . ., und der Reiche nahm das Lamm des armen Mannes. Da entbrannte der Zorn Davids sehr wider den Reichen, und er sagte zu Nathan: . . . der Mann, der dieses getan hat, er sei des Todes. Da sprach Nathan: Du bist der Mann . . . Uria, den Hethiter, hast du erschlagen, und sein Weib hast du dir genommen. So spricht Jehova zu ihm: . . . und ich will deine Weiber vor deinen Augen nehmen und sie deinem Nächsten geben, daß er bei deinen Weibern liege vor den Augen dieser Sonne! Denn du hast es im verborgenen getan . . . Da sprach David zu Nathan: Ich habe gegen Jehova gesündigt . . . Diese Fabel hält Mohammed für geschichtliches Geschehen. [9] Sie kamen unerwartet und plötzlich, wobei es sich bei den beiden Rechtsuchenden nach Henning nicht um Menschen, sondern Engel handelte.

er fiel nieder und beugte sich und bereute[10]. [26] Wir vergaben ihm auch und brachten ihn uns näher und gewährten ihm eine herrliche Einkehr. [27] »O David! Wir haben dich zum Statthalter[11] auf Erden eingesetzt; richte daher nur in Gerechtigkeit zwischen den Menschen und folge nicht deinen Begierden, welche dich von Allahs Weg irreleiten.« Denn die, welche vom Weg Allahs abirren, erhalten schwere Strafe dafür, weil sie den Tag der Rechenschaft vergessen.

[28] Wir haben die Himmel und die Erde, und was zwischen ihnen ist, nicht umsonst geschaffen. Die Ungläubigen glauben dies wohl, aber wehe ihnen vor dem Höllenfeuer! [29] Sollen wir wohl die Gläubigen und Rechtschaffenen und die Verderbenstifter auf der Erde gleichstellen? Sollen wir die Frommen wie die Übeltäter betrachten? [30] Wir haben dir (Mohammed oder David) eine gesegnete Schrift offenbart, über deren Verse sie nachdenken und wodurch die Verständigen sich ermahnen lassen mögen. [31] David gaben wir Salomo, welcher ein herrlicher Diener war, denn er wandte sich stets zu Allah hin. [32] Als ihm einst des Abends die schnelleilenden[12] Rosse vorgeführt wurden, [33] da sagte er: »Wahrlich, ich habe mich mit mehr Liebe den irdischen Gütern als dem Gedenken an meinen Herrn zugewendet und (mich mit der Pferdeschau beschäftigt), bis sich die Sonne hinter dem Schleier der Nacht verbarg. [34] Bringt mir die Pferde noch einmal her[13].« Und als man sie wiedergebracht hatte, da ließ er ihnen die Schenkel und Hälse durchschneiden[14]. [35] Wir haben Salomo ferner geprüft und eine ihm ähnliche Gestalt auf seinen Thron gesetzt[15]. Darauf aber kehrte er zu Allah zurück [36] und sprach: »O mein Herr, verzeih mir und gib mir ein Reich, wie keiner nach mir eins erhalten wird; denn du gibst ja die Herrschaft.« [37] Wir unterwarfen ihm den Wind, der auf seinen Befehl sanft dahin wehte, wohin er ihn

[10] Anspielung auf die Sünde an Uria und dessen Weib. Siehe Note 8. [11] Wörtlich zum Kalifen. [12] Seine edlen arabischen Zuchtpferde, welche im Galopp nur mit drei Beinen den Boden berührten. [13] Die Ahmadiyya-Mission übersetzt: [33] Er sprach: »Ich habe die Rosse sehr lieb um der Erinnerung meines Herrn willen.« So (groß) war seine Liebe, daß (er sprach), als sie hinter dem Schleier verborgen waren: [34] »Bringt sie zu mir zurück.« Dann begann er mit der Hand über (ihre) Beine und (ihre) Hälse zu fahren. (Ich zitiere, ohne Kritik zu üben. Siehe Note 14 und übliche Auslegung.) [14] Der Pferdeluxus Salomos findet sich auch 1. Buch der Könige. So vergaß er deswegen einmal das Abendgebet. Hierdurch übertrat er das Verbot im 5. Buch Mosis. Er ließ daher, als er Buße tat, seine Pferde untauglich machen. [15] Er wurde wegen seiner Sünden gezwungen, seinen Thron zu verlassen, welchen, bis zu seiner Bekehrung, ein Geist in seiner Gestalt einnahm. Salomo mußte derweilen nach der Sage als Bettler durch die weite Welt wandern. Das Volk wurde dessen bis zu seiner Heimkehr nach Buße und Läuterung nicht gewahr.

wünschte. [38] Auch die Satane (die bösen Geister) zwangen wir, für ihn Gebäude zu errichten und Perlen zu fischen[16]. [39] Andere, an Ketten gefesselt, gaben wir ihm [40] und sagten: »Dies ist unser Geschenk, sei freigiebig oder karg damit, du hast deshalb keine Rechenschaft zu geben.« [41] So brachten wir ihn uns näher und gaben ihm einen herrlichen Aufenthalt.

[42] Erinnere dich auch unseres Dieners Hiob[17], wie er zu seinem Herrn rief: »O mein Herr, sieh, der Satan hat mir Elend und Pein zugefügt.« [43] Und wir sagten: »Stampf mit deinem Fuß auf die Erde. Eine labende Quelle wird für dich zum Waschen und Trinken entstehen.« [44] Und wir gaben ihm, in unserer Barmherzigkeit, seine Familie zurück und noch ebensoviel dazu; dies möge den Verständigen eine Ermahnung sein. [45] Auch sagten wir zu ihm: »Nimm ein Bündel Ruten und schlage (dein Weib) damit, damit du deinen Eid nicht brichst[18].« Wir fanden ihn stets geduldig, und er war ein herrlicher Diener Allahs; denn er wandte sich oft zu uns. [46] Erinnere dich auch unserer Diener, des Abraham, Isaak und Jakob, die groß an Macht und Einsicht waren. [47] Wir haben sie mit vollkommener Reinigung für die Seligkeit des ewigen Lebens[19] gereinigt, [48] denn sie waren in unseren Augen auserwählt gute Menschen. [49] Erinnere dich auch des Ismael, Elisa[20] und des Dhulkefel[21]; diese alle waren edle Menschen. [50] Dies sei eine Ermahnung. Wahrlich, die Frommen sollen einen herrlichen Aufenthalt haben, [51] nämlich Edens Gärten, deren Pforten ihnen offen sind. [52] Sie können sich dort niederlassen und Früchte und Getränke aller Art fordern. [53] Neben ihnen werden Jungfrauen sein mit keuschen Blicken, alle gleichen Alters. [54] Dies ist euch verheißen am Tage der Rechenschaft. [55] Diese unsere Versorgung wird nie versiegen. [56] So ist es. Die Übeltäter aber sollen einen schlimmen Aufenthalt haben, [57] nämlich die Hölle, in welcher sie brennen

[16] Siehe einundzwanzigste Sure [83]. [17] Siehe einundzwanzigste Sure [84]. [18] Siehe Buch Hiob, Kap. 2 [9]: Da sprach sein Weib zu ihm (Hiob): Hältst du noch fest an deiner Vollkommenheit? Sage dich los von Gott und stirb! [10] Und er sprach zu ihr: Du redest, wie eine der Ruchlosen redet. Wir sollten das Gute von Gott annehmen, und das Böse sollten wir nicht annehmen?... Nach den Auslegern soll Hiob wegen dieser Gotteslästerung sein Weib zu züchtigen geschworen haben. Das sei ihm auch – wenn auch mit Nachsicht – zu vollziehen befohlen worden (statt hundert Streichen – einer: mit einem Rutenbündel von hundert Ruten). [19] Ahmadiyya-Mission übersetzt: [47] Wir erwählten sie zu einem besonderen Zweck – die Menschen zu mahnen an die Wohnung des (Jenseits). – Liegt dieser »fortgesetze« Gedankengang in Mohammeds Worten? [20] Siehe sechste Sure [87]. Ullmann empfindet es mit Recht als merkwürdig, daß Elisa beide Male unmittelbar hinter Ismael genannt wird. [21] Siehe einundzwanzigste Sure [86] und Note 25.

sollen. Welch ein elendes Lager [58] ist das! Stinkendes, heißes Wasser [59] und noch anderes mehr der Art sollen sie kosten. [60] Und man wird zu den Verführern sagen: »Diese Schar wird mit euch zusammen in die Hölle hinabgestürzt.« Beim Empfang wird man sie nicht begrüßen; denn sie sollen in das Feuer kommen, um zu verbrennen. [61] Die Verführten werden zu ihren Verführern sagen: »Ihr sollt auch nicht freundlich bewillkommnet werden; denn ihr habt ja dieses Elend über uns gebracht. Ach, welch ein unglücklicher Aufenthalt!« [62] Dann werden sie sagen: »O unser Herr, verdopple dem, welcher dieses Elend über uns brachte, die Strafe des Höllenfeuers.« [63] Und die Ungläubigen werden sagen: »Warum sehen wir denn nicht jene Leute, die wir zu den Bösewichtern zählten und die wir nur mit Spott empfingen? [64] Oder sollten sie unseren Augen entgehen?«

[65] So streiten sicherlich die Bewohner des Höllenfeuers miteinander. [66] Sprich: »Ich bin nur ein Prediger, und außer Allah, dem einzigen allmächtigen Gott, [67] dem Herrn der Himmel und der Erde, und was zwischen ihnen ist, gibt es keinen Gott. Er ist der Allmächtige und Allversöhnende.« [68] Sprich: »Die Botschaft ist gewaltig, [69] obgleich ihr euch von ihr abwendet. [70] Ich habe keine Kenntnis von dem Ratschluß der erhabenen Fürsten (der Engel), [71] und nur das wurde mir offenbart, daß ich ein öffentlicher Prediger sein soll.« [72] Einst sagte dein Herr zu den Engeln: »Ich will einen Menschen aus Lehm schaffen, [73] und wenn ich ihn gebildet und ihm von meinem Geist eingehaucht haben werde, dann fallt vor ihm nieder und verehrt ihn[22].« [74] Und alle Engel verehrten ihn also, [75] nur Iblis, der Teufel, war hochmütig und ungläubig. [76] Allah sagte zu ihm: »Was hält dich denn ab, o Satan, den zu verehren, welchen meine Hände geschaffen haben? Bist du zu stolz oder zu vornehm dazu?« [77] Er antwortete: »Deswegen, weil ich besser bin als er, denn mich hast du aus Feuer und ihn nur aus Lehm geschaffen.« [78] Allah erwiderte: »Weg von hier, mit Steinen[23] sollst du verjagt werden, [79] und mein Fluch soll auf dir ruhen bis zum Tage des Gerichtes.« [80] Da sagte er: »O mein Herr, sieh mir nach bis zum Tage der Auferstehung.« [81] Und Allah antwortete: »Du sollst zu denen gehören, welchen Aufschub gewährt

[22] Siehe zweite Sure [31] ff. [23] Vergleiche dritte Sure [37] und Note 5. (Abraham – verjagt den Teufel.) Auch fünfzehnte Sure [18] und Note 5, auch [36] ff.

wird [82] bis zum Tage der bestimmten Frist.« [83] Darauf sagte der Satan: »Bei deiner Allmacht sei geschworen, ich werde sie alle verführen, [84] mit Ausnahme deiner aufrichtigen Diener.« [85] Allah erwiderte: »Bei der ewigen Wahrheit! Ich werde das Wort in Erfüllung bringen: [86] ›Füllen will ich die Hölle mit dir und all denen, welche dir folgen[24]!‹« [87] Sprich (zu den Mekkanern:) »Ich verlange ja für mein Predigen keinen Lohn von euch, und ich fordere nichts, was mir nicht zukommt. [88] Der Koran ist nichts anderes als eine Ermahnung für die gesamte Menschheit, [89] und ihr werdet es einst einsehen, daß seine Offenbarungen Wahrheit sind.«

[24] Siehe fünfzehnte Sure [44] ff.

NEUNUNDDREISSIGSTE SURE

Die Scharen[1] (Al-Zumar) *offenbart zu Mekka*

[1] Im Namen Allahs, des Allbarmherzigen. [2] Offenbart ist dieses Buch von Allah, dem Allmächtigen und Allweisen. [3] Wir haben selbst dir diese Schrift in Wahrheit offenbart, und darum verehre Allah durch Ausübung der reinen Religion. [4] Sollte Allah auch anders als durch eine reine Religion verehrt werden? Diejenigen, die statt ihm Beschützer annehmen und vorgeben: »Wir verehren sie nur deshalb, damit sie uns Allah näherbringen«, wird Allah einst richten und zwischen ihnen das entscheiden, worüber sie jetzt uneinig sind. Wahrlich, Allah leitet keinen Lügner und keinen Ungläubigen! [5] Wenn Allah einen Sohn hätte haben wollen, er konnte sich ja nach Belieben einen aus seinen Geschöpfen wählen. (Aber fern sei dies von ihm!) Er ist der einzige und allmächtige Gott. [6] Er hat in Wahrheit die Himmel und die Erde geschaffen, und er überdeckt den Tag durch die Nacht (überschattend) und läßt den Tag (erhellend) auf die Nacht folgen, und er zwingt Sonne und Mond zu ihrem Dienst, ihren bestimmten Kreislauf zu durcheilen. Ist er nicht der Allmächtige und Allgewaltige? [7] Er hat euch von einem einzigen Menschen (einer Seele) entstehen lassen und aus diesem dessen Weib; und von den Tieren hat er euch acht zusammen-

[1] Nach den Versen [72] und [74] am Schluß dieser Sure benannt, in denen ausgesagt wird, daß die Frevler scharenweise in die Hölle und die Frommen in Scharen ins Paradies geführt werden. Und im Vers [76] umgeben die Engel in Scharen Allahs Thron.

gepaart[2] herabgesandt. Er hat euch im Leib euerer Mütter, in dreifacher Finsternis, Erschaffung nach Erschaffung (nach und nach) entwickelt[3]. Dies tut Allah, euer Herr. Sein ist die Herrschaft. Außer ihm gibt es keinen Gott, und ihr wolltet euch von ihm abwenden? [8] Seid ihr undankbar, so ist Allah doch reich genug und bedarf euer nicht; aber er liebt nicht die Undankbarkeit seiner Diener; wohlgefällig ist ihm, wenn ihr dankbar seid. Eine bereits beladene Seele ist nicht gehalten, auch noch die Last einer anderen zu tragen. Wenn ihr einst zu euerem Herrn zurückkommen werdet, dann wird er euch anzeigen, was ihr getan habt; denn er kennt das Innerste euerer Herzen. [9] Trifft einen Menschen ein Unglück, dann ruft er reuig seinen Herrn an und wendet sich zu ihm hin. Später aber, sobald ihm Allah seine Gnade zuwandte, vergißt er den, welchen er früher angerufen hat, und setzt Allah Ebenbilder zur Seite, um auch andere von deren Wegen in die Irre zu führen. Sprich: »Freue dich nur noch eine kurze Zeit in deinem Unglauben des irdischen Lebens, denn bald wirst du ein Gefährte des Höllenfeuers sein.« [10] Soll der, welcher des Nachts kniend und stehend Allah verehrt und auf das künftige Leben bedacht ist und auf die Barmherzigkeit seines Herrn hofft ... (wohl dem Frevler gleich sein?) Sprich: »Gleichen die, welche erkennen, denen, welche in Unwissenheit leben?« Doch nur die Verständigen lassen sich ermahnen.

[11] Sprich: »O ihr, meine gläubigen Diener, fürchtet doch eueren Herrn! Denn die in dieser Welt Gutes tun, werden wieder Gutes erhalten, und Allahs Erde ist ja geräumig genug[4]. Wahrlich, die in Geduld ausharren, sollen eine unermeßliche Belohnung erhalten.« [12] Sprich: »Mir ward befohlen, Allah nach der reinen Religion zu verehren [13] und der erste Moslem zu sein.« [14] Sprich: »Ich fürchte, wenn ich gegen meinen Herrn ungehorsam sein sollte, die Strafe des großen Tages.« [15] Sprich: »Ich verehre Allah nach seiner reinen Religion, [16] mögt ihr auch statt ihm verehren, was ihr wollt.« Sprich: »Ist es nicht ein offenbarer Verlust, wenn sie am Tage der Auferstehung ihrer eigenen Seelen und der ihrer Angehörigen verlustig werden?« [17] Ein Feuerdach wird über ihnen

[2] Siehe sechste Sure [144]. Unter den Paaren sind zu verstehen: Kamele, Rinder, Ziegen und Schafe. Aus dem Wort herabgesandt folgern die alten Ausleger, Allah habe diese Tiere aus dem Paradies auf die Erde gesandt. [3] Vergleiche zweiundzwanzigste Sure [6]. Unter der dreifachen Finsternis ist zu verstehen: die Bauchdecke des Mutterleibes, die Gebärmutter und die Eihäute, die den Nasiturus einschließen. [4] Bei Religionsverfolgung bleibt den Gläubigen die Möglichkeit der Auswanderung offen.

und ein Feuerboden unter ihnen sein. Mit solcher Furcht will Allah seine Diener erschrecken. »Darum, o meine Diener, fürchtet nur mich!« [18] Die sich hüten, Tagut, die Götzen[5], zu verehren, aber sich zu Allah hinwenden, die sollen frohe Botschaft erhalten. Verkünde daher frohe Botschaft meinen Dienern, [19] welche auf mein Wort hören und dessen gute Lehren befolgen. Diese sind es, welche Allah leitet und Einsicht besitzen. [20] Kannst du aber wohl den, über welchen das Urteil der Höllenstrafe ergangen ist, von dem Höllenfeuer befreien?

[21] Die aber Allah fürchten, werden im Paradiese herrliche Ehrenhochsitze finden, unter welchen Wasserströme fließen. So hat es Allah verheißen, und Allah bricht sein Versprechen nicht. [22] Siehst du denn nicht, wie Allah Wasser vom Himmel herabsendet und dasselbe als Quellen in die (aus der) Erde eindringen (wieder sprudeln) läßt und dadurch Saaten von verschiedener Farbe hervorbringt? Darauf aber läßt er sie wieder (verwelken, und du siehst, wie sie gelb und farblos werden und hernach) in unscheinbaren Staub[6] zerfallen. Wahrlich, hierin liegt Belehrung und Ermahnung für einsichtsvolle Menschen.

[23] Sollte wohl der, dessen Brust Allah für den Islam geweitet hat und der dem Licht seines Herrn folgt ... (gleich dem sein, dessen Herz verstockt ist[7]?) Wehe denen, deren Herz gegen die Ermahnungen[8] Allahs verstockt ist! Sie sind in offenbarem Irrtum. [24] Allah sandte die schönste Nachricht (den Koran) herab, eine Wiederholung von ähnlichen Schriften[9]. Bei deren Vorlesung erschauern die [10], welche ihren Herrn fürchten; dann aber erweichen sich Haut und Herzen (beruhigt sich ihr Herz wieder) bei der Erinnerung an Allah. Dieses ist die Leitung Allahs, wodurch er leitet, wen er will. Wen aber Allah in die Irre führt, der findet keinen, der ihn recht leitet. [25] Wer kann am Tage der Auferstehung sein Gesicht vor der schlimmen Strafe schützen? Zu den Frevlern wird gesagt wer-

[5] Tagut (arabisch-hebräisch: das Götzenidol). Vergleiche zweite Sure [257]. [6] Goldschmidt übersetzt mit: Malm, dem leider veralteten Wort für Staub. [7] Der in Klammer stehende Nachsatz ist zu ergänzen, er fehlt im Arabischen. [8] Die Übersetzung der Ahmadiyya-Mission ergänzt: gegen die Ermahnungen und den Gedanken an Allah ... [23] Wehe denen, deren Herzen verhärtet sind gegen den Gedanken an Allah! [9] In der Übersetzung der Ahmadiyya-Mission ist Vers [24] übersetzt: Allah hat die schönste Botschaft hinabgesandt in der Form eines Buches, eines im Einklang mit sich selbst stehenden, oft wiederholten, vor dem denen ... die Haut erschauert ... – Unter den vorgängigen Offenbarungen sind wieder Thora und Evangelium zu verstehen. [10] Wörtlich: schrumpft die Haut.

den: »Nehmt nun hin, was ihr verdient.« [26] Auch die vor ihnen haben die Gesandten des Betruges beschuldigt; dafür traf sie die Strafe von einer Seite, woher sie dieselbe nicht erwarteten. [27] Schon in diesem Leben überhäufte sie Allah mit Schmach; die Strafe im zukünftigen Leben ist aber noch weit größer. Möchten sie das doch bedenken! [28] Wir haben in diesem Koran den Menschen zu ihrer Ermahnung alle möglichen Gleichnisse aufgestellt. [29] Der Koran ist in arabischer Sprache offenbart worden und keine Krümme findet sich in ihm; vielleicht fürchten sie Allah. [30] Allah stellt euch folgendes Gleichnis auf: ein Mann, der mehrere (unverträgliche) Gehilfen hat, die uneinig untereinander sind, und ein Mann, der sich ganz nur einer Person anvertraut[11], sind diese sich wohl gleich? Allah bewahre! Doch die meisten sehen das nicht ein.

[31] Du (Mohammed) wirst sterben, und auch sie werden sterben, [32] und ihr werdet dann am Tage der Auferstehung über diesen Gegenstand vor euerem Herrn streiten[12].

[33] Wer aber ist sündiger als der, welcher von Allah Lügen ersinnt und die Wahrheit, da sie ihm zuteil wurde, leugnet? Ist denn nicht für die Ungläubigen eine Wohnung in der Hölle bestimmt? [34] Nur der, welcher mit der Wahrheit kommt (Mohammed), und der, welcher sie gläubig annimmt, fürchten Allah (nur dieser ist gerecht). [35] Sie erhalten von ihrem Herrn, was sie nur wünschen. Dies ist die Belohnung der Rechtschaffenen: [36] daß Allah ihnen die Schuld alles Bösen, das sie getan haben, abnehme und ihnen den vollen Lohn des Guten, welches sie ausgeübt haben, gebe. [37] Ist nicht Allah seinem Diener hinreichender Beschützer? Doch sie wollen dich mit den Götzen, welche sie statt Allah verehren, in Furcht versetzen[13]. Wahrlich, wen Allah in die Irre entläßt, den wird niemand leiten können, [38] und wen Allah leitet, den wird niemand zum Irrtum bringen. Ist nicht Allah allmächtig? Vermag er nicht, euch zu strafen? [39] Fragst du sie: »Wer hat die Himmel

[11] Dieses Gleichnis will den Unterschied zwischen Vielgötterei und dem Monotheismus, der Anbetung eines einzigen Gottes, aufzeigen. Mohammeds Anhänger folgen ihm und beten nur Allah an. Diese Stelle ist nach Goldschmidt nicht nur eine Polemik gegen die Vielgötterei, sondern auch eine Anprangerung des oft bei Mohammed gegeißelten Schismas in der Christenheit. – Die Ahmadiyya-Mission übersetzt frei, aber einleuchtender in Vers [30]: . . . ein Mann, der mehreren Herren gehört, die unter sich im Zwiespalt sind, und ein Mann, der einem einzigen Herrn gehört . . . [12] Mohammed wird sie ihres Unglaubens wegen anklagen, und sie werden sich zu entschuldigen suchen. [13] Die Koreischiten pflegten Mohammed mit der Rache ihrer Götter zu drohen.

und die Erde geschaffen?«, so antworten sie: »Allah!« Sprich: »Vermeint ihr denn, wenn Allah mir ein Leid zufügen will, daß euere Götter, die ihr statt ihm anruft, mich von diesem von ihm gesandten Unglück zu befreien vermögen? Oder können sie, wenn er mir Barmherzigkeit erzeigen will, mir diese seine Barmherzigkeit entziehen?« Sprich: »Allah ist mir hinreichender Beschützer; auf ihn mögen die vertrauen, welche Zuflucht suchen.« [40] Sprich: »O mein Volk, handelt nur nach euerem Gutdünken, und ich werde nach dem meinigen handeln; später werdet ihr es erfahren, [41] wen von uns schmachvolle und ewigliche Strafe trifft.« [42] Wir haben dir diese Schrift (den Koran) nun in Wahrheit zur Belehrung der Menschen offenbart. Wer sich nun leiten läßt, dem verhilft sein Tun zum eigenen Seelenheil; wer aber abirrt, der handelt zum eigenen Nachteil; du aber bist nicht zum Wächter über sie eingesetzt.

[43] Allah nimmt die Seelen der Menschen mit ihrem Tode zu sich; auch wenn sie noch nicht tot sind, nimmt er ihre Seelen während ihres Schlafes und behält die, über welche der Tod bestimmt ist, zurück und sendet die anderen, bis zur ihnen vorbestimmten Frist, wieder herab[14]. Wahrlich, hierin liegen Zeichen für nachdenkende Menschen. [44] Wollen sie nun statt Allah noch andere Vermittler annehmen? Sprich: »Sie, die Götzen, vermögen ja nichts, haben auch keinen Verstand.« [45] Sprich: »Alle Vermittlung ist ausschließlich bei Allah. Ihm gehört die Herrschaft über Himmel und Erde, und zu ihm kehrt ihr einst zurück.« [46] Wird Allahs als des einzigen Gottes gedacht, schrecken die Herzen derer zusammen, welche nicht an ein zukünftiges Leben glauben; freuen sich aber, wenn ihrer Götzen, welche sie statt ihm verehren, gedacht wird. [47] Sprich: »Allah, Schöpfer der Himmel und der Erde, der das Geheime und Offenbare kennt, entscheide du zwischen deinen Dienern, worüber sie uneinig sind!« [48] Hätten die Frevler alles, was auf der Erde ist – und auch noch einmal soviel dazu –, sie wollten sich gerne damit am Tage der Auferstehung von den Übeln ihrer Strafen auslösen; aber Allah wird ihnen Schreckbilder erscheinen lassen, welche sie sich nimmer vorgestellt haben, und das Böse wird ihnen erscheinen, das sie begangen haben, [49] und an ihnen wird sich erfüllen, was sie früher verspottet haben. [50] Trifft den Menschen irgendein

[14] Der Schlaf ist ein Bild des Todes; in demselben kommen die Seelen vor Allah. Wer sterben soll, dessen Seele behält Allah zurück; wer aber noch leben soll, dessen Seele wird wieder herabgesandt, bis auch ihre Stunde kommt.

Unglück, dann ruft er uns an; wenden wir ihm dann unsere Gnade wieder zu, so sagt er: »Wahrlich, dies wurde mir nur durch mein überlegtes Handeln zuteil[15].« In der Tat ist es aber nur eine Prüfung; aber die meisten von ihnen erkennen dies nicht. [51] Auch die vor ihnen lebten, sprachen so; aber ihr Tun brachte ihnen keinen Vorteil, [52] sondern das Böse, welches sie durch böses Tun verdient haben, mußten sie tragen. So werden auch die Frevler unter ihnen (den Mekkanern), das Böse, welches sie verdienten, tragen müssen und werden die Strafe Allahs nicht verringern können. [53] Wissen sie denn nicht, daß Allah reichlich versorgt, wen er will, und auch karg ist, gegen wen er will? Wahrlich, hierin liegen Zeichen für gläubige Menschen.

[54] Sprich: »O ihr meine Diener, die ihr euch gegen euere Seelen versündigt, verzweifelt nicht an der Barmherzigkeit Allahs! Denn Allah vergibt ja alle Sünden: Er ist versöhnend und barmherzig. [55] Darum wendet euch reuig zu euerem Herrn und ergebt euch ihm ganz, bevor euch die angedrohte Strafe trifft; denn dann kann euch nicht mehr geholfen werden. [56] Befolgt die herrlichen Lehren, welche euch von euerem Herrn offenbart worden sind, bevor die Strafe plötzlich, ohne daß ihr sie erwartet, über euch hereinbricht. [57] Dann spricht eine Seele: ›Wehe mir, daß ich die Pflichten gegen Allah vernachlässigt habe und ein Spötter war!‹ [58] Oder sie wird sagen: ›Wenn Allah mich geleitet hätte, ich hätte zu den Gottesfürchtigen gehört.‹ [59] Oder sie wird, wenn sie die Strafe sieht, sprechen: ›Wenn ich nur noch einmal in die Welt zurückkehren könnte, dann wollte ich gern rechtschaffen sein.‹« [60] (Allah aber wird antworten:) »Meine Zeichen waren dir zuteil geworden, und du hast sie des Betruges beschuldigt und hast dich hochmütig betragen und warst ein Ungläubiger.« [61] Am Tage der Auferstehung nun wirst du sehen, wie die Gesichter derer, welche Lügen von Allah ausgesagt haben, schwarz werden. Sollte denn auch nicht den Hochmütigen die Hölle zum Aufenthalt vorbestimmt sein? [62] Nur die ihn fürchten, wird Allah retten und sie an den Ort ihrer Glückseligkeit bringen, wo sie weder Unglück noch Trauer befallen wird. [63] Allah ist Schöpfer und Lenker aller Dinge, [64] sein sind die Schlüs-

[15] Wörtlich: ... wurde mir durch meine Einsicht zuteil. – Und religiös-philosophisch wird Mohammed der Gedanke unterschoben: Dies habe ich der Einsicht Allahs – um meiner Verdienste willen – zu verdanken. Henning: Allah wußte, daß ich es »verdiente«.

sel der Himmel und der Erde. Die nun die Zeichen Allahs leugnen, werden untergehen.

[65] Sprich: »Wollt ihr mir gebieten, statt Allah andere Götter zu verehren? O ihr Toren!« [66] Dir und auch den Propheten vor dir wurde ja durch Offenbarung gesagt: »Wenn du Allah noch Götter zur Seite setzt, dann wird all dein Tun vergebens sein, und du wirst untergehen.« [67] Darum verehre nur Allah und gehöre zu den Dankbaren. [68] Sie wertschätzen Allah nicht nach seiner Würde, dem die ganze Erde am Tage der Auferstehung nur eine Handvoll ist und dessen Rechte die Himmel zusammenrollt[16] (verändert). Lob und Preis sei ihm! Er ist hoch erhaben über die Wesen, welche sie ihm zugesellen. [69] Wenn in die Posaune gestoßen wird, dann wird alles, was in den Himmeln und was auf Erden ist, ohnmächtig niederstürzen, nur die Wesen ausgenommen, welche Allah davon ausnimmt. Und wenn wieder in die Posaune gestoßen wird, dann werden sie sich wieder aufrichten und um sich blicken. [70] Und die Erde wird im Licht ihres Herrn leuchten, offen liegt das Buch[17], und die Propheten und Märtyrer treten als Zeugen auf, und nur in Gerechtigkeit wird zwischen ihnen gerichtet und keinem ein Unrecht geschehen. [71] Eine jede Seele wird dann den vollen Lohn ihres Tuns erhalten; denn er kennt ihr Tun.

[72] Und die Ungläubigen werden dann in Scharen zur Hölle getrieben, deren Pforten sie bei ihrer Ankunft offen finden, und die Hüter derselben werden zu ihnen sagen: »Sind nicht aus euerer Mitte Gesandte zu euch gekommen, welche euch die Zeichen eueres Herrn vorgelesen und euch vor dem Eintreffen dieses eueres Tages gewarnt haben?« Und sie werden antworten: »Ja doch!« In Gerechtigkeit ist also das Strafurteil gegen die Ungläubigen ausgesprochen worden. [73] Zu ihnen wird gesagt: »Geht durch die Pforten der Hölle ein und bleibt ewig darin!« Welch ein unglückseliger Aufenthalt ist das für die Hochmütigen! [74] Die aber ihren Herrn gefürchtet haben, werden scharenweise zum Paradiese geführt, dessen Pforten sich bei ihrer Ankunft öffnen, und die Wächter derselben werden zu ihnen sagen: »Friede über euch! Ihr wart gut, darum kommt herein und bleibt ewig hier!« [75] Und sie werden antworten: »Lob und Preis sei Allah, der uns seine Verheißung er-

[16] Siehe einundzwanzigste Sure [105]. [17] Das Buch, in dem alle Handlungen der Menschen vermerkt sind. Vergleiche zehnte Sure [22] und [24].

füllt hat und uns das Land hat erben lassen, damit wir im Paradiese wohnen, wo es uns gefällt!« Welch ein herrlicher Lohn für die, welche rechtschaffen gehandelt haben! [76] Du wirst auch sehen, wie die Engel den Thron in Scharen umkreisen und ihren Herrn preisen. Dann wird in Gerechtigkeit zwischen ihnen gerichtet, und es heißt: »Lob und Preis sei Allah, dem Herrn der Weltenbewohner!«

VIERZIGSTE SURE

Der Gläubige[1] (Al-Momin) *offenbart zu Mekka*

[1] Im Namen Allahs, des Allbarmherzigen. [2] Ha Mim[2]. [3] Die Offenbarung dieses Buches ist von Allah, dem allmächtigen und allwissenden Gott, [4] welcher Sünden vergibt und Reue annimmt, der strenge bestraft, aber auch versöhnend ist[3]. Außer ihm gibt es keinen Gott, und zu ihm ist die einstige Heimkehr. [5] Nur die Ungläubigen bestreiten die Zeichen (Verse) Allahs. Laß dich nicht durch ihr glückliches Ergehen im Land[4] irreführen. [6] Auch die vor ihnen, wie das Volk des Noah und die Verbündeten im Unglauben nach ihnen, beschuldigten ihre Propheten des Betruges. Ein jedes Volk schmiedete Pläne gegen seinen Gesandten, um ihn aus dem Wege zu schaffen, und suchte durch Nichtiges die Wahrheit zu entkräften und zu bestreiten. Dafür aber strafte ich sie, und wie streng war meine Strafe! [7] Und so ist das Wort deines Herrn gegen die Ungläubigen Wahrheit geworden, daß sie Gefährten des Höllenfeuers sein sollen. [8] Die Engel, welche den Thron Allahs tragen und ihn umgeben, preisen das Lob ihres Herrn und glauben an ihn und bitten für die Gläubigen um Vergebung und sprechen: »O unser Herr, du umfaßt alle Dinge in deiner Allbarmherzigkeit und Allwissenheit; darum vergib denen, welche bereuen und in deinen Wegen wan-

[1] Die Benennung erfolgte nach dem in dieser Sure [29] erwähnten gläubigen Diener, des Pharao. Als weitere Namen der Sure seien aufgeführt: Der Versöhnende nach Vers [4] und nach Vers [6]: Die Sure der Länge. [2] Die Bedeutung der Buchstaben – sie finden sich auch in den folgenden Suren einschließlich der sechsundvierzigsten – ist umstritten und de facto unbekannt. In der zweiundvierzigsten Sure sind noch – in ihrer Bedeutung ebenso unbekannt – die Buchstaben Ain (A), Sin (S) und Kaf (K) hinzugefügt. [3] Vergleiche damit 2. Buch Mosis, Kap. 34 [6] und [7]: (Moses steht mit den zwei steinernen Tafeln am Berge Sinai, Jehova, in der Wolke, bei ihm) . . . Gott, barmherzig und gnädig, langsam zum Zorn und groß an Güte und Wahrheit, [7] der Güte bewahrt auf Tausende hin, der Ungerechtigkeit, Übertretung und Sünde vergibt – aber keineswegs hält er für schuldlos (und läßt ungestraft) den Schuldigen, den die Ungerechtigkeit der Väter heimsucht an den Kindern und Kindeskindern, am dritten und am vierten Glied . . .
[4] Das Glück der Bösen möge niemanden zum Bösen verleiten.

deln, und bewahre sie vor der Höllenstrafe! [9] Führe sie, o Herr, in Edens Gärten, welche du ihnen und ihren Vätern, Frauen und Kindern, wenn sie rechtschaffen gehandelt haben, versprochen hast; denn du bist der Allmächtige und Allweise. [10] Behüte sie vor allem Bösen; denn wen du an jenem Tage vom Übel befreist, dem hast du dich barmherzig gezeigt. Dies wird die große Seligkeit sein.«

[11] Und den Ungläubigen wird zugerufen: »Der Haß Allahs gegen euch ist nun noch schwerer als der Haß, in welchem ihr euch tief untereinander haßtet, weil ihr vordem, obwohl eingeladen (unterrichtet im) zum wahren Glauben, dennoch ungläubig bliebt.« [12] Sie werden sagen: »O unser Herr, du hast uns ja zweimal den Tod und zweimal das Leben gegeben[5], und nun bekennen wir unsere Sünden; sollte es da gar keinen Ausweg geben, um der Hölle zu entkommen?« [13] (Aber es wird ihnen geantwortet werden:) »Diese Strafe erhaltet ihr deshalb, weil ihr ungläubig gewesen seid, als man euch zu Allah, dem einzigen Gott, einlud, und nur geglaubt habt, wenn man von Göttern statt ihm sprach. Nur Allah, dem Höchsten und Erhabensten, geziemt die Entscheidung.« [14] Er ist es, der euch seine Zeichen zeigt und euch vom Himmel Nahrung herabsendet; doch nur der läßt sich ermahnen, welcher sich zu Allah bekehrt. [15] Darum ruft nur Allah an und seid aufrichtig in euerem Glauben, wenn auch die Ungläubigen diesem entgegenstehen. [16] Er ist das höchste Wesen[6], Herr des Thrones; der seinen Geist (den Engel Gabriel) herabbefiehlt auf den von seinen Dienern, welcher ihm wohl gefällt, damit er die Menschen vor dem Tage des einstigen Zusammentreffens (dem Jüngsten Tage) warne; [17] vor jenem Tage, an welchem sie (aus ihren Gräbern) steigen werden und Allah nichts, was sie angeht, verborgen sein wird. Wem gehört wohl die Herrschaft an jenem Tage? Nur Allah, dem einzigen und allmächtigen Gott! [18] An jenem Tage wird jede Seele nach ihrem Verdienste belohnt werden, und es wird keine Ungerechtigkeit geben, denn Allah fordert schnell zur Rechenschaft. [19] Darum warne sie vor dem immer näher herannahenden Tag, an welchem das Herz der Menschen bis an die Kehle steigt und sie ersticken will. Da werden die Frevler keinen Freund und keinen Vermittler finden, welcher

[5] Nämlich erstens das Leben ohne Bewußtsein und Empfindung im Mutterleib, welches Leben und Tod zugleich ist, und zweitens das Leben nach der Geburt, welchem der natürliche Tod folgt. Siehe zweite Sure [29]. Manche verstehen unter dem zweiten Leben und Tod ein Leben und einen Tod, welche nach dem natürlichen Tod beginnen. [6] Wörtlich: Er ist auf der erhabensten Stufe.

angehört werden soll. [20] Er kennt das heuchlerische Auge, und was ihre Brust verheimlicht; [21] darum wird Allah nur nach Wahrheit richten; die Götter aber, welche sie statt ihm anrufen, können über nichts richten; denn nur Allah hört und sieht alles.

[22] Sind sie denn noch nicht im Land umhergewandert und haben gesehen, welch ein Ende die nahmen, welche vor ihnen lebten? Diese waren mächtiger an Stärke als sie und haben Spuren ihrer Macht auf Erden zurückgelassen, und dennoch raffte sie Allah, wegen ihrer Sünden, hinweg, und sie konnten wider Allah keinen Beschützer finden. [23] Dies geschah deshalb, weil ihre Gesandten mit deutlichen Zeichen zu ihnen kamen und sie dennoch ungläubig blieben; darum züchtigte sie Allah; denn er ist mächtig und streng im Bestrafen. [24] Wir sandten einst Moses mit unseren Zeichen und mit offenbarer Vollmacht [25] zu Pharao, Haman und Karun[7]; sie aber sagten: »Er ist ein Zauberer und Lügner.« [26] Als er mit der Wahrheit von uns zu ihnen kam, da sagten sie: »Tötet die Söhne derer, welche mit ihm glauben, und nur ihre Töchter laßt leben[8].« Aber die List der Ungläubigen wurde vereitelt. [27] Pharao sagte: »Laßt mich nur, ich will den Moses töten, und er mag nur seinen Herrn anrufen; denn ich fürchte, er könnte euere Religion verändern oder sonst Verderben im Lande stiften.« [28] Moses aber sagte zu seinem Volk: »Ich nehme meine Zuflucht zu meinem und euerem Herrn wider einen jeglichen Hochmütigen, welcher nicht an den Tag der einstigen Rechenschaft glauben will.«

[29] Da sprach ein Gläubiger, einer von Pharaos[9] Leuten, welcher aber seinen Glauben geheimhielt: »Wollt ihr einen Mann töten, weil er sagt: ›Allah ist mein Herr?‹ Er ist ja mit deutlichen Beweisen von euerem Herrn zu euch gekommen. Ist er nun ein Lügner, so komme die Strafe seiner Lügen über ihn; spricht er aber die Wahrheit, so wird euch doch ein Teil der Strafe, die er euch angedroht hat, treffen; denn Allah leitet keinen Übeltäter und keinen Lügner. [30] O mein Volk, jetzt besitzt ihr noch in vollem Glanze die Herrschaft im Lande, wer kann uns aber wider die Strafe Allahs helfen, wenn sie eintreffen soll?« Pharao aber sagte: »Ich führe euch nur zu dem, was ich als gut erkenne, und ich leite euch nur auf den richtigen Weg.« [31] Jener Gläubige aber sagte: »Ich fürchte für

[7] Siehe achtundzwanzigste Sure [7] und [77] sowie Noten 4 und 33. [8] Siehe siebte Sure [128]. [9] Wahrscheinlich identisch mit dem in der achtundzwanzigsten Sure [21] genannten Manne.

euch einen ähnlichen Tag wie den, welchen die früheren Verbündeten erlebten, [32] daß es euch ergehe wie dem Volke des Noah und wie dem Stamm Ad und Thamud und wie denen, welche nach ihnen lebten; denn Allah duldet keine Ungerechtigkeit gegen seine Diener. [33] O mein Volk, ich fürchte für euch den Tag des gegenseitigen Zurufs[10], [34] den Tag, an welchem ihr rücklings in die Hölle geworfen werdet und euch wider Allah niemand beschützen kann; denn wen Allah in die Irre entläßt, der findet keinen, welcher ihn zurechtweist.« [35] Auch vordem schon ist Joseph mit deutlichen Zeichen zu euch gekommen; aber ihr hörtet nicht auf, das, was er euch gebracht hat, zu bezweifeln, so daß ihr sogar bei seinem Tode sagtet: »Nun wird Allah keinen Gesandten mehr nach ihm erstehen lassen.« So führt Allah den Übeltäter und den Zweifler in die Irre. [36] Diejenigen, welche die Zeichen Allahs ohne hinreichenden Grund bestreiten, sind ein Abscheu Allahs und der Gläubigen. So versiegelt Allah jedes hochmütige und hartnäckige Herz. [37] Pharao sagte: »O Haman, baue mir doch einen hohen Turm, [38] damit ich die Himmelsbahnen (-pforten) ersteige und den Gott des Moses schaue, den ich für einen Lügner halte[11].« So hatten wir dem Pharao das Böse seiner Handlungen ihm wohlgefällig bereitet, daß er vom richtigen Wege sich abwandte und daß so die Anschläge des Pharao nur seinen eigenen Untergang herbeiführten.

[39] Jener gläubige Mann (aus Pharaos Leuten) aber sprach: »O mein Volk, folgt nur mir, denn ich leite euch auf den richtigen Weg. [40] O mein Volk, glaubt mir, dieses irdische Leben bietet ja nur vergängliche Freuden und nur das zukünftige Leben ist eine Stätte von fester Dauer. [41] Wer Böses tat, der soll gerade nur seinen entsprechenden Lohn (die genau bemessene Strafe) dafür haben. Wer aber Gutes tat, sei es Mann oder Frau, und sonst gläubig ist, der wird in das Paradies eingehen und darin Versorgung im Übermaß finden. [42] O mein Volk, ich lade euch zum seligsten Heil ein, ihr aber ladet mich zum Höllenfeuer ein? [43] Ihr ladet mich zur Verleugnung Allahs ein, ihm Wesen zuzugesellen, wovon ich keine Kenntnis habe; ich aber lade euch zum Allmächtigen ein, welcher die Sünden vergibt. [44] Es ist keinem Zweifel unterworfen, daß die Götzen, zu welchen ihr mich einladet, nicht verdienen, weder in

[10] Am Jüngsten Tage werden die Verführten mit ihren Verführern im Wortwechsel stehen. Vergl. [48] ff. mit vierzehnter Sure [22] ff. [11] Siehe achtundzwanzigste Sure Note 20.

dieser noch in jener Welt, angerufen zu werden, und daß wir einst zu Allah zurückkehren müssen und daß die Übeltäter Gefährten des Höllenfeuers werden. [45] Ihr werdet euch dann meiner heutigen Worte erinnern; ich aber stelle meine Sache Allah anheim; denn Allah blickt auf seine Diener.« [46] Allah bewahrte ihn daher vor dem Bösen, welches sie schmiedeten, indes das Volk des Pharao schwere Strafe befiel. [47] Des Morgens und des Abends werden sie dem Höllenfeuer überliefert sein, und an jenem Tag, an welchem die Stunde des Gerichtes schlägt, heißt es: »Kommt nun her, ihr Leute des Pharao, und erduldet die schwerste Pein!« [48] Im Höllenfeuer werden sie dann miteinander zanken, und die Schwachen werden zu den Hochmütigen sagen[12]: »Da wir euch gefolgt sind, so solltet ihr doch einen Teil des Höllenfeuers von uns abnehmen.« [49] Die Hochmütigen aber antworten: »Wir sind ja alle gleich dazu verdammt; denn Allah hat unter seinen Dienern gerichtet.« [50] Die, welche sich im Höllenfeuer befinden, werden nun zu den Wächtern der Hölle sagen: »Ruft doch eueren Herrn an, daß er uns, wenn auch nur auf einen Tag, die Strafe erleichtere.« [51] Sie antworten: »Sind denn nicht euere Gesandten mit deutlichen Zeichen zu euch gekommen?« Und sie erwidern: »Jawohl!« Darauf sagen dann die Höllenwächter: »Nun so ruft selbst Allah an!« Doch das Rufen der Ungläubigen ist vergeblich.

[52] Unsere Gesandten und den Gläubigen aber werden wir in diesem Leben beistehen; an jenem Tag, an welchem die Zeugen auftreten, [53] an jenem Tage werden den Frevlern ihre Entschuldigungen nichts helfen können, sondern der Fluch soll auf ihnen ruhen und eine unglückselige Stätte ihnen zuteil werden. [54] Auch Moses gaben wir einst eine Leitung und gaben den Kindern Israels die Schrift zum Erbteil, [55] als Leitung und Mahnung für Menschen von Einsicht. [56] Darum (o Mohammed) ertrage alles mit Geduld; denn Allahs Verheißung wird wahr. Bitte um Vergebung deiner Sünden und preise des Abends und Morgens deinen Herrn! [57] In der Brust derer, welche die Zeichen Allahs ohne jeden Grund bestreiten, wohnt nichts als Hochmut; sie werden aber ihr Verlangen nicht erreichen. Darum nimm deine Zuflucht zu Allah, welcher alles hört und sieht. [58] Wahrlich, die Schöpfung der Himmel und der Erde ist großartiger als die Erschaffung des Men-

[12] Siehe vierzehnte Sure [22].

schen; doch die meisten Menschen erkennen dies nicht. [59] Der Blinde und der Sehende, der Gläubige, welcher das Gute tut, und der Übeltäter sind sich nicht gleich; doch nur wenige bedenken das. [60] Die letzte Stunde wird sicherlich kommen, daran ist nicht zu zweifeln; doch die meisten Menschen wollen nicht daran glauben. [61] Euer Herr spricht: »Ruft mich nur, und ich erhöre euch; die es aber aus Hochmut verschmähen, mich zu verehren, sollen mit Schmach erniedrigt in die Hölle eintreten.«

[62] Allah ist es, der euch die Nacht zur Ruhe eingesetzt hat, auch den Tag zum Licht; denn Allah ist allgütig gegen die Menschen; die meisten aber sind dafür nicht dankbar. [63] Das ist Allah, euer Herr, der alle Dinge geschaffen hat, und außer ihm gibt es keinen Gott; und ihr wolltet euch von ihm abtrünnig machen lassen? [64] Nur die wenden sich so von ihm ab, welche sich den Zeichen Allahs widersetzen. [65] Allah ist es, welcher euch die Erde zum Fußboden und den Himmel als Dach[13] gegeben hat; der euch geformt, und zwar schön geformt hat und der euch speist mit allem Guten. Dieser Gott ist euer Herr. Gelobt sei Allah, der Herr der Weltenbewohner! [66] Er ist der Lebendige, und außer ihm gibt es keinen Gott. Darum ruft nur ihn an und bekennt euch zu seiner reinen Religion. Lob und Preis sei Allah, dem Herrn der Weltenbewohner! [67] Sprich: »Nachdem ich deutliche Zeichen von meinem Herrn erhalten habe, ist es mir verboten, die Götter zu verehren, welche ihr statt Allah anruft; sondern mir wurde befohlen, mich ganz dem Herrn der Welten zu unterwerfen.« [68] Er ist es, der euch zuerst aus Staub geschaffen hat, dann aus einem Samentropfen, dann aus geronnenem Blut und euch dann als Kinder aus dem Mutterleibe werden und darauf auch das Alter der vollen Kraft erreichen ließ, und dann ließ er euch Greise werden – doch manche von euch sterben früher –, die das bestimmte Lebensziel erreichen. Habt ihr Einsicht erlangt[14]? [69] Er gibt Leben und Tod, und wenn er eine Sache beschlossen hat, so sagt er nur: »Werde!« – und sie ist.

[70] Hast du noch nicht gesehen, wie die, welche über die Zeichen Allahs streiten, sich von Allah abwenden? [71] Die, welche unsere Schrift (den Koran) und das, was wir den früheren Gesandten offenbarten[15], des Betruges beschuldigen, wissen ... (werden einst

[13] Eine moderne Übersetzung: ..., der euch auf Erden eine Friedensstätte gab und darüber das Himmelszelt ... (Sie erscheint mir zu frei, um übernommen zu werden.) [14] Siehe zweiundzwanzigste Sure [6]. [15] Was Juden und Christen offenbart wurde.

ihre Torheit einsehen), [72] wenn Ketten um ihre Hälse gelegt und sie an diesen [73] in siedendes Wasser hinabgezogen werden und dann im Feuer brennen. [74] Dann fragt man sie: »Wo sind die Götzen, die ihr Allah zugesellt habt?« [75] Und sie werden antworten: »Sie sind uns entschwunden, wohl haben wir früher nur ein Nichts angerufen.« So entläßt Allah die Ungläubigen in den Irrtum. [76] Diese (Strafe erhaltet ihr deshalb), weil ihr euch auf der Erde an Unwahrem und Falschem gefreut und euch ganz der unmäßigen Freude hingegeben habt. [77] Darum geht nun durch die Pforten der Hölle und bleibt ewig dort. Welch ein schlimmer Aufenthalt für die Hochmütigen! [78] Du aber (Mohammed) ertrage alles mit Geduld; denn Allahs Verheißung ist wahr. Lassen wir dich einen Teil der ihnen angedrohten Strafe noch sehen oder lassen wir dich früher sterben, gleichviel, vor uns werden sie einst alle versammelt. [79] Auch vor dir hatten wir schon viele Gesandten geschickt; von einigen haben wir dir erzählt, und von einigen haben wir dir nichts erzählt, und kein Gesandter konnte mit Zeichen kommen als nur mit dem Willen Allahs. Wenn nun einst Allahs Befehl eintrifft, dann wird nach Wahrheit gerichtet werden, und untergehen sollen die, welche die Zeichen Allahs fälschen und vereiteln wollen.

[80] Allah ist es, welcher euch das Vieh gegeben hat, teils zum Reiten, teils zur Speise. [81] Auch ist es euch sonst noch nützlich, und ihr könnt durch dasselbe die Geschäfte, die ihr beschlossen habt, vollbringen[16], und ihr werdet auf demselben wie auf Schiffen getragen[17]. [82] So zeigt er euch seine Zeichen. Welches von den Zeichen Allahs wollt ihr nun leugnen? [83] Sind sie denn noch nicht im Land umhergekommen und haben gesehen, welch ein Ende die, welche vor ihnen lebten, nahmen? Diese waren größer an Zahl und stärker an Macht und haben Spuren davon auf Erden zurückgelassen; und dennoch brachte ihnen ihr Tun keinen Nutzen. [84] Als ihre Gesandten mit deutlichen Zeichen zu ihnen kamen, freuten sie sich nur ihrer eigenen Erkenntnis[18]; und so mußte sich denn an ihnen das bewahrheiten, was sie verspotteten. [85] Und als sie unsere Strafe sahen, da sagten sie: »Wir glauben nun allein an

[16] Wörtlich: . . . und ihr durch dieses den Wunsch eurer Herzen. [17] Vergleiche sechzehnte Sure [6] ff. [18] Sie waren nur in ihre Irrlehren verliebt und spotteten der Lehren der Gesandten.

Allah, den einzigen Gott, und verleugnen die Götzen, welche wir ihm zugesellt haben.« [86] Aber ihr Glaube konnte ihnen jetzt nichts mehr helfen, da sie unsere Strafe bereits gesehen hatten. Dieses Gesetz Allahs wurde auch schon früher gegen seine Diener stets befolgt. So mußten die Ungläubigen untergehen.

EINUNDVIERZIGSTE SURE

Die deutlich Erklärten[1] (Ha-Mim-Sadschdah)

offenbart zu Mekka

[1] Im Namen Allahs, des Allbarmherzigen. [2] Ha Mim[2]. [3] (Dies ist) eine Offenbarung vom Allbarmherzigen. [4] Eine Schrift, deren Verse deutlich erklärt sind (ein arabischer Koran), zur Belehrung für verständige Menschen. [5] Er verkündet Gutes und droht Böses an; aber die meisten wenden sich ab und hören nicht auf ihn. [6] Sie sagen spöttisch: »Unser Herz ist für die Lehre, zu welcher du uns einlädst, verhüllt, und unser Ohr harthörig. Zwischen uns und dir ist ein Vorhang; handle daher nach deinem Sinn, und wir wollen nach unserem handeln.« [7] Sprich: »Seht, ich bin nur ein Mensch wie ihr; aber mir ist offenbart worden, daß Allah, unser aller Gott, ein einziger Gott ist; so richtet eueren Weg gerade zu ihm hin und bittet ihn um Verzeihung.« Wehe aber den Götzendienern, [8] welche keine Almosen geben, das zukünftige Leben leugnen. [9] Diejenigen aber, die glauben und rechtschaffen handeln, erhalten eine unermeßliche Belohnung.

[10] Sprich: »Glaubt ihr nicht an den, der die Erde in zwei Tagen[3] erschuf? Wollt ihr ihm wohl Ebenbilder an die Seite setzen?« Nur er ist der Herr aller Weltenbewohner. [11] Er hat feste Berge in die Erde eingesetzt, welche sich über dieselbe hoch erheben, und er hat sie gesegnet, und er legte in sie in vier gleichen Tagen[4] die Nahrung für alle Wesen, welche danach verlangen. [12] Dann wandte er sich zum Himmel hin, welcher noch Rauch (dampfender Nebel) war[5], und sagte zu ihm und der Erde: »Kommt freiwillig

[1] So genannt nach dem Anfange der Sure [4]. Übrigens führt diese in den Ausgaben noch andere Überschriften; bei Henning: Erklärt. [2] Siehe vierzigste Sure [2] und Note 2. [3] In den ersten zwei Tagen der Woche. [4] Mit Einschluß der obigen zwei Tage. [5] Finsternis. Dieser Nebel stieg von dem Wasser unter dem Throne Allahs auf. Durch die Verdunstung des Wassers wurde die Erde sichtbar, und der Dunst gab den Stoff zur Bildung des Himmels. So sagen die Ausleger.

oder wider eueren Willen.« Sie antworteten: »Wir kommen in freiwilligem Gehorsam.« [13] Und er bildete sie in zwei Tagen zu sieben Himmeln und teilte jedem Himmel seine Aufgabe zu, und wir schmückten den untersten Himmel mit Leuchten aus und stellten eine Wache hin[6]. Dies ist die Ordnung des Allmächtigen und Allweisen. [14] Wenn sie (die Mekkaner) sich von dieser Belehrung abwenden, so sprich: »Ich drohe euch dieselbe Strafe an, welche die Stämme Ad und Thamud befallen hat.« [15] Da die Gesandten von vorn und hinten (von allen Seiten) zu ihnen kamen und sagten: »Verehrt doch nur Allah allein«, da antworteten sie: »Wenn unser Herr hätte Boten senden wollen, so hätte er ja Engel geschickt; wir glauben daher euerer Botschaft nicht.« [16] Die Adäer betrugen sich ohne Grund hochmütig im Land und sagten: »Wer ist uns wohl an Kraft und Macht überlegen?« Sahen sie denn nicht, daß Allah, der sie geschaffen hat, stärker an Macht ist als sie? Sie verwarfen also unsere Zeichen; [17] daher schickten wir wider sie an unglücklichen Tagen einen rasenden Sturm, damit sie eine schmachvolle Strafe schon in dieser Welt erfahren sollten; die Strafe in jener Welt wird aber noch schmachvoller sein, und sie werden keine Rettung finden. [18] Die Thamudäer wollten wir gerne leiten, aber sie zogen die Blindheit der wahren Leitung vor. Darum erfaßte sie wegen ihres Tuns die tosende Gewalt einer demütigenden Strafe[7], [19] und nur die Gläubigen und Gottesfürchtigen erretteten wir.

[20] An jenem Tage werden die Feinde Allahs zum Höllenfeuer versammelt und mit Gewalt in dasselbe geworfen. [21] Sobald sie dort ankommen, werden ihre Ohren und ihre Augen und ihre Haut[8] gegen sie zeugen. [22] Und sie werden dann zu ihren Gliedern[9] sagen: »Warum gebt ihr Zeugnis wider uns?« Sie aber antworten: »Allah, welcher allen Dingen die Sprache gibt, läßt auch uns sprechen. Er hat euch zum erstenmal erschaffen, und zu ihm seid ihr zurückgekehrt. [23] Ihr konntet euch ja bei eurem Sündigen doch nicht so verbergen, daß euere Ohren und Augen und Glieder[10] nicht wider euch Zeugnis geben konnten. Wohl habt ihr geglaubt, daß Allah nichts von dem wisse, was ihr tut, [24] und der Irrglaube, den ihr euch von euerem Herrn ersonnen habt, hat euch ins Verderben gestürzt, und ihr gehört nun zu den Verlorenen.« [25] Das Höllen-

[6] Siehe fünfzehnte Sure [17] ff. [7] Siehe siebte Sure [79]. [8] Haut heißt hier soviel wie ihre übrigen Glieder. [9] Wörtlich: Häuten. [10] Wörtlich: Häute.

feuer wird ihre Wohnung sein, könnten sie es in Geduld ertragen; und wenn sie um Vergebung flehen, so soll ihnen keine werden. [26] Wir haben ihnen nun die Teufel zu Gesellen gegeben, welche ihnen das Erdenleben und das zukünftige Leben durch falsche Begriffe ausschmückten, und so ist in Gerechtigkeit an ihnen das Urteil in Erfüllung gegangen, welches auch früher gegen die Geister und Menschen vor ihnen ausgesprochen wurde, nämlich: daß sie verloren sein sollen.

[27] Die Ungläubigen sagen: »Hört doch nicht auf diesen Koran, sondern sprecht nur laut, während man ihn vorliest, damit ihr seine Stimme übertönt[11].« [28] Dafür wollen wir die Ungläubigen schwere Strafe fühlen lassen und ihnen den Lohn des Bösen geben, das sie ausübten. [29] Der Lohn der Feinde Allahs ist das Höllenfeuer, welches ihnen zum ewigen Aufenthalt dienen soll, zum Lohne dafür, daß sie unsere Zeichen verwarfen. [30] Die Ungläubigen werden dann sagen: »O unser Herr, zeige uns doch jene der Geister und Menschen[12], welche uns verführt haben, damit wir sie mit Füßen treten und zuschanden machen.« [31] Zu denen, welche sagen: »Allah ist unser Herr« und sich sonst fromm verhalten, steigen die Engel herab[13] und sagen: »Fürchtet euch nicht und seid nicht traurig, sondern freut euch auf das Paradies, welches euch verheißen ist. [32] Wir sind euere Freunde in diesem und dem zukünftigen Leben, in welchem ihr alles, was ihr nur wünscht und fordert, erhalten werdet, [33] als (Gast-)Geschenk vom Allgütigen und Allbarmherzigen.«

[34] Wer führt wohl eine schönere Sprache als der, welcher die Menschen zu Allah einlädt und rechtschaffen handelt? Er sagt: »Ich bin Moslem.« [35] Gutes und Böses ist nicht einerlei; darum wende das Böse durch Besseres ab, und dann wird selbst dein Feind dir der wärmste Freund werden. [36] Aber nur die Geduldigen werden dies erlangen, nur die, welche mit großen und glücklichen Eigenschaften begabt sind[14]. [37] Wenn dich der Satan in Versuchung führen will, dann nimm deine Zuflucht zu Allah, er hört und weiß alles. [38] Zu den Zeichen seiner Allmacht gehört auch die Nacht und der Tag, die Sonne und der Mond. Verehrt aber nicht die Sonne und

[11] Wörtlich: besiegt. [12] Diese beiden sollen der Satan und Kain sein, welche zum Unglauben und zum Mord verführten. [13] Entweder in der Todesstunde, oder wenn sie aus dem Grab steigen. [14] Die Ahmadiyya-Mission übersetzt: [36] Aber dies wird nur denen gewährt, die sich in Selbstbeherrschung üben; und keinem wird es gewährt als dem Besitzer großen Seelenadels.

nicht den Mond, sondern nur Allah allein, der sie schuf, verehrt Allah, wenn ihr ihm dienen wollt. [39] Sollten sie aber zu hochmütig sein, um ihn zu verehren, so preisen ihn doch (die Engel), welche deinen Herrn umgeben, bei Nacht und bei Tag, und sie ermüden nicht. [40] Auch folgendes ist ein Zeichen: Die Erde, die du wüst findest, kommt in Bewegung und Gärung, wenn wir auf sie herab regnen lassen; und der die Erde neu belebt, wird auch einst die Toten wiederbeleben; denn er ist aller Dinge mächtig. [41] Diejenigen sind uns nicht verborgen, die unsere Zeichen böslich verleumden. Wer ist aber besser daran, der in das Höllenfeuer geworfen wird oder der am Tage der Auferstehung ganz ruhig und sicher ist? Tut nur, was ihr wollt; wahrlich, er sieht euer Tun [42] und kennt auch die, welche an die Ermahnung des Korans, welche sie nun erhielten ... (nicht glauben wollen). Wahrlich, der Koran ist ein herrliches Buch, [43]dem Eitles von keiner Seite[15] nahe kommen kann; denn er ist eine Offenbarung vom Allweisen und Hochgepriesenen. [44] (Die Ungläubigen sagen dasselbe zu dir), was auch zu den Gesandten von dir gesagt wurde; aber dein Herr, der gerne verzeiht, bestraft auch streng. [45] Hätten wir den Koran in einer fremden Sprache offenbart, so hätten sie sagen können: »Wenn er seine Zeichen (Verse) nicht deutlich erklärt ... (so glauben wir nicht), weil er, ein Araber, mit einer fremden Sprache kommt[16].« Sprich: »Er ist für die Gläubigen Leitung und Heil.« Aber das Ohr der Ungläubigen ist harthörig, und Blindheit bedeckt sie, und so gleichen sie denen, welche man von einem weit entfernten Orte ruft[17].

[46] Moses gaben wir einst die Schrift, über welche man stritt, und wäre es nicht Ratschluß deines Herrn, so wäre schon längst zwischen ihnen entschieden, so aber müssen sie fortwährend in Zweifeln leben. [47] Wer rechtschaffen handelt, der handelt zum eigenen Seelenheil; wer aber Böses tut, handelt nur wider sich selbst; dein Herr ist nicht ungerecht gegen seine Diener.

[48] Er allein kennt die Stunde des Gerichtes, und keine Frucht bricht aus ihrer Hülle, und keine Frau empfängt und gebiert – Allah wüßte es nicht! An jenem Tag, an welchem er ihnen zurufen wird: »Wo sind nun meine Nebengötter, die ihr mir zugesellt habt?«, werden sie antworten: »Wir versichern dir, hierüber kein Zeugnis ge-

[15] Wörtlich: weder von vorn noch von hinten; er kann mithin durchaus nicht vereitelt werden. [16] Siehe sechzehnte Sure [104] und Note 29. [17] Und folglich nicht hören können.

ben zu können«; [49] denn es entschwinden ihnen die Götzen, welche sie vorher angerufen hatten; sie werden es dann einsehen, daß sie keineswegs der Strafe entgehen können. [50] Der Mensch wird es gar nicht müde, nach Gütern zu verlangen; sobald ihn aber ein Übel trifft, dann verzweifelt er hoffnungslos. [51] Lassen wir ihn aber, nachdem Unglück ihn getroffen hat, wieder unsere Barmherzigkeit fühlen, dann sagt er: »So gebührt es mir, und ich glaube nicht, daß die Stunde des Gerichtes je kommen wird; wenn ich aber auch zu meinem Herrn zurückkehren sollte, so werde ich nur Gutes bei ihm finden.« Aber wir werden dann den Ungläubigen verkünden, was sie taten, und sie qualvolle Strafe kosten lassen. [52] Sind wir gegen den Menschen gnädig, so wendet er sich ab und kehrt undankbar uns den Rücken zu; trifft ihn aber ein Übel, so betet er fleißig. [53] Sprich: »Was denkt ihr wohl? Ist der Koran von Allah und ihr glaubt doch nicht daran, wer wäre dann in einem größeren Irrtum als der, welcher sich so weit von der Wahrheit entfernt?« [54] Später aber wollen wir ihnen unsere Zeichen an den äußersten Enden der Erde und an ihnen selbst[18] zeigen, auf daß ihnen klar werde, daß er (der Koran) Wahrheit ist. Genügt es ihnen denn nicht, daß dein Herr Zeuge aller Dinge ist? [55] Sieh wohl! Sind sie nicht im Zweifel über das einstige Zusammentreffen mit ihrem Herrn? Umfaßt er denn nicht alle Dinge?

[18] Die Offenbarungen Allahs in der ganzen Natur und die wunderbaren Siege und Eroberungen, welche sie erkämpfen und machen werden. Hierunter sind auch die von religiöser Seite als erfüllt bezeichneten Prophezeiungen im Koran verstanden: fünfundfünfzigste Sure [20] ff.: Suezkanal; achtzehnte Sure: Sieg des Islams; Anerkennung der monotheistischen Lehre; dreißigste Sure: Sieg der Römer; wiederholter Hinweis auf Rückeroberung Mekkas . . . Die Ahmadiyya-Mission weist auf das prophezeite machtvolle Vordringen des Islams bis zum heutigen Tage hin.

ZWEIUNDVIERZIGSTE SURE

Die Beratung[1] (Al-Schura) *offenbart zu Mekka*

[1] Im Namen Allahs, des Allbarmherzigen. [2] Ha Mim. [3] Ain Sin Kaf[2]. [4] So offenbart sich dir Allah, der allmächtige und allweise Gott, wie er sich auch denen offenbarte, welche vor dir lebten. [5] Ihm gehört, was in den Himmeln und was auf Erden ist, und er ist der Hohe, der erhabene Gott. [6] Nur wenig fehlt, und die Himmel spalteten sich droben vor seiner Majestät. Die Engel prei-

[1] So genannt, weil in dieser Sure den Gläubigen empfohlen wird, sich miteinander zu beraten [39]. [2] Siehe vierzigste Sure [2] und Note 2.

sen das Lob ihres Herrn und bitten um Vergebung für die Bewohner der Erde. Ist nicht Allah der Vergeber der Sünden und der Allbarmherzige? [7] Die aber statt ihm andere Beschützer annehmen, beobachtet Allah; nicht du brauchst ihr Hüter zu sein. [8] Wir haben dir den Koran in arabischer Sprache offenbart, damit du die Mutter der Städte (Hauptstadt Mekka) und die Araber, welche um sie herum wohnen, vor dem Tage der einstigen Versammlung, welcher nicht zu bezweifeln ist, verwarnst. An diesem Tage kommt ein Teil in das Paradies und ein Teil in die Hölle. [9] Wenn Allah es gewollt hätte, er hätte alle Menschen sich zu einer Religion bekennen lassen, so aber führt er in seine Barmherzigkeit, wen er will, und die Frevler finden keinen Beschützer und keinen Helfer. [10] Wollen sie nun statt ihm noch andere Beschützer annehmen? Allah nur ist Beschützer, welcher die Toten belebt und aller Dinge mächtig ist.

[11] Die Entscheidung dessen, worüber ihr uneinig seid, kommt allein Allah zu. »Allah ist mein Herr; auf ihn vertraue ich, und zu ihm wende ich mich hin.« [12] Er ist Schöpfer der Himmel und der Erde, welcher euch Frauen aus euch selbst gegeben und auch den Tieren Weibchen zugesellt hat, wodurch er euch vermehrt. Nichts gleicht ihm, und er hört und sieht alles. [13] Er besitzt die Schlüssel der Himmel und der Erde. Er versorgt reichlich, wen er will, und ist karg, gegen wen er will; er kennt alle Dinge. [14] Er hat für euch dieselbe Religion angeordnet, welche er dem Noah befohlen hat und welche wir dir offenbarten und die wir auch Abraham, Moses und Jesus befohlen hatten – wir sagten: »Beobachtet diese Religion und macht keine Spaltungen.« Die Verehrung Allahs, zu welcher du sie lädst, ist den Götzendienern unerträglich, aber Allah erwählt, wen er will, und leitet den zu ihr hin, welcher sich zu ihm wendet. [15] Nicht eher stifteten die Früheren, in Neid und Verkehrtheit (Juden und Christen), Spaltungen unter sich, als bis sie die Erkenntnis erhalten hatten; und wäre nicht der Ratschluß deines Herrn gewesen, ihnen eine bestimmte Frist nachzusehen, so wäre (durch ihren Untergang) die Sache längst zwischen ihnen entschieden worden. Und die, welche die Schrift nach ihnen geerbt haben (Juden und Christen) leben in argwöhnischen Zweifeln über ihren Inhalt. [16] Darum rufe sie zum wahren Glauben und sei streng darin, wie dir befohlen worden ist, folge nicht ihrem Verlangen, sondern sage:

»Ich glaube an die Schriften, welche Allah offenbart hat, und mir wurde befohlen, Gerechtigkeit unter euch herzustellen. Allah ist unser Herr und euer Herr; unsere Werke haben wir, und ihr habt die eurigen zu verantworten. Kein Streit sei daher zwischen uns und euch; denn Allah wird uns ja alle einst einigen, und zu ihm kehren wir zurück.« [17] Die aber, welche über Allah streiten, nachdem er (Mohammed von Allah) die Lehre erhielt, deren Streit soll von ihrem Herrn vereitelt werden, sonst! Zorn und schwere Strafe werden sie treffen. [18] Allah hat in Wahrheit die Schrift mit der Waage (der Gerechtigkeit) herabgesandt, ohne dich aber darüber zu belehren, ob die letzte Stunde nahe sei. [19] Die nicht an dieselbe glauben, wollen sie beschleunigt haben; die Gläubigen aber leben in Furcht vor ihr und wissen, daß sie wahr ist. Nehmt euch in acht! Sind nicht die, welche die letzte Stunde bestreiten, in einem gefährlichen Irrtum? [20] Allah ist gütig gegen seine Diener und versorgt, wen er will. Er ist der Starke und Allmächtige.

[21] Wer für das zukünftige Leben aussät, dessen Aussaat wollen wir vermehren; wer aber für dieses Leben aussät, der soll seine Ernte hier genießen, aber keinen Anteil haben an dem zukünftigen Leben. [22] Haben sie (die Mekkaner) denn Götter, die ihnen eine Religion befehlen können, welche Allah nicht genehmigt hat? Wäre nicht der Ratschluß Allahs, zwischen Gläubigen und Ungläubigen erst einstens entscheiden zu wollen, so wäre schon längst zwischen ihnen entschieden; die Frevler aber wird qualvolle Strafe treffen. [23] Dann wirst du die Frevler wegen ihres Tuns in großem Schrekken sehen, wenn die Strafe sie befallen wird. Die Gläubigen aber, welche rechtschaffen handeln, werden in den Lustgefilden des Paradieses wohnen und dort von ihrem Herrn erhalten, was sie nur wünschen. Welch eine große Herrlichkeit ist das! [24] Dies verkündet Allah seinen Dienern, welche glauben und rechtschaffen handeln. Sprich: »Ich verlange keinen anderen Lohn von euch für mein Predigen als Liebe unter (Religions-)Verwandten[3].« Und wer sich das Verdienst einer guten Handlung erwirbt, dessen gute Handlungen wollen wir noch vermehren; Allah verzeiht und belohnt gern. [25] Wollen sie noch sagen: »Er (Mohammed) hat lästerliche Lügen von Allah ersonnen?« Wenn Allah nur wollte, so kann er

[3] Andere übersetzen: ... ich (Mohammed) handle nur so aus Liebe zu meinen Anverwandten.

ja dein Herz versiegeln[4] und das eitle Blendwerk (den Götzendienst) vernichten und die Wahrheit seines Wortes bekräftigen; denn er kennt das Verborgene des menschlichen Herzens. [26] Er ist es, der die Reue seiner Diener annimmt und die Sünden vergibt, und er weiß, was ihr tut. [27] Er erhört die, welche glauben und rechtschaffen handeln, und läßt ihnen im Übermaß seine reiche Gnade zuteil werden; die Ungläubigen aber trifft schwere Strafe. [28] Doch wenn er seinen Dienern Versorgung im Überfluß gäbe, so würden sie sich ausgelassen auf Erden betragen; darum sendet er jedem mit Maß herab, was er will; denn er kennt und sieht das Verhalten seiner Diener. [29] Er sendet den Regen herab, wenn die Menschen schon daran verzweifeln, und breitet seine Barmherzigkeit aus; denn er ist der hochgelobte Beschützer. [30] Zu seinen Zeichen gehört auch die Schöpfung der Himmel und der Erde und die lebenden Wesen, welche Himmel und Erde füllen, und er besitzt die Macht, sie alle vor sich zu versammeln, wenn er nur will.

[31] Was immer für ein Unglück euch befallen mag, so erhaltet ihr es durch eurer Hände Werk, und dabei verzeiht er euch noch vieles. [32] Ihr könnt der Strafe Allahs auf der Erde nicht entrinnen, und ihr findet außer Allah keinen Beschützer und keinen Helfer. [33] Zu seinen Zeichen gehören auch die Schiffe, die hohen Bergen gleich das Meer durchsegeln; [34] wenn er will, läßt er den Wind ruhen, und still liegen sie dann auf dem Rücken des Meeres; wahrlich, hierin liegen Zeichen für geduldige und dankbare Menschen; [35] oder er läßt sie auch (wie die Ungläubigen) durch Schiffbruch untergehen, ihrer bösen Handlungen wegen, obwohl er noch vieles verzeiht. [36] Die, welche unsere Zeichen bestreiten, mögen wissen, daß sie unserer Strafe nicht entgehen können. [37] Was euch auch gegeben wurde, ist nur eine vergängliche Versorgung für dieses Leben, das aber, was bei Allah ist, ist besser und dauerhafter für die Gläubigen, welche auf ihren Herrn vertrauen, [38] und für die, welche große und schändliche Sünden vermeiden, und für die, welche vergeben, wenn man sie erzürnt, [39] und für die, welche ihrem Herrn gehorchen und das Gebet verrichten und sich bei ihren Handlungen in Beratung beistehen und Almosen geben von dem, womit wir sie versorgt haben, [40] und für die, welche sich für eine ihnen zugefügte Beleidigung rächen. [41] Die Wiederver-

[4] Dich mit Geduld gegen die Beschuldigungen der Ungläubigen stärken.

geltung für Übles sei aber nur ein diesem gleichkommendes Übel. Wer aber vergibt und sich aussöhnt, dessen Lohn ist bei Allah; denn er liebt nicht die Ungerechten. [42] Und wer sich selber Rache verschafft, nachdem er beleidigt worden ist, der kann nicht mit Recht gestraft werden[5]. [43] Die aber können mit Recht gestraft werden, welche sich gegen andere Menschen frevelhaft betragen und wider Recht auf der Erde stolz und vermessen leben; diese erleiden schwere Strafe. [44] Wer aber Beleidigungen in Geduld erträgt und verzeiht, der tut ein notwendiges Werk[6] (von Allah beschlossenes Ding).

[45] Wen Allah in die Irre gehen läßt, der findet nachher keinen Beschützer mehr. Du wirst sehen, wie die Frevler, wenn sie die für sie bestimmte Strafe sehen, sagen werden: »Gibt es denn keinen Weg, nochmals in die Welt zurückzukehren[7]?« [46] Du wirst sie dann, wenn sie zum Höllenfeuer hingeführt werden, demütig finden, wegen der Schmach, die ihnen bevorsteht, und nur verstohlen blicken sie nach der Seite des Feuers hin. Die Gläubigen aber sprechen: »Verloren sind die, welche ihre Seelen und die ihrer Familie am Tage der Auferstehung verlieren.« Sollte den Frevlern auch wohl etwas anderes als ewige Strafe zuteil werden? [47] Sie finden dann keinen Beschützer, der ihnen außer Allah helfen kann. Wen Allah in die Irre entläßt, der findet nimmer den Weg zur Wahrheit. [48] Gehorcht daher euerem Herrn, bevor der Tag kommt, den Allah nicht zurückhalten wird. An jenem Tage werdet ihr keinen Zufluchtsort finden und auch euere Sünden nicht leugnen können. [49] Wenden sie (die Ungläubigen) sich von dir weg, so wisse, daß du ja nicht zum Wächter über sie, sondern nur zum Prediger eingesetzt bist. Erzeigen wir einem Menschen Barmherzigkeit, so freut er sich ihrer; trifft ihn aber wegen seiner Hände Werk ein Übel, dann wird er undankbar. [50] Allahs ist das Reich der Himmel und der Erde, er erschafft, was und wen er will. [51] Er schenkt euch Mädchen oder Knaben, oder beide zusammen, wem er will, und er macht unfruchtbar, wen er will; denn er ist allwissend und allmächtig.

[5] Wörtlich: über diesen gibt es keinen Weg. Die religiöse moderne Milde übersetzt: [42] Jedoch trifft jene kein Tadel, die sich verteidigen, nachdem ihnen Unrecht widerfuhr. Damit Wiederholung des Verses [40]. [6] Der handelt so, wie es recht und vorgeschrieben ist. Die Ahmadiyya-Mission in schöner Übersetzung: . . . gewiß Zeichen starken Geistes. Goldschmidt erläutert: zugefügtes Leid ist Verhängnis durch Allah; es ist geduldig zu ertragen. Er übersetzt: . . . wer vergibt, dies geschieht durch Ratschluß der Dinge.
[7] Wörtlich: Ist da keine Rückkehr vom Pfad (zur Hölle).

[52] Nie war es einem Menschen vergönnt, daß Allah zu ihm sprach; außer nur durch ein Gesicht oder hinter Schleiern (aus dem Verborgenen), oder er sendet einen Boten, daß er mit seiner Erlaubnis anzeige, was er will[8]; denn er ist hoch erhaben und allweise. [53] So schickten wir auch dir einen Geist (den Engel Gabriel) mit einer Offenbarung nach unserem Befehl. Vorher wußtest du nichts von der Schrift und vom Glauben, welche wir als ein Licht entzündeten, mit welchem wir diejenigen unserer Diener, die uns gefallen, leiten wollen. Auch du sollst sie auf den richtigen Weg leiten, [54] auf den Weg Allahs, dem alles gehört, was in Himmeln und auf Erden ist. So ist es. Und kehren nicht alle Dinge einst zu Allah zurück?

[8] Dieser Bote ist der heilige Geist (der Engel Gabriel).

DREIUNDVIERZIGSTE SURE

Der Goldprunk[1] (Al-Zuchruf) *offenbart zu Mekka*

[1] Im Namen Allahs, des Allbarmherzigen. [2] Ha Mim. [3] Bei dem deutlichen Buche, [4] das wir als einen arabischen Koran abgefaßt haben, damit ihr es versteht. [5] Es ist aufgezeichnet bei uns in der Quelle der Offenbarung[2], und es ist erhabenen und weisen Inhalts. [6] Sollen wir deshalb die Ermahnung von euch hinwegnehmen und euch vorenthalten, weil ihr frevelhafte Menschen seid? [7] Wie viele Propheten haben wir nicht zu den Früheren geschickt? [8] Aber kein Prophet kam zu ihnen, welchen sie nicht verspottet hätten. [9] Darum haben wir Völker vertilgt, die weit stärker waren an Macht als sie, und haben ihnen so das Beispiel der Früheren vorgestellt. [10] Fragst du sie: »Wer hat die Himmel und die Erde erschaffen?«, so werden sie antworten: »Der Allmächtige und Allweise hat sie erschaffen«, [11] der, welcher die Erde wie ein Bett für euch ausgebreitet und zu euerer Leitung Wege darauf angelegt hat; [12] der Regen mit Maß vom Himmel herabsendet, um damit ein totes Land zu erquicken. – Auf gleiche Weise werdet ihr einst aus eueren Gräbern auferweckt[3]. [13] Dessen, welcher all die verschiedenen Arten von Dingen geschaffen und der euch Schiffe und Tiere

[1] So genannt nach dem Inhalte des Verses [36] dieser Sure; Henning: Der Goldputz.
[2] Wörtlich: in der Mutter des Buches. Siehe dreizehnte Sure [40] und Note 19. [3] Siehe siebte Sure [58] und Note 24.

gegeben hat, auf welchen ihr reiten könnt, [14] fest sitzend auf ihren Rücken, erinnert euch dabei, wenn ihr auf ihnen sitzt, an die Gnade eueres Herrn, und sprecht: »Lob sei ihm, der diese unserem Dienst unterworfen hat, welche wir durch unsere Kraft nicht hätten bezwingen können, [15] und gewiß werden wir einst zu unserem Herrn zurückkehren.«

[16] Dennoch setzen sie ihm einen Teil seiner Diener gleichsam als Teil seiner selbst zur Seite; wahrlich, der Mensch ist offenbar undankbar. [17] Hat denn Allah von seinen Geschöpfen gerade die Töchter für sich genommen und die Söhne für euch auserwählt? [18] Wird einem von ihnen die Geburt eines solchen Kindes (eines Mädchens), wie man es dem Allbarmherzigen zuschreibt[4], verkündet dann wird sein Gesicht schwarz, und Kummer beugt ihn nieder. [19] Wie wollen sie aber Allah Kinder weiblichen Geschlechts zuerteilen, die unter eitlem Putz aufwachsen und die selbst ohne Ursache streitsüchtig sind[5]? [20] Wie wollen sie die Engel, welche Diener des Allbarmherzigen sind, zu weiblichen Wesen machen? Waren sie denn bei ihrer Erschaffung anwesend? Diese ihre Behauptung soll niedergeschrieben werden, und sie sollen einst dafür verantwortlich sein. [21] Sie sagen: »Hätte es der Allbarmherzige nicht gewollt, hätten wir sie (Engel oder Götzen) nicht verehrt.« Aber sie haben davon keine Kenntnis und sprechen nur Lügen. [22] Haben wir ihnen denn vordem hierüber eine anordnende Schrift gegeben? Haben sie eine solche in Verwahrung? [23] Aber sie sagen: »Wir fanden, daß auch unsere Väter diese Religion befolgten, und wir sind in ihre Fußtapfen geführt worden.« [24] Aber wir haben noch keinen Prediger vor dir in irgendeine Stadt gesandt, ohne daß nicht deren Vornehme gesagt hätten: »Wir fanden auch unsere Väter bei dieser Religion, und wir treten in ihre Fußtapfen.« [25] Dieser (von Allah gesandte Prediger) aber antwortete: »Wie aber, wenn ich eine richtigere Religion als die, welche ihr bei eueren Vätern vorfandet, euch brächte?« Sie aber erwiderten: »Auch dann glauben wir euerer Sendung nicht.« [26] Darum nahmen wir Rache an ihnen, und sieh, welch ein Ende die genommen haben, welche unsere Gesandten des Betruges beschuldigt hatten.

[27] Erinnere dich auch des Abraham, wie er zu seinem Vater

[4] Nämlich eines Mädchens. Siehe sechzehnte Sure [58] und Note 15. [5] So verstehen die meisten Erklärer diese Stelle. Wahl übersetzt: Kann, wer bei Weiberzierde aufwächst, auf also unerklärlichen Widersinn geraten?

und seinem Volke sagte: »Ich halte mich rein von euerem Götzendienst; [28] ich verehre nur den, welcher mich erschuf und welcher richtig leiten wird.« [29] Und dieses Wort haben wir als ewige Lehre für seine Nachkommen eingesetzt, damit sie sich zur wahren Verehrung des einen Gottes bekehren. [30] Wahrlich, ich hatte ihnen (den Mekkanern) und ihren Vätern ein glückliches Leben gegeben, bis die Wahrheit und der deutlich beglaubigte Gesandte zu ihnen kam. [31] Und nun, da sie die Wahrheit erhielten, sagen sie: »Das ist ja nur Täuschung, und wir glauben nicht daran.« [32] Sie sagen ferner: »Ja, wäre der Koran nur einem großen Mann der zwei Städte (Mekka und Taif) offenbart worden!« [33] Wollen sie denn die Barmherzigkeit deines Herrn (die Gabe der Prophetie) verteilen? Die Lebensbedürfnisse hienieden haben wir ja unter ihnen verteilt und haben einige über andere stufenweise so erhöht, daß einige von ihnen die anderen in ihren Dienst nehmen[6]; doch ist die Barmherzigkeit deines Herrn besser als die Schätze, welche sie anhäufen. [34] Wenn die Menschen nicht eine einzige ungläubige Volksmasse bildeten[7], machten wir, wenn sie nicht an den Allbarmherzigen glauben wollen, die Dächer ihrer Häuser aus Silber, ebenso die Treppen, auf welchen sie hinaufsteigen, [35] und die Pforten ihrer Häuser und die Gestelle ihrer Ruhelager, worauf sie liegen (aus purem Silber). [36] Auch Goldprunk würde ihnen zuteil; doch all dies gehört zur Versorgung des irdischen Lebens; aber das zukünftige Leben bei deinem Herrn ist für die bestimmt, welche ihn fürchten.

[37] Wer sich von der Ermahnung des Allbarmherzigen abwendet, dem gesellen wir einen Satan zu, und er sei ihm ein unzertrennlicher Gefährte [38] – denn die Satane führen sie vom rechten Weg ab, wenn sie auch meinen, recht geleitet zu sein –, [39] bis er einst vor uns kommen und dann (zum Satan) sagen wird: »O wäre doch ein Zwischenraum (eine Entfernung) zwischen mir und dir so weit wie der Aufgang vom Untergang der Sonne! Oh, welch ein unglückseliger Gefährte bist du!« [40] Doch dies alles kann euch an

[6] Goldschmidt übersetzt: . . . ., daß die einen die anderen zum Spott halten. Die Ahmadiyya-Mission: . . . ., auf daß die einen die anderen in Pflicht nehmen mögen. Ullmann und Henning etwa gleichlautend mit obigem Text. [7] Goldschmidt übersetzt: Und wenn nicht vermieden werden sollte, daß die Menschen eine einzige Gemeinde bilden, ganz gewiß machten wir jedem . . ., der . . . verleugnet, . . . silberne Dächer . . . Die Ahmadiyya-Mission: Und wäre es nicht, daß die Menschheit (insgesamt) zu derselben Art Leute geworden wäre, wir würden . . . (sinngemäß weiter wie im obigen Text).

jenem Tage nichts helfen, da ihr vorher Frevler wart; ihr müßt gleichen Teil nehmen an der Strafe. [41] Kannst du den Tauben hörend machen oder den Blinden sehend oder den, welcher im offenbarsten Irrtum ist? [42] Mögen wir dich (Mohammed) auch durch den Tod hinwegnehmen, so werden wir doch Rache an ihnen nehmen (vergelten); [43] mögen wir dich aber auch die ihnen angedrohte Strafe noch sehen lassen: Immer werden wir ihrer mächtig sein. [44] Darum halte fest an dem, was dir offenbart wurde; dann bist du auf dem richtigen Wege; [45] denn der Koran ist eine Ermahnung (Zierde) für dich und dein Volk, worüber ihr einst zur Verantwortung gezogen werdet. [46] Frage nur unsere Gesandten, welche wir vor dir sandten, ob wir für sie je einen anderen Gott als Allah, den Allbarmherzigen, zur Verehrung bestimmt haben?

[47] Einst sandten wir auch Moses mit unseren Zeichen zu Pharao und seinen Fürsten, und er sagte: »Ich bin der Gesandte des Herrn der Weltenbewohner.« [48] Als er nun mit unseren Zeichen zu ihnen kam, da verlachten sie dieselben, [49] obgleich die Zeichen, welche wir sie sehen ließen, immer eins größer war als das andere und sie mit Strafen heimsuchten, damit sie sich bekehren sollten. [50] Und sie sagten (zu Moses): »Oh, du Zauberer, ruf deinen Herrn für uns an, nach dem Bündnis, das er mit dir geschlossen hat; denn wir wollen uns leiten lassen.« [51] Aber siehe, sobald wir von ihnen die Strafe genommen hatten, brachen sie auch ihr Versprechen wieder[8]. [52] Pharao aber ließ unter seinem Volk ausrufen und sagen: »O mein Volk, gehören denn nicht mir das ägyptische Reich und diese Flüsse, die unter mir fließen[9]? Seht ihr denn das nicht ein? [53] Bin ich denn nicht besser als dieser verächtliche Mensch, welcher sich kaum deutlich machen kann[10]? [54] Wurde er denn mit goldenen Armbändern behangen[11]? Oder kamen Engel mit ihm

[8] Vergleiche 2. Buch Mosis, Kapitel 8 [1] . . . Laß mein Volk ziehen . . .! [2] Und wenn du dich weigerst . . ., so will ich dein Reich . . . schlagen . . . [4] Und die Frösche werden heraufkommen über dich und dein Volk und über alle deine Knechte. [5] Und Jehova sprach zu Moses: Sprich zu Aaron: Strecke deine Hand mit dem Stabe aus über die Flüsse . . . [6] Da streckte Aaron seine Hand aus über die Wasser in Ägypten, und die Frösche kamen herauf und bedeckten das Land . . . [8] Und der Pharao rief Moses und Aaron und sprach: Flehet zu Jehova, daß er die Frösche . . . wegnehme, so will ich das Volk ziehen lassen . . . [9] Und Moses sprach zu Pharao: . . . auf wann ich flehen soll. [13] Und Jehova tat nach dem Worte Mosis, und die Frösche starben weg . . . [15] Als Pharao sah die Erleichterung, da verstockte sein Herz . . . (darnach Stechmücken- und Hundsfliegenplage) [28] Und der Pharao verstockte auch dieses Mal sein Herz. [9] Der Nil und seine Arme; »unter mir fließen« heißt soviel wie auf meinen Befehl. [10] Siehe zwanzigste Sure [28] und Note 8, auch sechsundzwanzigste Sure [14]. [11] Goldene Armbänder und Halsketten sind bei den Ägyptern Zeichen fürstlicher Würde. Siehe

in seinem Gefolge?« [55] So überredete er sein Volk zum Leichtsinn, und es gehorchte ihm; denn sie waren frevelhafte Menschen. [56] Als sie uns nun so zum Zorn herausforderten, nahmen wir Rache an ihnen und ertränkten sie allesamt; [57] wir ließen sie zu einem Vorgang (zur Warnung für Vergangenes) und zum (drohenden) Beispiel für andere (folgende Geschlechter) werden.

[58] Als der Sohn der Maria zum Beispiel aufgestellt wurde, siehe, da schrie dein Volk vor Hohn laut auf [59] und sagte: »Wer ist denn besser: unsere Götter oder er[12]?« Sie stellen dir diese Frage nur aus Widerspruchsgeist, denn sie sind streitsüchtige Menschen. [60] Er (Jesus) ist nichts anderes als ein Diener, dem wir Gnade erzeigt und ihn als Beispiel für die Kinder Israels aufgestellt haben. [61] Wenn wir nur wollten, so könnten wir auch aus euch Engel hervorbringen (als Nachfolger) auf Erden! [62] Er (Jesus) diene auch zur Erkenntnis der letzten Stunde[13], darum bezweifelt sie nicht. Folgt daher nur mir; denn dies ist der richtige Weg. [63] Laßt euch nicht durch den Satan abwendig machen; denn er ist euer offenbarer Feind. [64] Als Jesus mit deutlichen Zeichen kam, da sagte er: »Ich komme zu euch mit der Weisheit, um euch einen Teil dessen deutlich zu machen, worüber ihr uneinig seid; darum fürchtet Allah und gehorcht mir. [65] Wahrlich, Allah ist mein und euer Herr, darum verehrt nur ihn; denn das ist der richtige Weg.« [66] Die Sekten aber waren uneinig untereinander[14]; wehe aber den Frevlern vor der Strafe des peinlichen Tages. [67] Können sie auch wohl etwas anderes erwarten als die Stunde des Gerichtes? Sie wird plötzlich, ohne daß sie es ahnen, über sie hereinbrechen. [68] Die vertrautesten Freunde werden an jenem Tag einander Feinde; nur die Frommen nicht.

[69] »Oh, meine Diener, über euch wird an jenem Tage weder Furcht noch Trauer kommen. [70] Ihr, die ihr an unsere Zeichen geglaubt habt und Moslems gewesen seid, [71] geht ein in das Paradies, ihr und euere Frauen, in Ehren und glückselig. [72] Goldene Schüsseln und Becher werden die Runde machen, und ihr werdet

1. Buch Mosis, Kapitel 41 [42]: Und der Pharao nahm seinen Siegelring von seiner Hand und tat ihn an die Hand Josephs, und er kleidete ihn in Kleider von Byssus und legte die goldene Kette um seinen Hals ... [12] Noch einigen wurde diese Stelle offenbart, als Mohammed den Arabern ihren Götzendienst vorhielt und diese sich auf die Christen beriefen, welche auch den Menschen Jesus göttlich verehren, um wie viel mehr also den Engeln göttliche Verehrung gezollt werden dürfe. [13] Nach dem Islam ist Jesu Wiederkunft ein Zeichen des Jüngsten Tages. [14] Juden und Christen sind die Sektierer, die sich über Jesu Person nicht verständigen konnten.

dort finden, was euere Seele nur wünschen und euer Auge ergötzen kann, und ewig sollt ihr dort bleiben. [73] Dies ist das Paradies, welches ihr zum Erbteil bekommt für das, was ihr getan habt. [74] Dort sollt ihr Früchte im Überfluß haben, von welchen ihr genießen mögt.« [75] Die Übeltäter aber sollen auf ewig der Höllenstrafe verfallen sein. [76] Keine Erleichterung sollen sie erhalten, sondern sie sollen darin verzweifeln. ([77] Nicht wir sind ungerecht gegen sie; sie selbst handelten vielmehr unrecht gegen sich. [78] Sie werden dann ausrufen: »O Malik[15], bitte doch deinen Herrn, daß er ein Ende mit uns mache.« Er aber wird antworten: »Nein, auf immer und ewig müßt ihr hier bleiben. [79] Wir sind mit der Wahrheit zu euch gekommen; aber die meisten von euch verabscheuen die Wahrheit.« [80] Haben sie vielleicht etwas gegen uns im Sinn? Nun, so werden wir auch etwas gegen sie ersinnen. [81] Glauben sie etwa, daß wir ihre Geheimnisse und ihre Unterredungen nicht hören? Wohl hören wir sie, und unsere Gesandten, welche bei ihnen sind[16], schreiben sie nieder. [82] Sprich: »Wenn der Allbarmherzige einen Sohn hätte, so wäre ich der erste, der ihn verehrte.« [83] Aber fern ist von ihm, dem Herrn der Himmel und der Erde, dem Herrn des Thrones, das, was sie von ihm behaupten! [84] Laß sie nur weiterhin streiten und sich damit belustigen, bis ihr Tag kommen wird, welcher ihnen angedroht ist. [85] Der Gott der Himmel ist auch der Gott der Erde; er, Allah, der Allweise und Allwissende. [86] Gelobt sei der, welchem die Herrschaft der Himmel und der Erde gehört und über das, was zwischen ihnen ist. Bei ihm ist die Kenntnis der letzten Stunde, und zu ihm kehrt ihr einst zurück. [87] Die, welche sie statt ihm anrufen, haben nicht einmal die Macht der Vermittlung; sondern nur die, welche die Wahrheit bezeugen und sie anerkennen[17]. [88] Fragst du sie, wer sie erschaffen hat, so antworten sie: »Allah!« Warum wendet ihr euch denn von ihm ab? [89] Er (Mohammed) spricht: »O mein Herr, es sind ungläubige Menschen.« [90] Allah aber antwortet: »Trenne dich von ihnen und sprich: ›Frieden[18]‹, bald werden sie ... (schon ihre Torheit einsehen).«

[15] Wörtlich: Inhaber. Dies ist ein Gesandter oder der Oberaufseher (Engel!) der Hölle. [16] Dies sind die Schutzengel der Menschen. [17] Die Wahrheit der Lehre eines einzigen Gottes. Unter diesen, welche als Vermittler auftreten dürfen, verstehen die Ausleger: Jesus, Esra und die Engel. [18] Siehe fünfundzwanzigste Sure [64] und Note 21.

VIERUNDVIERZIGSTE SURE

Der Rauch[1] (Al-Duchan) *offenbart zu Mekka*

[1] Im Namen Allahs, des Allbarmherzigen. [2] Ha Mim. [3] Bei dem deutlichen Buche! [4] Wir haben es in einer gesegneten Nacht[2] herabgesandt, damit wir die Menschen vor dem Unheil dadurch verwarnen. [5] In dieser Nacht entscheiden wir, nach unserem Befehl, mit Weisheit alle Dinge[3]. [6] Wahrlich, wir schickten schon oft Gesandte [7] als Zeichen der Barmherzigkeit deines Herrn; denn er hört und weiß alles. [8] Er ist Herr der Himmel und der Erde und alles dessen, was zwischen ihnen ist. Möchtet ihr das doch vollkommen erkennen! [9] Es gibt außer ihm keinen Gott. Er belebt und tötet, und er ist euer Herr und der Herr euerer Vorfahren. [10] Zwar belustigen sie sich jetzt mit Zweifeln daran; [11] beobachte sie aber an dem Tag, an welchem die Himmel in sichtbaren Rauch aufgehen werden[4], [12] der die Menschen bedecken wird; eine peinvolle Strafe wird dies sein. [13] Sie sagen dann: »O unser Herr, nimm diese Strafe von uns, wir wollen Gläubige werden.« [14] Aber wie kann ihnen irgend etwas da noch helfen, da doch der offenbare Gesandte zu ihnen gekommen war [15] und sie sich dennoch von ihm abgewendet und gesagt haben: »Er spricht nur nach[5], er ist verrückt.« [16] Wir wollen zwar die Strafe euch ein wenig abnehmen[6]; ihr werdet aber doch wieder rückfällig werden und zum Unglauben zurückkehren. [17] An jenem Tag, an welchem wir unsere große Macht entwickeln[7], da wollen wir Strafe über sie verhängen. [18] Vor ihnen schon prüften wir das Volk des Pharao, indem ein ehrwürdiger Gesandter zu ihm kam [19] (und sagte:) »Überlaßt mir die Diener Allahs[8]; denn ich bin euch ein treuer und aufrichtiger Bote. [20] Erhebt euch nicht wider Allah; denn ich komme mit offenbarer Vollmacht zu euch. [21] Ich nehme meine Zuflucht zu meinem und euerem Herrn, sofern ihr mich steinigen wollt[9]. [22] Wenn ihr mir aber nicht glauben wollt, so entfernt euch

[1] So genannt, weil in dieser Sure [11] der Rauch erwähnt wird. [2] Es wird angenommen, daß in der Nacht vom 23. auf den 24. des Fastenmonats Ramadan, welche Nacht, »die Nacht Al-Kadr«, die Nacht der heiligen Bestimmung, heißt, der Koran aus dem siebenten Himmel herabgesandt worden ist. (Siehe siebenundneunzigste Sure.) [3] Die Moslems glauben, daß in dieser Nacht alle menschlichen Schicksale für das kommende Jahr entschieden und bestimmt werden. Diese Nacht ist ihnen, was den Juden der Neujahrstag bedeutet. [4] Dies ist ein Zeichen des Jüngsten Tages. [5] Siehe sechzehnte Sure [104] und Note 29. [6] Der Rauch soll eine Zeitlang aufhören. [7] Nach einigen ist der Tag der Schlacht bei Bedr, nach anderen der Tag des Weltgerichts hierunter zu verstehen. [8] »Laßt die Kinder Israels mit mir ziehen.« [9] Wenn ihr mir Böses zufügen wollt.

von mir.« [23] Darauf rief er zu seinem Herrn und sagte: »Wahrlich, das sind frevelhafte Menschen.« [24] Und Allah erwiderte: »Geh mit meinen Dienern bei Nacht hinweg, denn ihr werdet verfolgt werden, [25] laß das Meer, wie es ist[10], das feindliche Heer soll ertränkt werden.« [26] Wie viele Gärten und Quellen [27] und Saatfelder und wie manch herrliche Paläste [28] und wieviel sonstige Annehmlichkeit, deren sie sich erfreut hatten, mußten sie nicht zurücklassen! [29] So ließen wir es geschehen und gaben dies alles einem anderen Volke zum Erbteil[11]. [30] Weder Himmel noch Erde beweinte ihren Untergang, und es wurde ihnen nicht länger mehr nachgesehen.

[31] Die Kinder Israels erretteten wir von der schmachvollen Strafe, [32] nämlich vor Pharao, welcher ein stolzer Frevler war, [33] und wir erwählten sie in unserer Allwissenheit, vor aller Welt [34] und zeigten ihnen unsere Zeichen, die zur offenbaren Prüfung dienten[12]. [35] Die Mekkaner sagen: [36] »Es gibt für uns nur einen ersten Tod[13], und wir werden nicht wieder auferweckt. [37] Bringt einmal unsere Vorfahren ins Leben zurück, wenn ihr Wahrheit sprecht.« [38] Aber sind sie denn besser als das Volk des Tobba[14] und als die, welche vor ihnen lebten? Wir haben sie vertilgt, weil sie Frevler waren. [39] Wahrlich, wir haben die Himmel und die Erde, und was zwischen ihnen ist, nicht zum Scherz geschaffen[15]; [40] sondern wir haben sie nur in Wahrheit erschaffen[16]; doch die meisten von ihnen erkennen dies nicht.

[41] Wahrlich, der Tag der Sonderung[17] soll für sie allesamt der bestimmte Termin sein; [42] ein Tag, an welchem der Herr und der Diener sich nichts mehr nützen können und keinem, [43] außer dem, dessen Allah sich erbarmt, geholfen werden kann; denn er ist der Allmächtige und Allbarmherzige. [44] Die Frucht des Baumes

[10] Laß das Meer ruhig geteilt, wenn du mit den Kindern Israels hindurchgegangen bist, damit die Ägypter nachfolgen und sodann ertrinken. [11] Siehe sechsundzwanzigste Sure [60] und Note 11. [12] Vergleiche 2. Buch Mosis, Kapitel 20 [17]: Du sollst nicht begehren deines Nächsten Haus, du sollst nicht begehren deines Nächsten Weib, noch seinen Knecht, noch seine Magd, noch sein Rind, noch seinen Esel, nichts, was dein Nächster hat . . . Auch 5. Buch Mosis, Kapitel 8 [16]: . . . der dich in der Wüste mit Manna speiste . . ., um dich zu demütigen und dich zu versuchen . . . [13] Den natürlichen, welchem kein zweites Leben folgt, auf welches man zum zweiten Male sterben könnte. [14] Das sind die Hamyariten, die alten Araber unter der Regierung der Könige des Glücklichen Arabiens. Ein gewisser Tobba nahm zuerst als König in Jemen diesen Titel an, daher werden sie das Volk des Tobba genannt. [15] Siehe einundzwanzigste Sure [17] und Note 7. [16] Zum Beweis unserer Allmacht. Siehe zehnte Sure [6] und Note 3 und einundzwanzigste Sure [19]. [17] Der Jüngste Tag, an welchem die Bösen von den Frommen gesondert werden.

Al-Sakkum [45] wird dem Gottlosen zur Speise dienen[18], [46] wie der Topf mit Öl (geschmolzenes Erz) wird sie im Bauche kochen, [47] gleich dem Kochen des siedenden Wassers. [48] Und zu den Peinigern der Hölle wird gesagt: »Ergreift ihn und schleppt ihn in die Mitte der Hölle [49] und gießt über sein Haupt die Qual des siedenden Wassers.« [50] Und sprecht: »Koste nun dies, du mächtiger und hochgeehrter Mann[19]. [51] Dies ist die Strafe, welche ihr bezweifelt habt.« [52] Die Gottesfürchtigen aber kommen an einen sicheren Ort, [53] in Gärten mit Wasserquellen, [54] und sie werden sich, gekleidet in Seide und Samt, einander gegenübersitzen. [55] So soll es sein, und wir werden sie mit schönen Jungfrauen vermählen, jede Haura mit großen schwarzen Augen. [56] Dort können sie mit Gewißheit alle Arten von Früchten fordern, [57] und außer dem (erlittenen) ersten Tode werden sie dort keinen Tod mehr kosten, und Allah hat sie befreit von der Höllenstrafe: [58] Das ist die Gnade deines Herrn. Dies ist eine große Glückseligkeit. [59] Wir haben ihn (den Koran) dir erleichtert, da wir ihn in deiner Zunge[20] (Sprache) offenbarten, damit sie sich ermahnen lassen. [60] Darum wartet nur, und auch sie mögen das Ende erwarten.

[18] Siehe siebenunddreißigste Sure [63] ff. Unter diesem Gottlosen verstehen die Ausleger den Abu Jahl, einen Verwandten und Feind Mohammeds. [19] Derselbe Feind: siehe Note 18. [20] Siehe neunzehnte Sure [98] und Note 20.

FÜNFUNDVIERZIGSTE SURE

Das Knien[1] (Al-Dschathiyah) *offenbart zu Mekka*

[1] Im Namen Allahs, des Allbarmherzigen. [2] Ha Mim. [3] Die Offenbarung dieses Buches ist von Allah, dem Allmächtigen und Allweisen. [4] Wahrlich, in Himmeln und auf Erden sind für gläubige Menschen Zeichen (der göttlichen Allmacht). [5] Ebenso sind in euerer Erschaffung und in der Schöpfung der Lebewesen, welche über die Erde verstreut sind, Zeichen für Menschen, die standhaft glauben. [6] Auch der Wechsel der Nacht und des Tages und der Regen, den Allah zu Versorgung vom Himmel herabsendet, um die Erde nach ihrem Tode neu zu beleben, und auch der Wechsel der Winde sind Zeichen für verständige Menschen. [7] Dies sind die Zeichen (Verse) Allahs, die wir dir (aus dem Koran) als Wahrheit

[1] So genannt, weil in dieser Sure [29] gesagt wird, daß die Völker am Jüngsten Tag auf den Knien liegen werden. Auch »Die religiösen Angelegenheiten« überschrieben: Vers [18].

vorlesen. An welche Offenbarung wollen sie denn glauben, da sie Allah und seine Zeichen verwerfen? [8] Wehe jedem lügenhaften Sünder, [9] welcher die Zeichen Allahs hört, wie sie ihm vorgelesen werden, und dennoch hochmütig im Unglauben verharrt, als habe er sie nicht gehört (verkünde ihm peinvolle Strafe), [10] und der, wenn ihm etwas von unseren Zeichen bekannt wird, diese nur mit Spott empfängt! Für solche ist schmachvolle Strafe bestimmt, [11] und vor ihnen liegt die Hölle, und alles, was sie gewonnen haben, wird ihnen nichts helfen, ebensowenig wie die Götzen, welche sie statt Allah zu Beschützern angenommen haben. Ihrer wartet schwere Strafe. [12] Dies ist die richtige Leitung. Die nun die Zeichen ihres Herrn leugnen, werden die Strafe peinvoller Qual erleiden.

[13] Allah ist es, welcher euch das Meer untertänig machte, damit die Schiffe dasselbe auf sein Geheiß durchsegeln, ihr durch Allahs Huld Handelsvorteile erlangt und dankbar seid. [14] Er zwingt alles, was in Himmeln und was auf Erden ist, euch zu dienen; denn alles kommt ja von ihm. Wahrlich, hierin liegen Zeichen für nachdenkende Menschen. [15] Sprich zu den Gläubigen, sie, für ihre Person, mögen wohl denen vergeben, welche nicht auf den Tag Allahs hoffen (sie bedrängen) – er wird an diesem Tage die Menschen nach ihrem Verdienste belohnen. [16] Wer rechtschaffen handelt, der tut es zum Heil seiner eigenen Seele, und wer Böses ausübt, der tut es zum eigenen Schaden. Einst werdet ihr zu euerem Herrn zurückkehren müssen. [17] Den Kindern Israels gaben wir einst die Schrift und Weisheit und die Prophetengabe und versorgten sie mit allem Guten und bevorzugten sie vor aller Welt [18] und gaben ihnen deutliche Erkenntnis in religiösen Angelegenheiten[2]. Aber nachdem sie diese Erkenntnis erhalten hatten, wurden sie aus Neid untereinander uneinig; allein am Tage der Auferstehung wird dein Herr das, worüber sie uneins sind, zwischen ihnen entscheiden. [19] Hernach haben wir dich (Mohammed) für das Gesetz der Religion auserwählt; darum befolge dieses und folge nicht den Wünschen der Unwissenden[3]. [20] Wahrlich, sie können dir wider Allah in nichts helfen; nur die Frevler sind sich untereinander Beschützer; die Gottesfürchtigen aber beschützt Allah. [21] Dieser Koran enthält deutliche Lehren für die ganze Menschheit und ist gnadenvolle Leitung

[2] Mehrfach als Titelüberschrift dieser Sure gewählt. [3] Dies richtet sich gegen die Vornehmsten der Koreischiten, welche Mohammed bedrängten, wieder zur Religion seiner Väter zurückzukehren.

und gütige Barmherzigkeit für Erdenkinder, welche im Glauben standhaft sind. [22] Vermeinen denn die, welche nur Böses ausüben, daß wir sie gleich den Gläubigen und Rechtschaffenen behandeln werden? Daß ihr Leben und ihr (und deren) Tod (und ihr und der Gläubigen Hernach) völlig gleich sein werden? Wie falsch sie da urteilen!

[23] Allah hat die Himmel und die Erde in Wahrheit erschaffen, damit er eines jeden Seele, wie sie es verdient, lohne – und keine wird ungerecht behandelt werden. [24] Sieh mal, was denkst du wohl? Der seine eigenen Lüste zu Götzen nimmt und den Allah in die Irre entläßt, ihm Ohr und Herz versiegelt und über seine Augen eine Hülle zieht, wer soll den leiten können, da Allah ihn verlassen hat? Wie, wolltet ihr euch nicht mahnen lassen? Nicht? [25] Sie sprechen: »Außer dem Leben hienieden – gibt es kein weiteres. Wir leben[4] und sterben; nichts als die Zeit vernichtet uns.« Aber sie haben hiervon keine Kenntnis und folgen ahnungslos einer falschen Vorstellung. [26] Werden ihnen unsere Verse, die deutlichen Zeichen, vorgelesen, nichts anderes wissen sie dagegen vorzubringen, als einzuwenden: »Bringt unsere Väter und Vorväter wieder ins Leben zurück, wenn ihr die Wahrheit sprecht!« [27] Antworte: »Allah schenkte euch das Leben, er läßt euch einst sterben, und dereinst, am Tage der Auferstehung, wird er euch versammeln.« Daran ist nicht zu zweifeln, doch die Mehrzahl der Menschen versteht dies nicht.

[28] Allah gehört das Reich der Himmel und der Erde zu eigen, und an jenem Tag, auf welchen die Stunde des Gerichts festgesetzt ist, an diesem Tage werden alle die, welche den Koran eitler Lüge beschuldigten, verlorengehen. [29] Dann wirst du sehen, wie jedes Volk auf den Knien liegt. Und ein jedes Volk wird zu seinem Buche[5] gerufen, und zu ihm wird gesprochen werden: »Heute sollt ihr belohnt werden, Lohn für euere Taten.« (Und weiter:) [30] »Dieses unser Buch spricht nur die Wahrheit von euch; seht, wir schrieben nieder, was ihr tatet – alles!« [31] Die Gläubigen, und die rechtschaffen Gutes taten, sie wird ihr Herr in seine Barmherzigkeit einführen; dies wird eine sichtbare Glückseligkeit sein. [32] Zu den Ungläubigen aber wird gesprochen: »Sind euch nicht unsere Zeichen (Verse) vorgelesen worden? Wart ihr nicht dennoch hochmütig und

[4] Wörtlich: wir sterben und leben. [5] In welchem seine Handlungen aufgezeichnet sind.

seid ruchlose Menschen geblieben? [33] Und wenn man zu euch warnend sprach: ›Seid gewiß, Allahs Verheißung ist Wahrheit, die Stunde des Gerichtes nicht zu bezweifeln!‹, da gabt ihr zur Antwort: ›Wir wissen nicht, was dies für eine Stunde ist, wir halten sie für eine vorgefaßte Wahnidee, wir können nicht daran glauben.‹« [34] An jenem Tag erscheint ihnen all das Böse, das sie gesetzt haben, und es empfängt sie und bewahrheitet sich an ihnen das, was sie verspotteten, [35] und es wird zu ihnen gesagt: »Heute vergessen wir euch, wie ihr das Eintreffen eueres Tages vergaßt. Die Hölle mit ihrer Feuersglut soll euere ewige Stätte sein, und niemand wird euch helfen können, [36] deshalb, weil ihr für die Verse Allahs nur Spott hattet und weil ihr euch von dem irdischen Leben habt betrügen und täuschen lassen.« Und von diesem Tage an dürfen sie nie mehr aus dem Feuer entweichen, und von ihnen wird nie mehr gefordert werden, sich Allah wohlgefällig zu erweisen. [37] Und Allah sei Lob und Preis, dem Herrn der Himmel und Erde, dem Herrn der Weltenbewohner! [38] Sein ist die Herrlichkeit in Himmeln und auf Erden; denn er ist der Allmächtige und Allweise.

SECHSUNDVIERZIGSTE SURE

Das Tal des Sandes[1] (Al-Ahkaf) *offenbart zu Mekka*

[1] Im Namen Allahs, des Allbarmherzigen.

[2] Ha Mim. [3] Die Offenbarung dieses Buches ist von Allah, dem Allmächtigen und Allweisen. [4] Die Himmel und die Erde, und was zwischen ihnen ist, haben wir nur in Wahrheit – und nur auf eine bestimmte Zeit – geschaffen; aber die Ungläubigen wenden sich von der Verwarnung, welche sie erhalten haben, weg. [5] Sprich: »Was denkt ihr denn wohl? Zeigt mir doch, was die, welche ihr statt Allah anruft, auf Erden geschaffen haben? Oder haben sie etwa Anteil an der Schöpfung der Himmel? Bringt mir zum Beweise hierfür irgendeine Schrift, welche vor dieser (Offenbarung des Korans) offenbart wurde, oder sonst einen Hinweis der Erkenntnis, wenn ihr Wahrheit sprecht.« [6] Wer irrt mehr als der, welcher

[1] Al-Ahkaf bedeutet eigentlich Sandhaufen. Dies ist auch der Name eines Tales in der Provinz Hadramaut, wo die Aditen gewohnt haben sollen. Dieses Tales wird in dieser Sure [22] gedacht.

statt Allahs Wesen anruft, die ihm bis zum Tage der Auferstehung nicht antworten können und um sein Rufen dereinst ganz unbekümmert bleiben [7] und die, wenn die Menschen einst versammelt werden, ihnen feind sind und ihre Verehrer undankbar verleugnen werden? [8] Werden ihnen unsere deutlichen Zeichen vorgelesen, so sagen die Ungläubigen von der Wahrheit, die sie erhalten haben: »Das ist ja offenbare Täuschung.« [9] Wollen sie sagen: »Er (Mohammed) hat ihn (den Koran) erdichtet«, so antworte: »Wenn ich ihn erdichtete, so könnt ihr gegen Allah nichts für mich vermögen; aber er kennt euere verleumderischen Reden, und er ist hinlänglicher Zeuge zwischen mir und euch; denn er ist gnädig und barmherzig.« [10] Sprich: »Ich bin kein Neuerer unter den Gesandten[2], und ich weiß auch nicht, was Allah einst mit mir und mit euch machen wird. Ich folge nur dem, was mir offenbart wurde, und ich bin nur schlicht ein öffentlicher Prediger.« [11] Sprich: »Was denkt ihr wohl? Wenn dies Buch von Allah ist – und ihr glaubt es doch nicht – und wenn ein Zeuge von den Kindern Israels[3] dessen Übereinstimmung mit dem Gesetze bezeugt und daran glaubt – und ihr dennoch dasselbe hochmütig verwerft –, seid ihr da keine Frevler?« Doch Allah leitet frevelhafte Menschen nicht.

[12] Die Ungläubigen sagen zu den Gläubigen: »Wenn die Lehre des Korans etwas Besseres wäre, so würden jene uns in gläubiger Annahme desselben nicht zuvorgekommen sein[4].« Und da sie sich durch den Koran nicht leiten lassen wollen, so sagen sie: »Er enthält ja nur alte Lügenmärchen.« [13] Doch vor diesem schon wurde dem Moses die Schrift, ein Führer und eine Barmherzigkeit, und nun bestätigt diese dieses Buch, das in arabischer Sprache offenbart ist, um den Frevlern Strafen anzudrohen und den Rechtschaffenen Gutes zu verkünden. [14] Über die, welche sagen: »Unser Herr ist Allah« und die sich rechtschaffen betragen, wird weder Furcht noch Trauer kommen. [15] Sie werden das Paradies bewohnen und ewig darin bleiben, als Belohnung für das, was sie getan haben. [16] Wir haben dem Menschen Liebe und wohltätige Güte zu seinen Eltern befohlen. Seine Mutter trägt ihn mit Schmerzen im Schoß und

[2] Meine Lehre unterscheidet sich nicht von den Lehren der früheren Gesandten, und ich bin auch nicht mehr als sie. [3] Dieser Zeuge ist der in der sechzehnten Sure [104] und Note 29 genannte Abdallah ibn Salam, der sich zum Islam bekehrte und Mohammeds Freund war. [4] Die Anhänger des Mohammed waren in den Augen der Koreischiten verächtlich, weil es größtenteils Menschen von niederem Stande waren; daher diese Worte.

kommt mit ihm in Schmerzen nieder, und ihre Schwangerschaft (und ihre ersten Sorgen) bis zu seiner Entwöhnung dauert dreißig Monate[5]. Und wenn er das Alter der Kraft, das vierzigste Jahr, erreicht hat[6], dann spricht er: »O Herr, sporne mich durch deine Erleuchtung an, daß ich für deine Gnade dankbar bin, mit der du mich und meine Eltern begnadetest, auch (rege mich an), daß ich nur das Gute tue, das dir wohl gefällt, und auch in meinen Nachkommen beglücke mich; denn ich wende mich zu dir, ich bin ein Moslem.« [17] Das sind die, deren gute Werke, welche sie ausübten, wir annehmen und deren Fehltritte (böse Handlungen) wir übersehen (wollen). Sie sind die Gefährten des Paradieses, nach der wahrhaften Verheißung, welche ihnen kund wurde. [18] Für den aber, welcher zu seinen Eltern spricht: »Pfui über euch! Wie wollt ihr mir verheißen, daß ich wieder aus dem Grab auferstehen werde, da doch so viele Geschlechter auf ewig dahingingen!«, für den sollen seine Eltern Allah um Beistand bitten und zu ihrem Sohn sagen: »Weh dir, sei doch gläubig, Allahs Verheißung ist Wahrheit!« Aber er wird erwidern: »Dies alles ist nichts anderes als alte Fabel.« [19] An solchen wird das Urteil in Erfüllung gehen, welches auch die Völker vor ihnen, Geister und Menschen, getroffen hat, nämlich: Sie werden untergehen. [20] Einem jeden ist eine bestimmte Stufe der Belohnung oder Bestrafung, je nach seinem Tun, bereitet, und allen wird Allah ihre Handlungen vergelten, und es wird ihnen kein Unrecht geschehen. [21] Einst, an einem gewissen Tage, werden die Ungläubigen vor das Höllenfeuer hingestellt, und es wird zu ihnen gesagt: »Euer Gutes habt ihr in euerem irdischen Leben erhalten und euch desselben erfreut[7]; darum sollt ihr nun an diesem Tage mit der Strafe der Schmach belohnt werden, weil ihr euch mit Unrecht hochmütig auf Erden gebärdetet und Übeltäter wart.«

[22] Erinnere dich des Bruders[8] des Ad, als er seinem Volk im Tal des Sandes Al-Ahkaf predigte (vor ihm und nach ihm gab es auch noch Prediger): »Verehrt doch nur Allah allein; denn

[5] Wenn eine Frau zwei Jahre ihr Kind säugen – zweite Sure [234] – muß, so ist hier für die Schwangerschaft nur die kürzeste Zeit, nämlich sechs Monate, angenommen. [6] Wahrer Verstand wird dem Menschen hier, wie auch von den Rabbinen gelehrt wird, erst mit dem vierzigsten Jahr beigelegt; man braucht daher die folgenden Worte nicht wie die Ausleger einer bestimmten Person zuzuschreiben. [7] Die Belohnung euerer wenigen guten Handlungen habt ihr bereits hier auf Erden erhalten, darum kann euch nun das Böse jetzt in vollem Maße vergolten werden. [8] Der Prophet Hud, der unter dem Stamme Ad lehrte. Siehe siebte Sure [66] und elfte Sure [51] ff.

ich fürchte sonst für euch die Strafe des großen Tages.« [23] Sie aber antworteten: »Kommst du deshalb zu uns, um uns von unseren Göttern abwendig zu machen? Bring uns nur die Strafe, die du uns androhst, wenn du wahrhaft bist.« [24] Er erwiderte: »Nur Allah kennt euere Stunde; ich aber richte nur meine Sendung an euch aus; doch ich sehe, ihr seid unwissende Menschen.« [25] Als sie darauf eine Wolke sahen, welche sich über ihrem Tal ausbreitete, da sagten sie: »Diese Wolke wird uns Regen bringen.« Hud aber antwortete: »Nein, diese Wolke bringt das, was ihr beschleunigt haben wolltet, den Sturm, der schwere Strafe enthält; [26] er wird auf Befehl seines Herrn alles zerstören.« Und des Morgens war auch nichts mehr von ihnen als ihre Wohnungen zu sehen[9]. So lohnen wir das Tun frevelhafter Menschen. [27] Wir hatten ihnen ebenso blühende Lebensumstände gegeben wie auch euch (ihr Mekkaner) – ja mehr noch; wir hatten ihnen Ohren, Augen und ein denkendes Herz gegegeben; aber Ohr, Auge und Herz konnten ihnen nichts nützen, da sie die Zeichen Allahs verwarfen, und darum bewahrheitete sich an ihnen das, was sie verspottet hatten.

[28] Auch die Städte, die rings um euch lagen[10], haben wir zerstört, und mannigfach hatten wir ihnen unsere Zeichen vorgestellt, damit sie bereuen möchten. [29] Konnten ihnen die nun helfen, welche sie statt Allah als ihm nahverwandte Götter verehrten[11]? Nein, sie entschwanden ihnen. So hatten sie ihre Lügen, und was sie ersonnen hatten, verführt. [30] Erinnere dich auch, wie wir dir eine Geisterschar[12] zuwandten, um den Koran mit anzuhören. Als sie nun bei dessen Vorlesung gegenwärtig waren, da sagten sie zueinander: »Schweigt achtsam!« Und als sie die Lesung still angehört hatten, kehrten sie zu ihrem Volke zurück, um das Gehörte warnend mitzuteilen. [31] Sie sagten: »O unser Volk, wir haben eine Schrift vernommen, welche nach Moses offenbart worden ist und welche die frühere Offenbarung bestätigt, welche zur Wahrheit und auf den richtigen Weg leitet. [32] O unser Volk, gehorche doch dem Prediger Allahs und glaube an ihn, damit Allah euch euere Sünden vergibt und euch vor der qualvollen Strafe bewahrt.

[9] Siehe siebte Sure [73]. [10] Sodom und Gomorrha, die Wohnungen der Thamudäer und andere. [11] Wahl übersetzt: und denen sie sich mit dem gottesdienstlichen Opfer näherten. [12] Diese Geister (Dschinnen), sieben oder neun an Zahl, sollen sich, nachdem sie sich zuerst zur jüdischen Religion bekannt hatten, nach Anhörung des Korans mit ihrem ganzen Geschlechte zum Islam bekehrt haben. (Ein Traumgesicht Mohammeds auf der Flucht von Mekka.)

[33] Wer aber dem Prediger Allahs nicht gehorcht, der wird die Rache Allahs auf Erden nicht hindern und wider ihn keinen Beschützer finden können. Solche sind in offenbarem Irrtum.« [34] Sehen sie es denn nicht ein, daß Allah, der die Himmel und die Erde geschaffen hat und der bei ihrer Schöpfung nicht müde geworden war, auch die Macht besitzt, die Toten wieder lebendig zu machen? Wohl vermag er es; denn er ist ja allmächtig. [35] An jenem Tage werden die Ungläubigen vor das Höllenfeuer gestellt, und es wird zu ihnen gesagt: »Ist es nun nicht wahr geworden?« Und sie werden antworten: »Bei unserem Herrn! Jawohl.« Und Allah wird sagen: »So kostet nun auch die Strafe, weil ihr Ungläubige gewesen seid.« [36] Und du (o Mohammed) ertrage alles in Geduld, so wie auch andere standhafte Gesandte in Geduld ertragen haben, und wünsche nicht ihre Strafe beschleunigt[13]. An dem Tag, an welchem sie die ihnen angedrohte Strafe sehen, wird es ihnen sein, als hätten sie nur eine Stunde eines Tages in der Welt verweilt. Dies sei meine Botschaft! Wer anders wohl soll untergehen als nur ruchlose Menschen?

[13] Andere übersetzen: . . . und sei ihretwegen nicht in hastender Besorgnis.

SIEBENUNDVIERZIGSTE SURE

Mohammed[1] (Mohammad) *offenbart zu Medina*

[1] Im Namen Allahs, des Allbarmherzigen. [2] Die Werke derer, welche nicht glauben und noch andere vom Weg Allahs abwendig machen, wird Allah zunichte machen; [3] aber die glauben und rechtschaffen handeln und an das glauben, was Mohammed offenbart worden ist (denn es ist die Wahrheit von ihrem Herrn), die wird er von ihren Sünden reinigen und die Bestrebungen ihres Herzens beglücken. [4] Deshalb, weil die Ungläubigen der Eitelkeit, die Gläubigen aber der Wahrheit (ihres Herrn) folgen. So stellt Allah den Menschen ihre Gleichnisse auf (ihre Gegensätze). [5] Wenn ihr im Kriege mit den Ungläubigen zusammentrefft, dann schlagt ihnen die Köpfe ab, bis ihr eine große Niederlage unter ihnen angerichtet habt. Die übrigen legt in Ketten und gebt sie, wenn des Krieges

[1] Diese Sure, Mohammed betitelt, nach Vers [3], in dem Mohammed ausdrücklich benannt ist. Bei älteren Ausgaben wird diese Sure auch »Der Krieg« überschrieben, weil den Gläubigen der Religionskrieg ans Herz gelegt wird.

Lasten zu Ende gegangen sind, entweder aus Gnade umsonst oder gegen Lösegeld frei[2]. So soll es sein. Wenn Allah nur wollte, so könnte er auch ohne euch Rache an ihnen nehmen; aber er will dadurch einen durch den anderen prüfen. Die für Allahs Religion kämpfen (und sterben), deren Werke werden nicht verloren sein. [6] Allah wird sie vielmehr leiten und die Bestrebungen ihres Herzens beglücken [7] und sie in das Paradies führen, welches er ihnen angekündigt hat. [8] O Gläubige, wenn ihr zu Allahs Sache steht, so wird er euch auch beistehen und euere Füße (euere Absichten) festigen. [9] Die Ungläubigen aber werden gewiß untergehen, und ihre Werke wird Allah vergeblich machen; [10] deshalb, weil sie verabscheuten, was Allah offenbarte, und darum sollen ihre Werke vereitelt sein. [11] Sind sie denn noch nicht im Land umhergekommen und haben gesehen, welch ein Ende die vor ihnen genommen haben? Allah hat sie gänzlich vertilgt, und ein gleiches Schicksal steht den Ungläubigen bevor. [12] Dies geschieht deshalb, weil Allah nur ein Beschützer der Gläubigen ist, die Ungläubigen aber keinen Beschützer haben.

[13] Wahrlich, die glauben und rechtschaffen handeln, wird Allah in Gärten führen, welche Wasserläufe durchströmen; den Ungläubigen aber, denen, welche sich ihrer Gelüste freuen und genießen, wie das Vieh genießt, soll das Höllenfeuer zum Aufenthalt dienen. [14] Wie manche Städte, die mächtiger waren als deine Stadt (Mekka), die dich (Mohammed) vertrieb, haben wir zerstört! Niemand konnte ihnen helfen. [15] Soll denn auch wohl der, welcher der deutlichen Belehrung seines Herrn folgt, gleich dem sein, dessen böse Werke ihm vom Satan bereitet und ausgeschmückt wurden? Oder gleich denen, welche nur ihren Begierden folgen? [16] So seht das Bild des Paradieses, das den Gottesfürchtigen verheißen ist: In diesem fließen Ströme von Wasser, das nie verdirbt; Ströme von Milch, deren Geschmack sich nie ändert; Ströme von Wein, lieblich für die Trinkenden; auch Ströme von gereinigtem Honig. Dort werden sie alle Arten von Früchten und Vergebung von ihrem Herrn erhalten. Gleichen diese wohl dem, welcher ewig im Höllenfeuer

[2] Die Hanifiten halten dieses strenge Gesetz nur für den Kampf zu Bedr gegeben, später aber aufgehoben. Die Schiiten dagegen halten dasselbe für immer gegeben und glaubten sich verpflichtet, die ihnen während der Schlacht in die Hände fallenden Feinde töten zu müssen, die von ihnen aber später als Gefangene eingebrachten Feinde entweder umsonst oder gegen ein Lösegeld oder gegen Auswechslung mohammedanischer Gefangener freilassen zu dürfen.

weilen muß, und denen, welche siedend heißes Wasser trinken müssen, so daß ihnen die Eingeweide bersten? [17] Einige von den Ungläubigen hören dir wohl zu; gehen sie aber von dir hinweg, so sagen sie zu denen, welchen Erkenntnis[3] zuteil geworden ist: »Was hat er nun Neues gesagt?« Das sind solche, welchen Allah ihr Herz versiegelt hat und die ihren Begierden folgen. [18] Denen aber, welche sich leiten lassen, wird er die Rechtleitung noch mehren und ihre Frömmigkeit belohnen. [19] Wollen die Ungläubigen etwas anderes erwarten als die letzte Stunde, welche sie plötzlich überkommen wird? Schon sind Anzeichen[4] dieser eingetroffen, und wenn sie nun wirklich über sie hereinbricht, können sie dann noch Ermahnung annehmen[5]? [20] Wisse also: Es gibt keinen Gott außer Allah; bitte daher um Vergebung deiner Sünden und der Sünden der gläubigen Männer und Frauen. Allah kennt euer Tun und Lassen[6].

[21] Die Gläubigen sagen: »Wird denn keine Sure offenbart, die den Religionskrieg befiehlt?« Ist aber eine solche unwiderrufliche (entscheidende) Sure offenbart[7], in welcher der Krieg befohlen[8] ist, so wirst du sehen, wie die, deren Herzen krank sind[9], dich mit dem Blick eines Menschen anblicken, welchen der Tod überschattet (Tod ihnen!) [22] Gehorsam und schickliche Rede[10] stünden ihnen besser an. Steht der Befehl (zum Krieg) aber einmal fest, dann ist es besser für sie, auf Allah zu vertrauen. [23] Würdet ihr nicht Ursache sein, wenn ihr euch vom Glauben abwendet, Verderben auf der Erde zu stiften[11] und die Bande der Blutsverwandtschaft zu zerreißen? [24] Das sind die, welche Allah verflucht und die er taub und ihr Auge blind gemacht hat. [25] Denken sie denn nicht über den Koran nach? Oder hängen Schlösser vor ihren Herzen? [26] Wahrlich die,

[3] Nämlich zu den gelehrten Freunden Mohammeds: Ibn Masud und Ibn Abbas. [4] Die Andeutung und das Zeichen der letzten Stunde soll sein: die Sendung Mohammeds, die Spaltung des Mondes und der in der vierundvierzigsten Sure [11] erwähnte Rauch. [5] Die Ahmadiyya-Mission übersetzt: [19] Sie warten nur auf die »Stunde«, daß sie plötzlich über sie komme. Die Zeichen dafür sind schon eingetroffen. Doch wird ihr Erinnern ihnen nützen, wenn sie über sie gekommen ist. [6] Wörtlich: euere Beschäftigung und euere Wohnung. Die Ahmadiyya-Mission übersetzt: Allah kennt die Stätte eueres Aus- und Eingehens und die Stätte euerer Rast. [7] Deren Inhalt nicht wieder durch spätere Offenbarung aufgehoben ist. [8] . . ., in der zum Krieg wider die Ungläubigen aufgerufen wird . . . [9] Die Heuchler und Unbeständigen. [10] Äußerung des Mutes und der Tapferkeit. [11] Goldschmidt übersetzt: Wollt ihr vielleicht, wenn ihr den Rücken wendet, auf Erden Unheil stiften und euerer Verwandtschaft Bande zerschneiden? Henning: Und hättet ihr euch vom Islam abgewendet, hättet ihr nicht . . . Verderben gestiftet . . . und . . . zerrissen? Die Ahmadiyya-Mission: [23] Wolltet ihr denn, indem ihr euch (vom Kampf) abwendet, Verderben im Land haben und Verwandtschaftsbande zerschneiden?

welche den Rücken wenden, nachdem ihnen die Leitung deutlich geworden ist, die führt der Satan in die Irre, und sie sind voll von ihm (und voll falscher Hoffnungen)[12]. [27] Dies geschieht deshalb, weil sie zu denen, welche Allahs Offenbarung verabscheuen, heimlich sagen: »In dieser Angelegenheit wollen wir euch teilweise gehorchen[13]«; aber Allah kennt ihre Geheimnisse. [28] Wie wird es ihnen aber sein, wenn die Engel sie sterben lassen und ihnen Gesicht und Rücken schlagen[14]? [29] Dies geschieht deshalb, weil sie nur dem folgten, was den Zorn Allahs herausfordert, und dem entgegen waren, was ihm wohl gefällt; aber er wird ihr Tun zunichte machen.

[30] Glauben denn die, deren Herz krank ist, daß Allah ihre Bosheit nicht ans Licht bringen werde? [31] Wollten wir, so könnten wir sie dir zeigen, und du würdest sie an ihren Merkmalen erkennen; doch du wirst sie auch am falschen Ton ihrer Sprache schon erkennen können. Allah kennt euer Tun. [32] Wir wollen euch aber dennoch so lange prüfen, bis wir die unter euch kennen, welche tapfer fechten und standhaft ausharren; selbst den Ruf eueres Verhaltens wollen wir prüfen[15]. [33] Die Ungläubigen und die, welche andere vom Weg Allahs abwendig machen, und die sich dem Gesandten widersetzen, nachdem ihnen die Leitung offenbar geworden ist, die werden Allah durchaus nicht schaden können. Nein! Er wird ihr Tun zunichte machen. [34] O Gläubige, gehorcht doch Allah und gehorcht dem Gesandten und macht nicht selbst euer Tun vergeblich. [35] Den Ungläubigen und denen, welche andere vom Weg Allahs abwendig machen und dann auch noch als Ungläubige sterben – denen wird Allah nie vergeben. [36] Seid daher nicht mild (schwach) gegen euere Feinde und ladet sie nicht zum Frieden ein: Ihr sollt die Mächtigen sein (sollt siegen); denn Allah ist mit euch, und er entzieht euch nicht den Lohn eueres Tuns (euerer Taten im Krieg). [37] Wahrlich, dieses irdische Leben ist nur Spiel und Scherz; wenn ihr aber glaubt und gottesfürchtig seid, so wird er euch auch euere Belohnung geben. Allah fordert nicht euer ganzes Gut von euch; [38] denn wenn er dies verlangte und euch ernstlich

[12] Sale übersetzt: and God shall bear with them for a time. Goldschmidt: Und Frist gab er ihnen. [13] Darin, daß wir nicht in den Krieg ziehen, sondern zu Hause bleiben wollen. [14] Nach dem Tode stellen die Engel (Munkar und Nakir) mit den Menschen im Grabe ein Verhör an, wobei sie dieselben körperlich züchtigen. [15] Die Ahmadiyya-Mission übersetzt: . . ., und wir wollen die Tatsachen über euch bekanntmachen.

drängte, so würdet ihr euch geizig zeigen, und euer Haß (euere Schlechtigkeit) würde hervorgerufen. [39] Aber siehe, ihr seid wohl berufen, einen Teil eueres Vermögens für Allahs Religion zu spenden, und dennoch zeigen sich einige von euch geizig. Wer sich aber geizig zeigt, der ist geizig gegen seine eigene Seele. Allah aber ist reich, ihr aber seid arm. Kehrt ihr den Rücken[16], so wird er ein anderes Volk an euere Stelle setzen, das nicht gleich euch sein wird[17].

[16] Nämlich der wahren Religion, und weigert ihr euch, sie zu unterstützen. [17] Mit diesem Volke sollen die Perser gemeint sein.

ACHTUNDVIERZIGSTE SURE

Der Sieg[1] (Al-Fath) *offenbart zu Medina*

[1] Im Namen Allahs, des Allbarmherzigen. [2] Wahrlich, wir haben dir einen offenbaren Sieg verliehen, [3] (ein Zeichen), daß Allah deine früheren und späteren Sünden vergibt, seine Gnade an dir vollendet, dich auf den richtigen Weg leitet [4] und dir mit mächtigem Beistand beisteht. [5] Er ist es, welcher sichere (himmlische) Ruhe[2] in die Herzen der Gläubigen herabsendet, damit ihr Glaube immer wachse – denn Allah gehören (sind untertan) die Heerscharen der Himmel und der Erde, und Allah ist allwissend und allweise – [6] und damit er die gläubigen Männer und Frauen in Gärten führe, die Wasserläufe durchströmen – in den Gärten sollen sie ewig bleiben –, und damit er ihnen ihre Verfehlungen vergebe. Dies ist eine große Glückseligkeit. [7] Aber auch daß er die heuchlerischen und götzendienenden Männer und Frauen strafe, welche eine falsche Meinung von Allah haben. Eine Kette von Schicksalsschlägen wird sie (ereilend) einkreisen, und Allah wird ihnen zürnen und sie verfluchen, und die Hölle hat er ihnen bereitet. Ein unglücklicher Gang ist es dorthin! [8] Allah gehören die Heerscharen der Himmel und der Erde, und Allah ist allmächtig und allweise. [9] Fürwahr, wir haben dich gesandt, ein Zeuge und ein Verkünder des Guten und ein Droher des Bösen zu sein, [10] damit sie an Allah und seinen Gesandten glauben und Allah beistehen und ihn verehren und ihn des Morgens und des Abends preisen.

[1] Wörtlich: Eröffnung des Sieges (Eroberung). So genannt nach dem Vers [2] dieser Sure, in welchem ein erlangter Sieg erwähnt wird. Was für ein Sieg dies sein soll, darüber sind die Ausleger uneinig; doch nehmen die meisten an, daß die Eroberung der Stadt Mekka darunter zu verstehen sei. [2] Henning: »Schechina« – die Übersetzung göttlichen Beistands.

[11] Die dir Treue schwören, schwören Allah Treue, und Allahs Hand ist über ihren Händen[3]. Wer seinen Eid verletzt, der verletzt ihn zum Schaden seiner eigenen Seele, wer aber treu an dem Bündnis festhält, welches er mit Allah eingegangen ist, dem wird er sicherlich große Belohnung geben.

[12] Die Araber der Wüste, welche zurückgeblieben sind[4], sprechen zwar: »(Sorge um) Hab und Gut und unsere Familie verhinderten uns; bitte daher um Verzeihung für uns.« Aber sie sprechen mit ihrer Zunge anders, als ihr Herz denkt. Sprich: »Wer vermag etwas bei Allah für euch, wenn er euch Schaden oder Nutzen zuwenden will? Wahrlich, Allah ist wohl bekannt, was ihr tut. [13] Ihr glaubtet, daß der Gesandte und die Gläubigen nie wieder zu ihren Familien (vom Kampf) zurückkehren; so war es in eueren Herzen ausgemalt; aber ihr hattet da eine böse Meinung, und ihr seid nichtswürdige Menschen.« [14] Wer nicht an Allah und an seinen Gesandten glaubt, für diesen Ungläubigen haben wir das Höllenfeuer bestimmt. [15] Allah gehört die Herrschaft über Himmel und Erde; er verzeiht, wem er will, und er bestraft, wen er will; denn Allah ist versöhnend und barmherzig. [16] Die zurückgeblieben sind, werden, wenn ihr auszieht, Beute zu machen[5], sagen: »Laß uns euch doch folgen«, und sie wollen so das Wort Allahs ändern[6]. Sage aber: »Ihr sollt uns keineswegs folgen, dies hat Allah schon längst gesagt[7].« Sie aber werden erwidern: »Nein, ihr mißgönnt uns nur die Beute.« Doch sie sind Menschen, die nur wenig Verstand besitzen. [17] Sage zu den Arabern der Wüste, welche zurückgeblieben sind: »Ihr werdet einst wider ein mächtiges und kriegerisches Volk[8] gerufen werden, und ihr sollt es bekämpfen, oder es bekenne sich zum Islam. Zeigt ihr euch dann gehorsam, so wird euch Allah herrliche Belohnung geben; kehrt ihr aber den

[3] Allah ist Zeuge ihres Eides und belohnt denselben. Dieser Ausdruck bezieht sich auf die Art und Weise, wie man solche Eide zu leisten pflegte. [4] Das sind die Stämme Aslam, Dschoheina, Moseina und Ghifar, welche, aufgefordert, Mohammed auf dem Feldzuge nach Hodeibia (im sechsten Jahre der Flucht) zu folgen, zurückblieben, sich mit ihrer Armut entschuldigten und sagten, daß ihre armen Familien in ihrer Abwesenheit auch noch um das wenige, was sie besäßen, kommen würden. [5] Nach dem Friedensschluß zu Hodeibia, bei dem keine Beute gemacht werden konnte, versprach er denen, welche ihm in diesem Feldzuge gefolgt waren, reiche Beute von dem bevorstehenden Kampf gegen die Juden zu Chaibar, gegen welche er im siebten Jahre der Flucht zog, wobei er auch wirklich große Reichtümer erbeutete. In Allahs Namen und Auftrag gab er den Teilnehmern am Kampf zu Hodeibia ihren Anteil. [6] Nämlich daß die von Hodeibia Zurückgebliebenen nichts von der Beute zu Chaibar bekommen sollen. [7] Siehe neunte Sure [83]. [8] Dieses Volk sind nach einigen die Perser, nach anderen die Griechen und wieder nach anderen die Banu Honeifa, welche Jemam bewohnten.

Rücken, so wie ihr früher den Rücken gewendet habt, so wird er euch mit peinvoller Strafe strafen.« [18] Der Blinde, der Lahme und der Kranke begehen kein Verbrechen, wenn sie zu Hause bleiben; wer Allah und seinem Gesandten gehorcht, den führt er in Gärten, welche Wasserläufe durchströmen; wer sich aber abwendet, den wird er mit peinvoller Strafe strafen.

[19] Allah hatte damals Wohlgefallen an den Gläubigen, als sie dir unter dem Baume Treue schwuren[9]; denn er kannte die Gedanken ihrer Herzen, und darum ließ er sichere Ruhe auf sie herab und belohnte sie mit einem nahen Sieg[10] [20] und mit großer Beute, welche sie machten; denn Allah ist allmächtig und allweise. [21] Allah hat euch versprochen, daß ihr noch reiche Beute machen werdet, und diese hat er euch nur so in Eile gegeben und hat die Hände der Menschen von euch zurückgehalten[11], daß dies ein Zeichen für die Gläubigen sei, daß er euch auf den richtigen Weg leitet. [22] Auch noch andere Beute ist euch versprochen worden, die ihr noch nicht machen konntet, welche aber Allah für euch bereithält; denn Allah ist aller Dinge mächtig. [23] Wenn die Ungläubigen (die Mekkaner) auch wider dich gefochten hätten, so hätten sie doch den Rücken wenden müssen, und sie hätten keinen Beschützer und keinen Helfer gefunden. [24] So ist es Anordnung Allahs schon von früher her, und du wirst in den Anordnungen Allahs nie einen Wandel finden. [25] Er ist es, der ihre Hände von euch und euere Hände von ihnen in dem Tale zu Mekka zurückhielt, nachdem er euch den Sieg über sie gab, und Allah sah euer Tun[12]. [26] Das waren die, welche nicht glaubten und die euch hinderten, den heiligen Tempel zu besuchen, und ebenso nicht zugaben, daß das zurückgehaltene Opfer an den Ort komme, wo man es opfern muß[13]. Wären nicht gläubige Männer und Frauen unter ihnen gewesen, die ihr, weil ihr sie nicht kennen konntet, mit Füßen getreten und da-

[9] Als Mohammed zu Hodeibia war, sandte er den Othman ibn Affan nach Mekka, um den Stadtbewohnern anzuzeigen, daß er nur in friedlicher Absicht komme. Später entstand ein Gerücht, die Mekkaner hätten ihn erschlagen. Mohammed ließ darauf, unter einem Baume sitzend, seine Leute zusammenkommen und sie den Eid der Treue schwören. [10] Mit dem Sieg zu Chaibar. [11] Die Juden machten einen heimlichen Anschlag gegen die Moslems, blieben aber durch Fügung Allahs ohne Erfolg. [12] Zur Erläuterung dieser Stelle wird erzählt, daß achtzig Mann der Ungläubigen sich heimlich in das Lager Mohammeds zu Hodeibia schlichen, um seine Leute zu überfallen. Sie wurden aber ergriffen und vor den Propheten gebracht, welcher sie begnadigte und in Freiheit setzte. Diese Großmut gab die Veranlassung zum Friedensschlusse. [13] Beim Feldzug nach Hodeibia beabsichtigte Mohammed, nur den heiligen Tempel zu Mekka zu besuchen und das gebräuchliche Opfer im Tale Mina zu bringen. Beides aber versagten ihm die Koreischiten.

mit unwissend ihretwegen ein Verbrechen auf euch geladen hättet, so würden wir euere Hand nicht von ihnen zurückgehalten haben[14]; dies geschah nur, damit Allah in seine Barmherzigheit führe, wen er will. Wären sie aber gesondert voneinander gewesen, so würden wir wohl die Ungläubigen unter ihnen mit peinliche Strafe bestraft haben. [27] Da in den Herzen der Ungläubigen der Eigensinn der Unwissenheit (der Unglaube) festsaß, so ließ Allah seine sichere Ruhe auf seinen Gesandten und die Gläubigen herab und befestigte in ihnen festen Glauben und Gottesfurcht, deren sie am wertesten und würdigsten sind; denn Allah ist allwissend[15].

[28] So hat Allah in Wahrheit seinem Gesandten das Traumgesicht erfüllt[16], in welchem es hieß: Ihr sollt, wenn Allah will, in den heiligen Tempel zu Mekka eingehen, in voller Sicherheit, mit geschorenem Haupt und abgeschnittenen Haaren[17], und ohne alle Furcht sein. Er weiß, was ihr nicht wißt, und er hat außer diesem noch einen nahen Sieg für euch bestimmt. [29] Er ist es, der seinen Gesandten mit der Leitung und der wahren Religion geschickt hat, damit er dieselbe über alle Religionen erhebe; und Allah ist hinlänglicher Zeuge. [30] Mohammed ist der Gesandte Allahs, und die es mit ihm halten, sind streng gegen die Ungläubigen, aber voll Güte untereinander. Du siehst, wie sie sich beugen und niederwerfen, um die Gnade Allahs und sein Wohlgefallen zu erlangen. Die Spuren (der Staub des Bodens, auf den sie sich niederwarfen) auf ihrem Angesichte sind die Zeichen ihrer frommen Niederwerfungen.

[14] Die Ahmadiyya-Mission übersetzt freier und damit verständlicher: [26] Sie sind es, die ungläubig waren und euch von der heiligen Moschee fernhielten und das Opfer verhinderten, seine Opferstätte zu erreichen. Und wäre es nicht um die gläubigen Männer und Frauen gewesen, die ihr nicht kennt und die ihr vielleicht niedergetreten hättet, so daß euch ihrethalben ein Unrecht hätte zugerechnet werden können – wissentlich (er hätte euch erlaubt zu kämpfen, so aber tat er es nicht), so daß er in seine Gnade führe . . . (Mohammed unterließ damals die ihm mögliche Eroberung Mekkas). [15] Bei dem Friedensabschluß zu Hodeibia bestand der Abgesandte der Koreischiten, Sohail ibn Amru, darauf, daß nicht, wie Mohammed verlangte: »Im Namen des allbarmherzigen Gottes« und auch nicht: »Mohammed der Gesandte Allahs«, niedergeschrieben werden durfte, sondern nur: »In deinem Namen, o Allah, und Mohammeds, Sohn des Abdallah.« Unter den Bedingungen des Friedensschlusses war auch die, daß Mohammed im nächsten Jahr auf drei Tage den Tempel zu Mekka besuchen dürfe. [16] Vor dem Feldzuge nach Hodeibia träumte Mohammed zu Medina, daß er und seine Gefährten teils mit geschorenem Haupte, teils mit abgeschnittenen Haaren sicher in Mekka einziehen. Seine Gefährten, hocherfreut darüber, glaubten, daß dieser Traum noch im Laufe dieses Jahres in Erfüllung gehen werde. Durch besagten Friedensschluß aber wurde der Einzug erst im folgenden Jahre gestattet. Er tröstet seine Anhänger daher hier, daß die Erfüllung erst nach einem anderen baldigen Siege, dem Siege zu Chaibar, eintreffen werde. Mohammed nannte daher den Vollzug des Besuchs zu Mekka »die vollendete Erfüllung«. [17] Goldschmidt übersetzt: . . . und geschorenen Hauptes und gemessenen Schrittes . . . (Weil das arabische Verbum dieser Stelle: »kürzen« bedeutet und sich daher auf Bart oder Schritt beziehen kann.)

Ihr Gleichnis in der Thora und in dem Evangelium ist folgendes: Sie gleichen dem Samen, welcher seinen Halm hervorschießen und stark werden läßt, der dann zur Ähre aufschwillt, welche sich auf ihrem Halme gerade aufrichtet, zur Freude des Sämanns. So sind die Gläubigen dargestellt, damit die Ungläubigen vor Zorn entbrennen. Allah hat denen, welche glauben und rechtschaffen handeln, Versöhnung und große Belohnung verheißen.

NEUNUNDVIERZIGSTE SURE

Die inneren Zimmer[1] (Al-Hudschurat) *offenbart zu Medina*

[1] Im Namen Allahs, des Allbarmherzigen. [2] O Gläubige, greift in keiner Sache Allah und seinem Gesandten vor[2] und fürchtet Allah; denn Allah hört und weiß alles. [3] O Gläubige, erhebt auch nicht euere Stimme über die Stimme des Propheten. Sprecht auch nicht so frei zu ihm, wie ihr untereinander zu tun pflegt; denn sonst sind euere Handlungen vergeblich, ohne daß ihr es merkt. [4] Die ihre Stimme in der Gegenwart des Gesandten Allahs dämpfen, deren Herzen hat Allah, in Frömmigkeit bewährt, geöffnet; sie erhalten Versöhnung und großen Lohn. [5] Die meisten derer, welche dir von außen in die inneren Zimmer zurufen, kennen nicht (die dir schuldige) Ehrerbietung[3]; [6] wenn sie mit Geduld warteten, bis du zu ihnen herauskommst, das wäre schicklicher für sie; doch Allah ist versöhnend und barmherzig. [7] O Gläubige, wenn ein schlechter Mensch mit irgendeiner Nachricht zu euch kommt, so prüft sie genau, damit ihr nicht durch Unwissenheit anderen Schaden zufügt und dann später euer Tun bereuen müßt[4], [8] und wißt, daß der Gesandte Allahs unter euch ist. Wenn er in manchen Dingen euch folgen wollte, so lüdet ihr Schuld auf euch[5]. Doch Allah hat euch den Glauben liebenswert gemacht und denselben in eueren Herzen ausgeschmückt und euch Abscheu gegen den Unglauben, die

[1] So genannt nach Vers [5] dieser Sure. [2] Entscheidet nichts ohne seinen Ausspruch. [3] Namentlich Ojeina ibn Hosein und Akra ibn Habeß sollen einst Mohammed, als er im Harem seiner Frauen der Mittagsruhe pflog, mit lauter Stimme herausgerufen haben. [4] Al Walid ibn Okba wurde von Mohammed zum Einsammeln von Almosen zu dem Stamm Moztalek gesandt. Dieser, wegen früherer Feindschaft sich vor diesem Stamm fürchtend, kam mit der falschen Nachricht zurück, daß dieselben sich weigerten, die Almosen zu geben und ihm sogar nach dem Leben getrachtet hätten. Mohammed, erzürnt hierüber, wollte sie mit Gewalt zwingen, schickte aber zuerst den Khaled ibn Alwalid hin, wodurch man erfuhr, daß Al Walid gelogen hatte und sie noch immer in ihrem Gehorsam verharrten. [5] Dadurch, daß ihr ihn zu falschen Schritten verleitet.

Schlechtigkeit und den Ungehorsam eingeflößt: Diese wandeln [9] durch die Güte und Gnade Allahs auf dem richtigen Wege; denn Allah ist allwissend und allweise. [10] Wenn zwei Gruppen der Gläubigen miteinander streiten, so stellt die Eintracht unter ihnen wieder her; wenn sich aber die eine Partei gegen die andere verfehlt, so bekämpft die schuldige, bis sie sich dem Befehl Allahs unterwirft. Unterwirft sie sich, dann sucht sie in Billigkeit wieder zu einigen und handelt gerecht; denn Allah liebt die Gerechten. [11] Die Gläubigen sind Brüder, darum stiftet Eintracht unter eueren Brüdern und fürchtet Allah, damit er sich euerer erbarmt.

[12] O Gläubige, kein Mensch soll einen anderen Menschen verspotten, denn vielleicht sind diese, die Verspotteten, besser als jene, die Spötter; auch möge keine Frau eine andere, welche vielleicht besser als sie ist, verspotten[6]. Verleumdet euch nicht untereinander und gebt euch nicht gegenseitig Schimpfnamen. Seitdem man den Glauben angenommen hat, ist »Ruchlosigkeit« ein sehr schimpflicher Name, und die nicht bereuen, sind Frevler. [13] O Gläubige, vermeidet sorgfältig den Argwohn; denn mancher Argwohn ist Sünde. Forscht nicht neugierig nach den Fehlern anderer, und keiner spreche Böses vom anderen (in dessen Abwesenheit). Wollte wohl einer von euch das Fleisch seines toten Bruders essen? Gewiß habt ihr Abscheu dagegen; darum fürchtet Allah; seht, Allah ist versöhnend und barmherzig. [14] O ihr Menschen, wir haben euch von einem Mann und einem Weib erschaffen und euch in Völker und Stämme eingeteilt, damit ihr liebevoll einander kennen mögt. Wahrlich, nur der von euch ist am meisten bei Allah geehrt, der am frömmsten unter euch ist; denn Allah weiß und kennt alles. [15] Die Araber der Wüste sagen zwar: »Wir glauben[7].« Antworte aber: »Ihr glaubt keineswegs, sondern ihr sprecht nur so: ›Wir bekennen uns zum Islam‹, denn der Glaube hat noch keinen Eingang in euere Herzen gefunden.« Wenn ihr aber Allah und seinem Gesandten gehorcht, so wird er euch nichts von dem Lohn euerer Handlungen abziehen; denn Allah ist versöhnend und barmherzig. [16] Die wahren Gläubigen sind die, welche an Allah und seinen Gesandten

[6] Zafai Bint Hojai, eine der Frauen Mohammeds, klagte ihm, daß die Frauen sie beschimpften und sie Judenkind hießen, worauf er erwiderte: »Kannst du denn nicht sagen: ›Aaron ist mein Vater und Moses mein Oheim und Mohammed mein Mann?‹« [7] In einem unfruchtbaren Jahre kamen die Araber des Stammes Asad mit ihren Familien zu Mohammed und gaben vor, daß sie sich zum Islam bekennen wollten, um Unterstützung von ihm zu erhalten.

glauben, ohne noch zu zweifeln, und mit Gut und Blut für die Religion Allahs kämpfen; das sind die Wahrhaftigen. [17] Sprich: »Wollt ihr wohl Allah über euere Religion belehren[8]?« Allah weiß ja, was in den Himmeln und was auf Erden ist; denn Allah ist allwissend. [18] Sie wollen es dir vortäuschen, daß sie Moslems geworden sind; antworte ihnen aber: »Täuscht mir nicht vor, daß ihr Moslems seid; wohl aber wird Allah es euch einst vorrücken, daß er euch zum Glauben geleitet hätte, wenn ihr wahrhaftig gewesen wärt.« [19] Allah kennt die Geheimnisse der Himmel und der Erde, und Allah sieht euer Tun.

[8] Wollt ihr ihn wohl täuschen und sagen, ihr seid wahre Gläubige, ohne es zu sein?

FÜNFZIGSTE SURE

K[1] (Kaf) *offenbart zu Mekka*

[1] Im Namen Allahs, des Allbarmherzigen. [2] Kaf. Beim heiligen Koran! (Du bist der Prophet.) [3] Sie wundern sich, daß ein Prediger aus ihrer Mitte zu ihnen kommt, und die Ungläubigen sagen: »Es ist doch eine wunderliche Sache, [4] daß, wenn wir gestorben und Staub geworden sind . . . (wir wieder auferstehen sollen)! Wahrlich, diese Rückkehr ist noch weit entfernt[2].« [5] Wohl wissen wir es, wie viele von ihnen die Erde bereits verzehrt hat[3]; denn wir haben ein Buch, das genau darüber berichtet; [6] dennoch beschuldigen sie die Wahrheit, nachdem sie diese erhalten haben, des Betruges, und sie befinden sich nun in einem verwirrten Zustand[4]. [7] Sehen sie denn nicht den Himmel über sich, wie wir ihn gebaut und ausgeschmückt haben, ohne daß ein Riß (Fehl) an ihm ist? [8] So haben wir auch die Erde ausgebreitet und setzten feste Berge in dieselbe[5] und ließen alle Arten von schönen Pflanzen aus ihr hervorsprießen, [9] damit dies ein Gegenstand des Nachdenkens und der Ermahnung für jeden Diener sei, der sich zu uns (Allah) wendet. [10] So senden wir auch segensreichen Regen vom Himmel herab, wodurch wir Gärten, Getreide [11] und hohe Palmbäume hervor-

[1] So genannt nach dem Anfangsbuchstaben dieser Sure [2], dem einundzwanzigsten des Alphabets: Nach einigen bedeutet dieser den Berg Kaf, welcher um die ganze Erde herumgehen soll; nach anderen steht dieser Buchstabe für die Worte: »Die Sache ist beschlossen.« [2] Ahmadiyya-Mission: . . . weit hergeholt. [3] Ahmadiyya-Mission: [5] Wir wissen, wie die Erde ihre (Sinne) beeinträchtigt, und bei uns ist ein Buch . . . Henning: . . . was die Erde von ihnen verzehrt. [4] In Zweifeln hinsichtlich des Korans: Poesie, Erfindung, alte Fabeln?, und aller übrigen Religionsfragen. [5] Siehe sechzehnte Sure [16] und Note 5.

wachsen lassen, deren Zweige mit übereinanderstehenden Datteln schwer beladen sind, [12] zur Nahrung für meine Diener. Und wie wir dadurch totes Land neu beleben; ebenso wird auch einst die Auferstehung (Wiederbelebung) sein.

[13] Auch schon vor ihnen (den Mekkanern) haben das Volk des Noah und die Bewohner von Ras[6] und Thamud [14] und Ad und Pharao ihre Propheten des Betruges beschuldigt; ebenso die Brüder des Lot [15] und die Waldbewohner[7], und das Volk des Tobba[8]. Alle diese haben die Gesandten des Betruges beschuldigt; darum bewahrheitete sich an ihnen die ihnen angedrohte Strafe. [16] Sind wir etwa durch die erste Schöpfung ermattet? Und dennoch zweifeln sie an einer neuen Schöpfung[9].

[17] Wir haben den Menschen erschaffen, und wir wissen, was seine Seele (sein Fleisch) ihm zuflüstert, und wir sind ihm näher als seine Halsadern[10]! [18] Wenn die zwei zusammentreffenden Engel dem Menschen begegnen und einer ihm zur Rechten und einer ihm zur Linken sitzen wird, [19] dann wird er kein Wort hervorbringen können, und nur der Wächter neben ihm ist geschäftig, aufzuzeichnen[11]. [20] Die Todesangst, welcher du zu entgehen suchtest, wird in Wahrheit kommen, [21] und dann wird in die Posaune gestoßen, und dies ist der angedrohte Tag. [22] Eine jede Seele soll dann kommen, und bei ihr werden ein Dränger (Treiber) und ein Zeuge[12] sein, [23] und der Dränger sagt: »Du bist um diesen Tag ganz unbekümmert gewesen, aber nun haben wir dir die Binde abgenommen, und dein Auge sieht jetzt scharf«; [24] worauf sein Gefährte spricht: »Dies zu bezeugen, bin ich bereit.« [25] Und Allah wird dann sagen: »Werft in die Hölle jeden Ungläubigen und Hartnäckigen, einen jeden, [26] der das Gute verbieten wollte, jeden Ruchlosen und Zweifler, [27] welcher statt Allah einen anderen Gott setzte, werft ihn in die peinvolle Strafe.« [28] Des Ungläubigen Gefährte (Satan) wird sagen: »O Herr, nicht ich habe ihn verführt, sondern er ist selbst in den großen Irrtum verfallen.« [29] Und Allah wird sprechen: »Streitet nicht in meiner Gegenwart, da

[6] Siehe fünfundzwanzigste Sure [39] und Note 12. [7] Siehe sechsundzwanzigste Sure [177] und Note 25. [8] Siehe vierundvierzigste Sure [38] und Note 14. [9] An der Auferstehung. [10] Wir kennen ihn besser als er selbst. Die Hals-, nicht die Herzader ist gemeint. [11] In der Todesstunde schreiben zwei Engel, wörtlich: die Begegnenden – auch im Talmud so bezeichnet –, die Handlungen des Menschen nieder, der zur rechten Seite die guten und der zur linken Seite die bösen, unverziehenen Handlungen. [12] Nämlich der Engel, welcher sie zu Gericht führt, und ein anderer, welcher von ihren Handlungen Zeugnis gibt.

ich euch ja schon früher meine Drohungen habe wissen lassen; [30] mein Wort duldet keine Veränderung, und ich tue meinen Dienern kein Unrecht.«

[31] An jenem Tage werden wir zur Hölle sagen: »Bist du gefüllt?« Sie antwortet: »Ist noch Zuschuß da[13]?« [32] Den Frommen aber wird, ohne Aufenthalt, das Paradies näher gebracht, [33] mit den Worten: »Das ist, was euch verheißen worden ist, und einem jeden, der sich zu Allah hinwendet und seine Gebote beobachtet [34] und den Allbarmherzigen auch im geheimen fürchtet und zu ihm hintritt mit bekehrtem Herzen. [35] Gehet ein in Frieden; dies ist der Tag der Ewigkeit.« [36] Dort werden sie erhalten, was sie nur wünschen, und bei uns ist Vermehrung der Glückseligkeit. [37] Wie manche Geschlechter vor ihnen (vor den Mekkanern) haben wir vertilgt, welche weit mächtiger waren als sie? Geht einmal die Länder der Erde durch und seht, ob es vor unserer Rache irgendeinen Zufluchtsort gibt. [38] Wahrlich, hierin liegt eine Ermahnung für den, welcher ein verständiges Herz hat oder ein aufmerksames Ohr und dessen forschendes Auge stets (zeugnis-)bereit ist. [39] Wir haben die Himmel und die Erde, und was zwischen ihnen ist, in sechs Tagen erschaffen, und es hat uns keine Müdigkeit ergriffen. [40] Ertrage daher in Geduld, was sie sagen, und preise das Lob deines Herrn vor Sonnenaufgang und Sonnenuntergang, [41] auch in der Nacht preise ihn und auch die äußersten Teile (das Zusätzliche) der Anbetung verrichte[14]. [42] Horcht auf den Tag, an welchem der Ausrufer von einem nahen Orte[15] die Menschen zum Gericht ruft; [43] auf den Tag, an welchem sie den Schall der Posaune in Wahrheit vernehmen werden. Dies ist der Tag, an welchem die Menschen aus ihren Gräbern steigen. [44] Wir geben Leben und Tod, und zu uns ist die Heimkehr. [45] An jenem Tage wird sich die Erde plötzlich über ihnen[16] spalten (sie kommen) in Hast, und leicht ist es uns, diese Versammlung zu verwirklichen. [46] Wir wissen wohl, was die Ungläubigen sagen, du aber bist nicht berufen, sie mit Gewalt zum Glauben zu zwingen. Ermahne durch den Koran den, welcher meine Drohungen fürchtet.

[13] Sind noch mehr da? [14] Verrichte selbst die nicht vorgeschriebenen, sondern freiwilligen zwei Verbeugungen nach dem Morgen- und Abendgebet. [15] Dieser Ort soll der Tempelberg zu Jerusalem sein, welcher allen Menschen gleich nahe sein soll. [16] Über den Toten.

EINUNDFÜNFZIGSTE SURE

Die Zerstreuenden[1] (Al-Dhariyat) *offenbart zu Mekka*

[1] Im Namen Allahs, des Allbarmherzigen. [2] Bei den staubzerstreuenden (Winden), [3] bei den bürdetragenden (Wolken), [4] bei den eilig dahinfliegenden[2] (Schiffen) [5] und bei den geschäftig austeilenden (Engeln), [6] das euch Angedrohte ist Wahrheit, [7] und das Jüngste Gericht[3] trifft sicherlich ein. [8] Bei dem Himmel mit seinen Pfaden[4], [9] ihr weicht in euerer Rede sehr voneinander ab[5]; [10] doch nur der wendet sich vom Glauben ab, welcher sich (über göttlichen Ratschluß) abwenden muß. [11] Getötet (verflucht) seien die (Falsches verbreitenden) Lügner, [12] welche, in den Wassertiefen der Unwissenheit watend, ihr Seelenheil vernachlässigen. [13] Sie fragen spöttisch: »Wann wird der Tag des Gerichtes eintreffen?« [14] An jenem Tage sollen sie im Höllenfeuer brennen, [15] und gesagt wird zu ihnen: »Kostet nun euere Strafe, welche ihr beschleunigt haben wolltet.« [16] Die Frommen aber sollen in Gärten bei Quellen wohnen [17] und genießen, was ihr Herr ihnen gibt, weil sie vor diesem Tage Rechtschaffene gewesen sind. [18] Sie schliefen nur einen kleinen Teil der Nacht[6], [19] und schon des Morgens früh flehten sie um Vergebung [20] und gaben von ihrem Vermögen dem Bittenden das ihm Nötige und auch dem, welchem Scham bitten verwehrt. [21] Auf der Erde und in euch selbst sind Zeichen (der Allmacht Allahs), [22] und ihr wollt sie nicht bemerken? [23] Euere Versorgung ist im Himmel, ebenso auch das, was euch verheißen wurde[7]. [24] Bei dem Herrn der Himmel und der Erde geschworen, dies ist Wahrheit, geschworen, wie ihr zu schwören pflegt[8].

[25] Ist nicht die Geschichte der ehrwürdigen Gäste des Abraham zu deiner Kenntnis gekommen[9]? [26] Als sie zu ihm kamen und zu

[1] So genannt nach Vers [2] dieser Sure. [2] In den Versen [2] mit [4] fehlen im Arabischen die Hauptwörter. Dadurch sind in den Übersetzungen Auffassungsverschiedenheiten entstanden. Goldschmidt und moderne Übersetzungen lauten etwa: [2] Bei den dunst-(samen-)verwehenden Winden, [3] bei den Feuchtigkeit tragenden Wolken, [4] bei den Strömen (Elementarereignissen, dahineilenden Engeln) . . . [3] »Jüngstes Gericht« ist hier in Anlehnung an Ullmann und andere, analog der jüdischen Auffassung, übersetzt. Das arabische Wort bedeutet: Religion. [4] Die Sternkreise oder die Wolkenstriche. [5] Nämlich hinsichtlich Mohammeds oder des Korans und des Jüngsten Tages. [6] Indem sie den größten Teil der Nacht mit Gebeten und frommen Religionsübungen zubrachten. [7] Euere Nahrung kommt von oben, ebenso wie auch euere künftige Belohnung oben im Paradies sein wird. [8] Wörtlich: ähnlich wie ihr zu sprechen pflegt: Dieser Schwur ist ebenso aufrichtig und wahrhaftig wie die Eide, welche ihr einander schwört. [9] Siehe elfte Sure [70] und fünfzehnte Sure [52] ff.

ihm sagten: »Friede«, da antwortete er: »Friede« und dachte: Diese Leute sind Fremde. [27] Er ging schweigend zu seinen Hausleuten und brachte ein fettes Kalb [28] und setzte es ihnen vor. (Da sie nichts berührten), sagte er: »Wollt ihr nichts essen?« [29] Und es befiel ihn Furcht vor ihnen. Sie sprachen: »Fürchte dich nicht«, und sie verkündeten ihm einen weisen Sohn. [30] Seine Frau trat nun mit Geschrei (erregt) näher und schlug die Hände vor das Gesicht und sprach: »Ich bin ja eine alte, unfruchtbare Frau.« [31] Sie aber antworteten: »So hat es dein Herr gesprochen, der Allweise und Allwissende.«

[32] Und Abraham sagte: »Was ist denn euer Geschäft, ihr Boten?« [33] Sie antworteten: »Wir sind zu einem frevelhaften Volk gesandt, [34] damit wir auf dieses Steine, aus Lehm gebrannt, herabsenden, [35] die für die Übeltäter von deinem Herrn gezeichnet sind[10].« [36] Die Gläubigen in der Stadt aber haben wir zuvor herausgeführt; [37] und wir fanden darin nur ein Haus von Moslems bewohnt [38] und ließen in der Stadt ein Zeichen zurück für die, welche sich vor strenger Strafe fürchten. [39] Als wir Moses mit offenbarer Vollmacht zu Pharao schickten, [40] da wandte ihm dieser (und seine Fürsten mit ihm) den Rücken und sagte: »Dieser ist entweder ein Zauberer oder ein Verrückter.« [41] Darum erfaßten wir ihn und sein Heer und stürzten sie in das Meer; denn er war ein schuldbeladener Frevler. [42] Und wider die Aditen schickten wir einen verheerenden Wind, [43] der alles, worüber er hinfuhr, zu Staub zermalmte[11]. [44] Und als zu den Thamudäern gesagt wurde: »Freut euch noch eine Zeitlang[12]«, [45] da übertraten sie dennoch frevelmütig den Befehl ihres Herrn; darum erfaßte sie als sie noch zuwarteten, ein Erdbeben, [46] so daß sie nicht auf ihren Füßen Halt finden und sich auch sonst nicht retten konnten. [47] Und vor ihnen schon vertilgten wir das Volk des Noah; denn auch sie waren frevelhafte Menschen.

[48] Den Himmel haben wir mit Macht gebaut und ihm eine weite Ausdehnung gegeben, [49] und die Erde haben wir ausgebreitet, und wie gleich und schön haben wir sie ausgebreitet! [50]

[10] Siehe elfte Sure [84] und Note 43. [11] Die Ahmadiyya-Mission übersetzt: [43] Er ließ nichts von allem, was er heimsuchte, zurück, ohne daß er es gleich einem vermoderten Knochen gemacht hätte. [12] Nämlich noch drei Tage; siehe elfte Sure [66]; Henning übersetzt: Laßt es euch eine Weile gut sein.

Und von vielen Dingen haben wir zwei Arten[13] geschaffen, damit ihr bedenken mögt. [51] Flieht daher zu Allah; denn ich bin von ihm zum öffentlichen Prediger für euch bestimmt. [52] Setzt neben Allah nicht noch einen anderen Gott; denn ich bin von ihm zum öffentlichen Warner für euch bestimmt. [53] So ist auch noch kein Gesandter zu ihren Vorfahren gekommen, ohne daß sie sagten: »Dieser Mensch ist ein Zauberer oder ein Verrückter.« [54] Haben sie dieses Betragen durch Vermächtnis ererbt? Wahrlich, sie sind widerspenstige Menschen. [55] Wende dich daher von ihnen weg, und dies soll dir nicht als Schuld angerechnet werden. [56] Fahre aber eifrig fort zu ermahnen; denn Ermahnung nützt den Gläubigen. [57] Dschinn (Geister) und Menschen habe ich nur erschaffen, damit sie mir dienen. [58] Ich verlange keinen Unterhalt von ihnen und auch nicht, daß sie mich speisen sollen; [59] denn Allah ist ja der alles Ernährende, und er besitzt mächtige Gewalt. [60] Die sich sündhaft betragen haben, sollen wie jene bestraft werden, welche sich ebenfalls sündhaft betrugen, doch werden sie die Strafe beschleunigt wünschen? [61] Wehe den Ungläubigen, wegen ihres Tages, welcher ihnen angedroht ist!

[13] Männlich und weiblich.

ZWEIUNDFÜNFZIGSTE SURE

Der Berg[1] (Al-Tur) *offenbart zu Mekka*

[1] Im Namen Allahs, des Allbarmherzigen. [2] Bei dem Berge[2], [3] bei dem Buche, geschrieben [4] auf ausgebreitetem Pergament[3], [5] und bei dem besuchten Hause[4], [6] bei dem hohen Himmelsdache, [7] bei dem schwellenden (wogenden) Meere, [8] die Strafe deines Herrn kommt sicherlich herab, [9] und niemand wird sie abwenden können. [10] An diesem Tage wird der Himmel schwanken und wanken, [11] und die Berge werden erbebend sich bewegen[5]. [12] Wehe an diesem Tage denen, welche (die Gesandten) des Betruges beschuldigten, [13] welche sich an törichtem Wort ergötzten. [14] An diesem Tage werden sie in das Höllenfeuer hinabgestoßen mit den Worten: [15] »Das ist nun das Feuer, das ihr

[1] So genannt nach dem Anfang der Sure [2]. [2] Nach einigen der Berg Sinai, nach anderen der Berg Tabor. [3] Entweder der Koran oder die Thora. [4] Die Kaaba zu Mekka. [5] Siehe Psalm 68 [8]: Da bebte die Erde, auch troffen die Himmel vor Gott – jener Sinai: vor Gott, dem Gott Israels.

geleugnet habt. [16] Ist dies wohl trügerischer Zauber? Oder seht ihr nicht? [17] Brennt nun darin. Ihr mögt seine Pein ertragen oder nicht ertragen können, da steht sich für euch gleich; ihr erhaltet den Lohn eueres Tuns.« [18] Die Gottesfürchtigen aber werden in Gärten wohnen, und in Lust, [19] sich erfreuend an dem, was ihr Herr ihnen gibt, und ihr Herr wird sie vor der Höllenqual bewahren. [20] (Gesagt wird zu ihnen:) »Eßt und trinkt und freut euch über das, was ihr getan habt, [21] und sitzt in Reihen auf Ruhekissen!«, und wir werden sie mit Jungfrauen (Huris) vermählen, die berücken mit großen schwarzen Augen. [22] Die glauben und deren Nachkommen ihnen im Glauben folgen, diese wollen wir auch mit ihren Nachkommen im Paradiese vereinen und ihnen nicht im mindesten den Lohn ihrer Handlungen verkürzen. (Ein jeder Mensch ist Pfand seiner Handlungen[6].) [23] Dort geben wir ihnen, was sie nur wünschen: Obst und Fleisch im Überfluß. [24] Sie reichen dort einander den Becher, in welchem weder Anreiz zu leichtfertigem Wort noch zur Sünde ist[7]. [25] Ein Kreis von Jünglingen eigenen (Blutes), so schön wie Perlen, in ihren Muscheln verborgen, wird ihnen aufwarten. [26] Und sie werden sich einander zuwenden und Fragen stellen. [27] Und sie werden sagen: »Wir waren früher wegen der Unsrigen bekümmert[8], [28] aber nun hat sich Allah gnädig gegen uns bewiesen und uns vor der Qual des brennenden Feuers bewahrt; [29] denn wir hatten vordem nur ihn allein angerufen; und er ist der Allgütige und Allbarmherzige.«

[30] Darum ermahne sie (o Mohammed); denn du bist durch die Gnade deines Herrn weder ein Wahrsager noch ein Verrückter. [31] Sagen sie: »Er ist nur ein Dichter, und wir erwarten an ihm die Notwendigkeit (den Anbruch) der Zeit[9]«, [32] so antworte: »Wartet nur, und ich will mit euch warten.« [33] Befiehlt ihnen irgendein Traum (die Einsicht), so zu sprechen[10]? Oder sind sie frevelhafte Menschen? [34] Wollen sie sagen: »Er hat ihn (den Koran) erdichtet?« Sie wollen nun einmal nicht glauben. [35] Mögen sie doch, wenn sie Wahrheit sprechen, eine Schrift vorweisen, die ihm (dem Koran) ähnlich ist. [36] Sind sie aus dem Nichts

[6] Ist verantwortlich für sein Tun. [7] In dem auf Erden verbotenen Wein liegt Veranlassung zur Torheit und Sünde; aber nicht in dem, welcher im Paradiese gereicht wird. [8] Für ihr Heil nach dem Tode. [9] So wörtlich: auf die Zeit, welche notwendig kommen und lehren wird, ob er wirklich ein Gesandter Allahs oder ein Lügner ist. [10] Sale übersetzt: Do their mature understandings bid them say this? (Damit ist der arabische Text gut wiedergegeben.)

erschaffen? Oder haben sie sich selbst erschaffen? [37] Oder haben sie die Himmel und die Erde geschaffen? Wahrlich, sie sind nicht fest überzeugt davon[11]. [38] Besitzen sie die Schätze deines Herrn? Oder sind sie die Machthaber? [39] Oder haben sie eine Leiter, auf der sie die Geheimnisse der Himmel erlauschen können? Möge doch, der sie vernommen hat, mit deutlichen Beweisen kommen (daß er sie vernommen hat). [40] Hat Allah etwa Töchter und nur ihr die Söhne[12]? [41] Verlangst du Lohn für dein Predigen von ihnen, wodurch sie mit Schulden schwer beladen sind? [42] Besitzen sie die Geheimnisse, daß sie dieselben nur niederzuschreiben brauchen? [43] Wollen sie eine List gegen dich schmieden? Doch die Ungläubigen sollen überlistet werden[13]. [44] Haben sie neben Allah noch einen Gott? Fern ist von Allah das, was sie ihm zugesellen. [45] Und sähen sie auch ein Stück des Himmels auf sie herabstürzen, sie würden doch sagen: »Es ist nur eine dicke Wolke.« [46] Darum laß sie nur, bis ihr Tag heranbricht, an welchem sie untergehen, [47] jener Tag, an welchem ihre List nichts hilft und niemand sie rettet. [48] Wahrlich, die Frevler sollen außer dieser noch eine Strafe erhalten; doch die meisten von ihnen wissen dies nicht. [49] Du aber warte in Geduld auf das Urteil deines Herrn; denn du bist unter unseren Augen (geschützt). Preise das Lob deines Herrn, wenn du aufstehst [50] und zur Zeit der Nacht und wenn die Sterne verblassen[14].

[11] Daß Allah sie erschaffen hat. [12] Siehe sechzehnte Sure [58] und Note 15. [13] Siehe achte Sure [31] und Note 12. [14] Wenn der Tag anbricht.

DREIUNDFÜNFZIGSTE SURE

Der Stern[1] (Al-Nadschm) *offenbart zu Mekka*

[1] Im Namen Allahs, des Allbarmherzigen. [2] Bei dem Stern, der untergeht[2]: [3] Euer Gefährte (Mohammed) irrt nicht und täuscht sich nicht, [4] er spricht auch nicht, was bloße Lust ihm eingibt; [5] sondern nur (Allahs) Offenbarung ist es, welche ihm zuteil geworden ist. [6] Der Mächtige und Starke[3] hat ihn alles gelehrt. [7] So ward er der vollkommene (Prophet). [8] Er erschien ihm am

[1] So genannt nach dem dritten Wort Vers [2] dieser Sure. [2] Oder: der da aufgeht; das arabische Verbum hat beide Bedeutungen. Die Ahmadiyya-Mission übersetzt: Bei der schaftlosen Pflanze, wenn sie sinkt ... Goldschmidt: Bei dem flimmernden Stern ... [3] Der Engel Gabriel, welcher Mohammed den Koran brachte.

höchsten Horizont [9] und näherte sich dem Propheten – und kam immer näher, [10] auf zwei Ellenbogen[4] weit, oder noch näher, [11] und offenbarte seinem Diener, was er offenbarte, [12] und das Herz trog nicht in dem, was es sah[5]. [13] Wie wollt ihr ihm nun abstreiten, was er gesehen hat? [14] Er sah ihn (den Engel) ja schon zu anderer Zeit: [15] beim Lotusbaum, an dem nicht vorbeigeschritten werden darf, [16] (am Ende aller Ziele), der im Garten neben des Ewigen (Allahs) Stätte steht[6]. [17] Und da den Lotusbaum bedeckte, was ihn bedeckt[7], [18] da wandte er (Mohammed) sein Gesicht nicht weg und schweifte nicht umher; [19] denn er sah die größten Wunderzeichen seines Herrn. [20] Was denkt ihr denn wohl von Allat und Al-Uzza [21] und von Manat[8], der anderen dritten Göttin? [22] Habt ihr nur die Söhne und Allah nur die Töchter[9]? [23] Wahrlich, das wäre eine ungerechte Verteilung, [24] und jene sind nur leere Namen, welche ihr und euere Väter für die Götzen ausdachtet, wozu Allah keine Erlaubnis gegeben hat. Aber sie folgen nur einer Wahnidee und den Gelüsten ihrer Herzen, obwohl sie die wahre Leitung von ihrem Herrn erhielten. [25] Soll der Mensch wohl erhalten, was er nur wünscht?

[26] Allah ist der Letzte und Erste, [27] und so viele Engel auch in den Himmeln sind, so kann doch ihre Fürsprache durchaus nichts helfen, oder Allah habe sie einem erlaubt, wem er will und der ihm wohl gefällt. [28] Nur die glauben nicht an das zukünftige Leben, die den Engeln weibliche Namen geben. [29] Sie haben aber keine Kenntnis hiervon und folgen nur einer Wahnidee, aber ein bloßer Wahn hat nichts von Wahrheit an sich. [30] Darum entferne dich von dem, welcher sich von unserer Ermahnung abwendet und weiter nichts will als das irdische Leben. [31] Das ist ihre höchste Weisheit. Dein Herr aber kennt den, welcher von seinem Weg abirrt, ebenso wie den, welcher recht geleitet ist. [32] Allah gehört, was in den Himmeln und was auf Erden ist, und er belohnt die, welche Böses tun, nach ihrem Tun, und die Rechtschaffenen belohnt er mit der

[4] Oder: zwei Bogenschüsse weit. [5] Dieses Gesicht war keine Täuschung der Phantasie. [6] Dieser Baum, auch Grenzbaum genannt, soll sich im siebten Himmel, zur rechten Seite des göttlichen Thrones befinden. Sein Grenzbann darf von niemandem überschritten werden. Nach Goldschmidt: eine bekannte Stelle bei Mekka. [7] Nach einigen bedecken Engel, nach anderen Vögel die Zweige dieses Baumes. [8] Namen dreier Göttinnen der alten heidnischen Araber. Nach Henning lauteten die Originalverse [21] bis [23] erst: Dies sind die zwei hochfliegenden Schwäne, ihre Fürsprache werde erhofft. Für diese Verse sollten die Koreischiten ihm die Prophetenwürde zuerkennen. Tags darauf wurden sie durch die Textverse ersetzt. [9] Siehe sechzehnte Sure [58] und Note 15.

herrlichsten Belohnung. [33] Denjenigen, welche die großen und schändlichen Sünden[10] vermeiden und sich nur leichtere Vergehen zuschulden kommen lassen, wird dein Herr sich leicht versöhnlich zeigen. Er kannte euch, als er euch aus Erde hervorbrachte, und auch schon, da ihr als Fruchtkeim in euerer Mütter Leib wart. Darum rechtfertigt euch nicht selbst, denn er kennt am besten den, welcher ihn fürchtet.

[34] Was hältst du wohl von dem, welcher sich von der Wahrheit abwendet [35] und der nur weniges von seinem Vermögen für die Bedürftigen gibt und das übrige geizig zurückhält? [36] Kennt er die verborgene Zukunft so, daß er in sie hineinsehen kann? [37] Ist er denn nicht belehrt worden von dem, was in den Büchern Mosis steht? [38] Und ist ihm nicht bekannt, wie Abraham seine Pflichten treu erfüllte? [39] Wisse: Eine bereits belastete Seele braucht nicht auch noch die Last einer anderen zu tragen, [40] und nur das wird dem Menschen vergolten, was er mit Vorbedacht getan hat, [41] und es wird letztlich sein gutes Werk ans Licht gebracht, [42] wofür er mit reichlichstem Lohn belohnt wird, [43] und das Ziel aller Dinge ist bei Allah. [44] Er ist es, welcher lachen und weinen macht, [45] Tod und Leben gibt [46] und der zwei Geschlechter geschaffen hat, Mann und Weib, [47] durch ergossene Samentropfen. [48] Er, welcher eine zweite Schöpfung[11] bewirken wird, [49] der reich macht und Güter in Besitz gibt. [50] Er ist Herr des Sirius[12], [51] und er ist es, welcher die alten Aditen vertilgt hat [52] und die Thamudäer und keinen am Leben ließ, [53] und ebenso noch vor ihnen das Volk des Noah; denn sie waren ungerechte und lasterhafte Menschen, [54] und er ist es, welcher die Städte (des Volkes Lots) vernichtete [55] und sie mit seiner Strafe bedeckte[13]. [56] Wie willst du daher die Wohltaten deines Herrn (und welche) noch in Zweifel ziehen? [57] Dieser (Mohammed) ist nur ein Prediger, gleich den früheren Predigern. [58] Der Tag des Gerichtes naht. [59] Doch niemand außer Allah kann seine Zeit offenbaren. [60] Ihr wundert euch über diese Kunde? [61] Ihr lacht darüber und weint nicht? [62] Ihr treibt noch frevlen Spott damit? [63] Oh, betet doch Allah an und fallt vor ihm nieder!

[10] Diese sind: Menschenmord, Hurerei und Diebstahl. [11] Die Totenauferstehung. [12] Diesen Stern verehrten die alten Araber als Glückspender. [13] Wörtlich: daß sie das bedeckt hat, was sie bedeckte: nämlich der Schwefel-, Feuer- und Steinregen, der Sodom und Gomorrha vernichtete. – Totes Meer.

VIERUNDFÜNFZIGSTE SURE

Der Mond[1] (Al-Kamar) *offenbart zu Mekka*

[1] Im Namen Allahs, des Allbarmherzigen. [2] Die Stunde des Gerichtes naht, und schon spaltet sich der Mond[2], [3] aber wenn sie (die Ungläubigen) auch ein Wunderzeichen sehen, so sagen sie doch: »Fortdauernd Blendwerk ist das!«, [4] und sie beschuldigen dich des Betruges und folgen nur ihren Begierden; doch ein jedes Ding hat seine feste Bestimmung[3]. [5] Nun haben sie die Botschaft erhalten[4], welche vor dem Unglauben abschreckt [6] und die vollkommene Weisheit enthält; doch Verwarnung hilft ihnen nicht; [7] darum wende sich von ihnen ab. An jenem Tage, wenn der Rufer sie zu schwerem Geschäft aufruft[5], [8] werden sie mit niedergeschlagenen Blicken gleich verstreuten Heuschrecken aus ihren Gräbern steigen [9] und werden mit Schrecken dem Rufer entgegeneilen, und die Ungläubigen sagen dann: »Das ist ein schrecklicher Tag.« [10] Schon vor ihnen hat das Volk des Noah unseren Diener des Betruges beschuldigt und gesagt: »Er ist ein Verrückter«, und so wurde er mit Vorwürfen verjagt. [11] Er aber rief zu seinem Herrn und sagte: »Man überwältigt mich, darum räche mich.« [12] Und wir öffneten die Pforten des Himmels, Wasser herabzugießen, [13] und aus der Erde ließen wir Quellen hervorbrechen, so daß die Wässer der Himmel und der Erde sich begegneten, wie der feststehende Ratschluß es bestimmte. [14] Ihn (den Noah) aber trugen wir in einem gefügten (Schiff), aus Brettern und Nägeln, [15] welches sich unter unseren Augen[6] fortbewegte, ihm zur Belohnung, weil man ihn undankbar verworfen hatte. [16] Und dieses Schiff haben wir als ein Zeichen übrigbleiben lassen; hat sich aber einer dadurch warnen lassen? [17] Wie strenge war doch meine Strafe und Drohung! [18] Wir haben auch den Koran zur Ermahnung sehr leicht gemacht – und dennoch, wer will sich mahnen lassen? [19] Auch die Aditen beschuldigten ihren Gesandten des Betruges, aber wie streng war meine Strafe und Drohung! [20] Wir schickten an einem höchst unglückseligen unvergeßlichen Tag einen tobenden

[1] So genannt nach dem zweiten Vers dieser Sure. [2] Dies soll ein Zeichen der nahen Stunde des Gerichtes sein. Moslems glauben, daß Mohammed zu seiner Beglaubigung dieses Wunder getan und den Mond gespalten habe. [3] Alles hat ein Ende in dieser Welt; aber in jener Welt erhält alles einen unwandelbaren und unveränderlichen Standpunkt. [4] Der Koran, welcher das unglückliche Ende der früheren Ungläubigen erzählt. [5] Wenn der Engel Israfil die Menschen zum Gericht ruft. [6] Durch unsere besondere Leitung und Vorsehung.

Wind wider sie, [21] welcher die Menschen in die Höhe hob und niederwarf, als wären sie ausgerissene Wurzeln von Palmbäumen. [22] Wie streng war aber meine Rache und Drohung! [23] Wir haben auch den Koran zur Ermahnung sehr leicht gemacht, und dennoch, wer will sich mahnen lassen?

[24] Auch die Thamudäer beschuldigten die Ermahnungen ihres Propheten des Betruges [25] und sagten: »Sollten wir wohl einem einzigen sterblichen Menschen aus unserer Mitte folgen? Das wäre ja von unserer Seite Irrtum und Torheit. [26] Sollte ihm tatsächlich das Ermahnungsamt vorzugsweise vor uns anvertraut worden sein? Wahrlich, er ist ein unverschämter Lügner.« [27] (Aber Allah sagte zu Saleh:) »Morgen sollen sie es erfahren, wer ein unverschämter Lügner ist. [28] Wir wollen ihnen zur Prüfung eine Kamelstute zuschicken[7]; du aber beobachte sie und ertrage ihre Beschimpfungen mit Geduld [29] und verkünde ihnen, das Trinkwasser sei zwischen ihnen geteilt und der Trank wechselweise gereicht.« [30] Sie riefen aber einen ihrer Gefährten[8], dieser nahm ein Schwert und tötete sie. [31] Wie streng aber war meine Rache und Drohung! [32] Wir schickten nur einen Schrei über sie herab, und sie wurden wie dürre Stäbe an Viehhürden[9]. [33] Wir haben nun den Koran zur Ermahnung sehr leicht gemacht – und dennoch, wer will sich mahnen lassen? [34] Auch das Volk des Lot beschuldigte dessen Ermahnungen des Betruges; [35] aber wir schickten einen Wind, mit einem Steinregen beladen, wider sie, der sie mit Ausnahme der Familie des Lot vertilgte, welche wir in unserer Gnade des Morgens früh erretteten. [36] So belohnen wir die Dankbaren. [37] Zuvor hatte Lot sie vor der Strenge unserer Strafe gewarnt; aber sie bezweifelten diese Verwarnung [38] und forderten immer wieder ihm seine Gäste ab; wir stachen dem Volke die Augen aus[10] und sagten: »Nehmt nun meine Strafe und Drohung hin«, [39] und des Morgens früh erfaßte sie die auf immer dauernde Strafe [40] mit den Worten: »Nehmt nun meine Strafe und Drohung.« [41] Wir haben den Koran zur Ermahnung sehr leicht gemacht – und dennoch, wer will sich mahnen lassen?

[7] Siehe siebte Sure [76] ff. und sechsundzwanzigste Sure [142] ff. [8] Mitbürger. Dies soll ein gewisser Kedar ibn Salef gewesen sein. [9] Das Erdbeben, welches sie ergriff und sie wie dürres Holz an Viehställen zerknickte, wird einem Schrei des Engels Gabriel zugeschrieben. [10] Vergleiche 1. Buch Mosis, Kapitel 19 [11]: Und die Männer, die am Eingang des Hauses waren, schlugen sie mit Blindheit, vom kleinsten bis zum größten, und sie wurden müde, den Eingang zu finden.

[42] Auch dem Volke des Pharao sind die Ermahnungen des Moses zugekommen, [43] aber sie verwarfen alle unsere Zeichen, daher suchten wir sie mit einer mächtigen und unwiderstehlichen Züchtigung heim. [44] Sind nun euere Ungläubigen (o ihr Mekkaner) etwa besser als jene? Oder ist euch in den heiligen Büchern Freisprechung von der Strafe zugesichert? [45] Wollen sie etwa sagen: »Wir bilden eine Gemeinschaft, die ihm (Mohammed) weit überlegen ist«? [46] Wahrlich, diese Schar soll in die Flucht geschlagen werden, und sie wird den Rücken wenden müssen. [47] Außerdem ist ihnen die Stunde des Gerichtes angedroht, und diese Stunde wird noch weit peinlicher und bitterer sein. [48] Wahrlich, die Übeltäter befinden sich im Irrtum und Wahnsinn. [49] An jenem Tage sollen sie auf ihren Angesichtern in das Höllenfeuer geschleift werden mit den Worten: »Kostet nun die Berührung der Hölle.« [50] Alle Dinge haben wir nach einem bestimmten Ratschluß geschaffen, [51] und unser Befehl ist nur ein einziges Wort, in einem Augenblick ist alles da. [52] Auch vordem schon haben wir Völker vor euch vertilgt – aber läßt sich einer der Frevler warnen? [53] Alles, was sie tun, ist in den Büchern aufgezeichnet, [54] und alles, es sei klein oder groß, ist niedergeschrieben. [55] Die Gottesfürchtigen werden in Gärten mit Flüssen wohnen, [56] in der Versammlung der Gerechten[11], bei dem König, dem Allmächtigen.

[11] Wörtlich: in dem Sitz der Wahrheit oder Gerechtigkeit.

FÜNFUNDFÜNFZIGSTE SURE

Der Allbarmherzige[1] (Al-Rahman) *offenbart zu Mekka*[2]

[1] Im Namen Allahs, des Allbarmherzigen. [2] Der Allbarmherzige [3] hat den Koran gelehrt. [4] Er hat den Menschen erschaffen [5] und ihn mit vernünftiger Sprache begabt[3]. [6] Sonne und Mond bewegen sich nach bestimmten Regeln, [7] und Gras (Gestirne) und Baum verehren ihn. [8] Und den Himmel hat er hoch erhoben, und die Waage hat er aufgestellt[4], [9] damit auch ihr mit der Waage nichts übertretet, [10] richtiges Gewicht führt und mit

[1] So genannt nach dem zweiten Wort [2] dieser Sure. [2] Die Ausleger sind im Zweifel, ob diese Sure zu Mekka oder Medina oder teils zu Mekka, teils zu Medina offenbart wurde. [3] Wörtlich: und ihn Unterscheidung gelehrt. [4] Den Himmel hat er so ins Gleichgewicht gebracht, als wäre alles mit der Waage abgewogen; durch dieses Bild nimmt Mohammed Gelegenheit, seine Anhänger zu ermahnen, richtiges Maß und Gewicht zu führen. Zu religiösem Zweck übersetzt die Ahmadiyya-Mission: [8] Und den Himmel wölbte er in der Höhe und stellte auf das Gesetz, [9] daß ihr das Gesetz nicht übertretet.

der Waage nicht vermindert. [11] Und für die lebenden Geschöpfe hat er die Erde zubereitet, [12] mit Obst und blütenreichen Palmbäumen [13] und mit Furchtkörnern bedeckt, mit Halmen und Kräutern. [14] Welche von den Wohltaten eueres Herrn wollt ihr wohl leugnen[5]? [15] Den Menschen schuf er aus Lehm wie ein irdenes Gefäß [16] und den Genius[6] aus seinem (rauchlosen) Feuer. [17] Welche von den Wohltaten eueres Herrn wollt ihr wohl leugnen? [18] Er ist Herr der (beiden) Osten und der (beiden) Westen[7]. [19] Welche von den Wohltaten eueres Herrn wollt ihr wohl leugnen? [20] Den beiden Wässern hat er freien Lauf gelassen, damit sie sich (einst) begegnen, [21] aber eine Scheidemauer ist zwischen beiden, damit sie sich nicht vermischen können[8]. [22] Welche von den Wohltaten eueres Herrn wollt ihr wohl leugnen? [23] Aus beiden werden große und kleine Perlen (Perlen und Korallen) gefischt. [24] Welche von den Wohltaten eueres Herrn wollt ihr wohl leugnen? [25] Sein sind die Schiffe, die gleich Bergen hoch das Meer durchsegeln. [26] Welche von den Wohltaten eueres Herrn wollt ihr wohl leugnen?

[27] Was auf Erden ist, ist hinfällig, [28] und nur das herrliche und hochverehrte Antlitz deines Herrn dauert ewig. [29] Welche von den Wohltaten eueres Herrn wollt ihr wohl leugnen? [30] Was in den Himmeln und was auf Erden ist, fleht zu ihm, und täglich wirkt er[9]. [31] Welche von den Wohltaten eueres Herrn wollt ihr wohl leugnen? [32] O ihr Menschen und Geister[10], wir wollen euch gewiß zur Rechenschaft ziehen. [33] Welche von den Wohltaten eueres Herrn wollt ihr wohl leugnen? [34] O du Heer der Geister und Menschen, brich doch einmal, wenn du es vermagst, aus den Grenzen der Himmel und der Erde; aber du wirst sie nur mit seiner Erlaubnis verlassen können. [35] Welche von den Wohltaten eueres Herrn wollt ihr wohl leugnen? [36] Eine Feuerflamme ohne Rauch und ein Rauch ohne Feuerflamme werden einst auf euch herabgeschickt, und ihr werdet euch nicht schützen können. [37] Welche von den Wohltaten eueres Herrn wollt ihr wohl leugnen?

[5] Dieser Vers wird nicht weniger als einunddreißigmal wiederholt und scheint eine Nachahmung des 136. Psalms zu sein: Preiset den Herrn ... [6] Wörtlich: die Geister, die Dschinnen und den Geist des Menschen. [7] Die Ausleger verstehen darunter die beiden Sonnenwenden, Solstitien, im Sommer und Winter. [8] Vergleiche fünfundzwanzigste Sure [54] und Note 16. Oder Arabischer und Persischer Meerbusen? [9] Die moderne Physik und Biologie bestätigt ein ständiges neues Werden im Weltall und auf der Erde. [10] Wörtlich: Wir wollen auf euch merken, ihr beiden Lasten (Gewichte). Warum Menschen und Geister »Lasten« genannt werden, darüber können die Ausleger keine Auskunft geben.

[38] Wie aber, wenn der Himmel zerrissen und rot wie eine Rose wird und wie Salböl zerschmilzt[11]? [39] Welche von den Wohltaten eueres Herrn wollt ihr wohl leugnen? [40] An jenem Tage werden Menschen und Geister über ihre Vergehen nicht erst befragt werden müssen. [41] Welche von den Wohltaten eueres Herrn wollt ihr wohl leugnen? [42] Die Frevler wird man an ihren Merkmalen erkennen, und an dem Stirnhaar und den Füßen wird man sie ergreifen. [43] Welche von den Wohltaten eueres Herrn wollt ihr wohl leugnen? [44] Dies ist nun die Hölle, welche die Frevler leugnen, [45] und sie sollen zwischen ihr und heißsiedendem Wasser hin und her wandern. [46] Welche von den Wohltaten eueres Herrn wollt ihr wohl leugnen?

[47] Für den aber, welcher die Gegenwart seines Herrn gefürchtet hat, sind zwei Gärten bestimmt. [48] Welche von den Wohltaten eueres Herrn wollt ihr wohl leugnen? [49] Ausgeschmückt mit Bäumen von ausgebreitetem Gezweig. [50] Welche von den Wohltaten eueres Herrn wollt ihr wohl leugnen? [51] In beiden befinden sich zwei plätschernde Quellen. [52] Welche von den Wohltaten eueres Herrn wollt ihr wohl leugnen? [53] In beiden finden sich von allen Früchten zwei Arten. [54] Welche von den Wohltaten eueres Herrn wollt ihr wohl leugnen? [55] Ruhen sollen sie auf Polsterkissen, welche aus Seide und golddurchwirkt sind, und die Früchte der beiden Gärten sollen ihnen nahe zur Hand sein. [56] Welche von den Wohltaten eueres Herrn wollt ihr wohl leugnen? [57] In den beiden Gärten befinden sich auch (schwarzäugige) Jungfrauen mit keusch niedergesenkten Blicken, welche zuvor weder Mensch noch Dschinnen berührt haben. [58] Welche von den Wohltaten eueres Herrn wollt ihr wohl leugnen? [59] Schön sind sie wie Rubinen und Perlen. [60] Welche von den Wohltaten eueres Herrn wollt ihr wohl leugnen? [61] Sollte denn der Lohn der guten Werke anders als gut sein? [62] Welche von den Wohltaten eueres Herrn wollt ihr wohl leugnen? [63] Außer jenen beiden Gärten sind noch zwei Gärten bereit[12]. [64] Welche von den Wohltaten eueres Herrn wollt ihr wohl leugnen? [65] Beschattet von dunklem Grün. [66] Welche von den Wohltaten eueres Herrn wollt ihr wohl leugnen? [67] In ihnen sind zwei Quellen, welche stets wasserreich strömen.

[11] Oder: rotem Leder gleicht. [12] Nach den Auslegern sind diese beiden Gärten, welche nur Kräuter und ähnliches hervorbringen, für die geringeren Klassen bestimmt.

[68] Welche von den Wohltaten eueres Herrn wollt ihr wohl leugnen? [69] In beiden Gärten sind Früchte: Datteln und Granatäpfel. [70] Welche von den Wohltaten eueres Herrn wollt ihr wohl leugnen? [71] Auch die herrlichsten und schönsten Mädchen. [72] Welche von den Wohltaten eueres Herrn wollt ihr wohl leugnen? [73] (Mit großen schwarzen Augen), in Zelten für euch gehütet. [74] Welche von den Wohltaten eueres Herrn wollt ihr wohl leugnen? [75] Von Menschen und Dschinnen vor ihnen nicht berührt. [76] Welche von den Wohltaten eueres Herrn wollt ihr wohl leugnen? [77] Dort ruht ihr auf grünen Kissen und herrlichen Teppichen. [78] Welche von den Wohltaten eueres Herrn wollt ihr wohl leugnen? [79] Gelobt sei der Name deines Herrn, der Ruhm und Herrlichkeit besitzt!

SECHSUNDFÜNFZIGSTE SURE

Der Unvermeidliche[1] (Al-Wakiah) *offenbart zu Mekka*

[1] Im Namen Allahs, des Allbarmherzigen. [2] Wenn der Unvermeidliche (Gerichtstag) eintreffen wird, [3] dann wird keine Seele mehr dessen Eintreffen leugnen. [4] Er erniedrigt und erhebt. [5] Wenn die Erde heftig erschüttert wird [6] und die Berge in Stücke zerschmettert [7] und wie dünner zerfliegender Staub werden, [8] dann werdet ihr in drei Klassen[2] geteilt: [9] Gefährten der rechten Hand[3] (und wie glückselig sind die Gefährten der rechten Hand!) [10] und Gefährten der linken Hand (und wie unglückselig sind die Gefährten der linken Hand!), [11] und die zuvorderst anderen im Guten vorangegangen sind[4], [12] die werden allen auch in das Paradies vorangehen. Diese werden Allah am nächsten sein [13] und in wonnevollen Gärten wohnen. [14] Die meisten davon sind aus der früheren [15] und nur wenige aus der späteren Zeit[5]. [16] Sie werden auf Kissen ruhen, welche mit Gold und edlen Steinen geschmückt sind, [17] sie lehnen einander gegenüber. [18] Jünglinge in ewiger Jugendblüte werden, um ihnen aufzuwarten, [19] sie mit Bechern, Kelchen und Schalen voll fließenden Weines umkreisen, [20] der den Kopf nicht schmerzen und den

[1] Der Jüngste Tag. Diese Sure hat ihre Überschrift von Vers [2]. – Auch »Der Eintreffende« überschrieben. [2] Nämlich in ganz Fromme und ganz Schlechte und in solche, welche die Mitte halten. [3] Die das Buch ihrer Handlungen in der rechten Hand haben, nämlich die Frommen. Rechts bedeutet dem Araber Glück, links Unglück. [4] Das sind die Propheten oder die, welche sich zuerst zum Islam bekehrten. [5] Die Propheten, von denen die Rede ist, gehören der Zeit vor Mohammed an.

Verstand nicht trüben wird, [21] und mit Früchten, von welchen sie nur wählen, [22] und mit Fleisch von Geflügel, wie sie es nur wünschen können. [23] Und Jungfrauen mit großen schwarzen Augen, [24] gleich Perlen, die noch in ihren Muscheln verborgen sind, [25] bekommen sie als Lohn ihres Tuns. [26] Weder eitles Geschwätz noch irgendeine sündige Rede werden sie dort hören, [27] sondern nur den Ruf: »Friede! Friede!« [28] Und die Gefährten der rechten Hand (und wie glückselig sind die Gefährten der rechten Hand!) [29] werden unter dornenlosen Lotusbäumen [30] und schön geordneten Talhabäumen[6] wohnen, [31] und unter ausgebreiteten Schatten, [32] und bei einem immer fließenden Wasser, [33] und mit Früchten im Überfluß, [34] die nie weniger und nie verboten werden. [35] Bei Huris werden sie wohnen, auf erhöhten Kissen gelagert, [36] Frauen, durch eine besondere Schöpfung geschaffen[7], [37] wir machten sie zu Jungfrauen[8], [38] von ihren Gatten, welche in gleichem Alter mit ihnen sind, stets gleichgeliebt. [39] Dies den Gefährten der rechten Hand, [40] deren viele aus der früheren [41] und viele aus der späteren Zeit sein werden[9].

[42] Die Gefährten der linken Hand aber (und wie unglückselig sind die Gefährten der linken Hand!) [43] werden in glühendem Winde wohnen und siedend heißem Wasser [44] und unter dem Schatten eines schwarzen Rauches, [45] der weder kühl noch angenehm ist. [46] Denn sie haben sich vor diesem (Tage) der Lust dieser Welt erfreut [47] und beharrten hartnäckig in ruchlosem Frevelmut [48] und sagten: »Sollten wir wohl, wenn wir tot und Staub und Gebein geworden sind, wieder auferstehen? [49] Sollten wohl auch unsere Vorfahren wieder auferstehen?« [50] Antworte: »Jawohl, die Früheren und die Späteren [51] werden zur bestimmten Zeit an einem bestimmten Tage versammelt werden. [52] Dann werdet ihr, die ihr euch dem Irrtume hingegeben und die Auferstehung geleugnet habt, [53] von der Frucht des Höllenbaumes Sakkum[10] essen [54] und eueren Bauch damit anfüllen [55] und darauf

[6] Goldschmidt übersetzt: Akazien; Ahmadiyya-Mission: gebüschelten Bananen; Henning: Bananen mit Blütenschichten. Ich vermute Sumachgewächse (Ehus coriaria) mit Talg und Gerbstoff enthaltenden Fiederblättern (Anakardiazeen). [7] Die Huris sind besonderer Natur: Sie altern nie, gebären nie, bleiben ewig schön ... [8] Man wird sie stets im Zustande der Jungfräulichkeit finden. [9] Siehe Note 5. Marac. glaubt, daß diese Stelle Vers [15] widerspreche: daß nur wenige aus der späteren Zeit seien. Al Beidaw sagt: daß oben von Propheten, hier von gewöhnlichen Frommen die Rede sei. [10] Siehe vierundvierzigste Sure [44].

siedend heißes Wasser trinken müssen, [56] so wie halbverdurstete Kamele saufen.« [57] Dies ist ihre Behandlung am Tage des Gerichtes. [58] Wir haben euch ja erschaffen, und ihr wolltet doch nicht an eine Auferstehung glauben? [59] Was denkt ihr wohl? Den Samen, welchen ihr ausspritzt, [60] habt ihr ihn oder haben wir ihn geschaffen? [61] Wir haben euch allen den Tod bestimmt, und wir sind nicht daran verhindert, [62] daß wir euch durch euresgleichen ersetzen und euch wieder auf eine Weise neu hervorbringen, welche ihr noch nicht kennt. [63] Ihr kennt ja die erste Schöpfung, und ihr wollt keiner zweiten eingedenk sein? [64] Was dünkt euch wohl von der Saat, die ihr aussät? [65] Laßt ihr sie oder lassen wir sie hervorwachsen? [66] Wenn wir nur wollten, so könnten wir sie ja verdorren lassen und unfruchtbar machen, so daß ihr nicht aufhörtet, euch zu beklagen [67] und zu sagen: »Wir haben uns Kosten gemacht, [68] und es ist uns nicht einmal vergönnt, zu ernten.« [69] Was denkt ihr wohl? Das Wasser, das ihr trinkt, [70] habt ihr es oder haben wir es aus den Wolken herabgeschickt? [71] Wenn wir nur wollten, so könnten wir es ja salzig machen; und ihr solltet nicht dankbar sein? [72] Was dünkt euch wohl von dem Feuer, welches ihr (reibend) schlagt? [73] Habt ihr den Baum, von welchem ihr dasselbe erhaltet, oder haben wir ihn hervorgerufen[11]? [74] Diesen haben wir zur Ermahnung[12] bestimmt und zum Nutzen derer, welche in der Wüste reisen.

[75] Darum preise den Namen deines Herrn, Allahs, des großen Gottes. [76] Ich schwöre es[13] bei dem Untergange der Sterne (bei den sprühenden Meteoren) [77] – und dies ist ein großer Schwur, wenn ihr es versteht –: [78] Dies ist der verehrungswürdige Koran, [79] welcher in dem aufbewahrten (verhüllten) Buch (Allahs geschrieben) ist[14], [80] und nur die Reinen dürfen ihn berühren[15]. [81] Er ist eine Offenbarung vom Herrn des Weltalls. [82] Wollt ihr wohl diese neue Offenbarung verachten[16]? [83] Verschafft ihr

[11] Siehe sechsunddreißigste Sure [81] und Note 25. [12] Daß sich die Menschen die Auferstehung, deren Gleichnis das Feuer ist, oder das Höllenfeuer zu Herzen nehmen. [13] Wörtlich: Ich schwöre nicht ... (ich brauche nicht zu schwören, daß ...). [14] Das Original ist bei Allah. [15] Nur die körperlich und geistig Reinen dürfen den Koran berühren. [16] Wie an vielen Stellen der Übersetzung bin ich bemüht, auf die Vielgestalt der Auslegungen hinzuweisen: Ahmadiyya-Mission: [82] Und ihr wolltet gegenüber dieser (göttlichen) Verkündigung scheinheilig sein? [83] Und daß ihr (sie) leugnet, macht ihr das zu eurem täglichen Brot? [84] Warum wohl, wenn (die Seele des Sterbenden) zur Kehle steigt ..., [86] und wir sind ihm näher als ihr ..., [87] warum wohl, wenn ihr nicht zur Rechenschaft gezogen werden sollt, [88] zwingt ihr sie nicht zurück, wenn ihr wahrhaftig seid?

euch wohl selbst euere Nahrung, so daß ihr undankbar sein dürft? [84] Wie? Wenn die Seele eines Sterbenden ihm an die Kehle steigt [85] und ihr zur selben Zeit ihn anblickt [86] – wir aber stehen ihm noch näher, obwohl ihr es nicht sehen könnt! [87] Wirkt ihr da nicht – bleibt ihr ohne Glaube an einstigen Lohn zurück? –, [88] daß sie wieder in den Körper zurückkehre, wenn ihr wahrhaftig seid[17]? [89] Ist der Sterbende einer von denen, welche Allah nahe sind[18], [90] so wird ihm Ruhe, herrliche Versorgung und ein wonnevoller Garten zuteil. [91] Gehört er zu den Gefährten der rechten Hand, [92] so wird er von diesen mit dem Gruß begrüßt: »Friede sei mit dir!« [93] Gehört er aber zu den Leugnern und Verirrten, [94] so wird er mit siedend heißem Wasser bewirtet [95] und in das brennende Feuer geworfen. [96] Glaubt doch! Dies ist sichere Wahrheit, [97] darum preise den Namen deines Herrn, Allahs, des großen Gottes.

[17] Diese dunkle Stelle soll denen, welche das jenseitige Leben leugnen, deutlich machen, wie sehr dieser Unglaube ihrem inneren Gefühl widerstreitet, also sie der Seele die Heimkehr zu Allah gönnen. [18] Einer, der den anderen in allem Guten vorangegangen ist.

SIEBENUNDFÜNFZIGSTE SURE

Das Eisen[1] (Al-Hadid) *offenbart zu Mekka*[2]

[1] Im Namen Allahs, des Allbarmherzigen. [2] Was in den Himmeln und was auf Erden ist, preist Allah; denn er ist der Allmächtige und Allweise. [3] Ihm gehört das Reich der Himmel und der Erde, er belebt und tötet und ist aller Dinge mächtig. [4] Er ist der Erste und Letzte, der Sichtbare und Verborgene, und er kennt alle Dinge. [5] Er ist es, der die Himmel und die Erde in sechs Tagen erschaffen hat und sich dann auf den Thron niederließ. Er kennt, was in die Erde eingeht und was aus ihr hervorgeht, was von den Himmeln herabkommt und was zu diesen aufsteigt, und er ist bei euch, wo ihr auch sein mögt: Allah sieht, was ihr tut. [6] Ihm gehört das Reich der Himmel und der Erde, und zu Allah kehren alle Dinge zurück. [7] Er läßt die Nacht auf den Tag und den Tag auf die Nacht folgen, und er kennt das Innerste der menschlichen Brust. [8] Glaubt daher an Allah und an seinen Gesandten und gebt Almosen von dem, was er euch hat erben lassen; denn die von euch, welche glauben und Almosen geben, erhalten großen Lohn.

[1] So genannt, weil das Eisen am Ende der Sure [26] erwähnt wird. [2] Nach einigen: zu Medina.

[9] Warum solltet ihr auch nicht an Allah glauben, da euch ja der Gesandte zuruft, an eueren Herrn zu glauben, und der auch euer Gelöbnis erhalten hat, daß ihr Gläubige sein wollt. [10] Er ist es, der seinem Diener deutliche Zeichen herabgesandt hat, damit er euch aus der Finsternis in das Licht führe; Allah ist fürwahr huldvoll und barmherzig gegen euch. [11] Warum wollt ihr nichts für die Verteidigung der Religion Allahs beisteuern, da doch Allah die Erbschaft der Himmel und der Erde gehört? Die unter euch, welche (vor der Einnahme von Mekka) für Allah beigesteuert und gekämpft haben[3], sollen nicht mit denen, welche erst später beigesteuert und gekämpft haben, gleichgehalten werden. Jene erhalten eine höhere Stufe. Doch hat Allah allen die herrlichste Belohnung verheißen; denn Allah ist wohl bekannt, was ihr tut.

[12] Wer will wohl Allah ein schönes Darlehen leihen, da er es ihm ja zwiefach wiedererstatten und ihm außerdem noch herrlichen Lohn geben wird? [13] An jenem Tag einst wirst du sehen, wie den gläubigen Männern und Frauen ihr Licht vorangeht und noch eins ihnen zur Rechten[4]; und zu ihnen gesagt wird: »Frohe Botschaft erhaltet ihr heute über von Wasserläufen durchströmte Gärten und ewig sollt ihr darin bleiben. Dies ist eine große Glückseligkeit.« [14] An jenen Tagen werden die heuchlerischen Männer und Frauen zu den Gläubigen sagen: »Wartet doch auf uns, damit wir uns Licht an euerem Licht entzünden.« Aber ihnen wird geantwortet: »Kehrt in die Welt zurück und sucht euch Licht.« Und eine hohe Mauer wird zwischen ihnen aufgerichtet werden, in welcher sich ein Tor befindet: Innerhalb dieser waltet Barmherzigkeit, und gegenüber, außerhalb dieser, herrscht die Höllenstrafe. [15] Die Heuchler werden dann den Gläubigen zurufen: »Waren wir nicht mit euch?« Sie aber werden antworten: »Jawohl, aber ihr habt euch selbst verführt und habt (auf unser Verderben) gewartet und bezweifeltet die Wahrheit, und euere lüsternen Wünsche täuschten euch so lange, bis Allahs Befehl eintraf[5], und so betrog euch der Betrüger um Allah.« [16] An jenem Tage wird weder von euch noch von den Ungläubigen ein Lösegeld angenommen. Das Höllenfeuer soll euere Stätte und euer Hort sein. Eine schlimme Reise ist dorthin. [17] Ist nun nicht für die Gläubigen die Zeit gekommen, ihre Herzen

[3] Siehe achtundvierzigste Sure [2] und Note 1. [4] Das erste Licht zeigt ihnen den Weg zum Paradiese, das zweite strahlt aus dem Buch in ihrer rechten Hand hervor. [5] Bis zu eurem Tode.

vor der Ermahnung Allahs und vor der offenbarten Wahrheit zu demütigen und nicht wie die zu sein, welche ehedem die Schrift erhielten (Juden und Christen), deren Herzen aber, obwohl ihnen die Zeit der Nachsicht verlängert worden ist, hartnäckig blieben und ihrer viele Übeltäter waren? [18] Wißt, daß Allah die Erde nach ihrem Tode wieder neu belebt. So machen wir euch unsere Zeichen deutlich, damit ihr begreift. [19] Die Almosenspender, Männer und Frauen, und die Allah ein schönes Darlehen leihen, werden es vielfach wiedererhalten und außerdem noch herrlichen Lohn. [20] Die an Allah und seinen Gesandten glauben, das sind wahrhaft Gläubige, und sie werden vor ihrem Herrn gegen die Ungläubigen Zeugnis geben, und sie werden ihren Lohn und ihr Licht bekommen. Die Ungläubigen aber und die, welche unsere Zeichen des Betruges beschuldigten, werden der Hölle Bewohner sein.

[21] Wißt: Das irdische Leben ist nur ein Spiel, nur Getändel. Die Pracht, die Sucht nach Ruhm und das Verlangen nach Mehrung der Reichtümer und Kinder gleichen den Pflanzen, durch Regen genährt, deren Wachstum den Landmann erfreut, welche aber dann dürr und, wie du siehst, welk und zuletzt verdorrte Stoppeln (Staub) werden. In jenem Leben erhalten die, welche nur dem Irdischen nachstreben, schwere Strafe. Die aber demselben entsagen: Versöhnung mit Allah und sein Wohlgefallen. Das irdische Leben ist nur eine Häufung von Täuschungen. [22] Beeilt euch im Wetteifer, von euerem Herrn Versöhnung zu erhalten, und bemüht euch um das Paradies, dessen Weite so groß ist wie die Ausdehnung der Himmel und der Erde, welches denen verheißen ist, welche an Allah und seinen Gesandten glauben. Dies ist Allahs Güte, die er schenkt, wem er will; denn Allah ist von großer Güte. [23] Kein Mißgeschick kommt über die Erde oder euch, es wäre nicht schon vorher, ehe wir es entstehen ließen, in dem Buch (ewigen Ratschlusses) aufgezeichnet gewesen: Allah ein leichtes. [24] Dies wird euch deshalb gesagt, damit ihr euch nicht zu sehr über die Güter betrübt, welche euch entgehen, und nicht zu sehr freut über jene, die euch zuteil werden; Allah liebt nicht die Stolzen und Ehrsüchtigen [25] und Geizigen, die auch anderen den Geiz nahelegen. Und wendet man sich auch davon ab (die pflichtigen Gaben zu geben), so ist doch Allah reich genug, und des Preisens wert.

[26] Wir haben schon vordem unsere Gesandten mit deutlichen

Zeichen geschickt und mit ihnen die Schrift und die Waage[6] herabgesandt, damit die Menschen Gerechtigkeit walten lassen. Auch haben wir ihnen das Eisen[7] herabgesandt, in welchem gewaltige Kraft für den Krieg liegt und das auch sonst den Menschen nützlich ist, damit Allah den kennenlerne, welcher ihm und seinen Gesandten, auch im geheimen[8], Beistand leistet; Allah ist stark und allmächtig.

[27] Auch haben wir vormals den Noah und Abraham gesandt und haben für ihre Nachkommen die Gabe der Prophezeiung und die Schrift bestimmt; von diesen ließen sich einige leiten; die meisten aber waren Übeltäter. [28] Darauf ließen wir andere unserer Gesandten in ihre Fußtapfen treten und ließen ihnen Jesus nachfolgen, den Sohn der Maria, gaben ihm das Evangelium und legten in das Herz derer, welche ihm folgten, Frömmigkeit und Erbarmen; Mönchs- (und Klostertum) jedoch haben sie selbst erfunden – wir hatten es ihnen nicht vorgeschrieben –, wir geboten nur, Allah wohlgefällig zu sein; das aber beobachteten sie nicht so, wie es in Wahrheit hätte beobachtet werden müssen. Jenen unter ihnen, die (richtig) glaubten, gaben wir ihren Lohn; doch die meisten von ihnen sind harte, ruchlose (hochmütige) Frevler. [29] O Gläubige (Juden und Christen) fürchtet Allah und glaubt an seinen Gesandten. Er wird euch doppelt (für eueren Glauben an die früheren Gesandten und den Glauben an Mohammed) seine Barmherzigkeit schenken und euch das Licht leuchten lassen, bei welchem ihr sicher wandeln könnt, und er wird euch vergeben; denn Allah ist verzeihend und barmherzig. [30] Die Schriftbesitzer (Juden und Christen) mögen erkennen, daß sie durchaus kein Vorrecht auf die Güte Allahs haben (oder die Moslems diese Güte nicht erlangen können) und daß Allahs Gnade allein in Allahs Hand ist. Und Allah erteilt sie, wem er will. Nur Allah allein besitzt unendliche Güte.

[6] Die Waage der Gerechtigkeit. Die Ausleger denken an eine wirkliche Waage, welche der Engel Gabriel dem Noah gebracht habe, um die Menschen deren Gebrauch zu lehren. [7] Wir haben sie gelehrt, das Eisen zu verarbeiten. Vergleiche 1. Buch Mosis, Kapitel 4. [17] Und Kain erkannte sein Weib, und sie ward schwanger und gebar Hennoch. Er baute eine Stadt: ... Hennoch. [18] Und dem Hennoch wurde Irab geboren ... (es folgen Namen auf Namen für Geschlechterreihen) ..., und Methusael zeugte Lamech. [19] Und dieser nahm sich zwei Weiber ... Ada und Zilla. [20] Und Ada gebar Jabal ..., Vater der Zeltbewohner und Herdenbesitzer. [21] ... sein Bruder war Jubal ..., Vater all derer, die mit Leier und Flöte umgehen. [22] Und Zilla gebar Tubalkain, einen Hämmerer von allerlei Schneidewerkzeug aus Eisen und Erz (Adam hat bereits aus dem Paradies einen Amboß oder eine Zange mitgebracht). [8] Entweder: aufrichtig und mit ganzem Herzen oder: selbst wenn die Gesandten abwesend sind.

ACHTUNDFÜNFZIGSTE SURE

Die Streitende[1] (Al-Mudschadilah) *offenbart zu Medina*[2]

[1] Im Namen Allahs, des Allbarmherzigen.

[2] Allah hat bereits die Rede derjenigen gehört, welche mit dir wegen ihres Ehemannes gestritten hat; sie brachte ihre Klage vor Allah[3], und Allah hörte euere beiderseitige Unterredung; denn Allah hört und sieht alles. [3] Diejenigen unter euch, welche sich von ihren Frauen trennen mit der Erklärung: daß sie dieselben »wie den Rücken ihrer Mütter« betrachten wollen, mögen wissen, daß diese damit nicht ihre Mütter sind. Nur diejenigen, welche sie gebaren, sind ihre Mütter, und jene Erklärung, welche sie aussprechen, ist häßlich und falsch. Doch Allah ist gnädig und verzeiht gerne. [4] Diejenigen, welche sich von ihren Frauen trennen mit der Erklärung: daß sie dieselben wie den Rücken ihrer Mütter betrachten wollen, später aber das, was sie aussprachen, wieder zurücknehmen möchten, die sollen, ehe sie die Frauen wieder berühren, einen Gefangenen befreien. Ihr werdet ermahnt, dies zu tun, und Allah kennt euer Tun. [5] Wer aber keinen Gefangenen zu befreien findet, der soll, bevor er die Frau wieder berührt, zwei Monate nacheinander fasten. Der aber, welcher dies nicht vermag, der soll sechzig Arme speisen. Dies ist angeordnet, damit ihr euch vor Allah und seinem Gesandten demütigt. Dies sind Verordnungen Allahs, und die Ungläubigen erhalten peinliche Strafe. [6] Die sich Allah und seinem Gesandten widersetzen, werden schmachvoll erniedrigt werden, so wie die (Frevler) erniedrigt wurden, welche vor ihnen lebten. Wahrlich, wir haben deutliche Zeichen herabgesandt, und den Ungläubigen ist schmachvolle Strafe bereitet. [7] An jenem Tage wird Allah sie allesamt auferwecken und ihnen anzeigen, was sie

[1] So genannt nach dem Vers [2] der Sure, welche von einer streitenden Frau erzählt. [2] Nach einigen sind die ersten zehn Verse zu Mekka offenbart worden. [3] Die Chaula bint Talaba ward von ihrem Mann, Aus ibn Zameth, mit der aus der Zeit der Unwissenheit stammenden Scheidungsformel: »Du sollst mir sein wie der Rücken meiner Mutter« entlassen. Siehe dreiunddreißigste Sure [5] und Note 3. Sie ging daher zu Mohammed und fragte ihn, ob sie dadurch unabänderlich geschieden sei, da doch ihr Mann sie nicht aus dem Haus entfernt hatte. Er bejahte dies, worauf das Weib ihrer kleinen Kinder wegen sehr betrübt nach Hause ging und zu Allah flehte. Hierauf wurde diese Stelle offenbart, welche einem Mann, wenn er auch seine Frau mit obiger Formel entlassen hatte, erlaubt, diese zurückzunehmen, wenn er zur Buße gewisse Werke der Liebe und der Fleischeszüchtigung ausüben will. Henning übersetzt Vers [4]: Und die, welche sich unter solchen Worten von ihren Weibern scheiden und dann ihre Worte wiederholen – die Freilassung eines Sklaven sei ihre Strafe . . .

getan haben. Allah hat genaue Rechenschaft darüber geführt, und wenn sie es vergaßen, so ist doch Allah Zeuge aller Dinge.

[8] Siehst du es denn nicht ein, daß Allah weiß, was in den Himmeln und was auf Erden ist? Nicht drei können heimlich miteinander sprechen, er wäre nicht der vierte, nicht fünf, daß er nicht der sechste ist; mögen es aber auch noch weniger oder noch mehr sein, er ist bei ihnen, wo sie auch sein mögen, und am Tage der Auferstehung wird er ihnen anzeigen, was sie getan haben; denn Allah weiß alles. [9] Siehst du nicht, wie die, welchen heimliche Unterredungen verboten worden sind[4], dennoch zu dem, was ihnen verboten worden war, zurückkehren und heimlich Ungerechtigkeiten, Feindschaft und Ungehorsam gegen den Gesandten verabreden? Wenn sie zu dir kommen, so grüßen sie dich, wie dich Allah nie gegrüßt[5] hat, und fragen sich spöttisch dann noch selbst: »Wird uns Allah wohl wegen dieser unserer Rede zur Rechenschaft ziehen?« Die Hölle soll ihnen Strafe zur Genüge sein, in welcher sie brennen müssen. Ein schlimmer Weg ist es dorthin. [10] O Gläubige, wenn ihr vertraulich miteinander redet, dann redet nicht von Ungerechtigkeit, Feindschaft und Ungehorsam gegen den Gesandten, sondern sprecht nur von Gerechtigkeit und Frömmigkeit und fürchtet Allah, zu dem ihr einst versammelt werdet. [11] Wahrlich, die geheimen sündlichen Unterredungen veranlaßt der Satan, um dadurch die Gläubigen zu betrüben, denen er aber durchaus nicht schaden kann, oder Allah müßte es wollen; darum mögen die Gläubigen nur auf Allah vertrauen. [12] O Gläubige, wenn euch zugerufen wird: »Macht Platz in der Versammlung[6]«, so macht Platz, und Allah wird euch dafür auch großen Raum im Paradiese gewähren. Wird zu euch gesagt: »Erhebt euch«, so erhebt euch, und Allah wird die von euch auf eine hohe Stufe erheben, welche glauben und Erkenntnis besitzen, und Allah kennt euer Tun. [13] O Gläubige, wenn ihr euch mit dem Gesandten unterreden wollt, so gebt vor euerer Unterredung Almosen, so ist es am besten und reinsten für euch; doch habt ihr nichts zu geben, so ist doch Allah gnädig und barmherzig gegen euch. [14] Wenn ihr es aber unterlaßt, vor euerer Unterredung mit dem Gesandten Almosen zu geben, aus Furcht (ihr möchtet selbst

[4] Hierunter sind die Juden und die heuchlerischen Moslems zu verstehen. [5] Sie sagten nämlich zu ihm anstatt: »Es Salam aleika« (Friede) – »Es Sam aleika« (Tod – Gift – sollst du bekommen!). [6] Zu Mohammed und seinesgleichen: »Stoßt und drängt euch nicht zu ihm hin.«

verarmen), so wird euch Allah dies nachsehen, wenn ihr nur das Gebet verrichtet und die sonst vorgeschriebenen Armenbeiträge (Zakat) gebt und Allah und seinem Gesandten gehorcht; denn Allah kennt euer Tun.

[15] Hast du die noch nicht beobachtet, welche sich ein Volk zum Freunde nehmen, über welches[7] Allah zürnt? Sie gehören weder zu euch noch zu ihnen und beschwören wissentlich eine Lüge[8]. [16] Diesen hat Allah schwere Strafe bereitet; denn bös ist ihr Tun. [17] Sie nehmen ihre Eide nur zum Deckmantel, um andere vom Weg Allahs abzuleiten; dafür aber wartet schmachvolle Strafe auf sie, [18] und weder ihr Vermögen noch ihre Kinder werden ihnen wider Allah helfen können. Sie sollen Gefährten des Höllenfeuers sein und ewig darin bleiben. [19] An jenem Tage wird sie alle Allah auferwecken, und sie werden ihm dann schwören, was sie euch jetzt schwören, und sie meinen, daß es ihnen etwas helfen werde. Sind sie nicht Lügner? [20] Der Satan hat sie überwältigt und hat sie das Gedenken Allahs vergessen lassen. Sie gehören zur Partei des Satans, und sollten nicht die Parteigänger des Satans zum Untergang verdammt werden? [21] Wer Allah und seinem Gesandten zuwiderhandelt, der gehört zu den Niederträchtigsten. [22] Allah hat niedergeschrieben: »Ich und meine Gesandten, wir werden siegen!« Sieh, Allah ist stark und allmächtig. [23] Du wirst nicht finden, daß Menschen, welche an Allah und den Jüngsten Tag glauben, diejenigen lieben, welche sich Allah und seinem Gesandten widersetzen, und wären sie auch ihre Väter oder ihre Söhne oder ihre Brüder oder ihre sonst nächsten Verwandten. Diesen hat Allah den Glauben in ihr Herz geschrieben und sie mit seinem Geiste gestärkt, und er wird sie in Gärten führen, welche Wasserläufe durchströmen, und ewig sollen sie in diesen Gärten bleiben. Allah hat Wohlgefallen an ihnen, und sie haben Wohlgefallen an ihm. Diese gehören zur Partei Allahs, und sollten wohl die, welche zur Partei Allahs gehören, nicht glücklich sein?

[7] Bezieht sich auf jüdische Stämme, welche sich mit Mohammeds Feinden verbündeten.
[8] Diese sind weder Juden noch Moslems und schwören wissentlich falsch, wenn sie beteuern, dem Islam anzugehören.

NEUNUNDFÜNFZIGSTE SURE

Die Auswanderung[1] (Al-Hadschr) *offenbart zu Medina*

[1] Im Namen Allahs, des Allbarmherzigen. [2] Alles, was in den Himmeln und was auf Erden ist, preist Allah, ihn, den Allmächtigen und Allweisen. [3] Er ist es, der die ungläubigen Schriftbesitzer[2] zur ersten Auswanderung aus ihrer Wohnburg gezwungen hat. Ihr dachtet nicht, daß sie auswandern würden, und auch sie selbst hielten dafür, daß ihre Festungen sie gegen Allah beschützen könnten. Aber Allahs Strafgericht kam über sie von einer Seite, woher sie es nicht erwarteten, und er jagte Schrecken in ihre Herzen, so daß sie ihre Häuser – zerstört durch der Gläubigen Hände – zuletzt mit eigener Hand niederrissen. Daran nehmt euch ein Beispiel, ihr, die ihr Augen habt. [4] Und wenn auch Allah die Verbannung nicht über sie niedergeschrieben und verhängt hätte, so hätte er sie doch auf eine andere Weise in dieser Welt gestraft, und in jener Welt ist ihnen außerdem die Strafe des Höllenfeuers bereitet. [5] Dies traf sie, weil sie sich Allah und seinem Gesandten widersetzten; denn wer sich Allah widersetzt, gegen den ist Allah streng im Bestrafen. [6] Was ihr auch an Palmen fälltet oder auf seinen Wurzeln stehenließt – so oder so –, es geschah, wie Allah will, um die (jüdischen) Übeltäter mit Schmach zu bedecken. [7] Die Beute, welche ihr bei ihnen machtet, die Allah seinem Gesandten allein, ungeteilt, gewährte[3], die brachtet nicht ihr hoch zu Roß oder als Kamelreiter ein[4]; sondern Allah gibt seinen Gesandten Macht, zu überwältigen, wen er will: Allah ist aller Gewalt mächtig. [8] Die Beute, welche bei den Bewohnern der Städte anfiel, gewährte

[1] So genannt wegen der Auswanderung der Juden aus Medina, welche im Anfang dieser Sure erzählt wird. Diese Sure ist oft auch »Die Verbannung« überschrieben. [2] Dies sind die Juden vom Stamm Nadir, welche zu Medina wohnten. Als Mohammed von Mekka nach Medina fliehen mußte, schlossen sie ein Bündnis mit ihm und versprachen, neutral bleiben zu wollen. Nach dem Sieg bei Bedr erkannten sie ihn sogar als Propheten an. Nach Mohammeds Mißerfolg bei Ohod aber brachen sie ihr Bündnis, Kaab ibn Al-Asraf zog gegen ihn mit vierzig Reitern und verband sich mit Abu Sofia. Mohammed ließ Kaab aus dem Weg räumen, zog im 4. Jahr der Flucht [625] gegen den Stamm Nadir und belagerte dessen wenige Kilometer von Medina gelegene Festung, welche nach sechs Tagen kapitulierte. Freier Abzug wurde ihnen unter der Bedingung zugestanden, ihr Vaterland gänzlich zu verlassen, worauf sie teils nach Syrien, teils nach Chaibar und Hira auswanderten. Dies ist die erste Auswanderung. Die zweite fand mehrere Jahre nachher unter dem Kalifen Omar statt, der die Juden zu Chaibar aus ganz Arabien vertrieb. [3] Die Beute, die man beim Stamm Nadir machte, wurde nicht nach Vorschrift (siehe achte Sure [42]) verteilt, sondern Mohammed behielt sie ganz für sich, weil der Ort ohne Hilfe der Reiterei genommen wurde. [4] Weil der Stamm Nadir so nahe bei Medina wohnte, zog man zu Fuß gegen ihn aus.

Allah seinem Gesandten, und sie gehört Allah und dem Gesandten sowie dessen Verwandten, den Waisen, Armen und dem Sohne des Weges (den darbenden Pilgern), damit Reichtum nicht ausschließlich nur immer unter den Reichen im Kreise bleibe[5]. Was der Gesandte euch gibt, das nehmt an, und was er euch versagt, dessen enthaltet euch. Fürchtet Allah, denn er ist streng im Bestrafen. [9] Ein Teil der Beute sei auch den armen Mohadschirun zugedacht[6], welche, vertrieben aus ihren Heimen, verjagt aus ihrem Besitztum, nur die Gnade Allahs und sein Wohlgefallen erstrebten und Allah und seinem Gesandten beistanden. Sie sind die wahrhaft Getreuen. [10] Und die unbehelligt in Medina wohnten und schon längst im wahren Glauben lebten[7], sollen die später Bekehrten lieben, welche zu ihnen fliehen (auswandern) mußten; kein Verlangen ergreife sie nach dem, was jenen zuteil wurde[8], ja sie werden ihnen diesen Vorzug vor sich selbst gönnen, seien sie auch selbst arm und bedürftig. Denn wer seine Seele vor Habsucht bewahrt, der ist glücklich. [11] Die aber nach ihnen (zum Glauben) gekommen sind[9], diese werden sprechen: »O unser Herr, vergib uns und unseren Brüdern, die uns im Glauben schon vorangingen, und lege keine böse Gesinnung (wegen ihres Vorzuges) in unser Herz gegen jene, welche schon früher im richtigen Glauben waren; denn du, o Herr, bist gnädig und barmherzig.«

[12] Hast du die Heuchler noch nicht beobachtet? Sie sagen zu ihren nicht rechtgläubigen, den jüdischen, Schriftbesitzern[10]: »Solltet ihr vertrieben werden, so werden wir mit euch auswandern, und wir versagen euretwegen[11] jedem auf immer den Gehorsam, und werdet ihr angegriffen, so werden wir euch beistehen.« Allah aber ist Zeuge, daß sie Lügner sind. [13] Denn wenn jene vertrieben werden, so werden sie nicht mit ihnen auswandern, und wenn jene angegriffen werden, werden sie ihnen nicht beistehen, und leisteten sie ihnen auch Beistand, so kehrten sie (im Kampf) doch den Rükken, und keinem von beiden würde damit geholfen sein. [14] Für-

[5] Damit nicht immer der Reichtum nur den Reichen zufalle. [6] Das sind die, welche aus Mekka fliehen mußten; den Ansaren aber, den Bewohnern Medinas, gab er, mit Ausnahme von dreien, die in sehr dürftigen Umständen lebten, nichts von der Beute. [7] Das sind die Ansaren, welche schon vor der Hedschra ihren Glauben frei und ungestört ausüben und bekennen durften. Diese werden von Mohammed »Helfer«, hingegen die aus Mekka Geflohenen »Auswanderer« genannt. [8] Die Mohadschirun nicht um den Anteil an der Beute beneiden. [9] Die, welche aus Mekka flohen, da Mohammed bereits mächtig wurde und der Islam schon viele Anhänger gewonnen hatte. [10] Zu den Juden vom Stamme Nadir. [11] Jedem, der uns gegen euch aufreizen will.

wahr, ihr Gläubige, seid stärker als jene, weil Allah Schrecken in ihre Herzen geworfen hat[12], deswegen, weil sie unverständig-unbelehrbare Menschen sind. [15] Sie (die Juden) wollen, nicht einmal vereint, offen (in offener Feldschlacht) mit euch kämpfen, sondern nur in befestigten Städten und hinter Mauern. Ihr Kriegsmut ist zwar (untereinander, seid ihr fern, und mit dem Mund) sehr groß, du denkst auch, daß sie unter sich einig seien, aber nein!, ihre Herzen sind uneinig – sie sind eben unverständige Menschen. [16] Sie gleichen jenen, die nicht lange vor ihnen dort lebten[13], welche die üblen Folgen ihrer Unternehmungen empfunden und überdies noch peinliche Strafe zu erleiden hatten. [17] Sie gleichen Iblis, dem Satan, der zu einem Menschen spricht: »Sei ungläubig!«, dann aber, wenn er, dieser Mensch, ungläubig geworden ist, sagt: »Ich spreche mich rein von dir, denn ich fürchte Allah, den Weltenherrn.« [18] Das Ende beider aber – Satans und des Verführten – soll das Höllenfeuer sein, in welchem sie ewig bleiben. Dies sei der Lohn der Frevler!

[19] O Gläubige, fürchtet Allah, und eine jede Seele bedenke, was sie auf morgen (ins künftige Leben) vorausschickt; fürchtet Allah, denn Allah kennt euer Tun. [20] Seid nicht gleich jenen, die Allah vergessen haben, wofür auch Allah ihre Seele ihrer selbst vergessen ließ. Sie sind die Übeltäter. [21] Die Bewohner des Höllenfeuers und die Gefährten des Paradieses sind nicht gleichzuhalten. Die Gefährten des Paradieses erfreuen sich hoher Glückseligkeit.

[22] Hätten wir diesen Koran auf einen Berg hinab offenbart – du hättest gesehen, wie dieser sich aus Furcht vor Allah erniedrigt und gedemütigt und gespalten hätte[14]. Diese Gleichnisse stellen wir für die Menschen auf, damit sie nachdenken mögen. [23] Allah ist Allah, außer ihm gibt es keinen Gott. Er kennt die geheime dunkle Zukunft und die offenbare Gegenwart, er, der Allbarmherzige. [24]

[12] Die Ahmadiyya-Mission, ähnlich auch Henning, übersetzt Vers [14] dieser vieldeutbaren Sure: [14] Wahrlich sie hegen größere Furcht vor euch in ihrem Herzen als vor Allah. Dies, weil sie ein Volk sind, das nicht begreift ... Es erscheint mir zu bequem, durch aphoristische Überzeugung dem Sinne der Sure und Mohammeds hintergründigen Gedanken aus dem Wege zu gehen. Besonders wenn sich Mohammed als der kluge Staatsmann erweist. [13] Das sind die Juden von Kainoka, welche vor den Nadirern geplündert und vertrieben wurden. [14] Dies ist wahrscheinlich eine Anspielung auf die Offenbarung auf dem Sinai, welcher Berg, nach den Rabbinen, eben seiner Niedrigkeit wegen auserwählt worden war, damit die Menschen erkennen mögen, daß Allah die Demütigen liebt.

Allah ist Allah, außer ihm gibt es keinen Gott, er, der König, der Heilige, der Friedensstifter, der Spender der Sicherheit, der Beschützer, der Mächtige, der Starke, der Hocherhabene. Allah ist hoch erhaben über die Götzen, welche sie ihm zugesellen. [25] Allah ist der Schöpfer, der Gestaltende, der Bildner. Ihn verherrlichen die schönsten Namen. Ihn preist alles, was in den Himmeln und was auf Erden ist, ihn, den Allmächtigen, den Allweisen.

SECHZIGSTE SURE

Die Geprüfte[1] (Al-Mumtahanah) *offenbart zu Medina*

[1] Im Namen Allahs, des Allbarmherzigen. [2] O Gläubige, nehmt euch nicht meinen und eueren Feind zum Freund, indem ihr euch freundlich gegen sie bezeigen wollt, da sie doch nicht an die Wahrheit glauben, welche euch zuteil geworden ist, und euch und den Gesandten vertrieben haben, wegen eueres Glaubens an Allah, eueren Herrn. Wenn ihr auszieht, für meine Religion zu fechten, um mein Wohlgefallen zu erlangen, dabei aber heimlich Freundschaft für jene hegt, so weiß ich ebensowohl das, was ihr verheimlicht, als das, was ihr kundtut. Wer von euch so handelt, der ist bereits vom richtigen Weg abgeirrt. [3] Wenn sie euch nur erst in ihrer Gewalt hätten, dann zeigten sie sich als euere Feinde und streckten ihre Hände und Zungen zum Bösen wider euch aus und wünschten ernstlich, daß ihr Ungläubige würdet. [4] Weder euere Verwandten noch euere Kinder können euch am Tage der Auferstehung nützen, der euch voneinander absondern wird, und Allah sieht euer Tun. [5] Ihr habt ein herrliches Vorbild an Abraham und an denen, welche es mit ihm hielten. Diese sagten zu ihrem Volke: »Wir sprechen uns los von euch und von den Götzen, welche ihr statt Allah verehrt. Wir verwerfen das. Wir entsagen euch, und auf immer sei zwischen uns und euch Feindschaft und Haß, wenigstens so lange, bis ihr an den einzigen Gott glaubt. Doch sagte Abraham zu seinem Vater[2]: »Ich will für dich um Vergebung bitten, aber ich werde von Allah nichts für dich erlangen können.« (Dann beteten sie:) »O unser Herr, auf dich vertrauen wir, und zu dir wenden

[1] So genannt, weil in dieser Sure [11] vorgeschrieben wird, die Aufrichtigkeit der Frauen, welche zum Islam übertreten, zu prüfen. [2] Hierin sollen die Moslems dem Beispiel Abrahams nicht folgen. Siehe neunte Sure [114] ff. So Henning und Ahmadiyya-Mission.

wir uns hin, und zu dir kehren wir einst zurück. [6] O unser Herr, führ uns nicht durch die Ungläubigen in Versuchung[3], vergib uns, o Herr, denn du bist ja allmächtig und allweise.« [7] Damit habt ihr an ihnen ein herrliches Beispiel und an jedem, der auf Allah und den letzten Tag hofft. Wenn aber einer sich abwendet, so ist doch Allah reich genug, er, der Preisenswerte.

[8] Vielleicht geschieht es auch noch, daß Allah zwischen euch und jenen, die euch jetzt Feinde sind, Freundschaft herstellt[4]; denn Allah ist allmächtig, und Allah ist versöhnend und barmherzig. [9] Was die betrifft, welche euch der Religion wegen weder bekämpft noch vertrieben haben, so verbietet euch Allah nicht, gegen diese freundlich und gerecht zu sein; denn Allah liebt die Gerechten. [10] Wohl aber verbietet euch Allah, Freundschaft zu pflegen mit jenen, die der Religion wegen mit euch gekämpft und euch aus eueren Wohnungen vertrieben und zu euerer Vertreibung Beistand geleistet haben; wer für diese Freundschaft hegt, der ist ein Frevler. [11] O Gläubige, wenn gläubige Frauen zu euch übertreten, dann prüft sie[5]. Allah kennt ihren Glauben. Lernt ihr sie nun als wahre Gläubige kennen, so schickt sie nicht wieder zu den Ungläubigen zurück; denn die Ehe ist ihnen gegenseitig verboten. Gebt (zahlt) aber ihren Ehemännern zurück, was sie für ihre Morgengabe verwendet haben[6]. Ihr habt keine Sünde damit begangen, wenn ihr sie dann heiratet, wenn ihr denselben ihre Morgengabe gegeben habt. Verhindert auch euere (ungläubigen) Frauen[7] nicht, sich in den Schutz der Ungläubigen zu begeben[8]; jedoch könnt ihr das zurückfordern, was ihr für sie aufgewendet habt, ebenso wie jene zurückfordern können, was sie für ihre Frauen ausgaben, welche zu euch übergegangen sind. Das ist der Richterspruch Allahs, welchen er für euch gefällt hat, und Allah ist allwissend und allweise. [12] Wenn einige von eueren Frauen zu den Ungläubigen überlaufen und ihr macht später Beute, so gebt den gläubigen Männern, deren Frauen entlaufen sind[9], so

[3] Wörtlich: . . ., mache uns nicht zur Versuchung für jene. Bedeutet: Reize nicht die Ungläubigen gegen uns . . . oder (wie im Text) durch die Ungläubigen . . . nicht in Versuchung führe . . . Ahmadiyya-Mission: Mach uns nicht zum Stein des Anstoßes . . . (Ähnlich Henning.) [4] Was auch nach der Einnahme von Mekka geschah, indem Abu Sostan und andere Koreischiten, früher geschworene Feinde der Moslems, Freunde und Gläubige wurden. [5] Ob sie nur, um aufrichtig den Islam anzunehmen, und nicht aus unreinen Absichten zu euch übertreten. [6] Dies war eine der Friedensbedingungen zu Hodeibia. [7] Moderne übersetzen: Verhindert aber die Rückkehr der ungläubig verbleibenden (fremden) Frauen nicht, sich wieder in der Ungläubigen Schutz zu begeben . . . (Logischer.) [8] Sich zu verheiraten. [9] Ergänze: denen die Morgengabe nicht ersetzt wurde.

viel davon, wie sie für deren Morgengabe verwendet haben[10], und fürchtet Allah, an den ihr ja glaubt. [13] O Prophet, wenn gläubige Frauen der Ungläubigen zu dir kommen und dir eidlich versprechen, daß sie Allah kein Wesen an die Seite setzen und nicht stehlen, nicht huren und ihre Kinder nicht mehr töten wollen und mit keiner Verleumdung, welche sie zwischen ihren Händen und Füßen ersonnen haben[11], mehr kommen und dir in allem, was billig ist, den Gehorsam nicht versagen wollen, so nimm ihre eidliche Versprechen an und bitte für sie Allah um Vergebung; denn Allah ist versöhnend und barmherzig. [14] O Gläubige, geht keine Freundschaft ein mit einem Volke, dem Allah zürnt[12]. Sie verzweifeln an dem zukünftigen Leben ebenso, wie die Ungläubigen an der Auferstehung derer verzweifeln, welche in den Gräbern liegen[13].

[10] Da die Ungläubigen die gestellte Bedingung, die Morgengabe der zu ihnen übergelaufenen Frauen zurückzugeben, nicht erfüllten, so mußten sich die Moslems auf diese Weise zu entschädigen suchen. [11] Nach Dschelaleddin, keine unehelichen Kinder ihren Männern mehr unterschieben zu wollen. Nach anderen: die sie in ihren Herzen ersonnen . . . [12] Mit den Ungläubigen im allgemeinen und mit den Juden insbesondere. [13] Wörtlich: an den Genossen der Gräber.

EINUNDSECHZIGSTE SURE

Die Schlachtordnung[1] (Al-Saff) *offenbart zu Medina*[2]

[1] Im Namen Allahs, des Allbarmherzigen. [2] Was in den Himmeln und was auf Erden ist, preist Allah, ihn, den Allmächtigen und Allweisen. [3] O Gläubige, warum versprecht ihr mit Worten, was ihr in der Tat nicht erfüllt? [4] Allah haßt es sehr, daß ihr sagt, was ihr nicht tut. [5] Allah liebt die, welche für seine Religion (in Schlachtordnung) gereiht so kämpfen, als wären sie ein metallhartes (wohlzusammengefügtes) Bauwerk. [6] Erinnere dich, wie Moses zu seinem Volke sprach: »O mein Volk, wie könnt ihr mich schmähen[3], da ihr doch wißt, daß ich der zu euch geschickte Gesandte Allahs bin?« Da sie aber von der Wahrheit abweichen wollten, so ließ Allah ihre Herzen abirren; denn Allah leitet lasterhafte Menschen nicht. [7] Und Jesus, der Sohn der Maria, sagte: »O ihr Kinder Israels, wahrlich, ich bin euch ein Gesandter Allahs, der die Thora bestätigt, welche ihr bereits von mir erhieltet, und ich bringe frohe Botschaft über einen Gesandten, der nach mir kommen

[1] So genannt nach dem Vers [5] dieser Sure. [2] Nach einigen: zu Mekka. [3] Siehe achtundzwanzigste Sure [77] und Note 33.

und dessen Name Ahmed[4] sein wird.« Und als er nun mit deutlichen Wunderzeichen zu ihnen kam, da sagten sie: »Das ist ja offenbare Zauberei (Betrügerei).« [8] Wer aber ist ungerechter als jener, der Lügen von Allah erdichtet, obwohl er zum Islam eingeladen (gerufen) wurde? Wahrlich, frevelhafte Menschen leitet Allah nicht. [9] Sie wollen das Licht Allahs mit ihren Mündern ausblasen, aber Allah wird sein Licht vollkommen machen, obwohl die Ungläubigen sich widersetzen. [10] Er ist es, der seinen Gesandten mit der Leitung und mit der Religion der Wahrheit gesendet hat, damit er sie über jede andere Religion erhebe, obgleich die Götzendiener sich dem widersetzen.

[11] O Gläubige, soll ich euch eine Ware (einen Handel) zeigen, welche (welcher) euch von peinvoller Strafe erretten kann? [12] Glaubt an Allah und seinen Gesandten und kämpft mit Gut und Blut für die Religion Allahs. So ist es besser für euch, wenn ihr es wissen wollt. [13] Dann wird Allah euch euere Sünden vergeben und euch in Gärten führen, welche Wasserläufe durchströmen, ein angenehmer Aufenthalt: in Edens Gärten. Dies wird eine große Glückseligkeit sein. [14] Und noch andere Dinge, welche ihr wünscht, erhaltet ihr, nämlich: Allahs Beistand und einen nahen Sieg. Verkünde den Gläubigen Gutes. [15] O Gläubige, seid Gehilfen Allahs, wie Jesus, Marias Sohn, Helfer in den Aposteln besaß, der zu ihnen sagte: »Wer will mir zu Allahs Religion Beistand leisten?« Die Apostel antworteten: »Wir wollen Allahs Gehilfen sein.« Ein Teil der Kinder Israels glaubte, und ein anderer Teil blieb ungläubig. Die Gläubigen aber stärkten wir wider ihren Feind, so daß sie die Oberhand behielten.

[4] Der Name »Ahmed« hat wie der Name »Mohammed« dieselbe Bedeutung: der Gelobte, Gepriesene. Mohammed meint mit Ahmed sich selbst (eine Parallele zu Paraklet, den Jesus verhieß). Die Moslems bezeichnen Paraklet (griechisch Parakletos) für eine Verballhornung aus Periklytos (= Ahmed).

ZWEIUNDSECHZIGSTE SURE

Die Versammlung[1] (Al-Dschumuah) *offenbart zu Medina*

[1] Im Namen Allahs, des Allbarmherzigen. [2] Was in den Himmeln und was auf Erden ist, preist Allah, den König, den Heiligen, den Allmächtigen und Allweisen. [3] Er ist es, der aus der eigenen Mitte der unwissenden Araber[2] einen Gesandten erweckt hat, um ihnen seine Zeichen (Verse) vorzulesen und sie zu reinigen und sie die Schrift und Weisheit zu lehren, da sie sich vorher in offenbarem Irrtum befanden. [4] Manche von ihnen erhielten die Verse noch nicht[3]; doch Allah ist allmächtig und allweise. [5] Dies ist Allahs Gnade, die er gibt, wem er will; denn Allah ist voll großer Güte. [6] Die mit der Thora beladen (begnadet) worden sind, sie aber nicht tragen wollen, gleichen einem mit Büchern beladenen Esel[4]. Das ist ein böses Gleichnis für Menschen, welche die Zeichen Allahs des Betruges beschuldigen; aber frevelhafte Menschen leitet Allah nicht. [7] Sprich: »O ihr, die ihr euch zur jüdischen Religion bekennt, wenn ihr glaubt, daß ihr vorzugsweise vor anderen Menschen Freunde Allahs seid, so wünscht euch den Tod[5], wenn ihr wahrhaftig seid.« [8] Sie wünschen sich ihn aber nicht, weil ihre Hände keine guten Werke vorausgeschickt haben; doch Allah kennt die Frevler. [9] Sprich: »Der Tod, dem ihr zu entfliehen sucht, wird euch sicher treffen, und dann werdet ihr vor den gebracht, welcher das Geheime wie das Offenbare weiß, und er wird euch anzeigen, was ihr getan habt.«

[10] O Gläubige, wenn ihr am Tage der Versammlung[6] zum Gebet gerufen werdet, so eilt zum Gedächtnis Allahs hin und laßt ab von allen Handelsgeschäften. Dies wird besser für euch sein, wenn ihr es wissen wollt. [11] Wenn das Gebet zu Ende ist, dann könnt ihr euch nach Lust im Land umher zerstreuen und dürft Reichtum von der Gnade Allahs zu erlangen suchen; denkt dabei aber oft an Allah, damit ihr glücklich werdet. [12] Doch sehen sie

[1] So genannt, weil im Vers [10] dieser Sure die Versammlung am Freitag, dem wöchentlichen Feiertag der Moslems, erwähnt wird. [2] Den heidnischen Arabern im Gegensatz zu Juden und Christen. [3] Es gibt manche, die den Glauben noch nicht kennen, was aber, »wenn Allah will«, noch erfolgen wird. [4] Die, welche die Thora erhalten haben, deren Befolgung aber anderen überlassen, gleichen dem Esel, der Bücher für andere trägt. [5] Damit ihr in seine Nähe kommt. Siehe zweite Sure [95]. [6] Am Freitag. Vergleiche 2. Buch Mosis: [22] Dies geschah am sechsten Tag, da sammelten sie das Doppelte an Brot, zwei Ghomer für jeden; und alle Fürsten der Gemeinde kamen und berichteten Moses. [23] Und er sprach zu ihnen: Dies ist es, was Jehova sprach: Morgen ist Ruhe, ein heiliger Sabbat dem Jehova . . .

irgendeinen Handel oder ein lustiges Spiel, so strömen sie hin und lassen dich stehen[7]. Sprich: »Was man bei Allah findet, ist besser als lustiges Spiel und Handelsgeschäft, und Allah ist der beste Versorger.«

[7] In der Moschee mitten im Gebete. Es wird erzählt, daß an einem Freitag, als Mohammed predigte, eine Karawane von Kaufleuten unter klingendem Spiel vorüberzog und die ganze Versammlung, bis auf zwölf Personen, den Tempel verließ, um zuzusehen.

DREIUNDSECHZIGSTE SURE

Die Heuchler[1] (Al-Munafikun) *offenbart zu Medina*

[1] Im Namen Allahs, des Allbarmherzigen. [2] Wenn die Heuchler zu dir kommen, sagen sie: »Wir bezeugen es, daß du der Gesandte Allahs bist. Und Allah weiß es, daß du sein Gesandter bist.« Aber Allah bezeugt auch, daß die Heuchler Lügner sind. [3] Ihre Eide haben sie nur zum Deckmantel genommen, um andere vom Weg Allahs abzulenken. Wahrlich, das, was sie tun, ist böse, [4] deshalb, weil sie bald glaubten und dann wieder den Glauben aufgaben. Ein Siegel liegt auf ihren Herzen, so daß sie nicht erkennen. [5] Wenn du sie siehst, so gefällt dir ihr Äußeres, und wenn sie sprechen, so hörst du gern auf ihre Rede[2]. Zwar gleichen sie mauerstützenden Balken (Holzklötzen), und doch fürchten sie jeden Laut gegen sie gerichtet[3]. Sie sind Feinde, darum hüte dich vor ihnen. Möge sie Allah verderben[4], denn wie sehr sind sie von der Wahrheit abgewichen! [6] Wird zu ihnen gesagt: »Kommt doch, damit der Gesandte Allahs für euch um Vergebung bitte«, dann wenden sie ihren Kopf weg, und du siehst, wie sie sich hochmütig und mit Verachtung zurückziehen. [7] Es ist ihnen gleich viel, ob du um Vergebung für sie bittest oder nicht. Allah wird ihnen aber auch nicht vergeben, denn Allah leitet lasterhafte Menschen nicht. [8] Das sind die, welche zu ihren Genossen sagen: »Verwendet nichts zur Unterstützung derer, welche es mit dem Gesandten Allahs halten, damit sie sich von ihm trennen.« Aber Allah gehören die Schätze der Himmel und der Erde, doch die Heuchler erkennen dies nicht. [9] Sie sagen: »Kehrten wir nach der Stadt (Medina) zurück, so vertrieben

[1] So genannt nach dem Anfange dieser Sure [2]. [2] Die Kommentatoren erzählen, daß Abdallah ibn Obba ein solcher Heuchler war, für den Mohammed wegen seiner schönen Person und großen Beredsamkeit sehr eingenommen war, bis er ihn als Heuchler erkannt hatte. [3] Trotz ihrer scheinbaren Stärke, fürchten sie doch jeden Laut, weil sie sich ihrer Heuchelei bewußt sind. [4] Die Verwünschungsformel lautet wörtlich: Allah kämpfe gegen sie.

die Mächtigeren die Geringeren von dort. Aber die höchste Macht haben doch nur Allah und sein Gesandter und die Gläubigen; die Heuchler wissen dies nicht.

[10] O Gläubige, laßt euch nicht abwendig machen, Allahs eingedenk zu sein, abwendig: durch euer Vermögen und euere Kinder; denn wer solches tut, der ist verloren. [11] Gebt Almosen von dem, was euch Allah gewährt hat, bevor der Tod einen von euch überkommt und er dann spricht: »O Herr, willst du mir nicht noch eine kurze Zeit gönnen, damit ich Almosen gebe und rechtschaffen werde?« [12] Aber Allah wird keiner Seele Aufschub gewähren, wenn die ihr bestimmte Zeit gekommen ist, und Allah weiß, was ihr tut.

VIERUNDSECHZIGSTE SURE

Der gegenseitige Betrug[1] (Al-Taghabun) *offenbart zu Mekka*[2]

[1] Im Namen Allahs, des Allbarmherzigen. [2] Alles, was in den Himmeln und auf Erden ist, preist Allah. Sein ist das Reich und ihm gebührt Lob; er ist aller Dinge mächtig. [3] Er ist es, der euch erschaffen hat, und wenn einige von euch ungläubig, andere gläubig sind, so sieht Allah all euer Tun. [4] Er hat die Himmel und die Erde in Wahrheit geschaffen, er hat euch gebildet und euch eine schöne Gestalt gegeben, und zu ihm kehrt ihr zurück. [5] Er weiß, was in den Himmeln und was auf Erden ist und was ihr verheimlicht und was ihr kundtut; denn Allah kennt das Innerste des menschlichen Herzens. [6] Ist euch denn nicht die Geschichte der früheren Ungläubigen bekanntgeworden? Sie mußten die üblen Folgen ihres Verhaltens ertragen, und peinvolle Strafe ist ihnen außerdem bereitet. [7] Deshalb, weil sie, als unsere Gesandten mit deutlichen Zeichen zu ihnen kamen, sagten: »Soll wohl ein Mensch uns leiten?« und ungläubig blieben und den Rücken kehrten. Allah hat wirklich niemanden nötig, denn Allah ist reich genug und des Lobes wert. [8] Die Ungläubigen vermeinen, daß sie nicht auferweckt werden. Sprich: »Wahrlich, bei meinem Herrn, ihr werdet auferweckt werden, und man wird euch dann vorweisen, was ihr getan habt; dies ist ja Allah ein leichtes.« [9] Darum glaubt an Allah und

[1] So genannt, weil im Vers [10] dieser Sure gesagt wird, daß die Gläubigen und Ungläubigen sich am Jüngsten Tage gegenseitig betrügen. Auch die Übervorteilung genannt.
[2] Nach einigen: zu Medina.

seinen Gesandten und an das Licht, das wir herabgesandt haben; euer Tun ist Allah wohl bekannt. [10] An jenem Tage wird er euch versammeln, an dem Tage der Versammlung, und dies ist der Tag des gegenseitigen Betrugs[3]. Wer nun an Allah glaubt und rechtschaffen handelt, dessen böse Handlungen wird er vergeben und ihn in Gärten führen, welche Wasserläufe durchströmen, und ewig soll der Gläubige in diesen Gärten bleiben. Dies wird eine große Glückseligkeit sein. [11] Die Ungläubigen aber, welche unsere Zeichen des Betruges beschuldigen, die sind Bewohner der Hölle und bleiben ewig darin. Ein unglückseliger Gang ist es dorthin.

[12] Kein Mißgeschick trifft ohne den Willen Allahs ein. Wer an Allah glaubt, dessen Herz leitet er; denn Allah ist allwissend. [13] Darum gehorcht Allah und dem Gesandten. Wenn ihr euch aber abwendet, so hat unser Gesandter doch keinen anderen Beruf, als nur ein öffentlicher Prediger zu sein. [14] Allah! Außer ihm gibt es keinen Gott, darum mögen die Gläubigen auf Allah vertrauen. [15] O Gläubige, ihr habt an eueren Frauen und Kindern einen Feind[4], darum hütet euch vor ihnen. Doch wenn ihr ihnen verzeiht und nachsichtig seid und vergebt[5], so ist Allah versöhnend und barmherzig gegen euch. [16] Wahrlich, euere Reichtümer und Kinder sind nur eine Versuchung, und nur bei Allah ist unendliche Belohnung. [17] Darum fürchtet Allah, sosehr ihr nur könnt. Hört und gehorcht und gebt Almosen (zu seiner Sache – dem Religionskrieg) zum eigenen Seelenheil; denn wer seine Seele vom Geiz frei hält, der wird glücklich sein. [18] Wenn ihr Allah ein schönes Darlehen leiht, wird er es doppelt zurückerstatten und euch vergeben; denn Allah ist erkenntlich und gütig [19] und kennt das Geheime und Offenbare, er, der Allmächtige und Allweise.

[3] Die Seligen betrügen die Verdammten dadurch, daß jene im Paradiese die Plätze einnehmen, welche diese erhalten hätten, wenn sie gläubig gewesen wären, und umgekehrt. Andere übersetzen: Der gegenseitige Verlust (und Gewinn). [4] Sie können euch leicht, namentlich zur Zeit der Not und in euerer Fürsorge von eueren Pflichten Allah gegenüber dem Gebet besonders abwendig machen. [5] Da sie euch ja nur aus Liebe und guter Absicht von manchen Pflichten, namentlich in den Heiligen Krieg zu gehen, zurückhalten.

FÜNFUNDSECHZIGSTE SURE

Die Ehescheidung[1] (Al-Talak) *offenbart zu Medina*

[1] Im Namen Allahs, des Allbarmherzigen. [2] O Prophet, wenn ihr euere Ehe scheidet, scheidet euch zu ihrer bestimmten Zeit[2] und berechnet die Zeit genau und fürchtet Allah, eueren Herrn. Vertreibt sie nicht aus ihrer Wohnstatt, welche sie vor der ihnen bestimmten Zeit nicht verlassen dürfen; oder es sei, sie hätten sich offenbarer Schandtat schuldig gemacht. Dies sind Verordnungen Allahs, und wer die Verordnungen Allahs übertritt, der handelt sündhaft gegen seine eigene Seele. Du kannst ja auch nicht wissen, ob nicht Allah inzwischen irgend etwas Neues eintreten läßt[3]. [3] Wenn nun ihre bestimmte Frist abgelaufen ist, dann behaltet sie oder trennt euch von ihnen auf billige und vorschriftsmäßige Weise und nehmt dazu (zwei) rechtliche Männer aus euerer Mitte als Zeugen und nehmt auch Allah zum Zeugen[4]. Diese Ermahnung ist dem gegeben, welcher an Allah und den Jüngsten Tag glaubt. Wer Allah fürchtet, dem wird er (aus allen Nöten) einen Ausweg schaffen [4] und ihn von einer Seite, woher er es nicht erwartet, reichlich versorgen. Wer auf Allah vertraut, dem ist er hinreichende Stütze; denn Allah erreicht seine Absichten, so wie Allah jedem Dinge seine Bestimmung gegeben hat. [5] Denjenigen euerer Frauen, welche wegen ihres Alters an ihrem Monatlichen (der Menstruation) verzweifeln, gebt, wenn ihr selbst daran zweifelt, drei Monate Zeit und dieselbe Zeit gewährt denen, welche ihr Monatliches noch nie hatten. Die Zeit für Schwangere ist: bis sie sich ihrer Leibeslast entledigt haben. Wer Allah fürchtet, dem wird er seine Anordnungen erleichtern. [6] So lautet Allahs Befehl, welchen er euch offenbart hat. Wer nun Allah fürchtet, dem wird er seine bösen Taten verkleinern und seinen Lohn vergrößern. [7] Die Frauen, von welchen ihr euch scheidet, laßt wohnen, wo ihr wohnt, nach Maßgabe der Wohnstätte, die ihr besitzt, und tut ihnen keine Unbill, daß ihr sie nicht in ängstliche Sorge versetzt. Sind sie schwanger, so sorgt für das, was sie nötig haben, bis sie ihrer Leibesfrucht ledig sind. Stillen sie ihre Kinder für euch, gebt ihnen ihren Lohn[5] und findet euch nach Billigkeit

[1] So genannt, weil diese Sure Anordnungen über die Ehescheidung trifft, welche auch in der zweiten Sure enthalten sind. [2] Siehe zweite Sure [227] ff. [3] Ob nicht in der vorgeschriebenen Zeit irgend etwas eintritt, wodurch sich die Gemüter versöhnen und von der Scheidung abstehen. [4] Die Ahmadiyya-Mission übersetzt dem Europäer verständlicher: . . . und laßt es ein wahrhaftiges Zeugnis vor Allah sein. [5] Der zu ihrem Unterhalt und ihrer Kleidung hinreicht. Siehe zweite Sure [234].

miteinander ab. Erhebt sich aber hierin eine Schwierigkeit und eine andere Frau muß für ihn das Kind säugen, [8] so möge der, welcher viel Vermögen besitzt (nach Verhältnis desselben für Mutter und Amme), viel geben, und auch der nur kümmerlich versorgt ist, gebe im Verhältnis zu dem, was ihm Allah verlieh; denn Allah verpflichtet niemanden zu mehr, als er ihm gegeben hat, und Allah wird auf Schwierigkeit Leichtigkeit (Genüge) folgen lassen[6].

[9] Wie manche Städte haben sich nicht von dem Befehl ihres Herrn und seiner Gesandten abgewendet! Darum hielten wir strenges Gericht über sie und züchtigten sie mit qualvoller Strafe, [10] und sie mußten die üblen Folgen ihres Handelns erdulden, und das Ende ihres Betragens war: Untergang. [11] Allah hat schwere Strafen für sie bereitet; darum ihr, die ihr verständigen Herzens seid, fürchtet Allah. O Gläubige, nun hat euch Allah eine Ermahnung herabgesandt [12] und einen Gesandten, welcher euch die deutlichen Zeichen Allahs vorliest, um jene, die glauben und rechtschaffen handeln, aus der Finsternis in das Licht zu führen. Und den, welcher an Allah glaubt und rechtschaffen handelt, den wird er in Gärten führen, welche Wasserläufe durchströmen, und ewig soll er in diesen Gärten bleiben. Solch herrliche Versorgung hat Allah für ihn bestimmt. [13] Allah ist es, welcher sieben Himmel und ebenso viele Erden erschaffen hat, und der göttliche Befehl erreicht euch durch alle Himmel herab, damit ihr erkennen mögt, daß Allah aller Dinge mächtig ist und daß Allah in seiner Allwissenheit alle Dinge umfaßt[7].

[6] Auf Armut und Kümmernis ein sorgenfreies Leben. [7] Henning verweist hier auf siebte Sure Vers [55].

SECHSUNDSECHZIGSTE SURE

Das Verbot[1] (Al-Tahrim) *offenbart zu Medina*

[1] Im Namen Allahs, des Allbarmherzigen. [2] O Prophet, warum willst du dir um das Wohlgefallen deiner Weiber zu erlangen, als Verbot auflasten, was Allah dir erlaubt hat[2]? Allah ist ja versöhnend und barmherzig. [3] Und Allah hat euch ja bereits ge-

[1] So genannt nach dem Vers [2] dieser Sure. [2] Mohammed erhielt in seinem neunundfünfzigsten Jahr, im siebten Jahr der Flucht von Mekka [628 n. Chr.], von Elmokaukas, dem Statthalter Ägyptens, eine koptische Sklavin zum Geschenk, welche Maria hieß. Mohammed hat dieser beigewohnt. Sie gebar Mohammed den Sohn Ibrahim, der jedoch 631 starb. Dieser Beischlaf geschah in der Wohnung seiner abwesenden Gattin Hafza, Tochter des Omar, und zwar auf deren eigenem Bett, und noch dazu an einem Tag, an welchem der

stattet, euere Eide zu lösen[3], und Allah ist ja euer Schutzherr. Er, der Allwissende und Allweise. [4] Als der Prophet irgendeine Begebenheit einer seiner Frauen als Geheimnis vertraute, diese aber dasselbe ausplauderte, wovon Allah ihn in Kenntnis setzte, da hielt er ihr einen Teil ihrer Plauderei vor, und einen Teil verschwieg er, zu ihrer Schonung. Und als er ihr dieses vorhielt, da fragte sie: »Wer hat dir das mitgeteilt?« Er antwortete: »Der alles weiß und kennt, hat es mir angezeigt.« [5] Wenn ihr beide (Aischa und Hafza) euch wieder zu Allah wenden wollt... (da euere Herzen abgewichen sind, so ist es gut); verbindet ihr euch aber wider ihn (den Propheten), so sind seine Schützer: Allah und Gabriel und die Frommen unter den Gläubigen, und auch die Engel werden ihm beistehen. [6] Wenn er sich von euch scheidet, so kann es sehr leicht sein, daß sein Herr ihm zum Tausch andere Frauen gibt, welche besser sind als ihr, nämlich: gottergebene, wahrhaft gläubige, demutsvolle, bereuende, fromme und enthaltsame, die teils schon Männer erkannt haben, teils noch Jungfrauen sind. [7] O Gläubige, errettet euere Seelen und die euerer Angehörigen vor dem Feuer, dessen Bandstoff Menschen und Steine[4] sind, über welches grimmige und furchtbare Engel gesetzt sind, welche Allah nicht ungehorsam sind in dem, was er ihnen befohlen hat, sondern vielmehr das, was ihnen befohlen wurde, wohl vollführen. [8] O Ungläubige, sucht euch heute[5] nicht zu entschuldigen, ihr sollt nun entlohnt werden für das, was ihr getan habt.

[9] O Gläubige, kehrt mit aufrichtiger Reue zu Allah zurück, vielleicht, daß euer Herr euere bösen Handlungen von euch nimmt und euch in Gärten führt, welche Wasserläufe durchströmen: an jenem Tag, an welchem Allah den Propheten und mit ihm die Gläubigen nicht zuschanden machen wird. Ihr Licht wird ihnen voranleuchten, und eines auch in ihrer rechten Hand[6], und sie werden beten: »O unser Herr, vervollkommne uns unser Licht und vergib

Beischlaf dieser oder der Aïscha gebührt hätte. Als Hafza dies erfuhr und ihn deshalb zur Rede stellte, versprach er, das Mädchen nicht mehr berühren zu wollen, wenn sie das Geschehene geheimhalte, und versprach zugleich, daß Omar und Abu Bekr dereinst seine Nachfolger in der Regierung werden sollen. Hafza erzählte den Vorfall dennoch der Aïscha, worauf Mohammed einen ganzen Monat lang von allen seinen Frauen geschieden in den Zimmern der Maria zubrachte, bis er auf »Verwendung des Engels Gabriel« die Hafza wieder in Gnaden annahm. Die Maria, nebst ihrer Schwester Schirina, die er mitgeschenkt erhalten hatte, blieben bis zu seinem Tode bei ihm. Erstere starb fünf Jahre nach ihm und liegt zu Medina begraben. [3] Siehe fünfte Sure [90]. [4] Die Götzen aus Stein. [5] Diese Worte werden am Jüngsten Tage gesprochen. [6] Siehe siebenundfünfzigste Sure [13] und Note 4.

uns, denn du bist ja aller Dinge mächtig.« [10] O du Prophet, bekämpfe die Ungläubigen und die Heuchler und behandle sie mit Strenge. Ihr Aufenthalt wird einst die Hölle sein, und ein schlimmer Weg (eine furchtbare Bestimmung) ist dorthin. [11] Allah hat den Ungläubigen die Frau des Noah und die Frau des Lot als Beispiele aufgestellt. Sie lebten beide unter zwei unserer rechtschaffenen Diener, und dennoch täuschten sie beide, und beide konnten nichts für sie bei Allah ausrichten, und zu beiden Frauen wird einst gesagt: »Geht nun in das Höllenfeuer mit denen ein, welche in dasselbe eingehen[7].« [12] Für die Gläubigen gibt Allah das Beispiel der Frau des Pharao[8], als sie sprach: »O mein Herr, baue mir ein Haus bei dir im Paradies und errette mich von Pharao und seinem Tun und befreie mich von diesem frevelhaften Volk.« [13] Auch Maria, die Tochter des Amran (sei ihnen ein Beispiel). Sie bewahrte ihre Keuschheit, und wir hauchten unseren Geist in sie[9], und sie glaubte an das Wort ihres Herrn und an seine Schriften und war demutsvoll und gehorsam.

[7] Daß auch die Frau des Noah ungläubig gewesen ist, davon findet sich in der Bibel nichts. Über das Ende der Frau des Lot siehe elfte Sure [82]. [8] Siehe achtundzwanzigste Sure [10] und Note 7. [9] Die Ahmadiyya-Mission übersetzt: ... darum hauchten wir ihm von unserem Geiste ein. ...

SIEBENUNDSECHZIGSTE SURE

Das Reich[1] (Al-Mulk) *offenbart zu Mekka*

[1] Im Namen Allahs, des Allbarmherzigen.

[2] Gelobt sei der, in dessen Händen das Reich und der aller Dinge mächtig ist, [3] der den Tod und das Leben schuf, um dadurch zu prüfen, wer von euch am rechtschaffensten handelt, er ist der Allmächtige, gerne Verzeihende. [4] Er ist es, welcher die sieben Himmel schuf, einen über dem anderen, und in der Schöpfung des Allbarmherzigen wirst du kein Mißverständnis sehen. Erhebe deine Augen, ob du irgendeine Spalte (einen Mangel) sehen kannst, [5] erhebe sie noch zweimal, und deine Augen kehren matt und müde zu dir zurück. [6] Den untersten Himmel haben wir mit Leuchten ausgeschmückt, um die Satane damit hinwegzusteinigen[2], für welche

[1] So genannt nach dem Vers [2]. Auch »Die Herrschaft« betitelt. [2] Siehe fünfzehnte Sure [18] und Note 5.

wir die Strafe des brennenden Feuers bereitet haben. [7] Ebenso ist auch für jene, die nicht an ihren Herrn glauben, die Strafe der Hölle bereitet, und eine schlimme Reise ist dorthin. [8] Wenn sie hineingeworfen werden, dann hören sie aus ihr ein Geschrei wie das des Esels[3], und sie wird glühen (rotglühend aufschäumen), [9] so daß sie beinahe vor Wut gegen die Ungläubigen birst. Sooft ein Haufe von ihnen hineingeworfen wird, so oft fragen sie die Hüter derselben (der Hölle): »Ist denn kein Warner zu euch gekommen?« [10] Und sie werden antworten: »Jawohl, ein Verwarner ist zu uns gekommen, aber wir beschuldigten ihn des Betruges, und wir sprachen: ›Allah hat nichts offenbart, und ihr seid in einem großen Irrtum.‹« [11] Aber sie werden sagen: »Wenn wir gehört hätten und verständig gewesen wären, so gehörten wir jetzt nicht zu den Gefährten des Höllenfeuers.« [12] Sie werden nun ihre Sünden bekennen, doch fern ist von den Gefährten des Höllenfeuers das Erbarmen Allahs. [13] Die ihren Herrn fürchten, selbst im verborgenen, erhalten Vergebung und großen Lohn. [14] Mögt ihr euere Reden geheimhalten oder offen aussprechen, so weiß er doch, was im Innersten des menschlichen Herzens vorgeht.

[15] Wie sollte auch er, der alles schuf, nicht alles wissen? Er, der alles durchdringt und alles kennt? [16] Er ist es, der die Erde für euch ebnete (dienstbar machte); darum durchwandelt ihre bewohnten Gegenden und genießt die Speisen, womit er euch versorgt, und wißt: Zu ihm ist die Auferstehung. [17] Seid ihr denn sicher, daß der, welcher im Himmel wohnt, die Erde nicht über euch zusammenstürzt? Siehe, sie erbebt ja schon[4]. [18] Oder seid ihr sicher, daß jener, der im Himmel wohnt, nicht einen Orkan wider euch schickt, welcher euch mit Sand überdeckt? Dann werden sie es erfahren, wie ernst meine Verwarnung war. [19] Auch die vor ihnen haben ihre Gesandten des Betruges beschuldigt, aber wie streng war auch meine Rache! [20] Haben sie denn noch nie die Vögel über ihnen beobachtet, wie diese ihre Flügel breiten (schweben ohne Flügelschlag) und sie wieder einziehen, und niemand sie hält als der Allbarmherzige, welcher alle Dinge sieht? [21] Wer, außer dem Allbarmherzigen, kann euch schützen wie ein (ganzes) Heer? Wahrlich, die Ungläubigen befinden sich in einer Selbsttäuschung. [22] Wer ist es, der euch mit Nahrung versorgen kann, wenn er seine

[3] Siehe einunddreißigste Sure [20]. [4] Marac. übersetzt: ecce illa superior remanebit.

Versorgung zurückhält? Dennoch bleiben sie hartnäckig in ihrer Verkehrtheit und fliehen die Wahrheit. [23] Ist denn der, welcher mit seinem Angesicht auf der Erde dahinkriecht, besser geleitet als jener, der aufrecht und gerade den richtigen Weg wandelt? [24] Sprich: »Er ist es, der euch ins Dasein rief und der euch Gehör, Gesicht und verständiges Herz gab, und doch wie wenig dankbar seid ihr dafür!« [25] Sprich: »Er ist es, der euch auf der Erde ausgesät hat, und zu ihm werdet ihr einst wieder versammelt.« [26] Sie sagen zwar: »Wann trifft diese Drohung ein? Sagt es uns, wenn ihr wahrhaft seid.« [27] Antworte: »Die Kenntnis hiervon ist nur bei Allah allein, und ich bin nur ein öffentlicher Prediger.« [28] Wenn sie aber die angedrohte Hölle in der Nähe sehen, dann wird das Angesicht der Ungläubigen sich vor Entsetzen verzerren, und zu ihnen wird gesagt: »Da habt ihr nun, was ihr herbeigewünscht habt.« [29] Sprich: »Was denkt ihr wohl? Mag Allah mich und die Meinen vertilgen oder sich unser erbarmen, wer aber kann die Ungläubigen von peinvoller Strafe retten?« [30] Sprich: »Er ist der Allbarmherzige, an ihn glauben und auf ihn vertrauen wir, und ihr werdet es einst erfahren, wer sich in offenbarem Irrtume befindet.« [31] Sprich: »Was dünkt euch wohl? Wenn eines frühen Morgens euer Wasser in die Erde versickerte, wer könnte euch dann reines und fließendes Wasser wiedergeben?«

ACHTUNDSECHZIGSTE SURE

Die Feder[1] (Al-Kalam) *offenbart zu Mekka*

[1] Im Namen Allahs, des Allbarmherzigen. [2] Nun[2]. Bei der Feder, und was sie damit schreiben[3], [3] du (o Mohammed) bist durch die Gnade deines Herrn nicht von einem bösen Geiste besessen. [4] Deiner wartet grenzenloser Lohn; [5] denn du bist von hoher, erhabener Natur[4]. [6] Du wirst es sehen, und auch sie werden es sehen, [7] wer von euch seiner Sinne beraubt ist. [8] In der Tat! Dein Herr kennt den, welcher von seinem Weg abirrt, und auch die, welche recht geleitet sind. [9] Darum gehorche nicht denen,

[1] So genannt nach dem Vers [2] dieser Sure. Auch Der Griffel genannt. Die Sure ist eine der ältesten mit Ausnahme der Verse [17]–[33] und der Schlußverse. [2] Über die Bedeutung des vorgesetzten Buchstaben N (nun) sind die Ausleger geteilter Meinung. [3] Entweder was man im allgemeinen damit schreibt oder was sie, die Engel, mit derselben aufzeichnen. [4] Indem du mit so viel Geduld die Beleidigungen anderer erträgst. Marac. übersetzt: tu sane es in religione magna, und bemerkt: quidam exponunt: religionem.

welche unsere Zeichen des Betruges beschuldigen. [10] Sie wünschen, daß du gelinde (entgegenkommend) mit ihnen verfährst, dann wollen sie auch gelinde (entgegenkommend) mit dir verfahren[5]. [11] Aber gehorche nur nicht einem jeden gemeinen Schwörer, einem jeden Verächtlichen, [12] einem jeden Lästerer, welcher mit Verleumdungen umhergeht, [13] der das Gute verhindert und so ein Übertreter und Sünder [14] und Grausamer und außerdem noch von unehelicher Geburt (fraglichen Herkommens) ist. [15] Doch besitzt er heute Vermögen und Kinder[6]. [16] Werden ihm unsere Zeichen vorgelesen, so sagt er: »Das sind ja nur Fabeln der Alten.« [17] Dafür wollen wir ihn auf der Nase brandmarken[7]. [18] Wir haben sie (die Mekkaner) geprüft[8], so wie wir die Besitzer des Gartens geprüft haben[9], als sie einander zuschwuren, die Früchte desselben des Morgens frühe einsammeln zu wollen, [19] ohne die Bedingung (»wenn Allah will«) hinzuzufügen; [20] darum umzingelte denselben, während sie schliefen, eine Zerstörung (er werde heimgesucht) von deinem Herrn, [21] und des Morgens früh war er wie ein Garten, dessen Früchte bereits eingesammelt sind. [22] Als sie des Morgens aufstanden, riefen sie einander zu: [23] »Geht doch früh zu euerer Pflanzung hin, wenn ihr ernten wollt.« [24] Und so gingen sie fort und flüsterten sich einander zu: [25] »Heute soll euch kein Armer den Garten betreten«, [26] und so gingen sie in dieser bestimmten Absicht früh fort. [27] Als sie endlich den zerstörten Garten sahen, da sagten sie: »Wir müssen uns verirrt haben!« (Als sie ihn dann doch als den ihrigen erkannten, da riefen sie aus:) [28] »Wahrlich, es ist uns nicht vergönnt, seine Früchte einzuernten.« [29] Da sprach der Würdigste unter ihnen: »Habe ich euch nicht gesagt, ihr solltet Allah preisen?« [30] Und sie sagten nun: »Gelobt sei unser Herr, wahrlich, wir sind Frevler.« [31] Und sie machten einander Vorwürfe [32] und sagten: »Wehe uns,

[5] Daß du sie in ihrem Unglauben ruhig belassen mögest, dann werden sie auch dich ungestört lassen. [6] Hier denken die Ausleger wieder an eine bestimmte Person und nennen den Walid ibn Al-Mogheira und Acheas ibn Schoraik. [7] Dem ebengenannten Walid soll in der Schlacht bei Bedr durch einen Hieb die Nase aufgeschlitzt worden sein. [8] Durch jene mehrfach erwähnte Hungersnot. [9] Zum Verständnis dieser Stelle wird erzählt: Ein wohltätiger Mann habe nicht weit von der Stadt Sanah einen großen Garten mit Palmbäumen besessen. Wenn er seine Datteln einsammelte, habe er die Armen davon in Kenntnis gesetzt, damit sie die Früchte, welche der Wind abgeworfen oder das Messer verfehlt hatte, für sich nehmen. Nach seinem Tode beschlossen seine Söhne aus Geiz, am frühen Morgen, bevor es die Armen gewahr wurden, die Früchte einzusammeln. Als sie selbst am Morgen kamen, fanden sie zu ihrer Bestürzung den ganzen Garten zerstört.

wir waren Frevler; [33] doch vielleicht gibt uns unser Herr zum Tausch einen besseren Garten als diesen, wenn wir unseren Herrn ernstlich darum anflehen.« [34] Dies war eine Strafe in diesem Leben, die Strafe in dem zukünftigen aber wird noch schwerer sein; möchten sie das doch einsehen! [35] Für die Gottesfürchtigen aber sind wonnevolle Gärten bei ihrem Herrn bereitet.

[36] Sollten wir wohl die Moslems und die Übeltäter gleich behandeln? [37] Wie kommt ihr dazu, so zu urteilen? [38] Habt ihr etwa eine Schrift, aus welcher ihr dies erforscht [39] und die euch verspricht, was ihr nur wünscht? [40] Oder habt ihr Eid und Versprechen von uns, welche uns bis zum Auferstehungstage binden, damit euch zuteil werde, was ihr euch nur einbildet? [41] Frage sie, wer von ihnen denn dafür Bürge ist? [42] Oder sind ihnen etwa die Götzen Bürgen? So mögen sie denn ihre Götzen herbringen, wenn sie die Wahrheit sprechen. [43] An jenem Tage wird ihnen das Bein entblößt[10], und man wird sie zur Anbetung rufen; doch sie werden nicht können[11]. [44] Ihre Blicke werden sie niederschlagen und Schande wird sie bedecken, weil man sie damals, als sie noch wohlbehalten waren, vergeblich zur Anbetung Allahs rief. [45] Darum laßt nur mich mit dem, welcher diese neue Offenbarung des Betruges beschuldigt, in Frieden. Wir wollen sie stufenweise ins Verderben stürzen, von einer Seite, woher sie es nicht erwarteten. [46] Ich will ihnen noch langes Leben vergönnen, denn mein Anschlag (Plan) bleibt doch wirksam.

[47] Wirst du wohl einen Lohn (für dein Predigen) von ihnen verlangen, da sie ohnedies mit Schulden schwer beladen sind[12]? [48] Steht das Geheimnis der Zukunft bei ihnen so, daß sie es nur zu schreiben brauchen[13]? [49] Darum erwarte nur in Geduld das Urteil deines Herrn und sei nicht wie jener Bewohner des Fisches[14], der erst in der Bedrängnis zu Allah rief. [50] Hätte ihn die Gnade seines Herrn nicht aufgenommen, so wäre er, mit Schmach bedeckt, an das nackte Ufer geworfen worden. [51] Aber sein Herr hat ihn auserwählt und zu den Rechtschaffenen gezählt. [52] Nur wenig

[10] Mit dieser Bezeichnung will man das größte Elend ausdrücken. Goldschmidt erklärt: die Kleider schürzen, um eifrig der Arbeit nachzugehen, oder (im Sinn der Textübersetzung): die Frevler zur Verbüßung der Strafe zu entkleiden. So auch Henning. [11] Jetzt ist es zu spät. [12] Goldschmidt und Ahmadiyya-Mission: . . . so daß sie sich von einer Schuldlast (dir gegenüber) bedrückt fühlen. [13] Aus dem verwahrten Buch göttlicher Ratschlüsse. Siehe zweiundfünfzigste Sure [42]. [14] Der Prophet Jonas. Siehe einundzwanzigste Sure [88] und Note 26.

fehlt, und die Ungläubigen bohren dich mit ihren Blicken nieder, wenn sie die Ermahnung hören, und sie sagen: »Er ist sicherlich verrückt«; [53] aber in der Tat ist er (der Koran) eine Ermahnung für alle Welt.

NEUNUNDSECHZIGSTE SURE

Der Unfehlbare[1] (Al-Hakkah) *offenbart zu Mekka*

[1] Im Namen Allahs, des Allbarmherzigen. [2] Der Unfehlbare! [3] Was ist der Unfehlbare? [4] Und was lehrt dich den Unfehlbaren begreifen? [5] Thamud und Ad leugneten zwar den Herzklopfen verursachenden Tag[2]; [6] dafür aber vertilgten wir Thamud durch ein schreckliches Brausen [7] und Ad durch einen brausenden und wütenden Sturm, [8] welchen Allah sieben Nächte und acht aufeinanderfolgende Tage lang sie überstürmen ließ. Hättest du die Menschen da niedergestreckt liegen sehen, gleich Stämmen hohler Palmbäume, [9] hättest du da einen Übriggebliebenen gefunden? [10] Auch Pharao und die, welche vor ihm lebten, und die zerstörten Städte[3] traf wegen ihrer Sünden das Unglück, [11] weil sie den Gesandten ihres Herrn ungehorsam waren; darum strafte er sie mit Übermaß an Qual. [12] Als das Wasser der Sintflut anschwoll, da trugen wir euch in der schwimmenden Arche, [13] und wir ließen euch dieselbe zur Mahnung werden, damit das bewahrende Ohr sie aufbewahre[4]. [14] Wenn in die Posaune gestoßen wird, so werden sich beim ersten Posaunenschall [15] die Erde und die Berge emporheben und mit einem Schlage zerschmettert werden, [16] und an diesem Tage wird die unvermeidliche Stunde hereinbrechen, [17] und die Himmel werden sich an diesem Tage spalten und herabfallen, [18] zu seiner Seite stehen die Engel, und deren acht tragen an diesem Tage den Thron deines Herrn über sich. [19] An diesem Tage werdet ihr vor Gericht gestellt, und nicht das Verborgenste euerer Handlungen bleibt verborgen. [20] Der nun, welcher sein Buch in die rechte Hand bekommt[5], der wird sagen: »Nehmt doch einmal und lest dieses mein Buch, [21] wahrlich, ich hatte geglaubt, daß ich zu dieser meiner Rechenschaft ge-

[1] Tag des Jüngsten Gerichtes. So genannt nach Vers [2] dieser Sure. Auch Der Unvermeidliche betitelt. [2] Wörtlich: den Klopfenden. [3] Sodom und Gomorrha. [4] So wörtlich. Der Sinn ist: Wir machten die Arche zur ewigen Erinnerung an unsere Allmacht und Vorsehung. [5] Siehe fünfundvierzigste Sure [29] und Note 5.

zogen werde.« [22] Dieser wird nun ein frohes Leben führen [23] in einem erhabenen Garten, [24] dessen Früchte ihm von überall greifbar sind. [25] Eßt und trinkt nach Lust, zum Lohn für die guten Handlungen, welche ihr in vergangenen Tagen vorausgewirkt habt. [26] Der aber sein Buch in die linke Hand bekommt, wird sprechen: »Oh, daß ich doch dieses mein Buch nicht erhalten hätte, [27] und wüßte ich doch nichts von dieser meiner Rechenschaft! [28] Oh, hätte doch der Tod ein Ende mit mir gemacht! [29] Mein Reichtum kann mir nun nichts helfen, [30] und meine Macht ist von mir gewichen.« [31] (Und Allah wird zu den Wächtern der Hölle sagen:) »Ergreift ihn und bindet ihn [32] und werft ihn in das Höllenfeuer, damit er brenne, [33] und legt ihn an eine Kette, deren Länge siebzig Ellen mißt, und schleppt ihn, [34] weil er nicht an Allah, den Großen, glaubte [35] und sich nicht um die Speisung der Armen kümmerte. [36] Darum soll er auch heute keinen Freund hier finden [37] und keine andere Speise als stinkende Fäulnis erhalten[6], [38] welche nur die Sünder zu essen bekommen.«

[39] Ich schwöre[7] bei dem, was ihr seht [40] und was ihr nicht seht, [41] daß dies die Sprache eines ehrwürdigen Gesandten [42] und nicht die Sprache eines Poeten ist. Doch wie wenige nur wollen dies glauben! [43] Auch ist es nicht die Sprache eines Wahrsagers. Doch wie wenige nur lassen sich ermahnen! [44] Offenbarung ist es vom Herrn der Welten. [45] Hätte er (Mohammed) einen Teil dieser Verse, als von uns gesprochen, ersonnen, [46] so hätten wir ihn an der rechten Hand ergriffen [47] und ihm die Herzadern durchschnitten, [48] auch keinen von euch hätten wir (von ihm) abgehalten, ihn zu züchtigen. [49] Wahrlich, dieses Buch ist eine Ermahnung für die Gottesfürchtigen, [50] und wir wissen, daß einige von euch das Buch des Betruges beschuldigen. [51] Aber die Ungläubigen werden einst seinetwegen Seufzer ausstoßen; [52] denn es ist die Wahrheit des zuverlässigen Glaubens[8]. [53] Darum preise den Namen deines Herrn, Allahs, des Gewaltigen.

[6] Ahmadiyya-Mission übersetzt: ... als Blut mit Wasser gemischt ... [7] Ich schwöre nicht, denn es ist so sicher, daß ich nicht zu schwören brauche. [8] Henning: Wahrheit der Gewißheit.

SIEBZIGSTE SURE

Die Stufen[1] (Al-Maaridsch) *offenbart zu Mekka*

[1] Im Namen Allahs, des Allbarmherzigen. [2] Es fragte jemand[2] nach der Strafe, welche die Ungläubigen treffen soll. [3] Niemand kann Allah von dieser Strafe abhalten, [4] ihn, welcher Herr der Stufen ist[3], [5] auf welchen die Engel zu ihm hinaufsteigen und der Geist (Gabriel) an jenem Tage, dessen Länge fünfzigtausend Jahre ist[4]. [6] Darum ertrag ihre Beleidigungen mit geziemender Geduld. [7] Sie sehen jenen Tag noch fern, [8] wir aber sehen ihn nahe. [9] An jenem Tage werden die Himmel wie geschmolzenes Erz sein [10] und die Berge gleich buntfarbiger Wolle, [11] und der Freund wird nicht nach dem Freunde fragen, [12] obgleich sie einander sehen. Der Frevler wird dann wünschen, sich von der Strafe an diesem Tag auslösen zu können, mit seinen Kindern, [13] seinem Weibe, seinem Bruder, [14] mit seinen Verwandten, welche ihm Freundschaft erzeigt haben, [15] überhaupt mit allem, was auf Erden ist, daß er errettet werde. [16] Aber nein! Das Höllenfeuer wird den [17] am Kopf an sich ziehen und [18] zu sich rufen[5], welcher den Rücken gewendet und sich von der Wahrheit entfernt [19] und Reichtümer aufgehäuft und geizig aufgespeichert hat. [20] Wahrlich, der Mensch ist ein ungeduldiges Geschöpf. [21] Trifft ihn ein Übel, ist er tief betrübt; [22] wird ihm aber Gutes zuteil, ist er karg. [23] Nur die Betenden machen eine Ausnahme, [24] welche streng auf das Gebet halten [25] und die gehörig und billig von ihrem Vermögen schenken: [26] dem Bettler, und dem es Scham verbietet, zu fordern, [27] und die aufrichtig an den Tag des Gerichtes glauben [28] und die Strafe ihres Herrn fürchten [29] – denn niemand ist sicher vor der Strafe deines Herrn – [30] und die sich aller fleischlichen Lust enthalten, [31] mit Ausnahme ihrer Frauen und Sklavinnen – denn dies ist unverwehrt, [32] und nur die, welche außer diesen noch mehr begehren, sind Übertreter –, [33] und die, welche das ihnen Anvertraute und die Verträge in Treue halten, [34] und jene, die aufrichtig sind in ihrem Zeugnis [35] und sorgfältig die Gebräuche ihres Gebetes beobachten. [36] Diese sollen hochgeehrt in Gärten wohnen.

[1] So genannt nach dem Vers [4] dieser Sure. Diese Sure trägt auch den Titel: Die Himmelsleiter. [2] Dies war Nodar ibn Hareth oder Abu Jahl. [3] Stufen des Thrones. [4] Widerspruch zu zweiunddreißigster Sure [6]: »tausend Jahre«. [5] Modern: [16] Es wird eine riesige Feuersflamme [17] Haut und Haar verglühen . . .

[37] Was haben die Ungläubigen, daß sie scharenweise, mit niedergesenkten Blicken, [38] zur Rechten und Linken dir vorlaufen? [39] Wünscht vielleicht jeder von ihnen in den wonnevollen Garten einzugehen? [40] Keineswegs, sie wissen ja, woraus wir sie geschaffen haben[6]. [41] Ich schwöre[7] bei dem Herrn des Ostens und Westens, daß wir vermögen, [42] andere an ihre Stelle zu setzen, die besser sind als sie, und niemand kann uns hindern. [43] Darum laß sie nur streiten und spotten, bis ihnen ihr Tag, welcher ihnen angedroht ist, begegnet, [44] jener Tag, an welchem sie so eilig aus ihren Gräbern steigen, als wollten sie zu ihren Fahnen eilen. [45] Aber sie werden ihre Blicke niederschlagen, und Schmach wird sie bedecken. Dies ist der Tag, welcher ihnen angedroht ist.

[6] Aus unreinem Samen. Sie müssen sich fürs Paradies erst läutern. [7] Ich brauche nicht zu schwören . . . Siehe vorige Sure [39] und Note 7.

EINUNDSIEBZIGSTE SURE

Noah[1] (Nuh) *offenbart zu Mekka*

[1] Im Namen Allahs, des Allbarmherzigen. [2] Wir hatten den N o a h zu seinem Volke gesandt und gesagt: »Verwarne dein Volk, bevor eine peinvolle Strafe sie überkommt.« [3] Und Noah sprach: »O mein Volk, ich bin euch ein öffentlicher Verwarner, [4] damit ihr Allah dient; fürchtet ihn und gehorcht mir, [5] und er wird euch euere Sünden vergeben und euch bis zur bestimmten Zeit nachsehen; ist die bestimmte Zeit Allahs aber gekommen, dann hört Nachsicht auf. Könntet ihr das doch begreifen!« [6] Und er sprach: »O mein Herr, ich habe meinem Volke zugerufen, Nacht und Tag, [7] aber mein Rufen hat ihr Widerstreben nur vermehrt, [8] und sooft ich ihnen zurufe, damit du ihnen vergibst, stecken sie ihre Finger in ihre Ohren und bedecken sich mit ihren Gewändern und verharren in ihrem Glauben und verachten mit stolzem Hochmut meine Lehre. [9] Ich rief ihnen öffentlich zu, [10] und ich sprach öffentlich mit ihnen und ermahnte sie auch im geheimen, [11] und ich sagte: ›Bittet doch eueren Herrn um Vergebung; denn er verzeiht gerne, [12] und er wird euch reichlich Regen vom Himmel herabsenden, [13] und er wird euch Reichtum und Kinder vermehren und mit Gärten und Flüssen versorgen. [14] Was habt

[1] So genannt, weil diese Sure von Noah handelt.

ihr denn, daß ihr nicht auf die Güte Allahs hofft, [15] da er euch ja so verschiedenartig[2] geschaffen hat? [16] Seht ihr denn nicht, wie Allah sieben Himmel erschuf, einen über dem anderen, [17] und wie er den Mond zum Licht und die Sonne zur Fackel eingesetzt hat? [18] Allah hat euch aus der Erde hervorgebracht, [19] und er wird euch wieder in dieselbe zurückführen und auch wieder aus derselben hervorrufen. [20] Allah hat euch die Erde wie einen Teppich ausgebreitet, [21] damit ihr auf derselben in breiten Wegen einhergehen könnt.‹«

[22] Noah sprach ferner: »O mein Herr, sie sind mir ungehorsam und folgen nur dem, dessen Reichtümer und Kinder sich nur zu seinem Untergange mehren. [23] Und sie ersannen manch großen Plan wider mich, [24] und sie sprachen untereinander: ›Verlaßt nur euere Götter nicht, nicht den Wad, nicht den Sowa und nicht den Jaguth und nicht den Jauk, auch nicht den Nast[3].‹« [25] Schon viele haben sie zum Irrtume verführt, und durch dein Predigen wirst du den Irrtum der Frevler nur vermehren[4]. [26] Darum mußten sie wegen ihrer Sünden ertränkt und in das Höllenfeuer geworfen werden, und sie finden niemanden, welcher sie wider Allah beschützen kann. [27] Und Noah sprach ferner: »O mein Herr, laß von diesen Ungläubigen keine einzige Familie auf der Erde übrig; [28] denn läßt du deren übrig, so werden sie deine Diener verführen, und sie werden nur ein ebenso schlechtes und ungläubiges Geschlecht zeugen. [29] O Herr, vergib mir und meinen Eltern und einem jeden, der in mein Haus eingeht (meinen Verwandten), und den Gläubigen beiderlei Geschlechts; den Frevlern aber mehre nur die gänzliche Ausrottung (vertilge sie gänzlich).«

[2] Nach den Auslegern die stufenweise Veränderung vom Keim des Menschen bis zu dessen völliger körperlicher Ausbildung. Vergleiche zweiundzwanzigste Sure [6]. [3] Dies sind Namen von Götzen der alten heidnischen Araber. [4] Besser in freier Übersetzung die Ahmadiyya-Mission: [25] Und sie haben viele irregeführt; drum mehre die Frevler in nichts als im Irrtum . . .

ZWEIUNDSIEBZIGSTE SURE

Die Dschinnen[1] (Al-Dschinn) *offenbart zu Mekka*

[1] Im Namen Allahs, des Allbarmherzigen. [2] Sprich: »Mir wurde offenbart, daß eine Schar von Dschinnen mir (bei Vorlesung des Korans) aufmerksam zugehört[2] und gesprochen hat: ›Fürwahr, wir haben eine wunderbare Vorlesung (den Koran) mit angehört, [3] die uns zur richtigen Lehre leitet, an welche wir nun glauben wollen, und von nun an setzen wir kein einziges Wesen mehr unserem Herrn zur Seite. [4] Er – hoch erhaben sei die Majestät unseres Herrn – hat kein Weib genommen und auch keine Kinder gezeugt, [5] und nur der Tor unter uns spricht Fälschliches von Allah aus; [6] obgleich wir der Meinung waren, daß weder Menschen noch Dschinnen Lügen von Allah aussagen (dürfen). [7] Es gab auch gewisse Menschen, welche zu einer gewissen Art von Dschinnen ihre Zuflucht nahmen, und sie vermehrten nur ihre Torheit, [8] und sie glaubten so wie ihr, daß Allah keinen einzigen wieder auferwecken werde[3]. [9] Wir versuchten es einst, den Himmel zu besteigen (um das Gespräch der Engel zu hören), aber wir fanden ihn vollkommen von einer strengen Engelswache, mit flammenden Sterngeschossen behütet; [10] wir setzten uns daher auf Sitze, um zu horchen; wer aber jetzt erlauschen will, der findet eine Flamme im Hinterhalt[4]. [11] Wir wissen nun nicht, ob noch ein Übel wider die auf Erden beabsichtigt ist oder ob sie ihr Herr auf den richtigen Weg leiten will. [12] Es gibt Menschen unter uns, die rechtschaffen, aber auch solche, die anders sind; denn wir sind von verschiedener Art[5]. [13] Überzeugt sind wir aber, daß wir Allahs Macht auf Erden nicht schmälern und daß wir ihm nicht entfliehen können; [14] daher haben wir, als wir die Leitung (den Koran) vernahmen, auch daran geglaubt, und wer an seinen Herrn glaubt, der hat keine Minderung an Lohn noch irgendeine Überforderung zu fürchten. [15] Es gibt wahre Moslems unter uns, aber auch solche, die vom Rechten abschweifen. Wer den Islam ergreift, der sucht wahre Leitung: [16] wer aber abschweift vom Rechten, der wird

[1] So genannt nach dem Inhalt dieser Sure. Die Dschinnen, Genien, Dämonen bilden bei den Arabern wie bei den Rabbinen eine Mittelklasse zwischen Menschen und Engeln. Diese Sure soll Mohammed auf der Flucht von Taif – er war mit Steinen vertrieben worden nach Mekka offenbart worden sein. [2] Siehe sechsundvierzigste Sure [30] und Note 12. [3] Einige übersetzen: . . ., daß Allah keinen Gesandten erstehen lassen werde. [4] Siehe fünfzehnte Sure [17] ff. und Noten 4 und 5. [5] Anhänger verschiedener Religionsauffassung.

Brandstoff der Hölle.‹« [17] Wenn sie den Weg der Wahrheit betreten, so wollen wir ihnen Wasserregen in Überfluß geben, [18] um sie dadurch zu prüfen. Wer sich dann von der Ermahnung seines Herrn abwendet, den wollen wir zu peinvoller Strafe hinschicken. [19] Die Bethäuser sind für Allah bestimmt; darum ruft neben Allah nicht noch einen anderen an. [20] Als der Knecht Allahs (Mohammed) dort stand, um ihn anzurufen, da hätten sie (die Dschinnen) ihn beinahe in ihrer Vielzahl erdrückt.

[21] Sprich: »Ich rufe nur meinen Herrn an, und ich setze ihm kein Wesen zur Seite.« [22] Sprich: »Ich, für mein Teil, vermag nicht, euch zu schaden noch richtigen Wandel zwingend zu weisen.« [23] Sprich: »Niemand kann mich wider Allah beschützen, und außer ihm finde ich keine Zuflucht. [24] Ich kann nichts anderes als den Auftrag und die Botschaft Allahs sprechen.« Wer aber Allah und seinen Gesandten ungehorsam ist, für den ist das Höllenfeuer bestimmt, und auf immer und ewig soll er darin bleiben. [25] Sie werden es nicht eher einsehen, wer einen schwächeren Beschützer hatte und wer geringer an Anzahl war, als bis sie die ihnen angedrohte Strafe sehen. [26] Sprich: »Ich weiß auch nicht, ob das, was euch angedroht wurde, bereits nahe ist oder ob mein Herr dafür die Zeit noch hinausgeschoben hat.« [27] Nur er kennt die Geheimnisse der Zukunft, und er teilt die Geheimnisse niemandem mit, [28] außer nur einem Gesandten, der ihm wohlgefällt, und er läßt vor und hinter ihm eine Engelswache einhergehen, [29] daß man erkenne, daß sie nur die Botschaft ihres Herrn verkünden[6]. Er umfaßt alles, was bei ihnen ist, und er berechnet alles genau.

[6] Mohammed und die Engel verkünden nur die Offenbarung Allahs.

DREIUNDSIEBZIGSTE SURE

Der Verhüllte[1] (Al-Muzzammil) *offenbart zu Mekka*

[1] Im Namen Allahs, des Allbarmherzigen. [2] O du Verhüllter[2], [3] steh in der Nacht zum Gebet auf, mit Ausnahme eines kleinen Teils derselben. [4] Die Hälfte der Nacht verwende dazu, doch kannst du um ein weniges abkürzen [5] oder noch etwas hin-

[1] So genannt nach dem Vers [2] dieser Sure, welche zu den frühen (s. Einltg.) gezählt wird. [2] Gemeint ist Mohammed. Als Gabriel ihm diese Stelle offenbarte, verhüllte Mohammed sich in sein Gewand aus Ehrfurcht vor dieser Erscheinung, und darum redet ihn Gabriel an: »O du Verhüllter.«

zufügen, und bete den Koran mit singender und lauter Stimme[3]; [6] wir legen dir hiermit ein schweres Gebot auf[4]. [7] Das Erheben in der Nacht ist geeigneter für standhafte Ausdauer der Andacht und ersprießlicher für mündliche Belehrung; [8] denn tagsüber hast du zuviel anderweitige Beschäftigung. [9] Gedenke des Namens deines Herrn, sondere dich ab von irdischen Gedanken und weihe dich ihm ganz. [10] Er ist Herr des Ostens und Westens, und außer Allah gibt es keinen Gott. Darum nimm nur ihn zum Beschützer [11] und ertrage mit Geduld die Verleumdungen, welche sie von dir sprechen, und scheide dich von ihnen auf gute Art. [12] Laß mich nur allein gewähren mit denen, welche unsere Zeichen des Betruges beschuldigen und sich der Segnungen des irdischen Lebens freuen. Sieh ihnen nur noch auf eine kurze Zeit nach; [13] denn wir haben ja schwere Fesseln und das Höllenfeuer [14] und würgende Speise und peinvolle Strafe für sie. [15] An jenem Tage wird die Erde erschüttert, auch die Berge, und die Berge werden einem Haufen zusammengewehten Sandes gleichen. [16] Wahrlich, wir haben euch einen Gesandten gesandt, Zeugnis zu geben über euch, so wie wir auch zu Pharao einen Gesandten geschickt hatten; [17] aber Pharao zeigte sich ungehorsam gegen den Gesandten; darum züchtigten wir ihn mit schwerer Vergeltung. [18] Wie wollt ihr, wenn ihr ungläubig seid, dem Tag entgehen, der auch Kindern graues Haar bringen wird? [19] Die Himmel zerreißen an dem Tage; diese Verheißung wird in Erfüllung gehen. [20] Dies ist eine Ermahnung; wer sich nun ermahnen lassen will, der wird den Weg zu seinem Herrn ergreifen.

[21][5] Dein Herr weiß, daß du manchmal beinahe zwei Drittel der Nacht und manchmal die Hälfte und manchmal nur ein Drittel derselben im Gebete zubringst; so handelt auch ein Teil derer, welche es mit dir halten; denn Allah mißt die Nacht und den Tag, und er weiß, daß ihr es nicht so genau berechnen könnt; er wendet sich euch huldvoll zu. Darum lest so oft in dem Koran, wie es euch leicht und möglich ist; denn er weiß es, daß es unter euch auch solche gibt, die krank sind, und andere, welche das Land durchreisen, um sich

[3] Siehe fünfundzwanzigste Sure [33] und Note 11. Auf getragenen, melodischen Vortrag wird seit der Gründungszeit hoher Wert gelegt. [4] Entweder dadurch, daß wir dich verpflichten, einen Teil der Nacht zu durchwachen, oder wie einzelne Ausleger glauben, der Inhalt des Korans ist von schwerem Gewicht und hoher Bedeutung. [5] Nach Mohammeds Tod von Aïscha, seiner Lieblingsgattin und Nachfolgerin im Glaubenskampf, als später zugefügter Vers erklärt (Sunna-Hadith-Erläuterung).

Unterhalt durch Allahs Güte zu verschaffen, und wieder andere, welche für die Religion Allahs kämpfen. Lest daher darin, wenn es euch möglich ist, und verrichtet das Gebet und gebt Almosen und leiht Allah ein ansehnliches Darlehen; denn all das Gute, das ihr euerer Seele vorausschickt, das findet ihr bei Allah wieder. Dies wird besser für euch sein und euch größeren Lohn bringen (als alles andere). Bittet Allah um Vergebung; denn Allah ist versöhnend und barmherzig[6].

[6] Nach Henning wurde Vers [21] Mohammed ein Jahr später als übrige Sure zu Medina offenbart.

VIERUNDSIEBZIGSTE SURE

Der Bedeckte[1] (Al-Muddassir) *offenbart zu Mekka*

[1] Im Namen Allahs, des Allbarmherzigen. [2] O du Bedeckter[2], [3] erhebe dich und predige [4] und verherrliche deinen Herrn [5] und reinige deine Kleider (und deine Seele) [6] und fliehe jede Schandtat[3] [7] und sei nicht in der Absicht freigebig, dadurch mehr zurückzuerhalten, [8] und warte geduldig auf deinen Herrn (dulde für ihn). [9] Wenn die Posaune erschallt, [10] wird dieser Tag [11] für die Ungläubigen ein Tag des Kummers und der Not sein. [12] Laß mich dann mit dem gewähren, welchen ich derart schuf[4] [13] und dem ich Reichtümer im Überflusse gab [14] und Söhne, seine Zeugen, [15] und dessen Erwerb ich ihm im Leben auf angenehme Weise ordnete [16] und der dennoch verlangt, daß ich noch mehr für ihn tue. [17] Aber keineswegs; denn er ist ein Gegner unserer Zeichen. [18] Darum will ich ihn mit schwerer Not heimsuchen[5], [19] weil er (Lügen wider den Koran) erdichtete und vorbereitete! [20] Verflucht sei er[6]; denn wie schändlich hat er sie vorbereitet! [21] Nochmals Fluch ihm; denn wie schändlich hat er sie vorbereitet! [22] Dann sieht er sich um [23] und runzelt die Stirn und nimmt eine mißmutige Haltung an; [24] dann wieder kehrt er den Rükken und ist hochmutsvoll [25] und spricht: »Dies (der Koran) ist nichts anderes als Betrug, von anderen gelernt, [26] nichts anderes

[1] So genannt nach dem Vers [2] dieser Sure, der zweitältesten, lange Zeit nach der ersten: sechsundneunzigste Sure. Diese Pause bereitete Mohammed Qualen und Sendungszweifel. [2] Vergleiche Note 2 der vorhergehenden Sure. Mohammed ließ sich, nach der neuerlichen Offenbarung in religiöser Ekstase und von Fieberschauern zerrüttet, in Decken hüllen. [3] Die Ausleger verstehen hierunter namentlich: Götzendienst. [4] Die Ausleger verstehen darunter den Walid ibn Al-Mogheira. [5] Wörtlich: Ich will ihn steile Berghöhen hinantreiben. [6] Wörtlich: »Getötet werde er.« Fluchformel.

als Worte eines Menschen.« [27] Aber ich will ihn in das Höllenfeuer hinabstoßen, damit er verbrenne. [28] Aber was lehrt dich begreifen, was eigentlich die Hölle ist? [29] Sie läßt nichts übrig und unverzehrt und nichts entwischen. [30] Sie verbrennt das Fleisch der Menschen, [31] und neunzehn Wächter haben wir über sie gesetzt. [32][7] Und nur Engel haben wir über das Höllenfeuer gesetzt, und die Zahl derselben haben wir nur zur Prüfung der Ungläubigen bestimmt[8], damit die Schriftbesitzer[9] sich von der Wahrheit dieses Buches überzeugen und die Gläubigen im Glauben zunehmen und daß die Schriftbesitzer und die Gläubigen und die, deren Herzen schwach sind, fortan nicht mehr zweifeln und die Ungläubigen sprechen: »Was will denn Allah eigentlich andeuten mit dieser Zahl?« So entläßt Allah in Irrtum, wen er will, und leitet recht, wen er will. Die Heerscharen deines Herrn kennt nur er allein, und diese (Lehre von der Hölle) ist nur eine Ermahnung für die Menschen.

[33] So ist es. Bei dem Mond [34] und bei der entweichenden Nacht [35] und bei der aufsteigenden Morgenröte, [36] dies (die Hölle) ist eins der schrecklichsten Dinge [37] und diene den Menschen zur Warnung, [38] sowohl dem von euch, welcher vorwärts zu schreiten, als auch dem, welcher zurückzubleiben wünscht. [39] Eine jede Seele ist Unterpfand ihrer Handlungen. [40] Die Gefährten der rechten Hand[10], [41] welche in Gärten wohnen, fragen dann [42] die Frevler: [43] »Was hat euch in die Hölle gebracht?« [44] Diese werden antworten: »Wir haben nicht das Gebet verrichtet [45] und nicht die Armen gespeist [46] und haben uns mit Eitelkeitskrämern in eitles Geschwätz eingelassen [47] und den Tag des Gerichtes so lange geleugnet, [48] bis der Tod[11] uns überkam.« [49] Keine Vermittlung irgendeines Fürbitters kann ihnen dann helfen. [50] Was haben sie denn, daß sie sich von den Ermahnungen (des Korans) wegwenden, [51] gleich furchtsamen Eseln, [52] welche vor einem Löwen fliehen? [53] Zwar wünscht jedermann von ihnen, daß er eine offene Schrift von Allah bekomme[12]; [54] dies wird aber keineswegs geschehen; denn sie fürchten ja nicht ein zukünftiges Leben. [55] Es geschieht keineswegs, denn dieser (Koran) ist hinreichend

[7] Dieser Vers ist als Entgegnung auf jüdische Zweifel (gegen die »Schriftbesitzer« gerichtet) eingefügt. [8] Nach den Auslegern, damit sie darüber streiten, ob er, Mohammed, auch diese Angabe von den Juden entlehnt habe. [9] Namentlich die Juden. [10] Siehe sechsundfünfzigste Sure [8] ff. [11] Wörtlich: bis das, was gewiß ist. [12] Die ungläubigen Koreischiten sagten, daß sie nur dann glauben wollten, wenn an jeden von ihnen ein Schreiben vom Himmel herabkomme: »Von Allah an N. N.! Gehorcht Mohammed.«

Ermahnung. [56] Wer sich mahnen lassen will, den wird er ermahnen; [57] aber nicht anders werden sie sich ermahnen lassen, es sei, Allah müßte es wollen. Er ist es, dem Ehrfurcht gebührt, und er ist es, der gerne vergibt.

FÜNFUNDSIEBZIGSTE SURE

Die Auferstehung[1] (Al-Kiyamah) *offenbart zu Mekka*

[1] Im Namen Allahs, des Allbarmherzigen. [2] Ich schwöre (nicht nötig zu schwören) bei dem Tage der Auferstehung, [3] und ich schwöre bei der Seele, die sich selbst anklagt[2], [4] will der Mensch nicht glauben, daß wir all seine Gebeine einst zusammenbringen können? [5] Wahrlich, wir vermögen es, selbst die kleinsten Glieder seiner Finger zusammenzufügen; [6] doch der Mensch will selbst das, was vor ihm liegt (die Zeit), gern leugnen. [7] Er fragt: »Wann kommt denn der Tag der Auferstehung?« [8] Wenn das Auge sich verdunkelt [9] und der Mond sich verfinstert [10] und Sonne und Mond zu eins verbunden werden, [11] dann wird der Mensch an jenem Tage fragen: »Wo findet man wohl Zuflucht?« [12] Aber vergebens, es gibt dann keinen Ort der Zuflucht. [13] Zu deinem Herrn wird die Heimkehr an diesem Tage sein, [14] und an demselben wird man dem Menschen verkünden, was er zuerst und zuletzt getan hat (tat und zu tun versäumte), [15] und der Mensch wird Zeuge sein wider sich selbst, [16] und wenn er auch Entschuldigungen vorbringt, so werden sie nicht angenommen. [17] Rühre nicht deine Zunge, um ihn (das Lesen des Korans) zu beschleunigen; [18] denn unsere Sache ist es, ihn zu sammeln und ihn dir vorzulesen, [19] und wenn wir ihn dir vorlesen, dann folge du nur der Vorlesung, [20] und dann liegt es uns ob, ihn dir zu erklären[3]. So ist es. [21] Ihr liebt das dahineilende Leben [22] und laßt das zukünftige außer aller Acht. [23] Einige Angesichter werden an diesem Tage leuchten [24] und ihren Herrn anblicken, [25] andere aber gramvoll aussehen [26] und vermeinen, schwere Trübsal komme über sie. [27] Sicherlich! Wenn in der Todesstunde die Seele eines Menschen bis an die Kehle steigt [28] und die Umstehenden sagen: »Wer

[1] So genannt nach dem Vers [2] und Inhalt dieser Sure. [2] Die Seele, welche ihre Sünden bekennt. [3] Der Sinn dieser weder mit dem Vorhergehenden noch mit dem Folgenden zusammenhängenden Stelle ist: Unterbrich den Engel Gabriel nicht, wenn er dir den Koran vorliest; denn wir werden schon sorgen, daß du den Koran in deinem Gedächtnis behalten und lesen können wirst.

bringt zur Seelenrettung einen (erlösenden) Zaubertrank?« [29] und er nun weiß, die Zeit der Abreise (zu scheiden) sei gekommen, [30] und nun legt er Bein an Bein[4], [31] dann wird er an diesem Tage zu deinem Herrn hingetrieben.

[32] Denn er glaubte nicht[5] und betete nicht, [33] sondern beschuldigte den Gesandten des Betruges und wandte den Rücken [34] und ging, einherschreitend mit stolzer Miene, zu seiner Familie. [35] Darum wehe dir, wehe! [36] Und abermals wehe dir, wehe! [37] Glaubt denn der Mensch, daß ihm volle Freiheit gelassen ist? [38] War er nicht ein verspritzter Samentropfen? [39] Darauf wurde ein wenig Blut aus ihm, und Allah bildete ihn und formte ihn gehörig [40] und machte aus ihm zwei Geschlechter, Mann und Weib. [41] Sollte der, welcher dies getan hat, nicht auch die Toten zu neuem Leben auferwecken können?

[4] Wie Sterbende zu tun pflegen. [5] Oder: Er gab keine Almosen. Einige verstehen darunter den Abu Jahl, andere einen gewissen Adi ibn Rabia.

SECHSUNDSIEBZIGSTE SURE

Der Mensch[1] (Al-Dahr) *offenbart zu Mekka*[2]

[1] Im Namen Allahs, des Allbarmherzigen. [2] Ist denn nicht ein großer Zeitraum über den Menschen verstrichen, da er ein unbedeutendes Etwas war[3]? [3] Wir schufen den Menschen aus dem Samentropfen der in Paarung vermischten Geschlechter, um ihn zu prüfen, und haben ihm Gehör und Gesicht gegeben. [4] Wir haben ihn auch auf den rechten Weg geleitet, mag er nun dankbar oder undankbar sein. [5] Wahrlich, für die Ungläubigen haben wir bereitet: Ketten, Halsschlingen und das Höllenfeuer. [6] Die Gerechten aber werden aus einem Kelch trinken, Wein gemischt mit Wasser, aus der Quelle Kafur[4] geschöpft, [7] einer Quelle, aus welcher nur die Diener Allahs trinken und die sie sprudeln lassen, wie (in Ergiebigkeit) sie wollen. [8] Sie erfüllen ihre Gelübde und fürchten den Tag, der seine Übel weithin sendet, [9] und speisen aus Liebe zu Allah den Armen, Waisen und Gefangenen [10] und sprechen: »Wir speisen euch nur um Allahs willen, und wir begehren von euch weder Lohn noch Dank; [11] wir fürchten nur von unserem Herrn

[1] So genannt nach dem Vers [2] dieser Sure. [2] Nach einigen zu Medina. [3] Seit seiner Entstehung im Mutterleib. [4] So heißt die Paradiesesquelle. Kafur bedeutet eigentlich Kampfer, und die Quelle hat diesen Namen, weil sie Geschmack und Farbe des Kampfers haben soll.

einen traurigen und schrecklichen Tag.« [12] Darum wird Allah sie vor dem Übel dieses Tages bewahren und Heiterkeit und Freude auf ihren Angesichtern glänzen lassen, [13] sie für ihre ausharrende Geduld mit einem Garten und mit seidenen Gewändern belohnen, [14] und sie werden auf Lagerkissen ruhen und weder Sonne noch Kälte fühlen[5]. [15] Dichte Schatten werden sich behütend über ihnen ausbreiten, und Früchte werden tief herabhängen, damit sie leicht gepflückt werden können. [16] Und Dienende werden mit silbernen Kelchen und Bechern um sie herumgehen, [17] mit glashellen Silberflaschen, deren Maß sie nach eigenem Wunsche bestimmen können. [18] Man gibt ihnen dort aus einem Becher Wein mit Ingwer-Wasser zu trinken[6], [19] aus einer Quelle, welche Salsabil[7] heißt. [20] Zu ihrer Aufwartung gehen ewig blühende Jünglinge um sie herum; wenn du sie siehst, hältst du sie für verstreute Perlen, [21] und wo du hinsiehst, erblickst du Wonne und ein großes Reich. [22] Ihre Gewänder sind aus feiner grüner Seide und aus Samt, durchwirkt mit Gold und Silber, und geschmückt sind sie mit silbernen Armbändern, und ihr Herr wird ihnen reinsten Trunk zu trinken geben und sagen: [23] »Dies ist euer Lohn und der Dank für euer eifriges Streben.«

[24] Wir haben dir den Koran in stufenweiser Offenbarung offenbart. [25] Darum erwarte das Gericht deines Herrn in Geduld und folge keinem Sünder und Ungläubigen unter ihnen. [26] Gedenke des Namens deines Herrn des Morgens und des Abends [27] und auch in der Nacht und verehre ihn und preise ihn während eines großen Teiles der Nacht. [28] Wahrlich, jene Menschen lieben nur das dahineilende Leben und lassen den schweren Tag des Gerichtes unbeachtet hinter sich liegen. [29] Wir haben sie erschaffen und ihren Gelenken Stärke gegeben, und wenn wir nur wollen, so können wir andere, die ihnen gleich sind, an ihre Stelle setzen. [30] Wahrlich, dies ist eine Ermahnung, und wer ernstlich will, der nimmt seinen Weg zu seinem Herrn; [31] doch nicht anders werdet ihr dies wollen können, als wenn Allah es will; denn Allah ist allmächtig und allweise. [32] Er führt in seine Barmherzigkeit, wen er will, für die Frevler aber hat er peinvolle Strafe bestimmt.

[5] Sie werden weder Tageshitze noch Nachtkälte empfinden. [6] Das arabische Wort bedeutet Ingwer, welches Gewürz die Araber gern mit Wasser tranken. Auch übersetzbar: ... Becher, dessen Mischung aus Kampfer (Paradiesquelle). So auch Henning. [7] Salsabil bedeutet schnellfließendes helles Wasser. Dies ist auch ein Name einer Quelle im Paradiese.

SIEBENUNDSIEBZIGSTE SURE

Die, welche gesandt sind[1] (Al-Mursalat) *offenbart zu Mekka*

[1] Im Namen Allahs, des Allbarmherzigen. [2] Bei den Engeln, die aufeinanderfolgend in ununterbrochener Reihe zur Erde gesandt sind[2] [3] und sich in schnellfließender Bewegung fortbewegen; [4] bei denen, welche seine Gebote ausstreuend auf der Erde verbreiten; [5] bei denen, welche Wahres vom Falschen trennen, [6] und bei denen, welche die göttlichen Ermahnungen überbringen [7] zur Sündenentschuldigung oder Strafbedrohung: [8] Was euch angedroht ist, wird eintreffen. [9] Wenn die Sterne erlöschen [10] und die Himmel spaltend zerreißen [11] und die Berge zerstäuben [12] und wenn den Gesandten der Tag des Zeugnisaussagens anberaumt ist, [13] welcher Tag wohl wird dazu bestimmt sein? – [14] Der Tag der Absonderung[3] (Entscheidung). [15] Wer lehrt dich aber begreifen, was eigentlich der Tag der Absonderung ist? [16] Wehe an diesem Tage denen, die unsere Zeichen des Betruges beschuldigen! [17] Haben wir nicht auch die früheren Ungläubigen vertilgt? [18] So wollen wir die der späteren Zeit ihnen auch nachfolgen lassen. [19] So verfahren wir mit den Übeltätern. [20] Wehe an diesem Tage denen, die unsere Zeichen des Betruges beschuldigen. [21] Haben wir euch nicht aus einem verächtlichen Tropfen geschaffen, [22] welchen wir bis zur bestimmten Zeit (der Entbindung) [23] an einen sicheren Ort brachten? [24] Dies vermochten wir in unserer Allmacht zu tun. [25] Wehe an diesem Tage denen, die unsere Zeichen des Betruges beschuldigen. [26] Haben wir nicht die Erde zur Aufnahme [27] der Lebenden und Toten bestimmt [28] und in diese Erde hohe und feste Berge gesetzt und euch frisches Wasser zum Trinken gegeben? [29] Wehe an diesem Tage denen, die unsere Zeichen des Betruges beschuldigen. [30] (Zu ihnen wird gesagt:) »Geht nun zur Strafe hin, die ihr geleugnet habt, [31] geht nun hin in den Schatten (des Höllenrauches), der in drei Säulen aufsteigt [32] und euch doch nicht beschatten und gegen die Flamme helfen kann.« [33] Diese sprüht Funken so groß wie Türme, [34] als wären es rotgelbe Kamele. [35] Wehe an diesem Tage denen, die unsere Zeichen des Betruges beschuldigen. [36] An diesem Tage werden sie

[1] So genannt nach dem Vers [2] der Sure. [2] Die Ahmadiyya-Mission übersetzt: die gute Gedanken in die Herzen senden ... Goldschmidt erklärt: umherschwebende Engel, die Allahs Befehle verbreiten, Wahres vom Falschen scheiden ... Henning: Engel, Winde oder die Verse des Korans. [3] Siehe vierundvierzigste Sure [41] und Note 17.

nicht sprechen [37] und sich nicht entschuldigen dürfen. [38] Wehe an diesem Tage denen, die unsere Zeichen des Betruges beschuldigen. [39] Dies ist der Tag der Absonderung (Entscheidung), an welchem wir euch mit den Vorfahren versammeln werden. [40] Habt ihr nun irgendeinen Anschlag, dies zu verhindern, so bedient euch desselben gegen mich.

[41] Wehe an diesem Tage denen, die unsere Zeichen des Betruges beschuldigen. [42] Die Gottesfürchtigen werden unter Schatten wohnen und bei Quellen [43] und bei Früchten, welche sie sich nur wünschen, [44] und zu ihnen wird gesagt: »Eßt und trinkt nach Belieben zum Lohn eueres Tuns.« [45] Denn so belohnen wir die Rechtschaffenen. [46] Wehe an diesem Tage denen, die unsere Zeichen des Betruges beschuldigen. [47] Ihr Übeltäter aber, eßt nur und freut euch noch auf eine kurze Zeit des irdischen Lebens. [48] Wehe an diesem Tage denen, die unsere Zeichen des Betruges beschuldigen. [49] Wird zu ihnen gesagt: »Beugt euch«, sie beugen sich dennoch nicht. [50] Wehe an diesem Tage denen, die unsere Zeichen des Betruges beschuldigen. [51] An welche neue Offenbarung nach dieser wollen sie wohl glauben?

ACHTUNDSIEBZIGSTE SURE

Die Verkündigung[1] (Al-Naba) *offenbart zu Mekka*

[1] Im Namen Allahs, des Allbarmherzigen.

[2] Worüber befragen sich wohl die Ungläubigen untereinander[2]? [3] Über die große Verkündigung (der Auferstehung), [4] über welche sie nicht einig sind. [5] Doch bald werden sie die Wahrheit derselben erfahren, [6] ja bald sollen sie Einsicht bekommen[3]. [7] Haben wir die Erde nicht zum Ruhebett gemacht [8] und die Berge als Pfeiler hingestellt? [9] Haben wir euch nicht zweierlei Geschlechts erschaffen? [10] Haben wir euch den Schlaf nicht zur Ruhe [11] und die Nacht zur Hülle [12] und den Tag zur Beschaffung des Lebensunterhalts bestimmt? [13] Haben wir nicht sieben Festen (Himmel) über euch erbaut [14] und eine brennende Leuchte darin befestigt? [15] Und senden wir nicht aus den nässeschwan-

[1] So genannt nach dem Vers [3] dieser Sure. [2] Goldschmidt übersetzt: . . . dich (Mohammed) die andern. [3] Goldschmidt übersetzt: [5] Keineswegs, erst dereinst werden sie es wissen.

geren Wolken Wasser in Überfluß herab, [16] auf daß wir Getreide und Kräuter hervorbringen [17] und dichtbepflanzte Gärten?

[18] Der Tag der Absonderung (Entscheidung) ist bestimmt; [19] der Tag, an welchem in die Posaune gestoßen wird und ihr scharenweise herbeikommt [20] und an welchem der Himmel sich öffnen und voller Tore sein wird[4] [21] und die Berge erschüttert sich bewegen und in Dunst sich auflösen werden. [22] Die Hölle aber bleibt ein Hinterhalt [23] zur Aufnahme der Frevler, [24] und sie sollen darin auf ewige Zeit bleiben, [25] und es labt sie keine Erfrischung und kein anderer Trunk [26] als siedend heißes Wasser und stinkende Fäulnis. [27] Dies ist angemessene Belohnung dafür, [28] daß sie nicht erwarteten, zur Rechenschaft gezogen zu werden, [29] und nicht an unsere Zeichen glaubten und sie des Betruges beschuldigten. [30] Doch wir haben alles gezählt und im Buch aufgeschrieben. [31] Nehmt nun die Strafe hin, die wir euch stets vergrößern werden.

[32] Für die Gottesfürchtigen aber ist ein Ort der Seligkeit bereitet, [33] mit Bäumen und Weinreben bepflanzt, [34] und sie finden dort Jungfrauen mit schwellenden Busen und gleichen Alters mit ihnen [35] und vollgefüllte Becher. [36] Weder eitles Geschwätz noch Lüge werden sie dort hören. [37] Dies ist Belohnung von deinem Herrn, ein entsprechendes Geschenk ist dies [38] vom Herrn der Himmel und der Erde und dessen, was zwischen ihnen ist: vom Allerbarmer. Doch dürfen sie nicht mit ihm reden[5] [39] an dem Tag, an welchem der Geist[6] und die Engel in Reihen geordnet stehen, da darf keiner sprechen, außer dem, welchem der Allbarmherzige Erlaubnis gibt[7], und der wird nur sprechen, was recht ist. [40] Dies ist der unfehlbar kommende Tag; wer nun will, der bekehre sich zu seinem Herrn, [41] denn wir drohen euch eine baldige Strafe an. An diesem Tage wird der Mensch die Handlungen erblicken, welche seine Hände vorausgeschickt haben, und der Ungläubige wird ausrufen: »O wäre ich doch Staub!«

[4] Für die aus und ein gehenden Engel. [5] Um Fürbitte für andere vorzubringen. [6] Der Engel Gabriel. [7] Mohammed selbst.

NEUNUNDSIEBZIGSTE SURE

Die Entreißenden[1] (Al-Naziat) *offenbart zu Mekka*

[1] Im Namen Allahs, des Allbarmherzigen. [2] Bei denen, welche die mit Gewalt Entreißenden sind, [3] und bei denen, welche sanft entziehen[2], [4] und bei denen, welche dahingleiten[3], [5] und bei denen, welche vorangehen und einführen[4], [6] und bei denen, welche die Dinge dieser Welt verwalten[5], [7] an einem gewissen Tage wird die dröhnende Posaune alles erschüttern, [8] und ein zweiter Posaunenschall wird nachfolgen[6]. [9] An diesem Tage werden die Herzen der Menschen erzittern [10] und ihre Blicke niedergeschlagen sein. [11] Sie werden sprechen: »Sollen wir wohl, da wir doch vermodertes Gebein sind, [12] in unseren früheren Zustand zurückkehren[7]?« [13] »Das wäre ja«, sagen sie, »eine Rückkehr, welche zum Verderben führt[8].« [14] Nur ein einziger Posaunenschall, [15] und siehe, sie erscheinen auf der Oberfläche der Erde. [16] Ist dir die Geschichte des Moses nicht bekanntgeworden? [17] Sein Herr rief ihm in dem heiligen Tale Towa[9] zu und sprach: [18] »Geh hin zu Pharao, denn er ist ein übermütiger Sünder, [19] und sprich: ›Wenn du Verlangen trägst, gerecht und lauter zu sein, [20] so will ich dich zu deinem Herrn hinleiten, damit du dich fürchtest, nicht ferner zu sündigen.‹« [21] Und er zeigte ihm die größten Wunderzeichen; [22] dennoch beschuldigte er ihn, den Moses, des Betruges und empörte sich gegen Allah. [23] Darauf kehrte er eiligst den Rücken [24] und versammelte (sein Volk) und rief (die Zauberer) auf [25] und sprach: »Nur ich bin euer höchster Herr.« [26] Darum hat ihn Allah im zukünftigen und im gegenwärtigen Leben mit Strafe gezüchtigt.

[27] Hierin ist ein Beispiel für den, welcher Allah fürchtet. [28] Seid ihr denn schwerer zu erschaffen als die Himmel, welche er erbaut hat? [29] Er hat ihre Höhe aufgeführt und sie (in Vollkom-

[1] So genannt nach dem Vers [2] dieser Sure. [2] Bei den Engeln, welche die Seelen der Gottlosen mit Gewalt und die der Frommen auf gelinde Weise entziehen. [3] Durch die Luft mit den Befehlen und Offenbarungen Allahs. Vergleiche siebenundsiebzigste Sure [2] und Note 2, Henning: Seelen der Frommen, welche sich leicht und ohne Todeskampf lösen. [4] Bei den Engeln, welche die Frommen in das Paradies führen. [5] Die Ahmadiyya-Mission übersetzt religiös: [2] Bei den mit aller Macht (zur Wahrheit) Ziehenden, [3] bei denen, die (ihre) Knoten fest binden, [4] bei den schnell Einherschwebenden, [5] dann bei den Voraneilenden und Übertreffenden, [6] dann bei dem die Sachen(!) Lenkenden ... [6] Vierzig Jahre nach dem ersten Posaunenschall wird ein zweiter folgen. Siehe sechsundzwanzigste Sure [54] und Note 16. [7] Können wir wieder ganz so hergestellt werden, wie wir auf der Erde lebten? [8] Marac. übersetzt: hic sane reditus est falsus. [9] Siehe zwanzigste Sure [13].

menheit) wunderbar gebildet. [30] Er hat die Nacht verdunkelt[10] und das Licht (die Sonne) hervorgerufen. [31] Darnach hat er die Erde ausgebreitet [32] und das in ihr enthaltene Wasser und Futter (die Weiden) hervorgebracht [33] und die Berge befestigt [34] zu euerem Nutzen und zum Nutzen eueres Viehs. [35] Wenn nun der große überwältigende Tag (des Gerichts) herankommt, [36] dann wird der Mensch sich dessen erinnern, was er absichtlich getan (erstrebt) hat, [37] und die Hölle wird einem jeden, der hinsehen kann, sichtbar sein. [38] Wer nun gefrevelt [39] und sich dieses zeitliche Leben auserwählt hat, [40] dessen Wohnstatt ist die Hölle. [41] Wer aber die Gegenwart seines Herrn gefürchtet und seine Seele von Gelüsten zurückgehalten hat, [42] dessen Wohnstatt ist das Paradies. [43] Sie werden dich über die letzte Stunde befragen, und wann sie kommt. [44] Wie kannst du aber hierüber Belehrung geben? [45] Nur Allah allein kennt ihre bestimmte Zeit, [46] und du bist nur ein Prediger für den, welcher sie fürchtet. [47] An jenem Tage, wenn sie dieselbe sehen werden (da wird es ihnen vorkommen), als hätten sie nur einen Abend oder nur einen Morgen (nicht länger) auf Erden verweilt[11].

[10] Wahl übersetzt: Seine Nacht hat er entdüstert. [11] Im Grab oder auf der Erde.

ACHTZIGSTE SURE

Er runzelte mürrisch die Stirn[1] (Abasa) *Offenbart zu Mekka*

[1] Im Namen Allahs, des Allbarmherzigen. [2] Er (der Prophet) runzelte mürrisch die Stirn und wandte sich zur Seite, [3] als der blinde Mann zu ihm kam[2]. [4] Konntest du denn wissen, ob er sich nicht von seinen Sünden reinigen [5] oder ermahnen lassen wollte und ob nicht die Ermahnung ihm nützen würde? [6] Den Reichen nimmst du ehrenvoll auf [7] und kümmerst dich nicht, [8] ob er auch sündenrein sei, [9] dem aber, welcher zu dir in

[1] So genannt nach dem Vers [2] der Sure. [2] Es wird erzählt: Als Mohammed sich einst mit einem vornehmen Koreischiten unterhielt und ihn zu bekehren suchte, kam ein blinder, armer, alter Mann, namens Abdallah ibn Umm Maktum und unterbrach ihn. Als dieser von Mohammed keine Antwort erhielt, rief er aus: »O Gesandter Allahs, lehre mich, was Allah dich lehrte!« Mohammed, verdrießlich über diese Unterbrechung, runzelte die Stirn und ging weg, was ihm hier zum Vorwurf gemacht wird. Später aber erzeigte der Prophet dem Abdallah große Achtung und sprach, wenn er ihn sah: »Willkommen der Mann, um dessen willen mein Herr mir Vorwürfe gemacht hat!« Er setzte ihn zweimal zum Statthalter von Medina ein.

der ernsten Absicht kommt, sein Heil zu suchen, [10] und Allah ehrfürchtet, [11] dem wendest du den Rücken[3]. (Dies tue nie wieder.)

[12] Dieser (Koran) ist eine Ermahnung, [13] wer nun guten Willen hat, behält ihn im Gedächtnis, [14] niedergeschrieben auf ehrwürdigen, [15] erhabenen und reinen Blättern, [16] mit den Händen [17] erhabener und gerechter Schreiber (der Engel). [18] Verflucht sei der Mensch[4]! Was verführt ihn denn zum Unglauben? [19] Woraus hat ihn Gott geschaffen? [20] Aus einem Samentropfen schuf und bildete er ihn [21] und erleichterte ihm den Weg (aus dem Mutterleib). [22] Dann läßt er ihn sterben und in das Grab legen. [23] Darauf wird Allah, sobald er will, ihn wiederauferwecken. [24] Nicht anders ist es: Bis jetzt hat der Mensch nicht erfüllt, was Allah ihm gebot. [25] Der Mensch sehe doch nur einmal auf seine Speise. [26] Wir gießen den Regen in Güssen herab [27] und spalten dann die Erde in Spalten [28] und lassen hervorsprossen: Korn, [29] Weintrauben, Kräuter, [30] Oliven- und Palmbäume [31] und Gärten, mit Bäumen dicht bepflanzt, [32] und Obst und Gras [33] für euch und euer Vieh. [34] Wenn der betäubende Posaunenschall gehört wird, [35] an diesem Tage wird der Mann von seinem Bruder fliehen, [36] von seiner Mutter, seinem Vater, [37] von seinem Weib und von seinen Söhnen; [38] denn an diesem Tage wird jedermann mit sich selbst genug zu tun haben. [39] Einige Gesichter werden an diesem Tage heiter, [40] lächelnd und freudevoll sein; [41] andere aber mit Staub bedeckt [42] und Finsternis. [43] Dies sind die Ungläubigen, die Missetäter.

[3] Verse [6] ff. übersetzt die Ahmadiyya-Mission: [6] Was den anbelangt, der gleichgültig ist, [7] dem widmest du Aufmerksamkeit, [8] wiewohl du nicht verantwortlich bist, wenn er sich nicht reinigen will. [9] Aber der, der in Eifer zu dir kommt, [10] der Allah fürchtet, [11] den vernachlässigst du. [4] Wörtlich: Tod dem Menschen!

EINUNDACHTZIGSTE SURE

Die Zusammenfaltung[1] (Al-Takwir) *offenbart zu Mekka*

[1] Im Namen Allahs, des Allbarmherzigen. [2] Wenn die Sonne zusammengefaltet (verhüllt[2]) wird [3] und die Sterne herabfallen [4] und die Berge sich fortbewegen [5] und die schon

[1] Oder: Zusammenrollung. So genannt nach Vers [2] der Sure. [2] Der Sonne Licht erlischt. Die Ahmadiyya-Mission: »verhüllt«, um der modernen Sonnensystem-Auffassung gerecht zu werden.

zehn Monate trächtige Kamelstute der Milch entbehrt[3] [6] und die wilden Tiere zusammenlaufen [7] und die Meere in Flammen aufgehen [8] und die Seelen sich mit den Körpern wiederverbinden [9] und wenn man das lebendig begrabene Mädchen[4] befragt, [10] wegen welchen Verbrechens man es getötet hat, [11] und wenn die Bücher offengelegt [12] und die Himmel weggezogen werden (wie die Haut vom Kamel) [13] und wenn die Hölle lichterloh brennt [14] und das Paradies nahe gebracht wird, [15] dann wird jede Seele wissen, was sie getan hat. [16] Ich schwöre (ich brauche nicht zu schwören) bei den Sternen, [17] welche sich rück- und vorwärts schnell bewegen und verbergen[5], [18] und bei der anbrechenden Nacht [19] und bei der neu atmenden Morgenröte: [20] Dieser Koran enthält die Worte eines ehrwürdigen Gesandten[6], [21] der viel vermag und bei dem Besitzer des Thrones in Ansehen steht [22] und dem die Engel gehorchen und der ohne Falsch ist. [23] Euer Gefährte (Mohammed) ist kein Besessener. [24] Er sah ihn, den Engel Gabriel, am hellen Horizont[7], [25] und er verschweigt die geheimen Offenbarungen nicht; [26] dies sind nicht die Worte eines gesteinigten Satans[8]. [27] Wo denkt ihr hin? [28] Der Koran ist nichts anderes als eine Ermahnung für alle Welt, [29] für jeden von euch, welcher den geraden Weg wandeln will. [30] Doch werdet ihr dies nicht wollen können, wenn es Allah, der Herr der Weltenbewohner, nicht will.

[3] Marac übersetzt: cum camelae praegnantes destitutae fuerint lacte pastore. Augusti: Wenn die trächtigen Kamele vor der Zeit werfen. Wörtlich: die Zehnfache (die im zehnten Monat trächtige Kamelstute) als Beweis besonderer menschlicher Achtlosigkeit vernachlässigt wird (Goldschmidt). So auch Henning. [4] Bei den alten Arabern konnte der Vater seine Tochter lebendig begraben (siehe sechzehnte Sure [58] und Note 15). Nach einem Kommentator hat man die Töchter nur dann lebendig begraben, wenn sie Huren geworden waren. [5] Hierunter sind die fünf Planeten: Merkur, Venus, Jupiter, Mars und Saturn zu verstehen. [6] Des Engels Gabriel. [7] Siehe dreiundfünfzigste Sure [8]. [8] Siehe fünfzehnte Sure [18] und Note 5.

ZWEIUNDACHTZIGSTE SURE

Die Zerspaltung[1] (Al-Infitar) *offenbart zu Mekka*

[1] Im Namen Allahs, des Allbarmherzigen. [2] Wenn die Himmel die Zerspaltung zeigen, [3] die Sterne sich zerstreuen, [4] die Meere sich vermischen, [5] auch die Gräber sich leerend umkehren, [6] dann wird jede Seele wissen, was sie getan und was sie ver-

[1] So genannt nach Vers [2].

säumt hat. [7] O Mensch, was hat dich gegen deinen verehrungswürdigen Herrn erkühnt, [8] der dich geschaffen, gebildet und geformt [9] und dich in eine Gestalt gefügt hat, die ihm gefiel? [10] So und nicht anders ist es, und dennoch leugnen sie den Tag des Gerichtes. [11] Aber verehrungswürdige Wächter sind über euch gesetzt, [12] die alles niederschreiben [13] und die wissen, was ihr tut. [14] Die Gerechten werden in das wonnevolle Paradies kommen, [15] die Missetäter aber in die Hölle. [16] An dem Tage des Gerichtes werden sie hineingeworfen, um zu brennen, [17] und nie werden sie von dort entrinnen dürfen. [18] Was lehrt dich aber den Tag des Gerichtes begreifen? [19] Was belehrt dich – nochmals, zum zweitenmal! – über die Beschaffenheit des Gerichtstages? [20] An diesem Tage vermag keine Seele etwas für eine andere zu tun; denn Allah hat die Herrschaft an diesem Tage.

DREIUNDACHTZIGSTE SURE

Die unrichtig Messenden[1] (Al-Tatfif) *offenbart zu Mekka*[2]

[1] Im Namen Allahs, des Allbarmherzigen. [2] Wehe denen, welche die unrichtig Messenden sind, [3] die, wenn sie von anderen Menschen zugemessen bekommen, volles Maß verlangen, [4] wenn sie aber anderen zumessen oder zuwiegen, Maß und Gewicht verkürzen. [5] Denken sie denn nicht daran, daß sie wiederauferweckt werden [6] an jenem großen Tag, [7] an jenem Tag, an welchem die Menschen vor dem Herrn des Weltalls stehen werden? [8] Seid gewiß, das Buch der Missetäter ist in Sidschin[3]. [9] Was lehrt dich aber begreifen, was Sidschin ist? [10] Ein deutlich geschriebenes Buch lehrt es. [11] Wehe an diesem Tage jenen, die unsere Gesandten des Betruges beschuldigen [12] und den Tag des Gerichtes leugnen. [13] Doch nur frevelhafte Sünder verleugnen denselben, [14] nur solche, die, wenn unsere Zeichen ihnen vorgelesen werden, sprechen: »Das sind nur Fabeln der Alten.« [15] Keineswegs ist das so. Ihre bösen Taten haben ihre Herzen verhärtet. [16] Nicht anders ist es. Dafür aber werden sie an jenem Tage von ihrem Herrn ausgeschlossen sein [17] und zum Brennen

[1] So genannt nach Vers [2] der Sure. [2] Nach einigen zu Medina. [3] Sidschin, wörtlich: Kerker, Gefängnis; außerdem auch Name eines Ortes der Unterwelt, in dem das Verzeichnis der Handlungen der bösen Menschen und Geister aufbewahrt wird; daher wird auch dies Verzeichnis selbst, das »Sündenregister«, Sidschin genannt.

in die Hölle geworfen werden, [18] und zu ihnen wird gesagt: »Dies ist es, was ihr geleugnet habt.« [19] So ist es. Das Buch der Gerechten ist in Illium[4]. [20] Was lehrt dich begreifen, was Illium ist? [21] Ein deutlich geschriebenes Buch sagt es, [22] welches die bezeugen, die Allah nahe sind (die Engel). [23] Wahrlich, die Gerechten sollen im wonnevollen Paradiese wohnen [24] und, auf Ruhekissen sitzend, umherblicken, [25] und auf ihren Gesichtern kannst du freudige Heiterkeit wahrnehmen. [26] Zu trinken bekommen sie vom reinsten versiegelten Weine, [27] zu dessen Versieglung Moschus genommen wird[5] – wonach die nach Glückseligkeit Strebenden streben mögen –, [28] und gemischt wird er mit Wasser aus Tasnim[6], [29] einer Quelle, woraus die trinken, welche Allah nahe sind.

[30] Die Übeltäter verlachen die Gläubigen, [31] und wenn sie an denselben vorübergehen, so zwinkern sie wohl einander zu; [32] sobald sie aber wieder zu ihren Leuten zurückkehren, [33] dann wenden sie sich mit höhnischem Spott ab und sagen, wenn sie diese (die Gläubigen) sehen: »Sie sind irregeführte Menschen.« [34] Aber sie sind nicht gesandt, um Wächter über sie zu sein[7]. [35] Doch eines Tages werden die Gläubigen die Ungläubigen verlachen, [36] wenn sie, liegend auf Ruhekissen, hinabsehen (auf die in der Hölle). [37] Sollte den Ungläubigen nicht das, was sie getan haben, vergolten werden?

[4] Illium, wörtlich: hohe Stätte, im siebten Himmel, wo das Verzeichnis der Handlungen der frommen Menschen und Geister aufbewahrt wird; daher wird auch dies Verzeichnis selbst Illium genannt. [5] Der Wein soll den bei den Arabern beliebten Moschusgeschmack erhalten. [6] Paradiesesquelle; ihr Wasser wird bis in die Gemächer des Paradieses hinaufgeleitet. [7] Die Ungläubigen sind nicht von Allah dazu beauftragt, das Tun der Gläubigen zu prüfen und zu beurteilen.

VIERUNDACHTZIGSTE SURE

Die Zerreißung[1] (Al-Inschikak) *offenbart zu Mekka*[2]

[1] Im Namen Allahs, des Allbarmherzigen. [2] Wenn der Himmel in Zerreißung steht, [3] seinem Herrn gehorchend, pflichtgezwungen, [4] und die Erde sich dehnt[3] [5] und auswirft, was in ihr ist, und sich leert[4], [6] gehorchend ihrem Herrn, pflichtgezwungen, [7] dann, o Mensch, wirst du dich sehr bemühen, um zu deinem

[1] So genannt nach dem Vers [2] der Sure. Auch »Die Spaltung« genannt. [2] Nach einigen zu Medina. [3] Dadurch, daß alle Berge und Hügel schwinden. [4] Die Toten wiedergibt.

Herrn zu gelangen, den du auch treffen wirst. [8] Der nun sein Buch in die rechte Hand[5] bekommt, [9] der wird eine leichte Rechenschaft zu geben haben [10] und freudig zu seinen Angehörigen zurückkehren. [11] Wer aber sein Buch hinter seinen Rükken bekommt[6], [12] der wird um gänzliche Vernichtung bitten und rufen; [13] aber er wird in die Hölle gesandt, um zu brennen, [14] weil er inmitten seiner Angehörigen sich übermütig betragen [15] und vermeint hat, daß er nie zu Allah zurückkehren werde. [16] Aber wahrlich, sein Herr beobachtete ihn. [17] Ich schwöre bei dem Abendrot [18] und bei der Nacht und bei dem, was sie zusammentreibt[7], [19] und bei dem Mond, wenn er voll wird, [20] ihr werdet von euerem Zustand in einen neuen versetzt[8]. [21] Warum wollen sie denn nicht glauben? [22] Und warum fallen sie nicht anbetend nieder, wenn ihnen der Koran vorgelesen wird? [23] Ja, die Ungläubigen beschuldigen ihn nur des Betruges; [24] aber Allah kennt ihre geheimgehaltene Bosheit. [25] Darum verkünde ihnen peinvolle Strafe; [26] die Gläubigen aber, die rechtschaffen handeln, erhalten unvergänglichen Lohn.

[5] Siehe neunundsechzigste Sure [20] und Note 5. [6] In die linke Hand, welche auf den Rücken des Verdammten gefesselt wird, während seine Rechte an den Hals gebunden ist. [7] Bei den Tieren und Menschen, welche sich in der Nacht enger aneinanderschließen. [8] Vom Leben in den Tod und aus diesem in die Auferstehung.

FÜNFUNDACHTZIGSTE SURE

Die Türme[1] (Al-Burudsch) *offenbart zu Mekka*

[1] Im Namen Allahs, des Allbarmherzigen. [2] Bei dem Himmel mit seinen Türmen[2], [3] bei dem verheißenen Tage, [4] bei dem Zeugen und dem Bezeugten[3], [5] die Genossen der Grube (des Grabens) wurden umgebracht, [6] (die Gefährten) des reichgenährten Feuers, [7] als sie daran saßen [8] und dafür Zeugen wurden, was man den Gläubigen antat, [9] und nur deshalb wollten sie rächende Strafe vollziehen, weil jene an Allah glaubten, den Allmächtigen und Ruhmeswürdigen, [10] dem das Reich der Himmel und der Erde gehört, an Allah, den Gott, der Zeuge aller Dinge

[1] So genannt nach dem Vers [2] der Sure. [2] Der Zodiakus. Siehe fünfzehnte Sure [17] und Note 4. [3] Aus den vielen Erklärungen dieser Stelle die folgende, welche auch in modernsten Übersetzungen angeführt wird: der Zeuge sei Mohammed, das Bezeugte: die Auferstehung.

ist[4]. [11] Für die, welche die wahren gläubigen Männer oder Frauen (mit Heimsuchung) verfolgen und solches Tun später nicht bereuen, ist die Strafe der Hölle und des Verbrennens bestimmt. [12] Die Gläubigen aber, welche das Gute tun, erhalten Gärten, von Wasserläufen durchströmt. Große Glückseligkeit wird dies sein. [13] Wahrlich, die Strafe deines Herrn ist streng. [14] Er erschuf und wird auch wieder von neuem hervorrufen[5], [15] er, der Versöhnende und Gnädige, [16] der Herr des glorreichen Thrones, [17] der bewirkt, was er will. [18] Ist dir nicht die Geschichte des Heeres bekanntgeworden, [19] des Pharao und die der Thamudäer? [20] Doch die Ungläubigen hören nicht auf, die göttlichen Offenbarungen des Betruges zu beschuldigen; [21] aber Allah umfaßt sie von allen Seiten[6]. [22] Wahrlich, dies ist der ruhmreiche Koran, [23] niedergeschrieben auf der im Himmel aufbewahrten Tafel (im Urkoran).

[4] Vielfach wurde diese Stelle auf eine Christenverfolgung durch einen jüdischen König von Himjar sowie dessen Bestrafung bezogen. Geiger, Ullmann, Henning, Goldschmidt ziehen jedoch richtig das Buch des Propheten Daniel, Kap. 3 [8] ff. heran: Deswegen traten zur selben Zeit chaldäische Männer herzu, welche die Juden anzeigten. [9] Sie . . . sprachen zum König Nebukadnezar: . . . [10] Du . . . hast den Befehl gegeben, daß jedermann, der . . . allerlei Art von Musik höre, niederfallen und das goldene Bild anbeten solle. [11] Und wer nicht niederfalle . . ., der solle in den brennenden Feuerofen geworfen werden. [12] Es sind nun Juden da: Sadrach, Mesach und Abednego . . . Deinen Göttern dienen sie nicht . . . , beten sie nicht an. [13] Da befahl er . . ., diese herbeizubringen . . . Und er befahl, sie in den siebenfach geheizten Feuerofen zu werfen, [27] . . . und das Feuer hatte keine Macht über sie . . . So wurden die Gläubigen, die »drei Männer des Feuerofens«, gerettet. Die sie hineingeworfen hatten, verbrannten. [5] Bei der Auferstehung. [6] Damit sie ihm nicht entfliehen können.

SECHSUNDACHTZIGSTE SURE

Der Nachtstern[1] (Al-Tarik) *offenbart zu Mekka*

[1] Im Namen Allahs, des Allbarmherzigen. [2] Bei dem Himmel und bei dem Nachtstern (Morgenstern, auch den Sternburgen)! [3] Doch was lehrt dich, was der Nachtstern ist? [4] (Er ist) der Stern von durchbohrender (-dringender) Klarheit[2]. [5] Jede Seele hat einen Wächter über sich. [6] Darum bedenke jeder Mensch, woraus er erschaffen wurde. [7] Aus ergossenem Wasser (sich ergießendem Samenfluß), [8] das aus (zwischen) den Lenden und dem Brustbein kommt[3]. [9] Gewiß, Allah vermag, ihn von neuem auferstehen zu lassen, [10] an dem Tag, an welchem die Geheimnisse

[1] So genannt nach dem Vers [2] der Sure. [2] Nach einigen der Morgenstern, nach anderen der Saturn, wieder nach anderen die Plejaden. [3] Aus Samenstoff, der aus den Lenden des Mannes und dem Brustbein der Frau sich entwickelt.

enthüllt werden, [11] und dann wird er (der Mensch) ohne Macht und ohne Helfer sein. [12] Bei dem Himmel, der stets wiederkehrt (in »kreisender Sphäre«)[4], [13] und bei der Erde, die sich auftut[5], [14] dieser (Koran) enthält eine unterscheidende Rede (entscheidende Worte), [15] in ihm ist kein leichtfertiger Scherz. [16] Sie erfinden zwar Anschläge gegen denselben; [17] ich aber werde Gegenanschläge ersinnen. [18] Darum gönne den Ungläubigen Zeit und überlaß sie nur noch kurz sich selbst!

[4] Alljährlich zu seinem Ausgangspunkt. Die Ahmadiyya-Mission übersetzt: Bei der Wolke, die Regen um Regen sendet ... (!) [5] Zur Hervorbringung der Pflanzen.

SIEBENUNDACHTZIGSTE SURE

Der Allerhöchste[1] (Al-Ala) *offenbart zu Mekka*

[1] Im Namen Allahs, des Allbarmherzigen. [2] Preise den Namen deines Herrn, des Allerhöchsten, [3] welcher seine Geschöpfe erschaffen und gebildet hat [4] und der ihren Zweck (und Sinn) bestimmt und sie zu diesem hinleitet [5] und der das (Weide-) Futter hervorbringt [6] und es dann trocken werden läßt, zu dunklem Heu. [7] Wir wollen dich (unsere Offenbarungen) lesen lehren, daß du nichts vergißt, [8] nur das ausgenommen, was Allah will[2]; (vergiß nicht), Allah kennt das Offenbare und das Verborgene. [9] Wir wollen dir den Weg zur Glückseligkeit leicht machen. [10] Darum ermahne, wem Ermahnung frommt. [11] Wer Allah fürchtet, der wird sich ermahnen lassen, [12] und nur der elendeste Bösewicht wendet sich davon ab, [13] der, um zu verbrennen, in das größte Höllenfeuer geworfen werden soll, [14] wo er nicht sterben und nicht leben kann. [15] Glückselig aber ist der, welcher sich durch den Glauben geläutert hat [16] und des Namens seines Herrn eingedenk ist und betet. [17] Ihr aber, ihr zieht das irdische Leben vor, [18] obwohl das zukünftige besser und dauerhafter ist. [19] So steht es in den alten Büchern geschrieben, [20] in den Büchern des Abraham[3] und Moses.

[1] So genannt nach dem Vers [2] der Sure. [2] Das, was Allah als aufgehoben und zurückgenommen betrachtet haben will. [3] Auch die Rabbinen schreiben Abraham Bücher zu, namentlich das Buch Jezirah.

ACHTUNDACHTZIGSTE SURE

Der Bedeckende[1] (Al-Ghaschiyah) *offenbart zu Mekka*

[1] Im Namen Allahs, des Allbarmherzigen. [2] Erhieltest du nicht Kunde von dem Bedeckenden (Tag der Heimsuchung und des Gerichtes)? [3] Die Gesichter einiger werden an diesem Tage niedergeschlagen sein, [4] sich abarbeitend und abmühend[2] [5] und sie werden, um zu verbrennen, in glühendes Feuer geworfen. [6] Zu trinken bekommen sie aus siedend heißer Quelle, [7] und nichts anderes erhalten sie zur Speise als Dornen und Disteln[3], [8] welche keine Kraft geben[4] und auch den Hunger nicht befriedigen. [9] Auch freudige Gesichter gibt es an diesem Tage, [10] die mit ihrem früheren guten Verhalten zufrieden sind. [11] Sie kommen in einen erhabenen Garten, [12] wo sie nicht eitles Gerede hören werden [13] und wo sie eine fließende Quelle finden, [14] hohe Ruhebetten [15] und vorgesetzte Becher [16] und wohlgeordnete Kissen [17] und ausgebreitete Teppiche.

[18] Betrachten sie denn die regenschwangeren Wolken nicht[5], wie sie geschaffen, [19] und die Himmel, wie sie hoch erhoben, [20] und die Berge, wie sie befestigt wurden, [21] und die Erde, wie sie ausgebreitet wurde? [22] Darum ermahne sie, denn du bist ja nur ein Ermahner [23] und hast sonst keine Gewalt über sie. [24] Wer aber den Rücken wendet und ungläubig bleibt, [25] den wird Allah mit der schwersten Strafe bestrafen. [26] Sie sollen zu uns zurückkehren, [27] und dann ist es an uns, Rechenschaft von ihnen zu fordern.

[1] So genannt nach dem Vers [2] der Sure. Auch »Die Morgenröte« betitelt. [2] Nach einigen weil er die Menschen plötzlich überkommt und sie mit Schrecken bedeckt. [2] Unter ihrer Kettenlast. [3] Dies ist der Daria, ein Dornstrauch. [4] Wörtlich: welche nicht fett machen. [5] Das arabische Wort kann auch Kamel übersetzt werden: die trächtigen Kamele.

NEUNUNDACHTZIGSTE SURE

Die Morgendämmerung[1] (Al-Fadschr) *offenbart zu Mekka*[2]

[1] Im Namen Allahs, des Allbarmherzigen. [2] Bei der Morgendämmerung [3] und bei den zehn Nächten[3] [4] und bei dem, was doppelt und was einfach ist[4], [5] und bei der herein-

[1] So genannt nach dem Vers [2] der Sure. Auch »Die Morgenröte« betitelt. [2] Nach einigen zu Medina. [3] Bei den zehn heiligen Nächten im Monate Dhulhedscha oder auch andere zehn heilige Nächte, da es deren bei den Moslems viele gibt. [4] Unter den vielen Erklärungen dieser Stelle findet sich auch die: Doppelt sind alle erschaffenen Wesen, weil sie in zwiefacher Gattung – in Paaren – vorhanden sind; einfach aber ist der Schöpfer. Andere übersetzen: gerade und ungerade.

brechenden Nacht! [6] Ist dies nicht ein verständlicher Eid (Beweis)? [7] Hast du noch nicht beobachtet, wie dein Herr mit Ad, [8] dem Volke von Iram[5] verfuhr, wo Säulen (der Turm) waren[6], [9] dergleichen im ganzen Lande nicht aufgeführt wurden? [10] Und wie er mit den Leuten von Thamud verfuhr, welche sich Felsen ausgehauen hatten, am Berghang[7], [11] und mit Pharao, dem Hartnäckigen[8]? [12] Alle diese waren ausschweifend [13] und richteten großes Verderben im Land an. [14] Darum ließ dein Herr die Geißel seiner Strafe auf sie niedersausen; [15] denn dein Herr steht, um alles zu beobachten, auf einem Wachtturm. [16] Wenn den Menschen sein Herr durch Wohltaten prüft und ihm Ehre und Güte erzeigt, dann sagt er wohl: »Mein Herr hat mich geehrt«; [17] wenn er ihn aber durch Widerwärtigkeiten prüft und ihm seine Nahrung entzieht, dann spricht er: »Mein Herr erniedrigt mich.« [18] Das ist aber nicht so. Ihr achtet der Waisen nicht [19] und muntert euch gegenseitig nicht auf, den Armen zu speisen, [20] und ihr verzehrt das Erbe der Unmündigen mit Habgier [21] und liebt den Reichtum mit zu großer Leidenschaft. [22] So sollte es nicht sein! Wenn die Erde aber in Staub zerfällt [23] und dein Herr mit der Engelschar in Reih und Glied kommt [24] und an diesem Tage die Hölle herangebracht wird[9], dann wird der Mensch sich seiner Taten erinnern; aber was soll ihm nun diese Erinnerung? [25] Er wird dann sprechen: »O hätte ich doch in meinem Leben mir nur gute Handlungen vorausgeschickt!« [26] An diesem Tage wird keiner, außer Allah, strafen und [27] fesseln können[10]. [28] O du vollkommen beruhigte Seele[11], [29] kehre zurück zu deinem Herrn, vollkommen zufrieden und befriedigt, [30] tritt hin zu meinen Dienern [31] und geh ein in mein Paradies.

[5] Iram ist der Aram der Bibel. [6] Dies bezieht sich auf den Turmbau. Siehe sechsundzwanzigste Sure [130] und Note 19. [7] Siehe siebte Sure [75]. [8] Vergleiche achtunddreißigste Sure [13] und Note 5. [9] Dies nehmen die Moslems ganz wörtlich. [10] Wörtlich: Niemand wird an diesem Tage mit seiner Strafe strafen, niemand mit seinen Banden binden. [11] Der Zustand der Seelenruhe des Frommen im Paradiese.

NEUNZIGSTE SURE

Die Landschaft[1] (Al-Balad) *offenbart zu Mekka*

[1] Im Namen Allahs, des Allbarmherzigen. [2] Ich schwöre es bei dieser Landschaft[2] [3] – und du wohnst ja in dieser Landschaft – [4] und bei dem Erzeuger und dem Erzeugten[3], [5] der Mensch ist zum Drangsal geschaffen[4]. [6] Denkt er wohl, daß ihn niemand überwältigen könne[5]? [7] Er spricht: »Großes Vermögen habe ich bereits verschwendet[6].« [8] Glaubt er denn, daß ihn niemand sieht? [9] Haben wir ihm nicht zwei Augen gegeben, [10] eine Zunge und zwei Lippen [11] und ihm die zwei Wege des Guten und Bösen gezeigt? [12] Und doch will er die Klippe nicht übersteigen. [13] Was lehrt dich aber begreifen, was die Klippe ist? [14] Sie ist: die Befreiung des Gefangenen[7] [15] oder die Speisung eines Hungernden [16] oder einer verwandten Waise [17] oder eines in Not darniederliegenden Armen: zur Zeit der Hungersnot. [18] Wer solches tut, gehört zu den Gläubigen, die sich gegenseitig zur Geduld und Barmherzigkeit anregen. [19] Diese sind Gefährten der rechten Hand. [20] Die aber unsere Zeichen leugnen, sind Gefährten der linken Hand[8]. [21] Über diese soll sich das Feuer wölben.

[1] So genannt nach dem Vers [2] der Sure. [2] Beim heiligen Gebiet von Mekka. [3] Bei allem, was zeugt und gezeugt ist. Andere verstehen unter Zeuger Adam oder Abraham und unter Erzeugten deren Nachkommen. [4] Dies wurde offenbart, um Mohammed wegen der Verfolgungen zu trösten, die er zu erdulden hatte. [5] Die Ausleger denken hier an eine bestimmte Person, an einen bestimmten Gegner Mohammeds (Walid ibn Al-Moghaira). [6] Um mich Mohammed mit Nachdruck zu widersetzen. [7] Wörtlich das Lösen eines Nackens. [8] Siehe sechsundfünfzigste Sure [8] ff. und Note 3.

EINUNDNEUNZIGSTE SURE

Die Sonne[1] (Al-Schams) *offenbart zu Mekka*

[1] Im Namen Allahs, des Allbarmherzigen. [2] Bei der Sonne und ihrem Strahlenglanz [3] und bei dem Mond, welcher ihr folgt, [4] und bei dem Tage, wenn er sie in ihrer Pracht zeigt[2], [5] und bei der Nacht, die sie bedeckt, [6] und bei dem Himmel und dem, welcher ihn baute [7] und bei der Erde und dem, welcher sie ausbreitete, [8] bei der Seele und dem, welcher sie bildete [9] und ihr die Neigung zur Schlechtigkeit und Frömmigkeit eingegeben hat, [10] glückselig ist der, welcher sie läutert; [11] elend aber der, welcher sie unter Sünden begräbt.

[1] So genannt nach dem Vers [2] der Sure. [2] Zur Mittagszeit.

[12] In dem Übermaß ihres Frevelsinnes haben die Thamudäer ihren Gesandten des Betruges beschuldigt. [13] Als jener Elende herbeikam[3] [14] und der Gesandte Allahs zu ihnen sagte: »Dies ist die Kamelstute Allahs und dies ihr Trank«, [15] da beschuldigten sie ihn des Betruges und töteten sie[4]. Darum, wegen ihrer Sünden, hat sie ihr Herr vertilgt und sie alle gleich bestraft, [16] und er braucht die Folgen davon nicht zu fürchten[5].

[3] Nämlich jener Kedar, um die Kamelstute zu töten. Siehe vierundfünfzigste Sure [30] und Note 8. [4] Siehe elfte Sure [66] und Note 33. [5] Daß sie dafür wieder Rache an ihm nehmen werden.

ZWEIUNDNEUNZIGSTE SURE

Die Nacht[1] (Al-Lail) *offenbart zu Mekka*

[1] Im Namen Allahs, des Allbarmherzigen. [2] Bei der Nacht, wenn sie alles mit Finsternis bedeckt, [3] bei dem Tage, wenn er strahlend scheint, [4] und bei dem, welcher Mann und Weib erschuf, [5] euer Streben ist sehr verschieden. [6] Der nun gehorcht[2] und gottesfürchtig ist [7] und sich zu der Wahrheit des herrlichsten Glaubens bekennt, [8] dem wollen wir den Weg zur Glückseligkeit leicht machen. [9] Der aber geizig ist und nur nach Reichtum strebt [10] und die Wahrheit des herrlichsten Glaubens leugnet, [11] dem erleichtern wir den Weg zum Elend, [12] und dann, wenn er kopfüber in die Hölle stürzt, dann wird ihm sein Reichtum nichts helfen können. [13] Die richtige Leitung der Menschen ist nur unsere Sache, [14] und das zukünftige und das gegenwärtige Leben hängt von uns ab. [15] Darum warne ich euch vor dem gewaltig lodernden Feuer, [16] in welchem nur der Elendeste brennen soll: [17] der nicht geglaubt und den Rücken gewendet hat. [18] Weit fern davon aber bleibt der Fromme[3], [19] welcher zur Läuterung seiner Seele sein Vermögen als Almosen hingibt [20] und der von keinem Vergeltung seiner Wohltaten verlangt[4], [21] sondern nur dahin strebt, das Angesicht seines Herrn, des Allerhöchsten, zu schauen. [22] Dieser wird einst mit seiner Belohnung sehr zufrieden sein.

[1] So genannt nach dem Vers [2] der Sure. [2] Oder: der Almosen gibt. [3] Die Ausleger denken sich unter diesem Frommen den Abu Bekr. [4] Die Ahmadiyya-Mission übersetzt: [20] Und er schuldet keinem eine Gunst, die zurückgezahlt werden müßte. Henning: ... eine Gunst um Lohnes willen erweist.

DREIUNDNEUNZIGSTE SURE

Der helle Tag[1] (Al-Duha) *offenbart zu Mekka*

[1] Im Namen Allahs, des Allbarmherzigen. [2] Bei dem hellen Tag [3] und bei der finsteren Nacht! [4] Dein Herr hat dich nicht verlassen, auch haßt er dich nicht[2]. [5] Wahrlich, das zukünftige Leben wird besser für dich sein als das gegenwärtige, [6] und dein Herr wird dir eine Belohnung geben, womit du vollkommen zufrieden sein wirst. [7] Hat er dich nicht als eine Waise gefunden und Sorge für dich getragen[3]? [8] Hat er dich nicht in Irrtum gefunden und dich recht geleitet? [9] Hat er dich nicht arm gefunden und dich reich gemacht? [10] Darum bedrücke nicht die Waise [11] und verscheuche nicht den Bettler, [12] sondern verbreite[4] die gnädige Wohltat deines Herrn.

[1] So genannt nach dem Vers [2] der Sure. [2] Als Mohammed einst fünfzehn Tage lang ohne Offenbarung blieb, da sagten seine Feinde, daß ihn Allah verlassen habe und hasse. Siehe achtzehnte Sure [24] ff. und Note 12. [3] Mohammed war im Hause seines Großvaters, liebevoll gehalten, aufgewachsen. [4] Wörtlich: verkünde, erzähle.

VIERUNDNEUNZIGSTE SURE

Die Aufschließung (Al-Inschirah) *offenbart zu Mekka*

[1] Im Namen Allahs, des Allbarmherzigen. [2] Gaben wir nicht deiner Brust Aufschließung[1], [3] haben deine Bürde erleichtert, [4] welche deinen Rücken drückte[2]? [5] Und haben wir nicht deinen Ruf groß gemacht? [6] Wahrlich, mit dem Schweren kommt auch das Leichte; [7] mit Drangsal kommt auch Genüge[3]. [8] Wenn du (das Gebet) vollendet hast, dann mühe dich (um die Verbreitung des Glaubens) [9] und flehe demütig zu deinem Herrn.

[1] Machten wir dich nicht für Wahrheit, Weisheit und Offenbarung aufnahmefähig? [2] Die Last der Sünde und Unwissenheit. [3] Auf Leid kommt Freud.

FÜNFUNDNEUNZIGSTE SURE

Die Feige (Al-Tin) *offenbart zu Mekka*[1]

[1] Im Namen Allahs, des Allbarmherzigen. [2] Bei der Feige und der Olive [3] und bei dem Berge Sinai [4] und diesem friedvollen Gebiete[2], [5] wir hatten den Menschen auf die herrlichste Weise geschaffen [6] und ihn dann auf das tiefste erniedrigt[3], [7] die ausgenommen, welche glauben und rechtschaffen handeln; sie er-

[1] Nach einigen zu Medina. [2] Das heilige Gebiet von Mekka. [3] Auf die vollkommenste Weise wurde Adam geschaffen, welche Vollkommenheit er aber durch den Sündenfall einbüßte.

halten grenzenlosen Lohn. [8] Was veranlaßt dich nun nach dieser Offenbarung den Tag des Gerichtes zu leugnen? [9] Ist Allah nicht der weiseste und gerechteste Richter?

SECHSUNDNEUNZIGSTE SURE

Das geronnene Blut[1] (Al-Alak) *offenbart zu Mekka*

[1] Im Namen Allahs, des Allbarmherzigen. [2] Lies im Namen deines Herrn, der alles geschaffen hat [3] und der den Menschen aus geronnenem Blut erschuf. [4] Lies, bei deinem Herrn, dem glorreichsten, [5] der den Gebrauch der Feder lehrte [6] und den Menschen lehrt, was er nicht gewußt hat. [7] So ist es. Wahrlich, der Mensch[2] übernimmt sich frevelhaft, [8] wenn er sich in großem Reichtum (unabhängig) sieht. [9] Aber die Rückkehr ist zu deinem Herrn. [10] Was hältst du von dem, [11] welcher unseren Diener vom Beten abhalten will? [12] Glaubst du wohl, daß er sich auf der richtigen Bahn befinde [13] und nur Frömmigkeit gebiete? [14] Was hältst du wohl davon, wenn er unsere Verse des Betruges beschuldigt und denselben den Rücken wendet? [15] Weiß er denn nicht, daß Allah alles sieht? [16] Wahrlich, wenn er nicht abläßt, so wollen wir ihn bei seinen Haaren ergreifen, [17] bei seinen lügnerischen und sündhaften Haaren. [18] Mag er dann seine Freunde und Gönner rufen; [19] aber auch wir wollen die furchtbaren Höllenwächter rufen. [20] Es wird nicht anders sein! Gehorche nicht ihm, sondern bete Allah an! Ihm nahe dich!

[1] Nach einigen ist diese Sure nach dem ersten Wort [2] mit »Lies« überschrieben. Die Ausleger halten die fünf ersten Verse dieser Sure für die allererste Offenbarung, welche Mohammed zuteil geworden ist, indem Gabriel mit derselben zu ihm kam und von ihm verlangte, daß er sie lesen solle. Als Mohammed sich entschuldigte, daß er nicht lesen könne, wiederholte Gabriel sein Verlangen, und Mohammed versuchte es – und er konnte lesen. (Siehe zeitliche Reihenfolge der Suren in der Einleitung.) [2] Dieser Mensch soll Abu Jahl, ein geschworener Feind des Mohammed, sein.

SIEBENUNDNEUNZIGSTE SURE

Nacht des Schicksals (Al-Kadr) *offenbart zu Mekka*[1]

[1] Im Namen Allahs, des Allbarmherzigen. [2] Wir haben (den Koran) in der Nacht Al-Kadr[2] offenbart. [3] Was lehrt dich begreifen, was die Nacht Al-Kadr ist? [4] Die Nacht Al-Kadr

[1] Nach einigen zu Medina. [2] Al-Kadr ist die Nacht der Herrlichkeit und Macht, in welcher der Engel Gabriel den Koran vom siebten Himmel brachte. Siehe vierundvierzigste Sure [4] und Note 2.

ist weit besser als tausend Monate. [5] In ihr stiegen die Engel und der Geist[3], mit Erlaubnis ihres Herrn, mit den Anordnungen Allahs über alle Dinge herab. [6] Friede und Heil bringt diese Nacht bis zum Erglühen der Morgenröte.

[3] Der Engel Gabriel.

ACHTUNDNEUNZIGSTE SURE

Der deutliche Beweis (Al-Bayyinah) *offenbart zu Mekka*

[1] Im Namen Allahs, des Allbarmherzigen. [2] Die Ungläubigen unter den Schriftbesitzern und die Götzendiener schwankten nicht eher, als bis sie den deutlichen Beweis erhalten hatten[1]; [3] der Gesandte Allahs, welcher ihnen geläuterte und geheiligte Seiten vorliest, [4] in welchen gerechte und fromme Vorschriften enthalten sind. [5] Auch spalteten sich die Schriftbesitzer (Juden und Christen) nicht eher untereinander, als bis sie den deutlichen Beweis erhalten haben. [6] Und doch nichts anderes wird ihnen befohlen[2], als Allah zu dienen und sich zu seiner reinen Religion zu bekennen und rechtgläubig zu sein und das Gebet zu verrichten und Zakat (den Armenbeitrag) zu geben; denn dies ist die rechte Religion. [7] Die Ungläubigen aber unter den Schriftbesitzern und die Götzendiener kommen in das Höllenfeuer und bleiben ewig darin; denn diese sind die schlechtesten Geschöpfe. [8] Die Gläubigen aber, und die das Gute tun, sind die besten Geschöpfe. [9] Ihr Lohn bei ihrem Herrn besteht in Edens Gärten, welche Wasserläufe durchströmen. Ewig bleiben sie in diesen Gärten. Allah hat Wohlgefallen an ihnen und sie an ihm. Dies ist für den, welcher seinen Herrn fürchtet.

[1] Christen, Juden und Heiden erwarteten wohl einen Propheten, aber nun, da er, Mohammed, mit dem Koran gekommen ist, fangen sie zu zweifeln an. [2] Im Koran, in der Thora und im Evangelium.

NEUNUNDNEUNZIGSTE SURE

Das Erdbeben (Al-Zilzal) *offenbart zu Mekka*[1]

[1] Im Namen Allahs, des Allbarmherzigen. [2] Wenn Erdbeben die Erde erschüttern wird[2], [3] sie ihre Last auswirft[3] [4] und der Mensch fragt: »Was geht mit ihr vor?«, [5] dann, an diesem Tage, zu jener Stunde, wird sie, die Erde, ihre Schicksalsgeschichte selbst

[1] Nach einigen zu Medina. [2] Dies erfolgt nach einigen bei dem ersten, nach anderen bei dem zweiten Posaunenschall. [3] Die in ihr liegenden Schätze und Toten.

erzählen[4], [6] welche ihr deines Herrn Geist eingibt. [7] An diesem Tage werden die Menschen gruppenweise und verstreut hervorkommen, um ihre Werke vorgezeigt zu erhalten. [8] Und wer nur um eines Stäubchens Gewicht Gutes tat, er wird es schauen, [9] und wer auch nur so viel, wie eine Ameise wiegt, Böses setzte, der soll es gleichfalls sehen[5].

[4] Durch die Folgen dieses Erdbebens wird Ursache und Zweck desselben von selbst klarwerden. [5] Seinen Lohn dafür erhalten.

EINHUNDERTSTE SURE

Die schnelleilenden Rosse (Al-Adiyat) *offenbart zu Mekka*[1]

[1] Im Namen Allahs, des Allbarmherzigen. [2] Bei den schnelleilenden Rossen (den arabischen Kampfhengsten) mit freudiglautem Schnauben, [3] die stampfend Feuerfunken schlagen [4] und die wetteifernd des Morgens früh (auf den Feind) einstürmen [5] und so Staub aufjagen [6] und die feindlichen Scharen durchbrechen, [7] in der Tat, der Mensch ist undankbar gegen seinen Herrn, [8] und er selbst muß solches bezeugen. [9] Zu unmäßig hängt er der Liebe zu irdischen Gütern an. [10] Weiß er denn nicht, daß dann, wenn alles, was in den Gräbern liegt, bloßgelegt, [11] und was in des Menschen Blut verborgen ist, an das Licht gebracht wird, [12] daß dann, an diesem Tag, ihr Herr sie vollkommen durchschaut?

[1] Nach einigen zu Medina.

EINHUNDERTUNDERSTE SURE

Das Verhängnis (Al-Kariah) *offenbart zu Mekka*

[1] Im Namen Allahs, des Allbarmherzigen. [2] Der Klopfende[1] (das Verhängnis)! [3] Was ist der Klopfende (das Verhängnis)? Wer lehrt dich begreifen, was der Klopfende (das Verhängnis) ist? [5] An jenem Tage werden die Menschen wie verstreute Motten sein [6] und die Berge wie verschiedenfarbige gekämmte Wolle. [7] Der nun, dessen Waagschale mit guten Werken schwer beladen sein wird, [8] der wird ein vergnügtes Leben führen, [9] und der, dessen Waagschale zu leicht befunden wird, [10] dessen

[1] So heißt der Jüngste Tag, weil er Herzklopfen verursacht.

Stätte[2] wird der Abgrund der Hölle sein. [11] Was lehrt dich aber begreifen, was der Abgrund der Hölle ist? [12] Er ist das glühendste Feuer.

[2] Wörtlich: dessen Mutter.

EINHUNDERTUNDZWEITE SURE

Das Streben nach Mehrung (Al-Takathur) *offenbart zu Mekka*[1]

[1] Im Namen Allahs, des Allbarmherzigen. [2] Das eifrige Streben nach Mehrung des Reichtums beherrscht euch, [3] bis ihr die Gräber besucht (erreicht – bis in den Tod). [4] Gewiß! Ihr erfahrt es bald, [5] nochmals, ja bald erfahrt ihr es, wie töricht ihr gewesen seid. [6] Könntet ihr doch euere Torheit mit überzeugender Gewißheit einsehen. [7] Ihr solltet die Hölle (schon in diesem Leben) schauen! [8] Gewiß ja, ihr werdet sie mit überzeugtem Auge sehen. [9] An diesem Tage werdet ihr dann, befragt, die wollüstigen Freuden verantworten müssen, welche ihr hier (in diesem Dasein) genossen habt.

[1] Nach einigen zu Medina.

EINHUNDERTUNDDRITTE SURE

Der Nachmittag (Al-Asr) *offenbart zu Mekka*[1]

[1] Im Namen Allahs, des Allbarmherzigen. [2] Bei der Zeit des Nachmittags, [3] der Mensch stürzt sich selber ins Verderben, [4] nur die nicht, die glauben und rechtschaffen handeln und sich gegenseitig zur Wahrheit und Geduld anspornen.

[1] Nach einigen zu Medina.

EINHUNDERTUNDVIERTE SURE

Der Verleumder (Al-Humazah) *offenbart zu Mekka*[1]

[1] Im Namen Allahs, des Allbarmherzigen. [2] Wehe einem jeden Verleumder und Lästerer, [3] welcher Reichtümer aufhäuft und (zusammenrechnend) für die Zukunft bereitlegt. [4] Er glaubt, daß der Reichtum ihn unsterblich mache. [5] Keineswegs! Hinabgeworfen wird er in Al-Hutama[2] (das Verzehrende). [6] Was lehrt dich begreifen, was Al-Hutama ist? [7] Es ist das entzündete Feuer Allahs, [8] welches über die Herzen der Frevler hochflammt. [9] Es überwölbt sie (gleichsam) [10] in hoch aufgetürmten Säulen.

[1] Nach einigen zu Medina. [2] Dies ist ein Beiname der Hölle.

EINHUNDERTUNDFÜNFTE SURE

Der Elefant (Al-Fil) *offenbart zu Mekka*

[1] Im Namen Allahs, des Allbarmherzigen. [2] Hast du denn nicht gesehen, wie dein Herr mit den Führern der Elefanten verfuhr[1]? [3] Hat er nicht ihre verbrecherische List irregeleitet [4] und einen Schwarm Vögel gegen sie gesandt, [5] welcher auf sie Steine von gebranntem Lehm herabwarf? [6] So machte er sie gleich abgeweideten Halmen (einer abgeweideten Viehweide).

[1] Zum Verständnis dieser Sure: Abraha ibn Al-Saba, König oder Vizekönig von Jemen, Angehöriger der christlichen Religion, baute zu Sana, der Hauptstadt des Glücklichen Arabiens, eine prächtige Kirche, in der Absicht, dadurch die Araber von dem Besuche des Tempels von Mekka abzuziehen. Als nun die Koreischiten bemerkten, daß die Wallfahrten nach der Kaaba merklich abnahmen, schickten sie einen gewissen Nofail nach jener Kirche hin, welcher des Nachts den Altar und die Mauern derselben mit Kot besudelte. Darüber aufgebracht, zog Abraha mit seinem Heer und dreizehn Elefanten gegen Mekka. Allein bei seinem Einzuge weigerte sich ein Elefant, weiterzugehen, und gleichzeitig erschien von der Seeküste her ein großer Schwarm Vögel, welcher glühende Steine auf das Heer herabwarf, außerdem trat noch eine große Wasserflut ein, so daß sich nur wenige von seinem Heere retten konnten. Dies soll sich im Geburtsjahr Mohammeds ereignet haben (das Heer wurde durch Pest vernichtet).

EINHUNDERTUNDSECHSTE SURE

Die Koreischiten[1] (Al-Kuraisch) *offenbart zu Mekka*

[1] Im Namen Allahs, des Allbarmherzigen. [2] Zur Vereinigung der Koreischiten, [3] zur Vereinigung der Absendung der Karawanen zur Winter- und Sommerszeit[2]! [4] Mögen sie den Herrn dieses Hauses verehren, [5] welcher sie in Hungersnot speist und sie vor aller Furcht sichert (ihr Land ist ja heilig).

[1] Nach einigen Kommentatoren ist diese Sure keine besondere, für sich bestehende, sondern gehört als Schluß zu der vorhergehenden. [2] Die Ahmadiyya-Mission übersetzt Vers [2] ff.: [2] Wegen der Vorliebe der Kuraisch, [3] ihrer Vorliebe für Reisen im Winter und Sommer, [4] sollten sie den Herrn . . . verehren . . .

EINHUNDERTUNDSIEBTE SURE

Die Zuflucht[1] (Al-Maun) *offenbart zu Mekka*[2]

[1] Im Namen Allahs, des Allbarmherzigen. [2] Hast du den gesehen, der das zukünftige Gericht leugnet? [3] Dieser[3] verstößt die Waise [4] und spornt niemanden an, den Armen zu speisen. [5] Wehe denen, welche zwar beten, [6] aber nachlässig beim Gebete sind [7] und nur gesehen sein wollen [8] und die, welche dem Notleidenden die Zuflucht (Almosen) versagen.

[1] So genannt nach dem letzten Vers dieser Sure. Die Übersetzung folgt der von Geiger. Auch die Überschriften: Der Beistand (Henning) und Die Unterstützung (Goldschmidt) sowie Das Obdach werden verwendet. [2] Nach einigen zu Medina. [3] Die Ausleger denken hier wieder an eine bestimmte Person.

EINHUNDERTUNDACHTE SURE

Al-Chautsar[1] (Al-Kauthar) *offenbart zu Mekka*[2]

[1] Im Namen Allahs, des Allbarmherzigen. [2] Wahrlich, wir haben dir Al-Chautsar gegeben. [3] Darum bete zu deinem Herrn und opfere. [4] Der dich haßt, soll kinderlos bleiben[3].

[1] Al-Chautsar bedeutet eigentlich Überfluß, auch Prophetie und ist auch Name eines Flusses im Paradies; hier: Gnadenfülle. [2] Nach einigen zu Medina. [3] Dies ist gegen seinen Feind As ibn Wavel gerichtet, der Mohammed, als ihm seine Söhne starben, spottweise den Kinderlosen (wörtlich: Abgestumpften, Verstümmelten) nannte.

EINHUNDERTUNDNEUNTE SURE

Die Ungläubigen[1] (Al-Kafirun) *offenbart zu Mekka*[2]

[1] Im Namen Allahs, des Allbarmherzigen. [2] Sprich: »O Ungläubige, [3] ich verehre nicht das, was ihr verehrt, [4] und ihr verehrt nicht, was ich verehre, [5] und ich werde auch nie das verehren, was ihr verehrt, [6] und ihr wollt nie das verehren, was ich verehre. [7] Ihr habt euere Religion, und ich habe meine.«

[1] Offenbart wurde diese Sure, als einige Araber von ihm verlangten, er solle ein Jahr lang ihre Götter verehren, dann wollten sie ebensolange Allah verehren. [2] Nach einigen zu Medina.

EINHUNDERTUNDZEHNTE SURE

Die Hilfe (Al-Nasr) *offenbart zu Mekka*[1]

[1] Im Namen Allahs, des Allbarmherzigen. [2] Wenn die Hilfe Allahs und der Sieg[2] kommt [3] und du die Menschen scharenweise in die Religion Allahs eintreten[3] siehst, [4] dann preise das Lob deines Herrn und bitte ihn um Vergebung. Er vergibt gnädig und gern.

[1] Nach einigen zu Medina. [2] Wenn Allah dich siegen und die Stadt Mekka einnehmen läßt. [3] Dies geschah im neunten Jahr der Hedschra; nachdem Mohammed Mekka erobert hatte, strömten die Araber von allen Seiten dem Islam zu.

EINHUNDERTUNDELFTE SURE

Abu Laheb[1] (Al-Lahab) *offenbart zu Mekka*

[1] Im Namen Allahs, des Allbarmherzigen. [2] Vergehen sollen die Hände des Abu Laheb und er selbst. [3] Sein Vermögen und alles, was er sich erworben hat, sollen ihm nichts helfen. [4] Zum Verbrennen wird er in das flammende Feuer kommen, [5] mit ihm sein Weib[2] (die Verleumderin), die Holz herbeitragen muß, [6] und an ihrem Halse soll ein Seil hängen, geflochten aus Fasern eines Palmbaumes.

[1] Abu Laheb war der Zuname des Abd-al Ussa, einer der Söhne des Abd-al Mottaleb, Oheim Mohammeds. Er war ein erbitterter Feind seines Neffen einst, als Mohammed seine nächsten Verwandten versammelte und ihnen sagte, daß er ein Gesandter Allahs sei, da rief Abu Laheb aus: »Mögest du untergehen! Hast du uns deshalb zusammengerufen?«, und er nahm einen Stein, um ihn auf Mohammed zu werfen. Bei dieser Gelegenheit wurde diese Sure offenbart. Abu Laheb starb im zweiten Jahre der Flucht, sieben Tage nach der Schlacht von Bedr, aus Gram über die Niederlage seiner Freunde. [2] Seine Frau war Umm Dschemil, Tochter des Harb und Schwester des Abu Sofian. Diese spornte und unterhielt den Haß ihres Mannes gegen Mohammed und legte dem Neffen einmal des Nachts Dornen in den Weg, damit er sich verletze.

EINHUNDERTUNDZWÖLFTE SURE

Bekenntnis zur Einheit Allahs (Al-Ichlas) *offenbart zu Mekka*[1]

[1] Im Namen Allahs, des Allbarmherzigen! [2] Sprich: »Allah ist der alleinige, einzige [3] und ewige Gott (der unwandelbare). [4] Er zeugt nicht und ist nicht gezeugt, [5] und kein Wesen ist ihm gleich.«

[1] Nach einigen zu Medina. Auch Der reine Glaube und Die aufrichtige Hingabe genannt.

EINHUNDERTUNDDREIZEHNTE SURE

Die Morgenröte (Al-Falak) *offenbart zu Mekka*[1]

[1] Im Namen Allahs, des Allbarmherzigen. [2] Sprich: »Ich nehme meine Zuflucht zum Herrn der Morgenröte, [3] daß er mich von dem Übel befreie, das er schuf[2], [4] und von dem Übel des

[1] Nach einigen zu Medina. Auch Das Morgengrauen genannt. [2] Hierunter sind die gewöhnlichen, durch die Gesetze der Natur bedingten Übel im Gegensatz zu den besonderen verstanden.

Mondes, wenn er sich verfinstert[3], [5] und von dem Übel derer, welche die Zauberknoten anblasen[4], [6] und von dem Übel des Neiders, wenn er beneidet[5].

[3] Die Übel, welche durch Ab- und Zunehmen des Mondes entstehen. Vergleiche Psalm 121 [6]: Nicht wird die Sonne dich stechen des Tages, noch der Mond des Nachts. [4] So wörtlich. Die Ausleger erzählen, daß Lobeid, ein Jude, unter Mithilfe seiner Töchter, den Mohammed durch Zauberei an einem Strick mit elf Knoten so befestigt hatte, daß ihn nur der Engel Gabriel befreien konnte. Über diesen Aberglauben siehe auch Vergils Ekloge 8 [73] ff. [5] Auch im Judentum, wie auch heute noch bei den Orientalen, wird der neidische Blick, böses Auge genannt, für schädlich gehalten. Vgl. den »bösen Blick« im europäischen Aberglauben.

EINHUNDERTUNDVIERZEHNTE SURE

Die Menschen (Al-Nas) *offenbart zu Mekka*[1]

[1] Im Namen Allahs, des Allbarmherzigen. [2] Sprich: »Ich nehme meine Zuflucht zu dem Herrn der Menschen, [3] zum König der Menschheit [4] und zum Gott der Menschen, [5] daß er mich von dem schleichenden, doch dann entfliehenden[2] Einflüsterer befreie, [6] welcher böse Neigungen in das Herz der Menschen (flüsternd) versenkt. [7] Befreie mich von bösen Dschinnen (Geistern) und schlechten Menschen.«

[1] Nach einigen zu Medina. [2] Der Satan, der entflieht, wenn der Mensch sich Allahs erinnert.

VERZEICHNIS DER SUREN

Die Taschenbuchreihe GOLDMANN KLASSIKER enthält deutsche, römische, griechische, französische, italienische, spanische, englische und russische Literatur. Auf den nachstehenden Seiten folgt eine Auswahl der deutschen Klassikerausgaben. Leser, die eine vollständige Übersicht über die Klassiker wünschen, bitten wir, unser Verlagsverzeichnis anzufordern.

BÜCHNER, GEORG: Gesammelte Werke: Dantons Tod; Lenz; Leonce und Lena; Der Hessische Landbote (7510)

CHAMISSO, ADALBERT VON: Peter Schlemihls wundersame Geschichte. Weiterer Inhalt: Gedichte; Reise um die Welt (Auswahl) (1901)

EBNER-ESCHENBACH, MARIA VON:
- Krambambuli und andere Erzählungen: Krambambuli; Die Freiherren von Gemperlein; Er laßt die Hand küssen; Der Kreisphysikus; Der Muff (2752)
- Die Sünderin. Erzählungen aus dem alten Österreich: Die Sünderin; Der Vorzugsschüler; Ein Spätgeborner; Der Herr Hofrat (2926)

FONTANE, THEODOR: Ausgewählte Romane und Erzählungen in 10 Bänden:
- L'Adultera; Unterm Birnbaum (1571)
- Cécile (1573)
- Effi Briest (1576)
- Frau Jenny Treibel (7522)
- Grete Minde; Ellernklipp (1570)
- Irrungen Wirrungen (7521)
- Die Poggenpuhls; Mathilde Möhring (1578)
- Schach von Wuthenow; Stine (1572)
- Der Stechlin (7525)
- Unwiederbringlich (1575)

GOETHE, JOHANN WOLFGANG VON: Ausgewählte Werke in 22 Bänden:
- Aus meinem Leben. Dichtung und Wahrheit. I. und II. Teil (806/07)
- Aus meinem Leben. Dichtung und Wahrheit. III. und IV. Teil (825/26)
- Briefe (702/03)
- Briefwechsel mit Schiller (920/21)
- Dramen: Egmont; Iphigenie; Tasso (568)
- Epen: Reineke Fuchs; Hermann und Dorothea; Achilleis (880)
- Faust I. und II. Teil (371)
- Gedichte (453/54)
- Italienische Reise (427)
- Jugenddramen: Götz von Berlichingen; Clavigo; Stella (439)
- Die Leiden des jungen Werthers (461)
- Novellen (860)
- Satiren und Zeitdramen (890)
- Schriften zur Literatur, Kunst und Natur (930/31)
- Die Wahlverwandtschaften (394)
- Wilhelm Meisters Lehrjahre. Band 1 (7528)
- Wilhelm Meisters Lehrjahre. Band 2 (7529)
- Wilhelm Meisters Wanderjahre oder Die Entsagenden (752/53)

Johann Peter Eckermann: Gespräche mit Goethe (950/51)

GRIMMELSHAUSEN, HANS JAKOB CHRISTOFFEL VON: Ausgewählte Werke in 2 Bänden:
- Abenteuerlicher Simplicius Simplicissimus (7506)
- Lebensbeschreibung der Erzbetrügerin und Landstörzerin Courage (2523)

HEBEL, JOHANN PETER:
- Biblische Erzählungen (1782)
- Das Schatzkästlein des Rheinischen Hausfreundes (650)

WILHELM GOLDMANN VERLAG MÜNCHEN

HEINE, HEINRICH: Ausgewählte Werke in 5 Bänden:
- Florentinische Nächte; Das Buch Le Grand; Aus den Memoiren des Herrn von Schnabelewopski; Der Rabbi von Bacharach (KL 237)
- Buch der Lieder (KL 234)
- Deutschland, ein Wintermärchen; Atta Troll; Zeitkritische Schriften (7520)
- Reisebilder: Die Harzreise; Die Nordsee; Die Stadt Lucca; Die Bäder von Lucca (KL 233)
- Die Romantische Schule; Späte Lyrik (961)

JOHANNES VON TEPL: Der Ackermann aus Böhmen (2925)

KELLER, GOTTFRIED: Ausgewählte Werke in 7 Bänden:
- Der grüne Heinrich (KL 239)
- Die Leute von Seldwyla. Erster Teil: Pankraz, der Schmoller; Romeo und Julia auf dem Dorfe; Frau Regel Amrain und ihr Jüngster; Die drei gerechten Kammacher; Spiegel, das Kätzchen (KL 240)
- Die Leute von Seldwyla. Zweiter Teil: Kleider machen Leute; Der Schmied seines Glückes; Die mißbrauchten Liebesbriefe; Dietegen; Das verlorene Lachen (KL 241)
- Züricher Novellen: Herr Jacques; Hadlaub; Der Narr auf Manegg; Der Landvogt von Greifensee; Das Fähnlein der sieben Aufrechten; Ursula (KL 243)
- Sieben Legenden (Eugenia; Die Jungfrau und der Teufel; Die Jungfrau als Ritter; Die Jungfrau und die Nonne; Der schlimm-heilige Vitalis; Dorotheas Blumenkörbchen; Das Tanzlegendchen); Das Sinngedicht (1556/57)
- Martin Salander (1558/59)
- Gedichte und Schriften. Aus dem Inhalt: Gedichte; Vermischte Gedanken über die Schweiz; Jeremias Gotthelf; Am Mythenstein; Autobiographien (1560)

LESSING, GOTTHOLD EPHRAIM: Ausgewählte Werke in 6 Bänden:
- Nathan der Weise; Minna von Barnhelm (KL 261)
- Miss Sara Sampson; Philotas; Emilia Galotti (1587)
- Hamburgische Dramaturgie (1589/90)
- Laokoon; Wie die Alten den Tod gebildet (1801/02)
- Gedichte und Fabeln: Sinngedichte; Lieder; Oden; Fabeln und Erzählungen; Fabeln (1850)
- Schriften zur Literatur. Aus dem Inhalt: Rezensionen; Briefe, die neueste Literatur betreffend; Abhandlungen über die Fabel; Über das Epigramm (1851)

LICHTENBERG, GEORG CHRISTOPH: Aphorismen und Aufsätze. Eine Auswahl (2816)

MEYER, CONRAD FERDINAND: Ausgewählte Werke in 6 Bänden:
- Jürg Jenatsch. Roman (KL 264)
- Gedichte: Vorsaal; Stunde; In den Bergen; Reise; Liebe; Götter; Frech und fromm; Genie; Männer (1414)
- Huttens letzte Tage. Lyrisch-epische Dichtung; Das Amulett; Der Schuß von der Kanzel. Novellen (1460)
- Gustav Adolfs Page und andere Novellen: Der Heilige; Plautus im Nonnenkloster (1470)
- Die Hochzeit des Mönchs und andere Novellen: Das Leiden eines Knaben; Die Richterin (1480)
- Die Versuchung des Pescara; Angela Borgia. Novellen (1490)

MÖRIKE, EDUARD: Ausgewählte Werke in 2 Bänden:
- Erzählungen und Gedichte: Mozart auf der Reise nach Prag; Das Stuttgarter Hutzelmännlein; Lucie Gelmeroth; Ausgewählte Gedichte (414)
- Maler Nolten. Ein romantischer Künstlerroman (790/91)

NOVALIS: Hymnen an die Nacht; Heinrich von Ofterdingen (KL 273)

RAABE, WILHELM: Ausgewählte Werke in 3 Bänden:
- Der Hungerpastor (KL 268)
- Abu Telfan oder die Heimkehr vom Mondgebirge (1875/76)
- Die schwarze Galeere und andere Erzählungen: Aus dem Lebensbuch des Schulmeisterlein Michel Haas; Die schwarze Galeere; Holunderblüte; Die Gänse von Bützow (1750)

SCHILLER, FRIEDRICH: Ausgewählte Werke in 8 Bänden:
- Jugenddramen: Die Räuber; Kabale und Liebe; Don Carlos (416)
- Wallenstein: Wallensteins Lager; Die Piccolomini; Wallensteins Tod (434)
- Gedichte und Balladen. Aus dem Inhalt: Das Lied von der Glocke; Die Bürgschaft; Die Kraniche des Ibykus (450)
- Dramen: Maria Stuart; Die Jungfrau von Orleans; Wilhelm Tell (488)
- Schriften zur Philosophie und Kunst: Die Schaubühne als eine moralische Anstalt betrachtet; Über Anmut und Würde; Über die ästhetische Erziehung des Menschen; Über naive und sentimentalische Dichtung (524)
- Erzählungen: Eine großmütige Handlung; Der Verbrecher aus verlorener Ehre; Spiel des Schicksals; Der Geisterseher (904)
- Dramen der Spätzeit: Die Braut von Messina; Demetrius (915)
- Schriften zur Ästhetik, Literatur und Geschichte. Aus dem Inhalt: Über den Grund des Vergnügens an tragischen Gegenständen; Über das Erhabene; Briefe über Don Carlos; Über Egmont; Was heißt und zu welchem Ende studiert man Universalgeschichte? (925)

SCHLEGEL, FRIEDRICH: Lucinde (1855)

SCHOPENHAUER, ARTHUR: Ausgewählte Werke in 2 Bänden:
- Aphorismen zur Lebensweisheit (7519)
- Auswahl aus seinen Schriften. Aus dem Inhalt: Erkenntnistheorie; Religion; Erotik; Ästhetik; Moral; Freiheit des Willens; Geschichte und Literatur; Politik (837)

TIECK, LUDWIG: Ausgewählte Werke in 3 Bänden:
- Liebesgeschichte der schönen Magelone und des Grafen Peter von Provence und andere Erzählungen: Liebesgeschichte der schönen Magelone und des Grafen Peter von Provence; Die Geschichte von den Haimonskindern; Der getreue Eckart und der Tannenhäuser (2474)
- Der blonde Eckbert und andere Novellen: Der blonde Eckbert; Die Freunde; Der Runenberg; Liebeszauber; Die Elfen; Der Pokal (2558)
- Franz Sternbalds Wanderungen. Eine altdeutsche Geschichte (2597/98)

UHLAND, LUDWIG: Dichtungen und Schriften: Gedichte; Abhandlungen über die deutschen Volkslieder; Für ›zeitweilige‹ Wahl des Reichsoberhauptes; Briefe (1399)

WIELAND, CHRISTOPH MARTIN: Ausgewählte Werke in 6 Bänden:
- Oberon. Mit Goethes Rede »Wielands Andenken in der Loge Amalia« (1533/34)
- Musarion und andere Verserzählungen: Musarion; Das Urteil des Paris; Geron der Adeliche; Das Sommermärchen; Hann und Gulpenheh; Pervonte (1535)
- Geschichte des Agathon (1536/37/38)
- Die Abenteuer des Don Sylvio von Rosalva (1539/40)
- Menander und Glycerion; Krates und Hipparchia (1541)
- Geschichte der Abderiten (1542/43)